Akten des V. Internationalen Germanisten-Kongresses Cambridge 1975

Heft 4

Herausgegeben von
Leonard Forster und Hans-Gert Roloff

Herbert Lang Bern
Peter Lang Frankfurt/M.
1976

Published on the recommendation of the
International Council for Philosophy and Humanistic Studies
with the financial assistance of U.N.E.S.C.O.

ISBN 3 261 02077 6

Akten des V. Internationalen Germanisten-Kongresses

Jahrbuch
für
Internationale Germanistik

Reihe A · Kongreßberichte
Band 2

Herbert Lang Bern
Peter Lang Frankfurt/M.
1976

INHALTSVERZEICHNIS

Beiträge zum Symposion
'Fragen der Rezeption'

Beiträge zum Symposion
'Probleme der Literaturwissenschaft'

Beiträge zum Symposion
'Literatur · Politik · Soziologie'

Beiträge zum Symposion
'Deutsche Exilliteratur im 20. Jahrhundert'

Beiträge zum Symposion
'Germanische Literaturen und Weltliteratur'

Beiträge zum Symposion
'Selbstverständnis der Germanistik'

BEITRAEGE ZUM SYMPOSION

'FRAGEN DER REZEPTION'

LESEFAEHIGKEIT UND ANALPHABETISMUS ALS REZEPTIONS-BESTIMMENDE ELEMENTE: ZUR PROBLEMATIK MITTELALTERLICHER EPIK

Von Franz H. Bäuml (Los Angeles)

Das Nebeneinander von Schriftlichkeit und Analphabetismus im Publikum der Literatur des Mittelalters ist dem Literaturhistoriker nichts Neues. Eine Beachtung der Implikationen dieses Nebeneinanders für die Analyse und Interpretation mittelalterlicher Literatur ist jedoch noch selten anzutreffen. [1] Auswertung der diesbezüglich in Frage kommenden Begriffe und Kriterien ist noch kaum möglich in mehr als sehr beschränktem Grade, doch sind die hauptsächlich von der Linguistik, der Anthropologie und der Literaturkritik definierten Begriffe schon so weit entwickelt, dass ihre Anwendung auf die Historiographie mittelalterlicher Literatur in Betracht gezogen werden kann. Diese Begriffe einer kurzen Erörterung zu unterziehen - und zwar auf Grund eines Modells der mhd. sog. Heldenepik - ist die Absicht meiner Bemerkungen.

Wenn man Hans Robert Jauss zustimmt, dass "die Geschichtlichkeit der Literatur... nicht auf einem post festum erstellten Zusammenhang 'literarischer Fakten', sondern auf der vorgängigen Erfahrung des literarischen Werkes durch seine Leser" beruht, kann wohl kaum bestritten werden, dass die Feststellung der Erfahrungsmöglichkeiten des Publikums eines Kunstwerkes von literaturgeschichtlicher Bedeutung ist. [2] Da nun aber gerade diese "vorgängige Erfahrung" durch ein Vorverständnis, einen Erwartungshorizont definiert wird, der nicht zuletzt durch Mündlichkeit oder Schriftlichkeit und die jeweils vorauszusetzenden Perzeptionsarten sowohl wie ihrem Nebeneinander bedingt wird, kommt einer Beachtung dieser Perzeptionsarten nicht nur literaturgeschichtliche, sondern auch sozialgeschichtliche Bedeutung zu. Beachtung der Voraussetzungen und Konsequenzen dieses Nebeneinanders von Mündlichkeit und Schriftlichkeit hat den weiteren methodischen Vorteil, dass sie - wie Frederic Jameson fordert - von der einfachen Interpretationsabsicht ein literarisches Problem zu l ö s e n abhält. [3] Im Gegensatz dazu zwingt sie jedem Kommentar ein Metakommentar auf und fordert somit bei jeder Analyse die gleichzeitige Besinnung auf ihre methodischen Grundlagen.

Für die Geschichte der deutschen Literatur wird das Nebeneinander mündlicher und schriftlicher Ueberlieferung akut im 12. und 13. Jahrhundert: dies ist der Zeitraum des Uebergangs epischer Stoffe von einem Bereich in den anderen. Es ist somit angebracht, sich zu fragen, wie die Voraussetzungen und Konsequenzen beider Ueberlieferungstypen sowohl im allgemeinen wie spezifisch für die Wende zum 13. Jahrhundert zu umreissen sind.

Zur Beleuchtung des mündlichen Ueberlieferungstypus kann die sog. "oral-formulaic theory" von Parry und Lord dienen. [4] Es ist mir hier nicht um die Theorie an sich zu tun, an der - und dies sei ihren Gegnern gleich zugestanden - nicht wenig noch zu klären ist. Vielmehr sind für unser Problem einige Konsequenzen der Theorie sowie ihre Aktualitätsbasis wesentlich. Ihre Anwendungsmöglichkeit auf schriftlich überlieferte mittelalterliche Epen, die dieselben Kriterien - formeldichten Stil und Schablonenkomposition - aufweisen wie die direkt der mündlichen Ueberlieferung entnommenen südslawischen Epen, mag umstritten sein. Es scheint mir jedoch - ohne auf Details einzugehen - logischer, diese Anwendungsmöglichkeit auf Grund mit empirischer Wahrnehmmung übereinstimmender Kriterien anzunehmen, als sie zu leugnen und dann die Funktion ebendieser Kriterien in mittelalterlichen Epen als von ihrer empirisch wahrgenommenen Funktion v e r s c h i e d e n erklären zu müssen. Wie dem auch sei: die "oral-formulaic-theory" beweist keineswegs, dass dieser oder jener epische Stoff - das "Nibelungenlied" z.B. - vor seiner Aufzeichnung mündlich überliefert wurde. Diesen Beweis zu führen brauchen wir ja schliesslich keine "oral-formulaic-theory". Schon Lachmann baute seine Liedertheorie auf die Annahme mündlicher Ueberlieferung auf, und auch für Heusler wurde das "Nibelungenlied" bis in die zweite Hälfte des 12. Jahrhunderts mündlich überliefert, wie ja überhaupt diese Annahme von den kulturellen Gegebenheiten des früheren Mittelalters in Nord- und Mitteleuropa gefordert wird. Von Bedeutung ist jedoch die "oral-formulaic theory", insofern sie die Mechanik und somit auch die Funktion mündlicher Ueberlieferung von der Grundlage empirischer Beobachtung her beleuchtet und sie als wesentlich verschieden von anderen Vorstellungen erscheinen lässt.

Der kulturelle Kontext mündlicher Ueberlieferung ist der Analphabetismus. Schon hier ist zu definieren. Es sind zwei Haupttypen von Analphabetismus zu unterscheiden: derjenige einer vor-schriftkundigen Kultur, wie z.B. der des homerischen Griechenland oder der germanischen Stammeskultur und derjenige eines Bevölkerungsteils innerhalb einer von schriftlicher Ueberlieferung bestimmten Kultur, wie z.B. der des europäischen Mittelalters. In vor-schriftkundigen Kulturen, denen wohl die Schrift bekannt sein mag - Linear B, Runenschrift -, jedoch nicht diskursiver Vermittlung kulturell notwendigen Wissens dient, fällt diese Aufgabe der mündlichen Dichtung zu. Sie vermittelt Mythos, Gesetz, Moral, Genealogie und definiert durch ihre Funktion als Enzyklopädie gesellschaftlich notwendigen Wissens die Identität der vorschriftkundigen Kultur, in der sie wirkt. Ihre Wirkung - und somit die Identität der betreffenden Kultur - ist bestimmt durch die drei Bedingungen mündlicher Ueberlieferung: Vortrag, Perzeption des Vorgetragenen und Erinnerung an das Vorgetragene.

Nun ist es beachtenswert, dass die Betrachtung einer gegebenen Sprache in ihrer gesprochenen und ihrer geschriebenen Form als e i n e Sprache vom Standpunkt der Perzeption aus recht seltsam ist. Denn der Unterschied, z.B. zwischen gesprochenem Deutsch und geschriebenem Deutsch, ist in mancher hier massgebender Hinsicht weit grösser als etwa der zwischen gesprochenem Deutsch und gesprochenem Englisch. Denn es handelt sich im Unterschied zwischen Mündlichkeit und Schriftlichkeit nicht nur um kulturelle Differenzen oder solche zwischen zwei generisch verwandten Systemen, sondern um eine operative Differenz zwischen zwei Perzeptionsbereichen. Hier ist auch zu unterscheiden zwischen der Funktionsbestimmung des zur Perzeption Gegebenen - Laut vs. Schrift - und der Funktionsbestimmung des Wahrnehmungsmechanismus - Hören vs. Sehen -, wobei geschichtliche Uebergangsstadien zu bemerken sind. [5]

Das mündlich überlieferte Gedicht existiert nur im gesprochenen Laut und seiner Bedeutung, und diese nur im Gedächtnis des Hörers. Da in vor-schriftkundiger Kultur diese Bedeutung für die Kultur selbst wesentlich ist, steht jeder Aspekt des Vortrags im Dienste des Gedächtnisses: die Formeln und Erzählschablonen der mündlichen Tradition dienen nicht nur dem mündlichen Dichter, indem sie ihm rhythmisch organisierte Ausdrucksmöglichkeiten und aufs Einzelbild hin gegliederte Handlungen als Kompositionsmittel liefern, sie wirken auch durch ihre Traditionalität als mnemonische Mittel, indem ihre grundsätzliche Bekanntheit, ihre Bildlichkeit und handlungsmässige Gliederung dem Gedächtnis des Hörers dient. [6] Nur durch Handlung und Bild - nicht durch Abstrakta - kann im mündlichen Epos Wissen dargestellt und überliefert werden. Ausnahmen bilden nur proverbielle Wendungen. Der rhythmische Vortrag einer Kette bildlich gestalteter Handlungen erfüllt seinen mnemonischen Zweck, indem er die Identifizierung der Hörer mit der Erzählung fördert. Die äussere Distanz zwischen Erzählung und Publikum ist weiter reduziert durch die kulturellen Gegebenheiten der mündlichen Tradition: da der Gehalt des mündlichen Epos aus kulturell notwendigem Wissen besteht und strukturell sowie lexikalisch durch traditionelle Mittel vom jeweils Vortragenden formuliert wird, reduziert sich die innere Distanz zwischen Dichter und Erzähler oder Dichter und Erzählung: der Dichter, d.h. der Vortragende, repräsentiert die kulturelle Tradition in Gehalt und Formulierungsmittel seines Vortrags, der auch deswegen nicht sein Eigentum ist. Zur Illustration denke man nur an den Gebrauch der Personalpronomina in der ersten Strophe des ''Nibelungenliedes''. [7]

Eine Folge der Reduktion der äusseren Distanz, d.h. der Distanz zwischen Erzählung und Publikum, einer von der Mechanik sowohl wie der kulturellen Funktion mündlicher Epik gegebenen Reduktion, ist die oft beobachtete Homoeostase vor-schriftlicher Kulturen. Ihre Vergangenheit wird nicht als vergangen in unserem Sinne aufgefasst, sondern wird in der mündlichen Ueberlieferung, die ja immer der Gegenwart angehört, der Gegenwart gerecht formuliert. Die Vergangenheit als solche wird zum Opfer kultureller Amnesie. [8] Man denke wieder ans ''Nibelungenlied'', z.B. die verschiedenartig - von Heusler z.T. als Entstehungsschichten - ausgelegten Anachronismen.

Diese Haupteigenschaften mündlicher Dichtung, ihre enzyklopädische Funktion, ihr daher notwendiger und schon von ihrer Mündlichkeit gegebener Gebrauch lexikalischer, struktureller und mimetischer Gedächtnisstützen, die daraus entwachsende Reduzierung innerer und äusserer Distanzen, und die Homoeostase des Publikums, charakterisieren auch die mündliche Tradition eines analphabetischen Publikums innerhalb einer schriftlichen Kultur. Doch hier ist es wieder geboten zu definieren.

Eine schriftliche Kultur ist gekennzeichnet durch schriftliche Ueberlieferung ihres identitätsbestimmenden Wissens. Unbestreitbar ist die Kultur des europäischen Mittelalters eine schriftliche, deren Wesen u.a. von kodifizierten Rechten, der kirchlichen Dogmatik, der Exegese bestimmt ist. Und im 12. und 13. Jahrhundert dehnt sich die Schriftlichkeit dieser Kultur immer rascher aus: der zunehmende Universitäts- und Schulbetrieb besonders Italiens und Frankreichs, der eine beträchtliche Anzahl deutscher Studenten anzog, verlegte die steigende Buchproduktion aus den klösterlichen Skriptorien in städtische, die Veröffentlichung von Gratians ''Decretum'' um 1140 und des Petrus Lombardus ''Sententiae'' um 1155 löste neue Fluten juristischer und theologischer

Literatur aus, die Errichtung von Lehrstühlen für Grammatik in jeder Dom-
schule durch das Laterankonzil von 1179 führte zur Entstehung eines neuen
Marktes für billigere Handbücher der Theologie und Juris, und nun entsteht
auch die abkürzungsreiche, pergamentsparende gotische Textura. Genauso unbestreitbar jedoch ist die Tatsache des Analphabetismus des Grossteils der
Bevölkerung - ein Analphabetismus, der bekanntlich nicht nur die untersten
Gesellschaftsschichten, sondern auch die höchsten in sich einbezog. Als Ge-
sellschaftsklasse ausgenommen ist nur der Klerus, und auch hier hängt die
Bezeichnung oft genug von der jeweiligen Definition von Schriftkundigkeit ab.

Doch genau wie die kulturellen Folgen des Analphabetismus nicht vom Analphabetismus des Einzelnen, sondern vom Wesen der mündlichen Ueberlieferung abzuleiten sind, so sind auch die Eigenschaften schriftlicher Kultur nicht
auf die Schriftkundigkeit des Einzelnen zurückzuführen, sondern vielmehr auf
die Gegebenheiten der Schriftlichkeit selbst. Denn - und dies ist hier das Wesentliche - diese Gegebenheiten üben ihre Wirkung auf jeden aus, der mit
Schriftlichkeit in Beziehung steht, ob er nun selbst lesen und schreiben kann
oder die Lese- und Schreibfähigkeit anderer für seine Zwecke beanspruchen
muss. Entscheidend ist seine Orientierung: stützt sich sein Handeln auf schriftliche Ueberlieferung oder nicht?

Ein schriftlicher Text existiert unabhängig vom Leser und seinem Gedächtnis. Das ist die wesentliche Grundlage schriftlicher Orientierung. Ein geschrie-
bener Text mag nun der Privatlektüre oder der Vorlesung vor einem Publikum
dienen. Eine Vorlesung vor einem Publikum - und im Mittelalter wird man
schon wegen Pergamentpreisen hauptsächlich mit Vorlesungen zu rechnen haben - wird natürlich durchs Gehör wahrgenommen. Doch dasselbe gilt auch zu
einem gewissen Grad für die Privatlektüre, da sie aus Entschlüsselung visuel-
ler Symbole in Laute besteht, einem Vorgang, der auch durch die Häufigkeit
bezeugt ist, mit der sich Schreiberversehen durch die akustischen Gewohnheiten des Schreibers erklären lassen. Da jedoch ein schriftlich fixierter Text unabhängig von Leser und Gedächtnis besteht, gestaltet er eine Situation für seine Wahrnehmung, die sich grundsätzlich von der Situation eines der mündlichen
Ueberlieferung angehörigen Vortrags unterscheidet. Ob privatim gelesen oder
vorgelesen, ein schriftlicher Text kann vergessen, wieder gelesen, teilweise
gelesen werden. Er bleibt derselbe Text, wenn er nicht mit Absicht geändert
wird - einer Absicht, die auf der Ebene mündlicher Ueberlieferung unzulässig
ist, weil sie die Tradition gefährden würde. Man vergleiche nur die Vehemenz,
mit der sich unser Kudrundichter gegen diejenigen wendet, die behaupten, dass
Hagen "herre waere ze Pôlân lasterlîche" (St. 288, 3), etwa mit der aller Vehemenz entbehrenden Behauptung Gottfrieds, dass alle seine Vorgänger "sprachen in der rihte niht, / als Thomas von Britanje giht" (Z. 149f.).

Die Homoeostase, die eine unvermeidliche Folge mündlicher Ueberlieferung ist, findet daher auf schriftlicher Grundlage nicht statt. Die Stabilität eines Textes ist durch seine Schriftlichkeit gesichert und als solche auch erkannt,
ob der individuelle Wahrnehmer nun selbst lesen konnte oder nicht. Denn nicht
nur ist die Stabilität eines immer wieder so und nicht anders gehörten Textes
an sich erkennbar, sie ist dem an Schriftlichkeit orientierten Hörer ein Prinzip seiner Wissensaneignung: sein Handeln und Denken fusst auf der Stabilität

der Schrift, die er, wenn nicht selbst, dann eben durch die Lesefähigkeit anderer um das für ihn nötige Wissen befragt. Die Tatsache, dass nun alle kulturell bedeutungsvollen Beschlüsse auf Schriftlichkeit beruhen und per definitionem von einer Gesellschaftsschicht ausgehen, die beschlussfähig ist und Zugang zu schriftlicher Ueberlieferung hat, lässt ein gesellschaftliches Schichtenmodell aufstellen, nach dem sich die auf mündliche Ueberlieferung angewiesenen analphabetischen Gesellschaftsgruppen als kulturell benachteiligte Gesellschaftsschicht darstellen lassen.

Zugleich wäre aber dieses gesellschaftliche Schichtenmodell auch als perzeptionelles Schichtenmodell zu sehen. Tritt das einst mündlich überlieferte Epos in die an Schriftlichkeit orientierte Wahrnehmungsschicht ein, d.h. wird es niedergeschrieben und vorgelesen, dann verlässt es die Gegenwart des Dichters. Somit nimmt auch der Leser oder Hörer teil an einer vom Dichter textlich gegebenen, nicht aber persönlich dargestellten Gestaltung des "ich" im Text: es entsteht der "Erzähler" als vom Dichter separates Strukturelement. Nebenbei erwähnt sei hier nur die auf Wolfram bezogene Aussage im "Parzival", (II, Z.1711) "i'ne kan decheinen buochstap", die jedoch all ihre Problematik verliert, sobald erkannt wird, dass sie nicht von Wolfram, sondern von einem von ihm geschaffenen Charakter, dem "Erzähler" - und noch dazu einem nachweisbar "unverlässlichen Erzähler" - ausgesprochen wird. Desgleichen ist darauf hinzuweisen, dass, auch wenn man - etwa mit Herbert Grundmann[9] - Dichter und "Erzähler" verwechselt und annimmt, dass Wolfram Analphabet war, seine Dichtung der Schriftlichkeit auch dann angehört: denn eine auf Formeln und Schablonen fussende Komposition ist sie nicht, und als geschrieben wird sie bezeichnet - "Nu weiz ich wol, swelch sinnec wîp,... diu diz maere geschriben siht" (VI, Z.1711-13) - und schliesslich überliefert.

Indem nun die in der mündlichen Tradition bestehende Einheit von Dichter, Vortragendem, Erzähler und Text in ihre Komponente zerfällt, ergeben sich neue Darstellungs- und Auffassungsmöglichkeiten. Die Vergrösserung der inneren Distanz, d.h. der Distanz zwischen Dichter, Erzähler, Vortragendem und Text wie auch der äusseren Distanz zwischen Text und Wahrnehmer, ermöglicht u.a. den Kommentar des Dichters. Als Beispiel diene Siegfrieds Bezwingung Brünhilds: "Dar zuo nam er ir gürtel, daz was ein porte guot, / ine weiz ob er daz taete durh sînen hôhen muot" (Str. 680, 1-2). Die letzte Halbzeile, das mündlich formelhafte "ine weiz ob", wird im schriftlichen Bereich zur Aussage des Erzählers, zur Stellungnahme gegenüber der Tradition. Dass diese auch ironisch sein kann, liegt auf der Hand. Die in mündlicher Ueberlieferung zur Komposition notwendige traditionelle Formel ist im Bereich der Schriftlichkeit weder traditionell noch notwendig und gewinnt daher an semantischer Funktion: das Epitheton wird zur Charakterisierung. Hiedurch entsteht nun eine weitere Möglichkeit der Ironie. Die Handlung des Helden kann seiner ehemals formelhaften Bezeichnung, jetzt aber Charakterisierung gegenübergestellt werden, und wenn sie mit dieser nicht übereinstimmt, ist der Held ironisiert. Wird aber der Held in seinem Heldentum ironisiert, dann ist das diese Ironie perzipierende Publikum schon weit entfernt von der mündlichen Tradition. Denn solche Ironisierung des Helden bedeutet seine Bewertung als weniger denn ein Exemplar der Verhaltensform, die durch die ehemalige Formel gekennzeichnet wird. Wird etwa die kampflustige Brünhild als ''minneclîche meit'' (Str. 425,4; 435,4; vgl. dagegen Str. 438,4; 450,4) bezeichnet, dann entsteht eine Ironie, welche die mündliche Tradition durch Zerstörung der ehemaligen, durch die Formelbezeichnung gegebenen exemplarischen Rolle der Heldin in Frage stellt. [10]

Hiermit wird das Publikum auch vor einen z.T. gesellschaftlich bestimmten Anachronismus gestellt, der die äussere Distanz, d.h. den Abstand des Publikums vom Text fördert. Mimetisch kann der so gesehene Text nicht mehr wirken. Nicht nur die Eigenschaften ''schriftlicher'' Perzeption, auch die Schriftlichkeit als Erfahrung lenkt die Auffassung des Textes von Seiten eines schriftlich orientierten Publikums ab von möglicher Mimesis. Die Erfahrung des Publikums im Bereich der Schriftlichkeit ist bestimmt durch die vorherrschend kommentierende Funktion lateinischen sowie volkssprachigen Schrifttums, die sich nicht zuletzt - wie etwa Raymond Cormier zeigte - im höfischen Roman ausdrückt. [11] Auf schriftlichem Niveau können die durch den Uebergang vom mündlichen entstandenen Anachronismen gerade durch die schon auf diesem Niveau gegebene kommentierende Auffassung des Textes gelöst werden: Siegfrieds Ankunft in Worms ist nicht mehr die ihn als Helden definierende Gebärde, sondern eine Herausforderung eines politischen Systems auf Grund einer diesem n i c h t eigenen Rechtsauffassung.

Letzten Endes ist die äussere Distanz auch schon von einer Grundgegebenheit der Schriftlichkeit gefördert. Nicht nur ist der Dichter vom Publikum, sondern auch das Publikum vom Dichter abwesend. Jede Formulierung - sogar auch, in geringerem Masse, eine mündliche - einer Erzählung (sei es auch ein Brief, ein Vortrag, eine Tagebucheintragung) erfordert die Gestaltung eines Publikums, das eigentlich nicht existiert, das aber - wie Wolfgang Iser und Pater Ong zeigen - implizite das ''wirkliche'' Publikum in die Erzählung impliziert. [12] Die ''edelen herzen'' bei Gottfried sind ein augenfälliges Beispiel. [13] Das oben zitierte ''ine weiz'' des Nibelungentextes impliziert sein schriftliches Publikum nicht einfach durch das Bekenntnis ''ine weiz'' - ''fragt mich nicht'' - denn beim schriftlichen Text kommt fragen kaum in Frage. Das ''i'' des ''ine'' ist nur mehr Maske eines Erzählers, womit das Publikum impliziert wird, d.h. es wird zur Stellungnahme gegenüber dem eben Erzählten aufgefordert und zu ironischer Reaktion eingeladen.

Historisch können also die Verhältnisse zwischen mündlicher Ueberlieferung und Schriftlichkeit, zwischen mündlich komponiertem sog. Heldenepos und demselben schriftlich überlieferten, vom höfischen Romanpublikum gelesenen Epos nicht einfach als geschmacksbestimmte Höfisierung betrachtet werden. Die Vereinigung u.a. der zwei archetypisch-heroischen Identifizierungsobjekte - Kulturheld und Artusritter - geschieht demnach nicht nach dem Jauss'schen Modell auf Grund der Verdrängung des einen durch das andere, sondern durch den Zwang der Schriftlichkeit und ihrer Folgen. [14] Im gleichzeitigen Weiterleben mündlicher Ueberlieferung wird man ihre Gegebenheiten und ihre Unterschiede von der sich nun immer rascher entwickelnden Schriftlichkeit zu Rate ziehen müssen. Zwar bestand - um ein treffendes Wort Hans Fromms anzuwenden - ein symbiotisches Verhältnis zwischen Mündlichkeit und Schriftlichkeit, eine ''collaboration'', wie Kellogg will, doch verbieten die Gegebenheiten eines jeden eine gleichartige Funktion beider – womit ich die Maske eines eigentlich unwirklichen "Erzählers" ablege und Sie, meine Damen und Herren, aus der Unwirklichkeit des impliziten und hoffentlich implizierten Zuhörers Ihrer wirklichen Wirklichkeit übergebe. [15]

Anmerkungen

1 Siehe hierzu Franz H. Bäuml und Edda Spielmann, From Illiteracy to Literacy: Prolegomena to a Study of the Nibelungenlied. In: Forum for Modern Language Studies 10 (1974), S. 248-259.

2 Hans Robert Jauss, Literaturgeschichte als Provokation. Frankfurt 1970, S. 171.

3 Fredric Jameson, Metacommentary. In: PMLA 86 (1971), S. 9-18.

4 Albert B. Lord, The Singer of Tales. Cambridge, Mass. 1964.

5 H. J. Chaytor, From Script to Print. Cambridge 1950, S. 13ff.

6 Eric A. Havelock, Preface to Plato. Cambridge, Mass. 1963, bes. Kapitel II-V, VII-XIII.

7 Bäuml und Spielmann, S. 251.

8 Rüdiger Schott, Das Geschichtsbewusstsein schriftloser Völker. In: Archiv für Begriffsgeschichte 12 (1968), S. 184, 197; Jack Goody und Ian Watt, The Consequences of Literacy. In: Comparative Studies in Society and History 5 (1963), S. 304-345.

9 Herbert Grundmann, Dichtete Wolfram von Eschenbach am Schreibtisch? In: Archiv für Kulturgeschichte 49 (1967), S. 391-405.

10 Bäuml und Spielmann, S. 253-255. Siehe auch Bäuml, Transformations of the Heroine: From Epic Heard to Epic Read. In: The Role of Woman in the Middle Ages, hrsg. v. Rosmarie Thee Morewedge. Albany 1975, S. 23-40.

11 Raymond J. Cormier, The Problem of Anachronism: Recent Scholarship on the French Medieval Romances of Antiquity. In: Philological Quarterly 53 (1974), S. 145-157.

12 Wolfgang Iser, The Reading Process: A Phenomenological Approach. In: New Literary History 3 (1972), S. 279-299, und Walter J. Ong, S. J., The Writer's Audience is always a Fiction. In: PMLA 90 (1975), S. 9-21.

13 Ruth Goldschmidt Kunzer, The Tristan of Gottfried von Strassburg. An Ironic Perspective. Berkeley, Los Angeles, London 1973, S. 22-23.

14 Hans Robert Jauss, Levels of Identification of Hero and Audience. In: New Literary History 5 (1974), S. 282-317, bes. 305f.

15 Hans Fromm, Der oder Die Dichter des Nibelungenliedes? In: Acta. IV Congresso Latino-Americano de Estudos Germanísticos. São Paulo 1974, S. 51-66, bes. 59f., und Robert Kellogg, Oral Literature. In: New Literary History 5 (1973), S. 55-66, bes. 63ff.

DICHTUNG UEBER HELDENDICHTUNG: BEMERKUNGEN ZUR DIETRICHEPIK DES 13. JAHRHUNDERTS

Von Michael Curschmann (Princeton)

Der 'Rosengarten von Worms' beginnt in der Fassung A mit einer Herausforderung Krimhilds an Dietrich von Bern, sich mit Sigfrid im Zweikampf zu messen. Dietrichs erste Reaktion ist komische - oder zumindest komisch wirkende - Verzweiflung: "Was ist nur mit den Frauen los? Keine scheint einen Mann nehmen zu wollen, der sich nicht vorher mit mir geschlagen hat." Schon als humoristisch gefärbte Variante von Dietrichs berühmtem Zaudern ist diese Bemerkung hübsch, aber ihr besonderer Reiz liegt darin, dass in dem implizierten Rückverweis auf einen literarischen Hintergrund der Held sich s e l b s t als typisiert begreift. Man denkt zunächst an seine Begegnung mit dem Riesen Ecke, dessen Herausforderung ähnlich motiviert ist und der damit bei Dietrich auf ähnliche Bedenken stösst; weiter an Dietrichs angestammtes Junggesellentum, dem diese Denkkategorien an sich völlig fernliegen, das ihn zu einer solchen Rolle aber geradezu prädestiniert; und schliesslich an den Artusritter Gawan, dessen typische Funktion ja darin besteht, den jeweiligen Helden als voll qualifizierten ritterlichen Kämpfer auszuweisen.

Wie selbstverständlich bezieht diese Assoziationstechnik auch höfische Reminiszenzen mit ein, aber bevor man sich über die Rolle des Höfischen in dieser späten Heldenepik verständigt oder über andere Fragen dieser Art - ist es abgesunkene Heldendichtung, ist es gattungsgeschichtlich konturlose Trivialliteratur? - wäre doch etwas Grundsätzlicheres zu klären, nämlich Art und Grad des literarischen Bewusstseins, in dem Dichtungen über Dietrich in der 2. Hälfte des 13. Jahrhunderts erstmals zu Pergament gebracht werden. Ich möchte dazu im Augenblick lediglich eine kurze Serie von Beispielen beitragen, die zugleich verschiedene Gestaltungstypen exemplifizieren sollen.[1] Mein zweites Beispiel ist struktureller Art und stammt aus der 'Rabenschlacht'.

Die eigentliche Schlacht von Raben und ihre unmittelbare Vorgeschichte dauern 14 Tage und Nächte und werden in ca. 680 Strophen berichtet. Dieser Grossabschnitt ist durch genaue Zeitangaben reich untergliedert, und das erleichtert zunächst einmal den Ueberblick über die zweitägige Vorgeschichte, die zweisträngig verläuft: Auszug des Heeres und das Lager vor Raben - wenig später der Ausritt der drei Knaben, die man in Bern zurückgelassen hatte (die Dietrichs Obhut anvertrauten Söhne Etzels und sein eigener Bruder), und deren Gefecht mit dem Renegaten Witege. Diese beiden Handlungsstränge sind genau und zwar so synchronisiert, dass der Kampf mit Witege, der mit dem Tod der Kinder endet, im gleichen Zeitraum stattfindet, in dem sich das Heer noch eingehend auf die Schlacht vorbereitet. Das Publikum ist damit nachdrücklich darauf hingewiesen, dass, bevor nun am Morgen des 3. Tages die Schlacht beginnt, der mögliche Sieg bereits tragisch verwirkt ist. Bemerkenswert ist an der Organisation dieser Einleitung weiterhin, dass die hierauf verwandten 250 Strophen zu genau gleichen Teilen auf die beiden gleichzeitigen Handlungen entfallen.

17

Wer sich des Elements der Zeit, der Erzählzeit wie der erzählten Zeit, so bewusst ist, dem wird man auch weiter nachrechnen dürfen. Die erste Phase der Schlacht, am 3.Tag und in der 3.Nacht, nimmt 85 Strophen in Anspruch; am 4.Tag sind es nurmehr 33. Die Darstellung wird also zunehmend knapper, und nun folgt eine extreme Raffung: ca. 78 Strophen, die im numerischen Zentrum der Schlachtschilderung stehen, berichten von einem Zeitraum von 8 Tagen und 10 Nächten. Danach gestaltet sich die Erzählung wieder breiter: von den Ereignissen des 13.Tags und der 13.Nacht berichten 49 Strophen, und die letzten 24 Stunden sind in 185 Strophen erzählt. Was besagen diese Proportionen über die Funktion des erwähnten Mittelstücks?

Zunächst ist zu ergänzen, dass dieses Mittelstück auch in anderer Hinsicht aus dem Rahmen fällt. Es unterbricht eine Serie von Zweikämpfen, die nachher fortgesetzt wird, fast als sei inzwischen nichts geschehen, und es verteilt die Handlung unter zwei verschiedenen erzählerischen Aspekten: zunächst stellt der Erzähler nacheinander 27 Kämpferpaare vor, und dann setzt er in einem genau gleich langen 2.Teil das nicht etwa in Handlung um, sondern ergeht sich in allgemeinen Bemerkungen zum Geschehen, Klagen und Vorwürfen gegen Ermanarich. Mit anderen Worten, der zeitlichen Raffung - oder, anders gesagt, der Hyperbolik der Zeitangabe - entspricht eine ausgesprochene Schematisierung der Darstellung.

Im Zentrum seines Schlachtberichts stellt der Dichter die unerhörten Ausmasse des Geschehens gewissermassen in abstracto dar, und er tut das ganz bewusst und in seinem Publikum unmittelbar einsichtiger Weise. Hier wird das Ereignis nicht geschildert, sondern apostrophiert, und hier wird die Gattung nicht erfüllt, sondern zitiert. Voraussetzung ist dabei ein ausgeprägtes Gefühl für die Zeit als Ordnungsfaktor der Erzählung, das der Verfasser gelegentlich auch, wie erwähnt, in den Dienst dramatischer Spannung stellt und mit dem er sich deutlich von der Tradition abhebt, aus der sein Stoff und sein Thema stammen.

Mein drittes Beispiel ist das 'Buch von Bern' - ein Beispiel dafür, wie eine alte Erzählung neu thematisiert und dabei stofflich aufgeschwellt wird.

Im 'Buch von Bern' geht den Kämpfen zwischen Dietrich und Ermanarich in Italien und dem zweimaligen Versuch des Vertriebenen, mit Etzels Hilfe sein Reich zurückzugewinnen, eine Geschichte der Vorgänger und Ahnen voraus. Manches, was der Verfasser hier berichtet, muss schon seine Zeitgenossen merkwürdig berührt haben: artushaft-ideale und zeitlose Urvergangenheit in einem nur ganz vage definierten römischen Reich, für die die schon bekannte Literatur keinerlei Gewähr bot. Könige, die 800 Jahre alt geworden sind und dabei 56 Söhne gezeugt haben, von denen aber dann doch nur einer den Vater überlebte - in bequemer, automatischer Regelung der Erbfolge. Was diese mythographische Konstruktion bezweckt und bewirkt, ist, dass das folgende Geschehen um Dietrich selbst, das an sich ja auch "grauer Vergangenheit" angehört, in greifbare Nähe rückt, geradezu politische Aktualität gewinnt. Hier spielt das Element der - historischen - Zeit plötzlich eine wichtige Rolle, hier herrschen Machtverhältnisse, die sich daraus ergeben, dass das Reich erstmals geteilt werden musste, und hier wird dieses geteilte Erbe genau geographisch fassbar.

Weiter aktiviert der Verfasser das Vorwissen seines Publikums im Sinn seiner neuen Konzeption, indem er den Usurpationsversuch Ermanarichs in die frühe Jugend Dietrichs legt, eine Periode, die, nach allem, was man wusste, mit Kämpfen gegen Riesen, Zwergen und junge Helden hinging, in denen der Jüngling zum Mann heranreifte. Indem nun der Konflikt mit Ermanarich die Rolle der Lebensschule übernimmt, schält sich als neues Thema die Erziehung eines jungen Fürsten zur Verantwortung in seinem angestammten Stand und Amt heraus.

Wie dieses Thema der bekannten Handlung und dem alten Generalthema der wechselseitigen Lehenstreue unterlegt wird, lässt sich u. a. dort gut beobachten, wo der Verfasser den ersten Rückkehrversuch Dietrichs durch einen zweiten ergänzt, der stofflich im wesentlichen auf einer Version der 'Rabenschlacht' beruht. - Im Exil, so wie es eingangs die 'Rabenschlacht' darstellt, verlobt sich Dietrich mit Helches Nichte Herrad gleichsam zum Trost für seine Vereinsamung. Nach dem folgenden Festturnier beschenkt Helche die Teilnehmer reich, und der anonyme Erzähler knüpft daran eine Bemerkung über die mangelnde Freigebigkeit zeitgenössischer Fürsten. Im 'Buch von Bern' nun ist Dietrichs Verbindung mit Herrad ein widerwilliger Akt politischer Klugheit, und Helches grosszügige Geste steht im Dienst eines Leitmotivs der ganzen Erzählung, das als "gerechte Entlohnung der Gefolgschaft" umschrieben werden kann. Dass Dietrich sein Reich verliert, resultiert letzten Endes daraus, dass er sich im entscheidenden Moment ganz auf die finanzielle Hilfe seiner Leute angewiesen sieht. Im Verlauf des ersten mit Etzels Hilfe geführten Rückeroberungszugs findet er dann schon eine Möglichkeit, wenigstens die Hauptleute angemessen zu bezahlen. Jetzt, im letzten Akt, übersendet Helche in seinem Beisein - und mit lehrhaft erhobenem Zeigefinger - den treu gebliebenen italienischen Städten einen beträchtlichen Goldschatz, um sie auf den entscheidenden Gang vorzubereiten. In diesem Sinn ist dann auch der unverbindliche Spielmannstopos der 'Rabenschlacht' umfunktioniert: es folgt die berühmte Invektive Heinrichs des Voglers gegen die Fürsten, die den Adel zum Waffendienst heranziehen, ohne zu Gegenleistungen bereit zu sein. Indem er hier unvermittelt und entgegen dem ungeschriebenen Gesetz der Gattung aus seiner Anonymität heraustritt, unterstreicht der Erzähler in einem dramatischen Gestus die Modernisierung des alten Stoffs.

Ein solcher Prozess literarischer Anverwandlung setzt beim Dichter wie beim Publikum ein höchst reflektiertes Verhältnis zu Heldendichtung und -sage voraus, das noch längst nicht hinreichend gewürdigt ist - ganz besonders nicht im Fall des Zeitgenossen, der im 'Biterolf und Dietleib' das neue literarische Bewusstsein voll zur Geltung bringt - mein letztes Beispiel.

Sein Auftrag lautete offenbar, Dietleib, ein traditionelles, aber schattenhaftes Mitglied des Kreises um Etzel und Dietrich, im Sinn eines steiermärkischen Adelspublikums voll zu profilieren. Er erledigte sich dieser Aufgabe in der Weise, dass er seinen Helden zur gesamten südostdeutsch bekannten Heroenwelt in Beziehung setzte, die nach den vier Himmelsrichtungen durch Spanien, Worms, Ungarn und Oberitalien umschrieben ist.

Von Spanien ziehen Biterolf und - ca. 10 Jahre später auf der Suche nach dem Vater - der junge Dietleib an Etzels Hof, anonym bzw. pseudonym, bis sie sich nach dem unvermeidlichen Zweikampf in ihren persönlichen Ambitionen bestätigt sehen. Das ist sozusagen die private Entwicklung. Oeffentliche Anerkennung wird dann insbesondere Dietleib in einem zweiten Hauptabschnitt zuteil, in dem Etzel einen Rachefeldzug gegen Worms organisiert, mit dem der junge Mann eine ihm von den Burgundern auf der Durchreise angetane Schmach vergelten will. Der Verfasser konstruiert zu diesem Zweck eine generelle Opposition der fränkisch-burgundischen und gotisch-hunnischen Sagenkreise: auf Dietleibs Seite streiten u. a. Dietrich von Bern und sein Gefolge, die Harlunge und sogar Abgesandte Ermanarichs; die Wormser bieten u. a. Walter von Spanien und Sigfrid von Xanten auf. Rüedeger von Bechelaren, der schon vorher den Zweikampf zwischen Vater und Sohn unterbrochen hat, fungiert als Bote und trägt wesentlich mit dazu bei, dass sich die Fehde in ein relativ unblutiges Turnier auflöst, das in Scherzreden der Gebläuten ein versöhnliches Ende findet.

Beiden Hauptteilen unterliegen bekannte Handlungsschemata der Heldendichtung, die aber umgekehrt bzw. verzerrt sind; dem ersten die Geschichte Walters von Spanien, dem zweiten die Erzählung vom Rosengarten zu Worms. Man kann das freilich auch höfisch lesen: ein Artusritt, gefolgt von einer Vatersuche, und ein ritterliches Turnier im Beisein der Damen. Aber wichtiger ist es, zu sehen, dass der Verfasser nicht naiv amalgamiert oder transponiert, sondern dem Höfischen genauso frei gegenübersteht wie dem Heroischen. Diese Freiheit geht im einzelnen bis zur ironischen Relativierung, ja Persiflage der übernommenen Erzählmuster, etwa in der Behandlung des Motivs vom Zweikampf zwischen Vater und Sohn, das beiden Traditionsbereichen zugehört.

Eine geradezu mutwillige Durchbrechung des hergebrachten Handlungsschemas liegt schon darin, dass Vater und Sohn sich keineswegs im Zusammenhang ihres Waffengangs erkennen, sondern erst später. Noch auffälliger aber ist die Art, wie der Anagnorisis-Vorgang dann nachgeholt wird: ein ungenannter Dritter, dem die Familienähnlichkeit auffällt und der sich dunkel an Biterolf erinnert, verwickelt diesen in ein Gespräch. Jeden Schritt nun, den in diesem Gespräch Biterolf dem Eingeständnis seiner Identität und dem Erkennen seines Sohnes nähergetrieben wird, begleitet der Erzähler mit weiteren Angaben zur Person seines mysteriösen Gesprächspartners: er ist ein Fremder aus fernen Landen, Markgraf, Ehemann der Gotlind - und schliesslich entpuppt er sich als der allseits bekannte Rüedeger von Bechelaren. So wird das übliche Anagnorisis-Schema als ausgeleiert abgetan und in einem Versteckspiel mit der Person des Mittelsmanns spielerisch-frivol neu gespannt.

Worauf läuft diese Manipulation bekannter Handlungszusammenhänge, Erzählschemata, Motive und Figuren hinaus? Grundsätzlich dreht der Verfasser das Rad der Heldengeschichte zurück: Walters Flucht von Etzels Hof wandelt sich zur Queste, die Schlacht von Worms findet vor der Zeit der grossen Tragödien in Worms, Etzelburg und Oberitalien statt. So entsteht eine vortragische, heile Welt als Bühne für den Auftritt des neuen Helden: 'Biterolf und Dietleib' ist eine literarische Initiationsfeier, in vollem Einklang mit dem ursprünglichen Auftrag des Dichters.

Wenn dieser Dichter darüberhinaus überhaupt eine bestimmte, gattungsgeschichtlich gerichtete Tendenz verfolgt, dann ist sie nicht höfisierend zu nen-

nen, sondern anti-nibelungisch: Versuch eines heiteren Gegenbilds zur Tragödie des jungen Sigfrid und zum sinnlosen Untergang zweier Zivilisationen – bis
in die Doppelstruktur und die Trivialisierung des Rachemotivs hinein.

Das Heldenfestspiel von Biterolf und Dietleib ist längst nicht mehr Heldendichtung, sondern Dichtung über Heldendichtung, und es spiegelt damit exemplarisch das neue Verhältnis zur heldenepischen Tradition, das sich in anderer
Weise auch im 'Buch von Bern' oder der 'Rabenschlacht' äussert, die – wohl-
gemerkt – in derselben Generation entstehen. Auch das 'Nibelungenlied' ist
schon Dichtung über Heldendichtung, zumindest insofern, als es die Spannung
zwischen dem Heroischen und dem Höfischen t h e m a t i s i e r t . Aber
jetzt scheint darüberhinaus der Verbindlichkeitsanspruch des Heroischen als
Verhaltensnorm, historischer Bericht und literarische Form im Schwinden,
den die Thematik des 'Nibelungenlieds' noch voraussetzt. Jetzt bedeutet Ver-
schriftlichung, dass die Heldenepik sich selbst zum literarischen Gegenstand
wird, in literarischen Experimenten, die im Zusammenhang eines allgemeinen Aufbruchs zu neuen Formen und Ausdrucksmöglichkeiten zu sehen sind.
Wir sollten uns ruhig gelegentlich daran erinnern, was die älteste erhaltene
Dietrichepik-Handschrift noch enthält, nämlich neben Hartmanns 'Iwein' die
Lyrik Neidharts und den 'Pfaffen Amis' des Stricker.

---

1 Die nachfolgenden Ausführungen basieren auf separaten Interpretationsstudien
  zum 'Buch von Bern' und zum 'Biterolf und Dietleib', die ich anderweit zu ver-
  öffentlichen hoffe. Schon deshalb glaube ich, im Rahmen dieses knappen Kon-
  gressreferats auf den üblichen bibliographischen Apparat und genaue Belege
  verzichten zu können.

SCHRIFTSTELLER UND REZEPTION IM SPAETEN MITTELALTER

Von Michael S. Batts (Vancouver)

Als die deutsche Literatur um die Mitte des 18. Jahrunderts Gegenstand der gelehrten Kritik wurde, war man sich wohl darüber im klaren, wo die Grenze zwischen Literarischem und Nicht- oder Un-Literarischem zu ziehen war. Obwohl die Definition des guten Geschmackes häufig der Gegenstand eifriger Diskussion war, meinten die Kritiker, sie seien in der Lage, Gutes von Schlechtem ohne weiteres unterscheiden zu können. Die Lektüre der erst neu erschlossenen, breiten Leserkreise, d. h. die in grossen Mengen abgesetzten Romane unterhaltender Art, gehörten n i c h t zum Guten, nicht zur e c h t e n Literatur.

Im 19. Jahrhundert verstärkte sich diese Meinung, und es bildete sich eine Ansicht heraus, die ich literarischen Darwinismus nennen möchte. Man meinte, nur diejenigen Werke, die tatsächlich gut seien, blieben erhalten; oder - anders ausgedrückt - nur diejenigen Werke seien gut, die die Zeit überdauerten. Es wurde und wird noch vielerorts angenommen, dass die auf den wandelbaren Geschmack des breiten Publikums zugeschnittenen Werke unterhaltender Art genauso von der Bildfläche verschwinden, wie die im Kampf ums Dasein unterliegenden Glieder im Reich der Tiere.

Gleichgültig, wie man sich zu der zur Zeit stark geförderten Beschäftigung mit der Unterhaltungs- oder Trivialliteratur stellt, eines ist unleugbar: man weiss - mehr oder weniger -, was mit diesem Begriff gemeint ist. Wie sehr man auch über den ästhetischen oder kulturellen Wert des Objektes streiten mag, man weiss doch, welche Werke zur Zeit Goethes, zum Beispiel, als unterhaltend oder trivial zu gelten haben. Man kann sie aufzählen und, wenn auch manchmal nur mühevoll, noch lesen. Man kennt die Urteile der Zeitgenossen über diese Werke, denn sie werden in Briefen und Tagebüchern erwähnt und in Zeitungen und Zeitschriften - meist ablehnend - referiert.

Der literarische Darwinismus, wie suspekt er auch als Theorie sein mag, ist wenigstens für eine Zeit vertretbar, die gedruckte Bücher massenhaft hervorgebracht hat; denn wir wissen nämlich nicht nur, was sich literarisch erhalten hat, sondern auch, was überhaupt zu dieser oder jener Zeit gedruckt wurde. Man kann mit anderen Worten die Masse noch erkennen, aus der das Bleibende und Wertvolle hervorgegangen ist.

Die zweite Hälfte des 18. Jahrhunderts brachte aber auch die ersten Anfänge einer Aelteren Germanistik, als die Werke der alt- und mittelhochdeutschen Dichtung, die in entlegenen Winkeln Jahrhunderte überdauert hatten, wieder ans Licht gebracht wurden. Auf d i e s e m Gebiet musste es allerdings den Kritikern an "Geschmack", d.h. an Urteilsfähigkeit, mangeln, denn ihnen fehlte ja die Vergleichsmöglichkeit, die feste Basis, die für eine kritische Würdigung nötig ist. Abgedruckt und gelobt wurde somit fast alles, was die Zeit überdauert hatte. Erst im Laufe des 19. Jahrhunderts bildete sich so etwas wie ein literarischer Kanon heraus, eine Wertskala, welche aber nicht dazu geführt hat, dass man sich in der Folgezeit ausschliesslich den "guten" Werken widmet. Man beschäftigt sich weiterhin mit a l l e n Werken der mittelalterlichen Dichtung.

Diese Grosszügigkeit mag vielleicht damit zusammenhängen, dass die Zahl der überlieferten Werke keine sehr grosse ist, aber hinter dieser scheinbaren Grosszügigkeit steckt wohl noch der darwinistische Glaube an das sichere Ueberleben der zum Weiterleben fähigsten Werke, wie ich ihn soeben beschrieben habe. Die beschränkte Anzahl überlieferter mittelhochdeutscher Werke ist sicherlich nur ein Teil von dem, was im Mittelalter an Literarischem produziert wurde; doch sind die Daseinsbedingungen handschriftlich überlieferter Werke viel zu sehr von denen gedruckter Bücher verschieden, als dass man ohne weiteres behaupten könnte, das Erhaltene sei das Beste. Ich möchte also im folgenden nicht die Frage erörtern, ob unsere heutige Einschätzung mittelhochdeutscher Werke gültig ist, sondern die Frage, ob es irgendwelche Anzeichen dafür gibt, dass die Ueberlieferung dieser Werke von ihrer Qualität oder von ihrer zeitgenössischen Rezeption abhängt.

Betrachten wir zunächst einmal die Handschriften selber. Was bedeutet die absolute Zahl der erhaltenen Handschriften eines Werkes? Von den in durchschnittlich 500 Exemplaren hergestellten Wiegendrucken sind einige ganz verschollen, die meisten nur in wenigen Exemplaren erhalten geblieben. Welches Verhältnis besteht zwischen erhaltenen und verschollenen W e r k e n aus der Zeit vor dem Druck und zwischen erhaltenen und verlorenen H a n d s c h r i f t e n eines Werkes? Ist ein in 10 Handschriften überliefertes Werk zweimal so gut aufgenommen worden wie ein in nur 5 Handschriften überliefertes? Und welcher Art sind diese Handschriften? Die Werke der mittelhochdeutschen Dichtung waren ja durchweg zum Vortrag bestimmt, doch sind weitaus die meisten erhaltenen Handschriften eindeutig als Bücher, als Lesewerke angelegt. Jede Handschrift dürfte also wahrscheinlich nur von dem Geschmack eines einzelnen und kaum vom Geschmack einer breiten Hörerschaft zeugen.

Und was bedeuten Alter und Herkunft der Handschriften? Eine gleichmässige Verteilung von Textzeugen über Jahrzehnte oder gar Jahrhunderte hinweg mag vielleicht eine dauernde, wohl kaum aber eine zunehmende Beliebtheit dokumentieren, besonders wenn diese Textzeugen, wie es häufig vorkommt, auf ein begrenztes Gebiet beschränkt bleiben. Dass eine Handschrift in einer Bibliothek vorhanden ist, ist überhaupt kein Kriterium für die Kenntnis des betreffenden Werkes, geschweige denn Interesse dafür, denn Handschriften werden als Wertsachen behandelt, werden registriert und weiter vererbt. Nur wenn man weiss, für wen eine Handschrift hergestellt wurde, kann man wissen, wer sich zu welcher Zeit dafür interessierte.

Interesse ist auch nicht gleichbedeutend mit Liebe zur Sache. Die Tatsache, dass Minnelieder im 14. Jahrhundert in Zürich oder Heldenlieder im frühen 16. Jahrhundert in Wien (sprich Bozen) gesammelt und niedergeschrieben wurden, beweist noch nicht, dass sie damals dort beliebt waren. Eher umgekehrt: gerade weil sie aus Mangel an Interesse verloren gehen k ö n n t e n , schrieb man sie auf. Das heisst, Handschriften können unter Umständen für mangelndes Verständnis für ein Werk zeugen anstatt für dessen Beliebtheit.

Ein bekanntes, häufig angeführtes Zeugnis für die Rezeption mittelhochdeutscher Werke ist ihre Erwähnung in den Dichtungen von Zeitgenossen und Nachfahren. Es heisst, die Namhaft-Machung eines früheren Dichters lasse auf Kenntnis seines Werkes schliessen. Allerdings nur mit Vorbehalt, denn solche Zitate können aus Zwischenstufen übernommen worden sein. Der Tatsache, dass Rudolf von Ems den Epiker Bligger von Steinach feiert, ist wenig Bedeutung beizumessen, wenn man bedenkt, wie sehr Rudolf von Gottfried von Strasburg abhängig ist, der ja als erster und einziger den Bligger erwähnt. Was soll man überhaupt von der Nennung Bliggers halten? Ist es wirklich glaubhaft, dass ein Epiker das überschwengliche Lob seines grossen Nachfolgers verdient, ohne dass er jemals von einem anderen erwähnt wird?

Vor wenigen Jahren veröffentlichte Günter Schweikle eine Anzahl solcher Dichternennungen.[1] Die zwei Hauptmerkmale dieser Zusammenstellung sind auf der einen Seite die kleine Anzahl solcher Dichternennungen überhaupt und auf der anderen die Tatsache, dass mit wenigen Ausnahmen die Nennung eines Dichters auf einen kurzen Zeitraum nach seinem Tode beschränkt bleibt. Nur ein einziger Dichter, nämlich Wolfram von Eschenbach, wird regelmässig erwähnt - wobei hier und im folgenden n i c h t darauf geachtet wird, ob Werke, die ihm zugesprochen werden, tatsächlich von ihm stammen.

Man darf diesen Dichternennungen gewiss nicht allzuviel Bedeutung beimessen; sie scheinen aber darauf hinzudeuten, dass die Kenntnis der Werke der mittelhochdeutschen Dichter weder sehr verbreitet noch zeitlich von Dauer war, es sei denn, dass unsere Belege äusserst unvollständig sind. Unvollständig müssen sie zwar sein, denn dass wir sämtliche Handschriften sämtlicher Dichter besitzen, wird wohl keiner behaupten wollen, und wie ich schon angedeutet habe, sind diejenigen Handschriften, die wir besitzen, eher Lesewerke als Vortragsunterlagen. Die Tatsache, dass es Leser gab, hilft uns aber nicht weiter, wenn wir nicht wissen, welche Werke dieser Leser gesammelt haben und aus welchen Gründen. Es gibt eben aus dem hohen Mittelalter k e i n e Bücherverzeichnisse von Privatbibliotheken, k e i n e Listen von deutschen Werken überhaupt. Wenn aber das Gute erhalten bleibt, dann müssten die ''guten'' Werke auch in Bibliothekskatalogen der späteren Zeit noch auftauchen; da müssten die Hauptwerke der mittelhochdeutschen Blütezeit noch zu finden sein. Wie sieht es damit aus?

Erst aus einem Zeitraum von ca. 20 Jahren um die Mitte des 15. Jahrhunderts, gerade also zur Zeit des Uebergangs vom handgeschriebenen zum gedruckten Buch, besitzen wir einige persönliche Bücherlisten, die einen interessanten Einblick in die Besitzerverhältnisse gewähren. Ich berücksichtige hier nur Sammlungen, die hauptsächlich deutsche Bücher verzeichnen. Zunächst ist festzustellen, dass die Anzahl der Bücher, die sich im Besitz der Elisabeth Volkerstorfer um 1440[2], des Grafen von Katzenellenbogen um 1444[3], des Grafen von Ortenburg um 1450[4], und der Grafen von Oettingen um 1460[5], recht klein ist. Im Durchschnitt besassen sie etwa ein Dutzend literarische Werke, d. h. nach Ausschluss der religiösen und fachlichen Bücher. Die Dürftigkeit der Sammlungen überrascht nicht; verwunderlich ist eher die jeweilige Zusammenstellung, denn wenn man die Listen vergleicht, stellt sich heraus, dass k e i n e i n z i g e s W e r k in allen vier Listen vorkommt. Nur Werke von Wolfram tauchen in drei Listen auf; vielleicht auch Hartmanns EREC, wenn man den

Titel KOENIG ARTUS als EREC interpretiert. Zweimal nur erscheinen KAISER-CHRONIK, LUCIDARIUS, BRANDAN und MANDEVILLE. Alle anderen Werke sind, falls man durch die seltsamen Formulierungen nicht irregeführt worden ist, jeweils nur in einer Liste vorhanden. Ferner fällt auf, dass Dietrichepen n u r in der Oettingschen Sammlung vorhanden sind und dass weder Gottfrieds TRISTAN noch das NIBELUNGENLIED, von denen wir weit mehr Handschriften besitzen als etwa vom EREC, aufgeführt sind.

Vergleichen wir ferner diese Listen mit dem Angebot Diepold Laubers[6], so stellen wir ebenfalls nur einen beschränkten Grad der Uebereinstimmung fest. Es muss angenommen werden, dass Lauber als Verleger versucht hat, den Geschmack möglicher Kunden zu treffen, und so finden wir nicht wider Erwarten die Werke Wolframs angeboten, zusammen mit Hartmanns IWEIN, EREC und GREGORIUS, dem LIED VON TROY usw. Von Heldendichtung erwähnt er allerdings n u r den WOLFDIETRICH. Vieles von dem, was er anbietet, ist in keiner der vier Listen verzeichnet, wie auch jede Liste einige Titel enthält, die er nicht anbietet.

Es ist natürlich nicht so, dass man erwarten sollte, die gleichen Werke bei jedem Besitzer zu finden. Immerhin kann man sich auf Grund dieser Listen des Eindruckes nicht erwehren, dass es damals keinen festen Kanon der Literatur gegeben hat, und dieser Eindruck wird durch den um wenige Jahre jüngeren EHRENBRIEF des Jakob Püterich von Reichertshausen nur noch erhärtet[7]. Er besitzt nämlich weit mehr Bücher als die eben erwähnten Sammler, mehr sogar als seine Adressatin, die Gräfin Mechthild; a b e r 25 Prozent der ihm von ihr genannten Werke sind ihm völlig unbekannt. Dass Jakob sich höchstwahrscheinlich für Werke wie MELUSINA oder PONTUS UND SIDONIA nicht hätte erwärmen können, auch wenn er sie gekannt hätte, ist in diesem Zusammenhang unwesentlich. Wichtig ist, dass er von ihrer E x i s t e n z nichts wusste, z.B. von der Existenz des WILHELM VON WENDEN Ulrichs von Eschenbach oder von DER MOEHRIN seines Zeit- und Standesgenossen Hermann von Sachsenheim. Und w e d e r Jakob n o c h Mechthild kennen Hartmanns EREC, das NIBELUNGENLIED, die Werke Rudolfs von Ems, Konrads von Würzburg usw.

Zusammenfassend darf man folgendes sagen: Um die Mitte des 15. Jahrhunderts waren viele Werke der mittelhochdeutschen Literatur bekannt. Die Tatsache aber, dass in den genannten Listen nur ein geringer Grad an Ueberschneidungen festzustellen ist und dass zahlreiche Werke, darunter einige von uns als bedeutend erachtete, vollkommen fehlen, weist darauf hin, dass die Handschriftenbesitzer nicht über die Fülle der vorhandenen bzw. vorhanden g e w e s e n e n Literaturwerke unterrichtet waren. Die Gründe hierfür sind teils praktischer, teils prinzipieller Natur. Auf der einen Seite muss die Art der Verbreitung und folglich der Rezeption literarischer Werke v o r der Erfindung des Druckes berücksichtigt werden. Der Verfasser eines handschriftlich verbreiteten Werkes konnte nur seine unmittelbare Umgebung ansprechen, wenn er nicht schon im Auftrag e i n e s Gönners schrieb, was ja bekanntlich im späten Mittelalter häufig der Fall war. Jedes Werk spiegelt also in erster Linie den Geschmack des Verfassers oder des Auftraggebers wider, vielleicht auch den Geschmack des persönlichen Kreises. Eine Geschmacksbestimmung durch ein "Publikum" kam nicht oder kaum in Frage, da es ein solches nicht gab. Die Verbreitung des Werkes konnte nur von Fall zu Fall geschehen, und deswegen konnte das Verlegergeschäft auch nicht recht florieren. Ein Verleger konnte nur die Werke, die ihm bekannt geworden waren, an diejenigen verkaufen, die das Werk a u c h kannten bzw. deren Geschmack er kannte.

Auf der anderen Seite wundern wir uns heute manchmal über den Geschmack der Literaturkenner des späten Mittelalters, z. B. darüber, dass DER JUENGE-RE TITUREL "das Haupt ob teutschen Büchern" genannt werden konnte. Wir übersehen dabei, dass eine Geschmacksbildung nicht nur nicht möglich war in einer Situation, wo jedes Exemplar eines Werkes einzeln hergestellt werden musste, sondern auch, dass sie vielleicht überhaupt nicht in die Zeit gehört. Denn die gesamte Literatur, sofern sie nicht sakraler Art war, war im Grunde genommen Unterhaltungsliteratur. Der Sammler war nun kein passiver Käufer eines auf den Publikumsgeschmack abgestimmten Angebotes, sondern ein Besteller; er bestellte gerade das, was ihm durch Zufall bekannt geworden war und ihm gefallen hatte. Jede Sammlung verdankt ihre Existenz dem Geschmack eines Individuums, und dessen Geschmack ist, wie uns die Lesepsychologie lehrt, vorwiegend s t o f f l i c h bedingt. Jakob Püterich von Reichartshausen liebt die alten ritterlichen Bücher; "der neuen acht ich nit", sagt er. Dass er stofflich w o h l , kaum aber qualitativ unterschieden hat, sollte uns n i c h t wundern.

Ich glaube also nicht, dass das Vorhandensein irgendeines Werkes in einer spätmittelalterlichen Büchersammlung für dessen fortdauernde Popularität zeugen kann; allenfalls dafür, dass der S t o f f noch einen Abnehmer gefunden hat. Die Erhaltung mittelalterlicher Werke ist somit meines Erachtens viel zu sehr von Zufall und vom Geschmack des einzelnen abhängig, als dass man sagen könnte, das Erhaltene stelle in irgendeinem Sinne eine Auslese dar. Der Besitz eines Werkes kann nicht für eine Zeit "typisch sein"; ich möchte weiter gehen und behaupten, dass die K o m p o s i t i o n kaum als typisch für i h r e Zeit angesehen werden kann, denn typisch ist an und für sich nur dasjenige, was beim Publikum ankommt; und gerade das kann man in einer Zeit der handschriftlichen Verbreitung literarischer Werke nicht feststellen.

Zum Schluss möchte ich ein um 100 Jahre jüngeres Zeugnis anführen, um deutlich zu machen, dass diese Probleme nicht mit der Erfindung der Druckpresse sofort aus der Welt geschafft wurden. Es wird allgemein anerkannt, dass die Kataloge der Frankfurter Buchmessen eine zwar unersetzliche, aber auch ungenaue und unvollständige Quelle für unsere Kenntnisse über die Buchproduktion des 16. Jahrhunderts sind. Es wird aber n i c h t genügend berücksichtigt, dass Buch p r o d u k t i o n und Buch r e z e p t i o n zweierlei sind; das heisst, dass Veröffentlichungen, wie sehr die Verleger auch auf den Geschmack des Publikums zielen, diesen nicht notwendigerweise treffen.

Der Katalog der Frühlingsmesse 1569 z. B. verzeichnet 327 Werke, darunter ca. 90 deutsche Werke, wovon höchstens 5 als Literaturwerke gelten können. K e i n e s dieser Werke kommt in den Rechnungsbüchern des Buchhändlers Michael Harders vor[8], der in den wenigen Tagen der Messe - den Barverkauf n i c h t mit eingerechnet - immerhin fast 6 000 Exemplare von 84 verschiedenen Werken, einschliesslich zahlreicher literarischer Werke, absetzte.

Es ist nun natürlich auch nicht so, dass das, was Harder verkaufte, typisch für den Buchhandel sein muss. Immerhin verkaufte er diese Werke an Buchhändler aus vielen Gegenden, und er verkaufte mehr Bücher als z. B. Froben oder Feyerabend. Deren erhaltene Rechnungsbücher lassen auf den Verkauf von i n s g e s a m t ca. 2 500 Exemplare von Werken meist seriösen Inhalts, wenn man so sagen darf, schliessen. Für das Jahr 1569 sind also nicht oder nicht nur die in dem Messekatalog verzeichneten Werke typisch, sondern die Tatsache, dass Michael Harder in fünf Tagen nicht weniger als 159 Exemplare einer v o r 2 5 J a h r e n gedruckten Ausgabe der MELUSINA verkaufen konnte.

Diese Ausführungen, meine Damen und Herren, wollen im Grunde genommen nichts beweisen, oder wenn schon, dann nur Negatives. Von unserem Standpunkt aus dürfen wir gewiss die Literatur des Mittelalters nach beliebigen Kriterien prüfen und einschätzen. Wir dürfen aber nicht glauben, dass wir die Erfahrung der Zeitgenossen nachvollziehen können, denn wir wissen viel mehr, aber auch viel weniger als sie. Einerseits sehen wir jedes Werk innerhalb einer geschichtlichen Reihenfolge, andererseits aber wissen wir nicht, welche Werke zu einer gegebenen Zeit bekannt waren und wie sie rezipiert wurden. Vor allem dürfen wir nicht glauben, dass das, was uns erhalten geblieben ist, eben weil es die Jahrhunderte überdauert hat, auf irgendeine Weise eine Auslese ist. Die Art der Texttradierung und die erhaltenen Textzeugen, die Dichternennungen und die frühesten Bücherverzeichnisse, alle deuten daraufhin, dass eine bewusste Selektion weder möglich war noch angestrebt wurde. Wir tun also gut in der Mediävistik, alle Werke nebeneinander zu lesen und Etikette wie Trivialliteratur, höhere Konsumliteratur oder schöne Literatur zu vermeiden.

Anmerkungen

1 Günther Schweikle, Dichter über Dichter in mittelhochdeutscher Literatur. Tübingen 1970.
2 Elisabeth von Volkerstorf [Bücherverzeichnis]. In: Mittelalterliche Bibliothekskataloge Oesterreichs. Akademie der Wissenschaften, Wien 1915, Bd. V, S. 146f.
3 Graf von Katzenellenbogen [Bücherverzeichnis]. In: Abh. der Bayer. Akad. der Wiss., Hist. Kl. XII, Teil 2, S. 220.
4 Ludwig Röckinger, "Zum baierischen Schriftwesen im Mittelalter". In: Bayer. Akad. der Wiss., Hist. Kl. XII, Teil 2, S. 220.
5 Grafen von Oettingen [Bücherverzeichnis]. In: Mittelalterliche Bibliothekskataloge Deutschlands und der Schweiz. Bayer. Akad. der Wiss., München 1918, Bd. III, i, S. 157-161.
6 Diepold Lauber: Siehe Konrad Burger, Buchhändleranzeigen des 15. Jahrhunderts in getreuer Nachbildung. Leipzig 1907; Hans Widmann, Der deutsche Buchhandel in Urkunden und Quellen. Hamburg 1965, Bd. I, S. 15.
7 Jakob Püterich von Reichertshausen: Siehe Arthur Goette, "Der Ehrenbrief des Jakob Püterich von Reichertshausen an die Erzherzogin Mechthild." Diss. Strassburg 1899.

8 Mess-Memorial des Frankfurter Buchhändlers Michael Harders, hrsg. v.
Ernst Kelcher und Richard Wülcker. Frankfurt/Paris 1873.

"WELCHER FUERST KOENNTE MIR ... ARBEIT VERBIETEN?"
Zur Publikationsgeschichte der 2. Auflage von Jean Pauls "Siebenkäs"

Von Herbert G. Göpfert (München)

Frau Dr. Annemarie Meiner zum 27. 7. 1975

Das Zitat in der Ueberschrift dieses Referats stammt aus einem Brief Jean Pauls an den Verleger Georg Andreas Reimer in Berlin, den Inhaber der dortigen "Realschulbuchhandlung", der in seiner Bedeutung für die Literatur eine Art norddeutscher Gegenpol zu dem etwas älteren süddeutschen Cotta war. Der Brief ist bekannt, er gehört zu dem Briefwechsel über die 2. Auflage des "Siebenkäs"; nur durch einige kleine Zitate bekannt sind bisher aber die Briefe Reimers an Jean Paul. Erhalten sind diese Briefe Reimers als Konzepte in einem "Briefbuch" im Archiv des Walter de Gruyter Verlags in Berlin sowie einige in Abschriften von Caroline Richter im Cotta-Archiv im Deutschen Literatur-Archiv in Marbach/Neckar.[1] Erst wenn man die Aeusserungen beider Briefpartner, des Autors und des Verlegers, zusammennimmt, ergibt sich ein vollständiges Bild der Umstände, unter denen die 2., also die bis heute wirksame Siebenkäs-Auflage zustande gekommen ist. Vielleicht aber erfahren wir noch einiges mehr daraus. Sehen wir also zu.

Jean Pauls früher Roman "Blumen-, Frucht- und Dornenstücke oder Ehestand, Tod und Hochzeit des Armenadvokaten F. St. Siebenkäs" war 1796 in drei Bändchen im Verlag von Carl Matzdorff in Berlin erschienen, wo schon die "Unsichtbare Loge", der "Hesperus" und die "Biographischen Belustigungen" herausgekommen waren; später erschien dort noch der "Titan". Matzdorff hatte jedoch während der napoleonischen Zeit seinen Verlag aufgegeben, und Georg Reimer hatte die Vorräte aller Jean Paulschen Werke einschliesslich der Verlagsrechte erworben. Matzdorff, auf den Jean Paul nicht gut zu sprechen war, soll mindestens eine weitere, wahrscheinlich aber mehrere unveränderte Auflagen des "Siebenkäs" nachgedruckt haben.[2] Jean Pauls andere Werke waren bei verschiedenen Verlagen erschienen, von den "Flegeljahren" (1804) an kamen die meisten bei Cotta in Tübingen, seit 1811 in Stuttgart heraus. Als Reimer sah, dass die Bestände des "Siebenkäs" zur Neige gingen, teilte er das Jean Paul - am 6.1.1816 - mit und bat um seine "Bedingungen" für eine neue Auflage. Erst am 7. Februar 1817 antwortete der Dichter: an einer neuen "Ausgabe" des "Siebenkäs" habe er "schon zu arbeiten angefangen", der Roman solle nunmehr in 4 Bändchen erscheinen, er werde viele kleinere Verbesserungen, aber auch grössere neue Einschaltungen enthalten, die Frucht- und Blumenstücke würden anders verteilt - Jean Paul schrieb also mitten aus der tiefgreifenden Umarbeitung heraus, deren Ergebnis die 2. Auflage des Romans darstellt. Seine in acht Punkten entschieden und kurz zusammengefassten Bedingungen und Wünsche betreffen Erscheinungsweise, Ausstattung, Freiexemplare, spätere Aufnahme in seine "opera omnia" sowie - natürlich - das Honorar.

Als Honorar möchte Jean Paul bei einer - für damalige Zeit nicht niedrigen - Auflage von 1 500 Exemplaren die relativ hohe Summe von 4 Louisd'or pro Bogen haben, 3 Louisd'or bei Ablieferung der Manuskripte, den vierten nach Verkauf von 1 000 Exemplaren. Er schreibt dazu, Matzdorff habe er seinerzeit bei seiner "gänzlichen Unkenntnis des Buchhandels und bei der einem Unverheirateten natürlichen Gleichgültigkeit gegen Geld" den Bogen für nur 10 Reichstaler gegeben, welche Zahl er im nächsten Brief aber auf 7 Reichstaler - das wären noch nicht 1 1/2 Louisd'or - berichtigt, und er habe Matzdorff sogar noch, wie bei allen seinen Büchern, "die Stärke der Auflage" freigestellt. So habe Matzdorff allein vom "Titan" 3 000 Exemplare aufgelegt. Aus den "öffentlichen Berechnungen des redlichen Perthes" könne man aber sehen, dass z.B. die mit 3 Louisd'or Honorar belegte Winckelmann-Ausgabe mit einer Auflage von 850 Exemplaren bereits nach dem Verkauf von 550 Exemplaren für den Verleger "reinen Profit" gebracht habe.

Der Brief schliesst mit einer sehr entschiedenen, herrischen Wendung: "Sollten wir uns in den Hauptpunkten nicht vereinigen können: so erschiene dennoch künftiges Jahr die 2. Auflage des Siebenkäs", was zweifellos ein indirekter Hinweis auf Jean Pauls Verleger Cotta war. Er hofft jedoch auf "unser Vereinigen" und bittet um "beschleunigte Antwort", da sein "Zeitmangel und Berlins Ferne keinen langen Briefwechsel gut vertragen".

Bevor wir den Gang der Handlung weiter verfolgen, ein Blick auf die "öffentlichen Berechnungen des redlichen Perthes", in dessen Hamburger Verlag übrigens 1804 die "Vorschule der Aesthetik" erschienen war und der mit Jean Paul in der napoleonischen Zeit mehrfach korrespondiert hatte. Diese Berechnungen finden sich in der "Ersten Anmerkung" zu der 1816 - anonym - erschienenen berühmten Perthesschen Schrift mit dem proklamatorischen Titel: "Der deutsche Buchhandel als Bedingung des Daseyns einer deutschen Literatur".[3] Gedacht war diese Schrift als Denkschrift für die 1816 in Frankfurt am Main zusammentretende Bundesversammlung, die entsprechend der Wiener Schlussakte vom 8. Juni 1815 sich auf ihrer ersten Sitzung mit allgemeingültigen "Verfügungen über die Pressfreiheit" und die "Sicherstellung der Rechte der Schriftsteller und Verleger gegen den Nachdruck" beschäftigen sollte. Dass es zur Behandlung beider Punkte nicht kam, gehört zu den grossen politischen Enttäuschungen in der Zeit nach 1815. Perthes' Schrift ist ein scharfer Angriff gegen das Nachdruckswesen und ein entschiedenes Plädoyer für einen freien, funktionstüchtigen Buchhandel. Nur der Buchhandel könne das "Dasein", d.h. die materielle Präsenz der deutschen Literatur, die Perthes als den "Gesammt-Ausdruck des geistigen Lebens deutscher Völker" ansah, ermöglichen, die äusseren "Bedingungen" dazu aber seien 1. die selbständige Aufbringung der Herstellungskosten, 2. die als stellvertretend für die "Verpflichtung des Publikums" vom Buchhandel übernommene "Entschädigung" der Autoren und 3. eine möglichst gleichartige Verbreitung der Literatur in allen Orten und bei allen Ständen. Perthes' derart national-gesellschaftlichen Definitionen des Buchhandels entspricht es, wenn er später, in den zwanziger Jahren, selbst eine Geschichte des "äusseren Ganges der Literatur"[4] plante. Wäre dieses Buch zustande gekommen, dann hätten wir darin wohl die erste deutsche Buchhandelsgeschichte gehabt, aber nicht eine primär berufsständisch, sondern eine von der Funktion des Buchhandels als des Mittlers zwischen Literatur und Gesellschaft her definierte Geschichte, d. h. ein Buchhändler hätte uns ansatzweise das gegeben, was der Literarhistoriker heute, rund 150 Jahre später, als eine der Forschungsaufgaben seines Fachs empfindet.

Die von Jean Paul apostrophierten "öffentlichen Berechnungen" betreffen sehr knappe Kostenaufstellungen von 12 Werken aus jenen Jahren, die auf Grund von - zum Teil geschätzten - Zahlen die sehr unterschiedliche Rentabilität von Verlagsunternehmungen zeigen sollen. Sie können nur im Zusammenhang mit Perthes' Ausführungen über die starke und langfristige Risikobelastung jeglicher Verlagsarbeit verstanden werden. Diesen Zusammenhang kannte Jean Paul jedoch wohl nicht, weil er die Berechnungen nur auszugsweise gelesen zu haben scheint. [5]

Reimer akzeptiert in seiner Antwort vom 17. 2. 1817 Jean Pauls Honorarwunsch nicht, sondern setzt 3 Friedrichd'or an (in Preussen damals wohl dem Louisd'or an Wert gleich), geht aber, um Jean Pauls Ansicht "über den Vortheil bei buchhändlerischen Unternehmungen zu berichtigen", sehr ausführlich auf seines "Freundes" Perthes Ausführungen ein, berichtigt sie zum Teil und ergänzt sie vor allem durch ein eigenes, detailliertes, auf den "Siebenkäs" bezogenes Kalkulationsbeispiel. [6] Dazu am Schluss noch ein Wort.

Zuvor aber berührt Reimer die damals häufig - auch vor Gericht - diskutierte verlagsrechtliche Frage der Honorierung von unveränderten Neuauflagen. Warum er das tut, ist nicht recht verständlich, denn aus Jean Pauls Brief musste er wissen, dass es sich um eine stark veränderte Neuausgabe handelte. Doch er geht darauf gar nicht ein. Wenn im Verlagsvertrag - wie beim "Siebenkäs" - "die Auflage nicht beschränkt war", war nach den damaligen Usancen kein Verleger gezwungen, für weitere Auflagen Honorare zu zahlen, auch nicht nach dem 1794 in Kraft getretenen Preussischen Landrecht - dem ersten deutschen Gesetzeswerk, das überhaupt urheber- und verlagsrechtliche Fragen regelte. Aus diesem Grund habe August Wilhelm Schlegel, so schreibt Reimer, einen Prozess gegen Unger wegen seiner Shakespeare-Uebersetzung verloren, und wir wissen, dass z. B. Wendler an Gellert, Schwans Nachfolger Götz an Schiller für die frühen Dramen, Weygand an Goethe für den Bestseller Werther, wohl auch Vieweg an Goethe für "Hermann und Dorothea" nur jeweils einmalige Honorare gezahlt haben. Nur wenn die Höhe der Auflage im Verlagsvertrag limitiert war, konnte der Autor für neue Auflagen neue Abmachungen treffen. Andernfalls galt die Vorstellung vom sogenannten "Verlagseigentum", das der Verleger ein für allemal erworben habe. Solche Gedanken liegen Reimer aber fern, er lässt vielmehr "vor der Hand diesen Anspruch ganz fallen". Zum Schluss seines Briefes jedoch, vielleicht veranlasst durch Jean Pauls eigene herrische Schlusswendung, sagt er deutlich: "sollten wir uns nicht vereinigen, so würde ich dem anderweitigen Druck, oder wenigstens dem Vertrieb einer neuen Auflage des Siebenkäs mit denjenigen Mitteln zu begegnen suchen, welche mir die Gesetze meines Landes gestatten". Die Gesetze seines Landes, also das Preussische Landrecht, besagten, dass bis zum vollständigen Verkauf einer Auflage dem Verfasser die Veranstaltung einer neuen Ausgabe untersagt war. Reimers letzter Satz war also eine Drohung.

Und Jean Paul? "Welch ein Unsinn des Unwillens", notierte er unter jene

Schlusswendung in Reimers Brief. Und er sah auch sofort den schwachen Punkt in Reimers Ausführungen: er wusste, dass das Preussische Landrecht zwischen unveränderter neuer ''Auflage'' und veränderter neuer ''Ausgabe'' scharf unterschied. Dennoch, völlig eindeutig war ihm offenbar die juristische Situation nicht, denn er wandte sich unter der Hand am 28. März 1817 vertraulich an seinen Verleger Cotta, bat ihn um Lektüre der Korrespondenz, die seine Frau ihm abschrieb und der er eigenhändig Paragraphen aus dem Preussischen Landrecht anfügte, schrieb ihm ganz offen, dass er am liebsten ihm den Siebenkäs zum Verlag gäbe, und bat um ''baldige Belehrung'', wobei er in Hinblick auf Cottas oft kaum lesbare Handschrift hinzufügte: ''Gott schenke Ihnen dazu eine leserliche - Dinte''.

Es wäre nun hochinteressant, die Antwort Cottas, der sich zweifellos in einem Konflikt zwischen Pflicht und Neigung befinden musste, zu kennen, leider ist sie nicht erhalten. Wir können sie nur aus Jean Pauls Antwort an Reimer vom 10./15. April 1817 erschliessen. Jean Paul schreibt, er erfülle Reimer ''alle Wünsche''. Für Cotta hatte es also offenbar keinen Zweifel zumindest an der moralischen Situation seines Autors Reimer gegenüber und mithin auch an seiner eigenen Einstellung gegeben. Wir kennen Cottas Rechtlichkeit und Kollegialität übrigens schon aus einer früheren nicht unähnlichen Situation, als nämlich Schiller in seiner Auseinandersetzung mit Göschen ihn einmal zu einem nicht ganz korrekten Handeln verleiten wollte.[7] Cottas Antwort muss auch psychologisch sehr geschickt gewesen sein. Denn obwohl Jean Paul an Reimer schreibt, dieser habe ihm ''jeden Punkt abgefochten und keinen einzigen Gewinn gegeben'', hat der Dichter doch das Gefühl des moralischen Sieges. Nicht nur, dass er Reimer über das Preussische Landrecht belehren kann, mit aller Deutlichkeit sagt er ihm, dass er als Autor die Freiheit und Souveränität habe, wann er wolle, mit einem neugestalteten Werke vor die Oeffentlichkeit zu treten. ''Welcher Fürst könnte oder würde mir 10 oder 15 Bogen neuer Arbeit verbieten oder dem Publikum?... Gesetzt, Sie wären nicht der Mann von Billigkeit, wofür ich und der allgemeine Ruf Sie anerkennen, ... so wären mein Geist und meine Lesewelt unter das merkantilische Interdikt eines Einzelnen gelegt.'' Aber nicht genug mit dem Aufzeigen der Fronten, wie sie in diesem Streit hätten erscheinen können, Jean Paul fügt noch in einer Fussnote hinzu: ''Wie würde aber dieser Einzelne vor der Welt, die mich liebt, dastehen, wenn ich ihn mit seinem Interdikte hinstellte?'' Dreimal, in diesen wenigen Zeilen, apostrophiert Jean Paul das Publikum, seine Leser sind seine Verbündeten. In welcher Beziehung sich Jean Paul zu seinen Lesern sah, davon zeugen indirekt alle seine Bücher und direkt seine Vorreden - der implizite Leser, hier ist er greifbar. Aber nicht nur das: Jean Paul ist sich über die Bedingungen im literarischen Kommunikationsprozess klar. In diesen Worten zeigt weniger der moralisch Unbesiegte seine Waffen, hier spricht ein Autor, der sich seiner Position voll bewusst ist: die merkantilischen Interessen haben ihm, haben der Literatur zu dienen, nicht er, nicht die Literatur diesen.

Doch es zeigte sich ja schon, eigentlich wäre all dieser Aufwand nicht nötig gewesen, und insofern hat diese Geschichte etwas recht Jean-Paulsches. Reimer hielt es jedenfalls für seine ''Pflicht'', wie er später einmal schrieb, und fand ''die grösste Freude darin'', den Autor auch materiell am Erfolg seiner Bücher teilnehmen zu lassen[8], er machte, wie Perthes, seine Tätigkeit zur Bedingung des Daseins der Literatur. Das hat auch Jean Paul alsbald verspürt. Als Reimer ihn am 20. Juli 1817 bei seinem Aufenthalt in Heidelberg besuchte, schrieb er: "er gewann mich; sein redliches Gesicht ist das Siegel seines Werths," und unter einen Brief Reimers vom 22. Mai 1819 notierte er sich sogar, dass er ihm "mit ungewöhnlicher, fast gewaltsamer Liebe... vertraue".[9]

Zum Schluss noch einmal ein Blick auf das Honorar für den "Siebenkäs" und auf Reimers Kalkulationsbeispiel. In seinem Brief vom 8. Mai 1817 bezifferte Reimer das mutmassliche Honorar auf "etwa 1 000 Reichsthaler", was "kein unerhebliches Honorar" sei. Diese Summe entspricht laut der bei Bruford[10] nach Eberhardt abgedruckten Tabelle der Einkommensverhältnisse in dem wohl mit Bayreuth vergleichbaren Weimar um 1820 dem Jahresgehalt der Geheimen Regierungs- und Landesdirektionsräte, des Bürgermeisters Schwabe, des Kollegienrats Kirms, auch des Gastwirts Hemleb vom "Erbprinzen". Der "Siebenkäs" war zwar ein Roman von ca. 600 Seiten Umfang, aber die – der damaligen Literaturgesellschaft entsprechende - Auflage von 1 500 Exemplaren würde nach heutigen Vorstellungen nie die Existenz eines Autors mit seiner Familie ein Jahr lang ermöglichen. Vor allem aber: das Honorar wurde den Autoren damals unabhängig vom Verkauf bei Erscheinen auf einmal voll ausgezahlt, heute erhält der Autor je nach Verkauf sein Prozenthonorar jährlich oder halbjährlich, heute also trägt der Autor das Risiko mit; seit wann, ist noch nicht genau erforscht, wohl etwa seit 1900.

Auf einen weiteren erheblichen Unterschied zwischen den damaligen und den heutigen Usancen der Literaturvermittlung weist uns Reimers Kalkulationsbeispiel hin. Da steht - gegen den Schluss - die Zeile vom "Verlust beim Verborgen der ganzen Summe des Betrags". Die "ganze Summe" von 1 475 Reichstalern ist der Nettopreis (= Ladenpreis minus 33 1/3% Buchhändlerrabatt), den der Verlag von den Buchhändlern erhält. "Verborgt" wurde diese Summe damals insofern, als Abrechnungen der Buchhändler mit dem Verlag erst auf der nächsten, oft auf der übernächsten Messe nach Erscheinen der Bücher stattfanden und die meisten Exemplare à condition mit Rückgaberecht geliefert wurden. Die Folge davon war eine starke Präsenz der jeweils neuen Literatur im Sortiment, aber eine Ungewissheit über den Verkaufserfolg beim Verlag. Dieses Verfahren wurde erst gegen Ende des 19., Anfang des 20. Jahrhunderts geändert; heute muss der Sortimenter neue Bücher vor Erscheinen fest kaufen und zu bestimmtem Termin, etwa ein bis zwei Monate nach der Lieferung, bar bezahlen, was heisst, dass er seinerseits einen Teil des Risikos übernimmt; die Folge ist ein vorsichtigerer Einkauf und oft eine geringere Präsenz. Die Ursachen hierfür liegen u. a. in der Massenproduktion und den steigenden Dienstleistungskosten.

Soviel der Hinweise, die nur exemplarisch sein konnten. Sie waren wirtschafts-, sozial- und buchhandelsgeschichtlicher Art. Gehört das auch zur Literaturgeschichte? Ich meine, ja. Denn es handelt sich um Faktoren, die unmittelbaren Einfluss auf die Intensität, die Breite, das Funktionieren des literarischen Lebens haben. - Es ist aber vielleicht nicht zu allen Zeiten zu erwähnen überflüssig, dass auch eine derartige Einbeziehung "des äusseren Ganges der Literatur'' in die Literaturgeschichtsschreibung Sinn und Berechtigung nur durch die Literatur selbst erhalten kann.

Anmerkungen

1 Ueber Georg Andreas Reimer (1778-1842) s. T. Roller: G.A.R. und sein Kreis, Berlin 1924. - Jean Pauls Briefe nach: Sämtliche Werke, hrsg. v. Eduard Berend. III.Abtl., 7.Bd. Berlin 1954. - Die in Reimers ''Briefbuch'' notierten Briefe sind knapper als die in der Abschrift von Caroline Richter überlieferten, das Briefbuch enthält also ausführliche Konzepte zu, nicht Kopien von Briefen.

2 S. Jean Pauls Werke, 2.Bd., hrsg. v. Norbert Miller. München [3]1971, S.1091f.

3 Zu Christoph Friedrich Perthes (1772-1843) s. die Bibliographie in: Börsenblatt für den Deutschen Buchhandel, Frankfurt/Main, 21.4.1972, S.774. - Zu P.' Literaturbegriff: Carl A. Holtbecker: F.Chr.P.: Literatur, an ihrem Ursprung aufgesucht. In: Börsenblatt... 2.7.1974, S.B. 129 - B 136. - P.' Denkschrift z.Z. in verschiedenen Ausgaben erreichbar, z.B. hrsg. v. Gerd Schulz, Stuttgart 1967.

4 Vgl. Holtbecker, a.a.O. (Anm.3), S.B. 129.

5 Jean Paul setzt in seinem Brief hinter die betreffenden Ausführungen: ''(S. Geographische Ephemeriden August 1816)''. In diesem Heft der bei Bertuch in Weimar erschienenen Zeitschrift ist kein Hinweis auf P.' Schrift zu finden. Jedoch dürfte aus Jean Pauls Angaben hervorgehen, dass er die ''Berechnungen'' nicht in der Originalausgabe, sondern in einem Zeitschriften-Auszug gelesen hat.

6 1. Aus: Friedrich Christoph Perthes: Der deutsche Buchhandel als Bedingung des Daseyns einer deutschen Literatur. 1816
Um so viel möglich Männern, die das Innere der Buchhändler-Geschäfte nicht kennen, verständlich zu werden, sey angenommen, dass folgende Werke sämmtlich auf Kosten einer Buchhandlung gedruckt wären:

	Auflage	Kosten von Druck und Papier ohne Honorar	Mit Honorar à 3 Ld'or pro. Bg. in Summa:	Nöthiger Absatz.
Hormayers Tyrol.	500.	400 Rthl.	1360 Rthl.	450.
Funks Geschichte K. Friedrich.	750.	214 Rthl.	630 Rthl.	700.
Wilkens Kreuzzüge.	500.	350 Rthl.	1150 Rthl.	350.
Savigny's Rechtsgeschichte.	1000.	350 Rthl.	900 Rthl.	500.
Sartor. Gesch.d.hans.Bundes.	750.	1075 Rthl.	3200 Rthl.	575.
Fr.H.Jakobi's Werke.	1000.	750 Rthl.	1775 Rthl.	600.
Winkelmanns Werke.	850.	4000 Rthl.	6750 Rthl.	550.

2. Aus: Brief von Georg Andreas Reimer an Jean Paul. Berlin, 18. Februar 1817.
Das erste Bändchen des Siebenkäs auf 20 Bogen gerechnet gibt
an Honorar   60 Frd'or   =   Rth. 330

| Druck incl. Correctur u. Censor | | 140 |
| Papier | | <u>140</u> |

Rth. 610

Handlungsunkosten	10%	
Emballage u. Frachten	5%	
2-jährige Zinsen	<u>12%</u>	
	27%	<u>165</u>
		775

Verlust für Verborgen für die ganze Summe		
" des Betrags	4%	
" am Cours	4%	<u>120</u>
		895

Von den 1 500 Expl., welche ich nun zu drucken
berechtigt bin, rechne ich an Freiexpl. und für
gelehrte Institute und zum Verschenken ab: 25.
Den Preis setze ich auf 1 1/2 Rth. (Ladenpreis)
Dies bringt für 1 475 Expl. Rth. 1 475.

folglich bleibt <u>möglicher</u> Gewinn   Rth. <u>580</u>.

Was nun von allem Vorhergesagten hierher gehört, alsdass ich mit meiner
Familie leben will, dass der Verkauf erst in einer Reihe von Jahren statt
findet und also Zins und Zinseszins zu berechnen steht, so wie die Rücksicht
auf verfehlte Unternehmungen, davon werden Sie hier billige Anwendung machen.

7 Vgl. Schiller an Cotta vom 20.7.1795 und Cotta an Schiller vom 29.7.1795.
In: Briefwechsel zwischen Schiller und Cotta, hrsg. v. Wilhelm Vollmer.
Stuttgart 1876, S.102 und 105.

8 S. Briefbuch.

9 A.a.O., S.475, Anm. zu Nr.178.

10 Walter H. Bruford: Kultur und Gesellschaft im klassischen Weimar 1775-1800.
Göttingen 1966, S.390-393. - Frau Dr. Dorothea Kuhn, der Leiterin des Cotta-
Archivs, und Herrn Prof. Dr. Otto Neuendorff, dem Betreuer des Archivs des
Walter de Gruyter-Verlages, danke ich für wertvolle Unterstützung und Aus-
künfte, Herrn Prof. Dr. B. Zeller vom Deutschen Literatur-Archiv und Herrn
Dr. Cram vom Walter de Gruyter-Verlag für die freundliche Genehmigung zur
öffentlichen Verwendung der Archivalien.

ZUM PROBLEM DER WIRKUNGSGESCHICHTE
AM BEISPIEL GRIMMELSHAUSENS

Von Günther Weydt (Münster)

Der Redner, der sich im Zeitraum von 19 Minuten - denn wir sollen 20 "auf
gar keinen Fall überschreiten" - mit der Problematik der Wirkungsgeschichte
am Beispiel Grimmelshausens beschäftigt, gerät in die Gefahr, sich einerseits
zu knapp mit der Masse der rezeptionswissenschaftlichen Theorien auseinanderzusetzen und andererseits die nun über 300 Jahre dauernde Wirkung des Dichters zu grob zu verzeichnen. Allein die Schicksale der tausendfältigen Nachfol-
gen und so oder so gebrochenen Reflexe der 20 Hauptwerke Grimmelshausens
stehen an Fülle und Abenteuerlichkeit der Fülle und Abenteuerlichkeit ihrer Urbilder kaum nach.

Das beginnt schon um 1670 bei der Sache selbst mit den vom Dichter echt
- oder von "Nachspickern" betrügerisch - fingierten Helden-, Autor-, Heraus-
geber-, Orts- und Verlegernamen und geht über die je verschiedenen "Gräber
der Vergessenheit" bis zur abenteuerlichen Widersprüchlichkeit moderner Deu-
tungen.

Der Redner würde also in doppelter Hinsicht ein Vielfaches an Zeit benötigen. Lassen Sie mich deshalb auf Mai/Juni 1976 verweisen, wo die Ausstellung
in Münster mit begleitendem Symposion auch die Wirkungsgeschichte breit ex-
plizieren wird!

Schon die Rezeption des "Simplicissimus" allein, unseres ja wohl reichsten
Romans zwischen "Parzival" und "Wilhelm Meister", spiegelt natürlich die
Lesererwartungen und -fähigkeiten zahlloser Schichten und Generationen...
knapp gesagt: spätbarocke Moralisierungs-, aber auch Säkularisierungstenden-
zen, Trivialmentalität, Aufklärungsdenken, Napoleonsympathien (Hoffnung auf
den Einiger Europas), Spielarten des Romantischen (Waldeinsamkeit, Frömmigkeit, Narrentum, Volksdichtung und ihre Gestalten), Sinn für "Derbheit" (Freiligrath), den kulturhistorischen Roman, das Nationalschicksal, die deutsche
Seele, die Faszination unkonventionellen Lebens um die Jahrhundertwende (von
Max Klinger bis Ernst Stadler), die Gesellschaftssatire (Zeitschrift "Simplicissimus"), Elendsmalerei mit metaphysischer Tröstung nach Kriegen, Klassenkampf, Modernismus, und auch bei den Wissenschaftlern - wie könnte es anders
sein? - "der Herren eigenen Geist" ("formlos-naturgebunden", "streng struk-
turiert", "klassisch", "barock", "freigeistig", "religiös" usw.).

Wichtig für methodisch-theoretische Ueberlegungen scheint zunächst die
Feststellung der Tatsache, dass ein Werk zur selben Zeit in derselben sozialen
Schicht vollkommen unterschiedlich beurteilt werden kann. Bereits in seiner
Entstehungszeit gilt der "Simplicissimus" (bei Leuten gleicher Schicht) entwe-
der als vordergründig-derb oder moralisierend-religiös und wird zugleich ent-
weder um seiner Wahrheit willen oder als kühn fabulierend geschätzt. In der
Debatte des Preussischen Abgeordnetenhauses 1876 sagt Rudolf Virchow (Fort-
schrittspartei): "...ich war einmal in meinem Leben so unglücklich, den Sim-

plizissimus zu kaufen auf eine Empfehlung hin... Ich muss sagen, ich bin selten so erschreckt gewesen über ein Buch, wie über dieses. Ich habe förmliche Mühe gehabt, so lange ich es hatte, es soweit zu sequestriren, dass nicht Jemand aus meiner Familie das Buch entdecken möchte...", während der Abgeordnete Windthorst (Bielefeld) bei dem gleichen Anlass meint: "Es ist das werthvollste Kulturbild, welches uns aus jener Zeit von den Nachwehen und Wirkungen des 30jährigen Krieges hinterlassen ist..."[1]

Eine Fülle von Beispielen, die hier auch nicht andeutungsweise präsentiert werden kann, schriftlichen wie bildlichen, scheint mir mindestens ebenso gegen den Glauben an die dominierende Bedeutung einer Erhellung der Literatur von "dem" Leser her wie gegen den Glauben gar an eine Fundierung der Literaturgeschichte durch den "Erwartungshorizont" der Leserschaft (Jauss) zu sprechen.

In der Tat ist ja neuerdings von Vertretern der Rezeptionsforschung oder Wirkungstheorie die Frage gestellt worden, ob es überhaupt möglich sei, "einen solchen Erwartungshorizont für ein Werk in der Geschichte eindeutig zu bestimmen", (ich zitiere Mandelkow, der fortfährt: "oder bleibt nicht vielmehr die begriffliche Fixierung eines solchen Horizonts eine heuristische Fiktion, die den tatsächlichen komplizierten Vorgang der Aufnahme und Rezeption abstrahierend vereinfacht und damit gerade den eigentlichen Sachverhalt verfehlt?"[2]).

Auch auf dem Gebiet der Barockforschung ist vor Vereinfachungen zu warnen. Es scheint mir zu den wertvollsten Ergebnissen neuester Studien auf dem Gebiet zu gehören, dass man von den pauschalen Annahmen, die Untergattungen des Barockromans müssten je bestimmten Gesellschaftsschichten zugeordnet werden, weggekommen ist. Franz Heiduk[3], Hans Geulen[4] und Conrad Wiedemann[5] haben gezeigt - einfach durch genauere Analyse und Prüfung von Tatsachen -, wie wenig man oft sehr klugen und scheinbar plausiblen Aussagen über generelle Zugehörigkeit trauen darf. Zum Beispiel sieht man, dass eine Gruppe "Schäferdichtung" nicht einfach als "ausserhöfisch", "unhöfisch", einem "Landadel" oder "Bürgertum" zugeschrieben werden kann - nur nach Eindruck und Reflexion, aufgrund von Merkmalen, welche sie von den in anderer Art anspruchsvollen höfischen oder gelehrten Riesenromanen unterscheiden. Das Gegenteil ist der Fall.

Und man sieht, dass keineswegs nur Grimmelshausen oder Zesen Gattungsgrenzen überschritten haben. (Das Einsiedlerlied als Transformation des Kirchenlieds ins Individual- und Massenlied als Buchlied, der "Simplicissimus" als Synthese von Volks- und Kunstdichtung, das "Ratstübel" wie fast alles andere ein Wesen SUI GENERIS.) Zugleich erreichen eben alle diese Dichter auch andere Schichten. Die Kluft zwischen Grimmelshausen und der gelehrten und adeligen Welt schien ja bis vor kurzem so unüberbrückbar, dass man es nicht einmal für wert hielt, nachzuschauen, ob nicht wichtigste Quellen bei den Pegnitzschäfern zu finden wären.

Doch wir zielen allgemein auf die Fragen von Erwartungshorizont und Wirkungsproblematik, und auf das Ganze gesehen scheint heute in der Diskussion niemand mehr daran zu zweifeln, dass Literaturgeschichte von der Leserperspektive her oder unter ihrer primären Berücksichtigung geschrieben werden sollte. Ich bin aber dieser Niemand; ich bezweifle es geradezu.

Man kann zwar die Ueberzeugung hegen, dass gerade die Summe aller nebeneinander bestehenden, zum Teil einander widersprechenden Urteile oder ein Ausgleich der sog. "Erwartungshorizonte" es ermögliche, die jeweils notwendig subjektive und standortbeeinflusste (aber sicher nie ganz standortgebundene) Zufälligkeit des Urteils zu überwinden. Doch das will mir nur sehr zum Teil einleuchten.

Viele der Inthronisatoren des Lesers schlechthin meinten es wohl besonders gut zu machen, wenn sie hier das Kind mit dem Bade nach der anderen Seite ausschütteten. Sie wandten sich ab von einer - von bedeutenden Literaturwissenschaftlern freilich nur selten praktizierten - Tendenz zur Verabsolutierung des Kunstwerks an sich. Aber so richtig es ist, gegen den Versuch einer Würdigung des Werks aus sich allein, nur vom unmittelbaren Zugriff oder nur von seiner Produktion her, Bedenken anzumelden, so falsch wäre es, das Heil nun lediglich von einer Analyse der damals oder heute zeitgenössischen oder auch einer zeitlosen Leserschaft zu erwarten. Ich halte es da zum Beispiel mit Grubačić, der die "... versuchte fragmentarische... Rundfrage an alle und jeden als eine nicht sehr ergiebige Sonde" bezeichnet. [6]

Aus den Gefilden prästabilierter Theorie wieder zu Grimmelshausen und seinem Leser zurück: Auch die Akkumulation aller Lesererwartungen (Buntheit, Greuel, Erbaulichkeit usw.) ergibt noch nicht die Einsichten, die zum Beispiel die Erkenntnisse von Grimmelshausens eigener Intention mit planetarischer Struktur, besonderer Ausrichtung auf sich selbst (e r im Zeichen des Jupiter; als Simplicissimus im Zeichen des Monds; Bedeutung dieser und anderer Elemente für die Tiefe und Fülle des Romans) und erst damit dann indirekt die Erkenntnis der Wirkung auch auf eine Vielzahl von Lesern ermöglichen.

Wie steht es also wirklich mit der Autor-Leser-Relation beim Dichter? Die Antwort scheint sehr einfach zu sein: Während sich Zeitgenossen, wie die Angehörigen der Sprachgesellschaften an Gelehrte und Gelehrtseinwollende (auf deren "Horizont") richteten, zielt Grimmelshausen auf "Herrn Omne", den Leser selbst. Der "Simplicissimus" war ein Bestseller. Er ist im Zeitalter der sonst unentbehrlichen Vorreden und Widmungsgedichte der vorspannlose Roman. Wenn man von Titelblatt und Titelkupfer absieht, beginnt seine Erzählung sogleich. Dass er damit und mit anderem "dem Volk" oder "der Masse" seiner Bestimmung nach essentiell zugeordnet sei, haben nicht nur Nationalisten oder Marxisten gemeint. Auch ein so überaus verdienstvoller ausländischer Gelehrter wie Scholte schreibt: "Dafür war er in Herz und Nieren Volksschriftsteller" und "er ist vor allem deutsch, einfach, Neuerungen abhold, fromm und anti-sektarisch..." usw. Aehnlich Bechtold[7]. So oder so scheint die Autor-Leser-Relation klar.

Wenn das aber nur so wäre, dann müsste die Mehrzahl der neuesten Beobachtungen unrichtig sein. Ein Bestseller-Autor, der nur für das Publikum schreiben will - engagiert oder um zu leben oder für d a s oder d e n Verdienst, für Ruhm oder aus noch anderen Gründen - kann nicht so gearbeitet haben, wie es Grimmelshausen tat: extrem verschlüsselnd, "hermetisch", so dass vieles erst nach 170 Jahren zum Vorschein kam (die Identität aus den Anagrammen) oder nach 300 - das meiste mit raffinierter Integration einer halben Weltliteratur: ein Werk der Allegorie und Emblematik, raffinierter Strukturen, "geheim-

nisvoll offenbar". Wer so arbeitet wie Grimmelshausen, allein an den 5 Strophen des Einsiedlerlieds: "organisch und organisiert" (wie Friedrich Schlegel
über "Wilhelm Meister" sagt), auch hier nach zahllosen Vorbildern und doch
ganz neu, nur um möglichst viele Zeitgenossen zu erreichen, der verschwen-
det Kraft und Zeit.

Mehr noch: Es gibt unzählbare Rätsel in der Gesamtkonzeption wie an Ein-
zelstellen, welche den Wert der Romane wie der Kalender Grimmelshausens
an sich zwar erhöhen, jedoch dem Verständnis des Lesers ganz entschieden im
Wege stehen:

Warum muss der Einsiedel dem vollkommen weltunkundigen Knaben die
Wirkung des Bösen am Beispiel zeigen: ein Tropfen Essig in einem Geschirr
voll Malvasier (saturnisch - was 300 Jahre kein Leser durchschaut)? Warum
muss der Simplex gerade "dreyhundert und etlich sechtzig" Golddukaten im
Wald finden, wenn er sie nach dem vernünftigen Nexus der Geschichte eigentlich weder schätzen noch gebrauchen noch transportieren kann? Warum heisst
es im Ewigwährenden Calender zum 25. Hornung: "Anno 1635, wurde ich in
Knabenweiss von den Hessen gefangen und nach Cassel geführt", wenn das nicht
dem Simplicissimus, sondern dem Dichter selbst geschah - was den Simplicis-
simus-Leser nur verwirren muss?

Leonardo da Vinci hat an der Mona Lisa unendlich lange gearbeitet, weder
um Auftraggeber noch um ein Publikum damit besser zufriedenzustellen - eher gegen sie -, sondern primär um der CERTA IDEA willen, wie er mit Raffael gesagt haben könnte. Michelangelo ringt in seinem Schaffen um die Verwirklichung
der künstlerischen Vorstellung (des CONCETTO oder der IDEA) in der Materie
und bricht die Arbeit an den meisten seiner Werke ab, weil ihm die vollkomme-
ne Realisierung eben dieser Vorstellung nicht erreichbar scheint. Der "impli-
cite Leser" (hier "Beschauer") als Konsument oder Objekt spielt in der Interdependenz zum schaffenden Künstler hier eine untergeordnete Rolle. Viele Zeitgenossen hätten Michelangelos Sklaven jedoch mit Entzücken entgegengenom-
men, obwohl die Vollkommenheit ihrer Form nicht realisiert worden war. Sie
ging weit über die bis dahin in Kunstwerken verwirklichten Formvorstellun-
gen hinaus.

Beispiele der primär auf eine Vollkommenheit des Werks und dann allenfalls sekundär auf eine irgendwie zu denkende Oeffentlichkeit gerichteten Schöpfungen sind Legion. Man denke an damals uneinsehbare Qualitäten griechischer
Tempelfriese, praktisch unerkennbarer gotischer Kathedralplastik ("Steinmar"
am Strassburger Münster), unsichtbare Inschriften ("soli deo gloria"), Bauten
nach dem Grundriss der Grabeskirche oder Idee des himmlischen Jerusalem[8],
den doppelten und mehrfachen Schriftsinn von der Antike bis zum Barock, allegorische Programme, "überrollenmässige Sprachgestaltung" bei Shakespeare,
die praktisch in sich ruhende Lyrik des jungen Goethe, Hölderlins, der Droste
bis zu neuester Hermetik bei James Joyce, Robert Musil, Thomas Mann, Paul
Celan.

Die Bedeutungslehre, die ein eigenes Konglomerat von Wissenschaft geworden ist (mit Archäologie, Mediävistik, Literaturwissenschaft), scheint mir nicht
in genügend enge Beziehung zur Rezeptions- und Wirkungswissenschaft gestellt
worden zu sein. Aber wir wollen das Kind nicht nur im Bade lassen, indem wir

auf das nichtkommunikative Wesen der Kunst neben ihrem kommunikativen hinweisen... Wir wollen, wenn es geht - und wenn sie mir diesen Kalauer erlauben -, noch ein zweites oder gar drittes darin waschen. Wegen der Kürze der Zeit:

Die Tatsache der ungeheuren Verarbeitung von Literatur durch Grimmelshausen lässt sich weder allein aus der vorhandenen Werkbesessenheit des Künstlers erklären noch aus dem Wunsch, ein weitestes Publikum zu erreichen. Auch nicht aus einer Synthese: Er will das mit ihr und durch sie. Sondern sie deutet ausserdem, wie mir scheint, auf eine zwischen dem Künstler und der Leserschaft existierende Zielgruppe. Die Hunderte von Bänden, mit denen Grimmelshausen gearbeitet hat, bilden nicht nur eine Voraussetzung für sein Schaffen (POETA DOCTUS gerade als Volksdichter), sondern sie deuten auch auf eine besondere Empfängerschicht: Es muss einen Kreis von Personen gegeben haben - unter ihnen die Besitzer der Bücher -, denen die autobiographischen, biographischen (im Sinne persönlicher Anspielungen), kosmischen und literarischen Bezüge der einzelnen Schriften deutlicher waren als dem Herrn Omne oder selbst Forschern nach 300 Jahren. Wir glauben also an eine teilweise unkommunikative, teilweise kommunikative und an eine für ein engeres Verständnis innerhalb gewisser Zirkel berechnete Funktion dieser Kunst.

Dieser Kreis, der da bestanden hat - er muss nicht streng abgegrenzt gewesen sein -, dürfte in seiner soziologischen und privat-realen Existenz im Jahre 1976 - und später - deutlicher in Erscheinung treten.

Anmerkungen

1 Virchows in der 28. Sitzung am 16. März 1876 geäusserte Bemerkung wurde veröffentlicht in: Stenographische Berichte über die Verhandlungen der [...] beiden Häuser des Landtages. Haus der Abgeordneten. 1. Bd. [...], Berlin 1876, S. 706; Windthorsts Urteil ebd., 2. Bd. [...], Berlin 1876, S. 801.

2 Karl Robert Mandelkow, Probleme der Wirkungsgeschichte. In: Jahrbuch für Internationale Germanistik, 2. Jg., H. 1 (1970), S. 71-84; Zitat S. 79.

3 Franz Heiduk, Die ''Liebes-Beschreibung von Amoena und Amandus''. In: Jahrbuch der Deutschen Schillergesellschaft, 17. Jg. (1973), S. 136-153.

4 Hans Geulen, Erzählkunst der frühen Neuzeit. Zur Geschichte epischer Darbietungsweisen und Formen im Roman der Renaissance und des Barock. Tübingen 1975.

5 Conrad Wiedemann, Barocksprache, Systemdenken, Staatsmentalität. Perspektiven der Forschung nach Barners ''Barockrhetorik''. In: Internationaler Arbeitskreis für deutsche Barockliteratur. Erstes Jahrestreffen in der Herzog August Bibliothek Wolfenbüttel, 27.-31. August 1973. Vorträge und Berichte (= Dokumente des Internationalen Arbeitskreises für deutsche Barockliteratur, Bd. I). Wolfenbüttel 1973, S. 21-51.

6 Slobodan Grubačić, [Rez.:] Wilhelm Gössmann [u.a., Hrsg.], Geständnisse. Heine im Bewusstsein heutiger Autoren. Düsseldorf 1972. In: Germanistik, 15. Jg. (1974), S. 932.

7 J[an] H[endrik] Scholte, Der Simplicissimus und sein Dichter. Gesammelte Aufsätze. Tübingen 1950, S. 137 und passim; ebenso Bechtold, passim.

8 Günther Bandmann, Die vorgotische Kirche als Himmelsstadt. In: Frühmittel-

alterliche Studien. Bd. 6, Berlin–New York 1972, bes. S. 71ff. – Zu weiteren Bedeutungsinhalten mittelalterlicher Kathedralen vgl. Friedrich Ohly, Die Kathedrale als Zeitenraum – Zum Dom von Siena. In: ebd. , S. 95-158. – Ferner Ohly allgemein für Bedeutungslehre.

REZEPTION SKANDINAVISCHER LITERATUR IN DEUTSCHLAND 1870-1914:
Modellfall Garborg

Von Otto Oberholzer (Kiel)

Seit 1974 bearbeitet eine Projektgruppe des Sonderforschungsbereichs 17 (Skandinavien- und Ostseeraumforschung) am Nordischen Institut der Universität Kiel das Thema "Rezeption skandinavischer Literatur in Deutschland 1870-1914". Nach einer Phase der Einarbeitung in die Theorien der Rezeptionsforschung hat die Gruppe - bestehend aus drei, seit Frühjahr 1975 vier jungen Wissenschaftlern[1] - mit ihren Untersuchungen begonnen. Sie konnte bereits eine Reihe von Beobachtungen und Feststellungen so weit thematisieren, dass sich erste Ergebnisse schriftlich niederlegen liessen. Wenn Gunter Grimm im Vorwort zu "Literatur und Leser"[2] den "Mangel an der Umsetzung dieser Theorien in die wissenschaftliche Praxis" beklagt, so können die in Kiel entwickelten wissenschaftlichen Praktiken vielleicht Möglichkeiten einer solchen Umsetzung, besonders im Hinblick auf die Rezeption fremdsprachiger Literatur, aufzeigen. Andrerseits werden auch einige Probleme sichtbar, die nicht nur uns in Kiel, sondern allen mit Rezeptionsfragen befassten Wissenschaftlern noch einiges Kopfzerbrechen verursachen werden.

Die Literaturgeschichte kennt seit langem die allerdings nie im Zusammenhang dargestellte oder gar erklärte Phasenverschiebung zwischen skandinavischer und deutscher Literatur in der Zeit des Naturalismus und der Neuromantik. Sie ist der Ausgangspunkt des Projekts und kann in zwei Hypothesen gefasst werden.

1. Der moderne Durchbruch in der skandinavischen Literatur setzt ein mit den siebziger Jahren[3] und erreicht gegen Ende des Jahrzehnts und anfangs der achtziger Jahre den Höhepunkt. Der Durchbruch des Naturalismus in Deutschland fällt in die Mitte der achtziger Jahre. Der moderne Durchbruch in Skandinavien ist natürlich keine Jungfernzeugung, sondern wird ausgelöst durch starke Impulse von aussen, vor allem Frankreich und England, die aus bestimmten Gründen Skandinavien erkennbar früher erreicht haben und dort früher zur Wirkung gelangt sind als in Deutschland. Wir bekommen also eine Interferenz von etwa fünf Jahren um 1880, in denen ein starker Einstrom skandinavischer Literatur in Deutschland zu beobachten ist, die den Erwartungen einer avantgardistischen Kritikergeneration moderner erscheint als die zeitgenössische deutsche Literatur.

2. Die Gegenbewegung gegen den Naturalismus - wir nennen sie in Ermangelung eines besseren zusammenfassenden Begriffs und für Skandinavien vielleicht mit noch grösserem Recht Neuromantik - setzt in der skandinavischen Literatur schon zu Beginn der achtziger Jahre ein und bricht um 1890 mit voller Kraft durch[4]. Auch die Neuromantik etabliert sich in Deutschland mit einiger Verzögerung, und die Bewegung erreicht ihren Höhepunkt erst um die Jahrzehntmitte. Wir bekommen also wieder eine Interferenz von etwa fünf Jahren um 1890. Wiederum trifft eine Welle skandinavischer Literatur in Deutschland ein, die ei-

nem Erwartungshorizont entspricht, den erst die jüngste Generation der von 1891/92 an hervortretenden deutschen und österreichischen Autoren ausfüllt.

Der Gang der Untersuchung lässt sich in vier Schritte gliedern, die sich in der Praxis nicht streng chronologisch zu folgen brauchen. Für das METHODISCHE MODELL greife ich auf Erfahrungen während eines Oberseminars mit der Forschergruppe im Wintersemester 1974/75 zurück, das an einigen Romanen Arne Garborgs exemplarisch einen Rezeptionsvorgang darstellte; für die inhaltlichen Elemente referiere ich Ergebnisse der Forschergruppe. Das methodische Modell ist in der Zwischenzeit allerdings modifiziert und verfeinert worden.

Der erste Schritt besteht in der Zusammenstellung und Analyse der Rezeptionsdokumente. Die Konzentration auf "Beiträge von Kritikern, Uebersetzern und literarischen Institutionen zur Rezeption" - so lautet der Untertitel des Projekts - wird bestätigt durch Gotthard Wunbergs Feststellung in dem erwähnten Buch "Literatur und Leser": "Dasjenige Medium, in dem sich die Rezeption am ehesten greifen lässt, ist die Literaturkritik. Sie stellt - als Text, d. h. als fixierte Rezeption - den zunächst einzigen, weil einzig objektivierbaren Gegenstand der Rezeptionsanalyse dar."[5] Allein für Garborg, streng genommen nur für drei, vier Werke, lagen uns bei rigoroser Beschränkung auf relevante Texte 15 Rezeptionsdokumente aus der Zeit von 1888 bis 1898 vor. Insgesamt sind jedoch über 60 Texte registriert. Unsere ausgewählten Texte stammten von Ernst Brausewetter, Maximilian Harden, Marie Herzfeld, Paul Ernst, Heinrich Hart, Fritz Mauthner, Johannes Schlaf, Felix Poppenberg, Wilhelm Bölsche, Franz Servaes, Laura Marholm. - Das Ergebnis der Analyse kann hier nur stichwortartig wiedergegeben werden. So unterstreicht Brausewetter 1888/90 die Gesellschaftsproblematik bei Garborg. Harden rezipiert ihn als politischen Autor und rückt die durch den Roman AUS DER MAENNERWELT ausgelöste Moraldebatte in den Vordergrund; sein Aufsatz heisst "Ein nordischer Moralist". Laura Marholm schreibt einen Aufsatz "Ein Gesellschaftsreformator auf dem Hochgebirge", Garborgs Roman AUS DER MAENNERWELT nennt sie ein "Gesellschaftssittenbild". Paul Ernst schliesslich rezipiert Garborg als Sozialisten und betont die "sozialen Momente". - Bei Fritz Mauthner taucht um 1891 ein neues Element auf. Er spielt Garborg als erdverbundenen "Bauernsohn" gegen den "kleinstädtischen Philister und theoretischen Pessimisten Ibsen" aus. Er unterstreicht dies noch, wenn er in einer heute leicht komisch anmutenden Weise bemerkt: "Wie ein Führer in einem neuen nordischen Bauernkrieg sieht er aus und sieht er drein." Das sozialkritische Element wird nur kurz angeschnitten: "Garborg ist offenbar nationalökonomisch gebildet (...) Sein Roman liest sich stellenweise wie ein Exempel zu den Lehrsätzen des Philosophen John Stuart Mill." Sehr viel mehr Gewicht legt Mauthner dagegen auf Gefühl und Seele, auf "die inneren Seelenkämpfe". Der Roman BEI MAMA erscheint ihm als "Seelengemälde". - Die seelische Komponente hebt auch Johannes Schlaf (1892) hervor. Bei Felix Poppenberg wird Garborg als Naturschilderer vorgestellt; der Roman FRIEDEN ist für ihn ein "Hymnus auf das Leben". Wie bei Mauthner wird bei Heinrich Hart (1891) das bäuerliche Element betont und übrigens mit dem Germanentum in Verbindung gebracht. Die Verbindung Natur-Bauer-Germane begegnet schliesslich auch bei Laura Marholm und Franz Servaes.

Der z w e i t e S c h r i t t gilt der Frage nach den Rezeptionstypen.[6] Jedes Rezeptionsdokument ist bedingt durch einen individuellen Erwartungshorizont und besitzt seine individuelle Textur. Jedem Rezeptionsdokument eignen aber auch Züge, die es mit andern Dokumenten gemeinsam hat. Man wird versuchen müssen, die wesentlichen Aussagen des Textes aufzuspüren. Die unter 1 aufgezählte Reihe nannte nur noch bis auf Schlüsselwörter reduzierte Merkmale. Rezeptionstypen ergeben sich, wenn Merkmale gehäuft auftreten und inhaltlich oder ästhetisch übereinstimmende Beziehungen aufweisen. Eine weitere Analyse der dadurch sich bildenden kontrastierenden oder komplementären Reihen muss zeigen, ob die gewonnenen Typen je für sich Aussagekraft besitzen, ob es sich z.B. um generationsmässig, regional oder gruppenspezifisch relevante Unterschiede handelt. In unserem konkreten Beispiel hat die Projektleiterin, Barbara Gentikow, an nur zwei auffälligen Schlüsselwörtern einen offensichtlich relevanten Unterschied feststellen können, der einen Rezeptionswandel signalisiert. Sie stammen von e i n e r Verfasserin, Marie Herzfeld (1889 und 1891), und heissen "Sittenschilderer" und "Seelenschilderer". War Garborg für diese Rezipientin zuerst noch ein "Sittenschilderer" gewesen, so verschob sich das Interesse nach 1890 vom sozialen Autor immer deutlicher auf den Psychologen; aus dem Sittenschilderer wird der "Seelenschilderer". Symptomatisch dafür ist ja auch die Uebersetzung des bekannten Romantitels "Traette Mænd" mit "Müde Seelen" (statt genau "Müde Männer"). Unter die Rubrik "Sittenschilderer", die offenbar dem naturalistischen Rezeptionstypus entspricht, gehören z.B. Schlüsselwörter wie "Sozialist", "Moralist", "Wirklichkeitsdarstellung", "moderne positive Tendenz". Unter die Rubrik "Seelenschilderer" dagegen, die offenbar dem neuromantischen Rezeptionstypus entspricht, gehören Schlüsselwörter wie "Seelengemälde", "Seelenroman", aber auch vitalistische Komponenten wie Natur (hier als Opposition zu Zivilisation aufzufassen), "Hymnus auf das Leben", Bauer und Germane.

Der d r i t t e S c h r i t t versucht die ermittelten Rezeptionsweisen oder -typen zu erklären, d.h. die Bedingungen, unter denen rezipiert wird, die Normen, nach denen sich der Rezipient richtet, nachzuweisen (Jauss: "Rekonstruktion des Erwartungshorizonts"). Warum liest der Kritiker der Jahre 1888/90 vor allem soziale Komponenten aus Garborg heraus, warum der Kritiker der Jahre 1891/93 vor allem psychologische oder neuromantische? Dies ist der aufwendigste Teil der Untersuchung, weil er den Betrachter zu vertiefter Beschäftigung mit den Rezipienten und zur Auseinandersetzung mit historischen und sozialen Gegebenheiten zwingt.[7]

Das bisher in Kiel angewandte Verfahren ist eigentlich am besten von Wunberg in "Literatur und Leser" beschrieben worden: "Der Kritiker konstituiert den Erwartungshorizont, indem er ihn in seinem kritischen Text mit neuen Daten dokumentiert und belegt. Er konstituiert mit dem Erwartungshorizont - bezogen auf den literarischen Text - ein Sekundärsystem, während es dem Literaturwissenschaftler - wenigstens hier - mehr oder weniger immer um das Primärsystem geht."[8] Das Normenbezugssystem wird also aus den kritischen Texten selbst erschlossen.

Das unternimmt in einem zweiten grösseren Aufsatz B. Gentikow: "Selektion und Substitution. Der Bauer als Thema der Rezeptionsdokumente 1870-1914".

Das Schlüsselwort "Bauer", das in verschiedenen im Zusammenhang mit Garborg erwähnten Rezeptionsdokumenten auftaucht, erscheint schon 1890/91 als Thema eines Aufsatzes von Laura Marholm: "Der Bauer in der Literatur". Ich muss hier einige Sätze aus dem unveröffentlichten Aufsatz von B. Gentikow zitieren:

> "In ihrem Aufsatz 'Der Bauer in der Literatur', erschienen 1890/91 im 'Kunstwart', geht Laura Marholm von der (für die Zeit üblichen) Feststellung aus, dass es an einer eigenständigen deutschen Literatur fehle. Auf der Suche danach, woher eine solche neue Literatur kommen könne, findet Marholm heraus, dass weder die Bourgeoisie noch das Proletariat sie liefern könne. Die Bourgeoisie nicht, weil 'in dem Masse, wie das Bürgertum zur herrschenden Klasse wurde und seine idealen Forderungen sich in reale Besitztümer verwandelten', ihre Dichtung einen Niedergang erlebte. Und die Arbeiterklasse nicht, weil 'unter lärmenden Maschinen, in der Stickluft der Fabriken und dem Gaslicht der Vortragsabende, im Geschnurr und Geklapper der hektischen Arbeit' die neue Dichtung 'ihre Augen nicht aufschlagen' könne. In logischer Konsequenz zu dieser Analyse kommt Laura Marholm zu dem Ergebnis, dass 'nur noch ein Stand übrig' sei, nämlich der Bauer. Ihr Problem ist nun, dass sie dem deutschen Bauern, wie sie sich ihn vorstellt, noch nicht begegnet ist; der deutsche Bauer hat nämlich, so Marholm, eine Tendenz zur Verbürgerlichung. In dieser Situation nun entdeckt sie den skandinavischen Bauern und findet in ihm alle Eigenschaften, die sie sucht: ein 'stolzes Geschlecht', das sie an den baltischen Adel erinnert, 'hohe, sehnige, freie Gestalten'. (...) Der 'rechte Bauer ist immer noch der feste Urquell aller Volksgesundheit, der einzige Stand, der sich organisch aus sich selbst erneut und den jährlichen Abrutsch seines Blutes ins Proletarierthum gut ertragen kann.' "

Auf diese Weise lässt sich wohl eine Norm im Erwartungshorizont des Rezipienten eruieren. Der Aufsatz "Selektion und Substitution" versucht im vierten Abschnitt "Bedingungsfaktoren der Rezeption" den Erwartungshorizont in bezug auf eine einzelne Norm - den Bauern - aus objektiven Gegebenheiten zu rekonstruieren. Die Verfasserin überprüft die Erwartungsnormen einzelner Rezipienten in der Form von biographischen Skizzen. Sie unterscheidet ein "kollektives" und ein "individuelles Normenbezugssystem": "Das kollektive Normenbezugssystem ist bestimmt durch die ökonomische, soziale, politische und kulturelle Situation des damaligen Deutschlands, d.h. grob gefasst des Wilhelminischen Kaiserreichs."

Wohl die heikelsten Fragen ergeben sich beim v i e r t e n S c h r i t t , der Rezeptionskritik. Und das gilt insbesondere bei der Rezeption fremdsprachiger Literatur. Nach den Schritten 1 bis 3 ist der Rezeptionsanalytiker im Besitz des Sekundärsystems. Durch Konfrontation mit dem Original soll festgestellt werden, inwieweit ein Rezeptionsdokument oder eine Reihe von Dokumenten den Intentionen des Originals noch entsprechen und inwieweit sie davon abweichen, schliesslich welcher Art diese Abweichungen sind. Georg Jäger, an dessen Modellfall "Die Wertherwirkung" sich besonders W. Baumgartner methodisch anschliesst, formuliert wie folgt: "Eine objektivierende Werkerfassung sucht den Text in seiner Potentialität zu konstruieren. Sie macht damit die Rede 'vom Werk (noch) zugelassen' und 'vom Werk nicht (mehr) zugelassen' sinnvoll, ohne die Sinnmöglichkeiten in einer Interpretation zu stabilisieren."[9] Die wichtigsten hierfür verwendeten methodischen Begriffe haben wir schon kennengelernt: Selektion und Substitution - also einerseits Auswahl von Teilen oder Weglassung von Teilen der Voraussetzungen im Text, aber auch Betonung eines Aspekts gegenüber andern Aspekten; andererseits Annahme von Voraussetzungen, die im Text fehlen.

B. Gentikow hat nachgewiesen, dass Garborgs Roman MUEDE SEELEN (1891, in deutscher Uebersetzung 1892) fast nur als psychologischer und kaum je als sozialer Roman gesehen worden ist. MUEDE SEELEN wird, unter Weglassung der sozialen Komponenten, auf das literarische Klima der Neuromantik hin rezipiert. Doch lassen sich noch andere Elemente der Umdeutung beobachten. Die Verherrlichung Garborgs als Schilderer urwüchsigen Bauerntums ist durch die Werke nicht gedeckt. Nur in zwei Romanen spielen Bauern die Hauptrolle, beide Male handelt es sich um negative, kritische Schilderungen. Es findet sich - ich zitiere B. Gentikow - "in keinem auch nur ein Anflug vom Mythus des einfachen Lebens stolzer, aristokratischer Gestalten, (...) und nach einem Germanen sucht man erfolglos in Garborgs Werk".

Wie eng die als Schritte 2 bis 4 bezeichneten Arbeitsgänge miteinander verflochten sind, zeigt sich bei Walter Baumgartners Arbeit "Der unbeteiligte Autor verwirrt die Leser. Zur Realisierung einer ästhetischen Innovation am Modellfall der deutschen Rezeption Arne Garborgs". Hier nun geht es um ästhetische Aspekte: die episodische Form der Romane Garborgs, die "offenen Schlüsse" und besonders die objektive Erzählweise, auf die schon einige der ersten Rezipienten Garborgs aufmerksam geworden sind (Bölsche: "objektive Darstellung", Mauthner: "indirekte Darstellungsweise"): "Der unbeteiligte Erzähler verschwindet hinter seinen Personen, hinter der Handlung..." Baumgartner fasst dies - nebst andern Texteigenschaften - unter den Begriff "Ironie". Diese "ironische Haltung" Garborgs wurde zunächst nicht verstanden. Baumgartner beobachtet die Reaktion, die diese Texteigenschaft hervorrief, und kommt dabei zu drei Konkretisationstypen, die in vielen Punkten mit den unter 2 erwähnten Typen übereinstimmen.

An Adolf Strodtmann, einem wichtigen Rezipienten skandinavischer Literatur in Deutschland, der Garborg jedoch nicht mehr rezipiert hat, und am Leipziger Realistenprozess 1889 wird der "vorgängige Erwartungshorizont" aufgezeigt, d.h. der ästhetische Erwartungshorizont unmittelbar vor dem Auftreten Garborgs. Die darin nachweisbare Norm orientiert sich an der Romantheorie Friedrich Spielhagens und besteht darin, dass zwar der Autor in seinem Werk nicht das Wort ergreifen soll, dass aber Personen im Werk die Träger von sinnkonstituierenden Ideen sind. Mit dem Naturalismus fiel die Figur des Sprachrohrs für den Autor weg, und der Impressionismus entwickelte die Form des "inneren Monologs". Indirekte Erzählweise und innerer Monolog verbieten es, die Aussagen einer dichterischen Gestalt unbesehen als Meinung des Autors zu interpretieren. Die bei Garborg voll entwickelte Technik der indirekten ironischen Erzählweise erscheint als Innovation.

Auf der ersten "realistischen" Rezeptionsstufe (Brausewetter, 1888) wird

noch nach dem Helden und dem Sprachrohr des Verfassers gesucht und die Innovation überhaupt nicht beachtet oder negativ beurteilt. - Auf der zweiten "naturalistischen" Rezeptionsstufe, die man als "Uebergangstypus" bezeichnen
kann (Maximilian Harden, M.G. Conrad, Heinrich Hart, Mauthner und Poppenberg), beginnt sich die Einstellung zu wandeln: "Die erzähltechnischen Neuerungen, die Brausewetter 1888 noch als störend empfunden hatte, sind selbstverständlich geworden und werden regelmässig, aber eher beiläufig registriert",
gelegentlich noch mit Unbehagen und Selbstwidersprüchen. - Die dritte Stufe ist
die "neuromantische". (Ihre Vertreter sind Marie Herzfeld, Laura Marholm,
Servaes, Johannes Schlaf.) Marie Herzfeld konstatiert am frühesten und ent-
schiedensten die Tendenzwende in der skandinavischen Literatur zur psychologischen Richtung, und sie liest auch Garborg von ihrem Erwartungshorizont aus
neuromantisch. Garborg dichte, wie sie sagt, "aus der Seele seiner Figuren
heraus". Und sie rühmt ihm "höchste Vollendung des dichterischen Impressionismus" nach, Impressionismus sei "die letzte Ausgestaltung der Wirklichkeits-
treue". Sie nennt Garborgs Technik "fortlaufenden Monolog der Seele".

Die Beobachtung der Innovationen, die tatsächlich in den Rezeptionsdokumenten realisiert bzw. als provokativ empfunden wurden, erlaubt auch eine
Antwort auf die Frage nach der Deutung des offenen Schlusses von MUEDE SEE-
LEN: Grams Hinwendung zur Religion. Gemäss der von den Rezipienten voraus-
gesetzten Leseerwartung "der Menge", die an traditionelles auktoriales Erzählen gewohnt war, wurde der Schluss als eine positive Wendung im Sinne einer
religiösen Umkehr verstanden. Die avantgardistischen Kritiker konnten aus der
Beobachtung, dass der Autor im Text nicht anwesend sei, dieses Missverständ-
nis berichtigen. Der Befund lässt sich auf andere Weise stützen: durch eigene
Aussagen des Autors; durch den Hinweis auf Garborgs folgenden Roman, der
unter dem ironischen Titel FRIEDEN das Thema Religion behandelte, aber auch
durch Indizien im Roman selbst, die als Leserlenkung in der angedeuteten Richtung fungieren, nämlich dass der religiöse Schluss ironisch als Antiklimax gemeint sei. - Auffällig ist, dass die Bekehrungstitze, die von den zeitgenössischen Rezipienten so entschieden abgewiesen wurde, sich in der deutschen Literaturgeschichtsschreibung unter Loslösung vom Text tradiert hat. Schliesslich
befasst sich Baumgartners Aufsatz mit dem Grund solcher nachträglichen Umdeutung. Er stellt die Hypothese auf, dass im Erwartungshorizont der Zeitgenossen die späteren spektakulären Bekehrungen Strindbergs, Johannes Jørgen-
sens, Laura Marholms und anderer eine Erwartungsnorm gebildet haben, die
das Fortleben der Umdeutung begünstigte. Herkömmliche poetisch-realistische
Norm, "approximative Kongruenz des Dichters und des Helden" (Spielhagen)[10],
und neue neuromantische Norm der subjektiven Wahrheit verschütten die Innovation Garborgs. Vom modernen Erwartungshorizont wurde dann Garborg in
Deutschland nicht mehr aktualisiert. Die Rezeptionskritik ist also in der Lage,
derartige Substitutionen und Umdeutungen zu erkennen und zum Teil zu erklären.

Eine Komplikation für das Kieler Projekt, das die Rezeption einer fremd-
sprachigen Literatur untersucht, ist der Umstand, dass die Rezeptionsvorgaben
(die rezipierten Texte) in der Regel Uebersetzungen sind. Zu dem Problem der
Uebersetzung literarischer Texte heisst es bei Gunter Grimm: "Jede Uebersetzung ist unter rezeptionsästhetischem Aspekt eine rezipientenbedingte Konkreti-

sation des Originaltextes. "[11] Auch die Kieler Projektgruppe geht davon aus, dass die Uebersetzungen als Rezeptionsdokumente zu gelten haben und entsprechend methodisch angegangen werden müssen, da in ihnen der Erwartungshorizont des Uebersetzers eine Rolle spielt und das Original deformieren kann. Alken Bruns, der diesen Komplex bearbeitet, musste sich seine Methode eigens erarbeiten. Indem er Uebersetzungstheorie rezeptionstheoretisch verfügbar machte, kam er zu einer Kritik an der traditionellen Uebersetzungstheorie, in der er sich mit der neuesten Linguistik trifft. Die zu leistenden Schritte sind: 1. die Bedingtheit der Uebersetzung durch den Erwartungshorizont des Uebersetzers nachzuweisen, und 2. den Uebersetzungstext im Hinblick auf Elemente der Leserlenkung zu untersuchen und zu beschreiben.

Alken Bruns zeigt dies in einem grösseren Aufsatz modellhaft am Beispiel der Uebersetzungen von J.P. Jacobsens Novelle MOGENS. Sie erschien 1872, wurde von der dänischen Kritik aber erst von 1882 an wahrgenommen. Die erste Uebersetzung 1877 von Strodtmann wurde offenbar nicht rezensiert. Die "Jacobsen-Mode" begann erst 1890 mit der Uebersetzung von Marie Herzfeld.

Von den drei Rezeptionsstufen, die Bruns unterscheidet und die einen Stilwandel erkennen lassen - 1877, 1890/91 und 1912 -, sollen uns hier nur die beiden ersten beschäftigen. Bruns beobachtet unter anderem die Art, wie die vielen indirekten Aussagen in der Novelle wiedergegeben werden. Dem Uebersetzer boten sich folgende Möglichkeiten: direkte Rede, indirekte Rede, erlebte Rede, innerer Monolog.

Strodtmann, den frührealistischen Typ repräsentierend, bevorzugt eindeutig die indirekte Rede und wirkt dadurch nach unserem heutigen Empfinden schwerfällig. Aber dies entsprach den ästhetischen Normen der Zeit. Der Text erhält das Stilgepräge auktorialen Erzählens, es wird die Anwesenheit eines fiktiven Erzählers suggeriert. Strodtmann las MOGENS als spannende Geschehnisnovelle. Die späteren Uebersetzer jedoch bevorzugen die erlebte Rede. Marie Herzfeld braucht überhaupt nie indirekte Rede. Dies ist der impressionistische Typus. Die Herzfeld las MOGENS als psychologische Charakternovelle, ihr Mittel ist der 'style indirecte libre'.

Marie Herzfeld ordnet ihre stilistischen Beobachtungen in einen grösseren Zusammenhang ein, und so verfährt sie auch - um zu unserem Modellbeispiel zurückzukehren - bei Garborg. Garborg verlege "durch die folgerichtige Anwendung der impressionistischen Methode auf den sozialen Raum (...) den Mittelpunkt aller Vorgänge von aussen nach innen". Sie verstand Garborgs Erzähltechnik, wie schon bei Baumgartner zitiert, als "fortlaufenden Monolog der Seele", und dafür eignete sich nur das Stilmittel der erlebten Rede.

Die Untersuchungen von A. Bruns sind für das ganze Rezeptionsprojekt von der allergrössten Bedeutung. Dies zeigt sich auch in dem zweiten Aufsatz "Edmund Lobedanz als Uebersetzer Björnsons". Gerade auf das bei B. Gentikow so zentrale Motiv des Bauern (in Verbindung mit dem Germanentum!) fällt von seiten der Uebersetzungskritik weiteres klärendes Licht. Und auch mit W. Baumgartner ergeben sich Berührungspunkte. So lassen die Untersuchungen der Projektgruppe schon jetzt so viele Gemeinsamkeiten und Uebereinstimmungen in den ersten Ergebnissen erkennen, dass berechtigte Hoffnung besteht, wesentliche neue Einsichten zum Problemkomplex "Rezeption skandinavischer Literatur in Deutschland 1870-1914" zu erhalten.

Anmerkungen

Zitate ohne Quellenangabe stammen aus dem Material der Projektgruppe.

1 Dr. phil. Barbara Gentikow (Projektleiterin); Walter Baumgartner, lic. phil.; Alken Bruns, M. A.; Robert Fallenstein, M. A. (seit Frühjahr 1975).

2 Gunter Grimm (Hrsg.): "Literatur und Leser. Theorien und Modelle zur Rezeption literarischer Werke". Stuttgart 1975.

3 Georg Brandes: Den franske AEsthetik i vore Dage, 1870; Hovedstrømninger i det 19de Aarhundredes Litteratur, 1872ff. Ibsen: Samfundets støtter, 1877; Nora, 1879. Strindberg: Röda rummet, 1879.

4 Jens Peter Jacobsen: Niels Lyhne, 1880; Digte, 1886. Herman Bang: Haabløse Slægter, 1880. Verner von Heidenstam: Vallfart och vandringsår, 1888. Strindberg: I havsbandet, 1890. - In Anm. 3 und 4 sind nur die jeweils wichtigsten und frühesten Werke der siebziger bzw. achtziger Jahre genannt.

5 A. a. O. , S. 119.

6 Georg Jäger: "Die individuellen Konkretisationen gliedern sich nach dominanten und koexistenten Merkmalen zu Typen (Typenbildung nach Dominanz und Koexistenz / Kontradiktion von Merkmalen). Die Typen sind methodisch relevant. " (Aus dem Aufsatz "Die Wertherwirkung. Ein rezeptionsästhetischer Modellfall. " In: "Historizität in Sprach- und Literaturwissenschaft", München 1974, S. 393.)

7 Darauf deutet u. a. Gunter Grimm in seinem Referat über literatursoziologische Untersuchungen der zwanziger Jahre hin: "Historische Rezeptionsforschung ist auf die soziologische Fundierung ihrer Rezeptionsanalysen angewiesen. " ("Literatur und Leser", S. 19) - Das Normenbezugssystem würde demnach direkt aus der Sozialgeschichte gewonnen. Das lässt sich aber wahrscheinlich nur verwirklichen, wenn der Soziologe in der Lage und bereit ist, dem Literaturhistoriker für jeden gewünschten Zeitpunkt eine synchron geschnittene Erwartungsfolie zu liefern. Denn vom Rezeptionsanalytiker zu verlangen, das inhaltliche Normenbezugssystem allein aus objektiven Gegebenheiten herauszuarbeiten, würde in vielen Fällen die Möglichkeiten eines einzelnen Forschers übersteigen.

8 "Literatur und Leser", S. 120.

9 A. a. O. (Anm. 6), S. 391.

10 Friedrich Spielhagen: "Beiträge zur Theorie und Technik des Romans, Leipzig 1883, S. 133.

11 "Literatur und Leser", S. 82. - Ganz besonders gelten hier auch die Bemerkungen Grimms zum Komplex "Schwierigkeit der Materialbeschaffung", a. a. O. , S. 74.

DIE DIALEKTIK VON INTENTION UND REZEPTION ALS GRUNDLAGE ZUR DEUTUNG DER DRAMATISCHEN WERKE LESSINGS
An "Miss Sara Sampson" erläutert

Von E. M. Batley (University of London)

Beweise, die Lessings Doppelleistung als Dichter und Theaterkenner bezeugen, gibt es in grosser Zahl. Sowohl eigene Betrachtungen - wie etwa seine Worte in den BEYTRAEGEN: "(die dramatische Poesie) reizt, wenn man sie lieset, allein sie reizt ungleich mehr, wenn man sie hört und sieht"[1] - als auch die theaterbezogenen Würdigungen Löwens, Ekhofs und Schinks und die neuere Entdeckung einer präskriptiv wirkenden Bühnensprache durch Ziolkowski[2] deuten auf ein aufgeklärtes Verständnis für die wesentlich dramatische Kunst Lessings hin, das unter den aufklärerischen Geistern der fünziger Jahre ungeahnt blieb. Bei jeder Bewertung seiner Bühnenwerke sollte man aber nach gutem Lessingschen Vorsatz versuchen, der Intention des Dichters gerecht zu sein, denn sie allein bleibt unter den verschiedenen Veränderlichkeiten einer Aufführung im Theater beständig. Uebrigens wird dabei die Sache der Gerechtigkeit um so weniger gefährdet, wenn wir das Wechselspiel zwischen Intention und Rezeption eher in den zeitlichen Grenzen seiner Mitwelt untersuchen und Lessings Rat für den Plautusforscher auch hier gelten lassen: "Es ist die grösste Ungerechtigkeit, die man gegen einen alten Schriftsteller ausüben kann, wenn man ihn nach den itzigen feinern Sitten beurtheilen will. Man muss sich durchgängig an die Stelle seiner Zeitgenossen setzen, wenn man ihm nicht Fehler andichten will, welche bei ihm keine sind."[3]

Diese Richtlinie scheint uns jedoch vorerst zu keiner einheitlichen Aufnahme seiner Werke zu verhelfen, da sich auch zeitgenössische Aeusserungen sehr oft widersprechen. Auf der einen Seite behauptet Schink, MISS SARA SAMPSON bedeute einen Bruch mit der Regelmässigkeit des französischen Theaters[4], der Rezensent für die BERLINER PRIVILEGIRTE ZEITUNG, Lessing habe hiermit die Einheit des Ortes "recht mit Willen übertreten"[5], auf der anderen Seite klagt Mauvillon darüber, dass Lessing "in der Manier der Franzosen" geschrieben[6] und Dusch, dass er die Zuschauer "mit der Nase... auf die Einheit des Ortes" habe stossen wollen[7]. Dass diese unzulängliche Vergleichsmethodik das allgemeine Verständnis für die dramatische Intention Lessings irregeführt hat, erkennt man zwar an den neueren textbezogenen Forschungen von Bornkamm, Durzak und Barner[8], aber auch an dem zeitbedingten künstlerischen Willen des Dichters und doch an der damaligen Aufnahme seiner Werke. Gegen die geringschätzige Kritik Erich Schmidts an Saras "endlosen Deklamationen im Clarissenstil"[9] spricht z. B. das Hingerissensein der Zuschauer im Jahr 1755: "Herr Lessing", schreibt Ramler, "hat seine Tragödie in Franckfurt spielen sehen, und die Zuschauer haben drey und eine halbe Stunde zugehört, stille gesessen wie Statüen und geweint."[10] Besseres Verständnis hätte man aber wohl von Nicolai und Mendelssohn erwarten können, als dass sie ihr Urteil über dieses sonst "vortreffliche" Trauerspiel mit dem Hinweis einschränkten, einige Stellen seien für die Schauspieler "indeklamabel".[11]

Nur konnte 1757 weder Nicolai noch Mendelssohn von dem Uebergang der deutschen Schauspielkunst in eine naturalistische Entwicklungsphase gewusst haben, der neuerdings von Ziolkowski erläutert, aber schon 1711 - sozusagen abseits - mit der Begründung der wienerischen Hanswursttradition eingeleitet und einige Jahre später von den Schauspielern C. Ekhof, J.H.F. Müller und F.L. Schröder vertreten wurde.[12] Die Jahre 1750 bis 1770 bezeichnet Ziolkowski als die Befreiung der deutschen Schauspielkunst von dem Joch des französischen Deklamationsstils.[13] Als Massstab für seine Bewertung des Lessingschen Dialogs dienten Mauvillon nicht ausländische Muster, sondern vor allem "die Natur". In EMILIA sei der Dialog zu "abgekrumt", in SARA zu deklamatorisch: die Mitte habe Lessing aber in MINNA getroffen. Sein Wort über MISS SARA SAMPSON lautet: "In der Natur ist der Dialog kurz, abgebrochen, die Leute perorieren nicht einer nach dem andern."[14] Dass das französische Muster durch das Muster der Natur ersetzt wurde, war insofern selbstverständlich, als dieses Trauerspiel im englisch-bürgerlichen Rahmen spielt und somit eine Versenkung der Handlung in die Gefühlswelt des Familieninteresses bedeutet, das Devrient 1846 als "das stärkste Gefühl im Leben des deutschen Volkes" bezeichnen sollte.[15] Es ist kaum verwunderlich, dass man allein diese Aenderung schon als einen Versuch, und zwar als einen misslungenen, aufgefasst hat, dem Naturmuster entgegenzukommen.

Durch die BRIEFE, DIE NEUESTE LITTERATUR BETREFFEND, LAOKOON und die DRAMATURGIE zieht aber der Faden, welcher erkennen lässt, wie Lessing selbst den Begriff Natur bedingte. Im Mai 1767 behauptete er z.B. kurz vor dem Vergleich zwischen Voltaire und Shakespeare, Hamlet verlange von der von ihm bestellten Schauspielertruppe die "schöne Natur", d.h. eine gemässigte und deshalb schöne, wirkungsvolle Darstellung.[16] Fast als Nachhall seiner Auseinandersetzung mit Winckelmann im vorhergehenden Jahr klingt Lessings Argument: "Es gibt wenig Stimmen, die in ihrer äussersten Anstrengung nicht widerwärtig würden; und allzu schnelle, allzu stürmische Bewegungen werden selten edel sein. Gleichwohl sollen weder unsere Augen noch unsere Ohren beleidiget werden..."[17] Schon früher, im 17. Literaturbrief nämlich, stossen wir auf seine Würdigung des Genies, welches "alles bloss der Natur zu danken s c h e i n e t , und durch die mühsamen Vollkommenheiten der Kunst nicht abschrecket"[18]: dies sind präzise Formulierungen, die weder die "schöne Natur" noch die Kunst verleugnen. Um eine Handlung glaubhaft zu machen, wie etwa die Gespenstererscheinung in HAMLET, werden sowohl die Schauspielerkunst, die für Lessing "transitorische Malerei", als auch die Kunst des Dichters benötigt. Nicht auf die Frage, ob man damals überhaupt an Gespenster glaubte, kommt es an, sondern auf die Kunst Shakespeares, dieses Gespenst glaubhaft vorzuführen.

Ueber die Vergleichsmethodik brach Lessing 1757 den Stab, als er sich mit einigen Gedanken Nicolais über das Trauerspiel auseinandersetzte.[19] Unzweideutig unterscheidet er zwischen textfremden Mustern und der projektierten, von den Zuschauern für wirklich gehaltenen Illusion und drückt dabei seine Vorliebe zu dieser aus: "Das Vergnügen über die Nachahmung, als Nachahmung, ist eigentlich das Vergnügen über die Geschicklichkeit des Künstlers, welches nicht anders, als aus angestellten Vergleichungen entstehen kann; es ist daher weit später, als das Vergnügen, welches aus der Nachahmung, in so fern ich sie für die Sache selbst nehme, entsteht, und kann keinen Einfluss in dieses haben.''[20] Und doch haben die meisten zeitgenössischen Rezensenten, ganz besonders diejenigen, die die Schauspiele nicht aus eigener Anschauung kannten, jenen Weg der herabsetzenden Vergleichsmethodik beschritten, um sich nicht mit der dramatischen werkimmanenten Kunst Lessings auseinandersetzen zu müssen.

Die Intention Lessings lässt sich in eine bewusst erzielte und eine wohl kaum bewusste künstlerische Intention aufteilen. In voller Anerkennung der Kunst des Schauspielers schrieb er 1757 auf Anregung der Kritik Mendelssohns, dass jener die Absicht des Dichters mit ''Gebehrden'' und ''Tönen'' darzustellen habe. Lessing hatte nicht, wie Ziolkowski annimmt, den mittelmässigen Schauspieler, sondern den begabten im Sinne, als er seine Gedanken über das eigentlich Geniale in der Schauspielkunst entwickelte: ''Allein zu einem grossen Theil anderer (d.h., ''Gebehrden'', ''Veränderungen'' und ''Modifikationen der Glieder''), und zwar gleich zu denjenigen, aus welchen man den wahren Schauspieler am sichersten erkennt, wird mehr als sein Wille erfordert; eine gewisse Verfassung des Geistes nehmlich, auf welche diese oder jene Veränderung des Körpers von selbst, ohne sein Zuthun erfolgt. Wer ihm also diese Verfassung am meisten erleichtert, der befördert ihm sein Spiel am meisten.'' Wahre Hilfsmittel seien für den Schauspieler in diesen Fällen nicht Wortkargheit im Dialog, sondern Worte, die den Affekt zergliedern. Auf diese Weise wollte Lessing im Gesichte Marwoods gewisse feine Züge der Wut erwecken, ''die in ihrem freyen Willen nicht stehen'', und zwar dadurch, dass er ''sinnliche Bilder'' hinzusetzte, um die Einbildungskraft der Schauspielerin zu erhitzen.[21] Inwiefern die Intention Lessings verwirklicht wurde, lassen nicht nur die häufigen Lobsprüche über die Rolle Marwoods, sondern ganz besonders die treffenden Worte Schinks ersehen: ''Von heftigen Leidenschaften umhergetrieben, sind ihre Begierden feurig, wie ihr Temperament; sie treten aus dem Gleise der Mässigung, aber nicht aus dem Gleise der Natur...''[22] Die Schink unmässig erscheinende Wut Marwoods konnte der Dichter nur durch die eigene gemässigte, d.h. bewusst gesteuerte Kunst erzielen.[23]

Aus demselben Grunde sollte Mellefont den Brief, der die väterliche Vergebung verkündet, nur aus der Hand Saras empfangen, anstatt ihn, wie Mendelssohn riet, ungeduldig aus ihrer Hand zu reissen. Von vornehmlicher Bedeutung für Lessing war, dass Mellefont in dem Augenblick ''schwatzhafter'' wird, um ''die unwillkürlichen Züge der Furcht... in seinem Gesichte entstehen zu lassen''. Dem Schauspieler wollte er Zeit lassen, seine Ungewissheit vor dem Empfang des Briefes ''mit einem feinern Spiele auszudrücken''.[24] Dem Zuschauer wird auf diese Weise augenscheinlich gemacht, wie die Medeagestalt Marwoods die äusserste Grenze des Erträglichen erreicht, und im Falle Mellefonts, wie seine Ungewissheit über die väterliche Vergebung mit dem für Bornkamm und Durzak eigentlichen Gegenstand des Trauerspiels zusammenhängt, nämlich der ''Seelengeschichte Saras... der Verhängnis und Schuld lösenden Kraft der Vergebung, die Sara an sich selbst erfährt und an anderen übt''[25].

Sich in diesen Szenen seiner Intention wenn auch nur rückblickend bewusst, hat sich Lessing sonst mit der unterschiedlichen Rezeption dieses Trauerspiels zufrieden gezeigt.[26] Eine Auseinandersetzung mit Duschs bewusst vergleichsmethodischer Herabwürdigung Lessings, die erst 1758 in zwei für anonym ausgegebenen Briefen erschien, zeigt jedoch nicht nur den Irrweg auf, den Dusch damit gegangen ist, sondern auch die künstlerische Zielgerichtetheit dieses von seinem Bruder genannten "theatralischen Dichters"[27], die unter anderem das Nacheinander der Dichtung und das Nebeneinander der Malerei beinhaltet[28].

Von den vier Hauptfehlern, die Dusch Lessing anmerkte, sind das angebliche Vergehen gegen die Einheit des Ortes und die Anwendung eines prophetischen Traumes am interessantesten.[29] Der erste Ausspruch Sir Williams über den Aufenthaltsort seiner Tochter: "Hier meine Tochter! hier in diesem elenden Wirtshause?" bewahrheite, behauptet Dusch, die Intention Lessings, an der Einheit des Ortes zu halten. Mit allem Eifer zählt er zunächst die Zimmer auf, die entweder genannt werden oder zur Unterbringung der Personen nötig sein würden. Daraus ergibt sich, dass das Wirtshaus mindestens 10 Zimmer habe. Die Worte Duschs drücken sein Missfallen darüber aus: "In der That ein elendes Wirtshaus in einem Städtchen! - Nun vielleicht in Betracht anderer, die grösser waren! Die grossen Wirtshäuser in grossen Städten sind vielleicht so gross, als eine kleine <u>Stadt</u> irgend wo anders. Das kann in England seyn: denn ich erinnere mich, dass Pope schon sagt: '...his building is a Town, / His pond an Ocean, his parterre a Down.'"[30] Mit solcher Wahl verlange Sir William übrigens ein Zimmer neben seiner Tochter, obwohl er den ernsten Wunsch geäussert habe, nicht von ihr gesehen zu werden. Für Dusch, wie auch für andere, die das verlängerte Auseinanderhalten von Vater und Tochter als einen misslungenen Kunstgriff ansahen, war das schlechthin eine "Ungereimtheit", und zwar darum, weil er von der Wahrscheinlichkeit in der wirklichen, nicht in der theatralischen Welt Lessings ausging. Lessing wusste aber, wie das Nebeneinander der Szenen auf Auge und inneres Gesicht wirken könnte. Trotz der Behauptung Duschs, dass es Szenen gebe, "die nichts taugen", stellen eben diese im ersten Akt nicht nur eine wichtige Exposition der äusseren Umstände dar, sondern sie bieten auch merkliche Antriebe für die Einbildungskraft der Zuschauer. Mit Pope und Mendelssohn war sich Lessing darin einig, dass es sich beim Dichten um die Darstellung einer "sinnlichen Rede" handle.[31] Dusch fällt nicht auf, wie die Worte des Wirtes die Zeitnorm dieser Szene beschleunigen und den weinenden Vater doch zugleich als einen handelnden Menschen charakterisieren: "So früh, meine Herren, so früh? Willkommen, willkommen, Waitwell! Ihr seid ohne Zweifel die Nacht gefahren? Ist das der Herr, von dem du gestern mit mir gesprochen hast?"[32] In seiner Kritik der drei tief- bzw. nebeneinanderliegenden Zimmer nimmt Dusch ausserdem nicht wahr, wie Vater, Bediente und Zuschauer von dem unerwarteten Zustand Saras unterrichtet werden, indem der Wirt ein Bild von dem in nächster Nähe leidenden jungen Mädchen vor das innere Gesicht führt, das in den darauffolgenden Szenen (iii, iv, v) im Hintergrund bleibt, jedoch immer wieder im Dialog auftaucht, bis es im Auftritt Saras auf die Bühne verkörpert und dadurch mit dem Auge erfassbar wird. Als dieses Bild eines weinenden Mädchens zunächst allmählich zurückweicht, übernimmt der Traum die Funktion der dramatischen Steigerung. Gleichzeitig nebeneinander gestellt werden die Figur Mellefonts, eines erfahrenen, wenngleich von Gewissensbissen geplagten

Schürzenjägers, den die Zuschauer sehen, und das Bild Saras, eines armseligen Mädchens, das die Zuschauer anfangs nur kraft ihrer Einbildung aufnehmen. Auf diese Weise bereicherte Lessing das Dichterisch-Dramatische an diesen Szenen.

Alle Hauptpersonen haben nebeneinanderliegende Zimmer. Das Zimmer Saras liegt zwischen den beiden andern, verkörpert dabei einerseits die väterliche bürgerlich-moralische Welt, die sie kürzlich verlassen hat, anderseits die nicht mit dem Segen der Kirche versehene, selbstsüchtige, ausserbürgerliche Liebeswelt, mit der sie vergebens jene zu betäuben sucht. Die wirkungsvolle Nebeneinanderstellung von Vater, Tochter und Liebhaber dient sowohl dazu, das dramatische Moment zu steigern - der Vater könnte jeden Augenblick unversehens auf die Bühne stürzen! - als auch dazu, die Einbildungskraft durch die enge Verbundenheit zwischen dem vordergründig Gesehenen und dem hintergründig und nebenan Vorgestellten zu beschäftigen. Rationalistisch allein ist die Kritik Duschs an dem angeblichen Verstoss Lessings gegen die Einheit des Ortes. Er klagt auf solch vordergründige Weise darüber, dass sein eigener Mangel an Einbildungskraft ins Auge fällt: "Wenn der Dichter mich mit Gewalt bereden will, dass die Handlung an einem Ort sey, so verlange ich, dass er mich nicht auf eine so grobe Art hintergehe, dass ich, um ihm seine Einheit zu glauben, zugleich glauben muss, ich könnte in einer krummen Linie sehen."[33] Die Worte des Wirtes an Sir William, "Kommen Sie, nur eine Wand wird Sie von dem Frauenzimmer trennen, das Ihnen so nahegeht"[34], sollten schliesslich nicht als der Wunsch Lessings angesehen werden, sich vor der Regelmässigkeit der Aufklärung zu beugen, sondern als die Absicht eines theatralischen Dichters, den Gang der Handlung spannend und sinnlich darzustellen. Den Widerspruch zwischen dem "elenden Wirtshaus" und dem mit Zimmern reichlich ausgestatteten Hotel versuchte Dusch dadurch zu erklären, dass Lessing seinen Stoff aus englischen Mustern entlehnt habe, die "armselige Wohnung" aus dem Roman Richardsons, CLARISSE HARLOWE, und die vielen Zimmer aus dem bürgerlichen Trauerspiel Lillos, GEORGE BARNWELL OR THE LONDON MERCHANT.[35] Erstens hat er dabei geflissentlich übersehen, dass es Sir William ist, der das Wirtshaus bei seiner Ankunft als "elend" bezeichnet, also nicht Lessing; zweitens, dass Sir William damit gesagt haben will, dass solche traurigen, verschwiegenen Orte seiner Tochter sicherlich 'fremd' und 'fern' vorkommen müssten, und drittens hat er die dichterisch-dramatische Intention Lessings nicht verstanden.

Den von Sara erzählten Alptraum hat Dusch nicht aus gattungstheoretischen Gründen, sondern nach seiner Auffassung von der damaligen aufgeklärten Welt als eine Abschwächung des Dramatischen angesehen: "In was für einem Ansehen stehen in unsern Tagen die Träume? dem ohngeachtet wagt es der Dichter, den Traum fast Wort vor Wort eintreffen zu lassen, und empöret alle Vernunft wider sich, indem er uns so abergläubische Dinge glaubhaft machen will."[36] Dusch ist auch hier erneut durch eine Vergleichsmethodik irregeführt worden, die in diesem Falle ein massgebendes Modell im Vernunftgeschmack seiner Zeitgenossen fand. Von vordringlicher Wichtigkeit für Lessing war, dass vor allem Sara an die innere wie auch an die potentielle Wirklichkeit ihres Alptraums glaubte. Dass aber Träume aus einem leidensfähigen, von Gewissensbissen und Schuldgefühlen bedrückten Geist stammen, wussten sowohl Lessing als auch Dusch.[37] An dem Gespenst in HAMLET sollte Lessing einen Grundsatz erläutern, für den das eigene Werk das Muster geliefert hatte und den er dennoch in aller Bescheidenheit für eine Entdeckung am wirkenden Genie des englischen Dramatikers ausgab: Zuschauer werden sich eher dazu geneigt fühlen, an die Bühnenwirklichkeit eines Gespensts oder etwa an die potentielle Realität eines Traumes zu glauben, wenn die Hauptfigur den nämlichen Glauben zu erkennen gibt: "...je mehr Merkmale eines von Schauder und Schrekken zerrütteten Gemüts wir an ihm (Hamlet) entdecken, desto bereitwilliger sind wir, die Erscheinung, welche diese Zerrüttung in ihm verursacht, für eben das zu halten, wofür er sie hält. Das Gespenst wirket auf uns, mehr durch ihn, als durch sich selbst. Der Eindruck, den es auf ihn macht, gehet in uns über, und die Wirkung ist zu augenscheinlich und zu stark, als dass wir an der ausserordentlichen Ursache zweifeln sollten..."[38] Das Traummotiv wird stufenweise und zwar 'dreidimensional' dargestellt: zuerst von Betty, die sowohl die Wirkung des Traumes auf Sara als auch dessen Inhalt vorerst metaphorisch erzählt: "Plötzlich fuhr sie in die Höhe, sprang auf und fiel mir als eine Unglückliche in die Arme, die von einem Mörder verfolgt wird."[39]; zweitens von Sara, als sie Mellefont den Traum in aller Ausführlichkeit erzählt, und zwar nach folgender Einschränkung: "Ach, könnte ich Ihnen nur halb so lebhaft die Schrecken meiner vorigen Nacht erzählen, als ich sie gefühlt habe!..."[40]; und drittens, als die Vorgänge im Traum fast wortwörtlich eine sichtbare Vergegenwärtigung auf der Bühne erhalten. Wo sich Sara offensichtlich vor der Erfüllung ihres Alptraums fürchtet, folgen die Zuschauer nicht ungern. Ausserdem wird Sara ohnehin beim Zutagetreten der rachevollen Medeagestalt Marwoods so von Sinnen gebracht, dass sie allzurasch die Vorgänge im Traume den Absichten Marwoods angleicht. Erst rückblickend erkennt Sara, dass es ihre Aufgeregtheit war, die sie irrtümlich dahin führte: "Du glaubst nicht, wie ausser mir ich war. Auf einmal fiel mir der schreckliche Traum von voriger Nacht ein und ich floh als eine Unsinnige, die nicht weiss, warum und wohin sie flieht."[41] Das Gift, das Marwood bei sich trägt, der Dolch, mit dem sie im Zustande der Wut einen Anschlag auf das Leben Mellefonts gemacht hat, sind Waffen, die ursprünglich entweder für ihren Selbstmord oder für ihren Schutz bestimmt waren. Und nicht vorbedacht und deshalb nicht allen menschlichen Mitleids bar erscheint nun ihr Vergehen an Sara, weil es eigentlich die Erinnerung Saras an den Traum war und der daraus logisch gefolgerte, wenn doch zugleich aus irrationalen Befürchtungen entstandene Aufschrei: "Jetzt dringt sie mit tötender Faust auf mich ein!"[42], die Marwood erst hinter den Kulissen auf den Gedanken bringt, dass es sie doch eher befriedigen würde, Sara durch den Tod von Mellefont zu trennen, als ihn selber oder auch sie zu töten. "Sinnliche Bilder" fördern also nicht nur die unwillkürliche Darstellung des Wutanfalls Marwoods, sondern reizen in der Traumerzählung sowohl Sara, den Erzähler, auf als auch Marwood, die Angeredete, zur gleichen Schlussfolgerung zu kommen. Spannend für den Zuschauer wird es vor allem in dem Moment, wo die Ueberzeugung Saras, dass Marwood sie töten will, und die Absicht Marwoods, Mellefont zu töten, auseinanderzugehen und damit die im Traum vorgesehene Symmetrie des Rahmens zu sprengen drohen. Im Wutanfall Marwoods sowie in der Furchtsamkeit Saras sollten die beiden Schauspielerinnen das 'Aussersichsein' darstellen.

Eine Untersuchung des Verhältnisses zwischen Dusch und Lessing in den Jahren 1757 bis 1759 lässt bald erkennen, wie jener manchmal zwar vernünftig, manchmal aber, vorwiegend im ersten Brief, böswillig polemisch rezensiert hat.[43] Ohne seinen Namen zu erwähnen, hat Karl Lessing diesen Versuch Duschs aber wohl in einigem positiver bewertet, als er es verdiente: ''So grossen und allgemeinen Beyfall es (MISS SARA SAMPSON) aber auch hatte, so gab es doch einige, die es weit unter seinen wahren Werth zu bringen suchten. Sie erwiesen auf eine gelehrte Art und bloss zur Beförderung des guten Geschmacks, dass es das unregelmässigste und untauglichste Ding, und oben drein aus Englischen Romanen und Tragödien zusammengestoppelt sey. Zuschauer und Leser, denen der gelehrte Diebstahl sehr gleichgültig ist, schienen doch nicht recht Lust zu haben, das, was ihnen einmal gefallen hatte, nun elend zu finden; und so blieb es beliebt, bis die neuen tragischen Kraft= und Drangstücke kamen, über die es vergessen wurde.''[44]

Dieser kleine Versuch über eine Dialektik zwischen Intention und Rezeption zeigt Richtlinien auf, die zur Deutung und Bewertung der späteren Dramen Lessings wie auch seines Verhaltens gegenüber der damals herrschenden Vernunftreligion in Betracht gezogen werden müssen: sein Verständnis für das Wechselspiel von Zeit-Raum-Dimensionen, die etwa seine Besprechung der frühchristlichen Wunder erhellt[45]; seine frühe Auffassung von der Bühnensprache als eine ''sinnliche Rede'', die Auge, Ohr und inneres Gesicht beansprucht; sein Interesse für den Erfahrungsbereich, in dem der Mensch weder von seinem Willen noch von seiner Vernunft geleitet wird, was mit einer Bewertung seines Geniebegriffs verbunden werden kann; seine im Grunde genommen phänomenologische Denkart, welche nun hervorhebt, wie Bühnenfiguren und einzelne Kunstgriffe der eigentlichen Handlung untergeordnet sind, indem sie sich in dieser als Komponenten bewegen, die ihren ästhetischen Sinn erst im Wechselverhältnis mit anderen Komponenten erhalten; dass anzunehmen ist, dass Lessings Kritik in einigen Fällen eher auf eigene Erfahrungen im Theater wie auch im Dichten für das Theater gründet und schliesslich, dass auch er bei Gelegenheit sich einer kritischen Vergleichsmethodik bedient, die seinem jeweiligen Denken und Kunstsinn nicht entspricht.

Anmerkungen

1 Gotthold Ephraim Lessings Sämmtliche Schriften (GELSS). Hrsg. v. K. Lachmann. Leipzig 1853-1857. Bd. III (1853), S. 11, Vorrede.
2 Johann Friedrich Löwen, Geschichte des deutschen Theaters (1766). In: Neudrucke literarhistorischer Seltenheiten, viii. Hrsg. v. H. Stümke. Berlin 1905, S. 48ff. Johann Friedrich Schink, Charakteristik Gotthold Ephraim Lessings. Leipzig 1817, bes. S. 51ff. J. Kürschner, Conrad Eckhofs Leben und Wirken. Wien/Pest/Leipzig 1872, S. 38ff. Theodore Ziolkowski, 'Language and Mimetic Action in Lessing's Miss Sara Sampson'. In: The Germanic Review XL (1965), S. 261-276.
3 GELSS, III (1853). In: Beyträge zur Historie und Aufnahme des Theaters (1750), S. 120.

4 A.a.O., S.55f.

5 GELSS, V (1854), S.49f. Berliner Privilegirte Zeitung 1755. Nicht nur W. Maltzahn (s. GELSS), sondern auch F. Muncker (Gotthold Ephraim Lessings Sämtliche Schriften. Stuttgart [3]1886. Vorrede zum 7.Band, S.VI) nehmen an, dass diese Worte von Lessing selber geschrieben worden sind.

6 Jakob Mauvillon, Rezension über Emilia Galotti (1772). In: Horst Steinmetz, Lessing - ein unpoetischer Dichter. Frankfurt a.M./Bonn 1969, S.93ff.

7 Johann Jakob Dusch, Vermischte Kritische und Satyrische Schriften, nebst einigen Oden auf gegenwärtige Zeiten. Altona 1758, S.57.

8 Heinrich Bornkamm, Die innere Handlung in Lessings Miss Sara Sampson. In: Euphorion LI, iv (1957), S.385-396. - Theodore Ziolkowski, a.a.O. - Manfred Durzak, Poesie und Ratio: Vier Lessing Studien. Bad Homburg 1970. Aeussere und innere Handlung in Miss Sara Sampson, S.44-68. Wilfried Barner, Produktive Rezeption: Lessing und die Tragödien Senecas. München 1973, bes. S.35-52.

9 Erich Schmidt, Lessing: Geschichte seines Lebens und seiner Schriften. 2 Bde. Berlin [2]1899. Bd.1, S.276f.

10 Briefwechsel zwischen Gleim und Ramler, hrsg. v. C. Schüddekopf. 2.Band: 1753-1759 (= Bibliothek des litterarischen Vereins in Stuttgart, 243, 244) Tübingen 1907. Ramler an Gleim, den 25. Juli 1755, S.206.

11 Bibliothek der Schönen Wissenschaften und Freien Künste. Bd.II,i. Betrachtungen über die Quellen und die Verbindungen der schönen Künste und Wissenschaften. Leipzig 1757, S.259f. Den Ausdruck "indeklamabel" benutzt Lessing in einem Brief an Mendelssohn. GELSS, XII (1857). Den 14. September 1757, S.116.

12 S. K.G. Lessing, Gotthold Ephraim Lessings Leben, nebst seinem noch übrigen Nachlasse. 3 Thle. Berlin 1793 & 1795. Thl.1, S.57f. Thl.2 (1795), S.291ff., bes. S.321f., 338, 377-379. - J.F. Schink, a.a.O., S.51ff. - F.L.W. Meyer, Friedrich Ludwig Schröder: Beytrag zur Kunde des Menschen und des Künstlers. 2 Thle. Hamburg 1819. - J. Kürschner, a.a.O., S.26-27. - E.Devrient, Geschichte der deutschen Schauspielerkunst. 2 Bde. In: Dramatische und dramaturgische Schriften. Bd.6: Leipzig 1848, S.120-129. Zitiert in Steinmetz, a.a.O., S.309-312. - R. Bitterling, Johann Friedrich Schink: ein Schüler Diderots und Lessings. Leipzig/Hamburg 1911 (= Theatergeschichtliche Forschungen, XIII), S.97ff. - H. Kindermann, Theatergeschichte der Goethezeit. Wien 1948. - O. Rommel, Die Alt-Wiener Volkskomödie. Wien 1952, S.190ff.

13 A.a.O., S.264. Vgl. H. Kindermann, a.a.O., S.101.

14 In: Steinmetz, a.a.O., S.93ff. Rezension über Emilia Galotti, 1772.

15 A.a.O., S.311.

16 GELSS, VII (1854). Den 15. May, 1767, S.26ff. Seine Besprechung der Gistererscheinung bei Shakespeare und Voltaire erschien im Juni, Stü.11 (S.49ff.) 12 (S.52ff.). (S. E.M. Batley, 'Rational and Irrational Elements in Lessing's Shakespeare Criticism'. In: The Germanic Review XLV,i. S.5-25.)

17 Ebd., S.26.

18 GELSS, VI (1854), S.42 (Hervorhebung von mir).

19 GELSS, XII (1857). Brief an F. Nicolai. Den 2. April, 1757. Leipzig. Zusätzliche Anmerkungen zu Nicolais Abhandlung von dem Trauerspiele S.21, 22, 23, 93ff.

20 Ebd., S.95.

21 GELSS, XII (1857). Brief an M. Mendelssohn. Den 14. September, 1757. Leipzig, S.114-118.

22 A.a.O., S.54.

23 Vgl. K.G. Lessing, a.a.O., Thl.2. (1793). Ueber Lessings poetisches und vorzügliches theatralisches Verdienst. S.387. "Lessing war ein Genie, welches seine Begeisterung sehr mindern musste, um die Darstellung, woraus wir eigentlich des Dichters poetische Fülle beurtheilen, desto lebhafter und vollkommener zu machen."

24 GELSS, XII (1857), S.114-118.

25 H. Bornkamm, a.a.O., S.388, 396. - M. Durzak, a.a.O., S.44-48.

26 GELSS, VII (1854). Hamburgische Dramaturgie. 13. Stü., S.56-60. 14.Stü., S.61-68. K.G. Lessing, a.a.O., Thl.1. (1793), S.176: "Was Lessing darüber in seiner Dramaturgie sagt, ist wohl alles, was man mit Grunde sagen kann."

27 J.J. Dusch, a.a.O., S.46-100. Die Rezensenten für Die Bibliothek der Schönen Wissenschaften und Freien Künste wie für die Briefe, die neueste Literatur betreffend blieben vorerst anonym. Im ersten Band der Bibliothek (I, i. S.168ff., 1757) erschien eine Rezension von drei Gedichten Duschs, "Tolk-Schuby, ein Gedicht an die Herren E...E..., Vom Gebrauche der Vernunft" und "Fragment eines grossen Gedichts von der Gesetzgebung," worin ihm heimische wie auch ausländische Muster (u.a. Pope, Thomson, Young, E. v. Kleist, Klopstock) vorgeworfen wurden, die der Rezensent (vermutlich Nicolai) in Duschs Gedichten wieder erkannt hatte. Dusch hat es dem Rezensenten übelgenommen, irrte sich aber, indem er Lessing die Rezension zuschrieb. Erst 1759, ein Jahr nach der Erscheinung dieser zwei Briefe über Miss Sara Sampson, wurde Dusch davon unterrichtet, dass Lessing keine Rezension für die Bibliothek unternommen hatte. Im selben Jahr erschien in den Briefen, die neueste Literatur betreffend (GELSS, VI [1854], No.41, S.92f.) Lessings Kritik an Duschs Schilderungen aus dem Reiche der Natur und der Sittenlehre. Lessing tadelt hier vor allem die Einteilung des Werkes. Die Frage der Intention Duschs wird ausserdem interessant als Gegenstück zu diesem Referat, obwohl sie wegen der verhältnismässig günstigen Rezension im zweiten Brief (a.a.O., S.76-100) noch komplizierter ist, als D.L. Flory sie gefunden hat (Dan L. Flory, 'Lessing's Controversy with Dusch'. In: Lessing Yearbook V (1973), S.172-185).

28 Diese Gedanken bilden bekanntlich den Kern zu Laokoon, wurden aber schon in der Zusammenarbeit mit Moses Mendelssohn für den Aufsatz Pope als Metaphysiker! (1755) eher philosophisch als ästhetisch erwogen, treten wieder 1757 in Mendelssohns Betrachtungen und 1758 in Duschs Uebersetzung von dem Aufsatz "Of Tragedy" von David Hume auf (s. GELSS, V. [1854], S.3-35, bes. S.18f.). Mendelssohns Betrachtungen, in: Bibliothek der Schönen Wissenschaften und Freien Künste, Bd.1., ii, S.231-268, S.267ff.; Humes "Of Tragedy", in: Dusch, a.a.O., S.221-239. Darauf hat Dusch bei der Kritik Miss Sara Sampsons merkwürdigerweise verzichtet.

29 Die zwei anderen sind beziehungsweise unhaltbar und inzwischen durch die neuere Lessingforschung irrelevant geworden, wie etwa die gegenüber Mar-

wood für passiv und deshalb undramatisch gehaltene Rolle Saras, die für Dusch als ein Verstoss gegen die Einheit der Handlung (!) gegolten hat, die aber Durzak (a.a.O.) 1970 als weder 'passiv' noch 'undramatisch' erwiesen hat. Positiver aber schreibt Dusch im zweiten Brief über Miss Sara Sampson, s. a.a.O., S.94-97.

30 Dusch, a.a.O., S.52.

31 GELSS, V (1854), S.6.

32 GELSS, II (1853), I,ii, S.4.

33 Dusch, a.a.O., S.55f.

34 GELSS, II (1853), I,ii, S.5.

35 A.a.O., S.52f. Vgl. Anm.27.

36 Ebd., S.52f.

37 Ebd., S.155ff.

38 GELSS, VII (1854). Hamburgische Dramaturgie. 11.Stü. Den 5. Junius, 1767, S.49.

39 GELSS, II (1854), I,iv, S.7.

40 Ebd., I,vii, S.10.

41 Ebd., V,i, S.71.

42 Ebd., IV,viii, S.69.

43 S. Anm.27. Dan L. Flory, a.a.O.

44 K.G. Lessing, a.a.O., Thl.1. (1793), S.176f.

45 S. E.M. Batley, Lessing's Nathan der Weise: the Transcending of Reason in Dramatic Motivation'. In: Publications of the English Goethe Society XLII (1972), S.1-36, bes. S.31-33.

DIE REZEPTION DES MITTELALTERS DURCH GOETHE

Von Richard Samuel (Melbourne)

Ich möchte diesem Referat den gleichen Untertitel geben wie Helmut Brackert dem seinen über 'Bauernkrieg und Literatur': "Umriss einer Forschungsaufgabe". Nicht, dass es an Einzeluntersuchungen über das Thema mangelte. Gerade Helmut Brackert hat einen der aufschlussreichsten Beiträge dazu vorgelegt: "Die 'Bildungsstufe der Nation' und der Begriff der Weltliteratur. Ein Beispiel Goethescher Mittelalter-Rezeption"[1]. Es fehlt aber an einer Gesamtdarstellung, sogar an einer Materialzusammenstellung als Grundlage für eine solche. Der verstorbene Ernst Grumach hat für das Parallelthema "Goethe und die Antike" eine Anthologie von über 1 000 Seiten hergestellt und dieser eine Bibliographie von 680 Titeln beigefügt, die nur bis 1949 reicht. Eine Anthologie und Bibliographie über Goethes Stellungnahme zum Mittelalter würden quantitativ weit geringer ausfallen, dennoch, was Gehalt und Folgen betrifft, manche Ueberraschungen auslösen.

Zur Bewältigung der Aufgabe müssten zunächst einmal einige VORFRAGEN in Betracht gezogen werden, wie etwa diese:

1. Was verstand Goethe unter Mittelalter? Er übernimmt diesen Begriff verhältnismässig spät und sprach meistens von der "Mittelzeit" oder den "mittleren Zeiten". Dabei kommt man nicht umhin, einen Blick auf die Geschichte des Begriffs MEDIUM AEVUM zu werfen und auf den Wert bzw. Unwertgehalt des Begriffs. Chronologisch umgrenzt der Begriff keineswegs unsere Vorstellung der Zeit von der Völkerwanderung bis zur Mitte des 15. Jahrhunderts. Für Goethe gehörte im europäischen Bereich noch das Zeitalter des Humanismus, der Reformation und der Renaissance dazu, das Zeitalter Maximilians, Luthers, Dürers, des Dr. Faustus und des Paracelsus, in der Literatur des Hans Sachsens und des Volksliedes.

2. Wie weit war das Mittelalter in Goethes Zeit erforscht? Das erfordert einen Ueberblick über die Wissenschaftsgeschichte in den achtzig Jahren Goetheschen Lebens. Zur Zeit des "Sturm und Drang" war natürlich das Mittelalter weit weniger erforscht als in den zwanziger Jahren des 19. Jahrhunderts, in denen die Romantik auf allen Gebieten weit tiefer in das Mittelalter eingedrungen war. Und Goethe bezeigte ein beträchtliches Interesse an allen diesen Forschungen.[2]

3. Welche Phänomäne des Mittelalters beschäftigten Goethe? In dieser Beziehung haben Literatur und Kunst zu stark im Vordergrund gestanden. Neben ihnen stand eine früh entwickelte und dann anhaltende Beschäftigung mit der Geschichte und Verfassung des Heiligen Römischen Reiches. Hinzu kommt eine erstaunliche Kenntnis der Theologie von der Zeit der Kirchenväter an, die Elisabeth Wilkinson mit Bezug auf "Faust" aufgedeckt hat[3], dann die theosophischen Studien der Renaissance-Mystik und Philosophie, endlich das Studium der mittelalterlichen Naturwissenschaften, die er aus Anlass der "Farbenlehre" betrieb.

4. In Goethes Blickfeld lag nicht nur das deutsche bzw. europäische Mittelalter, sondern auch das orientalische, d.i. das arabisch-islamische, persische, indische und chinesische. Katharina Mommsens Forschungen über die Entwicklung des Korans und der Novellensammlung von "Tausend und eine Nacht" haben in dieser Beziehung bedeutende Ergebnisse gebracht.

5. Endlich spiegelt sich das Mittelalter bei Goethe durch spätere Perioden wider, indem er das Nachleben seiner Lebensformen durch Renaissance und Barock bis in seine eigene Zeit aufspürt. So sind in "Faust II" Mittelalter und Renaissance unzertrennlich verknüpft, und in der Königskrönung von 1764 und ihren "symbolischen Zeremonien" wurde ihm ein Stück Mittelalter lebendig.

Phasen der Rezeption des Mittelalters

Rückblickend sagt Goethe im 12.Buch von "Dichtung und Wahrheit": "Die dunkleren Jahrhunderte der deutschen Geschichte hatten von jeher meine Wissbegierde und Einbildungskraft beschäftigt." Dieser Satz wurde im April 1813 aus Anlass der Vorstudien zum "Götz" geschrieben. Im Zusammenhang der Autobiographie bezieht sich das "von jeher" auf die Knaben- und Jugendzeit bis 1773. Er schlägt aber gleichzeitig eine Brücke zu dem durch die Brüder Boisserée erweckten Interesse an mittelalterlicher Malerei und Architektur, das zur Zeit der Niederschrift voll entwickelt war. Bemerkenswert ist die Bezeichnung "die dunkleren Jahrhunderte", mit der die Epoche des Mittelalters identifiziert wird. Das ist eine Art Rückfall in die abwertende Auffassung der Aufklärung vom Mittelalter (und der Gotik), wie sie seit Vasari durch Jahrhunderte gängig war und die Goethe im Grunde nie abstreifen konnte.

Es ist üblich, zwei Hauptphasen in Goethes Beschäftigung mit dem Mittelalter zu unterscheiden:
1. Die Sturm- und Drang-Periode (1770-1774)
2. Erneutes Interesse am Mittelalter (1806-1816)
Diese Einteilung ist in mancher Hinsicht allerdings nicht befriedigend:

1. Sie beachtet nicht genügend die vorstudentische Jugendzeit (bis 1764), in der die Grundlage für die Kenntnis und Einschätzung des Mittelalters gelegt wurde durch eingehendes Studium von Chroniken, Volksbüchern und Geschichtswerken, wobei die Freundschaft und Belehrung durch Johann Daniel Oelenschläger besonders wichtig war; ferner durch unmittelbare Anschauung, wie die Topographie und Verfassung Frankfurts und die Königskrönung von 1764. Goethes Versenkung in die Geschichte des Mittelalters damals und später sind, wie erwähnt, gegenüber der Beleuchtung seiner Literatur- und Kunstkritik zurückgetreten. Wer einmal Daniel Schöpflins 'Alsatia Illustrata' in der Hand gehabt hat - um nur eines der vielen in Strassburg studierten Werke zu nennen -, wird kaum Arthur Hübner zustimmen, Goethe habe vom Mittelalter kein geschichtliches Bild gehabt.[4] Auch in Strassburg waren es wiederum nicht nur Bücherstudien, sondern - wie immer - Anschauung, die ihm das Mittelalter nahebrachte, wenn er sich auf Ausflügen in das Land mit den "Denkmälern der Mittelzeit und mit den daher noch übrigen Ruinen und Resten, Siegeln und Dokumenten" bekannt machte. Dazu gehörten auch die Wanderungen im Elsass, um Volkslieder zu sammeln. Durch solches

Eindringen in mittelalterliches Leben wurde der geschichtliche Hintergrund geschaffen, der "Götz von Berlichingen", "Faust" und "Von deutscher Baukunst" belebt.

2. Die dreissig Jahre von 1775-1806 werden gemeinhin als eine Periode völliger Abwendung vom Mittelalter angesehen. Auch dies ist nicht ganz absolut zu nehmen. Die italienische Reise brachte Goethe in eine ständige Auseinandersetzung mit dem Christentum, besonders mit dem Madonnenkult, obwohl ihm dies meist in der Kunst der Renaissance und des Barock entgegentrat. Das von Liselotte Blumenthal 1965 herausgegebene "Notizheft von 1788"[5] scheint Goethes Aeusserung aus Venedig vom 8. Oktober 1786 zu widerlegen, er sei "Gott zu Dank" auf ewig los "unsere kauzenden auf Kragsteinlein übereinandergeschichteten Heiligen der gotischen Zier weisen... unsere Tabkspfeifensäulen, spitze Türmlein und Blumenzacken", selbst wenn die Schöpfung der Hexenküchenszene in der Villa Borghese im Frühjahr 1788 wirklich eine Abirrung ins "nordische Nebelland" war. Der mittelalterlichen Herkunft des Stoffes von "Reineke Fuchs" (1794) war sich Goethe wohl bewusst. Die Förderung von "Faust I" (1797-1800) fällt ebenfalls in diese Hiatus-Periode, und der Faust-Stoff ist nun einmal mittelalterlicher Stoff. In den gleichen Jahren steht er in einem positiven Verhältnis zu den Frühromantikern, deren Bemühungen um die Wiederbelebung des Mittelalters er damals nicht ablehnend gegenüberstand. Tiecks Vorlesung seiner Dramatisierung der Legende von der heiligen Genoveva fesselte ihn. Novalis' "Die Christenheit oder Europa" las er sorgfältig; obwohl er von der Veröffentlichung im 'Athenaeum' abriet, ist von ausdrücklicher Ablehnung der Substanz des kühnen Essays nichts bekannt. Deshalb war das Wiedererwachen des Interesses am Mittelalter, das um 1806 beginnt, doch nicht so unvermittelt, wie es oft dargestellt wird.

3. Diese "zweite" Periode sollte differenziert in ihren verschiedenen Phasen beobachtet werden, etwa wie folgt:
(1) Vorbereitung der Wende (abgesehen von dem unter 2 Gesagten)
    a) 1804: Neubearbeitung des "Götz von Berlichingen"
    b) 1805-1806: Vollendung von "Faust I"
    c) 1806: Die positive Rezension von "Des Knaben Wunderhorn".
(2) Beschäftigung mit hochmittelalterlicher Literatur (1806-1810), die er in der "Sturm-und-Drang"-Periode schroff abgelehnt hatte. Im Mittelpunkt steht das eingehende, achtzehn Monate dauernde Studium des Nibelungenliedes, über das er um die Wende 1808-1809 in der Mittwochsgesellschaft mehrwöchig eine Art von Seminar abhielt unter dem Aspekt des Aperçus, dass "die Kenntnis dieses Gedichtes zu einer Bildungsstufe der Nation" gehöre.
Das Nibelungenlied war Goethe durch den Forscher Friedrich Heinrich von der Hagen vermittelt worden, und durch dessen Freund Büsching wurde er in den folgenden zwanzig Jahren dauernd in die frühe Entwicklung der Germanistik hineingezogen. Abgesehen von der nordischen Literatur (Edda und Sagas), die Wilhelm Grimm ihm vermittelte, wurde er mit den Stoffen der mittelalterlichen Romanzen- und Epenwelt bekannt. Ebenso trat ihm der Minnesang näher, wird doch Heinrich von Morungen wörtlich im "Faust II" (Helena-Akt) zitiert. Für die Einwirkung mittelalterlicher Lyrik muss das gesamte Corpus Goethescher Lyrik noch untersucht werden.

(3) Beschäftigung mit mittelalterlicher Kunst und Architektur.

a) Die Wahlverwandtschaften (1809). Vor der Bekanntschaft mit Sulpiz Boisserée finden wir bemerkenswerte Passagen in diesem Roman (Buch 2, Kap. 3),
die eine auffallend positive Einstellung zur Wiederbelebung der Gotik in der
zeitgenössischen Architektur enthalten, wie überhaupt die Erhebung Ottiliens
zu einer Heiligen im gleichen Zusammenhang betrachtet werden muss.

b) Die Einwirkung der Brüder Boisserée seit 1810. Diese zeigt sich auf zwei
Gebieten:

α) in Goethes äusserlich begeisterter Aufnahme der altdeutsch-niederländi-
schen Malerei und der Gründung der Zeitschrift 'Kunst und Altertum', an-
fänglich zur Förderung der Boisseréeschen Bestrebungen geplant.

β) im Aufleben des Interesses an der Gotik, die 1823 zum ersten Wiederab-
druck des Aufsatzes "Von deutscher Baukunst" mit neuen Betrachtungen über
die Gotik führt; dazu in der aktiven Förderung des durch die Boisserées ein-
geleiteten Kölner-Dom-Projektes.

Ueber diese Phase hat die Forschung am ausgiebigsten gehandelt. Es ist aber
nötig zu beachten, dass die Freundschaft mit Boisserée zeitlich genau zusam-
menfällt mit Goethes Hinwendung zum orientalischen Mittelalter, die sich nicht
nur dichterisch im "Westöstlichen Divan" niederschlägt, sondern auch, wie die
Noten zum "Divan" bezeugen, auf wissenschaftlicher Grundlage beruht.

(4) Ferner ist Goethes fortlaufendes Interesse an dem, was er "Antiquitäten"
nennt, zu berücksichtigen. Dazu gehört u. a.:

a) Die Beschäftigung mit Niethammers Plan eines Deutschen Volksbuches
(1808), worüber wir über dreissig Seiten Aufzeichnungen in der Sophien-Aus-
gabe haben (42^2, 397/8).

b) Seine mehrjährige Beschäftigung mit einer Bilderhandschrift des Sachsen-
spiegels, die er "Das deutsche Recht in Bildern" überschreibt (1810-1813).

c) Die Beschreibung eines altdeutschen Gemäldes in Leipzig (1815).

d) Lange Korrespondenz und Ausführungen über eine Handschrift "Die heiligen drei Könige", die er 1819 fand. Der Stoff hatte eine ausserordentliche
Anziehung für ihn.

e) Die Uebersetzung der alten Hymne "Veni Creator Spiritus" (1820), über
die Rudolf Völkel 1973 ausführlich gehandelt hat.[6]

f) Der Aufsatz über die Externsteine von 1824.

Hinzu kommt, dass Goethe 1819 die Ehrenmitgliedschaft der vom Freiherrn
von Stein gegründeten Gesellschaft für ältere deutsche Geschichtskunde annahm, für die er eine Reihe von Aufsätzen und Besprechungen schrieb.

(5) Die fünfte Phase ist endlich die Arbeit für und an "Faust II" (1825-1831).
Goethes Auseinandersetzung mit dem Mittelalter in "Faust II" ist noch nicht
als zusammenhängendes Thema behandelt worden. Sie bildet eine äusserst wichtige und abschliessende Phase zum Gesamtthema der Rezeption des Mittelalters.

Die Problematik der Rezeption des Mittelalters

Die Haltung und Einstellung Goethes zum Mittelalter ist von einer tiefgehenden
Problematik erfüllt, die in starkem Gegensatz zu seiner Haltung dem Altertum
gegenüber steht. Sie ist gekennzeichnet durch eine durchgehende Ambivalenz und
steht unter dem Gesetz von Anziehung und Abgestossenwerden.

1. Diese Ambivalenz zeigt sich bereits in dem Aufsatz "Von deutscher Baukunst", der so bedeutsam für die Wiederbelebung der Gotik in Deutschland war. Obwohl der Aufsatz nach W. D. Robson-Scotts aufschlussreichem Buch "The Literary Background of the Gothic Revival in Germany" (Oxford 1965) "a revolution in the history of taste" darstellt, obwohl der Verfasser zu dem Schluss kommt: "At last Gothic has been accepted whole-heartedly without reservation and qualification" (p. 87), bedeutet er dennoch keine Gesamtwertung eines vielgeschmähten Zeitalters. Er ist hauptsächlich die Verherrlichung eines titanischen Genies. Der "heilige" Erwin, der aus "starker, rauher, deutscher Seele" schuf, wird nicht in dem Umkreis seines Zeitalters eingebettet, nicht als dessen Repräsentant geschildert; vielmehr ist er eine AUSNAHME, eine Ausnahme "auf dem eingeschränkten, düstern Pfaffenschauplatz des mediiaevi".

Die Auffassung vom düstern Charakter des Mittelalters (erinnernd an die "dunkleren Jahrhunderte der deutschen Geschichte" in der Hoch-Zeit von Goethes Mittelalter-Rezeption) mit starkem Vorurteil gegen die katholische Kirche ("Pfaffenschauplatz"), bricht immer wieder bei Goethe durch. Die Ambivalenz, ja die ganze Problematik in Goethes Haltung zum Mittelalter ist im Grunde eine religiöse. Seine religiösen Vorstellungen, die er sich im Laufe seines Lebens erarbeitete, werden durch die Berührung mit dem Mittelalter immer wieder herausgefordert.

2. Die einzig positive Einstellung zum Mittelalter findet sich mit Ausnahme der allerletzten Phase eigentlich nur im "Götz". Götz sehnt sich in eine gute alte Zeit zurück, er war, wie Helmut Brackert feststellte (s. Bd. 2, H. 3, S. 11), ein Reaktionär, der die Entwicklung seiner Zeit nicht verstand. Ebenso Bruder Martin, bei dem wir nirgendwo eine Andeutung finden, dass er der kommende Reformator ist. Anders steht es schon im "Urfaust". Gretchen und ihr idyllisches Dasein ist gutes mittelalterliches Kleinstadtbürgertum, ihre naive Frömmigkeit die Essenz mittelalterlicher Frömmigkeit. Die Ambivalenz liegt aber in der Gestalt des Mephisto, der überall im "Faust" als Mittel zur ironischen Kritik des Mittelalters dient.

3. Das neuerwachte Interesse an der Literatur und Kunst des Mittelalters im zweiten Jahrzehnt des 19. Jahrhunderts ist überschattet von Goethes Abneigung gegen die Spätromantik. Wann immer er den eigenständigen Wert mittelalterlicher Literatur und Kunst anerkannte, fürchtete er, er könne mit den "Schwärmern" und "Frömmlern" unter den zeitgenössischen Mittelalterfreunden identifiziert werden oder mit der patriotischen Hitzewelle der Romantiker oder mit der Nazarenischen Malerschule, die mittelalterliche Kunst als das einzige Leitbild für moderne Kunst verkündete. So wechseln sich in Briefen und in der Zeitschrift 'Kunst und Altertum' Lob und Angriff ab, und im Angriff kann er sich nicht genug tun mit Invektiven gegen "neudeutsche Frömmeley", gegen "Teutschthümlerey" und "Vaterländerey". Genauso steht es mit der durchaus echten Bewunderung des Nibelungenliedes. Er findet, dass dem Ganzen ein uralter, riesenmässiger, aus dem höchsten Norden kommender Stoff zugrunde liege, dass der christliche Kultus ohne den mindesten Einfluss sei und die Motive grundheidnisch seien. Das zog ihn an, und so spielt er es gegen Ende seines Lebens gegen die Romantiker aus, in der bekannten Eckermann-Stelle, dass es klassisch sei wie der Homer: "denn beide sind gesund und tüchtig". Hart-

manns ''Der arme Heinrich'' - 1810 von Büsching herausgegeben - erfüllt ihn dagegen ''mit Abscheu''. An und für sich sei er ein ''höchst schätzenswertes Gedicht''. Aber ''die dort einem Heroismus zum Grunde liegende Krankheit wirkt wenigstens auf mich so gewaltsam, dass ich mich vom blossen Berühren eines solchen Buches schon angesteckt glaube'' (Annalen 1811).

4. In ''Faust II'' erreicht die Auseinandersetzung mit dem Mittelalter und dem Romantischen ihren Höhepunkt. Er sollte, in dem zuerst vollendeten Helena-Akt, die Versöhnung des Klassischen mit dem Romantischen, des Antiken mit dem Mittelalter herbeiführen, entsprechend der früh von Schiller erkannten Absicht einer ''Synthese des Edlen mit dem Barbarischen'' (Brief vom 23. Sept. 1801). Es findet aber keine echte Synthese statt, sondern nur eine vorübergehende Entbarbarisierung der mittelalterlichen Welt, die durch die ''faustischen'' Elemente in Euphorion zerstört und aufgehoben wird. Der Zustand des mittelalterlichen Reiches in den Akten I und IV wird ironisch-absprechend behandelt, wir befinden uns wie im ''Götz'' in den ''wilden, anarchischen Zeiten Maximilians I. ''. Dass die scheinbar positive Darstellung des Hochmittelalters im 3. Akt von Mephisto-Phorkyas gegeben wird, gibt auch dieser eine ironische Komponente.

5. Ganz kurz kann nur die ebenfalls hochproblematische Aufnahme Fausts in den christlichen Himmel, oder wie Goethe sagte, in den christlichen Olymp, gestreift werden. Sie bedarf einer neuen, allen Aspekten von Goethes Mittelalter-Auffassung gerecht werdenden Deutung. Man muss sich fragen, wie gültig die Aussage ist, der Schluss sei nur deshalb mit ''scharf umrissenen christlich-kirchlichen Figuren und Vorstellungen'' gefüllt worden, um seinen poetischen Intentionen eine wohltätig beschränkende Form und Fertigkeit zu geben, um so ''übersinnliche Dinge'' nicht im Vagen zu verlieren (Eckermann, 6. Juni 1831). Zunächst einmal fällt auf, dass der Himmelfahrtsszene jede Ironie fehlt, nachdem sie auf die wohl ironischste Szene folgt, die Goethe je geschrieben hat, jene blasphemische Grablegungsszene, in der der Päderast Mephisto seine Wette verliert und geschlagen von der Bühne abtritt.

Was immer auch Goethes Intentionen waren - vielleicht war die obige Aussage nur eine Entschuldigung für das Gelungene -, wie oft auch Goethe bis ins späte Lebensalter das christliche Mittelalter als trübe, düster, pfäffisch, rückständig, eine ''Lücke'' zwischen Antike und Neuzeit abgetan hat, in dieser Szene hat der Achtzigjährige, ob er es wollte oder nicht, das Wesen eben dieses christlichen Mittelalters aus tiefem Wissen um seine Mysterien in seiner reinsten Form und innersten Substanz schlackenlos und mit unübertroffener poetischer Bildkraft erfasst und dargestellt. Die skeptische Rezeption war der Affirmation gewichen.

Anmerkungen

1 In: Goethe und die Tradition, hrsg. v. Hans Reiss. Frankfurt 1972, S. 84-101.
2 Vgl. hierzu Wolfram von den Steinen: ''Mittelalter und Goethezeit''. In: Historische Zeitschrift CLXIII (1957), S. 249-305.
3 ''Faust in der Logosszene''. In: Akta des 2. IVG-Kongresses. Frankfurt 1971, S. 115-126, und ''Theologischer Stoff und dichterischer Gehalt in Fausts sog. Credo''. In: Goethe und die Tradition (s. Anm. 1), S. 242-258.

4 "Goethe und das deutsche Mittelalter" (Festvortrag Weimar, 6. Juni 1936). In: Kleine Schriften zur deutschen Philologie. Berlin 1940, S. 270.

5 Schriften der Goethe-Gesellschaft.

6 "Veni Creator Spiritus. Zur Entwicklung der Goetheschen Dichtung im Winter 1819/20". In: Jahrbuch des Freien Deutschen Hochstifts 1973, S. 156–189.

BUECHNERS JEAN PAUL-REZEPTION

Von Bernhard Böschenstein (Genf)

Wer von einer Jean Paul-Rezeption Büchners hört, wird vielleicht zunächst ein-
wenden, bei einem Werk vom Ausmass und der Verbreitung des Jean Paulschen
sei es nicht weiter verwunderlich, wenn bei Büchner gelegentliche Berührungen
mit ihm zu finden seien, zumal er, nach dem Ausweis der Erinnerungen Friedrich Zimmermanns, in der gemeinsamen Gymnasialzeit Jean Paul "fleissig gelesen" hat[1]. Solche Berührungen zeigen sich auf drei Ebenen: in der Wortwahl,
in bestimmten thematischen Zusammenhängen und in der Metapherntechnik. Der
Betrachter könnte mit J. W. Smeed, der dies Thema 1961 behandelt hat, zum er-
nüchternden Resultat gelangen, der stilistische Einfluss Jean Pauls auf Büchner
beschränke sich "ausser einigen einzelnen Wendungen, Wortspielen, usw." auf
"eine allgemeine Aehnlichkeit der Schreibmethode ("witziges" Spiel mit der
Sprache, Gleichnisketten)"; ferner habe Büchner aus Jean Pauls Werken "gro-
tesk-abgründige Bilder und Motive" entlehnt, vor allem aus der 'Rede des toten
Christus'; zudem stelle er "wohl das bedeutendste und eindeutigste Beispiel für
die Fortwirkung des 'politischen' Jean Paul" dar.[2] Dies allein wäre aber schon
gar nicht so unbeträchtlich, wie Smeed selber es hinstellt. Paul Requadt hat in
seinem letzten Buch gezeigt, wie diese Resultate sich durch eine genauere Auswertung der von Smeed herangezogenen Vergleichsstellen vertiefen und differenzieren lassen.[3] Das gilt vor allem für die Wirkung einer politischen 'Hesperus'-
Stelle auf den 'Hessischen Landboten': das Gegensatzpaar Hütten-Paläste, das
Thema der Schinderei der Bauern, deren Häute die Höflinge tragen, das Bild
des Fürstenhofs als eines "Blutigels" usf. entsprechen bei Büchner wörtlich
der Vorlage. Eine allgemeinere Analogie herrscht zwischen dem Märchen der
Grossmutter im 'Woyzeck' und der 'Rede des toten Christus'. Zu diesen beiden
Hauptbeispielen Smeeds fügt Requadt, einen Hinweis von Rudolf Majut aufgrei-
fend[4], noch den "niederländisch" gestalteten Doktor Sphex aus dem 'Titan',
dessen Abrichtung eines für den Tod zubereiteten Opfers medizinischer Versuche deutlich auf das Verhalten des Doktors zu Woyzeck eingewirkt hat. Ein Detail: beide Male ist der Doktor untersetzt, das Opfer lang, was das groteske
Missverhältnis zwischen beiden visuell betont.
   Zu dieser thematischen und - im ersten Fall - bis in den Wortlaut hinein
reichenden Wirkung Jean Pauls auf Büchner treten sodann die von Bergemann
im Register seiner Inselausgabe verzeichneten Einzelwortentlehnungen aus Jean
Paul[5]: Wörter wie "Blumenuhr", "cul de Paris", "Fallhütchen", "Haarstern",
"hippokratisches Gesicht". (Zu ihnen zählt nicht mehr "Masoret": hier hat
Bergemann sich verlesen; Lehmann hat die Korrektur "Mahomet" angebracht[6].)
Dazu gehört auch ein Motiv wie Zitronen als Totenattribut. Ich füge dem noch
die "Totenuhr" hinzu und die "Taucherglocke", die auch in Mussets 'Fantasio',
einer Hauptvorlage von 'Leonce und Lena', als Jean Paul-Zitat erwähnt wird.
Es handelt sich hier zumeist um ausgefallene, von Jean Paul stets metaphorisch
verwandte Wörter, die zum Teil bei ihm häufig erscheinen.

Schon vorher waren der älteren Büchner-Forschung folgende Zusammenhänge aufgefallen: jeanpaulische Landschaftsdarstellung im 'Lenz' - aus Zeitgründen gehe ich auf diesen Komplex nicht ein -, Anklänge des parodistischen Schlusses von 'Leonce und Lena' an die italienische Partie des 'Titan' und Jean Pauls Vorwegnahme der vermummten Automaten in Büchners Komödie. [7]

Die ältere Einflussforschung betrachtete das Material, das bei zwei Dichtern Gemeinsamkeiten aufwies, bekanntlich vorwiegend unter dem Aspekt der Gleichheit und interessierte sich für die konkreten Möglichkeiten seines Transports. Die neuere Rezeptionsforschung untersucht dagegen vor allem die Modifikationen, denen das Aufgenommene unterliegt. Nur als Darstellung einer Auseinandersetzung, an der Verwandtschaft und Verschiedenheit gleichzeitig partizipieren, einer Auseinandersetzung, die die Besonderheit des Gebenden und des Nehmenden deutlicher hervortreten lässt als die immanente Betrachtung jedes einzelnen, lohnt sich eine solche Analyse: sie kann zeigen, wie gerade die grösste Nähe in die grösste Veränderung umschlagen kann.

Der auffälligste Zug von Büchners Jean Paul-Rezeption, der wohl eben wegen seiner Auffälligkeit noch nie deutlich vermerkt worden ist, ist ihre Vielseitigkeit. Beinahe alle Aspekte des Jean Paulschen Schreibens - die ja auf den ersten Blick oft ganz heterogen wirken - treten auch bei Büchner auf und stiften auch dort eine auffällige Uneinheitlichkeit. Allein in 'Dantons Tod' finden wir Jean Paul in folgenden verschiedenartigen Stilzügen gegenwärtig: in witzig durchgeführten metaphorischen Analogien, in radikaler Infragestellung der menschlichen Existenz angesichts der Grenze zum Tod hin, in synthetischen kosmischen Landschaftsbildern, in der Erfahrung der vielfachen Masken des Ich, im Wahnsinn (Lucile) und schliesslich im Ausfall gegen klassizistische Kunst-Norm (Camille). In 'Leonce und Lena' dominieren darüber hinaus das an Jean Paul erinnernde Wortspiel, der empfindsame Weltekel der Antihelden, die das Leben literarisch antizipieren, die satirische Reduktion der Höflinge zu Marionetten, die Fichtesche Ich-Verdoppelung im Spiegelkabinett, abgesehen von der schon erwähnten Parodie auf den Aesthetizismus der italienischen 'Titan'-Partie und vom Automatenmotiv. Im 'Lenz' tritt natürlich die Brüchigkeit der Landschaftsmaterie und ihrer psychischen Korrespondenzen hervor sowie das zugehörige Thema der Ich-Bezweiflung. Im 'Woyzeck' finden wir den satirischen Jean Paul (in der Gestaltung des Arztes), den metaphysischen (die Reise durch ein erstorbenes All im Märchen der Grossmutter); wir finden aber auch den Metaphoriker, der belanglose Gegenstände zu Bausteinen einer Zeichensprache verwandelt (Zitronen als Zeichen des Todes, culs de Paris als Farce des menschlichen Körpers).

Gibt es eine Möglichkeit, diese Vielfalt der Beziehungen zu Jean Paul auf einen gemeinsamen Nenner zurückzuführen? Vielleicht könnte man ausgehen von Dantons Erfahrung: "Puppen sind wir von unbekannten Gewalten am Draht gezogen; nichts, nichts wir selbst! Die Schwerter, mit denen Geister kämpfen, man sieht nur die Hände nicht, wie im Mährchen." [8] Der Mensch wird also nicht als autonomer Wert begriffen, als eigene Dignität; der Blick auf ihn übersteigt seinen Bereich nach einer undeutlichen Dimension hin, von der er abhängt. Der Rand, die Grenze, an die er stösst, sind wichtiger als die Mitte, um die er sich konzentriert - wenn es eine solche Mitte überhaupt gibt. An diesen Rändern erscheint er als ein schon "lebendig Begrabener"[9], als einer, der seine "Demission als Mensch geben" möchte[10], als ein Wahnsinniger, der "an's Nichtseyn" grenzt[11]. Oder aber er ist ein zu "Staub, Sand, Dreck" erniedrigtes Vieh[12], dem "die Welt todt" ist[13]. Büchner gewinnt diese Position unter anderem in der Auseinandersetzung mit Schiller, Fichte, Hegel, mit der Vergöttlichung des Menschen im Weimarer Klassizismus. Mit eben diesen Autoritäten hat sich aber bereits Jean Paul radikal auseinandergesetzt, wenn er etwa, um gleich das bekannteste Beispiel zu wählen, eine seiner negativsten Gestalten, Don Gaspard im 'Titan', Schiller - sogar physisch - nachbildet: "ein Cherub mit dem Keime des Abfalls"[14]. Die Fichtesche Philosophie ist es, die Leibgeber/Schoppe in den Wahnsinn treibt. In beiden Fällen hat Jean Pauls Auseinandersetzung mit den Klassikern einen doppelten Charakter, nämlich einen zeitbedingten und darüber hinaus einen exemplarischen. Dabei wird eine Entscheidung getroffen, die den Ort des Menschen durchgehend bestimmt und so von grösster Tragweite ist. Hier steht Büchner, indem er Jean Pauls Kritik übernimmt, auf seiner Seite gegen die anthropozentrische Weltsicht der Weimarer Klassik. Freilich: der bedeutendste Unterschied liegt darin, dass Jean Paul - bald in expliziten, bald auch in nur andeutenden und fragenden Worten - die Instanz angibt, die für ihn den Menschen bestimmt und von der aus seine Topographie zu beschreiben ist: Gott. Büchner setzt an dessen Stelle entschieden das unauflösbare X, das bei Jean Paul erst beginnt, den Gottesbegriff zu verdrängen. Alle jene Gestalten und Situationen Jean Pauls, in denen die religiöse Gewissheit durch Zweifel oder Negation abgelöst wird, sind für Büchner offensichtlich von unmittelbarer Faszination, angefangen mit dem lebendig begrabenen Ottomar aus der 'Unsichtbaren Loge'. Dem entspricht auf der politischen Ebene, dass er mit Jean Paul die Erbitterung über die Unterdrückung der Untertanen durch die Fürstenhöfe teilt: er schliesst an Flamins aufrührerische Rede gegen Thron und Hof an. Jean Paul kritisiert das Credo des klassizistischen Kunstideals im 'Titan' und im 'Quintus Fixlein' durch die satirische Gestaltung des Kunstrats Fraischdörfer, der sich zur reinen Form bekennt, aus der man "alle Fülle auskernen und ausspelzen" müsse, um "jene Vollkommenheit" zu erreichen, "die Schiller fordere"[15]. Fraischdörfer aber ist ein Komplize der Höfe und deutet so auf den Zusammenhang zwischen jenem Kunstideal und dieser politischen Struktur. Diese Kritik an der Tendenz zur entleerten Form findet ihren Widerhall in Leonces Ausruf: "dieses schafnasige griechische Profil, dieser geistige Tod in diesem geistigen Leib."[16] So versteht man, dass der 'Titan'-Klassizismus in 'Leonce und Lena' nur im Zerrbild erscheint, als Ablösung der Uhr durch die "Blumenuhr", als Umstellung des Ländchens "mit Brennspiegeln, dass es keinen Winter mehr gibt und wir uns im Sommer bis Ischia und Capri hinaufdestilliren, und wir das ganze Jahr zwischen Rosen und Veilchen, zwischen Orangen und Lorbeern stecken."[17] Die "Blumenuhr" verwendet Jean Paul bereits im Büchnerschen Sinn zur ironischen Verklärung der menschlichen Existenz, als sei sie ein Spiel für die über uns Schwebenden, die an der Sterblichkeit der Menschen ihre Lust finden: "So können wir Menschen für höhere Wesen Blumen-Uhren abgeben, wenn auf unserem letzten Bette unsere Blumenblätter zufallen..."[18] Man denke etwa an die Freude der Götter am Farbenspiel des menschlichen Todeskampfes, in der Me-

tapher der sterbenden Fische, kurz vor dem Schluss von 'Dantons Tod'.[19] Die
''Brennspiegel'' verwendet Jean Paul oft als Metapher, freilich nicht im hier
gemeinten Sinn, wo das künstliche Paradies der Ischia-Partie aus dem vierten
Band des 'Titan' mit seinen Orangen- und Lorbeerhainen als Destillat erscheint,
das Italien als Chiffre für ''klassische Leiber'' ausweist - wie sie erscheinen
werden, wenn einmal die Politik aus dem Reiche Popo gänzlich verabschiedet
ist. Dieses jahreszeitenlose Paradies ist die Negation der Büchnerschen Zeit-
erfahrung, die ''das Leben'' als ''Epigramm'', nicht als ''Epos in fünfzig oder
sechzig Gesängen''[20] erfassen will, gemäss der Mahnung aus 'Quintus Fixlein':
''Wenn der Sekundenweiser dir kein Wegweiser in ein Eden deiner Seele wird,
so wirds der Monatsweiser noch minder, denn du lebst nicht von Monat zu Monat, sondern von Sekunde zu Sekunde! -''[21]

Dieser Erfahrung des negierten Augenblicks entspräche bei beiden Dichtern
''die kalte eiserne Maske der gestaltlosen Ewigkeit''[22], als die das All dem von
Jean Paul in der 'Rede des toten Christus' imaginierten Atheisten erscheint,
die Maske, die die vom Wahnsinn erleuchtete Lucile vor Camilles Gesicht er-
blickt: ''Höre Camille, du machst mich lachen mit dem langen Steinrock und
der eisernen Maske vor dem Gesicht...''[23] Beiden Dichtern scheint also nur
noch die in kleinste Fragmente zersplitterte Zeit die Essenz des Lebens zu enthalten, weil unser Dasein von vornherein nur als trümmerhaftes sein Gesetz
darstellt und nur in der ihm vorausgehenden oder nachfolgenden utopischen Zeit
zur entzifferbaren Ganzheit zusammenrücken könnte. Für Jean Paul vermöchte
Gott allenfalls diese Ganzheit zu lesen, für Büchner bleibt sie nur auf ein Unbekanntes bezogen.

Zu dieser Konzeption der Zeit gibt es nun in der des Raumes mannigfache
Entsprechungen, und zwar solche, in denen sich oft zeitliche und räumliche Da-
seinserfahrung kreuzen. Siebenkäs' Seele wird ''in humorisch-melancholische
Betrachtungen über unser aus farbigen Minuten, Stäubchen, Tropfen, Dünsten
und Punkten zusammengestoppeltes Musaik-Gemälde des Lebens'' eingesenkt.[24]
Diese Mosaik-Struktur des Lebens prägt die Erfahrung beider Dichter so sehr,
dass sie dafür gelegentlich sogar die gleiche Metapher verwenden, z.B. die der
Mediceischen Venus. Jean Paul benutzt sie zur höhnischen Illustration des Mär-
tyrertodes für die politisch-soziale Wahrheit, der Flamin nach seiner flammen-
den Anklage gegen die blutsaugerischen Fürsten droht (nach jener Anklage, die
dann der 'Hessische Landbote' übernimmt): ''die Wahrheit wird wie die Medici-
sche Venus in dreissig Trümmern der Nachwelt übergeben, aber diese wird sie
in eine Göttin zusammenfügen...''[25] Flamins physische Vernichtung im Namen
der Wahrheit wird es ermöglichen, dass diese als schöne Statue für die Zukunft
wiedersteht: hier wird also die historische Praxis, den Märtyrertod nachträglich zu verklären, als unmenschlich entlarvt, und dieser Hieb wird noch
verbunden mit dem Hinweis auf den täuschenden Schein intakter Schönheit, den
die antike Plastik ausstrahlt. Die Zerstückelung der Statue spiegelt aber zugleich auf einer allgemeineren Ebene die Verstörtheit des Daseins im Stande
der Körpergebundenheit. Im Gegensatz zur materialistischen Philosophie ist
ja für beide Dichter der Körper, die Materie, keine Rettung vor der Enttäu-
schung des Klassizismus. Das gleiche Bild der in Trümmern überlieferten Mediceischen Venus gebraucht nun auch Büchner, dessen Denken sich gleichfalls

immer auf beiden Ebenen, der historisch-politischen und der anthropologischen, bewegt. Er illustriert mit ihm Dantons unstillbare sexuelle Bedürftigkeit. Seine Verfallenheit an die Huren des Palais Royal ist ein anderes Zeichen für die Trümmerhaftigkeit der vom Körper bestimmten Lebensform, denn die Suche nach einer Antwort, zu der sich die vielen einzelnen Impulse des Fleisches zusammensetzen, ist ja die Folge der verweigerten Wahrheit: ''Wo ist Danton? - Was weiss ich? Er sucht eben die mediceische Venus stückweise bey allen Grisetten des palais royal zusammen, er macht Mosaik, wie er sagt; der Himmel weiss bey welchem Glied er gerade ist. Es ist ein Jammer, dass die Natur die Schönheit, wie Medea ihren Bruder, zerstückelt und sie so in Fragmenten in die Körper gesenkt hat. ''[26] Auch hier sehen wir die ex negativo angedeutete utopische Perspektive einer als Ganzheit überlieferten Schönheit, die jetzt nur als verweigerte, im Status trümmerhafter Zeit, errafft werden kann. Die Lückenhaftigkeit kann bei beiden verabsolutiert werden: Jean Paul behauptet von sich und Valerio von Leonce, sie bestünden aus nichts als Gedankenstrichen. [27]

Solcher Mosaikstruktur des Daseins tritt als Komplement mit Entschiedenheit eine andere entgegen: die der verfestigten Körperteile, deren Undurchlässigkeit wiederum den Fluch der Abtrennung von aller Sinngebung beweist. Als Trümmer wie als Burg ist der Körper gleichermassen Zeichen der Selbstentfremdung. Im Geiste solcher Verdinglichung erklärt Jean Paul im 'Hesperus', ''an Höfen'' werfe die weibliche Eitelkeit bei herannahendem Alter ''sich aus den weichen Teilen in die festen wie in feste Plätze... Die Kammerherrin musste sich einen solchen Teil erst machen, nämlich eine gorge de Paris und einen cul de Paris: diese vier Grenzhügel ihres Reichs mussten täglich aus Achtung für das Eigentum hergestellt und erhöhet werden. ''[28] ''Feste Teile'' und ''feste Plätze'' hat Jean Paul selbst unterstrichen, um das Wortspiel mit der Festung zu betonen. Diese Befestigung des Körpers (im Doppelsinn) beleuchtet den Widersinn falscher Verewigung der räumlichen Welt, die für Jean Paul zur Attrappe wird, wo sie ihre Ruinennatur zu verdecken sucht. Aehnlich setzt auch Büchner dieses Jean Paul entliehene Wort ein, wenn er im 'Woyzeck' den Doktor (er heisst am Anfang dieser Szene ''Professor''), der in der Darlegung ''organischer Selbstaffirmation des Göttlichen'' erstarrt ist, seinen Studenten statt der Bathseba, die David auf dem Dach erblickte, ''nichts als die culs de Paris der Mädchenpension'' vorweisen lässt[29]. Ihre den Körper nachbildende Farcenhaftigkeit, die sich in der Person des Doktors spiegelt, steht für Büchners Einschätzung des Körpers überhaupt. Wenn Jean Paul die menschlichen Geister voneinander getrennt sieht durch ''Fleischstatuen, worein (sie) eingekettet sind''[30], so kennt Büchner dafür das Bild der ''Dickhäuter'', die vergeblich ''die Hände nacheinander'' ausstrecken[31].

Diesem - doppelt negativen - Dualismus der Konzeption des Menschen entspricht konsequenterweise die Einsamkeit des Ich mit sich selbst, die bis zur wahnhaften Selbstbezweiflung führt, im Sinne der von Viktor und Leibgeber vorbereiteten Erfahrung Schoppes mit den Ichs im Spiegelkabinett: ''Aus den Spiegeln der Spiegel sah er ein Ichs-Volk blicken. ''[32] So empfindet auch Leonce, dem so die Welt begegnet: ''Ich wage kaum die Hände auszustrecken, wie in einem engen Spiegelzimmer, aus Furcht überall anzustossen, dass die schönen Figuren in Scherben auf dem Boden lägen und ich vor der kahlen, nackten Wand stünde. "[33] Dieses alleingelassene Spiegel-Ich, zu dem übrigens die mehreren übereinandergestülpten Masken Schoppes und Valerios ein Pendant bilden, möchte bei Jean Paul seine Antwort in der zwischenmenschlichen Liebe empfangen. Aber es erkennt mit Bitterkeit: " "Nur Gestalten werden umfasset, nur Hüllen umarmt, wer drückt denn ein Ich ans Ich? - Gott etwa. " - "[34] (Roquairol in der Maske Albanos).

Diese Masken und Hüllen, die Jean Paul Büchner überliefert hat, haben ihr Positives und ihr Negatives: sie zeigen die Scheinhaftigkeit einer menschlichen Existenz, die von anonymen Instanzen gesteuert wird: "Puppen sind wir von unbekannten Gewalten am Draht gezogen...''; aber zugleich bedarf der Mensch ihrer, denn je mehr sich diese Instanzen als blinde enthüllen, je mehr die Hoffnung schwindet, hinter ihnen eine göttliche Fürsorge erkennen zu können, desto fragwürdiger wird auch das hinter den Hüllen verborgene Ich, desto weniger kommt ihm der Charakter einer festen Substanz zu. Büchners Erzählung 'Lenz' stellt ein Leben dar, das sich ohne den Schutz solcher Hüllen durchschlagen muss: das Resultat ist der Wahnsinn. Dieser Wahnsinn schlägt auch Lucile, deren Schlusswort am Ende von 'Dantons Tod' für Paul Celan, den Fortsetzer Büchners und Jean Pauls zugleich, das "Gegenwort" setzt, als das er, wie seine Vorgänger, Dichtung definiert. [35] Aus der gemeinsamen Erbschaft Jean Pauls und Büchners in Celans Gedichten liesse sich, rückwirkend, zusätzliche Klarheit über Büchners Jean Paul-Rezeption gewinnen. Wir könnten Büchners Transformation Jean Paulscher Motive eine Aufdeckung des nihilistischen Jean Paul nennen, die dessen Zweifel und Verzweiflung deutlicher ausspricht, als er selbst es wagte. Jean Pauls Thematik und seine dafür geschaffene Methode des Schreibens verhelfen Büchner zu grösserer Schärfe in der Aufdeckung sowohl klassizistisch-idealistischer wie materialistischer Illusionen über den Menschen. Celan, namentlich in seinen letzten Gedichten, schreitet auf diesem Weg noch rücksichtsloser fort - darüber darf das Hermetische seiner Poesie nicht hinwegtäuschen. Aber dieses Kapitel von Jean Pauls Wirkungsgeschichte möchte ich später untersuchen. [36]

Anmerkungen

1 Schulerinnerungen Friedrich Zimmermanns. In: Georg Büchner, Werke und Briefe. Gesamtausgabe. Hrsg. v. Fritz Bergemann. Wiesbaden 1958, S. 553.
2 J. W. Smeed, Jean Paul und Georg Büchner. In: Hesperus (Blätter der Jean-Paul-Gesellschaft) 22 (1961), S. 37.
3 Paul Requadt, Zu Büchners Kunstanschauung: das "Niederländische" und das Groteske, Jean Paul und Victor Hugo. In: Bildlichkeit der Dichtung. Aufsätze zur deutschen Literatur vom 18. bis 20. Jahrhundert. München 1974, S. 114-131.
4 Rudolf Majut, Aufriss und Probleme der modernen Büchner-Forschung. In: GRM 17 (1929), S. 370.
5 Georg Büchner, Werke und Briefe. Gesamtausgabe. Hrsg. v. Fritz Bergemann. Wiesbaden 1958, S. 654.
6 Werner R. Lehmann, Robespierre - "ein impotenter Mahomet"? Geistes- und wirkungsgeschichtliche Beglaubigung einer neuen textkritischen Lesung. In: Euph. 57 (1963), S. 210-217.

7 Z.B. Paul Landau, Lenz; Leonce und Lena. In: Georg Büchner. Wege der Forschung Bd. 53. Hrsg. v. Wolfgang Martens. Darmstadt 1965, S. 44, 65, 69. Eher zufällig, oft nicht stimmig ist Armin Renkers Liste, in: Georg Büchner und das Lustspiel der Romantik. Eine Studie über Leonce und Lena. Germanische Studien Heft 34. Berlin 1924, S. 82-85.

8 Georg Büchner, Sämtliche Werke und Briefe. Hrsg. v. Werner R. Lehmann, I, 41, 32ff. Alle Zitate aus Büchner richten sich nach dieser Ausgabe.

9 I, 61, 22.   10 I, 116, 37.   11 I, 100, 3.

12 I, 146, 1.   13 I, 168, 24.

14 Jean Paul, Werke in 6 Bänden. (Hanser-Klassiker-Ausgabe). München 1959-1963, III, 37, 13f. Alle Zitate aus Jean Paul richten sich nach dieser Ausgabe.

15 IV, 26, 34ff.   16 I, 119, 27f.   17 I, 134, 3ff.

18 II, 382, 21ff.   19 I, 72, 6ff.   20 I, 33, 13ff.

21 IV, 185, 28ff.   22 II, 267, 2.   23 I, 68, 36ff.

24 II, 105, 29ff.   25 I, 1168, 16ff.   26 I, 20, 35ff.

27 IV, 21, 14f. und I, 115, 31f.

28 I, 594, 17ff.   29 I, 166, 4ff.   30 I, 581, 26.

31 I, 9, 11.   32 III, 796, 32.   33 I, 118, 29ff.

34 III, 737, 11f.

35 Paul Celan, Der Meridian. In: Ausgewählte Gedichte. Zwei Reden. Hrsg. v. Beda Allemann. Frankfurt a. M. 1968, S. 135.

36 Umrisse zu drei Kapiteln einer Wirkungsgeschichte Jean Pauls. In: Jahrbuch der Jean-Paul-Gesellschaft 1975.

DAS JEAN-PAUL-BILD DES GEORGE-KREISES

Von Wulf Koepke (Texas A & M University)

Stefan George hat einmal zu Edith Landmann gesagt, in seiner Jugend habe er nichts mit Jean Paul anfangen können. Das sei erst mit dreissig Jahren gekommen.[1] 1898 steckte George allerdings schon mitten in seiner Beschäftigung mit Jean Paul, deren Manifestationen die "Lobrede", das "Jean Paul" überschriebene Gedicht im "Teppich des Lebens" und die von ihm zusammen mit Wolfskehl herausgegebene Jean-Paul-Auswahl sind. Wie die Erinnerungsbücher der Mitglieder seines Kreises zeigen, war Jean Paul von dieser Zeit an Bestandteil der Bildung des Kreises, er gehörte zwar nicht, wie Platon, Dante, Shakespeare, Goethe, Hölderlin und George selbst unter die "Unbedingten", aber doch unter die "Nötigen"[2]. George zitierte ihn, erwähnte ihn, wies Freunde auf die "Vorschule der Aesthetik" hin, ja, es fehlten auch die anekdotischen Anspielungen nicht, etwa auf Jean Pauls legendäre "Zettelkästen". Nach Georges Verständnis des Dialektes bedeutet Wutz "Schwein", und wieviel selbstverständlich als Kenntnis vorausgesetzt wurde, zeigt Gundolfs Brief an George von 1912, in dem er Percy Gothein beschreibt und dabei Jean Pauls Beschreibung von Goethe zitiert: "Auch frisset er entsetzlich"[3].

George tat sich, wie bei Hölderlin, viel darauf zugute, dass er Jean Paul "entdeckt" habe[4], die Vorrede zur 2. Auflage der Auswahl sagt, man habe einem "kreis von kunstempfänglichen menschen" "einen neuen dichter" gebracht[5]. Einen neuen Dichter in doppeltem Sinne: George und Wolfskehl präsentierten einen Dichter, der auch gebildeten Lesern der Zeit unbekannt war, und zu gleicher Zeit boten sie einen neuen Jean Paul. Die Auswahl sollte enthalten, "was ihm heute seine neue und hohe bedeutung verleiht"[6]. Und was war das?

> "nicht seine tatsachen-schilderung über die er selber zu spotten pflegte - nicht das erfinden und entwickeln seiner fabeln worin andre ihn leicht übertreffen konnten - noch weniger seine launigen und derbscherzhaften anfügsel 'für die seine gestalt und fast seine gesinnung zu gross erschienen' - sondern die unvergängliche schönheit seiner gedichte die er selbständig oder lose angewoben seinen bunten erzählungen mitgegeben· der unvergängliche zauber seiner träume· gesichte und abschlüsse in denen unsre sprache den erhabensten flug genommen hat dessen sie bis zu diesen tagen fähig war. " (S. 6f.)

George hat also, wie Werther seinen Homer, seinen Jean Paul gefunden, was nicht leicht ist, da, wie die "Lobrede" sagt, "oft ein undurchdringliches gestrüpp uns den weg durch den anmutigen duftenden garten mühsam macht"[7]. Der "eigentliche" Jean Paul, der Dichter, nicht der Schriftsteller, ist genau das Gegenteil dessen, was heute als eigentlich angesehen wird: nicht der scharfsichtige, teilnahmsvolle, radikale Kritiker der Gesellschaft seiner Zeit, sondern der Visionär, der Dichter der Träume und Gesichte. Nicht die gesellschaftliche Relevanz wird herausgestellt, sondern "die unvergängliche schönheit seiner gedichte''. Und dennoch ergeben sich bei näherem Zusehen recht paradoxe Aehnlichkeiten zwischen diesen entgegengesetzten Standpunkten. Nicht nur, dass Ludwig Börne, der Ahnherr der ''linken'' Jean-Paul-Forschung, diesen als einen Propheten schilderte und George ihn an der Schwelle des neuen Jahrhunderts entdeckte, sondern für beide Seiten ist Jean Paul etwas wie der zusammengesetzte vierte König in Goethes ''Märchen'' geblieben, der als Gesamtheit disharmonisch ist und nur in seinen wertvolleren Teilen bestehen kann.

Das ist aber nicht alles. Georges Wendung zu Jean Paul fiel zusammen mit seiner Heimkehr in ein geistiges Deutschland. 1893 hatte George den Ehrgeiz aufgegeben, ein grosser französischer Dichter zu werden.[8] Immer mehr verstand er sich als Glied in der deutschen Tradition seit Klopstock. Dabei war es ausgerechnet Jean Paul, der zur Heimat zurückführen konnte. ''Von einem dichter will ich euch reden einem der grössten und am meisten vergessenen'', ist der Anfang der ''Lobrede'', die gleich darauf so fortfährt: ''damit ihr wieder den reinen quell der heimat schätzen lernet'' (S. 511). Ebenso der Anfang des Jean-Paul-Gedichts:

> ''Wenn uns Stets-wandrern und die heimat schmälend
> Zu ihr die liebe schönerer nachbar würgt
> So rufst du uns zurück - verlockend quälend
> Du voll vom drange der den Gott verbürgt.'' (S. 201)

Dazu passt der Kommentar von Friedrich Wolters:

> ''erst als er ... mit dem JAHR DER SEELE trächtig ging, spürte er aus Jean Paul den Atem der deutschen Landschaft, die Luft des deutschen Mittelgebirges, seine besondere musikalische Sprachbeschwingung, das geheimnisvolle seiner Lichtsichten, das Schweigen und Weinen der Seelen zwischen den Dämmerungen, ihr Jubeln und Klingen in den Gärten und den Rausch der namenlosen Schauer unter den Gestirnen der Nacht.''[9]

Das Erlebnis Jean Pauls fiel nicht nur zusammen mit der Heimkehr, sondern auch mit Georges einziger Liebe zu einer Frau, mit der Begegnung mit den ersten Jüngern wie Friedrich Gundolf und schliesslich auch mit seiner zeitweiligen Gemeinschaft mit den Münchener Kosmikern Klages und Schuler. Die Gedichtsammlungen dieser Zeit, ''Das Jahr der Seele'' und ''Der Teppich des Lebens'', gelten als Höhepunkte von Georges lyrischer Kunst. In dieser bewegten und ausserordentlich produktiven Epoche entdeckte George also Jean Paul als ''die grösste dichterische Kraft der Deutschen''[10]. Für George gehörte zur Deutschheit ausser der Verbundenheit mit dem Heimatboden, der kosmischen Vision und der Sprachmagie auch die Sehnsucht: ''Du sehnenvoll des heitren südens preiser'', sagt das Gedicht. Das Dichterische liegt in der visionären Schau, die über alles ''Verstandesmässige'' hinausgeht. Jean Paul hat nach George der deutschen Sprache ''die glühendsten farben gegeben und die tiefsten klänge'' (S. 514). Georges Entdeckung von Jean Paul war vor allem ein Stück Selbstbegegnung. Jean Paul war für ihn ''ein vater der ganzen eindruckskunst'' (S. 512), und die Auswahl sollte herausstellen, was für die Gegenwart Bedeutung habe. In seiner Jean-Paul-Auffassung musste George zweierlei in Kauf nehmen: er konnte Jean Paul nur durch "eine spaltung seines ganzen wesens" erklären[11], und er musste Jean Pauls strömende Gefühlsseligkeit als überquellenden Gefühlsreichtum deuten, als "das reichste, vielfältigste, glühendste, indische Wunderland einer fessellosen Seele", wie Wolfskehl später sagte[12]. Jean Pauls Gedichte, "denen der Rhythmus fehlt", seien "das Urmaterial der Dichtung"[13].

Ausser etwa für Wolfskehl und später für Kommerell muss Jean Paul für die Mitglieder des George-Kreises eher unheimlich gewesen sein, selbst in der George-Auswahl. Es ist vielleicht kein Zufall, dass Jean Paul die labilsten Mitglieder, wie Walter Wenghöfer, am meisten anzog.[14] In seinen späteren Jahren hat George einmal gesagt, da Goethe daneben sei, dürfe man es sich erlauben, Jean Paul zu lieben, sonst wäre es bedenklich. "Es ist schwer etwas zu machen gegen die Allmacht der Gefühle, wenn sie wirklich etwas sind und nicht Dreibatzengefühle."[15] Und das von dem Meister der Selbstzucht, der strengen Gestalt, der Form, der Verhaltenheit. George, der ewige Wanderer, fühlte sich dem schweifenden Jean Paul innerlich verwandt; aber er bannte den Dämon mit Hilfe der griechischen Klarheit Goethes. War Jean Paul die "grösste dichterische Kraft der Deutschen", so blieb Goethe "der grösste dichter". Auch das Ende der "Lobrede" stellt Goethe und Jean Paul zusammen; beide erscheinen als die eigentlichen Ahnherren - Hölderlin war noch nicht "entdeckt" -, und die Vermutung lässt sich nicht abweisen, dass Georges Dichtung etwas wie eine Synthese bringen solle.

Die Beziehung zu Jean Paul ist dabei gefühlsmässig unmittelbar, wie zur Natur. So seltsam das auch scheinen mag, George hat eine spontane innere Beziehung zu den ätherischen Gestalten Jean Pauls, und er konnte in der "Lobrede" sagen:

"Und sind sie nicht alle etwas von unserem fleische: seine wesen in denen wir nur die kämpfenden und sich versöhnenden teile der eigenen seele sehen· die ohne grosse täter zu sein unendlich sinnen und unendlich leiden· die zwischen dem flötenspiele zarter jünglinge und dem rosigen welken zarter mädchen hin und her ziehen vom stillen Lilar zum lauschigen Blumenbühl?" (S. 514)

George sah in den drei "heroischen" Romanen "Die unsichtbare Loge", "Hesperus" und "Titan" das eigentliche Werk Jean Pauls[16], worin er kürzlich in Wolfgang Harich einen Nachfolger gefunden hat. Die verhältnismässig grosse Zahl von Briefen - aus den Romanen - in seiner Auswahl deutet darauf hin, dass George die Träume, Visionen und Landschaftserlebnisse Jean Pauls durchaus den gedichteten Gestalten zuschrieb.

Georges Freunde und Jünger akzeptierten seine Auffassung von Jean Paul; aber anders als bei Plato, Goethe, Shakespeare, Hölderlin oder geschichtlichen Vorbildern war das produktive Echo aus dem Kreise gering. Gundolf begnügte sich mit beiläufigen Bemerkungen, etwa in "Shakespeare und der deutsche Geist", wo im übrigen von Jean Pauls interessantem Shakespeare-Bild nicht die Rede ist.[17] So muss man denn, wenn man von Wolfskehls späterem Aufsatz absieht[18], bis zur letzten Generation des Kreises warten, wo dann in Max Kommerell ein höchst gewichtiger und einflussreicher Deuter Jean Pauls erschien, dessen grosses Buch "Jean Paul" jedoch erst 1933, kurz vor dem Tode Georges, erschien, als der abtrünnige Kommerell von den Mitgliedern des Kreises moralisch verdächtigt wurde[19]. Eine genauere Lesung von Kommerells Schriften über Jean Paul hat mich zu der Ueberzeugung gebracht, dass sie nicht nur Georges Jean-Paul-Bild weiter entwickeln, sondern in Frage stellen und dass sie eine untergründige Auseinandersetzung mit dem Meister selbst enthalten.

Kommerells Beschäftigung mit Jean Paul begann spätestens 1921. Anfang 1923 hielt er in Marburg ein Referat über Rousseau und "Die unsichtbare Loge", aus dem seine Dissertation hervorging[20]. Die Dissertation, "Jean Pauls Verhältnis zu Rousseau", bemüht sich sichtlich, Jean Paul von Rousseaus "Negativität" abzuheben und Rousseaus Bedeutung insgesamt in Frage zu stellen[21]; darüber hinaus bietet sie in der Auseinandersetzung mit der Forschung und der Darstellung der Entwicklung Jean Pauls das erste Manifest der "aristokratischen" Interpretation im Sinne Georges. Für George war eine Dissertation eher eine lästige Pflicht als eine Leistung; erst Kommerells 1928 mit dem Blätterzeichen bei Bondi erschienenes Buch "Der Dichter als Führer in der deutschen Klassik" konnte für ihn Bedeutung haben, und es galt ihm, zusammen mit Kommerells dichterischen "Gesprächen aus der Zeit der deutschen Wiedergeburt", als dessen eigentlicher Beitrag zur Weltanschauung des Kreises. George dachte in dieser Zeit an seinen Nachlass, an das Denkmal, das der Nachwelt aufgerichtet werden sollte. Friedrich Wolters' verklärendes Monument "Stefan George und die Blätter für die Kunst. Deutsche Geistesgeschichte seit 1890", das 1930 erschien und manche Kontroverse im Kreise erregte, wurde von George in der Absicht gefördert, den folgenden Generationen eine eindeutige Hinterlassenschaft zu vermitteln.

Kommerells "Der Dichter als Führer" stellt die Beziehung des Meisters zum Jünger in den Mittelpunkt seiner Deutung. Er verdichtet die biographischen Urbilder zu mythischen Gestalten und setzt damit wiederum die dichterischen Schöpfungen der deutschen Klassiker in Beziehung, ganz wie die Mitglieder des Kreises George und seine Dichtung gedeutet haben. Im Jean-Paul-Kapitel spielt deshalb Herder eine besonders bedeutsame Rolle. Kommerell konnte sich dabei auf Jean Paul selbst berufen, der Herder als "christlichen Plato" und sogar als ein "Gedicht", und zwar ein "indisch-griechisches Epos" erlebt hatte, als eine Gestalt, die aus einer höheren Sphäre auf diese Erde herabgestiegen sei.[22] Kommerell übertrug dieses Bild auf Jean Pauls Dichtungen, wo er Emanuel im "Hesperus" als Verklärung Herders deutete, ja sogar den Genius der "Unsichtbaren Loge" als dessen jugendliches Abbild, während er die sonst übliche Gleichsetzung von Dian mit Herder (im "Titan") zurückwies. Bei Kommerell erscheint Herder als geistiger Vater der Moderne, deren erster wahrer Dichter Jean Paul ist. Die Moderne wird nun, und damit nähern wir uns dem kritischen Punkt, nach dem Vorgang Georges, z.B. in der Vorrede zur Jean-Paul-Auswahl[23], als Romantik bestimmt:

"Jean Paul gehört mit Stoff und Form seiner Dichtung und seiner ursprünglichen Sprach-Schwingung zur ewigen Romantik. Denn die geschichtlichen Vertreter der Romantik haben die dichterische Welt, von der sie als Zerle-

ger und Beurteiler den Grundriss, als Dichtende die Höhen- und Tiefen-
messung lieferten, niemals erschaffen. '' (S. 344)[24]

Und in diesem Sinne beurteilt Kommerell auch Jean Pauls Herder-Bild in der
''Vorschule der Aesthetik'':

''Deuter und Darsteller s e i n e r innern Welt, mithin wenn auch unaus-
gesprochen der romantischen - und die ist nichts Minderes als das All der
neuen und künftigen Dichtung. '' (S. 348)

Die Romantik jedoch erfährt eine überraschende Beleuchtung, die uns betroffen
machen müsste:

''Als Jean Paul die Vorschule schrieb hatte er bereits das einzig vollgülti-
ge Sinnbild des romantischen Menschen geformt. Was heute in uns fortlebt
von ursprünglich Romantischem - nicht von romantischer Philosophie oder
romantischem Geschichtssinn, sondern von romantischer Fühlart - ist die
Seele Roquairols! '' (S. 350)

Am Ende des Abschnitts fasst er eindringlich und lapidar zusammen: ''in uns
allen ist etwas von Roquairol! '' (S. 351) Wir erwarten eine Schilderung des
''Meister-Erlebnisses'' in der deutschen Klassik mit angemessener Pietät und
werden plötzlich mit einer höchst beunruhigenden Selbsterkenntnis konfrontiert,
deren Schärfe der Kritik Nietzsches am modernen Aesthetizismus entspricht.
Roquairol gehört obendrein in den ''Titan'', nach Kommerell Jean Pauls ''Ab-
rechnung'' mit Weimar. Im Mittelpunkt des Titanismus steht für Kommerell
''das einzig lebensgrosse Denkmal Goethes, ausser dem das dieser sich selber
setzte. '' (S. 362) Zwar erklärt Kommerell: ''Gaspard ist kein Goetheporträt''
(S. 380); aber er findet dennoch, Jean Paul ''erriet im schweigsamen König all
der Spiele und Feste die verzehrende Wehmut'' (S. 361), und er sieht Gaspard
als ''unter allen Titanen der Königstitan'', er ist der notwendige Erzieher der
schweifenden Jünglinge: ''Goethe der ewige Feind der deutschen Jünglinge, ihr
zutiefst bedurfter Feind! '' (S. 373) Er ist ''Gesetz Mass Staat Form'' (S. 372).
Er kritisierte in Gaspard-Goethe ''den nur auf sich bauenden Schöpferwillen''
(S. 365). Die untergründige Querverbindung zum Romantiker Roquairol ist dabei
nicht abzuweisen. Roquairol erscheint nicht nur in seinem ersten Auftritt als
Werther kostümiert, der sich im Ernst erschiessen will, er ist auch aus dem
''Genie'' hervorgegangen, das wiederum auf Jacobis Goethe-Bild im ''Allwill''
zurückgeht (S. 366).

Gaspard ist der Meister, aber als Titan; er geht unter wie Roquairol, wie
seine Tochter Linda, wie der unbedingte Idealist Schoppe; dabei ist er notwendig zur Bildung des deutschen Jünglings Albano, der Idealfigur jenseits von
Aesthetizismus und Humor (S. 365f.). Und so kann Kommerell sagen: ''Dicht neben die Verherrlichung trat die Rache, ja in Jean Pauls beweglichem Denken
ging eins gefährlich schnell ins andre über. '' (S. 387) Jean Paul, der sich so
sorgfältig von jeder persönlichen Satire fernhielt, der die Tendenzen des Zeitalters, aber nicht bestimmte Persönlichkeiten bekämpfen wollte, wird hier auf
unbewusste Vergeltungsgelüste festgelegt. Haben wir es nicht vielleicht eher
mit Kommerell selbst zu tun, der sich vom übermächtigen Einfluss des Meisters
freizumachen versucht? Nach Kommerell richtet Albano Weimar durch seine

Massstäbe, in ihm ist "die unbedingte Jugendseele... Welt geworden und bewegt Welt" (S.390). Er ist "ein Gipfel nicht nur im kleindeutschen Weltleben, sondern im heiligdeutschen Werden (S.390)." Wir sind damit am Ausgangspunkt der Jean-Paul-Deutung Georges; aber ist sie nicht gegen den Meister, gegen Gaspard-Goethe-George gerichtet?[25]

Im Kreis erregte das Buch gemischte Gefühle, die gewiss auch durch einige Eifersucht motiviert waren. Immerhin erkannte Wolfskehl noch im Exil in Neuseeland die Bedeutung des Buches an.[26] Es konnte dabei weder George noch seinen Anhängern entgehen, wie sehr gerade im Jean-Paul-Kapitel neben die Verherrlichung die Betonung des Fragwürdigen und damit auch Kritik der Gegenwart und Selbstkritik getreten war.

Das grosse Jean-Paul-Buch von 1933 entwickelt und verstärkt diese Tendenz. Ist es vielleicht unter anderem eine Antwort auf Wolters' George-Legende, über die Kommerell ebenso entsetzt war wie Gundolf? Das Buch war George gewidmet und zuallererst an George gerichtet. Sein Motto ist der Satz aus Georges "Lobrede": "Und sind sie nicht alle etwas von unserem Fleische: seine Wesen, in denen wir nur die kämpfenden und sich versöhnenden Teile der eigenen Seele sehen...?" (S.1)[27] George hatte das Buch mit grosser Spannung erwartet, er las es kurz vor dem Tode, aber nach den Berichten mit Kopfschütteln und dem vielsagenden Kommentar: Cui bono?[28]

Obwohl in Kommerells "Jean Paul" nicht oft von George die Rede ist, ist die Tendenz deutlich. Es fehlt nicht an der Verherrlichung; auch Kommerell empfand den "unvergänglichen Zauber seiner Träume, Gesichte und Abschlüsse, in denen unsere Sprache den erhabensten Flug genommen, dessen sie bis zu diesen Tagen fähig war." (S.154) Auch Kommerell ging aus vom "eigentlichen" Jean Paul, von dessen Prosagedichten, die er grossenteils auswendig wusste[29], und er stimmte mit Georges Auswahl völlig überein. Die Tendenz wird vielleicht am deutlichsten in der von George ausgewählten "Pans Stunde" aus Walts Reise in den "Flegeljahren" (S.88f.). Kommerells Interpretation (S.40f.) sieht in ihr eine "Verzückungsminute", ohne mit einem Wort auf die mehr als deutliche Ironie des Erzählers einzugehen, die die Verzückung Walts zu einer jugendlichen Illusion stempelt.

Mit dem Zitat aus dem George-Gedicht "Flutungen" vom "starren stolz der jugend die nicht spricht" (S.12f.; "Teppich des Lebens", S.218) nähern wir uns bereits einer kritischeren Zone, die dann bei der Roquairol-Interpretation offenbar wird:

"Roquairol nimmt vorweg. 'Du nahmest alles vor!' redet George den 'Verworfenen' im Teppich des Lebens an, und es ist vielsagend, dass er zur Beschreibung dieses Unbilds 1900 fast dieselben Worte brauchen muss wie Jean Paul 1800: 'Nicht bloss die Wahrheiten, auch die Empfindungen antizipierte er.'..." (S.232f.)

Nach Kommerell war Roquairol ein "Künstler des Lebens", so wie Jean Pauls Passives Genie aus der "Vorschule" ein "Künstler der Kunst" gewesen sei (S.233). Die Aehnlichkeit des "Verworfenen" mit Roquairol ist in der Tat frappierend. Nach der Ansicht des George-Kreises bezog sich der "Verworfene" auf Hofmannsthal[30], über den Kommerell mit einigem Trotz gegen George seine Antrittsvorlesung gehalten hatte. Dass Kommerell Jean Paul im Sinne Georges als einen Modernen sah, wird auch durch das George-Zitat vom ''vater der ganzen heutigen eindruckskunst'' unterstrichen (S. 153). Noch 1943 schrieb Kommerell an Hans Carossa aus Anlass einer Jean-Paul-Vorlesung über ''die von ihm grossartig anticipierte Pathologie des modernen Menschen'' (S. 431). Im Gegensatz zu ''Der Dichter als Führer'' geht das Buch ''Jean Paul'' viel tiefer auf die Fragwürdigkeit Jean Pauls ein, auf den Humor z. B. , dem Kommerell ''alle Gutmütigkeit'' nahm (7, Vorrede zur 2. Auflage), auf die Liebe zur Missbildung, also zur Anti-Schönheit, auf die Frage, warum denn Jean Paul so lange ''Schriftsteller'' und nur so kurz ''Dichter'' gewesen sei. Für Kommerell bleibt dabei die deutsche Misere, die Aufklärung, der Witz, die Revolution im Hintergrunde, kurz die gesamte deutsche Kleinstaatwirklichkeit, äusserlichste Schicht. Sie deutet jedoch mit auf das Problem, das für Kommerell im Mittelpunkt steht:

> ''Ist Kunst in der Geistesverfassung Jean Pauls noch möglich, und ist diese Verfassung sein persönliches Los oder erstreckt sie sich so weit auf Nation, Zeitalter und Folgegeschlechter, dass man sie symbolisch nennen darf - ein Reifegrad des geistigen Werdens mit so bedeutender wie bedenklicher Möglichkeit, so dass dieses Buch beinahe den Zusatz haben könnte: Jean Paul und die Krise der Kunst! '' (S. 8)

Jean Paul wird in einem neuen Sinne ein ''Chinese in Rom'', der die Möglichkeit einer an der griechischen Antike orientierten Kunst negiert, ein Orientale, als den ihn bereits Goethe im ''Westöstlichen Divan'' dargestellt hatte[31], der nicht Urmaterial der Dichtung bringt, sondern ihre letzte Stufe der Ueberreife, ihre Auflösung und Selbstzerstörung. Wenn aber die moderne Zeit im Zeichen Jean Paulscher Romantik steht, ist dann nicht Georges Kampf für und um die Kunst grundsätzlich in Frage gestellt? Ist vielleicht Georges Neigung zu Jean Paul ein Zeichen für die Ueberreife des ersten, trotz der scheinbar strengen Form? Wenn George an Jean Paul zu retten versuchte, was für die Kunst in seinem Sinne zu retten war, so tat er es vielleicht, weil er sich in Jean Paul selbst erkannte und zu verlieren drohte.

Nichts davon ist direkt ausgesprochen; aber das wäre kein Gegenargument gegen eine solche ''esoterische'' Deutung. Wenn für Kommerell Jean Paul der prophetische Kritiker seiner und der künftigen Zeiten und zugleich auch der Verkünder einer besseren Zukunft - in Albano - ist, so trifft er in diesem Urteil mit Ludwig Börne und Wolfgang Harich zusammen, wobei diese allerdings eine entgegengesetzte Zukunftsvision aus Jean Paul gelesen haben. Für George bedeutete die Rückwendung zu Jean Paul eine Regenerierung durch die Ursprünglichkeit des Heimatbodens, und er feierte sie mit einer Lobrede, einem Gedicht und einem ''Stundenbuch'' - wie die Auswahl zuerst genannt wurde. Aber, entgegnet Kommerell, ist Jean Paul nicht eher überreifer Aesthetizismus, der sich selbst durchschaut hat, Kunst in einem Zeitalter, das im Sinne Hegels keine Kunst mehr hervorbringen kann? Ursprünglichkeit ist woanders zu suchen. Eine schneidende geschichtliche Ironie hat es gewollt, dass Kommerell die Ursprünglichkeit eine Zeitlang - vor 1933! - bei den Nationalsozialisten gesehen hat, so dass er 1930 von Hitlers ''Mein Kampf'' bemerken konnte, es sei ''borniert, bäurisch ungeschlacht, aber in den Instinkten vielfach gesund und richtig" (S. 28). Hätte nicht gerade Kommerell in Hitler ein Stück des diabolischen Aestheten Roquairol spüren sollen?

Kommerells grosses Buch "Jean Paul", das Werk eines abtrünnigen Jüngers, hat die Jean-Paul-Forschung seit mehr als vierzig Jahren nachhaltig beeinflusst. Eine Auseinandersetzung mit Kommerells Hauptthese: "Jean Paul und die Krise der Kunst" steht noch aus, und damit eine Auseinandersetzung mit der Frage, inwieweit die Dichtung des 20. Jahrhunderts als Roquairol-Romantik anzusehen ist[32]. Es ist bemerkenswert, dass Wolfgang Harich als erster nach Kommerell den "Titan" als Gericht Weimars angesehen hat. Ist "Der Titan" Gericht Weimars und des klassischen Zeitalters und Rache an Goethe? Für Kommerell ja. Dadurch wird die Frage unvermeidlich: Ist Kommerells Buch ebenfalls Rache und Gericht an George? George muss gehofft haben, einen künftigen Albano zu bilden. Er ist nicht gekommen; aber vielleicht Roquairol, das böse Genie, der Schauspieler seiner selbst.

Anmerkungen

1 Edith Landmann: Gespräche mit Stefan George. Düsseldorf/München 1963, S. 124.

2 Vgl. die Listen bei Ernst Glöckner: Begegnung mit Stefan George. Heidelberg 1972, S. 219-223.

3 Stefan George - Friedrich Gundolf. Briefwechsel. Düsseldorf/München 1962, 234; zu Wutz s. Edith Landmann, S. 86. Nach dem Deutschen Wörterbuch bedeutet Wutz auch "kleines Kind". Zu den Zettelkästen z. B. Edgar Salin: Um Stefan George. Düsseldorf/München 1954, S. 156; zur Vorschule vgl. etwa Kurt Hildebrandt: Erinnerungen an Stefan George und seinen Kreis. Bonn 1965, S. 70, oder den Brief an Hofmannsthal vom Juni 1897, Briefwechsel zwischen George und Hofmannsthal. Düsseldorf/München 1953, S. 120. Andere Beispiele: George spielte auf Jean Pauls Kampf gegen das Bindungs-S an, Landmann, S. 39; ebenfalls bei Landmann die Erwähnung der Erklärung der Holzschnitte über die zehn Gebote, unstreitig eines der am wenigsten bekannten Werke Jean Pauls, "in die gut kosmisch alles mögliche hineingeheimnisst ist" (S. 199).

4 Ernst Glöckner, S. 83; umgekehrt hatte Wolfskehl George zuerst auf Jean Paul aufmerksam gemacht, Salin, S. 174; Gundolf "entdeckte" Ende 1899 die Wahrheit aus Jean Pauls Leben, Brief an George vom 31. 12. 1899, Briefwechsel, S. 45.

5 Zitiert nach der 2. Ausgabe, Berlin 1910, S. 5.

6 S. 6 in der gleichen Ausgabe.

7 George-Zitate nach der Ausgabe in zwei Bänden zum Jubiläumsjahr 1968, Düsseldorf/München, alle zitierten Stellen in Bd. I, hier S. 513.

8 Robert Boehringer: Mein Bild von Stefan George. Düsseldorf/München 1968, S. 33f.

9 Friedrich Wolters: Stefan George und die Blätter für die Kunst. Deutsche Geistesgeschichte seit 1890. Berlin 1930, S. 214.

10 Vorrede zur zweiten Ausgabe der Jean-Paul-Auswahl. Vgl. Kurt Hildebrandt: Das Werk Stefan Georges. Hamburg 1960, S. 204.

11 Auswahl, 7; in Jean Paul hat Max Kommerell diesen Hinweis dann weiter entwickelt, bes. S. 205ff. und S. 314ff.

12 "Dämon und Philister. Jean Paul - Friedrich Richter", aus der Prosa- sammlung Bild und Gesetz, Gesammelte Werke, Bd. II, S. 275.

13 Landmann, S. 43.

14 Wenghöfer, der sich 1918 das Leben nahm, hatte 1907 mit einer Dissertation über Das Problem der Persönlichkeit bei Jean Paul promoviert, vgl. Michael Winkler: George-Kreis (= Sammlung Metzler) Stuttgart 1972, S. 45, dort auch S. 98f. über andere von George angeregte Jean-Paul-Dissertationen.

15 Landmann, S. 185; vgl. auch Hildebrandt: Das Werk Stefan Georges und Peter Lutz Lehmann: "Jean Paul". In: Meditationen um Stefan George. Düsseldorf/München 1965.

16 Salin, S. 180; George-Gundolf Briefwechsel, S. 50; die Stellen beziehen sich auf einen Brief Georges an Wolfskehl vom 14. Mai 1900.

17 Gundolf beklagte, dass die deutsche Umgebung "unsere neben Goethe gewaltigste dichterische Begabung" ihres "höchsten Fluges beraubt" habe (S. 246), was sowohl Goethes wie Georges Urteil entspricht.

18 S. o. Anm. 12; 1939 schrieb Wolfskehl an den australischen Germanisten Ralph Farrell über den Gebrauch des Adjektivsuffixes -selig: "Ich glaube, wir haben diese Verfeinerung, wie so unendlich vieles, dem Allgenie zu verdanken, unserem Jean Paul." Zehn Jahre Exil. Briefe aus Neuseeland 1938-1948, hrsg. v. M. Ruben. Heidelberg 1959, S. 42.

19 Boehringer: Mein Bild, S. 174; Salin, S. 160, Hildebrandt: Erinnerungen, S. 199.

20 Max Kommerell: Briefe und Aufzeichnungen 1919-1944, hrsg. v. Inge Jens. Olten/Freiburg 1967, an Emma Rahn, 6. August 1921 (S. 104), an Ewald Volhard, 27. Januar 1923 (S. 122), dazu Anm.

21 Dazu Bernhard Böschenstein: "Die Transfiguration Rousseaus in der deutschen Dichtung um 1800: Hölderlin - Jean Paul - Kleist". In: Studien zur Dichtung des Absoluten, Zürich 1968.

22 Vorschule der Aesthetik SW 1. Abt. XI, S. 260 und 429; typisch ist auch die Stelle im Brief an Emilie von Berlepsch vom 12. September 1797: "Ich sehne mich an das Herz meines Herders zurück, aus welchem gleichsam der Ichor eines höhern Geistes als des Nervengeistes seit meiner Jugend in meines überflos." (SW 3. Abt. II, S. 370)

23 S. 7, vgl. auch Hildebrandt: Das Werk Stefan Georges.

24 Zitiert nach der 2. Auflage, Frankfurt o. J.

25 Auch im Gespräch setzte Kommerell den seine Gefühle zurückdrängenden George mit Gaspard gleich, was dieser nach Edith Landmanns Aufzeichnung über den 1. Januar 1924 ohne Ueberraschung und eher geschmeichelt akzeptierte (S. 129).

26 Zehn Jahre Exil, S. 103, Brief vom 29. November 1941 an Edgar Salin, wo er sogar sagt: "Der von den beiden Gundolfs einstmals so bös gerügte 'Mangel an Liebe' wird durch die eiskalte Erkenntnis fast zu einem Vorzug!" Kommerell selbst verteidigte sein Buch in einem Brief an Edith Landmann vom 1. Dezember 1928, Briefe und Aufzeichnungen, S. 139f.

27 Benutzte Ausgabe: 3. unveränderte Auflage, Frankfurt 1957.
28 Boehringer: Mein Bild, S.174, nach dem Bericht von Clotilde Schlayer (Anm.297). Nach Michael Stettlers Erinnerungen bezeichnete er es auch als "Knallgenial".
29 Nach dem Bericht von Herbert von Buttlar, zitiert von Inge Jens in "Ueber Max Kommerell", Briefe und Aufzeichnungen, S.24.
30 Hildebrandt: Das Werk Stefan Georges, S.167.
31 Darauf haben auch Wolfskehl und Kommerell hingewiesen.
32 Ansätze dazu finden sich vor allem in den Arbeiten Walther Rehms.

WERKIMMANENTE WIRKUNGSAESTHETIK

Von Hinrich C. Seeba (Berkeley)

Veränderungen des Kunstbegriffs und, oft damit verbunden, Veränderungen des Wissenschaftsbegriffs, die neue Methoden der Kunstanalyse mit sich bringen, ergeben sich nicht im Luftreich der Ideen, sondern in enger Verzahnung mit der politischen Geschichte. Diese Feststellung ist als neuer Glaubenssatz so sehr in aller Munde, dass es manchen überraschen mag, sie auch schon vor 140 Jahren, und nicht nur bei Marx, formuliert zu finden. Auf die bloss rhetorische Frage, ob die Poesie nach den Ereignissen von 1830 keine Veränderung erlitten habe, hat Heinrich Laube sich selbst geantwortet: "Oh, sie ist heruntergesprungen von ihren hohen Postamenten, wo sie als Marmorstatue die Vorübergehenden erhob, sie hat frisches Blut in den Adern gefühlt, sie hat gefroren in der antiken Tracht, sie hat sich modern gekleidet und läuft jetzt unter den Menschen, auf den Märkten umher. Aus der objektiven Poesie ist eine subjektive geworden. Man wollte nicht mehr blosse Form, man wollte Leben, nicht mehr kalte, schöne Worte, sondern lebendig warme, pulsierende Gedanken. Und diese Aenderung kam wie jede andere aus der anders gewordenen Geschichte."[1]

Die Absage an die Kunstautonomie ist zur Zeit der Jungdeutschen wie in unserem letzten Jahrzehnt ein Gemeinplatz, dem sich kein fortschrittlicher Kunstfreund verweigern kann; sie gilt heute für die Methodik der Literaturwissenschaft genauso wie für den Kunstbegriff. Die Flucht aus dem Tempel der Kunst auf den Markt ihrer Verbraucher, die Herstellung der Oeffentlichkeit wie der Verzicht auf den Objektivitätsanspruch des ästhetischen Formalismus, die Ersetzung der bloss schönen Worte durch mitreissende Gedanken und der wirklichkeitsenthobenen Anschauung durch eine auf praktische Wirkung gerichtete Theorie - das sind Programmpunkte, denen sich damals wie heute jeder wirkungsästhetische Denkansatz verschreiben musste. In Zeiten gesellschaftlichen Umbruchs ist der Wirkungsaspekt, mit dem die Literaturwissenschaft wie die Literatur selbst ihr fragwürdig gewordenes Selbstbewusstsein neu definiert, der ästhetisch gemeinte und im weitesten Sinne politisch verstandene Praxisbezug, nach dem das Wort die Tat vorbereiten und womöglich von ihr ersetzt werden soll: "Die Zeiten der Theorien sind vorüber, die Zeit der Praxis ist gekommen. Ich will nicht schreiben mehr, ich will kämpfen." Ludwig Börne, der dieses so modern klingende Bekenntnis am 19. November 1831, im 58. seiner BRIEFE AUS PARIS, abgelegt hat[2], ist nur einer von vielen Schriftstellern des deutschen Vormärz, die mit engagierten Worten das später von den Linkshegelianern aufgenommene Pathos der Tat beschworen haben[3], um unter dem Aspekt gesellschaftlicher Wirkung die Kunst mit dem Leben und die Vernunft mit der geschichtlichen Wirklichkeit zu versöhnen.

Aus den bekannten Gründen der 1848 wieder "anders gewordenen Geschichte" ist das von Heine ab 1828 verkündete "Ende der Kunstperiode" nur ein sehr vorläufiges Ende gewesen; das kurze Zwischenspiel der Wirkungsästhetik hat

dem hartnäckig sich behauptenden Idealismus der Kunstbetrachtung so wenig
anhaben können, dass es erst weltweiter politischer und sozialer Erschütte-
rungen bedurfte, um in der antiidealistischen Rezeptionstheorie die weithin
akzeptierte Antwort auf die Legitimationsschwierigkeiten der Literaturwissenschaft zu finden.

Dieser grob verkürzende Hinweis auf die verschüttete Tradition des Wirkungsaspekts muss genügen, um zwischen dem Wandel des Kunstbegriffs, wie
er im Vormärz propagiert wurde, und den Voraussetzungen rezeptionstheore-
tischer und wirkungsgeschichtlicher Forschung heute einen Zusammenhang zu
sehen, der im übrigen auch dadurch bestätigt wird, dass die beiden - schon
recht ausgewachsenen - Lieblingskinder der neueren Literaturwissenschaft,
die Theorie der Wirkungsgeschichte und die Erforschung des Vormärz, zur
selben Zeit und unter den gleichen Bedingungen ''der anders gewordenen Geschichte'' geboren sind. Die Wahlverwandtschaft mit der im Vormärz dominierenden Wirkungsabsicht hat es vielen unter uns leichter gemacht, für die
kritische Analyse der intendierten oder tatsächlich erreichten Wirkung auch
die theoretische Grundlegung, gewissermassen als objektivierbare Absiche-
rung des eigenen Engagements, zu akzeptieren. Das von Laube angestimmte,
und von den modernen Wirkungsästhetikern geteilte Bekenntnis zur Geschichtlichkeit des Kunstbegriffs wäre freilich unvollständig, wenn dem historischen
Selbstbewusstsein nicht auch die Geschichtlichkeit dieses Bekenntnisses auf-
ginge.

Ob die wirkungsgeschichtliche Perspektive wirklich den epochemachenden,
mit der kopernikanischen Wende zu vergleichenden ''Paradigmawechsel in der
Literaturwissenschaft'' bedeutet, den Hans Robert Jauss 1969 angekündigt hat[4],
ist angesichts der vorerst endlos scheinenden Flut von Arbeiten, in denen Jauss'
Anregungen von 1967[5] theoretisch differenziert und praktisch angewandt werden,
schwer auszumachen. Der jüngst erschienene Forschungsüberblick von Gunter
Grimm[6] gibt ein beredtes Zeugnis für die Menge und Variationsbreite rezep-
tionstheoretischer und wirkungshistorischer Untersuchungen, zugleich aber
auch für die Schwierigkeit, über die Paraphrase hinaus die Grundzüge kritischer Orientierung sichtbar zu machen. Die dazu nötige Distanz müsste sich
aus einer exemplarisch vereinfachenden Konzentration auf die Einwände, die
gegen die wirkungsgeschichtliche Methode vorgebracht wurden, und aus den
Kategorien solcher Einwände ergeben.

Auffallend ist dabei, dass gegen eine Betrachtungsweise, die sich in der
Weiterführung und Ueberwindung des Strukturalismus als Rückkehr zur Geschichte verstanden hat, ausgerechnet die Kategorie der Geschichtlichkeit ins
Feld geführt wird. Der grundlegende Vorwurf, die Rezeptionstheorie sei nichts
anderes als die ''Selbstbegründung einer geschichtlichen Methode jenseits der
Geschichte''[7], ist, von ganz verschiedenen Voraussetzungen her, gegenüber allen drei Aspekten des - meistens nur noch terminologisch variierten - Kommu-
nikationsschemas (Sender-Nachricht-Empfänger, Autor-Werk-Leser) vorgebracht worden. Robert Weimann, der wohl entschiedenste Kritiker der bürgerlichen Rezeptionsästhetik, hat den von ihr vernachlässigten Traditionszusammenhang des Produktionsprozesses hervorgehoben.[8] Wilfried Barner ist, am
anderen Ende des Wirkungsmodells, dem vor allem durch Bildungsinstitutionen

geregelten Traditionszusammenhang des Rezeptionsprozesses nachgegangen.[9]
Und für Gerhard Kaiser, der seine Bedenken vor den anderen angemeldet hat,
ist "der von Jauss konstatierte Gegensatz von historischem und ästhetischem
Moment der Literatur" dafür verantwortlich, dass die Rezeptionsästhetik über
der tatsächlichen Wirkung die Wirkungsintention, über der Wirkungsgeschichte
das Werk "in seiner geschichtlichen Substanz an Inhalten und Formen, die es
mitteilt und in denen es sich mitteilt", vernachlässigt habe.[10] Dieser Einwand,
der in dem genannten Forschungsbericht nur die kategorisch behauptete "Unvereinbarkeit der beiden Standpunkte", nämlich der Werk- und der Wirkungsästhetik, dokumentieren darf[11], ist nicht schon dadurch entkräftet, dass sein
idealistischer, am "Klassischen" orientierter Substanzbegriff noch einer mo-
difizierten Kunstautonomie verpflichtet ist, und auch nicht dadurch, dass inzwischen, zumindest für die Analyse der Leseransprache eines Werkes, auch
die Konturen einer werkimmanenten Wirkungsästhetik sichtbar geworden sind.

Die von Kaiser in Frage gestellte Konstruktion eines Gegensatzes zwischen
(werk-)ästhetischer und (wirkungs-)historischer Betrachtung ist nicht so sehr
Jauss wie dem - in einer so durchgreifenden Methodenwende verständlichen -
Eifer derjenigen zuzuschreiben, die einerseits mit dem Autonomieanspruch
des Kunstwerks dieses selbst (und seine diskreditierte "Interpretation") preis-
zugeben bereit waren und die andererseits in der Analyse der Wirkungsgeschichte die Geschichtlichkeit des Wirkungsaspekts aufgehoben glaubten. Der Glaube
an die "Unvereinbarkeit der beiden Standpunkte" ist also deshalb fragwürdig
geworden, weil die offene Einschränkung des ästhetischen Moments mit einer
versteckten - exemplarisch von Weimann, Kaiser und Barner an allen drei Phasen des Kommunikationsmodells aufgezeigten - Vernachlässigung des geschichtlichen Moments zusammenhängt.

Wenn dieser auf den Gegenstand rezeptionshistorischer Forschung bezogene Einwand auch auf ihre Perspektive ausgedehnt wird, dann muss die Geschichtlichkeit der wirkungsästhetischen Fragestellung selbst in den Blick kommen. Das
ist um so wichtiger, als hier eine neue Methode, die durch wirkungsgeschichtliche Relativierung aller literarischen Wertung den alten Objektivitätsanspruch
des ästhetischen Formalismus aufgehoben hat, den historischen Relativismus
ihrer Perspektive tendenziell so absolut setzt, dass sie die geschichtliche Bedingtheit ihrer Prämissen und damit auch den Traditionszusammenhang ihrer
Kategorien aus den Augen zu verlieren droht. Dabei ist es noch verhältnismässig einfach, die Formulierung des rezeptionstheoretischen Ansatzes gegen Ende der sechziger Jahre im Zusammenhang mit den zeitbedingten Legitimationsschwierigkeiten der Literaturwissenschaft im allgemeinen und der Germanistik
im besonderen zu sehen; das hat, von seiner besonderen Position aus, Weimann
gründlich besorgt und kürzlich Grimm noch einmal wiederholt. Schwieriger
scheint es dagegen, diese Relativierung historisch zu verlängern und die Wirkungsästhetik in eine Tradition zu stellen, die nicht durch - hier einleitend na-
hegelegte - Parallelen mit dem Vormärz erschöpft ist. Das ist ebenfalls bereits
grundsätzlich gefordert[12], im Rahmen einer der Kunstautonomie verpflichteten
und darum dem Wirkungsaspekt nicht besonders aufgeschlossenen Geschichte
der Poetik allgemein skizziert[13] und im einzelnen sowohl für die bekannte Ahnen-
reihe Aristoteles, Lessing, Schiller und Brecht[14] als auch, mit einem weniger

erwarteten Ergebnis, für die romantischen Quellen der neuen Disziplin auch nachgewiesen worden[15].

Es ist wohl nicht nur mit dem Ideologieverdacht gegenüber allen 'bloss' ästhetischen, implizit also 'autonom' gesetzten Phänomenen, sondern auch mit dem Ueberschuss an Theoriebedürfnis zu erklären, dass die historischen Modelle der Wirkungsästhetik, wenn überhaupt, nicht in der Literatur, sondern in der Literaturtheorie gesucht werden. Eine werkimmanente Wirkungsästhetik, die das geschichtliche mit dem ästhetischen Moment zu vermitteln versucht, indem sie die Wirkungsintention nicht aus dem Begriff, sondern aus dem Bild ableitet, hat da einen schweren Stand. Dabei könnten unter dem Aspekt des in der Literatur selbst vermittelten Wirkungsaspekts die bekannten, immer wieder neu aufgelegten Ueberlegungen etwa zum 'Begriff der Kunst bei X' oder zum 'Bild des Künstlers bei Y', die mit ihrer isolierenden Behandlung eines zufällig herausgegriffenen Problemaspekts kaum einen wesentlichen Beitrag zur Problemgeschichte der Literatur zu leisten vermochten, über die werkbiographische X- oder Y-Forschung hinaus für eine Geschichte werkimmanenter Wirkungsästhetik wieder sinnvoll werden. Meistens ist aber weder das Bild des Künstlers noch der Begriff der Kunst, sondern - der rezeptionstheoretischen Betonung des dritten Elements im Kommunikationsmodell entsprechend - nur die Rolle des Lesers analysiert worden. Daraus erklärt sich eine weitere Schwierigkeit, der sich wirkungsästhetische Textanalysen gegenübersehen: Da sie nun einmal auf den Anweisungscharakter des auf Konkretisation seiner virtuellen Bedeutung angewiesenen Textes eingeschworen sind, müssen sich diese Analysen grundsätzlich ''die Appellstruktur der Texte'' und speziell die Rolle ''des impliziten Lesers'' vornehmen[16], damit aber mit der methodisch weiter entwickelten empirischen Lesersoziologie in eine Konkurrenz treten, der die Gunst des von der Unvereinbarkeit des (werk-)ästhetischen und (wirkungs-)historischen Moments überzeugten Publikums so lange versagt bleiben muss, wie ihnen der Verdacht heimlicher Kunstautonomie anhaftet[17].

So kann die in der werkimmanenten Wirkungsästhetik vorherrschende Konzentration auf den impliziten Leser, der - zur Abwehr jenes Verdachts - meistens nur als ästhetischer Vorentwurf des empirischen Lesers, also nur im Vorfeld der Soziologie aufgefasst wird, der Korrespondenz zwischen Erzähler und implizitem Leser ebenso wenig gerecht werden wie umgekehrt eine nur am biographischen Autor orientierte Analyse der Erzählperspektive. Die Fiktionsgrenze, die die Erzähltheorie zwischen Erzähler und Autor gezogen hat, verläuft auch zwischen dem impliziten und dem empirischen Leser. Der reale, im Werk objektivierte Dialog zwischen Autor und (empirischem) Leser ist, als Gegenstand soziologischer Kommunikationsforschung, nicht identisch mit der fiktionalen Korrespondenz zwischen Erzähler und (implizitem) Leser, deren Analyse der werkimmanenten, gleichwohl nicht der Kunstautonomie verschriebenen Wirkungsästhetik aufgegeben ist.

Die Möglichkeiten solcher Analyse, die den wirkungsästhetischen Kunstbegriff weniger aus den kunsttheoretischen Anschauungen des Autors als aus dem Bildmaterial seines literarischen Werkes gewinnt, müssten am anschaulichsten an einem Text hervortreten, der die implizite Korrespondenz zwischen Erzähler und Leser und, über dieses personalisierte Rollenschema hinaus, zwischen wirkungsvoller Fiktion und erwirkter Wirklichkeit inhaltlich und formal expliziert. Es müsste also gewissermassen nach einer 'Transzendentalpoesie' gefragt werden, die nicht nur die Bedingungen der Darstellung, sondern auch die Bedingungen der Wirkung darstellt, wenn sie als 'Poesie der Poesie' sich selbst reflektiert. Die poetische Selbstreflexion auf die ebenso rezeptive wie mimetische Funktion der Literatur würde vermutlich die vor allem im Vormärz, aber nicht nur unter politischen Vorzeichen begünstigte Dialektik von wirkendem Wort und erwirkter Tat als ideologischen Kern jeder Wirkungsästhetik erweisen.

Zur praktischen Einübung in den poetischen Wirkungsbegriff empfehlen sich so offensichtlich 'transzendentalpoetische' Gattungsformen wie das Lied im Gedicht, das Spiel im Drama und die erzählte Geschichte in der Erzählung, alle literarischen Formen also, die potentiell die Macht des Gesanges und die Gewalt der Musik - bei Schiller, Kleist und vielen anderen Dichtern, die mit jenen den Glauben an die orphische Sprachmagie insgeheim teilen - zum Organisationsprinzip der Wirkungskorrespondenz zwischen innerer und äusserer Form machen. Hier muss der knappe Hinweis auf drei willkürlich herausgegriffene Gattungsbeispiele genügen, um das Spektrum des Wirkungsaspekts an der werkimmanenten Grenze zwischen Fiktion und 'Wirklichkeit' zu veranschaulichen.

Für die Wirkung, die ein Lied im Gedicht haben kann, mögen die vielgesungenen Zeilen stehen: ''Und das hat mit ihrem Singen / Die Lore-Ley getan.''[18] So lautet bekanntlich - mit dem triumphierenden Unterton des naseweisen und dennoch seinen Triumph ironisierenden Wirkungspoeten - der Schluss eines Gedichts, das von der dämonischen Wirkung eines von der Realität ablenkenden und darum gefährlichen Liedes handelt. Der Wirkungsaspekt der Dichtung scheint in einem unheilvollen, ja vernichtenden Realitätsverlust zu liegen. Die romantische Dichtung, für die in diesem ''Märchen aus alten Zeiten'' die ''wundersame, / Gewaltige Melodei'' steht, lenkt von der Wirklichkeit ab, aber nicht um von ihr zu erlösen, wie das romantische Selbstverständnis für sich in Anspruch genommen hätte, sondern um den verführten Schiffer an den Klippen der sträflich vernachlässigten Wirklichkeit scheitern zu lassen. Der Wirkungsbegriff, der diesem poetologischen Sirenenbild zugrunde liegt[19], ist also negativ, deutlich unterschieden sowohl von der romantischen Verwandlung der Wirklichkeit, wie sie die orphische ''Poetisierung der Welt'' bei Novalis nahelegt[20], als auch von der realistischen Abbildung der Wirklichkeit, wie sie der nachromantischen Poetik entspricht. Die Gewalt der Musik, von der das Sirenenmärchen handelt, ist nichts anderes als die tödliche Weltvergessenheit romantischer Poesie, die nun in die Märchenwelt der Vergangenheit verbannt wird. An der Schwelle zwischen nicht mehr geglaubter Romantik und zögernd aufkommendem Realismus verbindet sich für den noch jungen Heine der negative Wirkungsaspekt mit einem (erst nach 1830 zum Programm erhobenen) positiven Wirkungsanspruch: Aus dem ironischen Triumph der Schlusszeilen klingt als Moral von dem Gedicht die implizierte, erst viel später von Raabe ausgesprochene Warnung an den Zuhörer, er möge nicht nur zu den Sternen aufblicken, sondern auch auf die Wasserstrassen achtgeben. Die Absage an die unheilvolle Wirkung weltfremder, sprich heute: 'autonomer' Poesie ist ein frühes Bekenntnis Heines zu jener an der Wirklichkeit orientierten und in ihr engagierten Kunst, die - mit den bekannten Worten aus der Menzel-Rezension von 1828 - die ''Interessen der Zeit'' gegen die ''Idee der Kunst'' vertritt und damit das 'interesselose Wohlgefallen' der von den Zeitereignissen überholten Kunstidealisten in Frage stellt. [21] Unter dem Wirkungsaspekt scheint Heine besser als der Sprecher seines Gedichts gewusst zu haben, was das poetologische Märchen bedeuten soll.

Für die Wirkung, die ein Spiel im Drama haben kann, wenn es wie das juridische Komödienspiel HAMLET auf seine betroffenen Zuschauer übergreift, muss hier das Theater in der dramatischen Ballade von den KRANICHEN DES IBYKUS zeugen: "Die Szene wird zum Tribunal. "[22] Der "besinnungraubend, herzbetörend" wirkende Erinnyenchor hat das Publikum in einen solchen Trancezustand "zwischen Trug und Wahrheit", Fiktion und Wirklichkeit versetzt, dass es nur noch des auslösenden Moments durch die Kraniche bedarf, um das erregende Spiel in strafenden Ernst umschlagen zu lassen. Das scheinbar aller Wirklichkeit enthobene Fiktionsspiel vom rächenden Schicksal erweist sich als realer Vollzug der Schicksalsrache. Das Spiel, schon durch seinen emotionalen Appellcharakter um den Schein der Unverbindlichkeit gebracht, ist das Gericht über zwei Mörder, die sich auch in der anonymen Zuschauermenge nicht vor der Erkenntnis des MEA RES AGITUR verstecken können. Exemplifiziert in der Aufklärung eines Verbrechens (das ja nicht zufällig an dem Chordichter Ibykus, also vermutlich sogar an dem Verfasser des über seinen Tod hinaus so wirkungsmächtigen Chorspiels, begangen wurde), liegt der noch aufklärerische Wirkungsaspekt der Kunst für Schiller in der theatralischen Wahrheitsfindung, die von der Bühne auf den Zuschauerraum überspringt. Die dramatische Form dieses Wirkungsanspruchs ist die (erst von der späteren Schicksalstragödie mechanistisch kolportierte) analytische Struktur, unter der hier nicht nur die Enthüllung einer in der Vergangenheit verschütteten Wahrheit, sondern zugleich der aktive, aktivierende Appell an die Zeugen der in ihre eigene Gegenwart wirkenden Wahrheit zu verstehen ist. Die Szene wird zum Tribunal, das Theater zum Gericht, die Analyse zur Aktion; die Macht des Gesanges hat, noch mit dem moralischen Pathos der Aufklärung, die Fiktion in Wirklichkeit verwandelt. Mit dieser Wirkungsmacht des dramatischen Ahnherrn Ibykus hat die Selbstbegründung der Dichtung gleichsam ihren wirkungsästhetischen Ursprung gefunden.

Für die Wirkung schliesslich, die eine erzählte Geschichte in der Erzählung haben kann, müsste grundsätzlich jede Rahmenerzählung herangezogen werden können, die den Uebergang von der Fiktion der Binnenerzählung in die von ihr verwandelte Rahmenwirklichkeit der Zuhörer thematisiert. Brentanos GESCHICHTE VOM BRAVEN KASPER UND DEM SCHOENEN ANNERL, nur eins von vielen Beispielen dieser wirkungsästhetischen Struktur, gewinnt ihre poetologische Bedeutung aus der Tatsache, dass hier ein als Ich-Erzähler auftretender Schriftsteller ausdrücklich auf sein Schreiberamt verzichtet und handelnd in die noch offene Wirklichkeit einzugreifen versucht, zu der sich die nur scheinbar abgeschlossene Geschichte der Grossmutter unter dem zunehmenden Druck der drängenden, immer genauer bestimmten Zeit gewandelt hat. Die beiden Geschichten der Alten, erzählt als Rohmaterial für eine wohlgesetzte Bittschrift, "die aber gewiss erhört wird und nicht bei den vielen andern liegen bleibt"[23], enthalten den wirkungsästhetischen Auftrag zur Verwirklichung ihres Appells und werden, als es für die Bittschrift schon zu spät ist und die Hilfsaktion selbst an ihre Stelle treten muss, von dem Anspruch auf die Ueberführung der Dichtung in die Wirklichkeit, von der sie handelt, überholt. Für das wirkungsästhetische Wort-Tat-Schema, das im Vormärz vom "Ende der Kunstperiode" bis zur aktivistischen Selbstaufhebung der Kunst selbst führen sollte, erweist sich Brentanos raffinierte Erzählstruktur als ein romantischer Vorläufer, dessen oft bemerkte realistische Tendenzen unter dem bislang übersehenen Aspekt werkimmanenter Wirkungsästhetik noch deutlicher werden. Bei einer von allen Seiten so gründlich gedeuteten Erzählung wie dieser, die vorerst beiseitegelegt werden sollte, bis neue Kategorien die immer noch massgebliche Musterinterpretation von Alewyn nicht mehr nur ergänzen, sondern auch ersetzen können, muss es überraschen, dass ganz naheliegende, unter wirkungsästhetischem Aspekt jedenfalls sich aufdrängende Beobachtungen offenbar noch nicht gemacht wurden. [24] Der Exkurs des nach seiner Profession gefragten Schriftstellers ist, wenn überhaupt, meistens nur tadelnd als "Abweichung von der für Brentanos Verhältnisse so gezügelten Oekonomie der Erzählung"[25] erwähnt worden, während er, genauer besehen, den programmatischen Hintergrund für den von der Erzählung als Geschehen vorgeführten Wirkungsaspekt hergibt und diesen obendrein in einen standesgesichtlichen Zusammenhang stellt. Im Unterschied zum französischen HOMME DE LETTRES nämlich, der "zünftig" ist und in seiner Arbeit "mehr hergebrachtes Gesetz" bewahrt hat, ist der im 18. Jahrhundert aus der Zunfttradition der Poetik entlassene deutsche Schriftsteller - mit genialischer Unbefangenheit und ohne "Lehrgeld" zu zahlen - "aus dem Schulgarten nach dem Parnass entlaufen". In schwindelerregender Höhe hat er, nur von der weltentrückten Poesie lebend, so sehr "das Gleichgewicht verloren", dass die Thomas Mann-Kenner schon eine frühe Künstlerkrankheit diagnostizieren konnten. Aber die Krankheit, von der Brentano spricht, ist keine psychologische, sondern eine poetologische Asthenie. Es geht hier nicht um das Lebensproblem des Künstlers, sondern um das Wirkungsproblem der Kunst. Der deutsche Schriftsteller ist nicht zwischen Kunst und Leben auf die schiefe Bahn des persönlichen Aesthetizismus geraten, sondern er hat seiner Phantasiekunst auf dem in Geniezeit und Klassik errichteten Parnass den in Frankreich noch durch poetische und rhetorische Traditionen geregelten Wirkungsauftrag entzogen, so dass er in den Augen der Alten als ein nutzloser "Lehnerich" und fauler "Tagedieb", kurz: als ein Parasit der einem soliden Handwerk nachgehenden Gesellschaft erscheint. Hier vereinen sich die Verlegenheit des Ich-Erzählers und die Insistenz der Alten zu einem unausdrücklichen, durch die Form des Exkurses aber deutlich markierten Appell an den Wirkungsauftrag der Schreibkunst. Der Schriftsteller des Parnass muss, wie der Wirkungszusammenhang des weiteren Erzählverlaufs bestätigt, ein Schreiber der Strasse, der "Mann der Feder" ein Briefsteller werden, dessen Werk die schreibend beschworene und handelnd vollzogene Tat ist. Dieser Schreiber, der sich erst erzählen lassen muss, wovon er schreiben soll, und der nur noch handeln kann, wo es zum Schreiben schon zu spät ist, hat den heiligen Berg freischaffender Phantasie verlassen und läuft tatsächlich, wie es in dem eingangs zitierten Bild von Heinrich Laube heisst, "jetzt unter den Menschen, auf den Märkten umher", um das Wort in die Tat umzusetzen. Dass seine Aktion - der Lauf zum Herzog und der Ritt zur Richtstätte - ebensowenig ausrichtet wie der Aktionismus der Vormärzdichter, gehört nicht mehr in diesen, auf den Wirkungs a n s p r u c h eingeschränkten

Zusammenhang. Vielleicht ist, so viel kann vielleicht angedeutet werden, der zu Taten entschlossene Schriftsteller, der hinter der Wirklichkeit herjagt und, weil er "ein schlechter Reiter" ist, sie erst einholt, als es zu ihrer Aenderung schon zu spät ist, eine ironische, im herkömmlichen Wortsinn 'realistische' Einschränkung, sicher aber keine Rücknahme des propagierten Wirkungsanspruchs. Die Fiktionsgrenze zwischen Wort und Tat setzt dem Optimismus der Wirkungsästheten, die das Schreiben im Handeln schon aufgehoben sehen, unübersehbare, weder von Brentanos Ich-Erzähler noch von den Vormärzdichtern überwundene Schranken.

Wir kommen zum Schluss. Die drei ganz unterschiedlichen Beispiele werkimmanenter Wirkungsästhetik, die absichtlich aus der Zeit vor 1830 gewählt wurden, kündigen den von Laube als Folge der Juli-Revolution beschriebenen Wandel des Kunstbegriffs an; sie zeigen eine gegen Widerstände behauptete wirkungsästhetische Tradition, die im Vormärz ähnlich wie in unserem Jahrzehnt vorwiegend aus politischen Gründen aktualisiert wurde. An diesen Beispielen ist hoffentlich auch deutlich geworden, dass es zwischen Werk- und Wirkungsästhetik durchaus nicht den unüberbrückbaren Gegensatz geben muss, den eine nur theoretisch orientierte und von ihren historischen Vorläufern absehende Rezeptionstheorie manchmal glauben macht, weil sie auf das ideologische Schreckbild der sogenannten Kunstautonomie negativ fixiert ist. Allerdings bedeutet "werkimmanente Wirkungsästhetik", wie der scheinbar schillernde, zwischen analytischer Praxis und ästhetischer Theorie, zwischen Bild und Begriff vermittelnde Titel dieser Ueberlegungen lautete, auch keine modisch verkleidete Regression in die 'Kunst der Interpretation'. Es sollte damit zugleich der Gegenstand - wirkungsästhetische Positionen also, die sich nur einer Werkanalyse erschliessen - und die Perspektive dieser Analyse bezeichnet werden, nämlich die Ueberprüfung wirkungsästhetischer Positionen, die wir selbst beziehen, an Texten, die den historischen Stellenwert methodologischer Neuerungen klären und relativieren helfen, weil sie implizit einem ähnlichen Kunstbegriff huldigen.

Anmerkungen

1 Heinrich Laube, zitiert nach: Das junge Deutschland. Texte und Dokumente. Hrsg. v. Jost Hermand. Stuttgart 1966, S. 106f. Vgl. zu dem hier implizierten Pygmalion-Mythos und grundsätzlich zum folgenden Hinrich C. Seeba, Die Kinder des Pygmalion. Die Bildlichkeit des Kunstbegriffs bei Heine und die Tendenzwende der Aesthetik. In: DVjs 50 (1976), S. 180-224.

2 Ludwig Börne, Sämtliche Schriften. Hrsg. v. Inge und Peter Rippmann, Bd. 3. Düsseldorf 1964, S. 351.

3 Vgl. Udo Köster, Literarischer Radikalismus. Zeitbewusstsein und Geschichtsphilosophie in der Entwicklung vom jungen Deutschland zur Hegelschen Linken. Frankfurt 1972, bes. S. 99ff.

4 Hans Robert Jauss, Paradigmawechsel in der Literaturwissenschaft. In: Linguistische Berichte 3 (1969), S. 44-56.

5 Hans Robert Jauss, Literaturgeschichte als Provokation der Literaturwissenschaft. In: H. R. J. , Literaturgeschichte als Provokation. Frankfurt 1970, S. 144-207.

6 Gunter Grimm, Einführung in die Rezeptionsforschung. In: Literatur und Leser. Theorien und Modelle zur Rezeption literarischer Werke. Hrsg. v. Gunter Grimm, Stuttgart 1975, S. 11-84.

7 Robert Weimann, ''Rezeptionsästhetik'' und die Krise der Literaturgeschichte. Zur Kritik einer neuen Strömung in der bürgerlichen Literaturwissenschaft. In: Weimarer Beiträge 19 (1973), Heft 8, S. 5-33, hier S. 14.

8 Weimann, a. a. O. und vorher schon in seinem Aufsatz: Gegenwart und Vergangenheit in der Literaturgeschichte. Ein ideologiegeschichtlicher und methodologischer Versuch. In: Methoden der deutschen Literaturwissenschaft. Hrsg. v. Viktor Zmegac, Frankfurt 1971, S. 340-372.

9 Wilfried Barner, Wirkungsgeschichte und Tradition. Ein Beitrag zur Methodologie der Rezeptionsforschung. In: Literatur und Leser, a. a. O. , S. 85-100.

10 Gerhard Kaiser, Exkurs über: Hans Robert Jauss, Literaturgeschichte als Provokation der Literaturwissenschaft. In: Fragen der Germanistik. Zur Begründung und Organisation des Faches. Mit Beiträgen von Gerhard Kaiser, Peter Michelsen, Karl Pestalozzi, Hugo Steger, Horst Turk. München 1971, S. 59-65, hier S. 62. Vgl. dazu von Kaiser auch die späteren Aufsätze: Nachruf auf die Interpretation? und: Metakritik zu kritischen Notizen von Hans Robert Jauss und Hilmar Kallweit, beide in: G. K. , Antithesen. Zwischenbilanz eines Germanisten 1970-1972. Frankfurt 1973.

11 Grimm, S. 36: ''Im ganzen zeigt Kaisers Kritik wieder einmal die Unvereinbarkeit der beiden Standpunkte, wenn ein Anhänger der Werk- auf einen Anhänger der Rezeptionsästhetik stösst. Billigt man die Prämissen, so treffen die Einwände zu, billigt man sie nicht, so sind sie verfehlt. ''

12 Horst Turk, Literatur und Praxis. Versuch über eine Theorie der literarischen Wirkung. In: Fragen der Germanistik, a. a. O. , S. 96-129, bes. S. 114: ''Wirkungsästhetik treiben heisst eine im Lauf der Kulturgeschichte vergessene Tradition wieder aufleben zu lassen, die zwar - in der Entwicklungslinie Aristoteles, Lessing, Schiller, Brecht - als Primärtheorie an allen wichtigen Punkten der Literaturentwicklung erscheint, deren Gewicht als eine prinzipielle Alternative zur bislang weithin noch vorherrschenden Schöpfungs- und Inhaltsästhetik, bzw. zur z. Zt. neu angeregten Spielästhetik von der Kulturwissenschaft noch nicht erfasst wurde. ''

13 Bruno Markwardt, Geschichte der deutschen Poetik, bes. Bd. 4: Das neunzehnte Jahrhundert. Berlin 1959, darin bes. das Kapitel II: Die politische Tendenzprogrammatik und Weltanschauungspoetik (Junges Deutschland und Vormärz), S. 146-255.

14 Horst Turk, Wirkungsästhetik. Aristoteles, Lessing, Schiller, Brecht. Theorie und Praxis einer politischen Hermeneutik. In: Jb. d. Dt. Schillerges. 17 (1973), S. 519-531.

15 Hinrich C. Seeba, Wirkungsgeschichte der Wirkungsgeschichte. Zu den romantischen Quellen (F. Schlegel) einer neuen Disziplin. In: Jb. f. Intern. Germanistik III (1971), Heft 1, S. 145-167.

16 Vgl. Wolfgang Iser, Die Appellstruktur der Texte. Unbestimmtheit als Wirkungsbedingung literarischer Prosa. Konstanz 1970, und Wolfgang Iser, Der implizite Leser. Kommunikationsformen des Romans von Bunyan bis Beckett. München 1972. Vgl. ferner Erwin Wolff, Der intendierte Leser. Ueberlegun-

gen und Beispiele zur Einführung eines literaturwissenschaftlichen Begriffs.
In: Poetica 4 (1971), Heft 1, S. 141-166, und Horst Steinmetz, Der vergessene Leser. Provokatorische Bemerkungen zum Realismusproblem. In: Dichter und Leser. Studien zur Literatur. Hrsg. v. Ferdinand van Ingen u. a. ,
Groningen 1972, S. 113-133.

17 So wird die wirkungsästhetische Analyse der Leserrolle in Grimms Forschungsbericht vor allem damit gerechtfertigt, dass damit "ein weiterer
Schritt zu einer empirisch fundierten Aesthetik getan" sei (S. 78).

18 Heinrich Heine, Sämtliche Schriften. Hrsg. v. Klaus Briegleb. Bd. 1, München 1968, S. 107.

19 Vgl. Heinz Politzer, Das Schweigen der Sirenen, in: H.P., Das Schweigen
der Sirenen. Studien zur deutschen und österreichischen Literatur. Stuttgart 1968, S. 13-41.

20 Novalis, Paralipomena zum "Heinrich von Ofterdingen". In: Schriften. Die
Werke Friedrich von Hardenbergs. Hrsg. v. Paul Kluckhohn und Richard
Samuel, Bd. 1: Das dichterische Werk. Hrsg. v. Paul Kluckhohn unter Mit-
arbeit von Heinz Ritter und Gerhard Schulz. Stuttgart 1960, S. 347.

21 Heine, a. a. O. , S. 446.

22 Friedrich Schiller, Sämtliche Gedichte. Teil 2, dtv Gesamtausgabe, Bd. 2,
München 1965, S. 119. Vgl. hierzu, im Zusammenhang mit der immanenten
Wirkungsästhetik in Schillers Balladen, ausführlicher Hinrich C. Seeba, Das
wirkende Wort in Schillers Balladen. In: Jb. d. Dt. Schillerges. 14 (1970),
S. 275-322, bes. S. 313-317.

23 Clemens Brentano, Werke. Hrsg. v. Friedhelm Kemp. Bd. 2, Darmstadt
1963, S. 774-806.

24 Herbert Lehnert (Die Gnade sprach von Liebe. Eine Struktur-Interpretation
der 'Geschichte vom braven Kasper und dem schönen Annerl' von Clemens
Brentano. In: Geschichte-Deutung-Kritik. Fs. für Werner Kohlschmidt.
Hrsg. v. Maria Bindschedler und Paul Zinsli, Bern 1969, S. 199-223) hat
zwar von der "Kommunikation von Autor und Leser" (S. 200) gesprochen,
damit aber nur die realistische Einführung in den Handlungsraum gemeint.
Lehnerts These von der "Christus-Rolle des Erzählers" (S. 216), mit der
er Alewyns Ueberschätzung der Alten korrigieren wollte, ist selber wieder
durch Gerhard Kluge (Vom Perspektivismus des Erzählens. Eine Studie
über Clemens Brentanos 'Geschichte vom braven Kasper und dem schönen
Annerl'. In: Jb. d. Fr. Dt. Hochstift 1971, S. 143-197) relativiert worden.
Aber weder die theologische noch die anthropologische Interpretation hat
die wirkungsästhetische Bedeutung des Ich-Erzählers erfasst. Vgl. allgemein auch Wolfgang Frühwald, Stationen der Brentano-Forschung 1924-1972.
In: DVjs 47 (1973), Sonderheft Forschungsreferate, S. 182-269, zu dieser
Erzählung S. 253-257.

25 Richard Alewyn, Brentanos 'Geschichte vom braven Kasper und dem schönen Annerl'. In: Interpretationen 4: Deutsche Erzählungen von Wieland bis
Kafka. Hrsg. v. Jost Schillemeit. Frankfurt 1966, S. 101-150. S. 108.

DROSTE-REZEPTION IM 19. JAHRHUNDERT

Von Winfried Woesler (Münster)

I Uebersicht

Seit 1971 unterstützt die DFG in Münster das Projekt "Droste-Rezeption im 19. Jahrhundert". Die jetzt fast vollständige Dokumentation kann die Frage beantworten, warum diese bei ihrem Tod vergessene Dichterin 50 Jahre später als grösste Deutschlands galt. Die bis heute übliche Erklärung, erst der Naturalismus habe sie verstehen können, ist unzureichend.

Vorausgeschickt sei im folgenden ein Abriss über den Verlauf der Droste-Rezeption im 19. Jahrhundert.[1]

1. Zunächst zur Verbreitung der Werke. Zu Lebzeiten erschienen nur zwei Gedichtsammlungen, die erste 1838 in einem Münsterer Provinzverlag. Sie hatte eine Auflage von 500 Exemplaren, von denen ca. 170 abgesetzt wurden. Den Rest musste die Autorin auf Verlangen des Verlegers 1845 aufkaufen, nachdem sie ohne dessen Wissen ein Jahr zuvor bei Cotta eine weitere, umfangreichere Sammlung hatte herausbringen lassen. Auch diese in 1 200 Exemplaren aufgelegte Ausgabe fand nicht die entsprechende Resonanz; erst nach 17 Jahren wurde die zweite Auflage nötig ([2]1862, [3]1873, [4]1877).

Etwas mehr Erfolg hatte dagegen das 1851 aus dem Nachlass ebenfalls bei Cotta veröffentlichte "Geistliche Jahr", zumal es in einer Zeit verstärkter Religiosität erschien. Der ersten Auflage von 1 200 Exemplaren folgte die zweite bereits 1857, die dritte 1873. Schücking unternahm 1859 noch einen weiteren Versuch, das Droste-Werk zu propagieren, indem er bei Rümpler in Hannover im wesentlichen die vergessenen Zeitschriftenpublikationen unter dem etwas irreführenden Titel "Letzte Gaben" ([2]1871) zusammenfasste; doch auch sie blieben unbeachtet. Eine breitere Leserschaft fanden erst die beiden Gesamtausgaben: die noch vor Beendigung der 30jährigen Schutzfrist begonnene, 1878/79 von Schücking besorgte Ausgabe bei Cotta ([2]1898f.) und diejenige von Kreiten bei Schöningh in Paderborn 1884-1887. Das Droste-Werk lag also bis Ende der siebziger Jahre in keiner Sammelausgabe vor. Fast unbekannt war die Autorin als Prosadichterin; so wussten die meisten Kritiker in diesen 25-30 Jahren nach ihrem Tod nicht einmal mehr, dass sie auch die "Judenbuche" geschrieben hatte. Diese wurde erstmals 1872 in einer Literaturgeschichte erwähnt. Trotz vieler Bedenken erfolgte dann 1876 ihre Aufnahme in den "Novellenschatz" von Heyse und Kurz, was ihr zu allgemeiner Anerkennung verhalf. Bald nach 1900 sind schon über 1 Million Exemplare verbreitet.

Schlüter besorgte 1877 noch zwei Sonderveröffentlichungen: die Liedkompositionen und eine kleine Anzahl vornehmlich an ihn selbst gerichteter Briefe ([2]1880), die schon mit einem aufgeschlossenen Publikum rechnen. 1893 erschien der ebenfalls auf Interesse stossende Briefwechsel mit Schücking.

2. In diesen ersten 25 Jahren nach dem Tod haben nicht Editionen die Droste vor dem Vergessen bewahrt, sondern Anthologien. Diese werden von der Re-

zeptionsforschung als Quellen noch zu wenig beachtet, obwohl die Sammlung des "Literarischen Kolloquiums" (Berlin/West) als Hilfsmittel bereitsteht. "Nicht-Klassiker" erreichen breite Leserschichten oft nur in Anthologien. Mit ihren vielen, leicht veränderten Auflagen sind sie auf den Verkauf gerichtet und können wegen ihrer Rücksicht auf den Leser Seismographen des Geschmackswandels sein. Die Droste hatte das Glück, mit Hilfe von Freunden in bekannten Anthologien dauerhaft plaziert zu werden. A. Haverbusch fand Droste-Gedichte in 111 von 331 durchgesehenen Anthologien des 19. Jahrhunderts.[2] Fast jährlich ist eine neue bzw. neuaufgelegte dazugekommen. Die Einzelergebnisse der Durchsicht können hier leider nicht diskutiert werden, warum z.B. das beliebteste Gedicht des 19. Jahrhunderts "Die junge Mutter" und des 20. "Der Knabe im Moor" ist.

3. Während Anthologien das populäre Bild eines Lyrikers erkennen lassen, zeichnen Literaturgeschichten mit gewisser Verzögerung das verbreitete wissenschaftliche Bild. Eine von W. Huge besorgte Durchsicht von 60 Literaturgeschichten zwischen 1838 und 1900 ergab, dass 49 die Droste behandelten. Zum Vergleich: unter 40 auf Heine-Erwähnungen durchgesehenen Literaturgeschichten war nur eine, die ihn nicht nannte. Das erste Mal bespricht 1845 Vilmar die Droste; seit etwa 1890 wird sie ausnahmslos mitberücksichtigt. Die Urteile selbst sind oft nur unter dem Aspekt einer ideologiekritischen Charakterisierung der Verfasser interessant. Beachtenswerter erscheint gelegentlich die Einordnung, die ja auch bei anderen Biedermeierdichtern unsicher ist. Meist findet sich die Droste in der Rubrik "Frauendichtung", also neben Ida Hahn-Hahn, Betty Paoli und anderen heute vergessenen "Blaustrümpfen", oder unter der Rubrik "Westfalen", also neben Freiligrath und Grabbe.

4. Die wichtigste Voraussetzung für die Erforschung der Droste-Rezeption im 19. Jahrhundert war die möglichst lückenlose Erfassung aller entsprechenden Publikationen, vom wissenschaftlichen Beitrag bis zur Zeitungsnotiz. Umfasste 1932 die Bibliographie von E. Arens und K. Schulte Kemminghausen an Editionen, Literatur und Rezensionen in diesem Zeitraum insgesamt ca. 460 Titel, so sind inzwischen ca. 630 ermittelt worden. In Vorbereitung befindet sich ein umfangreicher Dokumentationsband zur Rezeption im 19. Jahrhundert. Er enthält als Einleitung eine Rezeptionsanalyse (ca. 70 S.), die neue von A. Haverbusch bearbeitete Bibliographie, sämtliche Sekundärliteratur bis 1870 und einzelne Urteile von 1870-1900. Darauf folgt eine Sammlung von privaten Dokumenten, welche den Hintergrund der publizierten Rezeption erhellen, z.B. die Motive oder Hindernisse für eine Edition erkennen lassen. Ein Kurzkommentar bringt Hinweise, soweit sie rezeptionsgeschichtlich relevant sind. Den Abschluss bilden drei Register: eines der Autoren mit Kurzbiographien, ein zweites der Zeitungen und Zeitschriften mit kurzer Charakterisierung ihrer Tendenz, und ein drittes, das mit Hilfe von Stichwörtern Querverbindungen innerhalb der Dokumente, z.B. "Stilbeurteilung: negativ", "Stilbeurteilung: positiv", zu schaffen versucht. Die Skizze auf der folgenden Seite zeigt die Verteilung sämtlicher Droste-Publikationen von 1838 bis 1900 und vermittelt ein Bild der damaligen wissenschaftlichen und populären Beschäftigung mit der Droste. Zwar sind die einzelnen Gipfelpunkte - das sei betont - mit grosser Vorsicht und unter Berück-

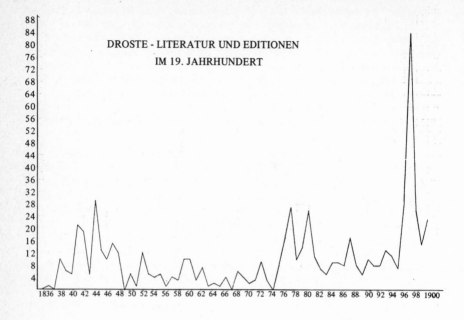

DROSTE - LITERATUR UND EDITIONEN
IM 19. JAHRHUNDERT

sichtigung der rein mechanischen Auswertung zu interpretieren; so suggeriert die Kurve bei 1842 wahrscheinlich eine unverhältnismässig grosse Wirkung durch die zahlreichen Veröffentlichungen in Zeitschriften, darunter die "Judenbuche". Zu Recht lässt die Skizze jedoch die Resonanz auf die Ausgabe von 1844 als die stärkste zu Lebzeiten erkennen. Ebenso richtig zeichnet sie 1848-1851 eine Phase der Vergessenheit nach, die durch das Erscheinen des "Geistlichen Jahres" (1851) zwar unterbrochen wird, sich aber im wesentlichen noch über die "Letzten Gaben" (1859) und Schückings "Lebensbild" (1860 und 1862) hinaus erstreckt. Beendet wurde sie erst 1879 (1. Gesamtausgabe, Claassens Biographie). Die Beschäftigung mit der Droste bleibt dann auf einer gewissen Höhe mit den etwas herausragenden Jahren 1887 (2. Gesamtausgabe, Hüffers Biographie) und 1893/94, als die Publikation des Briefwechsels mit Schücking erhebliches Aufsehen erregte, weil sie zum ersten Mal die persönliche Beziehung publik machte, deren einseitige Betonung in der Folgezeit, z.T. bis heute, das Droste-Bild verzeichnet. Der "Durchbruch" erfolgt im Zentenarium 1897. Vorher hat es nie eine auch nur annähernd so grosse Zahl von Artikeln zur Droste gegeben, wenngleich ihr wissenschaftlicher Wert in keinem Verhältnis zu Zahl und Verbreitung steht. Ob und inwieweit dieses Ansteigen des Schrifttums über die Person, weniger über das Werk, den Endpunkt eines im Kulturkampf angelegten Versuchs bildet, die Droste als literarische Repräsentantin der Katholiken zu popularisieren, sind Fragen, auf die wir uns später konzentrieren müssen.

II Propagandisten

An dieser Stelle scheint es richtig, kurz die Aufmerksamkeit auf die Verfasser der Rezeptionstexte zu richten. Auffallend wenige Namen kehren häufig wieder. Besonders Schücking und E. v. Hohenhausen haben trotz des verbreiteten Desinteresses hartnäckig den Rang der Autorin behauptet. Von ihnen und wenigen anderen gingen zahlreiche Impulse - z.B. zu Rezensenten, Zeitschriftenherausgebern und Anthologisten - aus, so dass ein dichtes, heute kaum mehr entwirrbares Geflecht von Beziehungen die meisten Verfasser der Rezeptionstexte miteinander verbunden zu haben scheint.

Solange ein Autor noch nicht kanonisiert ist, kommt den Trägern der Rezeption grosse Bedeutung zu. Denn im Gegensatz zum allgemein anerkannten Autor bleibt das Image des unbekannten vor der einsetzenden Breitenrezeption leicht formbar. Noch nicht fixiert, ist es in starkem Masse den Verstehensweisen und Interessen der Propagandisten ausgeliefert. Wie Tieck das Bild des Novalis romantisch verzeichnete, so schuf Schücking eine biedermeierische Droste-Gestalt; die Hohenhausen betonte das Uralt-Deutsche ihrer Natur, und Schlüter pflegte die Erinnerung an die fromm-katholische Autorin. Für die Rezeptionsforschung dürfte die späte Anerkennung eines Autors deshalb ein dankbares Objekt sein, weil hier die Motivationen von Propagandisten - die z.B. dazu neigen, ihre eigene Bedeutung für den Dichter zu unterstreichen - besonders leicht erkennbar sind; überhaupt sollte in Zukunft der Blick nicht nur dem Erwartungshorizont eines imaginären Lesers, sondern auch der Psychologie des konkreten Verfassers von Rezeptionstexten gelten, zumal es von ihm häufig noch zuverlässige Quellen, wie z.B. Briefe und Nachlass, gibt. Auch im Fall der Droste lassen sich private Motivationen ihrer Propagandisten ohne Mühe ausmachen: z.B. Freundschaftsdienst über den Tod hinaus, schriftstellerische Ambitionen, Hoffnung auf späteren Ruhm, finanzielle Erwägungen, Konkurrenzdenken, idyllische Sehnsüchte usw. Alles Engagement der Freunde reichte jedoch nicht aus, die Breitenrezeption in Gang zu bringen.

III Hindernisse

1. Zuviele Gründe waren dem Ruhm der Droste hinderlich. Sie lagen zunächst in ihr selbst, insbesondere in ihrer Einstellung zur Oeffentlichkeit.

a) "Ich mag und will j e t z t nicht berühmt werden", schrieb sie im Sommer 1843, "aber nach hundert Jahren möcht ich gelesen werden." Ueberzeugt von der Autonomie der Kunst gegenüber der Tagespolitik, lehnte sie es ab, sich selbst dem literarischen Betrieb oder ihr Werk und ihren Stil der herrschenden Mode anzupassen. Zeitschriftenherausgebern gegenüber war sie äusserst spröde. Nie bot sie von sich aus ihre Poesie zum Druck an.

b) Dabei spielte auch ihr Adelsbewusstsein eine Rolle, und die Familie drängte aus Standesrücksichten immer mehr darauf, dass sich die Droste nicht exponierte, insbesondere nicht in den aus adliger Sicht allzu liberalen Publikationsorganen. Schliesslich sprach ihr Bruder Werner 1845 ein definitives Verbot aus. Die Droste hat sich wie selbstverständlich nach dem Willen ihrer Angehörigen gerichtet.

c) In den letzten Jahren war sie schliesslich selbst von krankheitsbedingter Resignation geprägt.

2. Auch aus der Sicht des Lesers kam der Misserfolg nicht unerwartet.

a) Hauptursachen sind die durchweg zeitferne Thematik und die konservative Grundhaltung des Werkes, die dem Trend des Vormärz entgegengesetzt waren. Die Unruhe der Zeit hatte für diese apolitische Lyrik, in der Begriffe wie Freiheit, Demokratie und Revolution weitgehend fehlen, wenig Sinn.

b) Konservative Frauendichtung zu goutieren waren damals allenfalls weibliche Leserschichten bereit, doch auch deren spezifischen Erwartungen entsprach die Dichtung der Droste keineswegs: es fehlen die Liebesdichtung, rührende Ehe- und Konversationsgeschichten.

c) Das Vergessen der Droste kurz nach ihrem Tod hängt auch mit dem Aufkommen des Realismus und der erneuten Hochschätzung der Prosa zusammen. Von der Autorin war damals allenfalls die Lyrik erreichbar, während fast niemand mehr ihre Prosa kannte. Als später, etwa im Münchner Dichterkreis, die Lyrik wieder modern wurde, orientierte sich der Geschmack mehr am Ebenmass der Klassik als an der "stilistischen Sorglosigkeit der Biedermeierzeit" (F. Sengle). Auch die Kompositionsprinzipien der Droste, die weniger einem harmonischen, zielgerichteten Gesamtaufbau als der Ausgestaltung aneinandergereihter Episoden galten, passten nicht zu den klassizistischen Bestrebungen des poetischen Realismus.

d) Provinzialismen, formale Eigenwilligkeiten und inhaltliche Dunkelheiten dürften die Volkstümlichkeit des Droste-Werkes wohl immer verhindern. Allerdings wurden diese Charakteristika nicht nur negativ bewertet, sondern zunehmend bei positiver Grundeinstellung zur Droste auch als Zeichen der Originalität gepriesen.

IV Westfalenmythos

Der Beginn einer breiteren Rezeption korrespondiert mit dem Aufkommen eines "Westfalenmythos".

1. Seit dem Biedermeier sind bekanntlich deutsche Dichter, etwa im Gegensatz zu französischen, oft regional geprägt, was von der Nachromantik eingeleitet und später durch das Fehlen eines kulturellen Mittelpunktes in Deutschland begünstigt wurde. Dem allgemeinen Patriotismus der Befreiungskriege war die Begeisterung für Geschichte und Eigentümlichkeiten der einzelnen deutschen Stämme und Landschaften gefolgt. Wahrscheinlich hat erst der aufkommende Historismus das landsmannschaftliche Selbstverständnis neubegründet. Zumindest bildete sich das Identitätsbewusstsein Westfalens im wesentlichen nach dem Wiener Kongress heraus, als es preussische Provinz geworden war. Vorher fühlte man sich mehr als Münsterländer, Lippe-Detmolder usw.

Einen Beitrag zu dieser Restaurierung westfälischen Stammesbewusstseins stellt auch das Droste-Werk dar. Schon früh durch die Haxthausens und Grimms in diesem Sinne beeinflusst, beschäftigte sich die Droste mit westfälischen Stoffen. Galt Westfalen zur Zeit Jérômes noch als trostloses Bauernland, wie es Voltaire im "Candide" verspottete, so trat nach 1815 eine Wandlung ein. Die Westfalen begannen - zunächst noch mit apologetischem Unterton - ihr Land zu preisen. In dieser Intention eröffnete auch die Droste ihre grosse Gedichtsammlung mit dem Westfalen gewidmeten Gedicht "Ungastlich oder nicht?".

Die Aufwertung Westfalens vollzog sich schnell, und zwar in jener Stilisierung, mit der Immermann 1838 in seiner verbreiteten Oberhof-Erzählung das Urwüchsige westfälischer Tradition herausgestellt hatte. Man sah hier einen der ältesten deutschen Stämme, der noch fast unverfälscht Recht, Siedlungsformen und Brauchtum - so wörtlich - aus der Zeit des Tacitus bewahrt habe. Als Beleg diene ein Zitat aus der "Berliner Revue" vom 25.5.1858: "Von den Provinzen unseres Vaterlandes ist in neuester Zeit W e s t f a l e n häufig Gegenstand der Besprechung geworden. Man hat nachgewiesen, welche uralten historischen Elemente sich dort erhalten haben, welch ein tüchtiger conservativer Kern in Land und Leuten vorhanden ist..." Diese von aussen geförderte Westfalenbegeisterung konkretisierte sich z.B. in dem 1838 gefassten Plan des Hermannsdenkmals.

2. Bald erwachte auch ein Interesse an westfälischer Literatur, was damals angesichts der vielen geographisch gegliederten Literaturgeschichten nicht ungewöhnlich war. Die eingeführte romantisierende Betrachtungsweise des Landes hatte Erwartungen an die Dichtung geweckt; entsprechend wurde das Bild der Droste - mitunter recht unbekümmert - gemalt. Schon im Nekrolog von E. v. Hohenhausen ("Morgenblatt", 10.-12.7.1848) hiess es: "Ihre Gedichte sind der treueste Ausdruck des urgermanischen Elements, dessen Ueberreste sich in Westphalen, dem Heimathlande der Dichterin, noch so rein erhalten haben." 1866 schrieb W. Herbst in "Daheim" (Januarnummer): "Ja sie ist eine echt westfälische Dichterin..."; sie habe die Liebe der Leser errungen, weil "sich die Grundzüge der westfälischen Stammesnatur in ihr individualisirt, gesteigert, vergeistigt und verklärt wiederfinden". Das nostalgische Interesse erspürte im Werk der Droste Ernst und Strenge Westfalens, Festhalten am Ueberlieferten, Treue usw. Ethnisch erklärt wurden sogar die Vernachlässigung der Form und der Mangel an Glätte, die wir heute eher als Charakteristika der Biedermeierzeit werten. Festigkeit und Nüchternheit, zu Eigenarten fälischer Rasse deklariert, schienen die Neigung der Droste zum Realismus verständlich zu machen. 1890 urteilte H. Keiter in den "Frankfurter zeitgemässen Broschüren": "Sie war eine echte Tochter des Westfalenlandes durch und durch. Sie vereinigte die seltenen Vorzüge und unbestreitbaren herben Eigenheiten des sächsischen Volksstammes in höchster Mächtigkeit in sich. In sich gefestigt und stahlhart; kühn im Denken und demütig im Glauben; offen, ja nicht selten schroff in Wort und Schrift; knorrig und ehrlich..."

3. Als Bestandteil des Westfalenmythos konnte die Droste in ihrer Heimat Symbol und - freilich geringer - Integrationsfaktor werden. Sie begann die seit dem Biedermeier so beliebte Funktion des "säkularisierten Lokalheiligen" (F. Sengle) zu erfüllen. Die Zurückhaltung zu Lebzeiten war dem Stolz gewichen. Im Münsterland erschienen zunehmend Droste-Artikel, das Bewusstsein akzeptierte sie als kostbare Blüte des eigenen Stammes. So wie sich die übrigen Stämme angesichts der Reichsgründung stolz auf ihren Beitrag zur deutschen Kultur besannen, wies man hier darauf hin, dass Deutschlands grösste Dichterin eine Westfälin sei. Das Stammesbewusstsein wurde Teil der Reichsidee. Als sich das Nationalgefühl gegen Ende des Jahrhunderts noch weiter gesteigert hatte, verglich man die Droste mit Sappho und fragte, ob sie nicht die grösste Dichterin der Welt sei.

Damals war sie in Münster längst über den Liebhaberkreis hinaus bekannt. Das Denkmal von 1896 zeigte deutlich ihre wachsende Funktion als Identifikationsfigur. So erklärt sich auch ihre Einführung in die Schule - der älteste uns bekannte Schüleraufsatz entstand 1871 im Münsterer Ludgerianum. Das bleibt auffällig, denn Schulautoren wurden damals noch vornehmlich unter dem Aspekt der stilistischen Norm gelesen. Statt dessen diente die Droste wohl eher zur Sozialisation der nachfolgenden Generation. In der Tat gibt es seit 1870 verstärkt Bemühungen, sie zum ethischen Vorbild, d.h. zur Lokal h e i l i g e n zu machen. Deutlich steht z.B. Schlüters Briefausgabe im Dienste einer christlichen Stilisierung.

Besonders den Töchtern wird die Droste empfohlen. Gepriesen werden Familiensinn, Bescheidenheit, sexuelle Abstinenz usw. "Die Wahrheit", schreibt z.B. H. Keiter 1890, "war ihr erstes Gebot im Dichten und Leben." Stand die zweifellos hohe Ethik der Droste selbst schon im Zeichen der Restauration des westfälischen Landadels, der nach weitgehendem Verlust seiner Bedeutung zumindest noch eine moralische Vorrangstellung beanspruchte, so konnten jetzt Konservative im ganzen Reich ihre Wertvorstellungen im Droste-Werk bestätigt finden. Schülerinnen wurden auf eine grosse Frau hingewiesen, die frei war von "frechen Emanzipationsgelüsten" und dergleichen.

4. Doch konzentrieren wir uns im folgenden wieder auf Westfalen, dessen Teile 1815 unselbständig und insgesamt preussische Provinz geworden waren. Im 19. Jahrhundert gab es teilweise heftige Auseinandersetzungen mit der neuen Verwaltung. Vielleicht war die Suche der Westfalen nach der eigenen Identität auch eine Reaktion auf die politische Entmachtung. Auffälligerweise setzt nämlich die breite Droste-Propaganda erst nach 1871 ein, als Preussen die Reichsprovinzen durch Zentralisierung gleichschaltete. Neben anderem und Wichtigerem konnte auch eine solche Figur als Orientierungspunkt integrierend wirken.

V Kulturkampf

1. Damit kommen wir zum entscheidenden Faktor für die Popularisierung der Droste, dem Kulturkampf, den die preussische Regierungsgewalt in Münster mit Härte geführt hat.[3] Das Ergebnis war jedoch hier wie anderswo nicht die Schwächung, sondern die Mobilisierung der katholischen Kräfte. Auch die Familie der Droste war betroffen. Als sich die damalige Burgherrin 1874 zu dem verurteilten Bischof von Münster bekannte, wurde ihr Mann Heinrich als Landrat des Kreises abgesetzt. Solche persönlichen Erfahrungen haben auch die Vergabe von Publikationsgenehmigungen aus dem dichterischen Nachlass beeinflusst.

2. Der Kulturkampf zwang die gläubigen Katholiken aus ihrem politischen und - teilweise freiwilligen - kulturellen Getto heraus. Heute ist es kaum mehr vorstellbar, wie sehr sich diese Bevölkerungsgruppe gegenüber der Literatur verschloss. Umstritten war, ob überhaupt die Poesie neben der Religion zu pflegen sei. Die Aufwertung der Droste durch die Katholiken in diesen Jahren ist daher Teil der eigenen kulturellen Revision. Die Skepsis gegenüber der Literatur galt auch der Presse, getreu der noch 1867 von J. Lukas vertretenen Devise, für den gewöhnlichen Bürger und Bauern sei k e i n e Zeitung besser als eine gute. Man befürchtete kirchlichen Autoritätsverlust, Verführung zur Aeusserlichkeit

usw. Erst der Druck des Kulturkampfes wandelte das Bewusstsein; insgesamt intensivierte sich das kirchliche Leben, es erstarkte wie die katholischen politischen Organisationen (Zentrum, Mainzer Verein deutscher Katholiken). Man erkannte jetzt, viel später als die Liberalen, dass nur eine entsprechende Presse die eigenen Massen solidarisieren konnte. In den Jahren 1871-1881 erfolgten 50 katholische Zeitungsgründungen. 1871 gab es 126 Zentrumszeitungen mit einer Auflage von 322 000 Exemplaren, 1881 221 Zeitungen mit ca. 626 000 festen Abonnenten.

Die erwachte Aufmerksamkeit übertrug sich dann vom politischen Bereich allmählich auch auf den kulturellen. Den eigenen Bildungsbedürfnissen dienten um 1877 ausser den überwiegend politisch orientierten "Historisch-politischen Blättern" im wesentlichen die "Stimmen aus Maria-Laach", die "Alte und neue Welt" (Einsiedeln) und die "Literarische Rundschau" sowie der von dem Geistlichen F. Hülskamp in Münster neugegründete "Literarische Handweiser", der sich in Kürze - nach eigener Angabe - mit 4 200 Abonnenten zur grössten deutschen Literaturzeitschrift entwickelt hatte. Diese überregionalen Blätter konnten in der katholischen Kulturpolitik steuernde Funktion übernehmen. In der Tat finden sich gerade in ihnen zahlreiche Droste-Beiträge, mehrere von Geistlichen verfasst. Dabei wurde die moralisierende Literaturbetrachtung nicht sofort aufgegeben, was die stereotypen Hinweise auf die Sittlichkeit der Droste erklärt. Im Münsterland setzten sich für sie die katholischen Zeitungen "Westfälischer Merkur" und "Münsterischer Anzeiger" ein, deren Redakteure im Verlauf des Kulturkampfes mehrfach inhaftiert wurden. Bezeichnenderweise findet sich dagegen kaum ein Artikel in der liberalen, von Preussen protektionierten "Westfälische Provinzialzeitung".

Politisch bedrängt, betonten die Katholiken in ihren Organen den eigenen Beitrag zur deutschen Kultur. Noch jahrzehntelang von einem wissenschaftlich-kulturellen Inferioritätsgefühl geplagt, wiesen sie mit wachsendem Stolz darauf hin, dass Deutschlands grösste Dichterin eine der ihren war. Der Ansatzpunkt, die Droste zum Aushängeschild und Exempel katholischen Lebens zu machen, wurde insofern glücklich gewählt, als ihr Leben von christlicher Ueberzeugung getragen war und sie die bedeutendste religiöse Dichtung des Jahrhunderts geschaffen hat. Sie selbst wertete das "Geistliche Jahr" als ihre "nützlichste" Leistung.

3. Der Versuch der Katholiken, die verkannte Droste zu propagieren, diente zugleich der eigenen Formierung. Dieser Identifikationsprozess, sicher nicht nur hier nachweisbar, schloss eine Abgrenzung mit ein, derzufolge die Droste als Besitz manchmal etwas eifersüchtig gehütet wurde. So erklärt sich die Zurückhaltung gegenüber der Biographie von Claassen wohl auch aus der Zugehörigkeit des Verfassers zur "Sekte" der Mennoniten. Bei anderen stiess die starke Inanspruchnahme der Droste auf Widerspruch. Protestanten wehrten sich gegen die katholische Stilisierung und betonten demgegenüber bewusst die grosse Toleranz der Dichterin. Der Lutheraner K. Budde kam sogar zu dem Schluss, das "Geistliche Jahr" sei im Kern protestantisch.

Sichtbar wird der Wunsch, die Droste zunächst nur als konfessionelle Dichterin zu verherrlichen, anlässlich des 1876 verkündeten Denkmalplans. Die Idee fand zwar viel Anklang, doch stiess man sich, wie der Chronist des Münsterer Kulturkampfes L. Ficker schreibt, in katholischen Kreisen "an der Zusammensetzung des Komitees, namentlich daran, dass demselben der als verbissener Kulturkämpfer bekannte Emil Rittershaus angehörte. Der 'Merkur' brachte sofort unter der Ueberschrift 'Ein Reichspoet und eine katholische Dichterin' einen Artikel, worin der Dichter Rittershaus näher charakterisiert wurde. Die mitgeteilten, von Hass gegen Rom, die katholische Kirche und die Geistlichkeit strotzenden Proben aus dessen politischen Dichtungen rechtfertigten vollauf die Ansicht des Blattes, dass die katholische Annette v. Droste-Hülshoff, die Verfasserin des 'Geistlichen Jahres', es sich, wenn sie noch lebte, verbeten haben würde, von einem solchen Manne gelobt zu werden. Infolgedessen war das Ergebnis der Sammlung ein bescheidenes. [...] Es war das zu bedauern, aber erklärlich, da der Kulturkampf einem einmütigen Handeln entgegenstand."

Der Aufruf des Komitees hatte weder eine Andeutung der religiösen Dichtung noch der Konfession enthalten, sondern statt dessen "den von keiner herrschenden Richtung bedingten Genius" der Autorin gepriesen. Die in dieser Formulierung steckende Spitze gegen die Inbesitznahme durch die Katholiken musste damals in Münster polemisch wirken. Dass dem Aufruf die kämpferische Intention zugrunde lag, die Droste als "deutsche" und nicht als "katholische" Dichterin herauszustellen, zeigt auch der am 19.1.1876 anonym erschienene Artikel Schückings in der Augsburger "Allgemeinen Zeitung": "Ein Denkmal für Annette v. Droste". Dort wurden gerade die Verdienste von Scherr, Schücking und Rittershaus um die Droste gepriesen, also von Männern, die im Kulturkampf den Katholiken feindlich gesonnen waren. Der Usurpation durch die Katholiken folgte die durch die nationale und liberale Seite.

4. Der Versuch, die Droste exemplarisch als k a t h o l i s c h e Dichterin herauszustellen, erklärt die rasche Folge der beiden Werkausgaben. Den Katholiken behagte es nämlich gar nicht, dass Schücking, der sich beim Denkmalsaufruf mit einem Vertreter reichsdeutscher Kulturpolitik exponiert hatte, bei Cotta die erste Gesamtausgabe veranstaltete. So hat Schücking selbst auch von der Familie der Dichterin keine Unterstützung erhalten, etwa bei der Aufnahme von unveröffentlichten Werken. "Die Drosteschen Erben", vermutete er richtig in einem Brief vom 7.2.1877 an Cotta, "könnten sich, von konfessionellen Rücksichten beeinflusst, jetzt unfügsamer als früher zeigen." Wer bis dahin schon manche Bemerkungen Schückings kritisiert, ihn aber doch als Droste-Kenner akzeptiert hatte, fand nun in der Einleitung zur Ausgabe Anstössiges. So heisst es S. 46f.: "In der That war ihr die Art..., wie im Jahre 1837 die katholischen Stimmführer die ersten Schritte zu einer Verwandlung der Kirche Deutschlands in eine politische Partei machten, durchaus nicht behaglich." Auch konstruierte Schücking eine grössere Distanz der Droste zur Kirche und betonte (S. 48), dass "sie ferner über die historische Gestaltung der Kirche sich ihre Gedanken zollfrei erhielt..." Für Schücking lag die Bedeutung der Droste nicht im Religiösen, sondern in der "Verkörperung edelster und reinster Frauennatur" (S. 50). Diese Ansichten, in einer so verbreiteten Abonnentenreihe wie der Cottaschen Volksbibliothek geäussert, konnten das Droste-Bild nachhaltig in einer den Katholiken unerwünschten Weise beeinflussen.

Ende 1879 kritisierte die "Kölnische Volkszeitung" (Nr. 353), diese Ausgabe hätte man "glücklichern Händen" anvertrauen können; für die Leistung des "Geistlichen Jahrs" fehle Schücking jegliches Verständnis. Und der Geistliche H. Schumacher betonte in einer Rezension 1880 im "Literarischen Handweiser" (Nr. 256f.) noch einmal den "katholischen Charakter" der Dichterin; nur aus echter Religiosität könne dichterische Wahrheit erwachsen. Er schliesst mit der Forderung nach einer neuen Gesamtausgabe. Diese müsse auch qualitativ besser sein: mit "einer Biographie, die fern von parteiischen Zuthaten u. Deuteleien nun schliesslich Alles umfasst, was an handschriftl. Material und an mündl. Ueberlieferungen noch erreichbar ist."

Hier wird zum erstenmal der Typ der Kreitenschen Ausgabe beschrieben, die mit Unterstützung der Familie dann wenige Jahre später viele neue Quellen ausschöpfen kann. Sie erschien in dem katholischen Verlag Schöningh. Wertvoll ist neben der einleitenden Biographie die Fülle der Anmerkungen. Freilich, Objektivität kann man auch dieser Edition nicht immer bescheinigen. Absichtlich war sie einem Jesuitenpater anvertraut worden, in einer Zeit, als dieser Orden in Preussen verboten war. Einleitung und Kommentar geben Hinweise auf die Motive des Editors, der bewusst das "Geistliche Jahr" an die Spitze stellte. Da dessen theologische Gedanken nicht immer streng orthodox sind, bemühte sich Kreiten mehrfach, den Text gegen den Wortlaut zu kommentieren.

Rezensionen und Erwiderungen, insbesondere von patriotischer und liberaler Seite, zeigen, dass die Diskussion, ob die Droste zunächst eine "deutsche" oder zunächst eine "katholische" Dichterin war, weitergeht. Doch verlor sie bald aus äusseren Gründen an Schärfe, nachdem 1879 der Rücktritt des Kultusministers Falk den Kulturkampf de facto beendete und schliesslich 1887 auch die Kirchengesetze zurückgenommen wurden. Die patriotisch-liberale und die katholische Seite hatten jetzt auf der politischen Bühne gemeinsame Gegner: Kommunisten, Sozialisten und Sozialdemokraten.

Wohl in keiner Zeit wird die Droste mehr und so stark aktualisiert werden können, wie im letzten Viertel des vorigen Jahrhunderts. Sicher wäre sie auch ohnedies berühmt geworden, aber historisch hat sich die Kanonisierung im Zeichen des Kulturkampfes vollzogen, als die Katholiken, besonders in Westfalen, Person und Werk mit zur eigenen Identifikation benutzten.

Anmerkungen

1 Bei der Arbeit unterstützten den Verf. Aloys Haverbusch (Bibliographie, Anthologien), Walter Huge (Literaturgeschichten) und Lothar Jordan (Kulturkampf). Die abgebildete Kurve stammt von Aloys Haverbusch.
2 In diesen Zahlen sind auch Neuauflagen enthalten.
3 Literaturhinweis: Der Kulturkampf in Münster. Aufzeichnungen von Ludwig Ficker, bearbeitet und veröffentlicht von Otto Hellinghaus. Münster 1928.

DIE REZEPTION ALS ROMANTHEMA
Dargelegt am Beispiel von L.-P. Boon, De Kapellekensbaan, 1953/64

Von Marcel Janssens (Leuven)

1. Ein eindeutiges Charakteristikum der europäischen Romanproduktion der Jahre 1950 bis 1960 war der "Roman über den Roman". Wider den naiven Realismus des traditionell erzählenden Romans förderte der sogenannte "neue Roman" französischer Herkunft eine tiefgreifende Reflexion über das Schreiben selbst. Mit der Diätkur des herkömmlichen Erzählens ging eine Hypertrophie des über sich selbst reflektierenden Schreibens zusammen. Indem der Erzähler auf die naiven Ansprüche der widerspiegelnden Darstellung verzichtete, wurde das Komponieren selber zum Helden der Erzählung promoviert. Zum Anliegen des Bewusstseinsromans gehörte auf ganz besondere Weise das Bewusstsein der schriftstellerischen Tätigkeit selber. Auf einer anderen Ebene des literarischen Lebens, nämlich in der literaturwissenschaftlichen Reflexion, hatte - wenn man komplizierte geschichtliche Verhältnisse einigermassen vergröbern und verallgemeinern darf - der Autonomiegedanke ein fast umstrittenes Prestige erworben. Vor allem weil verschiedene hervorragende Schriftsteller sich auch als Kritiker und Theoretiker der neuen Romanproduktion betätigten, ging das Prinzip der durchreflektierten Immanenz, das in der Produktion vorherrschte, auf gleichsam natürliche Weise in das Gebiet der Romantheorie über. Unzählige Arbeiten über den Erzähler, die auch die Rolle des "implied author" analysierten, dürften als Symptom jenes Interesses an der erzählerischen Produktion in den fünfziger Jahren erwähnt werden.

2. Heutzutage ist eine rezeptionsästhetische Komponente hinzugekommen. Wieder zeigt sich, dass gewisse Phänomene der Textproduktion und Orientierungen im Bereich der Theorie und Kritik dialektisch aufeinander bezogen sind. In den letzten Jahren entstand eine Art Text, der aufgrund historischer Fakten und Dokumente auf kaum verdichtete Weise einen Ausschnitt aus der "objektiven" Wirklichkeit widerspiegeln will und der sich wieder wirklichkeitsnah und wirklichkeitsfroh einem nicht unbedingt hochgebildeten Publikum zuwendet. Auf der Ebene der Theorie und Kritik geriet die Frage der Rezeption in den Vordergrund. Es stellte sich heraus, dass in theoretischer wie in historischer Sicht Fragen der Produktion nur dann gelöst werden können, wenn die Dialektik von Produktion und Rezeption untersucht wird. Die Alternative einer Literaturgeschichte des Lesers z.B. kann nur im Rahmen jener Dialektik herausgearbeitet werden. Auf jeden Fall wurde in den letzten Jahren eine von jeher vom Standpunkt des Produzenten konzipierte Aesthetik durch eine andere, die die Bedürfnisse, die Erwartungen und die Herausforderungen des Rezipienten einkalkuliert, abgelöst.

Ich möchte im Bereich der Rezeption drei Aspekte unterscheiden. Zuerst gibt es die äussere Rezeption des Textes, z.B. der Erzählung, durch den Leser. Dieser Aspekt ist bisher, soweit ich sehe, am meisten untersucht worden, vorzugsweise mittels Wirkungsgeschichten komparatistischer Art. Die Literaturgeschichte des Lesers sollte vor allem die Rolle eines ausserhalb des Textes bestehenden oder, wie ich ihn nenne, eines "äusseren" Lesers darstellen. Den zweiten Aspekt möchte ich mit dem durch das Textangebot implizierten Leser verbinden. Impliziert ist der Leser, insofern er von der erzählenden Instanz nicht explizit genannt oder angeredet wird. Den "lieben Leser" also würde ich einen explizierten Leser nennen, da er vom Erzähler angesprochen, gewarnt, geschmeichelt, herausgefordert usw. wird und demzufolge eine eigene Rolle im Entwurf der Erzählung spielt. Mit dem "lieben Leser" komme ich zum dritten Aspekt der Rezeption, nämlich zur inneren Rezeption des Textes innerhalb des Textes. Die innere Rezeption verstehe ich in diesem Sinne, dass der Text, z.B. die Erzählung, schon innerhalb des Textes von einem explizit genannten Publikum rezipiert und gelesen wird. So wird z.B. das Dekameron schon innerhalb des Textes des Dekamerons gelesen. Das Buch expliziert sozusagen seine eigene, vielleicht als ideal gedachte Lektüre. Im Angebot solcher Texte ist jedenfalls ein immanenter Leser tätig. Selbstverständlich gibt es Querverbindungen zwischen innerer und äusserer Rezeption sowie zwischen dem implizierten, d.h. dem nicht genannten Leser, dem im Text explizierten Leser und schliesslich dem ausserhalb des Textes stehenden Leser. Alle die Aspekte dieses Prozesses sind aufeinander bezogen. Das Verhältnis zwischen den Ergebnissen einer Untersuchung der immanenten Lektüre des Textes und den Ergebnissen der äusseren Wirkungs- und Rezeptionsgeschichte sollte in jedem einzelnen Fall untersucht werden. Es ist aber klar, dass das Benehmen des vom Erzähler im Text explizierten Lesers dem Verfahren des in der Geschichte tätigen Lesers irgendwie verwandt sein muss. Die Art und Weise, wie der Text sich selbst liest, ist ein Indiz für die Art und Weise, wie er gelesen werden will und in den meisten Fällen tatsächlich historisch auch gelesen wurde.

3. Es soll nicht wundern, dass die lesende Instanz innerhalb des Romantextes expliziert und thematisiert wurde. Es entstanden Romane, in denen nicht so sehr die erzählerische oder schriftstellerische Tätigkeit, sondern vielmehr die Tätigkeit des Lesers betont wurde. Im Rahmen des Buchthemas, das den "Roman über den Roman" kennzeichnet, geriet die Tätigkeit des Rezipienten in Mittelstellung. Nachdem die Frage eines individuellen Autors oder eines Autorenkollektivs - "Wie mache ich (oder: wie machen wir) diesen Text?" - thematisiert wurde, verlagerte sich das Schwergewicht des Buchthemas auf die Funktion des Lesers, entweder eines individuellen Lesers oder eines Leserkollektivs. Der thematisierte Leser ist also ein Teilaspekt des alten Buchthemas und ist nur in dem Masse für die heutige Romanproduktion charakteristisch, dass er allmählich das manchmal durchformulierte Schreibthema aus dem Zentrum zu verdrängen scheint. Die thematisierte Rezeption hat sich in den ideellen Kern mancher moderner Romane angesiedelt.

Man könnte schliesslich noch zwei Aspekte der thematisierten Leserrolle unterscheiden, je nachdem die Tätigkeit des Lesers in die Produktion des Textes eingreift bzw. gemäss dem Mechanismus der Rückkoppelung auf sie zurückgreift oder aber bloss die Rezeption eines dargebotenen Textes betrifft. In beiden Fällen zeigt sich, wie sehr die aktive Anwesenheit des Lesers im Gefüge des Textes selber thematisch verwertet werden kann.

Die explizierte Rezeption gehörte zwar von alters her, z.B. durch den "lieben Leser", zur Organisation der auktorialen Erzählung. Unter den im Text explizierten Rollen hat es schon lange das Motiv des Lesers gegeben. Es hat sich herausgestellt, dass das Motiv des Lesers im modernen Roman thematisches Gewicht erlangen kann, so dass sozusagen die zentrale Idee des Textes sich in ihm äussert. Durch motivische Anhäufung und Betonung hat die Funktion des Lesers den Rang eines Themas errungen. Ich könnte diese Verlagerung des Motivs aus der Seitenstellung in die Mittelstellung, wo es als Thema betrachtet werden muss, anhand zweier Beispiele aus der niederländischen Literatur darlegen. (Eigentlich hätte ich dies auch darlegen wollen, aber die Sprechzeit genügt kaum, damit die Thematisierung der Rezeption bloss an e i n e m Beispiel erläutert werde.) Man könnte das Motiv des Lesens in Seitenstellung im Roman "Max Havelaar" (1860) von Multatuli dem Thema der Rezeption in Mittelstellung im Roman "De Kapellekensbaan" (1953/1964) von Louis-Paul Boon[1] gegenüberstellen. Ich werde mich in diesem kurzen Vortrag auf die Analyse des Romans von Louis-Paul Boon beschränken müssen. Man hat schon die beiden Schriftsteller und deren Romane in ein paar Hinsichten miteinander verglichen. Das Motiv oder sogar das Thema der inneren Rezeption in den zwei Romanen wurde jedoch bisher noch nicht kontrastiv untersucht. Es liegt ein Jahrhundert zwischen den zwei Büchern. Ich weiss, dass die Mutation eines Motivs als ein Symptom der Modernität nicht mit einem einzigen Beispiel entwicklungsgeschichtlich demonstriert werden kann. Aus der Konfrontation der inneren Rezeption im "Max Havelaar" und in der "Kapellekensbaan" könnte sich jedoch ergeben, dass die rezeptionsgeschichtliche Position des inneren Lesers in der Romantik grundsätzlich von der Funktion des Lesers in der Gegenwart abweicht. Auf diese Konfrontation kann ich jetzt nicht eingehen. Ich kann nur etwas umherlaufen auf der Kapellekensbaan, auf der Strasse in Ter-Muren, die 1953 angelegt wurde und die 1964 ihre endgültige Struktur bekam. Mein Kommentar zur inneren Rezeption der "Kapellekensbaan" gilt der endgültigen, um etwa 114 Seiten gekürzten Fassung von 1964[2].

4. Die Frage zeigt drei Aspekte auf, die ich kurz behandeln möchte: erstens den Eingriff des Lesers in die Produktion, zweitens die eigentliche Rezeption und ihr dialektisches Verhältnis zur Produktion und drittens die Position des Rezeptionsthemas innerhalb des ganzen thematischen Gefüges des Romans.

5. Zunächst also eine Bemerkung zur Tätigkeit des Leserkollektivs, das sich rasch in ein Autorenkollektiv verwandelt. Ein episches Ich, Boontje, das sich selbst in der Regel mit "du" anredet[3] und das als eine epische Funktion des Schriftstellers Louis-Paul Boon auftritt, fängt etwa in den Jahren 1940 an, einen Roman über das proletarische Mädchen Ondine zu schreiben, mit dem er den Aufstieg des Sozialismus in Flandern seit dem Ende des 19. Jahrhunderts zu dokumentieren beabsichtigt. Gemäss einer Romankonvention lesen die Freunde, die in der Nähe in der Strasse in Ter-Muren wohnen, jeden Satz der vom auktorialen "du" hergestellten Geschichte über Ondine. Die Reaktionen und Kommentare der Freunde schwellen zu einem zweiten, eben-

so umfangreichen, auch typographisch unterschiedenen Roman an, zu einem Gegenwartsroman, der in einer herben Satire den Niedergang des Sozialismus in Flandern nach dem Zweiten Weltkrieg darstellt. Das auktoriale "du" bekundet sich offenbar als der Schriftsteller Louis-Paul Boon; alle die Männer im Kreis der Freunde, unter ihnen ein Literaturprofessor an der Genter Universität, benehmen sich als Kenner der Literatur, sogar als Dichter; unter den Frauen gibt es nur eine, die Malerin Tippetotje, die sich zu den literarischen Problemen der Männer äussert; die anderen Frauen schwatzen in der Regel über das neueste Rouge oder über ihre Nervenschwächen. Unter den Freunden gibt es vor allem einen Journalisten, offensichtlich eine altera persona des auktorialen "du". Dieser Journalist fügt dem Doppelroman einen dritten Roman hinzu: den hundertfach zerstückelten, angeblich mittelalterlichen Roman über Reineke Fuchs, der sich aber als Zeitgenosse ebensogut der Ondine wie auch der über den Niedergang des Sozialismus und über die Künste diskutierenden Freunde herausstellt.

Nahezu ein Drittel des Romantextes wird also von einem Leser des historischen Romans über Ondine hergestellt. Es kommt hinzu, dass die Freunde, die Mitglieder des Leserparlamentes, nicht nur bei jeder Gelegenheit das kritische Gespräch über den historischen Roman weiterführen, sondern auch Materialien herantragen und sogar selber fertiggemachte Fragmente einzuliefern anfangen. Die Einwohner der Strasse in Ter-Muren, die von den Romanplänen gehört haben, erzählen dem Schriftsteller Boontje ihr Leben, damit sie im Roman über die Kapellekensbaan erwähnt werden. Das alte Buckelskelett entwirft das Schema eines alternativen Dreigroschenromans über die Kapellekensbaan, in dem er mit unbewusster, aber desto bittererer Ironie zu beweisen versucht, der Roman von Boontje sei gar nicht imstande darzustellen, "WIE DAS LEBEN IST"[4]. Es ist also kein Wunder, dass der Schriftsteller Boontje nicht nur sein, sondern "unser" Buch schreibt und dass auch die Freunde an "unserem" Lebenswerk, dem Roman über Ter-Muren, mitarbeiten. Der Gegenwartsroman zeigt, wie sie, die Leser oder Zuhörer, sich als Produzenten des historischen Romans beteiligen. In der Werkstätte des Autorenkollektivs wird ein Produkt kollektiver Bemühungen hergestellt.

6. Wie verhält sich zweitens das Leserparlament dem Ondine-Roman gegenüber? Die Kommentare der Freunde dienen zwar der Authentizität und Erweiterung des Ondine-Stoffes, aber vor allem üben sie Kritik am Inhalt und mehr noch an der Struktur des historischen Romans. Die Leser stimmen dem primären Erzähler Boontje nur in sehr seltenen Fällen unbedingt bei; zudem streiten sie sich untereinander über die Fassung "ihres" Ondine-Romans. (Selbstverständlich wird der äussere Leser der "Kapellekensbaan" durch diese verfremdenden, widersprüchlichen Lektüren, Vorschläge und Interpretationen der inneren Leser dazu gezwungen, seine eigene Lektüre kritisch zu prüfen. Diese "äussere" Funktion des kritischen Gesprächs innerhalb des Textes kann ich hier aber nicht weiter entwickeln.) Es genügt für unsere Zwecke festzustellen, dass die Freunde nicht nur in ein unaufhörliches kritisches, sogar polemisches Gespräch über den historischen Roman treten, sondern dass sie sich auch über alle anderen Fragmente des Buches,

die sie gemäss einer anderen Konvention alle tatsächlich kennen, äussern. Jeder Erzähler oder Zeuge wird auf frischer Tat erwischt. Genau jedes Wort steht zur Diskussion in der Strasse in Ter-Muren! So enthält der Gegenwartsroman seine eigene immanente Kritik. Der Reineke Fuchs-Roman wird ebenfalls durch die zwei anderen Romane gelesen. Der primäre Erzähler Boontje, der auch als erster kritischer Leser seines Buches auftritt, äussert sich entweder privat oder im Leserkreis polemisch zur Rezeption seiner früheren Bücher, die die Freunde selbstverständlich auch gelesen haben. Dem Strukturgesetz des Romans entsprechend liest und kritisiert jeder Text jeden anderen. Kein Text entzieht sich der kritischen Prüfung. Die kritische Diskussion wird nicht nur erzählerisch dramatisiert, sondern auch thematisch völlig ausgenützt. Bemerkenswert in dieser Hinsicht ist die rhetorische Figur der "refutatio" innerhalb des Gegenwartsromans: die innere selbstkritische Rezeption nimmt die äussere Kritik polemisch vorweg.

Aus diesen verschiedenen, wechselseitigen, kritischen Prüfungen auf allen Ebenen des Romans ergibt sich ein thematischer Zusammenhang im Gegenwartsroman: der Gegenwartsroman dramatisiert das Thema des Zweifels, ebensogut von seiten der Erzähler wie von seiten der Rezipienten. Der Authentizität des wirklichen Lebens gegenüber ist der Roman nur imstande, eine Scheinwelt voller Lügen vorzutäuschen. Ein Leser fasst die grundsätzlichen Zweifel des Leserparlamentes, zu dem auch der Ur-Erzähler gehört, zusammen, indem er sagt, ein Roman könne nur Wattewolken einer Welt aus Pappe schildern. Ein anderer schlägt vor, man solle aufhören, Romane zu schreiben. Dazu kommt der lähmende Zweifel in bezug auf den gesellschaftlichen Nutzen des Schreibens, da sie sich fragen, wer "ihr" Lebenswerk lesen werde. Hinter den Diskussionen in der Werkstätte der Kapellekensbaan steht das riesenhafte Fragezeichen eines Kulturpessimismus, ebenfalls eines künstlerischen Defätismus, der die tragikomische Scheinwelt von Künstlern und andern Lügnern bereits entlarvt hat. Ueber dem Leserparlament schwebt das Gespenst des leeren Nichts. In einer gesellschaftlichen Ordnung, die die Dinge des Geistes, z.B. der Kunst, nicht schätzt, ist das Bemühen der Freunde, einen Roman über den Aufstieg des Sozialismus zu schreiben, ganz und gar unnütz. Ihr Defätismus ist vielleicht das bedeutendste Zeugnis des herabsinkenden Sozialismus um die Hälfte des 20. Jahrhunderts. Auf jeden Fall gesteht der Ur-Erzähler: "es weint in meinem Herzen"[5]. Das Männlein Boontje ist den Verwirrungen und den Ansprüchen der in manchen Widersprüchen erstickenden neukapitalistischen Nachkriegszeit nicht mehr gewachsen.

Der Zweifel schwillt zum Verzicht an. Es zeigt sich allmählich im Kreise der Literaturfreunde, dass Blumen pflanzen ihnen lieber und wertvoller ist als Romane schreiben.

7. Zum Schluss soll das Verhältnis zwischen dem Rezeptionsthema und dem allgemeinen Thema des Buches über die Strasse in Ter-Muren noch kurz erläutert werden. In der Lebensgeschichte Ondines setzt sich schon das Thema des Niederganges durch, da die Hauptperson, die den Aufstieg der sozialistischen Ideale hätte verkörpern sollen, sich ein graues Kleinbürgertum zum Ziel setzt. Der Reineke Fuchs-Roman - eigentlich grossenteils ein Schlüsselroman über das Scheitern der Linken in Belgien nach dem Zweiten Weltkrieg - heroisiert

den sieghaften Zynismus des skrupellosen Fuchsen nicht, sondern zeigt den unauslöschlichen Dualismus Reineke/Isengrimus, d.h. zwischen dem Unterdrücker und dem Unterdrückten. Im Gegenwartsroman greift das Unbehagen an der Welt einen jeden an. Eine Art perspektivischer Konzentration um den Ur-Erzähler Boontje benachdruckt das Thema des ansteckenden Unbehagens: er selbst und seine Stellvertreter, der Journalist Johan Janssens, dessen Kollege Johan Brams, Professor Spothuyzen sowie all die anderen Sprecher des auktorialen "du", drücken in den verschiedensten Variationen das vorherrschende Gefühl der Mutlosigkeit aus. Allen epischen und thematischen Schichten des Buches wohnt die Idee des Niederganges inne.

In den drei erwähnten Erzählsträngen handelt es sich hauptsächlich um das Scheitern politischer und sozialer Ideale. Der Betrug, der Eigennutz, der lügnerische Schein untergraben das politische Leben. Die Politik sei eine faule Wirtschaft, die Ideale der ersten begeisterten Kämpfer seien in den kleinbürgerlichen Zielsetzungen der heutigen Parteien verloren gegangen. Der Niedergang des Sozialismus setze sich durch im Verrat der Roten, d.h. der Sozialisten, ebensogut wie im Verzicht der Ultraroten, d.h. der Kommunisten. Auf der Grundlage dieser Entwicklung Flanderns in der Nachkriegszeit entwickelt sich ein noch grundsätzlicherer weltanschaulicher Pessimismus. Bei diesem Buch, in dem so viel über Literatur die Rede ist und in dem jede Aussage ihr kritisches Kontra hervorruft, wundert es nicht, dass der Hamlet-Stoff zweimal im Rahmen des dramatisierten Zweifels im Gegenwartsroman gedeutet wird: einmal vom Schulmeister und einmal vom Professor an der "Schule der universalen Vernunft". Die zweifache Hamlet-Rezeption, insbesondere die letztere, mündet in ein Bekenntnis zur Weltanschauung des sogenannten "toten Punktes", des unüberwindlichen, letzten Endes nicht marxistisch gedachten Chaos aus. Es ergibt sich, dass die verschiedenen Aspekte des Buch- oder des Rezeptionsthemas, d.h. das durch Zweifel überwucherte Anliegen des Ondine-Romans und des Reynaert-Romans, die Lektüre des mittelalterlichen Reynaert-Romans durch den aktuellen Reynaert-Roman, die Hamlet-Rezeption usw. - alle Fragen der literarischen Produktion und Rezeption - sich leicht mit dem innersten thematischen Kern, dem unausweichlichen Absturz in den Widerspruch verbinden lassen. "Ein Krebsschaden frisst unsere Zivilisation an" - dieses Zitat könnte das thematische Gewebe des Buches zusammenfassen. Der Krebsschaden ist mit gleicher Kraft auf den Ebenen der Sozialpolitik wie der literarischen Produktion tätig. Unsere Welt ist zum Tode verurteilt.

Man darf konkludieren, dass das Doppelthema des Buches "Eine Strasse in Ter-Muren" eigentlich auf ein Thema zurückgeführt werden kann: der künstlerische Defätismus und der sozialpolitische Pessimismus sind Symptome eines Krebsschadens, der zeigt, "WIE DAS LEBEN IST". Daraus versteht sich auch der allgemeine Ton des Buches. In der Werkstätte des Autorenkollektivs redet man leise mit einem bitteren Lächeln, "das seine Verzweiflung salbt, wie ein bisschen Marmelade eine harte Brotschnitte"[6], anders ausgedrückt: mit einem mutlosen Humor, der einen krank macht. Dieser Pessimismus wächst sich in der Fortsetzung, "Zomer in Ter-Muren", aus zu dem Nihilismus derjenigen, die sich in die Republik der Freien, d.h. der an nichts mehr Glaubenden, zurückziehen.

Anmerkungen

1 Deutsche Uebersetzung: Louis Paul Boon, Eine Strasse in Ter-Muren. Roman.
Aus dem Niederländischen von Jürgen Hillner. Carl Hanser Verlag, München
1970. Englische Uebersetzung: Louis Paul Boon, Chapel Road. Translated
from the Flemish by Adrienne Dixon. New York, Twayne Publishers, 1972.
(The Library of Netherlandic Literature, I.)

2 Erste Ausgabe: De Kapellekensbaan. Roman. Amsterdam, De Arbeiderspers,
1953, 405 S. Bisher letzte Ausgabe: De Kapellekensbaan, Roman. Achtste,
door de schrijver geheel herziene druk. Amsterdam, De Arbeiderspers, 1971.

3 Jürgen Hillner übersetzte dieses niederländische "ge" (Singular) merkwürdigerweise durch "Ihr".

4 S. 409.   5 S. 371.   6 S. 225.

BEITRAEGE ZUM SYMPOSION

'PROBLEME DER LITERATURWISSENSCHAFT'

DER STREIT UM DIE EPOCHENBEGRIFFE

Von Jost Hermand (Madison, Wisconsin)

In der 'westlichen' Germanistik streitet man sich neuerdings um vieles: um Educational Planning, neue Promotionsordnungen, Drittelparitäten, Quotensysteme für weibliche Professoren, Studentenvertretungen, Zulassungsbeschränkungen usw. Aber wer streitet sich schon um Epochenbegriffe? Ist daher bei Auseinandersetzungen um solche offenbar rein 'akademischen' Fragen das Wort 'Streit' nicht etwas zu hoch gegriffen? Ob man nun Jakobinismus oder Spätaufklärung, Vormärz oder Biedermeierzeit, Stilkunst oder 'Aufbruch in die Moderne' sagt – wen schert das eigentlich? Das ist doch blosses Gelehrtengezänk, aber kein wirklicher Streit. Oder liegt hier doch ein echter Konflikt vor, der sich nicht nur auf professoralen Eigensinn, akademischen Brotneid oder tuistische Gehässigkeit zurückführen lässt, sondern wesentlich tiefere, das heisst ideologische Ursachen hat? Scheinbar ja. Denn es sieht so aus, als ob sich solche Konflikte nicht allein mit jener legendären leichten Handbewegung, ja nicht einmal mit jenem ebenso legendären 'Sense of Humor' aus der Welt schaffen liessen, mit denen man sonst so manches 'bereinigt', sondern als ob hier eine deutlich politische Entscheidung verlangt würde. Und das empfinden viele als äusserst ungemütlich.

Wie idyllisch (oder totalitär) waren dagegen noch jene fünfziger und frühen sechziger Jahre, als in der BRD und ähnlich strukturierten Ländern die älteren Epochenbegriffe noch weithin als unproblematisch galten. Die bürgerlich-idealistische Literaturwissenschaft nahm solche Termini als blosse Als-ob-Begriffe, Annäherungswerte, Arbeitshypothesen oder Gewohnheitsbezeichnungen hin. Und niemand hatte ein schlechtes Gewissen dabei. Da man es in den Geisteswissenschaften sowieso nicht mit Fakten, sondern nur mit Meinungen zu tun habe, wie es damals hiess, leistete man sich begrifflich noch eine gewisse Nonchalance – und liess den 'lieben' Kollegen ruhig ihre Meinungen. Man war liberal, tolerant, grosszügig, da man in der germanistischen 'Forschung' lediglich eine akademische Ansichtssache sah. Warum sollte nicht dieser 'Vormärz' und jener 'Biedermeierzeit' sagen dürfen? 'All das sind doch höchst private, subjektive, ja geradezu 'intime' Entscheidungen', sagte man unter Adenauer. Und so stösst man in den üblichen Literaturgeschichten jener Aera im Hinblick auf die Epocheneinteilung meist auf ein wahlloses Durcheinander, ein begriffliches Tohuwabohu, einen unverbindlichen Pluralismus, in denen sich das naive Demokratieverständnis dieser Kreise manifestiert. Jeder stellte seine eigenen Epochenfolgen auf, klebte seine eigenen Etiketten, benutzte seine eigenen Schublädchen – und niemand stiess sich daran, da es in diesen Jahren ohnehin nicht um erkenntnistheoretische Verbindlichkeit ging. Weil man selber keine gesellschaftlichen Zielvorstellungen, kein Telos, keine Entwicklungsmöglichkeiten mehr vor sich sah (oder sehen wollte), galten die jeweiligen Stile und Perioden als etwas weitgehend Austauschbares. Lediglich an Einzelwerken oder Einzeldichtern interessiert, gebrauchte man die überlieferten Epochenbegriffe nur, weil sie nun einmal unvermeidlich sind, wenn man Büchern oder Vorlesungen - wie Adam - einen Namen geben will. Um sich dabei von diesen 'Relikten des Historismus' wenigstens äusserlich zu distanzieren, verwandte man sie meist mit abwertenden Anführungsstrichen oder ironisierenden Zusätzen wie der 'sogenannte' Expressionismus oder die 'üblicherweise so bezeichnete' Romantik.[1]

Die Vorlesungsverzeichnisse, germanistischen Handbücher und theoretischen Kompendien dieser Aera sind daher in ihren Einteilungsprinzipien so wirr und unverbindlich wie selten zuvor. Hier findet man geradezu alles: Genrebezeichnungen (der Roman von 1750 bis 1780), kunstgeschichtliche Stilbegriffe (Rokoko, Impressionismus), geistesgeschichtliche Termini (Empfindsamkeit, Weltschmerz) oder auch rein ästhetisch wertende Begriffe (Klassik, Epigonenzeit). Allein im 19. Jahrhundert stösst man auf: Klassik, Spätklassik, Nachklassik, Romantik, Spätromantik, Nachromantik, Epigonenzeit, Restaurationsliteratur, Weltschmerz, Biedermeier, Formkunst, Münchener Dichterschule, Klassizismus, Junges Deutschland, Vormärz, Politische Lyrik, Frührealismus, Gesinnungsrealismus, poetischer Realismus, bürgerlicher Realismus, programmatischer Realismus, Hochrealismus, Viktorianismus, Naturalismus, Impressionismus, Symbolismus, Fin de siècle, Dekadenz, Jugendstil, Heimatkunst, Neuromantik und viele andere, denen wegen ihrer Kleinteiligkeit zum Teil ebenso problematische Grossbegriffe wie 'Das romantische Jahrhundert', 'Das realistische Jahrhundert' oder 'Die Moderne seit 1870' gegenübergestellt wurden.[2] Ja, nicht genug damit: Als um die Mitte der sechziger Jahre in etwas engagierteren Kreisen wieder ein stärkeres historisches Bewusstsein erwachte, gesellten sich zu den bereits existierenden Epochenbezeichnungen noch eine Reihe politischer oder sozialgeschichtlicher Begriffe wie Zeitalter der Befreiungskriege, Metternichsche Restaurationsepoche, Vormärz, Achtundvierziger Revolution, Nachmärz, Gründerzeit, Bismarck-Aera und Wilhelminisches Zeitalter, wodurch das bereits bestehende Durcheinander seinen absoluten Höhepunkt erreichte. Mal war es Politisches, mal Aesthetisches, mal Weltanschauliches, mal Regionales, mal Genretheoretisches, das man zur Grundlage der verschiedenen Epochenbezeichnungen machte. Klingt das nicht fast so, als wolle man die Bevölkerung der Erde in Leutnants, Dienstmädchen, Wandervögel, Hottentotten und andere bewegliche Objekte einteilen, wie einer meiner neukantianischen Lehrer in Marburg einmal geistreichelnd-rigoros behauptete?

Vielleicht sollte man in diesen Dingen wirklich etwas rigoroser sein. Fassen wir daher dieses Problem endlich so auf, wie es sich gehört: als eine Prinzipienfrage - ohne dabei einer abstrakten Prinzipienreiterei zu verfallen. Doch ein solcher Rigorismus setzt notwendig eine ideologische Vorentscheidung voraus, nämlich in den historisch nachweisbaren Epochen und deren Stilen eine gewisse Folge oder ein blosses Tohuwabohu zu sehen, was manchmal verschleiernd als der Gegensatz von "historisch-objektiver" und "historisch-dialektischer" Betrachtungsweise bezeichnet wird.[3] Wer also weiterhin an wissenschaftliche Unverbindlichkeit, Privatismus und Agnostizismus glaubt, repressive Toleranz gut findet und unter Demokratie die Aufrechterhaltung althergebrachter Privilegien versteht, hat seine ideologische Entscheidung schon getroffen - nämlich für den bürgerlichen Status quo. Solche Leute sind weitgehend uninteressiert an irgendwelchen Zielen der Germanistik, sind stolz auf ihr persönliches Anderssein und vertreten die altidealistische Maxime "Wie ich es sehe!" Im Bereich der Epochenforschung sind damit jene Klassifikationsspezialisten gemeint, die früher an Epochenmodellen wie Vorklassik, Frühklassik, Hochklassik, Spätklassik, Nachklassik herumkonstruierten und heute an Epochenmodellen wie Frühmoderne, Hochmoderne, Nachmoderne, Postmoderne herumfummeln - falls sie nicht auf solche Etikettierungen überhaupt verzichten und sich dem üblichen Fragmentierungs-, Subjektivierungs- und Entfremdungsjargon verschreiben, mit dem sie ihren parasitären Subjektivismus zu rechtfertigen suchen.

Und damit beginnt selbstverständlich der Streit. Denn andere, die nicht so subjektivistisch verfahren, werden von diesen Leuten seit Jahren geradezu pausenlos als Ideologen, Demagogen, Moralisten oder Utopiker attackiert. Wer lediglich dummes Zeug behauptet, wird von ihnen durchaus akzeptiert, aber nicht, wer sich übersubjektive Ziele setzt. Alle, die auf Bewegung, Progression, fortschreitende Demokratisierung dringen, das heisst, die in den historischen Epochen eine unleugbare Folge sehen, gelten deshalb in den Augen der Traditionsgermanisten als Radikale (als 'Ungeziefer', wie die Georgianer gesagt hätten). Wer ein guter Bürger ist, will kein Geschichtsbewusstsein haben, sich nicht als Erbe vorwärtsdrängender Ideen fühlen. Solche Leute lehnen darum die Dialektik der Geschichte rigoros ab und stellen die Progressionsgermanisten als unverantwortliche Journalisten oder blosse Aktualitätsfanatiker hin, die überall den Weltgeist husten hören oder das Gras des Fortschritts wachsen sehen, das heisst als Leute, die unbedingt alles 'dialektisch' sehen wollen, was mittlerweile zum Hauptschimpfwort geworden ist. Die Derrièregarde der Germanistik verteidigt daher weiterhin ihren Historismus, ihr Leben in der Vergangenheit, ihren akademischen Anachronismus - und sperrt sich gegen eine Verwertungswissenschaft, welche die Vergangenheit vor allem im Hinblick auf den Gebrauchswert für Gegenwart und Zukunft hin untersucht. [4] Und hier beginnt der Konflikt - denn hier hört auch bei den Konservativen der Spass und die Toleranz auf. Alles, was i h r e Standpunkte festigt - ob nun Defaitismus, Formalismus, Resignation, die These von der 'Undurchschaubarkeit der Welt' oder ein modischer Strukturalismus, der nur nach sogenannten Urgegebenheiten fragt - ist selbstverständlich erlaubt. Aber alles, was sie im Zuge einer fortschreitenden Demokratisierung in Frage stellt, gilt nicht nur als unbequem, sondern als gefährlich, wenn nicht gar als berufsverbotswürdig.

Welche Konsequenzen ergeben sich daraus auf der wissenschaftstheoretischen Ebene, um auch die nicht ganz aus den Augen zu verlieren? Wie die ältere Germanistik die Geschichte einteilt, haben wir gesehen: nämlich wirr und ohne Verbindlichkeit. [5] Aber wie teilen denn die anderen die historische Epochenabfolge ein? Was sind denn die Folgerungen einer solchen 'dialektischen' Welt- und Kunstbetrachtung? Was macht man denn, wenn man immanent-ästhetische, existentialistische, historistische oder rein subjektiv-geschmäcklerische Einteilungskriterien von vornherein ablehnt und statt dessen auf ein wirkliches Geschichtsbewusstsein, das kritisch und zugleich progressiv ist, besteht? Nun, auch da gibt es verschiedene Wege und Möglichkeiten. Selbst der historische Materialismus ist gar nicht so monolithisch, wie er von verstörten Reaktionären manchmal hingestellt wird. Allerdings geht man hier stets von der Frage nach der historischen Verbindlichkeit aus, das heisst: sieht in Epochenbegriffen nicht nur wohlklingende Etiketten oder Rahmenbegriffe, mit denen gewisse Epochenspezialisten ihre Territorien abzustecken versuchen, sondern fasst auch die Konsequenzen solcher Gliederungen ins Auge.

Da wäre erst einmal jene Richtung, welche die Literaturgeschichte nach streng historischen Gesichtspunkten einzuteilen versucht. Wie jeder Germanist weiss, tut man das im Mittelalter schon seit langem und spricht unbefangen von Ottonen-, Salier- oder Stauferdichtung. Auch im Rahmen der sogenannten 'Moderne' gebrauchen viele Termini wie 'Die Literatur der Weimarer Republik', 'Die Literatur des Dritten Reichs und des Exils' oder 'Die Literatur der Adenauerschen Restaurationsepoche'. Als besonders sperrig gegen eine solche Sicht erweisen sich dagegen immer noch das 18. und das 19. Jahrhundert, denen das Hauptinteresse der älteren germanistischen Forschung galt und die daher immer noch weitgehend nach ästhetischen Kriterien eingeteilt werden. Lediglich im Bereich des 19. Jahrhunderts scheint sich seit einigen Jahren ein gewisser Wandel anzubahnen. Hier gibt es plötzlich einige, die selbst diese Aera rein historisch gliedern, das heisst also, wie sich dieses enorm historisch eingestellte Jahrhundert selbst verstanden hat. Nach ihrer Sicht folgt auf das Zeitalter der Befreiungskriege die Metternichsche Restaurationsepoche, auf die Metternichsche Restaurationsepoche der Vormärz, auf den Vormärz die Achtundvierziger Revolution, auf die Achtundvierziger Revolution der Nachmärz, auf den Nachmärz die Gründerzeit, auf die Gründerzeit das Wilhelminische Zeitalter.

Ja, andere gehen sogar noch einen Schritt weiter und gliedern nur nach sozio-ökonomischen Grossepochen - und sehen etwa in der Zeit von 1789 bis 1871 auch in der Literatur vorwiegend die Widerspiegelung des Uebergangs vom Feudalismus zum Kapitalismus, an die sich dann die verschiedenen Phasen des Imperialismus anschliessen, bis mit dem Jahr 1917, dem Jahr der Grossen Sozialistischen Oktoberrevolution, die Phase des Uebergangs vom Kapitalismus zum Sozialismus beginnt. Bei einer solchen Sicht werden die bisherigen Epochenbegriffe natürlich weitgehend hinfällig. So gliedert etwa die grosse ''Geschichte der deutschen Literatur'', die seit 1963 in der DDR erscheint, nur noch nach gesamtgesellschaftlichen Markierungspunkten. Der 'Barock'-Begriff wird in dieser Reihe völlig abgelehnt - und auch in Band 9 und 10, die sich mit der Zeit von 1885 bis 1945 beschäftigen, werden die vielen 'Ismen' einfach stillschweigend übergangen, ja selbst Expressionismus und Neue Sachlichkeit als etwas Beiläufiges am Rande behandelt. [6]

Zugegeben, damit ist endlich die nötige Konsequenz erreicht. Hier werden Dichter nicht mehr in Leutnants, Dienstmädchen, Wandervögel, Hottentotten und andere bewegliche Objekte eingeteilt. Hier herrscht eine ideologische Einheitssicht, die seit dem Durchbruch der liberalen Ideen im 16. und dann verstärkt im 18. Jahrhundert die Literatur vor allem nach den Kriterien des Progressiven oder Regressiven beurteilt und danach gliedert. Doch vielleicht sollte man dabei nicht zu rigoristisch verfahren und auf ästhetische Stil- und Gruppenbezeichnungen überhaupt verzichten. Denn im Rahmen einer breiteren kulturgeschichtlichen Sehweise, die auch die anderen Künste einbezieht, ja selbst in der reinen Literaturgeschichte, wären solche Begriffe durchaus am Platze, um bestimmte Untergliederungen vorzunehmen, weshalb etwa die marxistische Musik- und Kunstgeschichte keineswegs auf sie verzichtet. Ich würde deshalb dafür plädieren, dass die Erkenntnis stilistischer Gruppenphänomene auch oder gerade im Rahmen des dialektischen Materialismus nicht unangebracht ist. Was man dabei allerdings unbedingt vermeiden sollte, ist die idealistische Hypostasierung bestimmter Stilbegriffe zu kulturgeschichtlichen Epochenbegriffen. Stilbegriffe sind nur Designationen bestimmter ästhetischer Gruppenphänomene, aber keine wirklichen Epochenkonstituenten. So gibt es zwar eine Gründerzeit, aber kein naturalistisches Zeitalter[7], zwar eine Kunst der Weimarer Republik, aber kein expressionistisches Jahrzehnt.[8] Es ist nicht nur inkongruent, sondern geradezu unsinnig, solche Begriffe auf der gleichen Ebene zu verwenden. Schliesslich ist Kunst immer etwas Abgeleitetes, das keine systemverändernde oder basisumwälzende Kraft besitzt. In diesem Punkt haben die strikten Materialisten völlig recht. Und doch hat auch Kunst ihre eigene Wirkungsmächtigkeit, ihre eigene Produktivität, ihre eigenen Formen, ja sogar ihre eigene Dialektik. Sie ist zwar nicht "autark", wie Brecht an einer Stelle schreibt, aber doch im gewissen Sinne "autonom".[9] Und so ist es durchaus sinnvoll, im Hinblick auf das späte 19. Jahrhundert von 'Gründerzeit', 'Wilhelminischem Zeitalter', 'Zeitalter des Imperialismus' oder der 'Aera des Uebergangs zum Monopolkapitalismus' zu sprechen - und Dinge wie Renaissancismus, Parvenükunst, Naturalismus, Salonidealismus, Impressionismus oder Stilkunst nur als ästhetische Subformationen zu verwenden. Aber man sollte sie ruhig gebrauchen, da eben auch Kunst nicht nur bedingt, sondern auch bedingend, nicht nur derivativ, sondern auch autonom ist.

Oder um ein anderes Beispiel zu wählen, nämlich den epochentheoretisch besonders heiss umkämpften Zeitraum zwischen 1815 und 1848, die einzige Vorbereitungsphase einer deutschen Revolution. Wie soll man diese Epoche benennen? Die ältere geistesgeschichtlich-idealistisch oder ästhetisch-formalistisch orientierte Germanistik sah darin überhaupt kein Problem. Damals 'stritt' man sich noch nicht, sondern war sich noch in allem relativ einig, solange die Probleme reine Scheinprobleme blieben - und nannte diesen Zeitraum einfach Nachklassik, Nachromantik oder Epigonenzeit. Und zwar gebrauchte man dabei als Epocheneinschnitt meist das Jahr 1832, das Jahr von Goethes Tod, das vielen Germanisten als der wichtigste Einschnitt in der Geschichte der deutschen Literatur schlechthin erschien. Was auf den Tod Goethes, auf die deutsche Klassik folgte, konnte für diese Forscher nur Verfall sein: also Epigonen- oder Nach-Nach-Literatur - bis sich die deutsche Literatur im poetischen Realismus nach 1850 wieder langsam konsolidiert und sich der Silberstreif einer zweiten Klassik abzuzeichnen beginnt.

Heute wird dagegen gerade um die Bezeichnung dieses Zeitraums besonders erbittert gerungen. Die Konservativen bezeichnen ihn als "Biedermeierzeit", die Fortschrittlichen als "Vormärz".[10] Und zwar setzen beide Gruppen ihre Akzente rein ideologisch. Politisch gesehen, haben dabei die Konservativen nicht ganz unrecht, wenn sie von "Biedermeierzeit" sprechen. Schliesslich ist die Achtundvierziger Revolution in Deutschland gescheitert, weil sich die biedermeierlichen Beharrungstendenzen als zu stark erwiesen. Von "Vormärz" zu sprechen, scheint daher auf den ersten Blick etwas übertrieben. Schliesslich handelt es sich bei den Vertretern des vormärzlichen Aktivismus nur um eine kleine, radikale Minderheit, die sich nicht durchsetzt. Und soll man überhaupt von Minderheiten her auf die Grundtendenz einer Epoche schliessen? Ist etwa die Weimarer Republik eine Epoche des Linksliberalismus, wo sich doch die Nazis ganz offensichtlich als die Stärkeren erwiesen? Oder soll man von einem 'Naturalistischen Jahrzehnt' sprechen, wenn dann doch der bürgerliche Aesthetizismus mit Strömungen wie dem Impressionismus, dem Symbolismus und dem Jugendstil siegte?

Doch solche Probleme sind nicht nur Probleme 'revolutionärer' Epochen. Solche Probleme bestehen schon so lange, wie in der Kunst gesellschaftskritische Aufklärung getrieben wird, also mindestens seit 1750. Und so sind zwischen 1815 und 1848 die 'Liberalen' vielleicht doch wichtiger als der Tross der konservativen Biedermeierdichter, jedenfalls wichtiger im Sinne der gesamtgesellschaftlichen Dialektik, vielleicht sogar im Sinne der literarischen Qualität. Schliesslich sind Heine und Büchner, die weiss Gott - oder besser weiss der Weltgeist - wahrlich nicht zu den Reaktionären zählen, die beiden einzigen Dichter von Rang, die man ausserhalb Deutschlands als Vertreter dieser Epoche kennt. Wer hat dagegen in ausserdeutschen Ländern schon einmal von Mörike, Stifter oder Droste gehört, die man in Deutschland nicht einmal zu ihrer Zeit gekannt hat, sondern die erst später von den Reaktionären auf den ästhetischen Schild gehoben wurden, um das Feld nicht allein dem 'bösen' Heine zu überlassen. Doch rechtfertigt das alles, von dieser Zeit als dem ''Vormärz'' zu sprechen?[11] Ein solcher Begriff erscheint mir für die gesamte Aera von 1815 bis 1848 zu weiträumig und obendrein zu optimistisch. Vielleicht wäre es besser, einfach von der 'Metternichschen Restaurationsepoche' zu sprechen, um damit schon im Epochenetikett die zwangshafte Wiederherstellung des Ancien régime zu akzentuieren, die krampfhaft an der dynastischen Aufsplitterung und der agrarischen Grundstruktur festzuhalten versuchte, um dem Teufel des Liberalismus nur ja keinen Fussbreit Landes einzuräumen. Unterhalb eines solchen Oberbegriffs hätten dann Bezeichnungen wie Biedermeier, Junges Deutschland und Vormärz durchaus ihre Berechtigung, um auch der relativen Eigenbewegung der Kunst und ihrer spezifischen Form 'eingreifender Praxis' Gerechtigkeit widerfahren zu lassen. Nur so hätte man wirkliche Bewertungspunkte innerhalb der ideologischen Aufspaltung und könnte zugleich eine dialektische Bezogenheit zu unserer eigenen Zeit herstellen.

Denn wichtig am Aesthetischen ist doch letztlich nur das, was sich im Rahmen der Dialektik der Kulturbewegung nach vorn entscheidet, das heisst sich im progressiven Sinne 'epochal' verhält.[12] Wie will man sonst jene starre Konfrontation von Historismus und Existentialismus überwinden, für die alles entweder blosse Gewesenheit oder blosse Ewigkeit ist - und die damit den dialektischen Zug der Geschichte gleichermassen verfehlt. Gerade die Epochenforschung ist daher nichts rein Akademisches, sondern etwas, was ohne ein wissenschaftliches Telos, ein zielgerichtetes Erkenntnisinteresse überhaupt nicht auskommt. Welchen Sinn hätte sie, wenn sie nicht im Strom der Ereignisse das Gute-Neue akzentuierte, das sich gegen den Schutt der Tradition, den ewig einen Status quo aufzulehnen versucht? Eine solche Erkenntnis würde auch auf diesem Sektor endlich zu einer Ueberwindung jener bürgerlich-liberalen Unverbindlichkeit führen, die uns als Geisteswissenschaftler der Gefahr der Lächerlichkeit aussetzt. Und zwar brauchte man dabei gar nicht ins Gegenteil des Kollektivismus zu verfallen und seine eigene Subjektivität oder auch die Subjektivität der jeweiligen Dichter bewusst zu unterdrücken. Denn es gibt ja im Rahmen der Epochenforschung nicht nur grossräumige Verschiebungen, sondern auch Gruppen oder Einzelne, die den Mut hatten, sich gegen das Herkömmliche aufzulehnen und die in diesem Sinne 'epochenstiftend' wirkten. Das in der Literatur zu erkennen, sollte auch uns den Mut geben, ähnliche Entscheidungen zu treffen, statt durch Defaitismus den Mächtigen geradewegs in die Hände zu spielen. Für manche mögen das Binsenweisheiten sein. Doch ich wollte, dass das auch hier gesagt sei und dass auch ich es gesagt habe.

Anmerkungen

1 Vgl. Jost Hermand, Ueber Nutzen und Nachteil literarischer Epochenbegriffe. In: Monatshefte 58 (1966), S. 289-309.

2 Vgl. die Kritik am 'Moderne'-Konzept bei Helmut Kreuzer, Zur Periodisierung der 'modernen' Literatur. In: Basis. Jahrbuch für deutsche Gegenwartsliteratur 2 (1971), S. 7-32.

3 Ernst Ribbat, 'Epoche' als Arbeitsbegriff der Literaturgeschichte. In: Historizität in Sprach- und Literaturwissenschaft. Hrsg. v. Walter Mueller-Seidel. Münster 1971, S. 179.

4 Vgl. Jost Hermand, Zukunft in der Vergangenheit. Ueber den Gebrauchswert des kulturellen Erbes. In: Basis. Jahrbuch für deutsche Gegenwartsliteratur 5 (1975), S. 7-30.

5 So warnte H.P.H. Teesing noch 1966 "Literatur nach politischen, soziologischen, sprachlichen oder allgemein-kulturellen Gesichtspunkten zu periodisieren". Vgl. "Periodisierung". In: Reallexikon der deutschen Literaturgeschichte. Berlin [2]1966, Bd. 3, S. 74-80.

6 Geschichte der deutschen Literatur. Hrsg. v. Hans Kaufmann u. a. Berlin 1974. Bd. 9: Vom Ausgang des 19. Jahrhunderts bis 1917. Bd. 10: Von 1917 bis 1945.

7 Vgl. Richard Hamann/Jost Hermand, Gründerzeit, Berlin 1965, und Naturalismus, Berlin 1959, in der Reihe: Deutsche Kunst und Kultur von der Gründerzeit bis zum Expressionismus.

8 So gliedert Klaus Günther Just sein Buch "Von der Gründerzeit bis zur Gegenwart", München 1973, in die Epochenabschnitte: Aera Bismarcks, Das Wilhelminische Zeitalter, Das expressionistische Jahrzehnt, Weimarer Republik, Drittes Reich und Exil und Nach dem Zweiten Weltkrieg.

9 Bertolt Brecht, Ueber Lyrik. Frankfurt 1964, S. 72.

10 Vgl. Jost Hermand, Allgemeine Epochenprobleme. In: Zur Literatur der Restaurationsepoche. Hrsg. v. Jost Hermand und Manfred Windfuhr. Stuttgart 1970, S. 3-61.

11 Diese These vertritt neuerdings Peter Stein in "Epochenproblem 'Vormärz'. (1815-1848)". Stuttgart 1974.

12 Vgl. Jost Hermand, Synthetisches Interpretieren. München 1968, S. 187ff. Zu meinen eigenen Epochendarstellungen vgl. zuletzt Ulf Wittrock, Fran Gründerzeit till Jugend och Pop. Jost Hermands epoköversikter. In: Samlaren (1973), S. 95-112.

INTERNATIONALE GERMANISTIK UND LITERARISCHE WERTUNG

Von Joseph Strelka (State University of New York)

Es kann im folgenden nur um die Erstellung einer sehr allgemeinen und flüchtigen Skizze gehen, wenn ein Thema wie internationale Germanistik und literarische Wertung angeschnitten wird, um so mehr, als diese Themenstellung selbst nur als besonderer Beispielsfall für eine viel umfassendere Relativität literarischer Wertproblematik überhaupt gesehen werden soll. Ist doch die Wertfrage nach Walter Müller-Seidel von den Grundlagen her "zur 'Lebensfrage' der Wissenschaft geworden."[1]

Die Themenstellung "Internationale Germanistik und literarische Wertung" vermag praktische und einsichtige Beispielfälle zu liefern, welche die Problemstellung klären helfen. Um mit einem beliebigen Beispiel zu beginnen:

Der französische Germanist Robert Minder fällte nach einem Hinweis auf Theodor Fontanes klarsichtige und bittere Kritik des Wilhelminischen Deutschland in einem Brief an Friedländer das Werturteil: "Wäre der Dichter Fontane stark genug gewesen, diese Perspektive ins Werk zu übernehmen, statt sie vertraulich nebenher zu äussern - die Bismarckzeit hätte neben Wagner und Nietzsche ihren Epiker von Weltformat gehabt."[2]

Der englische Germanist Joseph Peter Stern sieht das Problem sehr ähnlich, zumindest an einem bestimmten Beispiel der Erzählkunst Fontanes: "... the novelist is after all, too ready to accept at their face value the encompassing forces of society; the realistic novelist can give fuller answers than Fontane is able to give here."[3]

Ob solche Kritik nun dem Umstand entspringt, dass sowohl der französische wie der britische Germanist in diesem Fall Fontanes Romane in einem grösseren, übernationalen, komparatistischen Kontext des westlichen Realismus des 19. Jahrhunderts sehen oder ob solche Kritik lediglich daraus zu erklären ist, dass sie aus dem Raum einer von der deutschen national, kulturmorphologisch, geistes- und sozialgeschichtlich verschiedenen Umwelt entspringt, ist hier nicht von Belang. Wesentlich ist, dass hier durch eine gewisse Distanz, die der deutschen Fontanekritik zumindest durch viele Jahrzehnte mangelte, wesentliche Einsichten gewonnen werden. Dass es sich dabei um eine räumliche und nicht um eine zeitliche Distanz handelt, macht um so weniger einen Unterschied, als beide Arten von Distanz im wesentlichen geschichtlich bedingt sind. Es ist also einfach die Distanz, die zusammen mit der notwendigen ästhetischen Konkretisation ergebnisreich und fruchtbar werden kann.

Die Fruchtbarkeit solch relativierender Distanz und Blickrichtung beruht auf der andersgearteten Ausgangsbasis, die jenseits der ebenso machtvollen wie oftmals engen Grenzen des nationalen Selbstverständnisses liegen. Wenn es dabei in dem zufällig gewählten Fontane-Beispiel um die Kritik an nicht hinreichend grosser, nicht genug visionär-umfassender, sozialer Wirklichkeit geht, so wird kein einigermassen einsichtsvoller und vernünftiger Kritiker vorschnell allgemeine Schlussfolgerungen daraus ziehen. Die Spannweite, Durchdringungs- und Darstellungskraft der Aussenwirklichkeit ist von ebenso einleuchtender Bedeutung für realistisch orientierte Dichtung, wie sie etwa für romantisch orientierte irrelevant ist. Dazu unterliegen die jeweiligen Facetten, Möglichkeiten und Intensitätsstufen dessen, was als realistisch empfunden wird, selbst wieder äusserst relativierender Veränderungen.

Die Komplexität der Problematik mögen einige andere praktische Beispiele zeigen: Man denke etwa an die innerhalb der deutschen Germanistik keineswegs traditionell übliche Hochwertung, die E.T.A. Hoffmanns Werk in der französischen Kritik bereits seit Saint-Beuve erfahren hat. Oder man denke an die grosse Bedeutung, welche ungleich der üblichen deutschen germanistischen Tradition in der italienischen Germanistik Wilhelm Heinse zugewiesen wird. Oder man werfe schliesslich einen Blick in das zu Unrecht so vergessene und verstaubte klassische Werk amerikanischer Gesamtdarstellung deutscher Literaturgeschichte durch Kuno Francke und besonders etwa auf seine Bewertung von Werken so unterschiedlicher Gestalten wie die des Erasmus von Rotterdam und Klopstocks.

Es wird weniger überraschen, in den Wertungen des Deutschamerikaners Kuno Francke Wertmassstäbe impliziert zu finden, die sich zumindest indirekt mit den grossen Ideen der amerikanischen Konstitution und Unabhängigkeitserklärung, dem Geist Jeffersons und Franklins treffen, als der Umstand, wie modern sie wirken und wie sehr sie Werte in den Vordergrund rücken, welche der traditionellen deutschen Germanistik jener Zeit keineswegs immer geläufig waren. [4]

Während Kuno Francke positive Aspekte allgemeiner Kulturwerte in der deutschen Literatur sichtbar macht, stimmen viele italienische Germanisten lediglich in der Wichtigkeit von Heinses allgemeiner Bedeutung überein, die vorwiegend in seiner Wichtigkeit für den Italienmythos der Goethezeit gesehen wird, und werden die Wertakzente dabei sehr verschieden gesetzt. Um nur zwei italienische Germanisten von Rang als Beispiel zu zitieren: Ladislao Mittner hat vieles an Heinses Werk ebenso negativ beurteilt wie Vittorio Santoli positiv. Was die besondere Wertschätzung E.T.A. Hoffmanns in der französischen Kritik betrifft, so handelt es sich vorwiegend um rein ästhetische Werte und wird seine besondere Art von Humor, seine Darstellungsweise als eine Variationsform der Dichtung des Absurden und ähnliches betont.

Schon diese wenigen, flüchtig genannten Beispiele helfen, die Vielschichtigkeit des Problems sichtbar zu machen. Denn wenn im Fall der besonderen Wertschätzung Hoffmanns in Frankreich kaum andere als rein dichtungsästhetische und werkimmanente Probleme eine Rolle spielen, dann handelt es sich im Fall von Heinses Stellung in der italienischen Germanistik doch offenkundig mehr um seine entwicklungsgeschichtliche Bedeutung, und im Fall des amerikanischen Germanisten Kuno Francke könnten die gerade heute so zahlreichen deutschen Fachvertreter, die in oft allzu einseitiger Weise nur soziologische und politologische Probleme zu sehen vermögen, darauf hinweisen, dass es sich bei seinen Kulturwerten doch wesentlich um sozialgeschichtliche Probleme handelt. Dies wäre aber nur eine Teilwahrheit und ist darum auf keinen Fall ganz richtig. Denn die Sensibilität Kuno Franckes für künstlerische Werte ist viel zu gross, als dass sie nicht als selbstverständlich in seine Darstellung impliziert wäre. Aber mehr noch - auch hier müssen die Sachverhalte im jeweiligen geschichtlichen Kontext gesehen werden: Francke schrieb seine vergleichsweise pragmatisch, kultur- und sozialgeschichtlich orientierte Darstellung zu einer Zeit, als eine solche Grundhaltung innerhalb der deutschen Germanistik zu den unüblichen Ausnahmen gehörte. Hierin, nämlich in solch komplementärer Ergänzung, liegen Sinn und Bereicherung nationaler Literaturwissenschaft durch die internationale Germanistik. Im gegenwärtigen Zeitpunkt wären umgekehrte Impulse von aussen in vielen Fällen notwendiger und wichtiger, nicht zuletzt im Hinblick auf das Wertungsproblem. Schliesslich aber, und keineswegs zuletzt, ist es überraschend, wie weit jene, nennen wir sie reduziert und verkürzt einfach "Jeffersonschen" Wertmassstäbe sich mit jenen abstrakt allgemeinen, "übergeschichtlichen Normen" überdecken, die Walter Müller-Seidel mit den Begriffen des "Oeffentlichen, Höheren, Ganzen, Wahren und Menschlichen" zu konstituieren unternommen hat. [5]

Hier ergibt sich ein wesentlicher Einblick in eines der fundamentalsten Probleme literarischer Wertung, nämlich das Sichtbarwerden der Tatsache, dass es der paradoxen Eigenart des literarischen Kunstwerks entspricht, zwei Aspekte, einen geschichtlichen und einen ästhetischen, zur Einheit verschmolzen auszudrücken, so wie das Besondere und das Allgemeine, wie Inhalt und Form im Grunde eine unteilbare Einheit und Ganzheit in jedem Werk eingegangen sind.

Die Einsicht in diesen Doppelaspekt des Geschichtlichen und des Aesthetischen ist gerade auch für die Wertproblematik und ihre Lösungsversuche von grösster Wichtigkeit, enthält doch jedes Werk beide Aspekte zugleich. René Wellek hat im Zusammenhang mit der Wertung dem übergeschichtlichen Begriff weitgehend "zeitloser" literarischer Werte den Begriff der besonders geschichtsbedingten und relativ rasch wechselnden Geschmackswerte beziehungsweise Geschmackswertmassstäbe gegenübergestellt.

Jedes Werk enthält beide Aspekte, wiewohl sie verschieden stark hervortreten können. Dass es überhaupt zur Gestaltung von relativ zeitlosen, übergeschichtlichen Werten und Wahrheiten in literarischen Werken kommen kann, obwohl sie doch, als Ganzes genommen, selbst von ihrer Entstehung her im Grunde geschichtlich bestimmte Phänomene sind, hängt mit ihrer besonderen Eigenschaft der Darstellung des Allgemeinen im Besonderen zusammen, jenem im Goetheschen Sinne symbolischen Grundzug, durch den Dichtung die an sich opake Wirklichkeit transparent zu machen vermag. Im Symbol macht der ästhetische Schein des Werks Wahrheiten, Wirklichkeiten und Werte sichtbar, wie sie die "Realität" gemeinhin nicht so deutlich erkennen lässt. Gleichwohl ist jedoch auch diese Realität in ihrer Besonderheit in gewisser Weise im Werk mitgestaltet und mitausgedrückt.

Das einfachste Modell, das der Sichtbarmachung literarischer Wertprobleme zugrunde zu liegen hat, kann sich jedoch nicht nur auf den Doppelaspekt gleichsam überzeitlicher Werte einerseits und generations- oder geschichtsphasen- und geschmacksbedingter Werte andererseits im Werk selbst beschränken, sondern es hat die Konkretisierung beider Wertaspekte oder Wertkategorien durch die verschiedenen Gruppen von Rezipierenden einzubeziehen. [6] Die literaturwissenschaftlich in erster Linie, wenn nicht ausschliesslich relevante

Publikumsgruppe ist diejenige, welche üblicherweise den Konsensus literarischer Traditionen bestimmt, die Gruppe "aller kompetenten Richter".[7] Es geht also um die Hinzufügung jenes notwendigen Rezeptions- oder besser Konkretisationsfaktors, ohne den literarische Werte gar nicht bestehen können und den Roman Ingarden durch seine Unterscheidung zwischen "künstlerischen" und "ästhetischen" Werten herausgearbeitet hat[8].

Selbstverständlich existiert aber keine völlig homogene, von Zeit und Raum unabhängige Gruppe "aller kompetenten Richter", und es muss demgemäss dem im Werk selbst verankerten Doppelaspekt "zeitloser" Werte einerseits und geschmacksbedingter Werte andererseits ein gleichgearteter Doppelaspekt von der Seite der Konkretisierung her, das heisst von der Seite der rezipierenden Gruppen her, gegenübergestellt werden; denn es geht ja um verschiedenartige Gruppen und nicht um einen homogenen, unveränderlichen Block.

Nun gibt es zweierlei Arten von Extremisten, welche jeweils nur einen Aspekt der Doppelheit gelten lassen wollen: die einen zeihen üblicherweise die anderen des Verbrechens der "Flucht in den Elfenbeinturm", die anderen die einen der Dummheit modebedingter ideologischer Indoktrination. Es besteht jedoch kein Zweifel, dass stets beide Aspekte gegenwärtig sind, im Werk selbst wie in seinen ästhetischen Konkretisationen, auch wenn in verschiedenen Fällen jeweils der eine Aspekt den anderen oder der andere den einen weit überwiegen mag. Beide Aspekte, vom Werk her gesehen der entwicklungsgeschichtliche wie der übergeschichtlich-künstlerische und von der Konkretisierung her gesehen sowohl der geschmacksgeschichtliche wie der "zeitlos"-ästhetische, gründen sich auf die dichterische Qualität eines literarischen Werkes und stehen und fallen mit dem Dasein dieser Dichtung.

Das heisst, vereinfacht ausgedrückt und praktisch auf die internationale Germanistik bezogen, dass rein stoffliche Affinitäten, wie etwa das besondere Interesse der polnischen Germanistik für die Polenlieder Zacharias Werners oder Karl Holteis, ausserhalb dichterischer Wertproblematik, selbst der weniger tiefgreifenden geschmacksgeschichtlichen liegen. Ein Problem solch geschmacksgeschichtlicher Beziehungen stellt aber etwa die kleine Salomon Gessner-Mode im Frankreich des 18. Jahrhunderts dar.

"Das Ansehen der Grössten überlebt unterdessen", wie Wellek es formuliert, "alle Geschmacksrichtungen" der verschiedenen Generationen[9] und natürlich auch verschiedener räumlicher und nationaler Perspektiven. Es gibt jedoch ein anderes Problem engster Wechselbeziehung zwischen übergeschichtlich-künstlerischer Grösse und geschmacksgeschichtlicher Beschränktheit in der Beurteilung von Werken der Grössten: jede Generation und oft auch jede Nation wird einigen Elementen darin nicht gerecht oder übersieht sie bei Ueberbetonung anderer Elemente. Der Lessing Erich Schmidts war nicht nur der Lessing des im Grunde geschichtsblinden Schererpositivismus, sondern vor allem auch der Bismarckzeit und wesentlich verschieden vom Lessing der Weimarer Republik, dem Lessing des Faschismus und dem Lessing der Zeit nach dem Zweiten Weltkrieg. Kaum viel weniger verschieden voneinander sind der Lessing der englischen, der französischen und der russischen Germanistik. Der Wert oder besser die Werte des Werkes des ganzen Lessing stehen jenseits solcher Detailerfassungen. Es gilt also für Gruppen, seien sie nun zeitlich oder räumlich gegliedert, was auch für den einzelnen Leser gilt: man muss die entsprechende Qualifikation erwerben, um die Werke in ihrer eigenen Gestalt erfassen und würdigen zu können. Weit über kurzlebige politisch oder generationsmässig bedingte Geschmacksphasen hinaus scheinen jedoch die kulturmorphologischen Eigenarten verschiedener Nationen tiefgreifende, machtvolle und lang anhaltende ästhetische Syndrome entwickelt zu haben, die sie für bestimmte Werte besonders empfindungsfähig machen, für andere dagegen wieder besonders taub.

So könnte man etwa zusammenfassend sagen, dass die im stilgeschichtlichen Sinn eigentlich "klassischen" Werke Goethes, also Iphigenie, Tasso, Wilhelm Meister und die Wahlverwandtschaften, im Unterschied zu den anderen Werken Goethes im slawischen Raum kaum adäquat rezipiert wurden. Umgekehrt aber fand und findet etwa die kroatische Germanistik Zugänge zum Verständnis und zu den ästhetischen Werten des Oesterreichers Grillparzer, die selbst der deutschen Germanistik im allgemeinen versagt blieben. Die Einsicht in den hohen künstlerischen Weltrang des Werkes von Franz Kafka und ihre Durchsetzung nach dem Zweiten Weltkrieg ist aber im wesentlichen nordamerikanisches Verdienst.

Nicht nur vom Eindringen in das Verständnis der Sachverhalte selbst und von der Fähigkeit der Konstituierung tragfähiger Wertmassstäbe her schaffen die nationalen Verschiedenheiten ästhetischer Konkretisierung sowohl fruchtbare wie auch hindernde Ergebnisse, sondern sogar was die Art und Weise des Verstehens selbst betrifft sowie des in diesem vielfach bereits implizierten Bewertens und Wertens scheint es wesentliche Unterschiede zu geben. Kein geringerer als Goethe hat einen ersten Fingerzeig in diese Richtung gegeben. Als er ungefähr um dieselbe Zeit verschiedene Rezeptionsreaktionen auf seine Helena-Dichtung zugeschickt erhielt, wagte er in einer Bemerkung zu Zelter die generalisierende Schlussfolgerung, es wäre doch überaus belehrend, "die verschiedenen Denkweisen dabei kennenzulernen: der Schotte suche das Werk zu durchdringen, der Franzose zu verstehen, der Russe es sich anzueignen". Auch diese verschiedenen Weisen des Verstehens und des darin enthaltenen Wertens sollten wohl nicht als einander ausschliessende Gegensätze, sondern als einander komplementär ergänzende Variationsformen menschlichen Verstehens gesehen werden.

Fasst man all diese Hinweise und Einsichten zusammen, dann besteht kein Zweifel an der Wichtigkeit möglicher Funktionen internationaler Germanistik gegenüber einer nationalen im Hinblick auf das Problem literarischer Wertung. Eine internationale Germanistik kann in fruchtbarer und belebender Weise auf die Darstellung und Lösung von Fragen literarischer Wertung einwirken:

1. Indem sie auf eine bestimmte und höchst wichtige, durch Ingarden theoretisch definierte Relativität literarischer Werte praktisch aufmerksam macht und die einzig mögliche und ergebnisversprechende Position der Literaturwissenschaft zwischen einem axiologischen Absolutismus einerseits und willkürlichem Wert-Subjektivismus andererseits verdeutlicht - und sei es selbst der mächtigste Kollektiv-Subjektivismus nationaler Provenienz.

2. Indem sie gerade am Beispiel der grössten und bedeutendsten Werke deutschsprachiger Literatur einzelne neue Facetten und Aspekte literarischer

Werte sichtbar macht, die andernfalls unterschätzt, wenn nicht völlig übersehen würden. Dabei vermag eine angemessene Gegenüberstellung und vernünftige Schlussfolgerung aus den Gemeinsamkeiten wie aus den Kontrasten verschiedener nationaler Perspektiven gerade die nationale Eigenart des Ursprungs des jeweiligen Werks oder der jeweiligen Werkgruppen selbst wieder eher verdeutlichen als verwischen. Ja, solche vergleichende Vorgangsweise kann die positive Funktion gerade auch der nationalen Eigenart eines Werkes als besondere Variationsform und Bereicherung der literarischen Szene im allgemeinen sichtbar macht.

3. Indem sie durch die Einführung komparatistischer Einsichten und Methoden jegliche Beschränkung eines engstirnigen, nationalistisch orientierten Provinzialismus überwinden hilft und die allgemein menschlichen und existenziellen sowohl wie die allgemein künstlerischen und ästhetischen Bedeutungen sichtbar machen.

Damit aber vermag die internationale Germanistik dazu beizutragen, auf dem wichtigen Gebiet der Werterschliessung der wesentlichsten Aufgabe und Funktion aller Literatur zu dienen, die zwar von ihrem Gegenstand her auf die Ebene des Aesthetischen beschränkt, indessen dennoch eine zutiefst humane und humanistische ist.

Anmerkungen

1 Walter Müller-Seidel, Wertung und Wissenschaft im Umgang mit Literatur. In: Der Deutschunterricht, Jg. 1969, Heft 3, S. 6.

2 Robert Minder, Dichter in der Gesellschaft. Frankfurt a. M. 1966, S. 152.

3 J. P. Stern, Idylls and Realities. London 1971, S. 187f.

4 Kuno Francke, Die Kulturwerte der deutschen Literatur in ihrer geschichtlichen Entwicklung. Bd. II, Berlin 1923, S. 19-41 und 476-510.

5 Walter Müller-Seidel, Probleme der literarischen Wertung. Stuttgart 1965, S. 41-181.

6 Vgl. dazu das durchaus damit in Einklang stehende "Dreiermodell" Wolfgang Binders, in dem zu Recht der zeitlos-übergeschichtliche Wertaspekt im Zusammenhang mit der dichterischen "Wahrheit" besonders betont wird: Wolfgang Binder, Literatur als Denkschule. Zürich und München 1972, S. 280.

7 René Wellek und Austin Warren, Theorie der Literatur. Frankfurt a. M. 1972, S. 273.

8 Roman Ingarden, Erlebnis, Kunstwerk und Wert. Tübingen 1969, S. 153-179. Vgl. dazu auch Walter Benjamins Begriff des "Gedichteten". In: Walter Benjamin, Illuminationen. Frankfurt a. M. 1961, S. 22.

9 René Wellek und Austin Warren, a. a. O., S. 271.

DER NUTZEN DER WITTGENSTEINSCHEN PHILOSOPHIE
FUER DAS STUDIUM DER LITERATUR

Von Joseph Peter Stern (University College London)

Ueber Ludwig Wittgensteins Verhältnis zur Literatur, besonders über seine Vorliebe für gewisse Aspekte der deutschen Literatur im 19. Jahrhundert, für Dostojewski und den Detektivroman, wäre einiges zu sagen; doch gehören biographische Quisquilien dieser Art eher in das Gebiet der Hagiographie, auf das ich mich hier nicht begeben will. Lieber möchte ich einige Bemerkungen darüber machen, wie seine Einsichten in das Verhältnis des Menschen zur Sprache und seine Erklärungen gewisser Aspekte der Sprache auf das Studium der Literatur anzuwenden sind und uns hier von einigem Nutzen sein können. Statt diesen Bemerkungen in der mir verfügbaren Zeit eine künstliche Kohärenz zu geben oder Vollständigkeit anzustreben, will ich bloss einige Hauptpunkte aufzählen.

In den Werken seiner zweiten Schaffensperiode versucht Wittgenstein nicht, ein metaphysisches System aufzubauen oder eine Ideologie an den Mann zu bringen. Vielmehr gibt er uns "eigentlich Bemerkungen zur Naturgeschichte des Menschen; aber nicht kuriose Beiträge, sondern Feststellungen, an denen niemand gezweifelt hat, und die dem Bemerktwerden nur entgehen, weil sie ständig vor unsern Augen sind[1]." Daher gilt für Wittgensteins Bücher in einem besonderen Sinne und mehr als für die Bücher anderer Philosophen der bekannte Satz Georg Christoph Lichtenbergs: "Ein Buch ist ein Spiegel; wenn ein Affe hineinguckt, so kann freilich kein Apostel heraussehen."[2] Wittgenstein doziert wohl - doch was er lehrt sind keine Lehrsätze, sondern sachgemässes Denken. Für seine ganze Methode, die ihren Anlass in der Kritik idealistischer Systeme mit ihren generalisierenden Behauptungen hat, gilt ein weiterer Satz Lichtenbergs: " G a r nicht ist menschlich nur sehr wenig. G a r nicht schickt sich überhaupt bloss für die Engel, S e h r w e n i g mehr für Menschen."[3] Wittgenstein schreibt für Menschen, darunter auch für Leser und Kritiker der Literatur, besonders für solche, die ihre (häufig unkritische) Ausbildung in der Tradition der idealistischen Wissenschaftlichkeit erfahren haben.

1. Seit Aristoteles beschäftigt uns, sobald wir über unsere Arbeitsweise nachzudenken beginnen, die methodologische Frage der Universalien. Wir meinen nämlich in der Regel, die Respektabilität unseres Faches hänge von seiner Wissenschaftlichkeit ab; und diese Wissenschaftlichkeit ihrerseits hänge davon ab, inwiefern wir in der Lage sind, gewisse literarische Phänomene zu definieren, und zwar so, dass wir sie auf eine Reihe von Begriffen, womöglich mit einem gemeinsamen Nenner, bringen. Nehmen wir als Beispiel eine gattungstheoretische Erwägung: dabei wird der "Begriff Tragödie" in irgendeiner schlüssigen Art nach seinen "konstitutiven Elementen" definiert (je kürzer und bündiger und je freier von Ausnahmen diese Definition ist, so meinen wir, desto wissenschaftlicher ist sie); und dann wird diese oder jene literarische Epoche nach Beispielen abgesucht. Was nun in die definierte Gruppe fällt, wird als Tragödie abge-

125

stempelt, was nicht, irgendeiner anderen Gattung zuerkannt; und so geht es weiter, nach dem bewährten Schema des alten Polonius, der sich bekanntlich nicht wenig auf sein "pastoral-comical, historical-pastoral, tragical-comical-historical-pastoral" eingebildet hat. Der Sinn eines solchen Definierens und der damit verbundenen Isolierung der vermeintlichen Elemente einer vermeintlichen Struktur ist nie klar einzusehen gewesen. Nach mehr als zweitausend Jahren schlägt Wittgenstein nun eine grundsätzlich andere Verfahrensweise vor. In seinem "Blauen Buch" (1933/34) spricht er von unserem "unrechtmässigen Begehren nach Verallgemeinerung" und sieht in diesem Begehren "die Quelle unserer philosophischen Missverständnisse"[4]. (Schon Hölderlin stellte verzagt die Frage: "...woher ist die Sucht denn / Unter den Menschen, dass... Eines nur sei?")[5] Wittgenstein untersucht nun diese "Tendenz, irgendeinen gemeinsamen Nenner für alle jene Einzelfälle zu suchen, die wir dann unter einem gemeinsamen Nenner-Begriff subsumieren", und in dieser Tendenz sieht er "unsere verächtliche Einstellung zum Einzelfall". Es ist klar, dass an der Arbeit des Literaturhistorikers oder -kritikers keine verheerendere Kritik geübt werden kann, als ihm eine verächtliche Einstellung zum Einzelfall vorzuwerfen; wer denn, wenn nicht er, hat es mit der Dialektik zwischen dem Einzelfall und der Regel, dem Unvorhergesehenen und der Konvention zu tun?

Angesichts dieses Sachverhalts fragt nun Wittgenstein weiter, ob es nicht doch eine Möglichkeit der Verallgemeinerung gäbe, die frei wäre von jener Verachtung des Einzelfalles; eine Erkenntnisweise also, die das individuelle Gepräge des Einzelfalles nicht verwischt, das Ganze aber doch auf irgendeine Art in den Griff - in den Begriff - bekommt und so dem Vergleichen und Kontrastieren als Werkzeugen des Forschens zugänglig macht. Eben an diesem Punkt kommt er unseren Fragen und Bedenken zu Hilfe, obwohl in seinen Argumenten literarische Probleme gar nicht ausdrücklich erwähnt werden. (Dies gilt übrigens für alles, was hier gesagt wird: Wittgenstein selbst hat seine sprachphilosophischen Untersuchungen nicht auf die Literatur angewandt, sondern behandelt fast immer Formen der täglichen Sprache; auch der vermeintliche Unterschied zwischen dieser und der Sprache der Literatur interessiert ihn nicht.) Wir brauchen nur für das von ihm erwähnte Beispiel ein für uns relevantes einzusetzen; und zwar so, dass dort, wo Wittgenstein über Verallgemeinerungen spricht, welche sogenannte "Sprachspiele" betreffen, wir von Verallgemeinerungen sprechen wollen, welche die Werke der Dichtung betreffen. Er argumentiert folgendermassen:

> "Wir neigen dazu, zu denken, dass alle die literarischen Werke, die wir eben im Sinne haben, irgendetwas gemeinsam haben müssen und dass das, was sie gemeinsam haben, als 'Tragödie' zu definieren ist. In Wirklichkeit aber bilden diese Werke eine F a m i l i e , deren Mitglieder gewisse Familienähnlichkeit besitzen: manche haben die gleiche Nase, andere die gleichen Augenbrauen, andere wieder die gleiche Gangart, und diese Aehnlichkeiten überschneiden einander." "Wir sehen ein kompliziertes Netz von Aehnlichkeiten, die einander übergreifen und kreuzen. Aehnlichkeiten im Grossen und Kleinen."[6]

Der erste Nutzen, den wir also aus seinem Philosophieren ziehen sollten, kann folgendermassen ausgedrückt werden: in all den literarischen Fragen, in denen es uns darum geht, mehrere Phänomene - es mögen einzelne Werke, Strukturen, Elemente der Historisierung oder der Literaturgeschichte sein - unter e i n Dach zu bringen, wollen wir uns mit der Erkenntnis von Familienähnlichkeiten begnügen und das Ausarbeiten derartiger Merkmale und ihrer Synthese zu unserer Methode machen. Besonders fruchtbar (dies kann hier nur erwähnt werden) ist diese Methode in Verbindung mit Roland Barthes' Begriff der "écriture".

2. Werden wir dann aber nicht sagen: Dieser Philosoph macht es sich mit seiner Definition leicht! Das ist ja etwas ganz Ungenaues, was er da über die Tragödie oder irgendeine andere Gattung sagt![7] Was heisst hier aber Genauigkeit? Es herrscht unter uns ein merkwürdiger Aberglaube, demzufolge der Massstab von "Genauigkeit" den Naturwissenschaften entlehnt wird und in der quantitativen Methode - z.B. in stil-statistischen Untersuchungen - seinen Höhepunkt erreichen soll. Schon Aristoteles hat in seiner "Nikomachischen Ethik" gegen diesen Aberglauben protestiert. Er sagt dort, allerdings wirklich u n genau: "Es ist das Kennzeichen eines gebildeten Geistes, dass er in jedem Fach d e n Genauigkeitsgrad erwartet, den die Beschaffenheit dieses Faches erlaubt."[8]
Wie weiss einer aber, welcher Genauigkeits g r a d für das Studium der Literatur wesentlich ist? Sollten wir hier nicht eher von verschiedenen A r t e n von Genauigkeit sprechen? Auch hier ist die Antwort, die Wittgenstein uns gibt, so einfach wie verblüffend. Die Genauigkeit, die wir erreichen sollen, hängt nämlich nicht so sehr vom "Fach" ab, sondern vielmehr von dem Zweck, den wir anstreben, von dem Gebrauch, den wir bei einer gegebenen Definition im Sinne haben. Wir finden es gewiss komisch, wenn einer, der zum Abendessen um acht Uhr eingeladen ist, fragt, ob er beim ersten oder achten Glockenschlag da sein soll: und doch können wir, ohne diese Frage zu beantworten, gut entscheiden, ob einer ein pünktlicher Gast ist oder nicht. Wie häufig müssen wir hören, dass dieser oder jener Begriff der Kritik oder Interpretation verschwommen sei. Natürlich gibt es das: Begriffe oder praktische Betätigung, die nicht das leisten, was wir von ihnen erwarten. Andererseits aber gilt:

"Ist eine unscharfe Fotografie überhaupt ein Bild eines Menschen? Ja, kann man ein unscharfes Bild immer mit Vorteil durch ein scharfes ersetzen? Ist das unscharfe nicht oft gerade das, was wir brauchen?"[9]

Natürlich können wir - "für einen besonderen Zweck" - sehr genaue Grenzen ziehen: das heisst also Grenzen, die z.B. von einem quantitativen Standpunkt aus genau sind. Aber das heisst keineswegs, dass wir den so begrenzten Begriff erst auf diese Art brauchbar machen. "Durchaus nicht! Es sei denn für diesen besonderen Zweck." Dieser Zweck ist nicht aus einem vorgefassten Begriff des Wissenschaftlichen zu entwickeln, sondern er ist die Lösung des besonderen literarischen Problems, mit dem wir uns beschäftigen. Wir können einen solchen Zweck mit einem Tau vergleichen, welches das Schiff im Hafen fest macht: "Ein Tau besteht wohl aus einzelnen Fasern, doch es verdankt seine Stärke nicht einer einzigen Faser, die durch das ganze Tau hindurchläuft, sondern der Tatsache, dass eine grosse Menge von Fasern übereinandergreifen."[10]

3. Dabei gibt es gewisse Verfahrensweisen, die zur Lösung des gegebenen literarischen Problems beitragen, und andere, die irrelevant sind. Nun, das klingt
wohl so selbstverständlich wie vieles andere, was ich hier vorbringe. Und doch
glaube ich, dass wir immer wieder gegen dieses Selbstverständliche verstossen.
Im Grunde halten wir es für intolerant und undemokratisch, wenn wir irgendwelche analytischen Methoden nicht anwenden oder als irrelevant verwerfen.

Ebenso gibt es Bedeutungen, die in einen durch den Text geschaffenen Sinn-
zusammenhang gehören, und andere, die, obwohl aus dem gleichen Sprachmate-
rial gebildet, in diesem Zusammenhang irrelevant sind. Mit anderen Worten:
Nicht ein jedes m ö g l i c h e Wortspiel ist in einer Textinterpretation zu
rechtfertigen, sondern nur ein jedes relevante. Wir aber sind, gemäss den Gewohnheiten der Zunft, geneigt, so wenige Alternativen wie möglich als unwesentlich zu bezeichnen und aus der Interpretation auszuschliessen. Wir meinen,
es werde sich auch für die ausgefallenste Alternative ein sinnvoller Kontext finden, bloss deshalb, weil sie vorhanden ist. Wittgenstein geht es darum, eine
grundsätzliche und überzeugende Bestimmung des Irrelevanten zu liefern (ich
kenne keinen Philosophen, der dies unternommen hat), und er tut es mit Hilfe
jener Spiel-Analogie, auf die er immer wieder zurückkommt. "Die Bedeutung
eines Steines (einer Figur) ist ihre Rolle im Spiel"[11], so beginnt das Argument:
das heisst, die Bedeutung der Wörter und Satzteile gleicht ihrer Rolle - ihrer
Anwendung - im gesamten Text. Diese Regel der Wittgensteinschen Sprachphilosophie ist von grundsätzlicher Bedeutung für uns. Zusammen mit ihrer Ableitung erklärt diese Regel, wie es kommt, dass ein einzelner Text die Bedeutung
der darin verwendeten Wörter auf sehr ähnliche Weise determiniert, wie es die
natürliche Sprache als ganze tut. Und diese Determinierung spezifischer Bedeutungen durch einen begrenzten Kontext spielt eine besondere Rolle in der Literatur der "Moderne"; so könnten die "Duineser Elegien" als Illustration dieser
Sprachphilosophie, die ja auch immer eine Philosophie der Erfahrung ist, verstanden werden.

Nehmen wir nun an (so fährt Wittgenstein fort, nachdem er die Bedeutung
einer Figur ihrer Rolle im Spiel gleichgesetzt hat), es "werde vor Beginn jeder
Schachpartie durch das Los entschieden, welcher der Spieler Weiss erhält. Dazu halte der eine in jeder geschlossenen Hand einen Schachkönig, der andere
wählt auf gut Glück eine der beiden Hände. Wird man es nun zur Rolle des
Schachkönigs im Schachspiel rechnen, dass er so zum Auslosen verwendet wird?"

Es ist also klar, dass wir beim Spiel - d.h. im Text - zwischen wesentlichen und unwesentlichen Regeln oder Bedeutungen unterscheiden müssen: "Das
Spiel, möchte man sagen, hat nicht nur Regeln, sondern auch einen W i t z ".[12]
(In der englischen Uebersetzung heisst es sehr richtig "The game... has not
only rules but also a p o i n t ".) Ich kenne keine methodologische Maxime, die
beherzenswerter wäre als eben diese. Sie erinnert uns nicht nur daran, dass es
beim Interpretieren von Texten Irrelevantes gibt, sondern auch, dass wir immer
schon ein gewisses Verständnis - eine gewisse Kenntnis der Regeln - an den Text
heranbringen und dass es also eine tabula rasa im eigentlichen Sinne gar nicht
gibt.

4. Ein Hauptanliegen Wittgensteins ist der Beweis (den ich hier nicht nachvollziehen kann), dass es keine private Sprache geben kann, d.h. eine Sprache, die

niemand anders als ihr Sprecher verstehen würde. Das Nachdenken über eine solche Sprache ist keineswegs exzentrisch. Ihr Begriff ist impliziert in der uns gewiss geläufigen Behauptung, dass die Verbindung, die zwischen unseren Gefühlen und den sie bezeichnenden Wörtern besteht, eine rein zufällige sei; und dass z.B. die Bedeutung des Wortes "Schmerz" uns nur aus eigener Erfahrung zugänglich sei.[13] William James' Bemerkung (die Wittgenstein hier zitiert[14]), dass einer nicht weint, weil er traurig ist, sondern traurig ist, weil er weint, entspricht seiner eigenen Schlussfolgerung, "es gebe... keinen Schmerz ohne Schmerzbenehmen"[15] Worte, die unsere Empfindungen bezeichnen, sind nicht lose mit ihnen verbunden, sondern selbst schon ein Aspekt dieser Empfindungen. Da nun diese Worte andererseits Teil einer öffentlichen (nicht-privaten) Sprache sind, die auch anderen zugänglich ist[16], dürfen wir folgern, dass wir unsere Empfindungen nicht durch Introspektion, sondern im Zusammenleben mit anderen kennenlernen; und dass Worte, die unsere Empfindungen bezeichnen - man denke z.B. an eine Gruppe wie "Zorn - Wut - Entrüstung - Aerger - Verstimmung" - in einen gewissen gesellschaftlichen Kontext gehören.[17]

Was hat dies alles nun mit unseren literarischen Problemen zu tun? Während unsere ersten drei Bemerkungen methodologischer Art waren, betreffen Wittgensteins Untersuchungen über die Problematik einer privaten Sprache viel weitere, nämlich thematische Aspekte der Literatur. Ich will hier nur zwei erwähnen.

a) Die Problematik des Entwicklungsromans, die auf der Antithese von privaten Gefühlen und weltlicher Oeffentlichkeit - von Ich und Welt - aufgebaut ist, wird einer radikalen, weil im Sprachbereich verwurzelten Kritik unterzogen.

b) Die ehrwürdige Antithese von "innen - aussen", die schon Lichtenberg als eine Verführung durch sprachliche Muster empfand und die Rilke einerseits wohl kritisiert, andererseits aber weiterentwickelt und dichterisch bestätigt, wird nicht mehr als ein semper et ubique zelebriert, sondern als zeitgebundene, epochale Erscheinung erkannt und kritisch bewertet. Die traditionelle und auf den Antagonismus von "Innenwelt" versus "Aussenwelt" aufgebaute Charakterologie wird als abhängig erkannt von einer Sprachauffassung, die alle Worte als Benennungen von Gegenständen, also als Namen ansieht. Daraus folgt, dass die Auffassung der Sprache nicht als Etikettierung unabhängig existierender Sachverhalte, sondern als "Lebensform"[18] auch ein ganz anderes, nicht antagonistisches Verständnis des menschlichen Charakters mit sich bringen wird. Es liegt auf der Hand, dass derartige Einsichten zu einer grundsätzlichen Kritik des Menschenbildes, wie es noch z.B. in der Freudschen Lehre vorausgesetzt wird, führen müssen.

Wittgenstein meint einmal (in jener Mischung von Ironie und Arroganz, die für seine persönlichen Aeusserungen bezeichnend war), seine Arbeiten seien in einem Geist geschrieben, der nichts Gemeinsames habe mit "dem grossen Strom der europäischen und amerikanischen Zivilisation, in der wir alle stehen".[19] Hat diese Zivilisation eine Zukunft, dann stimmt diese Behauptung gewiss nicht.

Anmerkungen

1 Ludwig Wittgenstein, Philosophische Untersuchungen. Oxford 1953, I, S. 415.
  [Phil. U.]

2 G.C. Lichtenberg, Schriften und Briefe. Hrsg. v. W. Promies, München 1967-1971, I, E 215.

3 A.a.O., I, F 983.

4 Ludwig Wittgenstein, The Blue and Brown Books. Oxford 1964, S.17; meine Uebersetzung. [BB]

5 In dem Gedicht "Wurzel alles Uebels", ca. 1795.

6 Phil.U., § 66.   7 Vgl. Phil.U., I, § 69.   8 109, 4b.

9 Phil.U., I, § 71.   10 BB, S.87.   11 Phil.U., I, § 563.

12 Phil.U., I, §§ 563f.

13 Phil.U., I, § 293; vgl. N. Malcolm, "Wittgenstein's Philosophical Investigations. In: The Philosophy of Mind, Englewood Cliffs 1962, S.74-77.

14 BB, S.103.   15 Phil.U., I, § 281.

16 Phil.U., §§ 256, 244; vgl. D. Pears, Wittgenstein. London 1971, S.142-167.

17 Vgl. E. Bedford, "Emotions". In: The Philosophy of Mind, a.a.O., S.133f.

18 Phil.U., § 241.

19 Vorwort zu Philosophische Bemerkungen [1930], Frankfurt a.M. 1964.

FUNKTIONELLE LITERATURWISSENSCHAFT, EINE WISSENSCHAFTSTHEORETISCHE BETRACHTUNG

Von Clemens Neutjens (Antwerpen)

In der mir zugemessenen Zeit werde ich einige kurze wissenschaftstheoretische Betrachtungen anstellen über das Ziel, über das Wozu unserer Tätigkeit, unserer Beschäftigung mit Literatur. Im Grunde gilt es nur einen Aufruf zur Besinnung über dieses fundamentale Problem.

In jeder Zeit - und besonders in unserer Zeit der erfolgreichen Technologie und der bedrohten Geisteswissenschaften - scheint es mir notwendig, die Selbstverständlichkeit, mit der Germanistik und Wissenschaft von der Dichtung noch immer getrieben werden, gründlich in Frage zu stellen.

Genügt es, wenn Texte ästhetisch, psychologisch, soziologisch oder poetolinguistisch interpretiert werden?

Genügt es, wenn wir immer neue formelle, logische oder eben mathematische Analysemodelle entwickelt und erprobt haben?

Sind die sogenannte "immanente Methode", "close reading" und die ganze formalistische Tendenz nicht nur eine Flucht aus der gesellschaftlichen Wirklichkeit, in der die Literatur keine oder jedenfalls keine bedeutende Rolle mehr spielt?

Die Linguisten können noch Trost finden an dem Gedanken, dass das Material, mit dem sie arbeiten, zu den unentbehrlichsten Aufbaugeräten der menschlichen Gesellschaft gehört. Aber das Objekt der Literaturwissenschaftler scheint heute nur noch ein überflüssiger Luxus zu sein, den die wichtigsten unter den heutigen Menschen sich nicht mehr leisten können.

Wir sollen uns darüber nicht täuschen - auch nicht auf einem Kongress mit etwa 200 bekannten Referenten -, aber die Wissenschaft von der Dichtung und auch die Germanistik, so wie sie heute gepflegt werden, haben keine Zukunft. Unsere Wissenschaft muss darum, ausser der Leistung der vielen bleibenden Aufgaben, dem Entdecken einer zeitgemässen Funktion besondere Aufmerksamkeit widmen.

Funktionalität und Dichtung sind aber Begriffe, die sich nicht ohne weiteres miteinander vereinbaren lassen. Die grössten dichterischen Produkte der ganzen Geschichte sind immer die freigeschaffenen, die meist afunktionellen gewesen. Und es gibt genügend Beispiele aus schon älterer Zeit, die uns zeigen, wie gefährlich es war, wenn man versucht hat, die Kunst im Dienste einer bestimmten Ideologie oder einer beschränkten gesellschaftlichen Leistung zu stellen: das Theater des 19. Jahrhunderts stand grösstenteils im Dienste der damaligen Bourgeoisie, der naturalistische Roman hatte seinen Anteil an der proletarischen Revolution, und die nationalsozialistische Literatur bleibt das deutlichste Beispiel unsrer eigenen Zeit. Wir wissen alle, wie klein die grosse Kunst durch solche zeit- oder ideologiegebundenen Funktionen wird.

Funktionalität der Dichtung darf also nicht aufgefasst werden als Dienst an einer schon bestehenden Ordnung. Der Grund dafür, dass man auf diese Weise nur zu unzulänglichen, mangelhaften Ergebnissen kommt, liegt im Wesen der Dichtung selbst: sie unterstützt keine schon bestehenden Ideologien, sondern sie schafft neue; sie spiegelt keine schon geschaffene Wirklichkeit, sondern sie findet Worte für eine noch nicht bestehende.

Solche Bestimmung der dichterischen Funktion ist nicht neu oder nur eine persönliche Ueberzeugung, sie benachdruckt nur, was schon seit Jahrhunderten betont wurde: nämlich das wahrhafte Wortkunst immer schöpferisch ist. Schöpferisch zu sein ist ihre einzige Funktion!

Um die Folgerungen dieses Gedankens zeigen zu können, sind hier einige kurze sprachphilosophische Betrachtungen notwendig.

Die schöpferische Leistung der Dichtung, ihre Funktion, ihre Aufgabe, ihr Ziel - je nachdem man es sieht - ist die Sprachwerdung der Wirklichkeit. Was heisst "Sprachwerdung"?

In der heutigen Diskussion über das Statut der Sprache kann man drei grundverschiedene Richtungen unterscheiden:

1. Für viele Betrachter ist die Sprache eine Kompetenz des Menschen - eine Kompetenz, die vom Sprecher in endlosen Performantien verwirklicht wird; so z.B. seit de Saussure bis Chomsky und nachher.

2. Auf ganz andrer Seite stehen diejenigen, für die die Sprache eine Eigenschaft der Wirklichkeit ist. Das Wort gehört nicht dem Menschen, sondern strömt durch den Menschen hindurch. Der Mensch nimmt am Gesprochenen, am Gespräch teil. Es fliesst selbständig über ihn weiter. Der Mensch ist nicht das Zentrum, von dem aus gesprochen wird. Die Verteidiger dieser Ansicht findet man vielleicht nicht unter den heutigen hervorragenden Linguisten; aber schon in den klassischen Zeiten waren nicht wenige dieser Auffassung zugetan, und sie ist kürzlich noch mit Erfolg von einem französischen, marxistischen Philosophen verteidigt worden, nämlich von Michel Foucault in seinem Buch "Les mots et les choses". Ausserdem ist ein wichtiger Teil der modernen Romane, Theaterstücke und Gedichte nur von dieser Auffassung aus völlig verständlich: Wie viele Verfasser eines "nouveau romans" erklären nicht, dass nicht sie den Roman geschrieben haben, sondern dass er geschrieben worden ist, dass ein Roman sich selbst schreibt. Wenn man diesen Gedanken zu Ende führt, kann man sagen: Nicht der Mensch spricht, er wird gesprochen.

3. Eine dritte Auffassung der Sprache steht zwischen den beiden erwähnten: Die Sprache ist ein Mittel, ein Medium, eine selbständige Wirklichkeit, die zwischen den Menschen und den Dingen besteht und keinem gehört.

Meiner Meinung nach ist die Sprache weder eine Eigenschaft noch ein Mittel. Sie ist ein Niveau der Wirklichkeit und des Menschen.

Wenn eine Sache oder eine Situation einen Namen bekommt, erreichen sie das Niveau des Menschlichen: sie werden intelligibel, sensibel, geniessbar, brauchbar, tauschbar usw.

Wenn der Mensch einer Sache oder einer Situation einen Namen gibt, diese mit Worten fasst, ist er am Niveau der Wirklichkeit: er begreift, fühlt, geniesst, gebraucht, tauscht usw.

Ideale Sprache ist selbstverständlich nicht jede Aeusserung von Wörtern; nur wenn durch das Wort neue Intelligibilität, Sensibilität usw. entsteht, erreicht man die Vollkommenheit. Die Alltagssprache ist davon eine graduell reduzierte Form. Vollkommenheit der Sprache ist Dichtung. Zwischen Dichtung und Alltagssprache besteht kein Wesensunterschied, bestehen nur Gradunterschiede der Nennungskraft, verschiedene Effektivität der Sprachwerdung der Wirklichkeit. Diese neue Nennung oder die Nennung des Neuen ist die Funktion der Dichtung.

Die Wissenschaft von der Dichtung ist eben der Versuch, die Fortschritte in der Nennung, in der Sprachwerdung der Wirklichkeit zu ent-decken. Es fehlt mir an Zeit, um durch konkrete Beispiele anzuzeigen, wie man für jeden Roman, jedes Theaterstück und Gedicht diesen Nennungswert bestimmen kann.

Eine so aufgefasste Wissenschaft von der Dichtung bietet u.a. folgende Vorteile:

1. Die alte und immer noch neue Dichotomie zwischen Dichtung und Wirklichkeit wird aufgehoben, denn die Welt der Sprache ist nicht länger eine autonome, abgesonderte Welt, sie ist kein Abbild der Wirklichkeit, sondern eine Qualität der Wirklichkeit. Auch auf dieses Problem der Wirklichkeit ausserhalb des Textes, der Wirklichkeit innerhalb des Textes und der Wirklichkeit des Textes selbst kann hier nicht näher eingegangen werden.

2. Wichtiger aber ist, dass die Wissenschaft von der Dichtung eine Wissenschaft von der Wirklichkeit wird, von einer der wichtigsten Schichten dieser Wirklichkeit. Schichten, das heisst z.B.:
- die bearbeitete Welt wird untersucht und gefördert in der Technologie,
- die abstrahierte Welt in der Mathematik,
- die getauschte Welt in der Wirtschaftslehre,
- die sprachgewordene Welt in der Philologie.

Auch für unsere Zeit ist die sprachliche Welt neben der technischen, mathematischen, wirtschaftlichen, wenigstens von der gleichen, wenn nicht von grösserer Bedeutung. Neben Technik, Mathematik usw. wird dann die Philologie eine für den Aufbau der zukünftigen Welt unentbehrliche, gleichzuberechtigende Wissenschaft.

Diese Auffassung über die Wissenschaft von der Sprache und der Dichtung hat ihre ideologischen Gründe. Eine ideologiefreie Wissenschaft ist eine Wissenschaft, die von ihrer ideologischen Basis keine Ahnung hat. Man kann aber nicht behaupten, dass sie unmittelbar an eine bestimmte, vigierende Tendenz gebunden ist. Dazu nur einige, nicht weiter ausgearbeitete Beispiele:
- sie passt ebenso gut zu der hegelianischen Weltanschauung der absoluten Bewusstseinsentwicklung wie zu Heideggers existentialer Philosophie;
- sie bietet die Möglichkeit, den alten marxistischen Widerspruch zwischen gesellschaftlichem Unterbau und kulturellem Ueberbau zu überwinden, und ist auch eine mögliche Lösung für den neumarxistischen Gegensatz zwischen formalistischer und gesellschaftlicher Literaturbetrachtung;
- auch wenn man nicht an eine weiterschreitende Sinngebung der Welt glaubt und der Ansicht ist, dass neue Sprachgestalten, neue Texte keinen neuen Signifié, sondern nur andere Signifiants enthalten (wie z.B. Julia Kristeva in "Sémeiotikè"), kann die Auffassung der Sprache als Niveau der Wirklichkeit beibehalten bleiben;
- in dieser Sicht wird eben der Formalismus nicht verurteilt, er wird nur, was er eigentlich sein sollte: kein Ziel, sondern ein Mittel.

Auch die traditionellen Disziplinen der Literaturwissenschaft verlieren ihre Bedeutung nicht – im Gegenteil, sie bekommen neue Möglichkeiten:

- Die Literaturgeschichte könnte zu erforschen versuchen, welches die Funktion der Literatur, der Dichtung, kurz aller Texte in den verschiedenen Perioden der Geschichte gewesen ist, welche Dynamik sich im Prozess der Sprachwerdung der Wirklichkeit gezeigt hat. Sie wird vielleicht endlich erreichen, dass wir nicht nur über Uebersichten von Autoren und Manuskripten aus der Vergangenheit verfügen können, sondern auch über eine Einsicht in das, was Literatur für eine bestimmte Gesellschaft gewesen ist und wie sie die Wirklichkeit gefördert hat.

- Die Interpretation einzelner Werke bleibt wichtig, aber nicht um ihrer selbst willen. Von jedem Text soll man seinen Nennungswert bestimmen. Es muss deutlich werden, ob ein Text ein blosses Abbild einer alten Wirklichkeit ist oder die Sprachgestaltung einer neuen, ob er an bestimmten Erwartungspatronen antwortet oder vorübergeht, ob er die Gesellschaft manipuliert oder fördert. Notwendigerweise soll man von der Interpretation zur Pragmatik übergehen.

- Die Stilistik ist das spezifische Studium der sprachlichen Form: die Norm ist vielleicht nicht die berüchtigte "écart" oder Deviation, nicht der "Kontext" à la Riffaterre, sondern die Transgression. Das heisst: in der funktionellen Sicht kann man jedesmal von Stil sprechen, wenn die Sprachkompetenz durch eine bestimmte Performanz nicht einfach bestätigt wird, sondern wenn noch nicht gebrauchte Möglichkeiten der Kompetenz gezeigt werden (diese Stilauffassung beruht auf Chomskys Sprachauffassung, so wie er sie in seinem "Current Issues in Linguistic Theory" auseinandersetzte).

- Auch die vielleicht älteste der Textdisziplinen, die ästhetische Betrachtung, kann neuen Sinn gewinnen: das ästhetische Moment ist kein Augenblick eines unbeschreibbaren und unerklärbaren Genusses, es ist die unverkennbare Andeutung, dass die Sprache ihre wirkliche Funktion erfüllt; das ästhetische Empfinden ist wie ein Sinnesorgan für die Sprachwerdung der Wirklichkeit.

- Vom funktionellen Standpunkt aus wird selbstverständlich auch die gesellschaftskritische Wissenschaft gefördert: in solcher Perspektive kann das Studium der Texte unmöglich eine selbstgenügsame Tätigkeit bleiben, denn dieses Studium wird im Grunde das Studium der Wirklichkeit, eines wichtigen und unentbehrlichen Niveaus dieser Wirklichkeit. Nicht nur Dichtung, sondern auch Werbetexte, journalistische und politische Texte können auf ihre wesentliche Bedeutung untersucht werden.

Zum Schluss fasse ich den Grund meiner Gedanken zusammen:

- Die Wissenschaft von der Dichtung, die Textwissenschaft, die Germanistik usw. sollen keine weltfremden, selbstimmanenten, von den anderen Wissenschaften abgeschlossenen Geschäfte bleiben.

- Wenn man Texte als sprachgewordene Wirklichkeit auffasst, wird das Studium der Texte zum Studium eines Niveaus der Wirklichkeit und findet seine Stelle zwischen den vielen Wissenschaften, die jede ihr eigenes Niveau der Wirklichkeit zum Objekt haben.

- Der Dienst, den wir der heutigen Gesellschaft dadurch leisten können, ist unbezweifelbar: die ganze Philologie mit allen ihren Disziplinen wird weit mehr werden als eine Wärterin der alten Kultur, sie wird die Untersucherin der wichtigsten Momente im Aufbau der immer sich erneuernden Welt. Sprache ist nicht nur das Sediment des schon Erreichten, sie ist auch das Instrument des Schöpferischen.

- Die wirklichkeitsstiftende Funktion der Sprache und der Dichtung ist die Perspektive, die jede Detailuntersuchung, jede Interpretation, jede Synthese zu einer grossen Einheit verbinden kann und die bewusst anwesend sein soll im Geist jedes einzelnen Untersuchers, wenn er sein Objekt und seine Methode festlegt.

Was ich auseinandergesetzt habe, ist für eine zeitgemässe Germanistik oder Literaturwissenschaft nicht die einzig mögliche Lösung. Wichtig ist eigentlich nur, dass jeder für sich eine Perspektive entdeckt, wodurch unsere Wissenschaft in unserer Zeit aufs neue Geltung erhalten kann.

VOLKSTUEMLICHKEIT
Skizze zur Geschichte eines Versäumnisses

Von Klaus L. Berghahn (Madison, Wisconsin)

"Aber können wir uns der Menge verweigern und doch Wissenschaftler bleiben?" fragt Brechts Galilei in der 14.Szene den mundoffenen Idealisten Andrea Sarti. Und seine eigene Legende zerstörend, fährt er fort: "Wenn Wissenschaftler, eingeschüchtert durch selbstsüchtige Machthaber, sich damit begnügen, Wissen um des Wissens willen aufzuhäufen, kann die Wissenschaft zum Krüppel gemacht werden." Am Ende dieser Entwicklung stehe "ein Geschlecht erfinderischer Zwerge, die für alles gemietet werden können."[1] Es ist hinlänglich bekannt, wie Brecht den Verrat Galileis beurteilte. Anstatt zusammen mit dem fortschrittlichen oberitalienischen Bürgertum "den revolutionären sozialen Strömungen Vorschub zu leisten", beraubte er seine Wissenschaft ihrer gesellschaftlichen Bedeutung, indem er sein Wissen an die Machthaber auslieferte. Die Idee einer "volksverbundenen Wissenschaft", die "eine Zeitlang auf der Barrikade für a l l e n Fortschritt stand", verrät Galilei, als er abschwört. Was nach dieser "Erbsünde" der modernen Naturwissenschaften noch folgt, sind theoretische Grosstaten bei gleichzeitigem sozialem Versagen - bis hin zur Atombombe.[2]

Wir alle wissen aus eigener Erfahrung, wie sehr gerade dieses Theaterstück zur Deutung einlädt, um die gesellschaftliche Entfremdung der Naturwissenschaften - meist im Vergleich mit motivgleichen Dramen von Hochwälder, Zuckmayer, Kipphardt und Dürrenmatt - wohlfeil zu kritisieren. Aber nicht e i n e Interpretation, die Brechts Konzept einer "volksverbundenen Wissenschaft" auf das eigene Fach bezogen hätte. In geisteswissenschaftlicher Feinsinnigkeit und Praxisferne reibt man sich die Hände in Unschuld, ohne den Pfahl im eigenen Fleisch zu bemerken. Denn seit wann vertritt die Literaturwissenschaft die Interessen des Volkes? Wo wäre sie je wirklich volksverbunden gewesen?

Nun gibt es zwar seit ungefähr einem Jahrzehnt eine recht lebhafte Diskussion um Trivialliteratur, aber sie setzt weitgehend die ältere Diskriminierung populärer Lesestoffe von seiten der Bildungselite fort.[3] Nur ausnahmsweise fragt man nach den sozialen Voraussetzungen, deren Produkt die Trivialliteratur ist.[4] Auch das Interesse der neuesten Rezeptionsforschung bleibt sehr im Allgemeinen und daher volksfremd. So spricht Jauss in sehr abstrakter Weise von d e m Leser, und sein vielzitierter Erwartungshorizont "impliziert Verständigung (auch nur) unter den am literarischen Leben Beteiligten."[5] Die Vernachlässigung der kulturellen Bedürfnisse der unteren sozialen Schichten haben eigentlich nur Benjamin, Sartre und Escarpit berücksichtigt.[6] Volkstümlichkeit und Volksverbundenheit sind daher noch heute Begriffe, die der bürgerlichen Literaturwissenschaft fremd sind und die man vergeblich in ihren Reallexika sucht. Sich mit ihnen auseinanderzusetzen, überlässt man Bibliothekaren, Volkskundlern, Soziologen und Marxisten[7], die angeblich ein gestörtes Verhältnis zur Aesthetik haben. Man beklagt zwar hin und wieder den Unverstand der lesenden Massen, die sich von Unterhaltungsliteratur zerstreuen und durch die Massenmedien den Geschmack verderben lassen, verkennt aber die soziale Isolierung, in die man ob solch geistesaristokratischer Haltung gerät.

Dieses Versäumnis und Desinteresse mag sich in der BRD aus einer tief sitzenden Scheu vor "tausendjährigen" Traditionen erklären lassen, als "Dichtung und Volkstum" so dubios verbunden waren. Entschuldigen lässt es sich nicht, da inzwischen klar geworden sein sollte, worin der Unterschied zwischen völkischer und volkstümlicher Literatur besteht. Vielmehr hat die Tatsache, dass sich im deutschen Bewusstsein das Völkische und nicht das Volkstümliche durchsetzen konnte, eine fatale Tradition, die mit der Unterdrückung oder Verdrängung plebejischer und demokratischer Tendenzen seit dem Ende des 18. Jahrhunderts zusammenhängt. Denn der "Erbsünde" der modernen Naturwissenschaften nicht unähnlich, wie Brecht sie an Galilei historisierend kenntlich macht, hat auch das soziale Versagen der Bildungselite gegenüber den kulturellen Interessen der Massen eine lange Tradition.

Seit 1770 polemisiert eine literarische Elite gegen die zeitgenössische Unterhaltungsliteratur und distanziert sich vom Geschmack des Lesepöbels. Das beobachteten schon im späten 18. Jahrhundert kritische Zeitgenossen mit Besorgnis. Zu ihnen zählten Lessing[8] und Nicolai, in dessen "Sebaldus Nothanker" (1773/76) sich folgende Bemerkung findet: "Dieses gelehrte Völkchen von Lehrern und Lernenden, das etwa 20 000 Menschen stark ist, verachtet die übrigen 20 Millionen, die ausser ihnen deutsch reden, so herzlich, dass es sich nicht die Mühe nimmt, für sie zu schreiben; und wenn es zuweilen geschieht, so riecht das Werk gemeinlich dermassen nach der Lampe, dass es niemand anrühren will. Die 20 Millionen Ungelehrte vergelten den 20 000 Gelehrten Verachtung mit Vergessenheit, sie wissen kaum, dass die Gelehrten in der Welt sind."[9] Wie das Zitat nahelegt, existierten bereits um 1770 zwei Kulturen in Deutschland nebeneinander, die voneinander kaum Notiz nahmen - es sei denn durch Nichtachtung oder Polemik. Die bildungspolitisch verhängnisvolle Kluft zwischen Geisteselite und Volk, welche die Aufklärer noch mit volkspädagogischen Programmen überbrücken wollten, wurde dann durch die lawinenartige Expansion des literarischen Marktes nach 1770 noch vergrössert.[10] Auf die Vermassung der Literatur und die rivalisierende "Modeliteratur" reagierten Klassiker wie Romantiker mit bestürzender Schärfe, was besonders nach 1789 zeigt, wie sehr diese Kreise den "Sansculotten" politisch wie kulturell misstrauten. "Das einzige Verhältnis gegen das Publikum, das einen nicht reuen kann, ist der Krieg", lesen wir beim "Volksdichter" Schiller.[11] Und in seiner publikumsfeindlichen Verteidigung höchster Kunst wird er von Friedrich Schlegel unterstützt: "Wer schreibt, damit ihn diese und jene lesen mögen, verdient, dass er nicht gelesen werde."[12] Der Katalog solcher und ähnlicher Aeusserungen liesse sich leicht erweitern, bis hin zu Nietzsches bösem Wort, wonach "der Abfall der Kunst" für das Volk gerade gut genug sei. Es ist die Geschichte des Versagens der Dichter gegenüber der "unerkannten Struktur der Gesellschaft".[13]

Doch wäre das nur die halbe Wahrheit und dazu noch der schlechtere Teil, denn durch den Strukturwandel des literarischen Marktes entwickelt sich auch ein neues Verständnis der älteren Volksliteratur, die als Volkspoesie gesammelt und deren Wert theoretisch begründet wird. Je mehr nämlich "der Verleger den Mäzenaten als Auftraggeber des Schriftstellers ersetzt und am Markt die Verteilung der Werke übernimmt"[14], um so mehr verschärft sich der Widerspruch zwischen dem Ideal eines homogenen Publikums, an dem die Aufklärer festhielten, und der Realität eines ungebildeten 'Lesepöbels', der auch durch "ästhetische Egalitätspostulate" nicht mehr zu erreichen war.[15] Angesichts dieser Zustände bedurfte es eines Programms, das vom Volk ausgehend eine Literatur für das Volk forderte. In jenem aktuellen Zusammenhang entsteht ein Volkstümlichkeitsbegriff, den Herder und Bürger erstmals formulieren.[16] "A l l e Poesie soll volksmässig sein, denn das ist das Siegel ihrer Vollkommenheit", lautet die mehrfach wiederholte Formel Bürgers.[17] Vergleichbar der Aufhebung der Ständeklausel in der Tragödie, wird an der altständischen Unterordnung der Volksliteratur unter die höfisch-gelehrte Poesie gerüttelt und eine Literatur des "öffentlichen und nationellen Gehalts" gefordert.[18] Nation und Oeffentlichkeit werden zu Kernbegriffen der neuen Volkstümlichkeit; es geht um eine volkstümliche Nationalliteratur. Wie eng der Zusammenhang zwischen Volk und Nation sein sollte, betont Herder, wenn auch aufgrund der deutschen Verhältnisse aus der Verneinung heraus: "Doch bleibts immer und ewig, dass wenn wir kein Volk haben, wir kein Publikum, keine Nation, keine Sprache und Dichtkunst haben."[19]

Während sich alle Schriftsteller über die Notwendigkeit einer neuen Nationalliteratur einig waren, entstanden Meinungsverschiedenheiten darüber, was man "unter dem schwankenden Wort 'Volk'"[20] eigentlich zu verstehen habe. Sofern der Volksdichter sich wie Bürger zugleich als "Dichter der Nation" betrachtet, liegt es nahe, dass er das gesamte Volk, d.h. alle Stände ansprechen will. So möchte Bürger "gleich verständlich, gleich unterhaltend für das Menschengeschlecht im ganzen dichten" und "sowohl in Palästen als Hütten" wirken.[21] Hinsichtlich eines möglichst breiten Publikums schliesst er also den aufgeklärten wie despotischen Adel ein, was jedoch keineswegs heisst, dass er auch in ihrem Interesse schreibt. Im Gegenteil, Bürger stand eindeutig auf Seiten der Hütten gegen die Paläste. Im engeren Sinne bedeutete Volk damals: "der grosse Haufe, gemeine Leute, die untersten Klassen im Staat"[22]. Adelung, auf den wir uns hier berufen, beobachtet um 1780 bei "einigen neueren Schriftstellern" sogar eine Aufwertung der unterprivilegierten Schichten und wünscht sich, "dass solches allgemeinen Beifall finde."[23] Für Herder, Bürger, Schubart, Lenz u.a. bedeutet Volkstümlichkeit daher eine Hinwendung zum einfachen Volke, eine Uebereinstimmung mit der Auffassung, dem Gefühl und den Sorgen der unteren Schichten, eine Parteinahme für das Leid der Unterdrückten. "Und diese (die Poesie) sollte nicht für das Volk, nur für wenige Pfefferkrämer sein?" fragt Bürger, "Ha! als ob nicht alle Menschen - Menschen wären."[24] In diesem polemischen Ton wenden sich die "Stürmer und Dränger" gegen Standes- und Bildungsprivilegien. Ihre politische Tendenz sprengte den rein literarischen Rahmen, da man den "untersten Klassen" ein Bewusstsein ihres eigenen Wertes vermitteln wollte. Ton und Tendenz solch plebejischer Parteilichkeit, die gegen den guten Geschmack verstiessen, passten manchem nicht.

138

Zu ihnen gehörte Friedrich Schiller, der gegen diesen umfassenden Volkstümlichkeitsbegriff in seiner berüchtigten Rezension der Gedichte Bürgers 1791
polemisierte. Er wirft Bürger vor, sich mit dem Volk vermischt und gleich gemacht zu haben, "anstatt es scherzend und spielend zu sich hinaufzuziehen."[25]
Ausdrücklich tadelt Schiller eine Literatur, die ihre Massstäbe im Volk sucht;
so tief könne man Talent und Kunst nicht herabsetzen, "um nach einem so ge-
meinen Ziele zu streben."[26] Schillers scheinbar volksfeindliche Einstellung
lässt sich nur erklären, wenn man sie vor dem Hintergrund der deutschen Verhältnisse nach 1789 betrachtet. Die territoriale und politische Zerstückelung
Deutschlands, das Scheitern radikaldemokratischer Forderungen der Jakobiner
und die soziale wie kulturelle Gespaltenheit des Publikums liessen ihn am Bür-
gerschen Leitbild eines Volksdichters zweifeln. Hinzu kamen eigene bittere Erfahrungen als freier Schriftsteller und das Studium der Kantischen Aesthetik,
die ihn veranlassten, das Problem der Volkstümlichkeit unabhängig vom Publikum ästhetisch zu lösen, den "Kulturunterschied" zwischen der "A u s w a h l
einer Nation und der M a s s e derselben" im Werk aufzuheben.[27] "Ein Volksdichter für unsre Zeiten", meint Schiller, "hätte also bloss zwischen dem A l -
l e r l e i c h t e s t e n und dem A l l e r s c h w e r s t e n die Wahl: entweder sich ausschliessend der Fassungskraft des grossen Haufens zu bequemen
und auf den Beifall der gebildeten Klasse Verzicht zu tun - oder den ungeheuren
Abstand, der zwischen beiden sich befindet, durch die Grösse der Kunst aufzuheben."[28] Schiller wählte gegen Bürger den zweiten Weg, in der zweifellos utopischen Vorstellung, durch die Erhabenheit der Kunst und mit Hilfe ästhetischer
Erziehung das geteilte Publikum zu vereinen. Ein Volksdichter nach Schillers
Meinung wäre "der aufgeklärte, verfeinerte W o r t f ü h r e r d e r V o l k s-
g e f ü h l e , (...) der, eingeweiht in die Mysterien des Schönen, Edeln und
Wahren, zu dem Volk bildend herniedersteigt."[29]
    Dieser recht anspruchsvolle Volkstümlichkeitsbegriff, der auf die Rezep-
tionsmöglichkeiten des "grossen Haufens" kaum Rücksicht nimmt, entsprach
schon Ende des 18. Jahrhunderts nicht mehr der gesellschaftlichen Wirklichkeit. Das ästhetische Erziehungsprogramm Schillers berücksichtigte weder die
Zurückgebliebenheit der Massen noch ihre Interessen. Statt dessen richtet er
sich nach dem Geschmacksideal "des Kenners", das er zum allgemeinen erheben möchte. Wie wenig volkstümlich ein Konzept ist, welches das, "was den
Besten gefällt, in jedermanns Hände" bringen will[30], zeigt der Misserfolg der
anspruchsvollen H o r e n , die selbst nach Körners Meinung zu wenig Rücksicht auf den "gewöhnlichen Leser" genommen haben[31]. Da dachte der von
Schiller so scharf getadelte Bürger doch realistischer, wenn er den guten Geschmack auf seine ökonomischen Voraussetzungen reduzierte und seinen privi-
ligierten Vertretern ihre Verdienste für die Entwicklung der Kultur bestreitet.
Die oberen Klassen haben einen guten Geschmack, behauptet er, weil sie "mehr
Vermögen und Gelegenheit haben, ihren Söhnen auf diese Stufe der Vollkommenheit emporzuhelfen. Transportieren Sie auf einmal das Vermögen und den Unterricht der oberen Klassen auf die niederen, so werden Sie die Lehrer und Muster
des guten Geschmacks aus diesen hervorgehen sehen."[32]
    Dennoch und Bürger zum Trotz setzte sich Schillers utopisches Volkstüm-
lichkeitskonzept - gerade wegen seiner sozialen Unverbindlichkeit - durch und

erhielt mit dem Aufstieg der deutschen Klassik zur bürgerlichen Nationalkultur im 19. Jahrhundert kanonische Gültigkeit. Es nützte wenig, dass Kritiker wie Heine, Herwegh und Prutz - um nur einige zu nennen - auf den immer noch ungelösten Gegensatz zwischen der Kultur der Elite und der Masse hinwiesen. Es blieb dabei, dass "die Aristokratie der Geistreichen und Seelenvollen sich in ihrer Trennung von der trivialen Masse des gesunden Menschenverstandes geniesst", wie Julian Schmidt 1847 bemerkte.[33]

Die fortschreitende Industrialisierung und die damit verbundene Proletarisierung weiter Bevölkerungskreise verschärfte jene bildungspolitische Krise immer mehr. Unter den Bedingungen der kapitalistischen Klassengesellschaft wurde es fast unmöglich, eine volkstümliche Kultur auf breitester Basis zu schaffen. Durch Kompromisse und Reformvorschläge nach Schillers Art suchte man dem Uebel abzuhelfen, wie die kulturpolitischen Auseinandersetzungen in der SPD um 1900 zeigen.[34] Ob man die Naturalismusdebatte von 1896, den Streit um die Freien Volksbühnen oder die Diskussion der Schiller-Feiern von 1905 analysiert, immer wieder stösst man auf das Schillersche Rezeptionsmodell, wonach das Volk "zum Höchsten eine Fähigkeit mitbringt", die man durch gehörige Erziehung bloss veredeln müsse.[35] Das lief dann meist auf Redensartliches hinaus, wie 'Bildet euch an den Klassikern!' oder 'Die Kunst dem Volke!' Auf diese Weise popularisierte man das bürgerliche Erbe, während man geduldig auf die Entstehung einer sozialistischen Literatur wartete. Obwohl keineswegs ausgemacht war, ob die breiten Massen jene Tradition überhaupt verstanden, hoffte man, die Proletarier durch kluge Kompromisse an die herrschende Kultur heranzuführen. Das geschah, wie sich an den Arbeiten Mehrings, aber auch Lukács' zeigen liesse, durch Rückgriffe auf progressive und plebejische Traditionen innerhalb der bürgerlichen Literatur.[36] Selbst Lukács' Postulat von 1936, dass "wirklich grosse Literatur unbedingt volkstümlich sein" müsse[37], kränkelt noch an idealistischen Vorstellungen. "Diese Volkstümlichkeit", so schreibt er, "beruht gerade darauf, dass die grosse Literatur wirkliche Probleme auf dem höchsten Niveau gestaltet."[38] Besser hätte es Schiller auch nicht sagen können. Es blieb auch in der Volksfrontphase bei der utopischen Forderung, obwohl Lukács wusste, dass sich diese unter den Bedingungen der Klassengesellschaft nicht erfüllen würde.

Auf der anderen Seite, bei den Nazis, hatte man mit Hilfe eines mythisierenden Volkstumsbegriffs die Widersprüche der kapitalistischen Gesellschaftsordnung vertuscht und das Völkische durch eine entsprechende Literatur legitimiert.[39] An dieser reaktionären Legende wirkten die Germanisten bekanntlich kräftig mit. "Volkhafte Dichtung", so definierte Langenbucher 1937, "ist jede dichterische Aussage, die im Lebensraum des deutschen Volkes steht, die aus seiner Wirklichkeit, aus dem Grunde seines Wesens, aus seinem Schicksal wächst."[40] Und entsprechend der Rassenlehre des III.Reiches, "vermögen nur Menschen unseres Blutes, Kinder unseres Wesens, Gestalter unseres Schicksals, Bildner unseres Volkes zu sein"[41]. Dabei verstand man unter Volk eine mythische nationale Einheit ohne soziale Schichtung. Da es obendrein nur e i n Volkstum gab, dessen sakrale Bedeutungsfülle schier unergründlich schien, konnte man die Interessen der Proletarier im Volksganzen aufgehen lassen.

Ueber diese und andere "Tümlichkeiten" der Nazis spottete Brecht, als er

1938 im Exil an einer eignen "Parole" zur Volkstümlichkeit arbeitete.[42] Er sah in der faschistischen Verfälschung des Begriffs nur das letzte Glied einer "langen, verwickelten Geschichte", die eine Geschichte der Klassenkämpfe ist.[43] Brechts Volkstümlichkeitsbegriff ist daher alles andere als ein abstrakt ästhetischer Terminus, sondern eine historisch bedingte und mit den Interessen der Werktätigen aufs engste verbundene Kategorie, die Parteilichkeit impliziert. Unter volkstümlicher Kunst versteht er "eine Kunst für die breiten Volksmassen, für die vielen, die von den wenigen unterdrückt werden."[44] Und entsprechend lautet seine Definition, die er selbst eine "riesige Anweisung" nennt und die ausführlich erläutert werden müsste: "Volkstümlich heisst: den breiten Massen verständlich, ihre Ausdrucksform aufnehmend und bereichernd/ ihren Standpunkt einnehmend, befestigend und korrigierend/ den fortschrittlichen Teil des Volkes so vertretend, dass er die Führung übernehmen kann, also auch den anderen Teilen des Volkes verständlich/ anknüpfend an die Tradition, sie weiterführend/ dem zur Führung strebenden Teil des Volkes Errungenschaften des jetzt führenden übermittelnd."[45] Mit Lenin betont Brecht den "plebejischen Gesichtspunkt" der Literatur. Sie muss mit der politischen Praxis der revolutionären Arbeiterklasse verbunden sein[46], ihren Interessen dienen, und zwar "dem ganzen riesigen Komplex ihrer Interessen, von den nacktesten, existentiellen bis zu den sublimsten"[47]. Eine Kunst, die derart im Volke wurzelt - und Volk war für Brecht kein "schwankend Wort" mehr -, wird auch nicht mehr "Schillers Vorschlag" folgen, der "die politische Erziehung zu einer Angelegenheit der Aesthetik" macht, denn sonst postuliert man weiterhin über die Köpfe der Masse hinweg.[48] Jener "Volkstümlichkeit von oben herab"[49] setzt er seine dialektische Konzeption entgegen. Ausgangspunkt ist ihm die Verständnisebene des Volkes, die er aufnimmt und bereichert; er schaut dem Volk aufs Maul, ohne ihm nach dem Mund zu reden; er nimmt seinen Standpunkt ein und korrigiert ihn. "Die Kunst dem Volke und das Volk der Kunst zu nähern", darin sah er seine kulturpolitische Aufgabe.[50]

Brechts Vorschläge bleiben, wie er selbst einmal bemerkte, "undurchführbar in dieser Gesellschaftsordnung, durchführbar in einer anderen"[51]. Heute sind sie im Westen schwerer denn je zu verwirklichen. Es fehlt vielerorts an einer kämpferischen Klasse, die in ihrem revolutionären Selbstverständnis durch volkstümliche Dichter bestätigt würde. Dem modernen Arbeitnehmer, der jenem schnöden Euphemismus zum Trotz immer noch seine Haut zu Markte trägt, gaukelt man innerhalb der Tarifsysteme Sicherheit und sogar Wohlhabenheit vor. Zerstreut durch die Massenmedien, die den Interessen der Massen nicht dienen, sondern sie obendrein manipulieren, fehlt es den Lohnabhängigen an einer wirkungsvollen kämpferischen Tendenzkunst. Angesichts der fortschreitenden "Kapitalisierung des Geistes" (Lukács), der veränderten Produktions- und Reproduktionsbedingungen der Literatur geraten selbst engagierte Schriftsteller in eine gesellschaftlich prekäre Randsituation, für die Hans Magnus Enzensberger repräsentativ sein dürfte.

Nach Benjamin und Brecht zählt er zu den wenigen Schriftstellern, welche Bedeutung und Wirkung der Bewusstseinsindustrie überhaupt begriffen und kritisch beschrieben haben. Wie widersprüchlich die gesellschaftliche Funktion der Literatur unter dem wachsenden Druck der neuen Produktionsformen geworden ist, hat er schon 1960 klar erkannt. Es lohnt, ihn ausführlich zu zitieren: "Zwar verfügen wir heute über die Mittel, Kultur allgemein zugänglich zu machen. Die Industrie, die sie handhabt, reproduziert jedoch die gesellschaftlichen Widersprüche, die das verhindern; ja sie verschärft sie, indem sie der materiellen Ausbeutung die geistige verbindet. Sauber zentrifugiert sie die produktiven Kräfte, dergestalt, dass sich die Poesie vor die Wahl gestellt sieht, entweder auf sich selbst oder auf ihr Publikum zu verzichten. Das Ergebnis ist auf der einen Seite eine immer höher gezüchtete Poetik für ein nach Null konvergierendes Publikum, auf der anderen Seite, präzise davon abgetrennt, die ständig primitiver werdende Massenversorgung mit Poesie-Ersatz."[52]

Widersprüchlich ist die gesellschaftliche Situation der Kunst heute tatsächlich in höchstem Masse. Während der Kunst im Zeitalter ihrer massenweisen Reproduktion die Aura des Elitären genommen wurde, während die neuen Medien die Bildungsprivilegien der bürgerlichen Intelligenz aufheben könnten, da sie ihrer Struktur nach egalitär sind[53], bleibt die Kluft zwischen Elite und Masse bestehen, bildet sich keine proletarische Oeffentlichkeit.[54] Dass die Bewusstseins-Industrie nicht dazu beiträgt, die Kunst zum Gemeinbesitz zu machen, dürfte inzwischen eine Binsenweisheit geworden sein. Dass sie die Bedürfnisse der Massen manipuliert, ohne sie zu befriedigen, und eine Toleranz übt, die im Grunde repressiv ist, gehört zu den wichtigsten Einsichten der Kritischen Theorie. Doch dabei stehen zu bleiben und blosse Schlagworte zu wiederholen, hält Enzensberger für ein Zeichen der Ohnmacht und Resignation. Von grösserem gesellschaftlichen Nutzen sei es, als "Agent der Massen" die emanzipatorischen Möglichkeiten zu erkunden und zu entwickeln, um zur "politischen Alphabetisierung" der Arbeiter beizutragen.[55] Zugegeben, auch bei ihm endet der Rat im Postulat, tastet die Organisationsform der Massenmedien und die Herrschaftsstruktur, die sie stützen, nicht an. Immerhin aber verpflichtet er den progressiven Intellektuellen, mit seinem Wissen und seinen Mitteln die Interessen der Massen zu unterstützen.

Das wäre nicht wenig, und an sinnvoller Arbeit bestünde kein Mangel. Etwas von diesem kämpferischen und parteilichen Optimismus wäre einer volksverbundenen und praxisbezogenen Germanistik zu wünschen, damit sie nicht wie Brechts Galilei zum Parasiten der herrschenden und zum Schädling der kommenden Gesellschaft wird. Nie zuvor war die Verpflichtung der Literaturwissenschaft grösser, ihr Wissen zur Emanzipation und Aufklärung der Massen und zu einer Demokratisierung nicht nur der Kultur einzusetzen. Die Veränderung des Literaturbegriffs, die sich in Trivialliteratur-, Rezeptions- und Medienforschung andeutet, ist ein günstiges Zeichen, das auf eine Erweiterung der Germanistik zu einer kritischen Kulturwissenschaft hindeutet. Wer diese Minimalforderungen vom Standpunkt einer ästhetisierenden Germanistik für utopisch hält, sollte - um mit Brecht zu schliessen - darüber nachdenken, warum sie immer noch utopisch sind.

Anmerkungen

1 Bertolt Brecht, Gesammelte Werke. Frankfurt 1967, Bd.3, S.1340f.
2 Materialien zu Brechts 'Leben des Galilei'. Frankfurt 1963, S.10, 12.

3 Vgl.: Jochen Schulte-Sasse, Die Kritik an der Trivialliteratur seit der Aufklärung. München 1971.

4 Gert Ueding, Glanzvolles Elend. Versuch über Kitsch und Kolportage. Frankfurt 1973. Rudolf Schenda, Volk ohne Buch. Studien zur Sozialgeschichte der populären Lesestoffe 1770-1910. Frankfurt 1970.

5 Sozialgeschichte und Wirkungsästhetik. Hrsg. v. Peter Uwe Hohendahl. Frankfurt 1974, S.27.

6 Ebd., S.162ff., 166ff., 66ff.

7 Volkstümlichkeit als "praktisches Zentralproblem des künstlerischen Schaffens" (Erpenbeck) ist in der DDR eine wichtige Kategorie. Kulturpolitisches Wörterbuch. Hrsg. v. Harald Bühl u.a. Berlin 1970, Sp.562f. Parteilichkeit und Volksverbundenheit. Zu theoretischen Grundfragen unserer Literaturentwicklung. Berlin 1972.

8 Brief an Gleim vom 22. März 1772.

9 Friedrich Nicolai, Das Leben und die Meinungen des Herrn Magister Sebaldus Nothanker. Leipzig 173/76. Zit. nach: DLE 15, S.72.

10 Jochen Schulte-Sasse, Literarischer Markt und ästhetische Denkform. In: LiLi 6 (1972), S.11ff.

11 An Goethe, 25. Juni 1799.

12 Friedrich Schlegel, Seine prosaischen Jugendschriften. Hrsg. v. Jacob Minor. Wien 1906, Bd.2, S.195.

13 Georg Lukács, Skizze einer Geschichte der neueren deutschen Literatur. Neuwied 1963, S.171.

14 Jürgen Habermas, Strukturwandel der Oeffentlichkeit. Neuwied [4]1969, S.49.

15 Kurt Wölfel, Moralische Anstalt. Zur Dramaturgie von Gottsched bis Lessing. In: Deutsche Dramentheorie. Hrsg. v. Reinhold Grimm. Frankfurt 1971, Bd.1, S.51.

16 Vgl. Deutsches Wörterbuch, Bd.12, Sp.499f.

17 Bürgers Werke. Hrsg. v. Lore Kaim u. Siegfried Streller. Weimar 1956, S.341.

18 Goethe, Dichtung und Wahrheit. Weimarer Ausgabe, I.Abt., Bd.27, S.394.

19 Herder, Sämtliche Werke. Hrsg. v. B. Suphan. Berlin 1877/1913, Bd.9, S.529.

20 Schillers Werke, Nationalausgabe Bd.22, S.247.

21 Bürgers sämtliche Werke. Hrsg. v. Wolfgang von Wurzbach, Leipzig 1902, Bd.3, S.7.

22 Johann Christoph Adelung, Wörterbuch, Bd.6 (1780), Sp.1613.

23 Ebd.

24 Bürgers sämtliche Werke, Bd.3, S.18.

25 Nationalausgabe, Bd.22, S.250.

26 Ebd., S.248.   27 Ebd., S.247.   28 Ebd., S.248.

29 Ebd., S.250.   30 Ebd., S.104.

31 An Schiller, 11. Januar 1795. Selbst der verhältnismässig "populäre" Musen-Almanach für das Jahr 1797 (Xenienalmanach) findet in Jena und Weimar (zusammen 12000 Einwohner) nur 100 Käufer. (Vgl. Brief an Goethe, 10. Oktober 1796) Dazu auch: Klaus L. Berghahn, Volkstümlichkeit ohne Volk? Kritische Ueberlegungen zu einem Kulturkonzept Schillers. In: Popularität und Trivialität. Hrsg. v. Reinhold Grimm u. Jost Hermand. Frankfurt 1974.

32 Bürgers sämtliche Werke. Bd. 3, S. 51.

33 Julian Schmidt, Geschichte der Romantik im Zeitalter der Revolution und Restauration. Leipzig 1847, Bd. 2, S. 370.

34 Vgl. Georg Fülberth, Proletarische Partei und bürgerliche Literatur. Neuwied 1972.

35 Friedrich Schiller, Ueber den Gebrauch des Chors in der Tragödie. In: Sämtliche Werke (Hanser Ausgabe) München [2]1960, Bd. 2, S. 815.

36 Vgl. Die Lessing Legende (1892), Schiller. Ein Lebensbild für deutsche Arbeiter (1905); zu Lukács siehe: Helga Gallas, Marxistische Literaturtheorie. Neuwied 1971, S. 119ff.

37 Georg Lukács, Maxim Gorki. In: Schriften zur Literatursoziologie. Hrsg. v. Peter Ludz. Neuwied 1961, S. 415.

38 Ebd., vgl. auch: Klaus L. Berghahn, Volkstümlichkeit und Realismus. Nochmals zur Brecht-Lukács-Debatte. In: Basis IV (1973), S. 19ff.

39 Dazu: Alexander von Bormann, Vom Traum zur Tat. Ueber völkische Literatur. In: Die deutsche Literatur in der Weimarer Republik. Hrsg. v. Wolfgang Rothe. Stuttgart 1974, S. 304ff.

40 Zit. nach: Theorie der politischen Dichtung. Hrsg. v. Peter Stein. München 1973, S. 112.

41 Ebd.

42 Gesammelte Werke Bd. 19, S. 322ff.

43 Ebd., S. 324.

44 Ebd.

45 Ebd., S. 325. Vgl. meinen Aufsatz (Anm. 38).

46 Lenin, Parteiorganisation und Parteiliteratur. Wiederabgedruckt: Parteilichkeit der Literatur oder Parteiliteratur. Hrsg. v. Christoph Buch. Hamburg 1972, S. 44ff.

47 Gesammelte Werke. Bd. 19, S. 373f.

48 Ebd., Bd. 18, S. 165.

49 Ebd., Bd. 18, S. 333.

50 Gesellschaft Literatur Lesen. Literaturrezeption in theoretischer Sicht. Von Manfred Naumann u. a. Berlin 1973, S. 448. Das Thema wird von dem Kollektiv nur gestreift und auf drei Seiten typologisch behandelt.

51 Gesammelte Werke. Bd. 18, S. 133.

52 Hans Magnus Enzensberger, Einzelheiten. Frankfurt 1972, S. 269f.

53 Ders., Baukasten zu einer Theorie der Medien. In: Kursbuch 20 (1970), S. 167.

54 Dazu: Oskar Negt/Alexander Kluge, Oeffentlichkeit und Erfahrung. Zur Organisationsanalyse von bürgerlicher und proletarischer Oeffentlichkeit. Frankfurt 1973, bes. S. 169ff.

55 Kursbuch 20, S. 186 und Hans Magnus Enzensberger, Gemeinplätze, die neueste Literatur betreffend. In: Kursbuch 15 (1968), S. 197. Vgl. auch: Reinhold Grimm, Bildnis Hans Magnus Enzensberger. Struktur, Ideologie und Vorgeschichte eines Gesellschaftskritikers. In: Basis IV (1973), S. 131-191.

HABITUS UND HABITUSTHEORIE IN DER LITERATURBETRACHTUNG

Von Zoran Konstantinović (Innsbruck)

Mit seiner Darstellung des literarischen Kunstwerkes als eines objektivierbaren ästhetischen Gegenstandes in unserem Bewusstsein, der sich - ähnlich einer polyphonen Harmonie - im Laufe der Lektüre allmählich aus einzelnen Schichten konstituiert: aus der Schicht der Lautung, der Bedeutungen, der dargestellten Gegenständlichkeiten und der schematisierten Ansichten, hat Ingarden zweifellos einen bedeutenden Beitrag für die Literaturwissenschaft geleistet und einen entscheidenden Wendepunkt in deren Entwicklung herbeigeführt.[1] Obwohl eine solche Art der Darstellung wegen ihrer betonten Bezugslosigkeit zu allen historischen und gesellschaftlichen Bindungen von den Vertretern der entgegengesetzten Position auch als "Fetischisierung des literarischen Werkes" bezeichnet wurde, steht sie andererseits doch wiederum am Beginn jener Rückbesinnung auf eine historische Betrachtungsweise, die - im Unterschied zu den historischen Auffassungen der Literatur bis dahin - nun nicht nur die Geschichtlichkeit von Werk und Autor, sondern auch die Geschichtlichkeit des Lesers in die Untersuchung des Ablaufes der Literaturentwicklung miteinbeziehen möchte. Denn gerade in der Auseinandersetzung mit der vierten Schicht in Ingardens Darstellung des literarischen Kunstwerkes wurde die Frage aufgeworfen, ob es überhaupt einen solchen idealen Leser im Sinne Ingardens geben könne, der in einer adäquaten Lektüre zum wahren Mitschöpfer am literarischen Kunstwerk wird, indem er die im Werk gegebenen schematisierten Ansichten durch seine parat gehaltenen und ebenfalls schematisierten Ansichten in einer den Intentionen des Autors genau gemässen Weise zur Anschauung zu bringen vermag; ob es also einen Leser gibt, der so völlig über seine Tradition und soziale Sphäre hinauswachsen kann, dass er mit seinem Buch wirklich "allein" bleibt.

Die Frage nach der Möglichkeit einer zeitlosen und allgemein gültigen Bewusstseinsstruktur des Lesers wurde in den bisherigen Referaten und Diskussionsbeiträgen schon wiederholt aufgeworfen. Ich möchte hier nur erwähnen, dass auch Ingarden zwischen dem Leser eines in Paris sich abwickelnden Romans unterscheidet, der Paris aus eigener Ansicht kennt und seine Ansichten aus solcher Erfahrung ergänzt, und einem Leser, der sich das Bild dieser Stadt nur mit Hilfe der Lektüre des erwähnten Romans aufbauen muss. Auch Ingarden möchte Lektüre durchaus als "Lektüre in der Zeit" verstanden wissen, und er ist auch bereit, die Perspektive des "Lebens" ein und desselben literarischen Werkes in verschiedenen Epochen als geschichtlichen Prozess anzuerkennen.[2] Für unsere Ausführungen hier ist dies nur insofern bedeutsam, um zu unterstreichen, dass auch Ingarden das Bewusstsein des Lesers als Stelle der Konkretisation eines literarischen Kunstwerkes bestimmt.

Literatur ist demnach auch aus dieser Sicht betrachtet für den Leser da, und nur er ist es, der sie rezipiert. Ohne Leser gäbe es demzufolge überhaupt keine Literatur, und sie lebt und wirkt nur durch den Leser. Die bisher geschlossenste theoretische Begründung einer solchen Rezeptionsästhetik stammt bekanntlich von H.R. Jauss, der diesen Begriff in den Mittelpunkt seiner Schrift "Literaturgeschichte als Provokation der Literaturwissenschaft" (1967) stellt und mit Hilfe des sogenannten ERWARTUNGSHORIZONTES ausbaut. Dieser von dem Soziologen Karl Mannheim entlehnte Ausdruck bezeichnet für Jauss den Horizont der Erwartungen des Publikums und der Kritik, der sich für jedes Werk im historischen Augenblick seines Erscheinens ergibt und durch das bestehende Verständnis für die Gattung, Form, Thematik und Sprache bestimmt wird. Der Erwartungshorizont wäre demnach jener Linie gleichzusetzen, bis zu welcher sich unsere Aufnahmefähigkeit, mit der wir für gewöhnlich einem neuen Werk begegnen, zu erstrecken vermag.

Aber auch die Darlegungen von Jauss sind auf Kritik gestossen. Das von M. Naumann geleitete Autorenkollektiv erkennt zwar die Richtigkeit der Thesen von Jauss an, bemängelt jedoch deren idealistische Auslegung, die vor allem darin zum Ausdruck kommt, dass es sich nicht um eine Rezeption handelt, die durch die gesellschaftliche Praxis und Erfahrung konkreter Leser und Lesergruppen, sondern rein innerliterarisch definiert wird.[3] So wird auch der Erwartungshorizont ausschliesslich literarisch und nicht soziologisch abgegrenzt, indem jener Horizontwandel, den ein neues Werk erfordert, nur durch ästhetische Kategorien umrissen wird: in dem Masse, in dem sich die Distanz zwischen Erwartungshorizont und Werk, zwischen dem schon Vertrauten der bisherigen ästhetischen Erfahrung und dem Wandel, den die Aufnahme des neuen Werkes erfordert, verringert, nähert sich das Werk dem Bereich der "kulinarischen" oder Unterhaltungskunst. Auf diese Weise wird - nach Meinung dieses Autorenkollektivs - die Kategorie des "Neuen" zu einer Gesetzmässigkeit der Literaturgeschichte. Das "Neue", die "Modernität", wird zum Kriterium des literarischen Prozesses, weil jedes neue Werk "unsere Sicht auf alle vergangenen Werke" revidiere. Anstelle des Erwartungshorizontes wird nun der neugeprägte Begriff der "REZEPTIONSVORGABE" eingesetzt. Diese ist als Modell zu begreifen, das die dialektische Beziehung ausdrückt, innerhalb derer Leser nicht nur ein Werk in Empfang nehmen, sondern ein Publikum sich auch seine Autoren schafft.

Bei einer solchen Konfrontation der Meinungen scheint es mir nicht unnütz, an Husserls Definition des Habitus zu erinnern und an die Aufnahme, auf die eine solche Definition bis jetzt in der Literaturwissenschaft gestossen ist. Husserl hat auf die Bedeutung des Habitus schon früh hingewiesen. In den "Logischen Untersuchungen" schreibt er: "Der geübte Denker findet leichter Beweise als der ungeübte, und warum dies? Weil sich ihm die Typen der Beweise durch mannigfache Erfahrung immer tiefer eingraben und darum für ihn auch immer viel leichter und wirksamer die Gedankenrichtung bestimmend sein müssen."[4] In den "Cartesianischen Meditationen" erwägt Husserl sogar, ob es neben dem Ego, das sich im ständigen Bewusstseinsstrom befindet, nicht noch ein zweites Ego gebe, in dem sich einmal Erlebtes oder Erfahrenes setzt und überdauert.[5] Gerhard Funke hat dann in seinen phänomenologischen Arbeiten über diesen Habitus, der eigentlich die Spuren vergangener sinnkonstituierender Akte in unserem Bewusstsein darstellt, weiter nachgedacht, und er spricht von "Habitualitäten" als den "Sedimenten erlebter Abläufe"[6]. Man muss demnach den Habitus nicht bewusst bilden wollen; die Sedimente sind einfach da, sofern ein sinnkonstituierender Akt in unserem Bewusstsein abgelaufen ist. Dieser Akt gehört nun einem Ich zu, das ihn einmal erlebte oder erfuhr. Er kann vergessen, er kann abgestritten werden, aber beides setzt voraus, dass er einmal da war und dass jede Habitualität wieder in unser unmittelbares Bewusstsein treten kann. In diesem Sinne können zweifellos auch einige Schichten des Habitus unterschieden werden: nähere und entferntere. Die erste und allernächste Schicht bilden wohl die Retentionen, also die gerade verflossenen Jetztpunkte einer Sinneinheit. Ueber Gerhard Funke hat - soviel mir bekannt - Erwin Leibfried diesen Begriff übernommen, und in seinem Versuch der theoretischen Begründung einer Wissenschaft vom Text widmet er ein Kapitel der Betrachtung einer Habitustheorie in der Literaturwissenschaft.[7] Wiederum ist der Ausgangspunkt, dass das literarische Werk nicht autonom ist, sondern des Lesers bedarf, um sich zu konstituieren. Es wird darauf hingewiesen, dass sich während der Lektüre das Habituelle ständig mit dem Aktuellen verbindet, indem Habitualitäten wiedererweckt werden, jedoch durch neue, aktuelle Erkenntnisse aus dem Kontext erweitert, dann wieder zurücksinken in neue, erweiterte und vertiefte Habitualitäten. Bei der Lektüre handelt es sich also um eine Vermischung von habituellem Bestand und aktuellem Geschehen, um eine - wie Leibfried, einen Ausdruck Funkes übernehmend, sagt - Habitus-Konstitutions-Interferenz. Husserl selbst hat jenes Verhältnis, dass Aktuelles das Habituelle weckt, Assoziation genannt. Es ist die Fähigkeit, etwas mit einem Schon-Bekanntheitston zu versehen.[8] Leibfried erklärt, dass auch solche Bedeutungen wie Ode oder Ballade assoziativ mitvollzogen werden, und zwar in der Weise, dass beim Erleben einer Ode oder einer Ballade auch Habitualitäten im Spiele sind, die davon abhängen, was ich schon als Ode oder als Ballade aufgenommen habe: denn je nach der Breite des empirisch oder historisch Bekannten wird sich die Odenvorstellung differenzieren. Es gibt jedoch auch - und gerade in der Dichtung häufig auftretende - Phänomene, die adäquat nur erfasst werden, wenn Habitualitäten und bestehende Sedimente von Erlebnissen und Erfahrungen im aktuellen Vollzug mit im Spiel sind: bestimmte Formen der Ironie - nämlich solche, wo das Ironisierte gerade nicht explizite vorhanden ist - werden nur als solche erlebt, wenn im Vollzuge das Wissen um das Ironisierte eingesetzt wird. Leibfried meint auch, dass es einen Habitus der Gewohnheit gibt, indem wir bestimmte Habitualitäten rein mechanisch zum Vorschein bringen. In einem solchen Falle ist es auch möglich, dass wir von den Habitualitäten gesteuert werden.[9] So erkennt Leibfried für das interpretierende Ich die Möglichkeit der steuernden Funktion der Laudatio, der Aufforderung zum Ergriffensein, der Retuschierung und des Strohmannes, der ideologischen Verzerrung und der Auctoritas.

Hier verlasse ich die Ausführungen Leibfrieds, seine zweifellos anerkennenswerten Bemühungen, eine Theorie der Wissenschaft vom Text zu begründen, und möchte nun ganz kurz versuchen, meinerseits einige Gedankengänge zu entwerfen. Ich muss dabei feststellen, dass sich diese an einigen Stellen mit den Ausführungen des Kollegen Strelka berühren und sie vielleicht auch ergänzen.

Das Nachdenken über einen solchen Habitus scheint mir bei allen Vorbehalten gegenüber einem willkürlichen Subjektivismus doch die Auffassung von einem individuellen Leser zu bestätigen. Letztlich wird es doch so sein, dass jedes Werk einen idealen Leser für sich nicht nur in Anspruch nehmen, sondern sogar finden kann - eben denjenigen, dessen Habitus diesem Werk am meisten oder sogar völlig entspricht; und es wird wohl jenes Werk sein, das die Habitualitäten, die angesammelten Sedimente am meisten in die individuelle Habitus-Konstitutions-Interferenz zu bringen vermag. Wollte ich nach Beispielen suchen, so könnte ich anführen, dass es doch niemanden gibt, der sich nicht für ein Werk als sein Lieblingswerk entschieden hätte. Es muss aber nicht in allen Lebensabschnitten das gleiche Werk sein, trotzdem ist es oft gerade das gleiche, erwählt und aufgenommen in einer der ersten Berührungen vielleicht mit der Literatur. In diesem Falle ist es entweder ein absolutes Kunstwerk, oder der Horizontwandel des Lesers ist ein sehr geringer.

Das Nachdenken über den Habitus lässt sich aber auch über das Individuelle hinaus ausweiten. Da es unter den Werken so manche gibt, die viele Menschen zugleich ansprechen, so ist auf einen ähnlichen Habitus ihrer Leser zu schliessen, auf ähnliche Sedimente erlebter Abläufe, auf ähnliche Habitus-Konstitutions-Interferenzen. So zeichnen sich verschiedene Habitus-Gruppen ab, die sich in einem gleichen Bewusstseinsstrom bewegen. Nicht selten haben z.B. literarische Werke im Rahmen solcher Gruppen den Einzelnen oder die ganze Gruppe zu grossen, umwälzenden Leistungen angeregt, nationale Bindungen gefestigt oder soziale Widersprüche in ihrem vollen Ausmass erkennen lassen. Genau betrachtet haben sie eigentlich nur bestehende Habitualitäten aktualisiert und über die Literatur hinaus in Bewegung gesetzt. Generations- oder geschmacksgeschichtliche wie auch kulturmorphologische Begrenzungen sind in diesem Sinne Horizonte, wandelbar in jedem Augenblick. Warum können z.B. einzelne Werke Anspruch darauf erheben, repräsentativ für die Auffassungen einer Epoche zu sein? Wohl deshalb, weil sie die erlebten Abläufe als Sedimente einer Epoche am besten aufbewahrt haben. Eine andere Frage ist es, ob sie diese Epoche objektiv dargestellt haben. Es gibt bekanntlich Werke, die soziale Gruppen ansprechen, und solche, die man als typisch für eine Nationalliteratur betrachtet. Es sind Werke, die - wie wir sagen - nur ein Vertreter des aufstrebenden Bürgertums oder nur ein Engländer, ein Franzose oder ein Russe schreiben konnte. Sicherlich meinen wir damit, dass solche Werke die soziale oder nationale Eigenart der Konkretisierung ganz besonders zum Ausdruck bringen. Es gibt jedoch letzten Endes jene Werke, wo jeglicher Habitus von einer über alle Horizonte reichenden Totalität erfasst wird, wo Sedimente in die Aktualität versetzt werden und aus der Aktualität wieder Habitualitäten bilden, die zweifellos Werte darstellen und so wohl zum erstrebenswerten Habitus des Menschseins überhaupt gehören.

Anmerkungen

1 Entscheidend in diesem Sinne scheint mir R. Ingardens Werk Das literarische Kunstwerk, Tübingen 1930, während die späteren Arbeiten ergänzende Erklärungen zu den dort enthaltenen Thesen darstellen.
2 Roman Ingarden, Vom Erkennen des literarischen Kunstwerkes. Tübingen 1968, S.40.
3 Manfred Naumann (Leitung und Gesamtredaktion), Dieter Schlenstedt und

Karlheinz Barck, Dieter Kliche, Rosmarie Lenzer, Gesellschaft, Literatur, Lesen - Literaturrezeption in theoretischer Sicht. Berlin und Weimar 1973, S. 134-145.

4 Logische Untersuchungen, S. 21.

5 Cartesianische Meditationen, S. 100.

6 Gerhard Funke, Gewohnheit. Bonn 1958, S. 541.

7 Erwin Leibfried, Kritische Wissenschaft vom Text; Manipulation, Reflexion, transparente Poetologie. Stuttgart 1970, S. 88-119.

8 Edmund Husserl, Analysen zur passiven Synthesis. Husserliana Bd. XI, Haag 1967, S. 32.

9 Leibfried, a. a. O. , S. 96.

PROBLEME DES LITERARISCHEN REALISMUS

Von Rolf Tarot (Zürich)

> Ein idealischer Anfang in der Kunst und
> Poesie ist immer sehr verdächtig, denn
> der Künstler hat aus der Ueberfülle des
> Lebens und nicht aus der Ueberfülle ab-
> strakter Allgemeinheiten zu schöpfen...
>
> (Hegel)

Literaturwissenschaft und Literaturkritik haben ein eigentümlich ambivalentes
Verhältnis zum Begriff "Realismus". Einerseits neigen sie dazu, ihn als nichts-
sagend und unpraktikabel zu vermeiden, andererseits können sie nicht übersehen, dass "Realismus im Sinne einer naturgetreuen Darstellung... zweifellos
eine Hauptströmung sowohl in den bildenden Künsten als auch in der Literatur"
(Wellek) ist. Dennoch lässt die Verwendung des Begriffs "Realismus" in Arbeiten aus verschiedenen historischen, geistigen, ideologischen und methodologischen Lagern einen allgemeinen Konsens erkennen. Man kann eine negative und
eine positive Formulierung dieses prinzipiellen Einverständnisses unterscheiden. Negativ formuliert etwa Olof Gigon, wenn er von der griechischen Dichtung
sagt, ihr eigne ein "starker Realismus", weil sie durch "die konsequente Ablehnung aller Phantastik und Dämonie" gekennzeichnet sei. Schon Homer sei
bestrebt gewesen, "das Phantastische und Märchenhafte nach Möglichkeit zu
eliminieren und nur zu dichten, was wahrscheinlich ist". Häufiger ist die positive Form: Friedrich Spielhagen fordert, der Dichter habe "mit freiem, objek-
tivem Blick und sicherer Kunst zu schildern das, was ist"; Maxim Gorki nennt
Realismus "die objektive Gestaltung des Lebens"; Theodor Fontane fordert
eine "Widerspiegelung alles wirklichen Lebens, aller wahren Kräfte und Interessen"; Bert Brecht spricht von "wirklichkeitsgetreuen Abbildungen des Lebens"; René Wellek versteht unter Realismus "die objektive Darstellung der
zeitgenössischen sozialen Wirklichkeit"; Erwin Pracht die "Darstellung des
Lebens, so, wie es wirklich ist"; Richard Brinkmann verwendet die Formel
"getreue Darstellung der Wirklichkeit", und ein Autorenteam von Wissenschaftlern in der DDR versteht Realismus als "Synonym für wahrheitsgetreue künstlerische Darstellung"; das Reallexikon der deutschen Literaturgeschichte (1.
Auflage) sieht das Wesen des poetischen Realismus in "vorbehaltloser Wirklich-
keitsschilderung", und eine Gemeinschaftsarbeit von DDR-Literaturwissen-
schaftlern bestimmt den sozialistischen Realismus als "wahrheitsgetreue Darstellung der Wirklichkeit". Fassen wir zusammen, so ergibt sich die folgende
Konsensformel: Realismus ist wahrheitsgetreue/objektive künstlerische Gestaltung der (sozialen/zeitgenössischen) Wirklichkeit.

Diese Konsensformel bietet als Grundlage für weitere Ueberlegungen drei
untereinander verbundene Gesichtspunkte: 1) Die Weite ihrer Bestimmung oder
Umschreibung umgreift alle historischen Erscheinungsformen von Realismus.

2) Die Mannigfaltigkeit der historisch sich wandelnden Verfahrensweisen der ästhetischen oder literarischen Aneignung, Gestaltung und Wertung der Realität ist in ihr unentfaltet enthalten. 3) Ihr Allgemeinheitsgrad macht eine Differenzierung nach systematischen und historischen Gesichtspunkten möglich.

Die abstrakte Allgemeinheit der Konsensformel ist keineswegs inhaltsleer. Es lässt sich ihr im Gegenteil eine Reihe von Implikationen entnehmen:

1. Realistische Dichtung steht im Strom des Mimesisprinzips und seiner Tradition.
2. Realistische Dichtung setzt - wie die Mimesistradition - eine vom Bewusstsein unabhängige Wirklichkeit voraus.
3. Realistische Dichtung ist an die Voraussetzung geknüpft, dass Wirklichkeit, wie sie tatsächlich ist, erkannt werden kann.
4. Realistische Dichtung setzt die Möglichkeit voraus, Wirklichkeit, so wie sie ist, darstellen zu können.
5. Realistische Dichtung zielt auf eine Analogie zwischen Wirklichkeit und dargestellter Wirklichkeit.
6. Realistische Dichtung setzt sich mit ihrem Objektivitäts- und Wahrheitsanspruch einem Vergleich von Wirklichkeit und dargestellter Wirklichkeit aus.
7. Realistische Dichtung ist mitbestimmt durch das Rückkopplungsverhältnis von Rezipient und Autor.

Diese sieben Implikationen lassen erkennen: das Problem des Realismusbegriffs ist kein innerliterarisches Problem. In den Implikationen vermischen sich ästhetische, literaturtheoretische, erkenntnistheoretische, rezeptionsästhetische und ethisch-moralische Aspekte.

Veranschaulicht man sich die in den Implikationen enthaltenen Beziehungen, so ergeben sich folgende Verhältnisse:

1. Das Verhältnis von Dichtung (W) und Wirklichkeit (O): (W) - (O)
2. Das Verhältnis von Erkenntnissubjekt/Autor (A) und Wirklichkeit (O): (A) - (O)
3. Das erkenntnistheoretische Verhältnis einer objektiven Aneignungsmöglichkeit der Wirklichkeit (O) durch das erkennende/produzierende Subjekt (A): (A) - (O)
4. Das Produktionsverhältnis von Autor (A) und Werk (W): (A) - (W)
5. Das Analogieverhältnis von Werk (W) und Wirklichkeit (O): (W) - (O)
6. Das Rezeptionsverhältnis von Werk (W) und Rezipient (R): (W) - (R)
7. Das Rückkopplungsverhältnis von Rezipient (R) und Autor (A): (R) - (A)

Stellt man die Bezugsverhältnisse schematisch dar, so ergibt sich folgende Konfiguration (vgl. Abb.1). Das Implikationenschema zeigt: der Realismusbegriff ist durch eine vierstellige Relation bestimmt. Aufgabe einer systematisch und historisch zu entwickelnden Realismustheorie muss sein, diese vierstellige Relation inhaltlich zu konkretisieren. Erste Ueberlegungen möchte ich im folgenden anstellen.

Die erste Implikation zwingt die Realismusforschung zur Auseinandersetzung mit der Mimesisproblematik. Die Grundfrage des Verhältnisses von Dichtung und Wirklichkeit ist ein Element der Realismusproblematik. Trotz neuer Einsichten herrscht auf diesem Felde keineswegs Klarheit. Das Mimesispro-

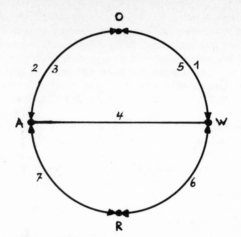

Abb. 1

blem wird bekanntlich schon bei Plato und Aristoteles unterschiedlich behandelt.
Die Frage heute ist nicht, ob an einen der beiden Nachahmungsbegriffe in Pla-
tos Politeia oder an den der Aristotelischen Poetik anzuknüpfen sei - die Entscheidung kann für die Realismusforschung m. E. nur zugunsten der Aristotelischen Auffassung fallen -, sondern die Schwierigkeit besteht darin, den Mime-
sisbegriff von der ständigen Bedrohung durch die Imitatio-Vorstellung im Sinne
einer Re-produktion von Wirklichkeit freizuhalten. Mimesis ist - wenn man es
von der Seite der Produktion oder von der Seite der Struktur des Produkts betrachtet - Darstellung und nicht Nachahmung.

Die Realismusforschung muss nun entscheiden, in welchem Umfang die bei
Aristoteles genannten Gegenstände und Darstellungsarten der Mimesis in bezug
auf den Realismus einzuschränken sind. Aristoteles lässt bekanntlich auch die
Darstellung von Gestalten zu, "die besser sind, als es bei uns vorkommt", d. h.
besser - oder auch schlechter -, "als sie in Wirklichkeit sind". Die drei Arten mimetischer Darstellung sind bei Aristoteles aus den historischen Voraussetzungen zu verstehen und zwingen die Realismusforschung nicht, sie als Dogma zu übernehmen. Die Aristotelische Poetik erweist sich indes nicht nur mit
ihrem Zentralbegriff der Mimesis als fruchtbar für die Realismusproblematik.
Weitere Gesichtspunkte, z. B. der Handlungsbegriff, die Vorstellungen über die
Naturgeschichte der Poesie oder die Vorstellung von der Wirklichkeit als Modell des Künstlers sind mitzureflektieren, was im folgenden wenigstens teilweise im Zusammenhang mit anderen Implikationen geschehen soll.

Die zweite Implikation verlagert die Problematik von einer ästhetischen/li-
teraturtheoretischen Komponente zu einer erkenntnistheoretischen. Die erkenntnistheoretische Voraussetzung der Priorität der Wirklichkeit und ihrer Unab-
hängigkeit vom Bewusstsein hat ihre Gültigkeit über den engeren Bereich der
Kunst hinaus. Die Realismusforschung interessiert die Grundlage des erkenntnistheoretischen Realismus oder Materialismus: "Erkenntnis gibt es nur von
dem, was erst einmal 'ist' - und zwar unabhängig davon 'ist', ob es erkannt

152

wird oder nicht" (N. Hartmann). Die realistische Erkenntnistheorie deckt sich mit dem "naiven Gegenstandsbewusstsein des Erkennenden" (N. Hartmann), und das - und nicht die Geschichte der Erkenntnistheorie - ist der Grund, warum die Vorstellung einer vom Bewusstsein unabhängigen Wirklichkeit eine Implikation der Realismusproblematik ist.

Die erste und zweite Implikation, die eng aufeinander bezogen sind, zwingen die Realismusforschung, den Wirklichkeitsbegriff zu reflektieren. Eine Analyse z. B. von Dichtungen des bürgerlichen Realismus zeigt, dass der Wirklichkeitsbegriff nicht in einem sensualistischen Sinne eingeschränkt werden kann. Die dargestellte Wirklichkeit geht über das wahrnehmbare Sein und Geschehen des Erkenntnissubjekts hinaus (z. B. unmittelbare Darstellung nicht wahrnehmbarer innerer Vorgänge dritter Personen), was durch die für die bürgerlichen Realisten charakteristisch werdende Darstellungsform der epischen Fiktion ermöglicht wird. Wirklichkeit sollte begrifflich von Realität unterschieden werden, da Wirklichkeit - im Unterschied zu Realität - nicht durchgängig durch Sinneswahrnehmung zugänglich ist, sondern sich u. U. erst durch Denken in ihrem Sein erschliesst.

Die dritte Implikation thematisiert die Aneignung von Wirklichkeit und ist als solche zunächst nicht spezifisch für den Bereich der Kunst. Aneignung von Wirklichkeit gehört mit ihrer Subjekt-Objekt-Dialektik in die allgemeine Dialektik des menschlichen Erkenntnisgangs. Ueberdies bestimmt die Subjekt-Objekt-Relation auch das Verhalten des Subjekts zu der es umgebenden Realität. Die Subjekt-Objekt-Relation ist die Voraussetzung dafür, dass z. B. sowohl von einer realistischen Erkenntnistheorie als auch von realistischem Verhalten oder von realistischen Ansichten eines Menschen gesprochen werden kann. Das Attribut "realistisch" bezeichnet dann ein bestimmtes Verhältnis von Subjekt und Objekt, z. B. die Uebereinstimmung von Verhalten und Sachlage, die Unterordnung des Subjekts unter die Gegebenheiten des Objekts oder - mit anderen Worten - das Ueberwiegen der objektiven Aspekte, die Akzentverlagerung auf den Objektpol. Hier liegt der Ursprung der aus den theoretischen Aeusserungen der bürgerlichen Realisten nicht wegzudenkenden Objektivitätsforderung.

Unschwer ist zu erkennen: mit der Frage der Aneignungsformen von Wirklichkeit ist der gesamte Komplex menschlicher Erfahrung als Problem eingebracht. Auch wenn es wohl nie gelingen wird, den Komplex der Aneignungsformen durchgehend zu systematisieren, so lassen sich doch systematisierende Gesichtspunkte finden. Ich möchte zwei polare Aneignungsformen näher charakterisieren: die induktive und die deduktive Verfahrensweise. Beide Verfahrensweisen, die nicht antithetisch oder undialektisch verstanden werden dürfen, sind durch den Erfahrungsbegriff verknüpft. Die induktive Verfahrensweise enthält den Erfahrungsbegriff im Sinne des Machens von Erfahrung (Erfahrung als Prozess), die deduktive die Erfahrung, die man gemacht hat, über die man verfügt (Erfahrung als Resultat).

Das induktive Verfahren muss sich "eine eigene Vorstellung vom Leben erarbeiten" (Gorki). Als adäquate Methode ergibt sich die Beobachtung als Grundlage induktiver Verallgemeinerungen und als Gegenstand der Beobachtung die "gegenwärtige Wirklichkeit". Zur historischen Konkretisierung in der Dichtung bietet sich der Realismus des 19. Jahrhunderts geradezu an. Theodor Fontane forderte: "Der Roman soll ein Bild der Zeit sein, der wir selber angehören, mindestens die Widerspiegelung eines Lebens, an dessen Grenze wir selbst noch standen oder von dem uns unsere Eltern noch erzählten". "Zwei Menschenalter etwa" sind für Fontane die Grenze, "über welche hinauszugehen, als Regel wenigstens, n i c h t empfohlen werden" kann.

Und so gehört zu den unabdingbaren Voraussetzungen des dichterischen Talents - nicht nur für Friedrich Spielhagen - der "schnelle, scharfe und doch ruhig klare Blick des geborenen Beobachters". Die "intime Menschenkenntnis", über die der Dichter verfügen muss, ist für den unter der "furchtbaren Konkurrenz der Wissenschaften" Lebenden am ehesten denkbar als Folge des "sorgfältigsten Studiums der wirklichen Menschen", basierend auf einer "unermesslichen Fülle der Beobachtungen". Die Beobachtung "will von dem Objekte nichts und kann von ihm nichts wollen, als dass es ihr sein Wesen, sein ganzes Wesen und nichts als sein Wesen offenbare" (Spielhagen). Der Realismus des 19. Jahrhunderts ist geprägt vom Vertrauen in die "Freiheit und Unbescholtenheit unserer Augen" (Keller).

Die deduktive Verfahrensweise hat die Erfahrung gleichsam als Resultat im Rücken. Das kann einmal die individuell gemachte Erfahrung sein oder aber die Folge eines vorgängigen Axiomensystems. Der sozialistische Realismus ist wesentlich durch eine solche deduktive Verfahrensweise aufgrund eines vorgängigen Axiomensystems gekennzeichnet. Die in der marxistisch-leninistischen Philosophie verfügbar gemachte Erkenntnis der objektiven Gesetzmässigkeiten der gesellschaftlichen Entwicklung macht "die wissenschaftliche Weltanschauung der Arbeiterklasse zur unabdingbaren Voraussetzung und Grundlage" des sozialistischen Realismus (Pracht). An die Stelle der Beobachtung tritt die Praxis, "die w i r k l i c h e Identifizierung des Subjekts der künstlerischen Gestaltung (des Künstlers) mit dem Subjekt der Praxis (den Werktätigen, insbesondere der Arbeiterklasse) ausserhalb und vor jeder künstlerischen Gestaltung" (Redeker). Das Stichwort heisst: Bitterfelder Weg. Obgleich die Praxis nicht durchgehend als Gegensatz zur Beobachtung angesehen wird, hat es in der marxistischen Literaturtheorie nicht an Versuchen gefehlt, die Beobachtung wegen ihres Abstands, ihrer Distanziertheit und vermeintlichen Passivität als typisch kleinbürgerlich zu diffamieren. "Die künstlerische Widerspiegelung duldet selbst von ihrer spezifischen Form der Widerspiegelung her keine äusserliche Betrachtung der Wirklichkeit, kein Gegenüberstehen, keine Distanz. Sie verlangt, dass der Künstler sich selbst, parteilich bis in die Emotion, mit seinem persönlichen Denken, Fühlen und Wollen mitten hineinstellt..." Das "Verhalten der Beobachtung" hingegen "ist nicht praktisch, nicht selbst beteiligt, parteilich und aktiv, sondern distanziert, passiv" (Redeker). Wie unberechtigt die Diskriminierung der Beobachtung tatsächlich ist, illustriert der Artikel "Beobachtung" im Marxistisch-Leninistischen Wörterbuch der Philosophie von Georg Klaus und Manfred Buhr, wo Beobachtung ausdrücklich als "Ausdruck des a k t i v e n V e r h ä l t n i s s e s des Menschen zu seiner Umwelt" und nicht nur als "passive Wahrnehmung" bezeichnet wird.

Es ist hier nicht die Gelegenheit, die beiden Aneignungsmethoden eingehend kritisch zu würdigen. Man wird indes nicht übersehen können, dass in der induktiven Aneignungsform mit der Unzulänglichkeit des Erkenntnisvermögens gerechnet werden muss, wenn man nicht von einer spezifisch künstlerischen Erkenntnisfähigkeit ausgehen will, die das Erkenntnisproblem unproblematisch macht. Für die Erkenntnis des Seelenlebens anderer stellt sich das Problem, dass es der Beobachtung nur mittelbar zugänglich ist. Auch marxistische Kritiker zweifeln nicht, dass Beobachtung ein "relativ genaues Abbild des betreffenden Sachverhalts" ermöglicht. Vielberufene Beispiele sind Balzac und Thomas Mann. Kritisiert wird, dass die durch Beobachtung mögliche Beschreibung noch keine Erklärung liefere, die dargestellte Erscheinung nicht Wesen, Ursachen und Gründe aufdecke.

Auf der anderen Seite ist auch marxistischen Kritikern wie Georg Lukács oder Anna Seghers nicht verborgen geblieben, dass Schwierigkeiten der sozialistischen Literatur gerade aus der "Ueberlegenheit der weltanschaulichen Grundlage" erwachsen. Die Stichworte für die ins Auge gefassten Probleme: Schematismus; mechanische Gestaltung oder mechanische Umgestaltung der Perspektive. Die nichtmarxistische Literaturtheorie wird eher eine Bedrohung der Eigengesetzlichkeit des Kunstwerks befürchten. Die Eigengesetzlichkeit des Kunstwerks ist bei deduktiver Methode - bei den Jesuiten des 17. Jahrhunderts so gut wie bei den Marxisten - immer potentiell in Gefahr, weil nicht selten der gedanklichen Richtigkeit oder Funktionsgerechtheit Priorität vor den künstlerischen Gesichtspunkten eingeräumt wird. Was Walter Benjamin in diesem Zusammenhang gesagt hat, ist sicherlich kein Naturgesetz der Poesie, aber eine nachdenkenswerte Einsicht: "Dichtung im eigentlichen Sinn entsteht erst da, wo das Wort vom Banne auch der grössten Aufgabe sich frei macht."

Die vierte Implikation thematisiert den Gestaltungsprozess. Man kann sie als zweite Stufe des künstlerischen Prozesses auffassen, für die die "primäre Reaktion auf die Wirklichkeit" (Seghers), die Aneignung der Wirklichkeit, als erste Stufe die Voraussetzung ist. Es geht um die künstlerische Gestaltung der Wirklichkeit, wie sie ist.

Gestaltung heisst weder Beschreibung noch Reproduktion, sondern das Hervorbringen einer neuen, zweiten, komplementären Wirklichkeit. Realistische Dichtung bemüht sich um getreue, objektive Gestaltung der Wirklichkeit. Sie ist eine Darstellungsmöglichkeit neben anderen. Neben ihr behalten nicht-realistische, sur-realistische Darstellungsformen ihr eigenes Daseinsrecht. Realistische Gestaltung diskreditiert weder ein "Fabulieren ins Blaue" noch Gestaltungsweisen eines Autors, der "die Welt, die er nicht kennt... aus der Tiefe seines Gemüts" konstruiert. Spielhagen nennt sie "idealistische Dichtung". Die vierte Implikation fragt nach dem Wie und nach dem Warum realistischer Gestaltung. Durch das Wie unterscheiden sich realistische Darstellungen der Kunst von nichtkünstlerischen, z. B. denen der Wissenschaft. Die künstlerisch dargestellte Wirklichkeit ist - obgleich wahrheitsgetreue/objektive Gestaltung der Wirklichkeit - nicht unabhängig vom produzierenden Bewusstsein; sie ist ein autonomes Gebilde, obgleich die Wirklichkeit als Vor-bild fungiert (s. fünfte Implikation).

In der vierten Implikation gewinnt der Objektivitätsbegriff einen doppelten Aspekt als Inhalts- und Formkategorie. Als Inhaltskategorie meint Objektivität eine Korrespondenz des dargestellten Inhalts mit dem Wesen der Wirklichkeit; als Formkategorie eine formale Realisierung der erkenntnistheoretischen Implikation. Die erkenntnistheoretische Implikation kann als künstlerische Form zweierlei Gestalt annehmen: 1) Die formale/strukturelle Aufhebung der Subjekt-Objekt-Relation. Das Ergebnis heisst: Strukturform der epischen Fiktion. Die metaphorische Umschreibung des 19. Jahrhunderts: den Dichter hinter seine Gestalten zurücktreten lassen. 2) Die Entsubjektivierung oder Objektivierung des Aussagesubjekts, d.h. innerhalb der Subjekt-Objekt-Relation tritt das Subjekt nicht als Subjektivität in Erscheinung. Das bedeutet nicht Verzicht auf das Aussagesubjekt als Strukturelement. Die zweite Strukturform ist die fingierte Wirklichkeitsaussage. Sie ist die strikte formale Umsetzung der induktiven Aneignungsform durch Beobachtung.

Form- und Inhaltskategorie bergen in sich die Tendenz zur Verselbständigung und die potentielle Gefahr eines nur formalen oder nur inhaltlichen Realismus (Formalismus und Inhaltismus). Vollendete realistische Dichtung benötigt die dialektische Einheit von Inhalts- und Formkategorie, in der keiner der beiden möglichen Strukturformen (epische Fiktion oder fingierte Wirklichkeitsaussage) Priorität eingeräumt werden kann. Desgleichen lässt die Frage, ob Lebensähnlichkeit oder Typisierung und Verfremdung, keine Entscheidung zugunsten der Lebensähnlichkeit zu.

Die Antwort auf die Frage nach dem Warum realistischer Gestaltung weist auf drei verschiedene Ursachen: 1) Auf eine produktionsästhetische Absicht. Vgl. Spielhagen: "...die Virtuosität seiner [=des Autors] Technik, seiner Mache, in der naturgetreuen Wiedergabe eines Gegenstandes leuchten lassen". 2) Auf eine werkästhetische Absicht (das Werk ist primär die Einlösung von Form- und Inhaltskategorie als Selbstzweck). 3) Auf eine wirkungsästhetische Absicht. Das sieht bei Fontane anders aus als bei Brecht. Bei Fontane: der Dichter "soll uns eine Welt der Fiktion auf Augenblicke als eine Welt der Wirklichkeit erscheinen, soll uns... empfinden lassen, teils unter lieben und angenehmen, teils unter charaktervollen und interessanten Menschen gelebt zu haben, deren Umgang uns schöne Stunden bereitete, uns förderte, klärte und belehrte". Bei Brecht: Appell zur Umgestaltung der Wirklichkeit.

Die fünfte Implikation thematisiert noch einmal das Verhältnis von Werk und Wirklichkeit unter dem Gesichtspunkt der Uebereinstimmung von dargestellter Wirklichkeit und Wirklichkeit. Drei Möglichkeiten bieten sich an: 1) Ein struktureller Vergleich von dargestellter Wirklichkeit und Wirklichkeit. 2) Ein Vergleich mit dem Autor als Urteilsinstanz. 3) Ein Vergleich mit dem Rezipienten als Urteilsinstanz.

Eine strukturelle Untersuchung liefert den stringenten Nachweis der Nicht-Wirklichkeit der dargestellten Wirklichkeit. Mimetische Darstellung ist eine autonome Wirklichkeit. Versucht man, das Entstehen von Nicht-Wirklichkeit aus dem Produktionsvorgang zu erklären, so stösst man auf eine erste dreistellige Relation (O) - (A) - (W), die man in der Forschung als Modellsystem (M1) zu deuten sucht (vgl. Abb. 2). Das Werk (W) erscheint dann als Modell der Wirklichkeit (O), weil es auf Grund seines Herstellungsprozesses als Repräsentant eines Originals verstanden wird, z.B. bei J. Lotman: "Das Kunstwerk ist Originalmodell der Wirklichkeit". Ein solches Urteil verkennt entweder das Wesen des Poiein, der poetischen Mache, oder urteilt bereits aus dem zweiten Modellsystem (M2), das sich im Implikationsschema anbietet (vgl. sechste Implikation).

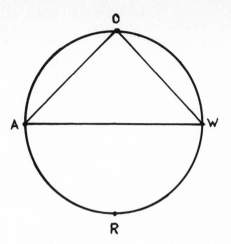

Abb. 2

Es ist zu klären, wie aus dem Bemühen um objektive Darstellung der Wirklichkeit strukturelle Nicht-Wirklichkeit entsteht. Als Erklärungsversuch (der zur Diskussion gestellt sei) bietet sich an: Die strukturelle Nicht-Wirklichkeit des Werks (W) entsteht, weil das Werk (W) nicht das Modell der Wirklichkeit (O) ist, sondern die Wirklichkeit (O) das Modell des Werks (W). Formelhaft ausgedrückt: (W) : (O) = Original : Modell. Für den Autor ist die dargestellte Wirklichkeit "eine Welt der Fiktion" (Fontane). Man könnte das Modellproblem auch mit Gadamers Begriffen Urbild-Abbild-Bild zu klären versuchen. Dann wäre die Wirklichkeit (O) das Urbild. Im Produktionsprozess würde aus dem Urbild das Bild. "Ein solches Bild ist kein Abbild, denn es stellt etwas dar, was ohne es sich nicht so darstellte. Es sagt über das Urbild etwas aus", aber es ist nicht das Urbild selbst, sondern "eine autonome Wirklichkeit", eine "Erscheinung des Urbildes". Das Bild ist eine "ontologische Verschlingung von originalem und reproduktivem Sein". Das Verhältnis von Bild (W) und Urbild (O) stellt sich folgendermassen dar: "Die im Spiel der Darstellung erscheinende Welt steht nicht wie ein Abbild neben der wirklichen Welt", aber die dargestellte Wirklichkeit steht in einem "unauflösbaren Bezug" zur Welt. Wäre das Bild Abbild, dann hätte es seine Bestimmung in "der Vermittlung des Abgebildeten", der "Massstab seiner Angemessenheit" wäre, "dass man das Urbild am Abbild erkennt". Hier wird im "man" bereits aus der Sicht des Rezipienten argumentiert, dessen Verhältnis zur dargestellten Wirklichkeit in der sechsten Implikation zu reflektieren ist.

Die sechste Implikation thematisiert das Verhältnis Rezipient (R) und Werk (W). Es hängt von der Form der Rezeption ab, wie die dargestellte Wirklichkeit rezipiert wird. Neben der theoretischen Rezeptionsweise - z.B. in der strukturellen Analyse -, die sich des Bildcharakters ständig bewusst ist und die Kunstform als autonome Form erkennt, steht die naiv-unreflektierte Art, in der die dargestellte Wirklichkeit "als Wirklichkeit" erscheint. Im psychologischen Rezeptionsvorgang hat die Mimesis "Als-Struktur" (K. Hamburger). Hier liegt die zweite (M2) im Implikationenschema mögliche dreistellige Relation mit der Urteilsinstanz (R) vor:

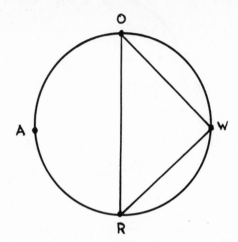

Abb. 3

Weil der Rezipient die dargestellte Wirklichkeit als eine der Wirklichkeit ähnliche Struktur wertet - was sie nach (M1) nicht ist -, erfüllt (M2) anscheinend Teilaspekte des wissenschaftlichen Modellbegriffs: ''Wenn wir eine solche Aehnlichkeit der Strukturen als Abbildung auffassen, können wir sagen, dass unter dem Begriff des Modells immer eine bestimmte Methode der Abbildung oder der Reproduktion von Wirklichkeit zu verstehen ist'' (Štoff).

Die Realismusforschung wird das Modellproblem kritisch prüfen müssen. Es gibt verschiedene Bedenken gegen die Uebernahme des wissenschaftlichen Modellbegriffs, u. a. gegen die Funktionsbestimmung des wissenschaftlichen Modells, ''die Erfassung oder Beherrschung des Originals zu ermöglichen oder zu erleichtern bzw. es zu ersetzen'' (Wüstneck).

Es sei jedoch in diesem Zusammenhang an Aristoteles erinnert, der bezüglich der Mimesis an ein Lernen dachte und bereits eine Modellvorstellung ins Spiel brachte: ''Darum also haben sie Freude am Anblick von Bildern, weil sie beim Anschauen etwas lernen und herausfinden, was ein jedes sei, etwa dies jenen Bekannten darstellt. Oder wenn man das Modell nicht vorher gesehen hat, so macht zwar nicht die Nachahmung Vergnügen, aber dafür die Kunstfertigkeit, die Farbe oder irgendeine andere derartige Ursache''. Aristoteles bringt die ''möglichst getreuen Abbildungen'' mit dem Vergnügen der Rezipienten in Verbindung. Für ihn ist die Freude der Menschen an den Darstellungen die zweite Ursache, die Dichtung entstehen lässt, neben der menschlichen Fähigkeit zur Darstellung.

In (M2) fällt durch den Rezipienten eine wesentliche Entscheidung über ''realistisch'' oder ''nicht-realistisch''. Roman Jakobson hat angenommen, dass wir als Rezipienten Werke für realistisch halten, ''die uns die Realität unverfälscht wiederzugeben, die wahrscheinlich zu sein scheinen'', sich aber zu Recht gefragt, ob der Eindruck des Rezipienten ''das entscheidende Kriterium'' sei, denn

- auch bei Jakobson - kann unter einem realistischen Werk auch ein Werk verstanden werden, "das von einem bestimmten Autor als wahrscheinlich konzipiert worden ist". Diese Möglichkeit haben wir unter (M1) berührt. In unserem Zusammenhang können wir Jakobsons Ueberlegungen zum Epochenbegriff Realismus übergehen. Für den typologischen Realismusbegriff erkennt man in Jakobsons Argumentation in nuce die Vorstellung einer Gradskala der Wahrscheinlichkeit sowohl für den Autor als auch für den Rezipienten, die abhängig ist vom "persönlichen, standortgebundenen Blickpunkt".

Allgemein wird man im Hinblick auf das Realismusproblem erwarten müssen: je geringer die Differenz des Autors und des Rezipienten hinsichtlich ihrer Auffassung über das Wesen der Wirklichkeit ist, um so eher wird der Rezipient die Darstellung als realistisch anerkennen und das von Aristoteles gemeinte Vergnügen des Wiedererkennens empfinden. Für die Realismusproblematik ist damit noch nichts Entscheidendes gesagt, aber es ist auf einen letzten Problemkomplex hingewiesen, der abschliessend kurz abgehandelt werden soll.

Die siebente Implikation reflektiert das Bezugsverhältnis Rezipient (R) - Autor (A), das im Rahmen der Realismusproblematik meist übersehen wird. Der in der sechsten Implikation berührte subjektive Eindruck des Rezipienten ist zwar nicht das entscheidende Kriterium, aber ein bedeutsames Element. Der Konsens zwischen Rezipient (R) und Autor (A) allein besagt noch nichts über den Realismus des Dargestellten, da sich beide auch bei einer Darstellung der Wirklichkeit in ihren äusserlichen Erscheinungsformen einig sein können. Die Einsicht in das W e s e n der Wirklichkeit ist von der historischen Situation und der Tiefe der Erkenntnis abhängig, die durch die Aneignungsformen der Wirklichkeit vermittelt werden. Die Darstellungsform ist wesentlich mitbestimmt durch den Rezipienten. Der Autor muss seine Einsichten künstlerisch so gestalten, dass sie auch dann zu richtigen Erkenntnissen bei den Rezipienten führen, wenn deren Einsichten weniger weit reichen als die des Autors. Gerade im letztgenannten Falle kann es eine für den Autor realistischer Dichtung notwendige Verfahrensweise werden, sich verfremdender Darstellungsformen zu bedienen.

Der Versuch, die der allgemeinen Konsensformel zugrunde liegenden Implikationen zu entfalten, sollte auf die Komplexität des typologischen Realismusbegriffs aufmerksam machen. Eine Ausarbeitung dieser und weiterer Gesichtspunkte innerhalb der vierstelligen Relation dürfte erweisen, dass "Weite und Vielfalt der realistischen Schreibweise" (Brecht) ein Charakteristikum des literarischen Realismus sind.

PERMUTIERENDER PROZESS: EINE NEUE POETIK DER MODERNE

Von Martin Dyck (Cambridge, Mass.)

"Permutierender Prozess", als Bezeichnung für Zustände und Vorgänge des Permutierens und der Permutativität (im Sinne von Umstellbarkeit, Austauschbarkeit, Veränderbarkeit), umfasst eine Gruppe von wesentlichen Merkmalen in Haupt- und Marginalwerken der deutschen (und weitgehend auch der sonstigen europäischen) Literatur der Moderne. (Wir verwenden den umstrittenen, doch fast unumgänglichen Epochenbegriff natürlich nicht mit Anspruch auf totale Gültigkeit, sondern in dem Bewusstsein, dass zentrale Eigenschaften der Literatur einer Epoche nicht durchgehend gelten können, dass sie in Vorformen und Abwandlungen auch zu anderen Zeiten auftreten, aber mit begrenzterer Frequenz und Konsequenz.)

Permutierender Prozess beschränkt sich nicht auf literarische Werke des zu betrachtenden Zeitraums: er wirkt in fast allen Bereichen menschlicher Tätigkeit, vom Literarischen zum Soziologischen, Psychologischen, Juristischen, Politischen, Kommerziellen, Technischen und Naturwissenschaftlichen; in allen Künsten (von der Kunst bis zum Kitsch), in Musik, Malerei und Baukunst, in Film und Fernsehen, überhaupt insbesondere in den Kommunikationsbereichen vom Telefonieren bis zur Computerei.

Der umfassende, aber konkrete Begriff "permutierender Prozess" ist abzusetzen von verwandten Bezeichnungen wie SPIEL, KOMBINATORIK, AUTOMATIK, EXPERIMENTELL, SERIELL, VERAENDERUNG, ABSURD, GROTESK, MANIERIERT, UNSINN, KOMOEDIE u. a. All diese Begriffe sind unter dem des permutierenden Prozesses zum Teil subsumierbar; zum Teil überkreuzen sich die Sinnbezirke. Doch ist Permutativität zugleich spezifischer und allgemeiner. Sie unterscheidet sich grundsätzlich von der Kombinatorik - der nächstverwandte Begriff, welcher bereits von Hugo Friedrich und Gustav René Hocke unter Berufung auf Novalis, Poe, Mallarmé u. a. auf Aspekte literarischer Form angewandt wurde. Doch solche Kombinatorik zielt systematisch-willkürlich auf die Herstellung neuer esoterischer oder hermetischer Kombinationen als Resultat des Kombinierens, wobei diskrete Kombinationen solcher Art in ihrer Festgelegtheit eine gewisse Gültigkeit beanspruchen.

In unserer Bestimmung des permutierenden Prozesses hingegen ist zunächst im Allgemeinen der Prozess wichtiger als das Produkt desselben. Mathematisch definiert, kann der permutationelle Vorgang (a) nach Eins, (b) nach Unendlich, (c) nach Null streben.

Bei der Tendenz (a) nach Eins wird die geringste Anzahl und insonderheit die eine, einmalige, einzige Permutation angestrebt. Das kommt in der Moderne weniger im Literarischen vor, eher in der Malerei und in der unter dem Zwang der diskreten Wahl stehenden Baukunst (Lessings Ueberlegungen zum "prägnanten Augenblick" sind in diesem Falle z. T. anwendbar). Die Suche nach der einmaligen Permutation begegnet in der deutschen Klassik: so in Goethes "Wahlverwandtschaften". Die falsche Verknüpfung von Eduard und Charlotte soll aufgelöst werden, und die von der Natur und dem Menschlichen geheiligte oder vorgeschriebene Verwandtschaft soll in Erfüllung gehen: Eduard und Ottilie. Aber dieser enge Ansatz des befreienden Permutierens wird von dem lästigen Mittler der Gesetze Gottes (und hier auch Goethes) nicht gefördert und darf daher nur bedingt - im Vorgefühl - vollzogen werden.

Permutative Prozesse mit der Tendenz nach (b) Unendlich und (c) Null beherrschen die Literatur der Moderne. Im Laufe des 20. Jahrhunderts steigert sich die Funktionalität von Umstellbarkeit, Austauschbarkeit, Verwechselbarkeit in verschiedenen Aspekten und Rubriken des Betrachtens der Werke dieser Zeit, und es wächst die Anzahl solcher Aspekte und Rubriken wie auch die der Bereiche menschlichen Tuns und Denkens. Permutationen werden unablässig gefügt und gelöst; keine bestimmte wird gewählt oder gesucht. Das dennoch bestimmte endgültige Gefüge eines Textes mutet oft willkürlich oder zufällig an, verlängerbar oder verkürzbar oder veränderlich. Brechts Stücke beispielsweise verlangen in einigen Fällen geradezu permutierende Weiterführung und Revision, ein Verfahren, zu dem seine theoretischen Postulate geradezu auffordern. Wurde in vormodernen Epochen meist die eine (oder eine begrenzte Anzahl) Permutation erhofft (mit Ausnahmen in manieristischen Bewegungen), durch Tradition oder Autorität eingeschnürt, so entfesselt sich in der Moderne durch progressive Ausschaltung absoluter Setzungen und Werte, durch aggressives Aufheben von Fixierungen traditioneller oder autoritärer Art, durch die Gleich-Gültigkeit vieler Systeme - ein perlender Eklektizismus. Möglichkeiten werden aufgefächert und weitergedreht, ob automatisch oder obsessiv, zufallstreuend oder aus Langeweile, oder als Selbstmordaufschub, wie bei Thomas Bernhard. Im allgemeinen tendiert der permutationelle Vorgang zunächst nach Unendlich und dann nach Null.

Die drei Richtungen, nach Eins, Unendlich und Null, sind schon bei Goethe in begrenztem Masse vorgeübt: nach Eins, wie bereits erwähnt, in den "Wahlverwandtschaften", nach Unendlich in der Walpurgisnacht, nach Null in den Beobachtungen und Auffassungen des Mephistopheles, der ja auch seit Jahrzehnten vielerorts als Avantgardist der Moderne erkannt wird.

Weitere Ansätze der Permutativität in der Goethezeit finden sich in Hölderlins "Wechsel der Töne", in den verschiedensten romantischen Progressionsreihen zum Unendlichen und Universalen, vor allem aber bekanntlich in den Fragmenten und gärenden Systemen des Novalis; der mystisch-mathematische Permutativ-Korpus der Fragmente geht weit hinaus über blosse Kombinatorik: die meisten theoretischen, experimentellen und kreativen Ueberlegungen und Ausführungen permutativer Art im 20. Jahrhundert sind in den Fragmenten des Novalis vorgeformt oder vorgeahnt.

Permutierender Prozess unterscheidet sich vom Begriff des Spiels, der bekanntlich im 20. Jahrhundert kulturphilosophisch an Mächtigkeit gewinnt. Die Spieltheorien von H. Spencer (Spiel als Kraftüberschuss), Freud (Entladung aufgestauter Triebenergie), Huizinga (Begründung der menschlichen Kultur aus dem Spiel), Heidegger und Jaspers (Herleitung vom Sinn des Daseins aus dem Spiel) setzen den Menschen als Spielenden, der gewisse Spielregeln beherrscht oder befolgt. Die meisten Spieltheorien dieser Art räumen dem Einzelnen oder der Gruppe zu viel Kontrolle über das Spiel bzw. deutbare oder bewusste Spielhaltung ein. Permutativität hingegen sehen wir als massiven komplizierten gesellschaftlichen, kulturellen und sprachlichen Prozess, unübersehbar, unlenkbar durch den Einzelnen und nur scheinbar gelenkt durch die Gruppe. Im engeren Bezirk etwa des Literarischen ist eine bedingte und begrenzte Lenkung möglich - aber die meisten poetisch-permutativen Hervorbringungen in den sechziger und siebziger Jahren entfalten sich im gleichen Strom permutationeller Verknüpfungs- und Variierungsweisen - mit auswechselbarer Lexik und Thematik.

Permutativität ist ferner abzusetzen von den Vorgängen des Grotesken, Absurden und Manieristischen. Jeder dieser Vorgänge zielt in seiner Art durch eine charakteristische Deformierungspermutation auf einen weitgehend fixierten Endzustand des Grotesken, Absurden bzw. Manierierten. Eine Retrodeformierung ist in den drei Stilarten kaum möglich. Permutative Prozesse aber besitzen mehr Schaltmöglichkeiten: vorwärts und rückwärts, seitlich oder vertikal usw. Nur die allgemeineren Sinn- und Formtendenzen sind ablesbar: nach Eins oder Unendlich oder Null, zur Entropie oder Redundanz. Experimentelle Lyrik und serielle Musik sind ganz offensichtlich permutationell in Theorie und Praxis. Schon die Zwölftonmusik konstruiert natürlich neue Tonkombinationen und destruierte dabei bewusst die alten.

Im Zeitalter der Ersatzteile und des Umtauschrechts, der horizontalen und vertikalen Mobilität, wird Permutieren alltägliche Erscheinung. Umgetauscht werden Waren, Ideen, Ehefrauen, Ersatzteile, Arbeiter, Wohnorte, Länder. Eine prekäre Umtauschanfälligkeit hat Menschen, Sachen und Vorgänge ergriffen. Durch Europäisierung und Amerikanisierung (zwei einander annähernde Prozesse) der ganzen Welt, durch rasch zunehmende Konvertierbarkeit von Mitteln und Verbreitung von Nachrichten werden permutative Verfahrensweisen begünstigt. Das schon ideologisch seit einem halben Jahrhundert vielerseits entindividualisierte Individuum depermutiert gleichsam zum Mann ohne Eigenschaften, der sich beliebig viele Eigenschaften aufpermutieren darf. In seiner Tasche trägt er eine Universalumtauschkarte, um die ihn manch ein Sehnsüchtiger der romantischen Epoche hätte beneiden können.

Umtauschbarkeit, Verwechselbarkeit, Fortsetzbarkeit, Umkehrungsfreudigkeit usw. rücken Permutativität in die Nähe des Komischen (das ich in einer im Entstehen begriffenen neuen Theorie der Komödie ausführlich behandle), bei aller Differenzierung der beiden Domänen. Solche Vorgänge bei Kafka und Musil, bei Thomas Mann und Thomas Bernhard können häufig als gedämpfte oder getilgte Komödie betrachtet werden.

Interessant erweist sich eine Prüfung permutierender Prozesse im marxistischen Denk- und Wohnraum. Die Begründer und ersten Weiterführer dieser Richtung erhofften eine Veränderung des menschlichen Bewusstseins und seiner Lebensweise in Richtung Eins: die zur gegebenen Zeit unter bestimmten Umständen gültige Permutation des Denkens und Verhaltens. Aber auch der Marxismus konnte bei aller Strenge der Lenkung dem internationalen Trend der Freiheit und des Zwanges permutationeller Art nicht Widerstand leisten. Fast jedes sozialistische Land pocht auf seine ihm gemässe Zusammenstellung des Lebens, meist in Richtung Eins, doch melden sich zunehmend Ansprüche auf Variierung in Richtung Unendlich, wenn auch noch nicht in Richtung Null. Im Existentialismus führt die Erkenntnis von der Sinnlosigkeit des Lebens, besonders bei Sartre, mit unabweisbarer Logik zum Wahl-Zwang permutativer Erlebnisreihen. Im schmalen Zeitraum dieses Vortrags können permutationelle Prozesse in den verschiedenen Spielarten des Existentialismus nicht behandelt werden.

Was formale Vorgänge, Zustände oder Eigenschaften des Permutierens anbelangt, so handelt es sich um Prozesse in jeder Schicht des innerwerklichen, ausserwerklichen und zwischenwerklichen Geschehens: die Entwicklung der Vermischung der Gattungen des Lyrischen, Dramatischen und Epischen im 20. Jahrhundert läuft parallel mit der Zunahme des Permutierens an diesem Zeitraum; Literatur im traditionellen Sinne steht im Austauschverhältnis der Methoden und Stile mit dem Essay, mit Philosophie und Geschichte, mit Film und Fernsehen. Hohe und populäre Kunstformen borgen voneinander. Sprachliche, stilistische, inhaltliche, ideologische Elemente werden ausgewechselt. Eine freiere, oft willkürlich anmutende Ansetzbarkeit, Abschliessbarkeit, Fortsetzbarkeit von Texten setzt sich durch. Anfang und Ende von Werken, in vorpermutativen Zeiten mehr vom ganzen Werk vorgeschrieben, gewinnen neue Funktionalität. Besondere Aufmerksamkeit ziehen Romananfänge und der Gedichtschluss auf sich (eine neue Theorie der Lyrik, die vom Gedichtschluss ausgeht, biete ich im Herbst auf einer anderen Tagung). Die Annahme durchgehender Beziehbarkeit der Teile eines Textes aufeinander und auf ein Ganzes (die in der Literaturwissenschaft axiomatisch gilt) muss aufgegeben werden. Durch Permutierung ergeben sich Irrelationen in literarischen Texten, wobei auch Irrelation wesentlicher Funktionsträger ist (Irrelation ist Gegenstand, verzeihen Sie, bitte, einer weiteren neuen Theorie der Literatur, über die ich arbeite). Eine vom Autor vielleicht beabsichtigte und vom Leser manchmal als möglich empfundene Auswechselbarkeit von dramatischen Szenen, Gedichtstrophen oder Romankapiteln (oder anderer Textteile) steht im Zeichen der Permutierungsanfälligkeit. Als Grenzfälle des Permutierens und Experimentierens erweisen sich Automatik und Bewusstseinsstrom. Vertauscht werden auch Sprachen: mit zunehmender Zwanglosigkeit montieren Autoren fremdsprachige Vokabeln und Passagen, bei Thomas Mann im "Zauberberg" noch vorsichtig und umsichtig an der textverlaufmässig richtigen Stelle eingebaut, bei James Joyce schon permutativfreier, in der deutschen Lyrik der Gegenwart (beispielsweise) völlig unbefangen.

Auffallend häufig in der Gegenwartsliteratur begegnet die Konjunktion "oder" in disjunktiver und konjunktiver Bedeutung (und andere grammatische Ausdrucksmittel mit verwandter Bedeutung in Abstufungen) - um ein konkretes Beispiel herauszugreifen. Kaum ein Jahrgang der Zeitschrift "Akzente" verweigert uns Vorkommnisse dieses Wortes. Ludwig Harig prunkt mit folgender Wortreihe in einem Text, betitelt 'Entstehung einer Wortfamilie' (11. Lektion/Fortsetzung; Akzente 1/70, S. 26-41): "Kinderspiele, Wortspiele, Verkleidungsspiele, Bedeutungsspiele" - wir greifen etliche Glieder aus einer längeren Reihe heraus; oder zwei Seiten weiter im Text:

"Was dem einen recht ist, ist dem anderen billig.
Was dem anderen billig ist, ist dem rechten eins.
Was dem rechten eins ist, ist dem billigen anders.
Was dem billigen anders ist, ist dem einen recht."

Insgesamt 24 Permutationen entlockt Harig dem Text. Oderheit versteht sich hier (wie so oft in der Literatur dieser Art) zwischen den Zeilen, in der Anordnung. Die mathematische Kombinatorik zeigt formal und erschöpfend, wie unverhältnismässig hoch die Anzahl der Kombinationen oder Permutationen bei verhältnismässig wenig Elementen ist.

Jakov Lind bietet ein weiteres Beispiel in den "Akzenten" (1/2/66). Der Titel des Textes lautet: 'Inventaraufnahme'. In franz mons hör-spiel "das gras wies wächst" (Akzente 1/69, S. 42-65) beginnen viele Zeilen mit oder bzw. entweder. Eine ähnliche Technik verwendet er in seinem Roman "herzzero" (1968). mons "5 beliebige Fassungen", "in denen ein vorgegebener Text durch Auszug, durch Auswechseln, durch Gruppierungen von Wörtern neu gegliedert, geordnet, verändert wird" - so Ludwig Harig -, (FAZ 27. 7. 68) sind schon im Titel programmatisch. Harig beschreibt den Sprachprozess in mons Texten als "serielle, permutationelle Schreibweise".

Es erübrigt sich fast, darauf hinzuweisen, dass die theoretischen Bemerkungen Helmut Heissenbüttels und Eugen Gomringers im Bezirk der Permutierung beheimatet sind (vgl. Eugen Gomringer, "Worte sind Schatten. Die Konstellationen 1951-1968". Reinbek 1969).

Ein Höhepunkt der Permutativität in den sechziger und siebziger Jahren bekundet sich in verschiedenen Bereichen: (1) In der literarkritischen Auseinandersetzung mit der Tendenz vor allem in dem einflussreichen rororo-Band von Gustav René Hocke: "Manierismus in der Literatur - Sprach-Alchimie und esoterische Kombinationskunst" (1959), (wobei wir nochmals betonen, dass Manierismus sich wesentlich von der Permutativität unterscheidet, dass aber Hockes Hinweise auf Kombinationskunst die Formulierung des permutierenden Prozesses z. T. antizipiert). In einem anderen vielzitierten Werk, "Die Struktur der modernen Lyrik" (1956), auch in der rororo-Reihe erschienen, des bereits erwähnten Hugo Friedrich finden sich ähnliche Ansätze. (2) In der seriellen Musik. (3) Bei den meisten vielbeachteten deutschen Lyrikern, Dramatikern und Erzählern. (4) In der aufblühenden Computerei: permutierender Prozess par excellence. Der Computer wird selber zum Gegenstand intensiver Beschäftigung in der literarischen, populären und wissenschaftstheoretischen Phantasie. (5) Ein Aufschwung in der Entwicklung der mathematischen Kombinatorik in Forschung und Lehre in den letzten Jahrzehnten hat die Rubriken (1), (2) und (3) kaum direkt beeinflusst, wurde aber massgeblich von (4) angeregt - und erklärt sich meines Erachtens (direkt-unabhängig von (1) bis (4)) aus den primären Kräften und Situationen des permutativen Zeitalters. Uns geht es aber darum, nachzuweisen, dass die permutationellen Prozesse und Zustände schon im früheren 20. Jahrhundert, vor allem in den Hauptwerken, in Ansätzen und markanten Strängen, wenn auch noch nicht immer als zentrale Struktur, ausgeprägt sind.

Rilkes "Stunden-Buch" (1899-1903) permutiert Annäherungswege zu Gott. Das sind Bewegungsversuche "in wachsenden Ringen, die sich über die Dinge ziehn", oder ein nicht aufhörendes Umkreisen Gottes durch ein Ich, das sich nicht fest bestimmen kann, das keine klare und starke, einzige und gültige Permutation finden kann oder zu finden erhofft, sondern Selbst- und Gott-Bestimmungs- und Annäherungsversuche in Oder-Reihen zu suchen hat, zu solchem Suchen verdammt ist: "und ich weiss noch nicht: bin ich ein Falke, ein Sturm / oder ein grosser Gesang." Merkwürdig häufig ist auch die Kumulierung von

Zeilen, die mit der Konjunktion "und" beginnen (Entsprechung der nicht-disjunktiven Teilfunktion der Konjunktion "oder") - unendlich entfernt etwa von Schillers intensiv sich steigernden Zeilenfolgen mit und-Einsatz - obsessive Fortspinnbarkeit wird dadurch bewirkt. Ueberhaupt herrscht im "Stunden-Buch" eine wogende Austauschbarkeit, mit immer neuen Ansätzen, aber ohne feste Abschlüsse im Thematischen (im Unterschied zur häufig eindrucksvollen sprachlichen Schlussführung).

"Der Zauberberg" (1924) setzt permutative Prozesse der Goetheschen Walpurgisnacht fort. Hans Castorp wird aus der bürgerlich engpermutationellen, permutationsfeindlichen Welt hinausgeschleudert an einen Ort, an dem sich Nationen und Ideologien, Männer und Frauen kombinierlüstern beschnüffeln. Zeitliche und räumliche Vertauschungen stehen zu Diensten. Schon die Zickzackfahrt ins Gebirge hinauf verdreht Castorps Zeitsinn, und das Durcheinander der Jahreszeiten fügt sich geflissentlich in den Stil-Karneval bzw. Karneval-Stil. Im Schneegestöber strebt die existenzgefährdende Wirbelkombinatorik zum Nichts. Die Nullrichtung bzw. Richtungslosigkeit erzeugt in den späteren Kapiteln des Romans eine Atmosphäre von Unsinn und Stumpfsinn: permutationelle Leeroperationen "fragwürdigster" Art - von den "operationes spirituales" zur "Quadratur des Kreises" - mehren sich bis zum Unerträglichen, so dass Ziemssen und Castorp, jeder auf seine Weise, sich nur durch den Eintritt in eine reale Permutatität retten können, in Richtung Null und Nichts, in den erlösenden Banal- und Karnal-Permutativzustand des Krieges, "im Getümmel, in dem Regen, der Dämmerung".

Die erotische Permutierung in Schnitzlers "Reigen" (1903) kann als Umkehrung der entsprechenden Prozesse in den "Wahlverwandtschaften" angesehen werden: hier Permutierung nach Eins, dort nach Unendlich. Die Tradition der Kombinatorik und Permutierung im Erotischen ist uralt und reicht über Casanova bis zum computer dating, in dem vorgeblich die eine richtige Partnerzusammenstellung gesucht wird (Richtung Eins), aber gleichzeitig in der Reklame und in der Phantasie eine unendliche Partnerreihe vorgegaukelt wird. Aus Furcht vor den Erinnyen Cantabriensis an diesem heilig-nüchternen Orte verzichte ich auf eine wissenschaftliche Erhellung der im Permutativzeitalter grassierenden Sex-Kombinatorik, mit der Bi- und Homosexualität usw. Handbücher der Erotik überbieten sich im Permutieren, asiatisch-esoterische Konstellationen werden angepriesen. Eine regelrechte Porno-Kombinatorik im Populärkulturbereich wie auch im literarischen. Amen.

Franz Kafkas "Prozess" (1925) ist ein juristisch, psychologisch und biologisch permutierender. Der Begriff des Prozesses kommt in diesem Roman in mehrfacher Hinsicht zur Anwendung. Biologisch (wie auch bei Hans Castorp): "Wollte etwa der Körper revolutionieren und ihm einen neuen Prozess bereiten, da er den alten so mühelos ertrug?" - fragt sich K. (Fischerbücherei 1960, S. 57). Biologische, psychologische und juristische Züge des K. sind austauschbar; und die Reihe der Teilaspekte kann natürlich verlängert werden. Das Schwindelgefühl im Körperlichen entspricht dem Schuldgefühl im Psychologischen und dem Demutsgefühl vor dem Gesetz. Das unablässige Suchen von Zugängen zum Gesetz und die scheinbar unbegrenzt fortsetzbare Folge vorgeschlagener provisorischer Zugangswege (die von Figur zu Figur variieren), die

Unerreichbarkeit des Gerichts und die damit verbundene notwendig divergierende Reihe der Annäherungsversuche an das Gericht - das alles ist permutierender Prozess. Solche Vorgänge finden auch in anderen Variationen statt: ''Sie (Leni) hängt sich an alle (Angeklagten), liebt alle, scheint auch von allen geliebt zu werden'' (S. 134). Das ist nicht Erotik im eigentlichen Sinne, permutationell aber ist Lenis Kombiniergastlichkeit mit den ausdrücklicher erotischen Parallelerscheinungen im ''Zauberberg'' und im ''Reigen'' verwandt. Von den drei möglichen Ausgängen des Gerichtsverfahrens kommen die beiden endlichen (wirkliche und scheinbare Freisprechung) überhaupt nicht in Frage, nur die Verschleppung ist in Aussicht gestellt, und diese produziert einen permutationellen Vorgang, der ausdrücklich als solcher beschrieben wird: ''Der Prozess muss eben immerfort in dem kleinen Kreis, auf den er künstlich eingeschränkt worden ist, gedreht werden'', meint der Maler (S. 118). Wie im ''Zauberberg'', kann der Prozess hier von der unendlichen Fortsetzung nur durch den Gewaltakt der Null-Permutation beendet werden.

Besonders ausgeprägt sind permutationelle Vorgänge in den Hauptwerken von zwei Schriftstellern, die solche Vorgänge auf Grund ihrer mathematischen und technischen Ausbildung genauer verstanden und sprachlich beherrschten. So erfährt ''Der Tod des Vergil'' (1945) im Vergleich zu den ''natürlicher'' zwirnenden Gegenstücken von Proust und Joyce streckenweise eine mathematisierende Permutierung. Emphatische Wiederholung der Anfangssilbe oder des -wortes mit austauschbarem Nachsatz in den zeilendifferenzierten Textteilen (z. B. S. 100 in der dtv-Ausgabe 1965) sind ein bevorzugtes Stilmittel. Mathematisch-musikalisch erklingt der Text durch die genauere Handhabung der wechselnden Wiederholung. Genauer noch als Hermann Broch hat Robert Musil die sprachlichen und thematischen Funktionen von Austauschbarkeit, Verwechselbarkeit und Umstellbarkeit erfasst. Sie werden nicht nur stilistisch und thematisch angewandt, sondern auch im Text philosophisch reflektiert. Im Roman ''Der Mann ohne Eigenschaften'' (1930-1943) spielt sich schon in aufeinanderbezogenen Kapitelüberschriften ein Vorgang des Umstellens ab: ''Wenn es Wirklichkeitssinn gibt, muss es auch Möglichkeitssinn geben''; ''Wirkung eines Mannes ohne Eigenschaften auf einen Mann mit Eigenschaften''; ''Ein Mann ohne Eigenschaften besteht aus Eigenschaften ohne Mann''; ''Ein Mann mit allen Eigenschaften, aber sie sind ihm gleichgültig'' usw. Aus Zeitmangel müssen wir in diesem Vortrag selbst auf eine kurze Würdigung der Permutativen in Musils Monumentalwerk verzichten. Vermerkt sei nur, dass mathematisch Eigenschaftslosigkeit und Alleigenschaftlichkeit in gewisser Hinsicht austauschbar sind.

Das Glasperlenspiel des gleichnamigen Romans (1943) von Hermann Hesse ist permutatives Spiel, von wenigen Auserlesenen gespielt, aber nicht permutativer Prozess in dem umfassenderen Sinne dieser Arbeit. Es befremdet auch, dass der Autor die Gelegenheit ungenutzt liess, die Eigenschaften des im Roman thematisch so zentralen Spieles in Qualitäten des Textstils zu transponieren. Auch Brechts textliche und ideologische Veränderbarkeit - mit Vertauschungen im Sinne von Shen Te/Shui Ta - kann hier nur am Rande erwähnt werden.

Schalten wir zum Abschluss um auf Werke der unmittelbaren Gegenwart. Da sind unter vielen anderen zu nennen: ''Biografie: Ein Spiel'' (1967) von Max Frisch mit dem programmatischen Motto aus Tschechows ''Drei Schwestern'', von Werschinin gesprochen: "Ich denke häufig: wie, wenn man das Leben noch einmal beginnen könnte, und zwar bei voller Erkenntnis? Wie, wenn das eine Leben, das man schon durchlebt hat, sozusagen ein erster Entwurf war, zu dem das zweite die Reinschrift bilden wird!" (S. 5). Frisch bemerkt zu seinem Stück am Ende des Textes: "Es wird gespielt, was ja nur im Spiel überhaupt möglich ist: wie es anders hätte verlaufen können in einem Leben" (S. 108). Umstellungsdramatik wird geübt in Dürrenmatts "Porträt eines Planeten" (1971). Uwe Brandner kündet im Vorwort zu seinem Roman "Drei Uhr Angst" (1969) seine Schreibtechnik an: "Eine biographische Fiktion in Form von Wörtern, sich daraus ergebenden Verbindungen und Beziehungen, die sich links an eine vorgestellte, gerade Achse lehnen", usw. Etwas köstlich Originelles lässt sich Friederike Mayröcker in dem genrewiderspenstigen Text "Fantom Fan" (1971) einfallen: am Ende des Textes präsentiert sie auf einer Bildtafel das Ein mal Eins (getrennt geschrieben), das grosse und das kleine.

Als krönende Leistung eines permutationellen Werkes darf wohl Thomas Bernhards Roman "Das Kalkwerk" (1970) gelten. Er treibt den Prozess des Permutierens an die Grenzen des Zumutbaren. Bei Bernhard ist das weniger ein Vorgang des Negierens (positiver Setzungen), sondern eher einer des permutierenden Aufhebens thematischer und stilistischer Art. Der in hohem Grade anfangs, end- und einschnittlos verlaufende Text meidet die Extreme stochastischer Automatik und der Zufallsstreuung, hält aber auch nicht die "Mitte" zwischen den Extremen ein, sondern bewegt sich erratisch zwischen den Polen. Nicht Entweder/Oder, nicht ambivalentes Sowohl/Als auch, nicht symmetrisierte Paradoxie wirkt im Kalkwerk: konvergierende Annäherungsreihen und divergierende Abschweifungsfolgen verfehlen "zielbewusst" das zu meidende "Ziel" jeglicher festlegbarer Art. Der Autor sucht geradezu eine Art Sicherheit in der Nichtfestlegbarkeit und ergeht sich in Möglichkeitsvariierungen: Berichtmöglichkeiten, Gerichtmöglichkeiten, Lebensmöglichkeiten, Mordmöglichkeiten; Möglichkeiten syntaktischer und lexikalischer Art werden unaufhörlich permutiert, aber nicht so sehr in den Modalitäten des Negierens (wie behauptet wurde), sondern unter Meidung der gleichermassen störenden (und zerstörenden) Formen des Verneinens und Bejahens gleichsam eine befreiende Neutralität (ohne Auftriebs- oder Abtriebsbelastung) des Permutierens in einer Art Rettungsverfahren anstrebend.

GEGENWARTSLITERATUR ALS PROBLEM
DER LITERATURWISSENSCHAFT

Von Wendelin Schmidt-Dengler (Wien)

Das in diesem Referat zu behandelnde Problem kann durch diese Fragestellung begreiflich werden: Welche Funktion kann die Literaturwissenschaft bei der Befassung mit Gegenwartsliteratur übernehmen, was kann sie dabei leisten? Die Frage kann auch anders gestellt werden: Unter welchen Umständen kann die Befassung mit Gegenwartsliteratur eine wissenschaftliche sein? Es gilt also, Beschäftigung mit Gegenwartsliteratur am Anspruch der Wissenschaft zu messen.

Hier sind zunächst einige Erläuterungen angebracht. Als "wissenschaftlich" sei hier nicht bloss ein Teilgebiet der Literaturwissenschaft verstanden, sondern diese schlechthin, mit allen ihren Disziplinen. Das heisst auch, wissenschaftliche Befassung mit Gegenwartsliteratur in Relation zur systematisch-philologischen Durchdringung der Literatur älterer Epochen zu sehen und nicht bloss als ein Teilgebiet der Forschung, welches sich just die zweite Hälfte unseres Jahrhunderts zur Bearbeitung ausgesucht hat.

Schon bei der notwendigen Begriffsklärung wird einem schwerlich wohl. Der Begriff "Gegenwartsliteratur" ist verwaschen. Was darunter zu verstehen ist, bleibt dem einzelnen Gelehrten überlassen[1]. Definitionsversuche erspart man sich, doch wird im allgemeinen unter Gegenwartsliteratur - so geht es wenigstens aus den Publikationen hervor - die Gesamtheit jener der sogenannten "höheren" Literatur zugehörigen Textgebilde verstanden, die in den letzten fünfzehn bis zwanzig Jahren verfasst und auch publiziert worden sind. Der Begriff Gegenwartsliteratur ist nicht dadurch definiert, dass die Autoren noch unter den Lebenden weilen. Man rechnet auch heute (1975) das Werk eines Paul Celan, einer Ingeborg Bachmann, eines Günter Eich, ja auch das einer Nelly Sachs zur Gegenwartsliteratur. Problematisch jedoch wird es, wenn das Werk eines Autors durch die Aufarbeitung des Nachlasses in einem neuen Licht erscheint. Eben aus der Aufarbeitung dieser Nachlässe in der jüngsten Zeit ergeben sich für die Befassung mit Gegenwartsliteratur wichtige Folgerungen.

An einigen Beispielen seien nun jene Aspekte angeführt, welche in das Zentrum unserer Fragestellung weisen und die Funktion der Gegenwartsliteratur dabei erhellen sollen. Zunächst eine Feststellung, die manchem vordergründig erscheinen mag. Der Philologe betreibt auch Textkritik; diese Disziplin scheidet bei der Befassung mit Gegenwartsliteratur aus. Dies sei hervorgehoben, da sich der Forscher damit einer verlässlichen Interpretationsgrundlage begeben muss. Gerade die Aufarbeitung der Entstehungsgeschichte hat in der letzten Zeit - man denke vor allem an Thomas Mann - Erkenntnisse zutage gefördert, welche nicht nur Einblicke in die Organisation eines Kunstwerkes zu geben vermögen, sondern auch dazu angetan sind, das Bild, das man sich von einem Autor machte, zu revidieren. Freilich muss man auch bei älteren Texten oft auf jene Grundlagen verzichten, da Materialien, Entwicklungsstufen und Skizzen in zahlreichen Fällen nicht erhalten sind. Die Altphilologen sehen ihre erste Aufgabe meist darin, den Text von Entstellungen in der Ueberlieferung zu befreien. Wir müssen in Rechnung stellen, dass in vielen Fällen ein Werk vor seiner Veröffentlichung zahlreiche Phasen der Ueberarbeitung durch das Einwirken von Verlagslektoren durchzumachen hat. Wenn Herr Dr. Siegfried Unseld berichtet, er hätte mit Wolfgang Koeppen den Titel von dessen nächstem Roman mit ''In Staub mit allen Feinden Brandenburgs!'' festgesetzt[2], so lässt das den Schluss zu, dass Verleger sich offenkundig gerne um Titel kümmern und wohl auch sonst mit ihrem Einfluss bei der Gestaltung von Büchern nicht zimperlich sind. (Sogar Eingriffe aus satztechnischen Gründen sind nicht selten.) Es bleibt gleichgültig, ob der Vorschlag des Lektors oder Verlegers nun gut oder schlecht war, wichtig ist, dass Instanzen oft eingreifen, welche dem ursprünglichen Konzept des Autors eine andere Richtung weisen. Wenn ein Verleger den Titel festsetzt, so ist damit eine Interpretationshilfe gegeben, welche unter Umständen in die Irre führen kann. Ich erinnere en passant an die Titel, die Max Brod zahlreichen Kurztexten Kafkas gegeben hat und die den Leser in seiner Spontaninterpretation nicht immer zutreffend festlegen. Es ist m.E. auch höchst problematisch, sich an die Strukturbeschreibung eines Werks zu wagen, ehe dessen Genese geklärt ist, falls eine Aussicht auf Klärung derselben überhaupt besteht. Altphilologen, die ihre Beobachtungen nicht auf Nachlässe gründen können, ergehen sich gerne in Spekulationen über die mögliche Abfolge der Entstehung, über spätere Einschübe usw. Doch besteht da nicht mehr die geringste Aussicht, die materialmässige Voraussetzung zu erhalten.

Anders liegt der Fall bei der Gegenwartsliteratur. Ein Beispiel kann das illustrieren. Thomas Bernhards Roman ''Verstörung'' (1967), der einiges Aufsehen hervorrief, verstörte die Gemüter der Kritiker nicht zuletzt deshalb, weil er höchst markante Dekompositionserscheinungen aufweist. Wir haben es in diesem Roman eingangs mit einer Geschichte zu tun, die fortlaufend erzählt wird; fast zwei Drittel des Werks bildet hierauf der Monolog des Fürsten, in dem alle möglichen Fragen besprochen werden[3]. In diesem Monolog lässt der Autor den Fürsten auch eine Geschichte erzählen, und zwar von der Bewerbung dreier Verwalter. Bernhard hat diese Geschichte zuvor veröffentlicht[4] und mit einigen Aenderungen im Roman wiederholt. Da der Autor nicht auskunftswillig ist, wird man zu dessen Lebzeiten kaum erfahren, ob diese Erzählung für den Roman geplant war oder ob sie, als bereits vorhandenes Textelement, dem Roman, bloss um ihn aufzufüllen vielleicht, eingefügt wurde. Manches spricht für die zuletzt geäusserte Vermutung, doch eine Klärung der Frage ist vorderhand nicht herbeizuführen, obwohl deren Beantwortung zum Verständnis des (sogenannten) Romans sehr viel beitragen würde.

Ein Gegenbeispiel hilft uns, diese Fragestellung besser zu verstehen. Heimito von Doderers Roman ''Die Dämonen'' (1956) kann als ein Beispiel dafür gelten, wie ein Autor seinen Willen zur intendierten Komposition auch dem Leser deutlich machen kann. Das Werk scheint aus einem Guss zu sein. Doderer selbst hat jedoch darauf verwiesen, dass das Buch in zwei zeitlich weit auseinanderliegenden Arbeitsphasen entstanden ist, deren erste die Zeit von 1931 bis 1937 und deren zweite die Zeit von 1951 bis 1956 umfasst. Man wusste aber erst nach dem Tode des Autors, welche Teile der ersten und welche Teile der zweiten Phase angehören.[5] Doderer hat am ersten Teil nur wenig geändert, doch einige Erweiterungen eingebaut. Dieser Vorgang stellt aber nicht nur ein Stück Werkgeschichte oder ein Stück aus der Entwicklung eines Autors dar, sondern vermittelt auch Aufschlüsse in stil- und ideologiegeschichtlicher Hinsicht. Der Zuwachs an Wissen wird einerseits gefördert durch den glücklichen Umstand, dass das Material erhalten ist, andererseits auch dadurch, dass wir Distanz zu dem Werk und zu der Person des Autors gewinnen konnten. Die philologische Aufarbeitung der Entstehungsgeschichte kann den Leser dazu zwingen, den ersten Eindruck zu revidieren, sie ermöglicht Einblick in jenen Vorgang, der zur Verfertigung des Kunstwerkes führte. Gerade heute, wo die Machbarkeit des Kunstwerkes erneut diskutiert wird, sollte man sich erst recht der philologischen Grundlagen versichern. Es sei festgehalten, dass das Urteil, das sich der Philologe bei Bernhards "Verstörung" versagen muss, bei Doderers "Dämonen" möglich ist. Uebrigens liegt mit Thomas Manns Roman "Der Zauberberg" ein zu Doderers "Dämonen" analoger Fall vor[6].

Man fege diese Probleme nicht mit einer Handbewegung vom Tisch, man tue sie nicht als lächerliche philologische Quisquilien ab. Auch die Beschäftigung mit Gegenwartsliteratur muss durch die Bemühung um die Textgestalt ausgewiesen sein, will sie seriös bleiben, und muss sich gerade in diesem Punkt der Vorläufigkeit der Ergebnisse bewusst sein. Diese Bemühung darf aber doch nicht aufgegeben werden, auch wenn die an einem einzigen Autor sich ausrichtende Forschung noch so sehr verpönt ist. Keine ideologiekritische Studie kann es sich ersparen, einen Text auch genau zu lesen, ehe sie ihn ihrem Konzept amalgamiert.

Nun zu einem anderen Fragenkreis: Es wurde vorhin davon gesprochen, dass sich mancher darüber moquieren könnte, wenn im Zusammenhang mit Gegenwartsliteratur von "Forschung" die Rede ist. Wer sich einmal der Mühe unterzogen hat, über einen lebenden Autor eine einigermassen vollständige Bibliographie zu erstellen, weiss, dass er in der Unmenge des Materials den Ueberblick kaum behalten kann. Man achte die Mühen hier nicht gering, sie stellen viel in den Schatten, was mit wissenschaftlich sich gebender Emphase für längst vergangene Texte getan wird.

Wenn es gilt, die Biographie eines noch lebenden Autors zusammenzustellen, wird man aus dem Wust von Anekdoten, halbwahren Faktenberichten, widersprüchlichen Lexikonartikeln, marktschreierischen Klappentexten und hämischen Aussagen neidischer Kollegen ein Harlekinkostüm zurechtschneidern können. Quellenkritik, Born wissenschaftlicher Wonnen für Philologen, ist für Gegenwartsliteratur - mutatis mutandis - ebenso angebracht. Insonderheit ist sie angebracht, wenn die Autoren über sich selbst informieren oder ihr Werk selbst interpretieren. Da gibt es gewiss auch oft präzise Angaben, aber auch viel Gerede. Und vor Mitteilungsfreudigen sei besonders gewarnt! Es gibt Autoren, die sich gerne mythisieren, wie etwa Arno Schmidt oder H.C. Artmann. Dieser nennt als Geburtsort St. Achatz am Walde, ein "Waldgeviert im Waldviertel". Der Ort ist fiktiv, doch hat die Lexikographie die Angabe brav weitertransportiert[7]. Tatsächlich ist der Autor in Wien geboren.

Es ist leicht, über die Biographien, welche uns die Positivisten hinterlassen haben, die Nase zu rümpfen. Es ist berechtigt, dem übertriebenen Biographismus, der ein Dichterleben bedenkenlos für die eigenen Zwecke auswaidet und daraus fragwürdige Interpretationen zubereitet, entgegenzutreten. Nichts-destoweniger ist es erst auf Grund einer soliden Biographie möglich, ein Werk in seinem sozialhistorischen Kontext zu verstehen, wenngleich auch hier vor Kurzschlüssen gewarnt sei. Das Interesse an der Biographie ist nicht bloss als banale, sondern auch als wissenschaftliche Neugier zu werten. Grenzen sind der Lebensbeschreibung zeitgenössischer Autoren auch durch den notwendigen Anstand gesetzt. Freilich ist es noch weniger fair, bei einem Verstorbenen nach Belieben zu schalten und zu walten.

Auch wenn es um Auskünfte für die Interpretation geht, welche die Autoren selbst liefern, ist Vorsicht geboten. Bei Autoreninterviews ist die Praxis des Interviewers unter Umständen interessanter als die Antwort des Interviewten[8]. Problematisch sind die Aussagen des Autors über sein Werk nicht deshalb, weil sie falsch sind, sondern weil sie den Interpreten oft befangen machen und auf die Position des Autors festlegen. Der Interpret geht dann mit dem Begriffsma-terial des Autors an dessen Werk heran und läuft so Gefahr, mit seiner Analyse nur mehr das auszusagen, was durch den Autor ohnehin schon explizit kundge-tan wurde.

Wir sind damit bei einem Punkt angelangt, der für die Beschäftigung mit Gegenwartsliteratur ausschlaggebend ist. Es ist dies die Frage nach der Dar-stellung. Während früher jene Wissenschaftler, die sich dem Werke eines Au-tors anvertrauten, im hymnischen Tonfall endeten, den sie eben diesem Werke entnahmen, ist heute oft das Gegenteil der Fall. Man vermeidet dabei die farb-lose Sprache der Wissenschaft oder den Fachjargon und befleissigt sich eines Stiles, den man für essayistisch hält. Dies ist darauf zurückzuführen, dass die offene Form des Essays dem Vorläufigen der dargebotenen Ergebnisse eher ent-spricht, und ist nicht mit jener Schnoddrigkeit zu verwechseln, mit der sich Germanisten hervortun, wenn sie ihrem Fachjargon entfliehen wollen. Der Ger-manist will sich als Halbbruder des Kritikers fühlen und verfehlt so die Aufga-ben beider, des Kritikers wie die eigene. Die Trennung zwischen Literaturwis-senschaft und Literaturkritik, wie sie vor allem im deutschen Sprachraum prak-tiziert wird, ist verhängnisvoll und förderlich zugleich, indem sie einerseits die Kluft zwischen Wissenschaft und Literaturbetrieb schafft, andererseits aber zu einer schärferen Profilierung der Kompetenzen auf beiden Seiten führen kann. "Brauchen wir noch eine Literatur?" - Fragen dieser Tonlage sind freilich nur in der kindisch-provozierenden Manier zu beantworten, in der sie gestellt wer-den. Aufgabe des Wissenschaftlers wird es sein, gerade solche Formulierungen zu meiden und den Kern, den jene oben zitierte Frage enthält, freizulegen und ohne Emotionen zu diskutieren.

Es erhebt sich aber dazu noch eine Frage: Was kann der Wissenschaftler im Unterschied zum - nicht selten ausgezeichnet informierten - Kritiker durch seine Tätigkeit leisten? Ist jener Versuch, sich journalistischen Praktiken zu assimilieren, nicht deduzierend vorzugehen, sondern Thesen aufzustellen und sie essayistisch zu beleuchten, ist jener Versuch nicht von der Absicht getra-gen, doch auch aktiver am Literaturbetrieb teilzunehmen und nicht in der hoff-nungslosen Isolation skurrilen Forschens zu verweilen? Der Wissenschaftlich-keit wird durch lebendige Darstellung kein Abbruch getan, wohl aber durch den Verzicht auf eine systematische Erfassung des Gegenstandes: Hierin liegt der wesentliche Unterschied. Während bei dem Rezensenten der Schein einer Methode genügt, muss der Literaturwissenschaftler diese stets auch legitimieren können.

Gerade das fällt schwer, wenn man sich an die vorhin als verbindlich dargelegten Einschränkungen auch hält. Es bleibt da vom Wissenschaftler in bezug auf die Gegenwartsliteratur - so will es scheinen - nicht viel zu tun, wenn ihm bei der Untersuchung der Mikro- oder Makrostruktur eines Textes solche Grenzen gesetzt sind, wenn ihm grundlegende Informationen versagt sind und er für seine Tätigkeit kein Interesse findet und keinen Bedarf befriedigt, der jenseits vordergründiger Information liegt.

Wir wollen zum Abschluss nun einige Hinweise zu geben versuchen, die einer sinnvollen Befassung mit Gegenwartsliteratur im Rahmen der Literaturwissenschaft dienlich sein könnten, und auch dartun, dass es da sehr viele Aufgaben gibt.

Vor allem geht es darum, jene Distanz zu beheben, welche auch den wohlmeinenden Leser von der Gegenwartsliteratur trennt[9], indem man versucht, die in zeitgenössischen Texten behandelten Themen zu beschreiben. Zum Unterschied von der Literaturkritik, die so tut, als verstünde sie uneingeschränkt, kann die Literaturwissenschaft Hilfen zum Verständnis bieten, indem sie Tendenzen erfasst, Themen beschreibt und das Wissbare vom nicht Wissbaren abhebt. Freilich muss sich der Literaturwissenschaftler darüber im klaren sein, dass er nur vorbereitende Hilfe leistet, die keinen Anspruch auf länger währende Gültigkeit hat, und dass seine Aussagen später einmal banal und selbstverständlich scheinen mögen.

Eine andere Aufgabe der Literaturwissenschaft ist die systematisch aufgebaute Dokumentation. Hier wird die Wahl zwischen dem Zuviel und dem Zuwenig und die Bestimmung des Ziels, das man mit dieser Arbeit erreichen will, schwerfallen. Wenn man die Ausgabe der Werke Trakls von Walther Killy und Hans Szklenar (1969) als das Ziel solcher Bemühungen sieht und dieses Ziel auch zur Maxime jeder weiteren Tätigkeit macht, würde bald die Absurdität dieser Forderung angesichts der zu bewältigenden Textmassen einsichtig. Doch sollten die Bemühungen, die einzelne Forscher für einzelne Autoren aufwenden, in grösseren Dokumentationszentren zusammengefasst werden[10]. Ebenso ist dabei die Bildung von Schwerpunkten erforderlich, obwohl gerade deshalb späterhin der nachdrückliche Vorwurf erhoben werden wird, wir hätten an der falschen Stelle nach dem Schatz gesucht.

Wir verstehen die Erforschung der Gegenwartsliteratur vor allem als Problem der praktischen Anwendung der Literaturwissenschaft. Ihr muss auch eine theoretisch fundierte Betrachtung zur Seite stehen. Jedoch scheint es fragwürdig, eine Theorie der Gegenwartsliteratur zu entwerfen, ehe nicht durch Dokumentation Spurensicherung erfolgen konnte. Für die theoretischen Erwägungen ist zu berücksichtigen, dass sowohl bei der Analyse wie bei der Synthese andere Erkenntnismodi zu gelten haben als für die Literatur vergangener Epochen. Denn selbst die werkimmanente Betrachtungsweise kann nicht verleugnen, dass sie das Kunstwerk als etwas in seiner Historizität Gewordenes, dieser jedoch entrücktes Objekt versteht. Ist dieser solchermassen verabsolutierte Standpunkt verhängnisvoll für das Studium der älteren Literatur, so ist er es erst recht, wenn man von ihm aus die Gegenwartsliteratur betrachtet. Gegenwart ist auch historisch zu begreifen, und zwar sind Gegenwarts- und Vergangenheitsbewusstsein einander komplementär[11]. Gegenwart kann daher nicht als in Opposition zur Vergangenheit verstanden werden, auch nicht als mythische Präsenz des Vergangenen[12], sondern als mit dieser durch Kontinuität untrennbar verbunden. Gegenwart löst die Vergangenheit nicht ab, sondern setzt sie fort, und jene wird dem erkennenden Subjekt zur Interpretation dieser. Das heisst, dass nur durch die Vergangenheit Gegenwart begriffen werden kann und umgekehrt. Jede Sichtweise, die historisch begreifen will, muss sich ihrer Bindung an das Hic et Nunc bewusst sein. Mitunter aber wird Gegenwart so behandelt, als wäre sie Vergangenheit; die Folge ist die mit ridikülen Momenten behaftete Historisierung des sich dem Scheine nach harmlos präsentierenden Gegenwärtigen. Viele Literaturwissenschaftler unterliegen dem Genuszwang und schreiben Literaturgeschichte für die Zeit von 1945 bis 1975 so unbekümmert, wie sie dies für die Zeit von 1880 bis 1910 tun zu dürfen meinen, und periodisieren recht ungeniert. Statt sich in dem Prozess der Kanonbildung befangen zu wissen und statt den Prozess der Rezeption kritisch zu prüfen, geriert man sich nicht selten so, als wäre der Kanon ausgemachte Sache und die Rezeption abgeschlossen und als wäre über das alles nicht viel zu sagen.

Wie jedoch, so mag man sich fragen, ist Gegenwartsliteratur anders zu erfassen? Gewiss nicht in der Form der üblichen Literaturgeschichten, in denen die Lebensdaten der Autoren aufgefädelt sind, die Hauptwerke folgen, bei Romanen meist klägliche Inhaltsangaben, ein Photo und eine abschliessende Würdigung: Fakten und Phrasen, die konversationstüchtig machen sollen. Der Wissenschaftler, der sich mit Gegenwartsliteratur befassen will, sollte solchen Unternehmungen fürder keine Zeit opfern, sondern durch seine Studien Texte verstehbar zu machen versuchen. Welche Möglichkeiten stehen ihm aber bei einer Wissenschaft offen, die, will sie Wissenschaft bleiben, nirgends ihre historische Dimension verleugnen darf? Ihm müsste bewusst werden, dass er etwas historisch Gewordenes auch absolut setzen kann. Die Rechtswissenschaft, deren Dogmen sich ebenso im Laufe der Geschichte entwickelt haben, setzt die Totalität dieser Dogmen absolut und überprüft die Durchführung und Funktionsfähigkeit derselben in der Praxis, indem sie mitunter auch das ursprüngliche Verständnis des Gesetzgebers überprüft und so auch die Dogmen revidiert. Freilich, eine normative Poetik, die als Grundlage eines solchen Verfahrens gelten könnte, gibt es nicht. Zumindest sind ihre Kategorien von den Autoren dieses Jahrhunderts mehrmals über den Haufen gerannt worden, so dass mancher Literaturwissenschaftler klagend vor den Trümmern steht und auf die bösen Buben schimpft.

Jedoch gibt es andere Dogmen, welche als Grundlage dienen können. Das Regelsystem der Sprache sowie Abweichungen und Uebereinstimmung zu diesem in den poetischen Texten kann den Ausgangspunkt bilden. Der Literaturwissenschaftler wird, wenn er den innovatorischen Charakter neuerer Literatur beschreiben will, sich an erster Stelle um die Linguistik kümmern müssen[13].

Eine zweite Möglichkeit steht noch offen: Es ist dies ein ideologisch geschlossenes System, welches die Literatur an den von ihm gesetzten Werten misst. So etwa prüft die marxistische Literaturwissenschaft die Leistung eines

Werks für die soziale Evolution und Revolution und sucht den Bewusstseinsstand desselben in dieser Hinsicht zu erfassen[14]. Selbst wenn man der Verbindlichkeit solcher Methoden skeptisch gegenübersteht, weil sie nur zu oft den räsonierenden Schulmeister oder gar den Büttel verrät, liefert doch gerade sie brauchbare Differenzierungen in einem Ordnungszusammenhang, der nicht ausschliesslich von der Thematik bestimmt ist.

Bedenklich an dieser Konzeption ist, dass sie von vorneherein jeder Ideologie zubilligen müsste, die Grundlage für eine literaturwissenschaftliche Analyse bereitzustellen. Dadurch können aber Fragen aus der Isolation der Literaturwissenschaft herausgeholt werden und in der Diskussion erneut zur Geltung kommen.

In diesem Referat konnten nur ein paar Fragen angedeutet werden, die sich jedem im Zusammenhang mit dem Thema aufdrängen müssten. Es ging um nicht mehr, als darauf aufmerksam zu machen, dass jene Literaturwissenschaftler, die sich mit Gegenwartsliteratur auseinandersetzen, vor Antinomien gestellt sind, welche die Flucht in den Elfenbeinturm verwehren.

Anmerkungen

1 Offenkundig soll auch zwischen Gegenwart und Moderne differenziert werden. Vgl. die von Benno von Wiese hrsg. Sammelbände mit Kurzmonographien zu einzelnen Autoren, und zwar "Deutsche Dichter der Moderne" (Berlin [2]1969) und "Deutsche Dichter der Gegenwart" (Berlin 1973).

2 So gesprächsweise vor Germanisten in Wien am 16. Mai 1975.

3 Vgl. dazu Josef Donnenberg, Gehirnfähigkeit der Unfähigkeit der Natur. Zu Sprache, Struktur und Thematik von Thomas Bernhards Roman "Verstörung". In: Peripherie und Zentrum. Studien zur österreichischen Literatur. Festschrift für Adalbert Schmidt. Salzburg, Stuttgart, Zürich 1971, S. 13-42.

4 Thomas Bernhard, Henzig, Huber, Zehetmayer. In: Literatur und Kritik 1 (1966), H. 6, S. 24-37.

5 Vgl. dazu Wendelin Schmidt-Dengler, Aus dem Quellgebiet der "Dämonen" Heimito von Doderers. In: Literatur und Kritik 7 (1973), S. 582.

6 Vgl. Herbert Lehnert, Thomas-Mann-Forschung. Stuttgart 1969, S. 11.

7 Vgl. zuletzt Jörg Drews, Wo ist Artmann geboren? Kritische Anmerkungen zu einem Schriftstellerlexikon aus der DDR. In: Süddeutsche Zeitung vom 3./4. August 1974, S. 84. Gemeint ist das vom Scriptor-Verlag (Kronberg/Taunus) 1974 übernommene, ursprünglich im VEB Leipzig erschienene "Lexikon deutschsprachiger Schriftsteller von den Anfängen bis zur Gegenwart". Die Angabe findet sich in vielen, wenngleich nicht allen Lexika. Vgl. auch H.C. Artmann, The Best of H.C. Artmann. Hrsg. v. Klaus Reichert, Frankfurt a.M. 1970, S. 381.

8 Dietrich Weber bereitet eine Studie über dieses Thema vor.

9 Vgl. dazu das Vorwort von Walter Weiss in: Gegenwartsliteratur. Stuttgart, Berlin, Köln, Mainz 1973, S. 7f.

10 In Oesterreich wird das in kleinerem Rahmen in der "Dokumentationsstelle für neuere österreichische Literatur" versucht (A-1060 Wien, Gumpendorferstr. 15).

11 Vgl. dazu: Deutsche Geschichtsphilosophie von Lessing bis Jaspers. Hrsg. und eingeleitet von Kurt Rossmann, Bremen o.J. (1959), S. 367 über Max Weber.

12 Vgl. Günter Hess, Die Vergangenheit der Gegenwartsliteratur. Anmerkungen zum letzten Kapitel deutscher Literaturgeschichten um 1900. In: Historizität in Sprach- und Literaturwissenschaft. Vorträge und Berichte der Stuttgarter Germanistentagung 1972. In Verbindung mit Hans Fromm und Karl Richter hrsg. von Walter Müller-Seidel. München 1974, S. 200, Anm. 68.

13 Walter Weiss, Dichtersprache als Problem. Zum Verhältnis von Literaturwissenschaft und Sprachwissenschaft (Linguistik). In: Sprachthematik in der österreichischen Literatur des 20. Jahrhunderts. Wien 1974, S. 27-39.

14 Paradigmatisch in diesem Sinne Kurt Batt, Revolte intern. Betrachtungen zur Literatur in der Bundesrepublik Deutschland. München 1975.

AUFBAU DER GESCHICHTE DES DEUTSCHEN ROMANS

Von Hildegard Emmel (University of Connecticut)

Was ich hier vortrage, sind Erfahrungen aus der Arbeit an meiner Geschichte des deutschen Romans, die in drei Bänden im Verlag Francke erscheint und deren zweiter Band eben im Druck ist.

Der Aufbau der deutschen Romangeschichte stellt ihren Verfasser vor grundsätzliche Entscheidungen. Die landläufige Vorstellung ist, die Schwierigkeit läge in der Menge des zu bewältigenden Stoffes. Sie bedeutet jedoch nur eine Seite des Gesamtproblems und noch nicht einmal die komplizierteste. Dass ein Romanforscher Romanleser ist, versteht sich von selbst, wie es auch keiner Begründung, noch viel weniger einer Entschuldigung bedarf, dass seine Lektüre ihre Grenzen hat und von vollständiger Erfassung des Materials keine Rede sein kann. Worauf es ankommt, ist die Verarbeitung der Leseerfahrung zu einem methodisch und sachlich vertretbaren Ganzen, das mit der gegebenen Forschung in Einklang zu bringen ist und sie fördernd zu bestimmen vermag. Die zeitliche Ordnung des Materials ist nach unsern heutigen Vorstellungen noch immer mit einer Darstellung verbunden, die auf Geschichte gerichtet ist. Sie wurde bei meiner Romangeschichte sowohl auf weite Strecken bei den Einzeldarstellungen wie für die grossen Züge der Gesamtaufteilung auch gewahrt. Die herkömmlichen Kategorien der Epochengliederung jedoch konnten - insonderheit für die Zeit seit dem letzten Drittel des 18. Jahrhunderts - nicht mehr verwendet werden. Diese Erkenntnis, die sich bei der Ausarbeitung des ersten Bandes ergab, wurde ausschlaggebend für den Aufbau der gesamten Romangeschichte und bildete den Ausgang für viele weiterführende Ueberlegungen.

Ihre Bedeutung wird zum ersten Mal greifbar bei den Begriffen Klassik und Romantik. Die Romane des 17. Jahrhunderts lassen sich bei all ihrer Mannigfaltigkeit als Einzelrepräsentationen ihres Zeitalters noch immer nebeneinander ordnen, ohne dass dringliche Probleme übergangen werden müssten und ohne dass es eine besondere Rolle spielte, ob man die Epochenbezeichnung Barock entschieden oder weniger entschieden heranzieht. Mit dem Neueinsatz der deutschen Romankunst durch die frühen Romane Wielands und Goethes aber beginnt für die deutsche Romangeschichte ein Stadium, bei dessen Darstellung sich zahllose Fragen erheben, und zwar gerade deshalb, weil wir gewohnt sind, für jene Zeit von einem kontinuierlichen Fortgang der deutschen Literaturgeschichte zu sprechen, von einer Entwicklung, die durch die Anwendung fester Kategorien als Epochensystem verstanden wird. Dass dieses Epochensystem für den besonderen Zweck des Aufbaus der Romangeschichte als unbrauchbar erscheint, widerlegt freilich nicht die Begriffe Klassik und Romantik als solche; die Begriffe sind im Rahmen der Romangeschichte weder zu diskutieren noch zu analysieren noch in Frage zu stellen; sie mögen sogar zu Einzelcharakterisierungen durchaus tauglich sein. Worum es geht, ist, wie sie bei der Aufgliederung der Romangeschichte zu verwenden wären. Das besagt: Welche Romane wären unter die Rubrik Klassik zu stellen, wenn der Begriff verwendet werden sollte.

Ganz gewiss, so könnte man meinen, "Wilhelm Meisters Lehrjahre". Doch die Begründung wäre schwer zu geben. Weiterhin wäre zu fragen: Welche Romane gehören ausserdem noch in die Rubrik Klassik? Einige Romane Wielands? Oder sind allein Wielands Romane klassisch? Vielleicht nur oder im besonderen "Agathodämon" und "Aristipp"? Oder lieber "Die Abderiten"? Und warum nicht "Agathon"? So verschwommen die Vorstellung eines klassischen Romans bleibt, so unbestimmt ist die des romantischen, wenn auch die Romane in der Nachfolge der "Lehrjahre", im besonderen die des ersten Jahrzehntes nach den "Lehrjahren", gewöhnlich als die Romane der Romantik bezeichnet werden. Die Frage sei genau gestellt: Welche Romane gehören unter die Rubrik Romantik? "Heinrich von Ofterdingen"? Wohin gehört dann "Godwi"? Neben "Godwi" wird man "Ofterdingen" - und sei es nur gefühlsmässig - eher klassisch nennen. Und mit der Notlösung "zwischen Klassik und Romantik" zur Unterbringung von Hölderlins "Hyperion" und den Romanen Jean Pauls wird man sich gewiss nicht ernstlich abfinden können. Sie zeigt nur, dass die Pole, zwischen denen so Wesentliches wie Hölderlin und Jean Paul liegt, nicht zu Recht angesetzt sind und das z w i s c h e n das eigentliche Feld darstellt, von dem zu sprechen ist. Man verbaut sich den Weg zu diesem Feld, wenn man Schablonen aufstellt, statt sich der Fülle der Romanweisen an der Wende vom 18. zum 19. Jahrhundert bewusst zu werden. Diese Fülle hat ihre Begründung in der Romangeschichte selbst. Der Anstoss zu der reichen Entfaltung von Romanformen waren vorhandene Formen und die damit im Zusammenhang sich bildende Meinung, es müssten andere, bessere, neue Formen geschaffen werden. So sagte Hölderlin 1793 in einem Brief, als er schon am "Hyperion" arbeitete: "Vorgänger genug, wenige, die auf ein neues, schönes Land gerieten, und noch eine Unermessenheit zur Entdeckung und Bearbeitung!" Das könnte jeder originale Romanautor gesagt haben. Novalis entzündete sich kurz darauf an den gerade erschienenen "Lehrjahren" und schrieb seinen Gegenentwurf. Es kann heute nicht mehr stichhaltig sein, "Ofterdingen" wegen der blauen Blume der Romantik zuzuordnen. Die modernen Erkenntnisse des symbolschöpferischen Verfahrens der Träumenden und die Bedeutung der archetypischen Voraussetzungen der Träume geben uns die Mittel an die Hand, jene einfache Katalogisierung unter dem Kennwort Romantik als naiv zurückzuweisen.

Wenn mit den herkömmlichen Begriffen nicht zu arbeiten ist, so stellt sich die Frage, was an ihren Platz zu setzen wäre. Ganz gewiss ist: Kein System umgreift das Ganze der deutschen Romangeschichte. Je mehr die Untersuchung sich dem gegenwärtigen Zeitalter nähert, um so deutlicher wird, dass es sich nur darum handeln kann, einen Weg zu finden, von dem aus möglichst viele Arten des Phänomens Roman sichtbar werden und auf dem repräsentative Einzelwerke als Orientierungspunkte zu gelten haben.

Die Einheit des romangeschichtlichen Stroms von der zweiten Hälfte des 18. Jahrhunderts bis heute, Entfaltung, Wandlung und Abwandlung, ist gegründet in dem neuen Einsatz, den Wieland und Goethe mit ihren frühen Romanschöpfungen "Agathon" und "Werther" fanden, als sie im Roman ein Mittel zur Darstellung der "inneren Geschichte" des Menschen entdeckten. Blanckenburg, von dem die Formulierung "innere Geschichte des Menschen" stammt, las bekanntlich am "Agathon" ab, was von nun an ein Roman zu sein hätte. Dem deutschen

Roman ist seitdem noch vieles zugewachsen, was im 18. Jahrhundert noch nicht zur Debatte stand. Doch die ihm von Blanckenburg zugesprochene Dimension, "innere Geschichte" zu sein, hat er nie ganz aufgegeben bis zu dem Zeitpunkt, von dem an es fragwürdig wurde, innere und äussere Geschichte zu trennen, d.h. bis in unsere Zeit.

Der neue Aufschwung des Romans der Goethezeit hat in seinem neuen Inhalt seine Begründung. Seine Spannweite ist daran zu erkennen, dass neben den repräsentativen Romanen im Sinne Blanckenburgs von Anfang an Werke standen, bei denen der Nachdruck auf den Verhältnissen der Welt lag, etwa das lange wenig beachtete Werk von Johann Carl Wezel "Hermann und Ulrike" (1780) oder Wielands "Abderiten". Zudem setzt die Darstellung der "inneren Geschichte des Menschen" ein hohes Mass an Darstellung konkreter, sichtbar sich vollziehender Begebenheiten voraus, sonst kann sie nicht vorgeführt werden. Auch war man von Anfang an der Meinung, die menschliche Entfaltung sei auf die dynamischen Kräfte der Zeit angewiesen und werde von dumpf beharrlicher Umgebung gehemmt. Es ist das Zeitalter der Französischen Revolution und der amerikanischen Verfassung, in der der neue Roman seine Prägung findet. Die von der literaturwissenschaftlichen Forschung erst für das 19. Jahrhundert angesetzte Gattung des Zeitromans hat gleichfalls im 18. Jahrhundert, in jener romangeschichtlich wie politisch produktiven Zeit ihre Wurzel. "Innere Geschichte" und Zeitroman gehören von Anfang an zusammen. Im 19. Jahrhundert wusste man das sehr gut. Für Wienbarg waren die "Lehrjahre" das Muster des Zeitromans (1835, "Wanderungen durch den Tierkreis"). Freilich bedeutet das Zeitalter bei Goethe etwas anderes als im Zeitroman der Späteren. Es war gleichsam auswechselbar, weshalb aus "Wilhelm Meister" ein Romantyp wurde, der bis ins 20. Jahrhundert wiederholt werden konnte. Dass man seit dem 19. Jahrhundert bewusst die Einmaligkeit der historischen Epoche herausstellte, war der neue Beitrag der Späteren.

Aus all diesen Erwägungen ergab sich für das 18. Jahrhundert ein Gliederungsgedanke, durch den die Formulierungen Aufklärungsroman, Sturm und Drang, Klassik, Bildungsroman als Ordnungskategorien aufgehoben wurden und zwei grosse Kapitel sich herausbildeten: 1) Die Entdeckung des Romans als Mittel zur Darstellung der "Inneren Geschichte" des Menschen. Dieses Kapitel hat in den Romanen des jungen Wieland "Don Sylvio" und "Agathon" sowie Goethes "Werther" seine Mitte. 2) Goethes "Wilhelm Meister" und die Epoche seiner Entstehung. Der "Wilhelm Meister"-Roman ist hier als Kategorie für sich angesetzt und keiner andern untergeordnet. In der gleichen Zeit wie "Wilhelm Meister" entstandene Romane, nämlich "Anton Reiser" und Schillers "Geisterseher", die Romane von Jacobi, Lenz, Heinse, Klinger, sind im Rahmen der "Epoche" des "Wilhelm Meister" behandelt. Das Uebergewicht der "Lehrjahre", ihre Einmaligkeit und ihre literaturgeschichtliche Bedeutung werden auf diese Weise unterstrichen, ohne dass von Einfluss die Rede wäre; nicht ein Nacheinander kann gemeint sein, sondern die Verbundenheit und Einheit in einem Zeitalter. Dabei wird zugleich erkennbar, dass das Problem der Auswahl des Materials mit den Gesichtspunkten zusammenhängt, die für den Gesamtaufbau massgebend sind.

Das Beispiel des ausgehenden 18. Jahrhunderts zeigt, wie eine Romanepoche durch ihre besonderen Gegebenheiten, die Romane selbst, ihr Gepräge erhält, so dass diese Romane allein den Aufbau der Romangeschichte zu bestimmen haben. Für die späteren Zeiträume gilt das gleiche wie für das letzte Drittel des 18. Jahrhunderts. Auch für die späteren Zeiträume sind keine allgemeinen oder aus anderen Bereichen übernommene Prinzipien anzuwenden, und die üblichen Kategorien wie Biedermaier, Realismus, Naturalismus, Neue Sachlichkeit erweisen sich als so unbrauchbar wie die Begriffe Klassik und Romantik. Dies mag im Hinblick auf die Bezeichnung Realismus besonders überraschen. Wir kämen jedoch, wollten wir uns hier mit den verschiedenen Standpunkten befassen, die in der Realismus-Diskussion eingenommen wurden, in endlose Auseinandersetzungen, ohne dass ein praktisches Ergebnis erzielt würde. Es sei deshalb nur mitgeteilt: Ein realistischer Roman, der sich durch seinen Realismus von anderen unterschiede, liess sich für das 19. Jahrhundert so wenig erarbeiten wie eine Epoche des realistischen Romans. Statt dessen war festzustellen: Mit dem bunten, vielgestaltigen Romanwesen, das sich nach dem Erscheinen der "Lehrjahre" um die Wende vom 18. zum 19. Jahrhundert entfaltete, setzt das zeitliche Nebeneinander der verschiedenen Romanweisen ein, das für die Romangeschichte des 19. und 20. Jahrhunderts charakteristisch ist. Dieses Nebeneinander enthält einerseits, dass verschiedene Autoren des gleichen Zeitraums verschieden schreiben und traditionelle Formen neben modernen herlaufen, zum andern, dass bedeutende Autoren innerhalb eines Romans unterschiedliche Ausdrucks- und Darstellungsformen verwenden, etwa Karl Immermann im 19. Jahrhundert mit dem wechselvollen Stil seines "Münchhausen" und Hermann Broch im 20. Jahrhundert bei den "Schlafwandlern". Es stehen den Autoren eine Reihe von Stilarten zur Verfügung, die sie nach Bedarf benutzen können, sofern sie fähig und willens dazu sind. Deshalb dürfen die zu behandelnden Romane nicht allein nach chronologischen Gesichtspunkten geordnet werden. Wie sich im 18. Jahrhundert "innere Geschichte des Menschen" und Zeitroman verbanden und trennten, so konkurrieren sie durch das gesamte 19. und 20. Jahrhundert hin als verschiedene Tendenzen, die je nach Lebenserfahrung, Weltbild und persönlicher Veranlagung des Autors Nachdruck erhalten oder sich durchdringen und in der Einheit von Innen und Aussen ihre Grenze verlieren. Eine fortschreitende Entwicklung oder eine begründete Abfolge im zeitlichen Nacheinander ist für den Wechsel im Auf und Ab der Tendenzen nicht anzusetzen. Es wirkten sich auf ihn indessen politische Ereignisse aus sowie der allgemeine Wandel der Vorstellungen von Welt und Mensch, das Entstehen neuer Wissenschaften, der Geschichtswissenschaft und der Psychologie, und Entdeckungen und Erfahrungen der Naturwissenschaften.

Als grundlegend hat für die geschichtliche Entwicklung des Romans zu gelten: Der Roman ist ein lockeres, weiträumiges, schwer zu definierendes Gebilde, grenzenlos aufnahmefähig, unendlich in seinen Variationen. Seine Struktur kann wohldurchdachte Architektonik sein, aber auch durch einen flutenden Erzählstrom gebildet werden, dem die Launen des Erzählers die Richtung weisen. Dies ist zu allen Zeiten der Geschichte des deutschen Romans so gewesen; eine gesetzmässige Entwicklung lässt sich weder für die Form noch für Inhalt, Substanz und Umfang des Romans herausarbeiten.

Es ist daher nicht zu erwarten, dass, wie Werner Welzig[1] meint, eine Gattungspoetik Voraussetzungen für eine Gattungsgeschichte schaffen könnte, so dass dem Literarhistoriker das Werkzeug zur Erforschung des modernen Romans geliefert würde. Vom Standpunkt der hier angesetzten Romangeschichte und der sie tragenden Vorstellungen muss es als Vorteil der augenblicklichen Wissenschaftssituation gelten, dass wir für die Literaturgeschichte des 20. Jahrhunderts noch keine Konstruktion besitzen. Die Schwierigkeiten mit vorhandenen, aber unbrauchbaren Kategorien, die bei der Behandlung des 18. und 19. Jahrhunderts zu überwinden waren, fallen hier fort. Es sollte sich daher nicht darum handeln, Kategorien für den Zeitraum, für den sie bisher fehlten, zu schaffen, sondern darum, die vorhandenen, die für die vorangegangenen Epochen bestehen, abzubauen und den Klischees entgegenzuwirken.

1 Werner Welzig, Der deutsche Roman im 20. Jahrhundert. Kröner, Stuttgart, ^{2}1970, S.5.

STUDIEN ZUR GOETHEZEIT: BLENDET NOCH DAS EPOCHENETIKETT?

Von Kathleen Harris (Brock University)

Dieses Referat entspringt einerseits meinen nun schon einige Jahre dauernden Bemühungen um die bibliographische Neuerschliessung des Zeitraums von 1750 bis zu Goethes Tod, andererseits aber auch der Einsicht, die vor knapp einem Jahr durch meine Erfahrung mit einem geplanten Kurs zur 'deutschen Klassik' für underbaduates an einer kleinen kanadischen Universität gewonnen wurde. Der Kurs fiel nämlich - angesichts einer viel zu geringen Studentenzahl - buchstäblich ins Wasser. So war der Anlass gegeben, nach neuen Zugängen zu alten Fragekomplexen zu suchen. - Aus diesen Ueberlegungen heraus gliedern sich die folgenden Ausführungen in jeweils einen historischen, einen theoretischen und einen praktischen Teil.

1. Zum Begriff "Goethezeit"

Zu fragen ist vor allem: Was versteht die Literaturgeschichte unter dem Etikett "Goethezeit"? Seit wann gibt es diesen Begriff, und wo kommt er her?

Thomas Carlyle, Korrespondent Goethes, scheint ihn noch nicht gekannt zu haben. Obwohl er in späteren Jahren durch seine Studien der Schriften Goethes wie auch derjenigen der Schule Saint-Simons zu einer Auffassung gelangte, die das Aufstellen von grossen Menschen als Modellfiguren forderte, finden wir den jüngeren Carlyle vor allem darum bemüht, durch Uebersetzungen, biographische Darstellungen und Rezensionen "to forward an acquaintance with the Germans and their literature, a literature and a people both worthy of our study."[1] So bemüht er sich um Musäus, um De La Motte Fouqué, Tieck, E.T.A. Hoffmann und um Jean Paul - und selbstverständlich auch um Goethe und Schiller. Im Vorwort zur 1. Ausgabe seiner "Wilhelm Meister"-Uebersetzung von 1824 heisst es doch: "Minds like Goethe's are the common property of all nations",[2] und im Vorwort zur 2. Ausgabe seines "Life of Friedrich Schiller" 1845: "...the World, no less than Germany, seems already to have dignified him with the reputation of a classic..."[3]

Es war aber gleichwohl ein Verfechter der deutschen Sache im Ausland, der - aus Einsicht in die Denkgewohnheiten seines Gastgeberlandes - die terminologische Neuerung prägte. Ich meine Heinrich Heine, der 1835 im 1. Buch der "Romantischen Schule" sowohl von der "Goethischen Kunstperiode" als auch von einer "Goethischen Kaiserzeit" gesprochen hat.

Gervinus hingegen, der ja nicht - wie Heine - auf ausserdeutsche Vorstellungen und Sprachgebräuche Rücksicht zu nehmen brauchte, spricht ungeniert von einer deutschen "Klassik", verfasst seine "Geschichte der poetischen Nationalliteratur der Deutschen" (1835-1842) und gibt die "Deutschen Jahrbücher" heraus, um die "Nationalehre" zu fördern. Diese nämlich, so fährt er fort, "scheint uns zu verlangen, dass unserer wissenschaftlichen Kultur eine würdige Repräsentation zuteil werde."[4] Im Hinblick auf die Nachwirkungen der französischen Juli-Revolution von 1830 erscheint das auch verständlich; ebenso verständlich das spätere Umschwenken auf die Linie der Heldenverehrung - so z.B. 1860 in der Autobiographie, wo er u.a. von "jenen Jahren" schreibt, "wo Goethes grade gerichteter Geist eine nationale Dichtung heraufzauberte"[5]. Aber: Wie hatte es doch fast 30 Jahre zuvor geheissen? Damals hatte er geklagt: "Wir reissen einzelne Dichter und Literaten auseinander und schreiben statt einer Geschichte eine Reihe von Biographien; wir geben ästhetische Kritiken und lassen den geschichtlichen Zusammenhang liegen..."[6]

Mitte der fünfziger Jahre unternimmt Hermann Hettner, gleichsam geistiger Erbe des Gervinus, den grossangelegten Versuch einer Literaturgeschichte des 18. Jahrhunderts, deren 3. Teil: "Die deutsche Literatur im 18. Jahrhundert" vor einigen Jahren durch Gotthard Erler in der Gestalt der noch von Hettner betreuten 3. Auflage von 1879 neu zugänglich gemacht wurde.

Wenn Hettners Kapitelüberschriften - eine Mischung von Etiketten aus der politischen mit solchen aus der künstlerischen Sphäre - heute eher befremden, lassen sie dennoch seine Suche nach den inneren Zusammenhängen zwischen den verschiedenen Kulturbereichen erkennen. Eine Neigung zum Heroenkult ist allerdings spürbar, wenn von Goethes und Herders Rollen im Sturm und Drang gesagt wird: "...zwei hochragende Genien waren die Führer"[7] oder die 2. Abteilung: "Das Ideal der Humanität" als "die Durchführung und der Genuss des erreichten Sieges" apostrophiert wird[8]. Wir stellen demnach fest: Eine "Goethezeit" wird impliziert, wenn auch nicht unmittelbar ausgesprochen.

Wilhelm Scherers 1883 abgeschlossener Ueberblick in einem Band gibt unser 4. Beispiel ab. Flott erzählt, liest es sich heute noch verführerisch gut. Zwar gliedert auch er sein Material nach Gesichtspunkten, die einem heute mitunter bedenklich erscheinen. Auch er erhebt den Herrscher Friedrich den Grossen zum Rahmenprinzip für den gesamten Kulturbereich des mittleren 18. Jahrhunderts. Dennoch weiss er unser Auge für Wechselwirkungen zu öffnen und z.B. das künstlerisch fruchtbare Nebeneinander von Lessing und Goethe zu würdigen. Aus dem neu erstandenen Nationalgefühl der siebziger Jahre heraus soll "der Nation einmal der Gang ihrer innersten individuellsten Entwicklung dargelegt" werden.[9] Zu diesem Zweck richtet er sein Augenmerk "in erster Linie auf die Geschichte der Dichtung ...; erst in zweiter auf die Geschichte der Prosa und der Wissenschaft."[10] Es hatte ja bereits - im Zusammenhang mit der Diskussion um die Romantik - geheissen: "Goethes Gestalt bleibt im Centrum, wie sie seit dem Revolutionsjahre 1773 Alles überragt."[11] - Also auch hier eine "Goethezeit".

Als letztes Beispiel in dieser Gruppe wähle ich Herman Grimm. Literatur- und Kunsthistoriker, erscheint er eher als der geistige Erbe Thomas Carlyles und Emersons, wie es René Strasser in seiner 1972 erschienenen Studie sorgfältig belegt hat.[12] Von dem bleibenden Modellwert grosser Menschen überzeugt, fühlt er sich - u.a. durch die vielfältigen Kontakte, die er z.B. zu Menschen aus Goethes Umkreis hatte - geradezu zur Biographie hingezogen. So entstand 1876 sein "Goethe" - wobei er das Material allerdings rücksichtslos nach höchstpersönlichen Gesichtspunkten auswählte, mit dem Ziel, Goethes Entwicklungsgang blosszulegen.

Was war also in diesen 60 Jahren geschehen? Aus der Forderung nach einem unbefangenen Studium, das alles vorhandene Material zunächst einmal zusammenträgt, um es sodann nach etwaigen Gesetzlichkeiten zu befragen, ist das Bestreben geworden, nur die überragenden Persönlichkeiten zu würdigen, ja vielleicht sogar zu verherrlichen. - Man kann nicht umhin, sich auf das bereits zitierte Gervinus-Wort zu besinnen. - Dass selbst noch Werke neuesten Datums von der 'Legende' zehren, sei hier nur am Rande angemerkt, denn sowohl Gerhard Storzens stilgeschichtliche Darstellung der Klassik und Romantik als auch Alan Menhennets "Order and Freedom" kleben - wenn auch mit verschiedenem Ziel - am alten Schema fest.[13]

2. Zur Theorie

Wenn ich angesichts der zahlreichen Ueberlegungen der letzten Jahren zur Theorie der Periodisierung darauf verzichte, ausführlich darüber zu berichten, möchte ich dennoch nicht versäumen, auf einige wenige - wie mir scheint - wirklich wegweisende Arbeiten aufmerksam zu machen.

Zwei Richtungen scheinen (noch) nebeneinander zu florieren. (Diese Vermutung stützt sich in erster Linie auf Beiträge wie denjenigen Teesings vom Jahre 1966 in der 3. Auflage des "Reallexikons" sowie auf Burgers Sammelband zur Begriffsbestimmung der Klassik. [14]) Interessanter erscheinen mir allerdings die anderen, unter denen sich eine verheissungsvolle Wechselwirkung zwischen Gelehrten aus Ost und West - wenigstens in Ansätzen - abzuzeichnen beginnt. So wurden z. B. Hermands "Synthetisches Interpretieren", 1968 erschienen, von östlichen Kollegen anscheinend aufmerksam registriert und der Bericht vom 2. Wisconsin Workshop über die "Klassik-Legende" in den "Weimarer Beiträgen" ausführlich besprochen[15].

Anregend wirkt auch der Beitrag von Werner Krauss, der, 1963 geschrieben, 1970 im Sammelband: "Marxistische Literaturkritik" nachgedruckt wurde.[16] Krauss postuliert nämlich eine Art 'Gesamt-Aufklärung', die erst mit dem Ausbruch der Französischen Revolution zu Ende gegangen sei. Dabei stelle der Sturm und Drang in der Nachfolge der Rousseau-Rezeption die Vollendung der Aufklärung dar, auf die sodann ein als "klassisch" zu bezeichnender Höhepunkt der neunziger Jahre folge, ein Höhepunkt nämlich im Hinblick auf das pädagogische Programm der Dichter. Auf diese Weise erscheint es ihm jedenfalls möglich, den sozialkritischen wie dichterischen Leistungen eines Schubart, Claudius, Herder, Lenz und Klinger einen angemessenen Stellenwert im Gesamtzusammenhang beizumessen.

Gleichsam als Ergänzung dazu - wenn auch weniger auf die Theorie bezogen - liest sich Hans Dietrich Dahnkes Darstellung "Literarische Prozesse in der Periode von 1789-1806", erschienen im 11. Heft der "Weimarer Beiträge" für das Jahr 1971. Er unterscheidet zwei Richtungen, die von der Französischen Revolution ausgegangen seien: eine 'revolutionär-demokratische' und eine 'reformerische', der u. a. Goethe und Schiller nahegestanden hätten. Bedeutsam erscheint mir in diesem Zusammenhang der Hinweis auf das Nebeneinander (oder: das Aneinander-Vorbeigehen?) eines sich langsam entwickelnden Leserpublikums, das sowohl nach schöner Literatur als auch nach Publizistik verlangte, und der Publizistik der Dichter, die bei den Weimarern bürgerlich-humanitär, bei einem Forster allerdings politisch aktivistisch ausfiel. - Der Aufstieg Napoleons habe sodann eine zweite Reaktionswelle in Deutschland ausgelöst, und zwar diejenige eines zweigleisigen 'realistischen' bzw. 'romantischen' National-patriotismus. Als 'Realisten' stuft Dahnke Goethe, Schiller, Herder, Forster und Hölderlin ein; als 'Romantiker' die Brüder Schlegel, Novalis, Tieck und Wackenroder. Dagegen wäre wenig einzuwenden, wenn Dahnke nicht ausserdem versucht hätte, Hölderlins prekäre Lage allein durch den 'Druck der Verhält-nisse' erklären zu wollen.

Einen eher prinzipiellen Neuansatz brachte Ernst Ribbats Referat: ''Epoche als Arbeitsbegriff der Literaturgeschichte'', 1972 auf der Stuttgarter Germani-stentagung gehalten und 1974 im Druck erschienen[17]. Indem er von drei Punk-ten - dem Autor, dem Text, dem Leser - ausgeht, erhofft er sich eine Art Rund-Herum-Erschliessung des Sachgebiets durch Heranziehung der heterogensten Disziplinen. Allerdings gibt er einschränkend zu: ''Angesichts eines solchen Universums relevanter Faktoren... wird die Frage nach Prioritäten unabweis-lich.''[18] Diese Priorität räumt er sodann dem Leser-Aspekt ein. Der Frage der Etikettierung geht er aus dem Wege; er scheint sogar eine Rückkehr zu den alten Ueberschriften nach politischen Ereignissen, Kriegen usw. herbeizuwün-schen, weil diese wenigstens 'anti-heroistisch' seien.

Die Frage nach der Leser-Erfahrung eines literarischen Werkes stellen auch Mattenklott und Schulte in der Sammlung: ''Neue Ansichten einer künftigen Germanistik''.[19] Daneben wird die Erschliessung des Aussagewerts für die Welt von heute gefordert. Das Studium am Text sei jedoch nur eine von mehre-ren der Literaturgeschichtsschreibung untergeordneten Techniken, die man an-wenden müsse, um Johannes R. Bechers Begriff der ''Literaturgesellschaft'' gerecht zu werden[20].

Den ganzen Umfang der Problematik skizziert, vorläufig abschliessend, Walter Dietze im Mai-Heft dieses Jahres von ''Seminar''.[21] Auch er ist um die nähere Bestimmung der ''Literaturgesellschaft'' bemüht, die er zu den ''primären'' Kategorien rechnet. Ein weiterer wichtiger Komplex erscheint ihm das Verhältnis von Real- zu Literaturgeschichte, ein Komplex, der u.a. das Problem der Uebergänge wie der Unterscheidungsmerkmale überhaupt auf-wirft. Auf die Frage, wie neu zu bestimmende Epochen zu bezeichnen seien, versucht er keine Antwort, sondern fordert neue Grundlagenuntersuchungen. Und nachdem er die Problematik des Neben- und Ineinanders verschiedener Kunstbereiche gestreift hat, kommt er zum Schluss: Periodisierung bedeute Wertung.

3. Zur Praxis

Welche Ansätze gibt es nun, um einige dieser Forderungen wenigstens teilwei-se zu erfüllen? Es existieren bereits einige Materialsammlungen bundesrepu-blikanischer Herkunft, die sich durchaus als Anregungsquelle für die germani-stische Praxis in anderen Ländern verwenden lassen. Ich denke z.B. an Holger Sandigs Sammlung ''Klassiker heute''[22], die ein sozialkritisches Theater for-dert, wobei Fragen der Rezeptionsgeschichte wie des Aktualitätsbezugs beant-wortet werden sollen. Nur so seien die ''Klassiker'' heute zu spielen, kämen sie auch beim Publikum an.

Weiteren Stoff bietet die Reihe: ''Literatur im historischen Prozess''[23]. Band 1 liefert Einzeluntersuchungen z.B. zu bisher wenig beachteten Aspekten

Gerstenbergs oder Johann Heinrich Mercks; der 2. Teil von Band 4 gibt, seinem Titel gemäss, Anleitungen zur Einrichtung eines 'Grundkurses 18. Jahrhundert', der sich - mit Marx-Lektüre angereichert - von einer Darstellung der deutschen Geschichte des 18. Jahrhunderts in Grundzügen über Lessing, Gottsched, Gellert bis zur "Werther"-Rezeption, der Politisierung der Gesellschaft und dem Ausbau der Aesthetik zu einer Philosophie der Geschichte erstreckt - das alles an Hand von ausgewählten und grösstenteils mit abgedruckten Texten.

Andere Einzelstudien, die z. T. sehr ins pedantische Detail gehen und zudem ein Gefühl für die Texte als Dichtung vermissen lassen, finden sich im 3. Band der Reihe: "Literaturwissenschaft und Sozialwissenschaften"[24]. Am lohnendsten fand ich darunter die Lektüre von Thomas Metschers "Prometheus", die bei Goethe einsetzt und die Reihe über Shelley bis zu Johannes R. Becher und Volker Braun fortführt, sowie Harro Segebergs Ueberlegungen zur radikalen Spätaufklärung.[25]

Auf dem Sektor der reinen Materialdarbietung möchte ich lediglich auf einige kürzlich nachgedruckte Bände der "Deutschen Literatur in Entwicklungsreihen" aufmerksam machen, die sich mit den Bereichen der politischen Dichtung wie den Selbstzeugnissen unseres Zeitraums befassen.[26] Besonders erwähnenswert finde ich die Vielfalt des Materials in Ernst Volkmanns Band: "Zeit der Klassik", das bei Hamann einsetzt und über Hippel, Schubart, Johanna Schopenhauer und Schinkel bis zu Wilhelm von Humboldt und Jean Paul führt.

Abschliessend sei mir ein Wort erlaubt zu meinen eigenen Bemühungen um eine bibliographische Neuerfassung des Begriffskomplexes "Goethezeit" - wobei ich die Ueberschrift eher als Arbeitshilfe denn als verbindliche Strukturbestimmung auffasse. In einer ersten "Allgemeinen Abteilung" werden zunächst Hilfsmittel aller Art sowie Textsammlungen und darstellende wie auch kritische Studien der verschiedensten Richtungen - nach Sachgruppen gegliedert - angeführt. Den weitaus umfangreicheren Teil stellen aber die Personalbibliographien zu ca. 100 Schriftstellern dar, die - alphabetisch geordnet - von Bertuch bis Zschokke reichen. Dass dabei die Literatur zu Goethe und Schiller nicht zu kurz kommt, versteht sich. Mein Ziel ist es in erster Linie jedoch, eine Art wissenschaftliche Fundgrube darzubieten, die zu weiteren Detailstudien anregen sowie ein handliches Kompendium für den akademischen Unterricht abgeben möge. Denn erst wenn sich sowohl unsere Begriffe von der Unterrichtspraxis erweitert haben als auch das weite wissenschaftliche Arbeitsfeld genau abgesteckt worden ist, wird man die Frage nach der Berechtigung oder Nicht-Berechtigung dieses Epochenetiketts schlüssig beantworten können.

Anmerkungen

1 Thomas Carlyle, Vorwort zu German Romance, Translations from the German. In: The Works of Thomas Carlyle in 30 Volumes. (Centenary Edition.) New York, AMS Press 1969, Bd. 21, S. 5.
2 Ebd., Bd. 23, S. 5.
3 Ebd., Bd. 25, S. 1.
4 Georg Gottfried Gervinus, Einleitung in die Deutschen Jahrbücher. In: Gervinus, Schriften zur Literatur. Hrsg. v. Gotthard Erler. Berlin, Aufbau 1962, S. 121.

5 Ders., Schriften zur Literatur, S. 473.

6 Ders., ''Prinzipien einer deutschen Literaturgeschichtsschreibung'' (1833). In: Schriften zur Literatur, S. 11.

7 Hermann Hettner, Die deutsche Literatur im 18. Jahrhundert. Hrsg. v. Gotthard Erler. Berlin, Aufbau 1961, S. 11.

8 Ebd., S. 7.

9 Wilhelm Scherer: Geschichte der Deutschen Literatur. Zitiert nach der 5. Aufl. Berlin, Weidmann 1889, S. 723.

10 Ebd., S. 723.

11 Ebd., S. 615.

12 René Strasser, Herman Grimm. Zum Problem des Klassizismus. Zürich, Atlantis 1972 (= Zürcher Beiträge zur deutschen Literatur- und Geistesgeschichte, Bd. 40).

13 Gerhard Storz, Klassik und Romantik: Eine stilgeschichtliche Darstellung. Mannheim, Bibliographisches Institut 1972; Alan Menhennet, Order and Freedom: Literature and Society in Germany from 1720 to 1805. London, Weidenfeld & Nicolson 1973.

14 Begriffsbestimmung der Klassik und des Klassischen. Hrsg. v. Heinz Otto Burger. Darmstadt, Wissenschaftliche Buchgesellschaft 1972 (= Wege der Forschung, Bd. 210). Rezensiert von Wolfgang Hecht. In: Goethe-Jahrbuch, Bd. 91 (1974), S. 191f.

15 Rezensiert von Dieter Schiller. In: Weimarer Beiträge, Bd. 20 (1974), Nr. 1, S. 170-177.

16 Werner Krauss, Zur Periodisierung Aufklärung, Sturm und Drang, Weimarer Klassik. In: Marxistische Literaturkritik. Hrsg. v. Viktor Žmegač. Bad Homburg, Athenäum 1970, S. 274-302.

17 Ernst Ribbat: Epoche als Arbeitsbegriff der Literaturgeschichte. In: Historizität in Sprach- und Literaturwissenschaft. Vorträge und Berichte der Stuttgarter Germanistentagung 1972. Hrsg. v. Walter Müller-Seidel. München, Fink 1974, S. 171-179.

18 Ebd., S. 175.

19 Gert Mattenklott/Klaus Scherpe: Literaturgeschichte im Kapitalismus - Zur Bestimmung demokratischer Lehrinhalte in der Literaturwissenschaft. In: Neue Ansichten einer künftigen Germanistik. Hrsg. v. Jürgen Kolbe, München, Hanser 1973, S. 75-101.

20 Vgl. Johannes R. Becher, Bemühungen I und II. In: Johannes R. Becher, Gesammelte Werke. Hrsg. v. Johannes-R.-Becher-Archiv der Deutschen Akademie der Künste zu Berlin. Berlin, Aufbau 1972, Bd. 13 u. 14.

21 Walter Dietze, Probleme der literarischen Periodisierung: Axiome - Fragen - Hypothesen. In: Seminar, Bd. 11 (1975), S. 77-92.

22 Klassiker heute. Hrsg. v. Holger Sandig. München, Goldmann 1972 (= Das wissenschaftliche Taschenbuch. GE 14).

23 Literatur im historischen Prozess. Hrsg. v. Gerd Mattenklott/Klaus R. Scherpe. Bd. 1: Literatur der bürgerlichen Emanzipation im 18. Jahrhundert. Bd. 4/2: Westberliner Projekt: Grundkurs 18. Jahrhundert. Kronberg, Scriptor 1973 bzw. 1974 (= Scriptor Taschenbücher Literaturwissenschaft. S. 2 und S. 28).

24 Ulrich Dzwonek et al., Literaturwissenschaft und Sozialwissenschaften 3 -

Deutsches Bürgertum und literarische Intelligenz 1750-1800. Stuttgart, Metzler 1974.

25 Thomas Metscher, Prometheus. Zum Verhältnis von bürgerlicher Literatur und materieller Produktion; Harro Segeberg, Literarischer Jakobinismus in Deutschland. Theoretische und methodische Ueberlegungen zur Erforschung der radikalen Spätaufklärung. In: Literaturwissenschaft und Sozialwissenschaften 3, S. 385-453 bzw. 509-568.
26 Vor dem Untergang des alten Reiches, 1756-1795. Hrsg. v. Emil Horner. Darmstadt, Wissenschaftliche Buchgesellschaft 1973 (= Deutsche Literatur in Entwicklungsreihen. Reihe 19, Bd. 1); Empfindsamkeit, Sturm und Drang. Hrsg. v. Marianne Beyer. Darmstadt, Wissenschaftliche Buchgesellschaft 1970 (= Deutsche Literatur in Entwicklungsreihen. Reihe 25, Bd. 9); Zeit der Klassik. Hrsg. v. Ernst Volkmann. Darmstadt, Wissenschaftliche Buchgesellschaft 1970 (= Deutsche Literatur in Entwicklungsreihen. Reihe 25, Bd. 10).

BEITRAEGE ZUM SYMPOSION

'LITERATUR · POLITIK · SOZIOLOGIE'

LITERATUR UND REVOLUTION

Von Gerd Müller (Uppsala)

Der Anlass für die Auseinandersetzung mit meinem Thema lässt sich zeitlich recht genau auf das Jahr 1968 fixieren. Es war das Jahr, in dem mit Tankred Dorsts Stück ''Toller'' und mit einer mit Verve und Engagement geführten Polemik in der Zeitschrift ''Kursbuch'' eine Diskussion neu eröffnet wurde, die aus aktuellem Anlass die Frage nach dem Selbstverständnis von Literatur neu zu beantworten suchte, wie sie sich auch um eine Klärung des Verhältnisses von Literatur und Gesellschaft bemühte. Die Argumente und Positionen dieser Diskussion sind vom Verf. bereits an anderer Stelle dargestellt worden und brauchen hier nicht mehr referiert zu werden.[1] Wichtig erscheint mir indessen der Hinweis, dass es sich bei den genannten Werken nicht nur um ein Problem westdeutscher Literaten handelt, sondern dass die Aeusserungen der ''Kursbuch''-Beiträger offenbar repräsentativ sind für eine weitverbreitete Haltung gegenüber der Literatur zum aktuellen Zeitpunkt. So machen etwa Aeusserungen Jean Paul Sartres von vor und nach der französischen Mai-Revolte 1968 ganz ähnliche Positionen deutlich und formulieren vergleichbare Einsichten.[2]

Was den genannten Stellungnahmen über den aktuellen Bezug hinaus Relevanz verleiht, ist die neuformulierte Frage nach der Einschätzung der Macht oder Ohnmacht der Literatur. Welchen konkreten Einfluss hat Literatur nach Meinung ihrer Produzenten? Wie motivieren Schriftsteller ihr literarisches Engagement? ''Gedanken über das Unvermögen der Schriftsteller Empörung zu bewirken'' sind, wie die Formulierung ausweist[3], in Deutschland so alt wie die literarische Oeffentlichkeit überhaupt: Sie werden im 18. Jahrhundert formuliert. Dennoch wird von Zeit zu Zeit immer wieder die Frage nach dem konkreten Nutzen der Literatur gestellt, und nicht unerwartet stellt sich diese Frage besonders prekär in politischen Umbruchsituationen, kommt es doch in solchen Zeiten, wie die Beispiele aus dem ''Kursbuch'' zeigen, häufig zu einer Gleichsetzung von revolutionärer Literatur und revolutionärer Thematik. Indem sie die Revolution zum einzigen Thema ihrer literarischen Produktion machen, glauben viele Schriftsteller offenbar, revolutionäre Literatur zu produzieren.

Besonders deutlich wird dieser Kurzschluss in einigen Werken von Peter Weiss. Als 1971 von diesem Schriftsteller eine Dramatisierung von Hölderlins Leben und Werk erschien[4], geschah das unter ausdrücklichem Hinweis auf die revolutionäre Sprengkraft des deutschen Klassikers. Nicht zu Unrecht hält Weiss Hölderlin für einen revolutionären Dichter.

Seit den brillanten Analysen von Bertaux ist auch Hölderlins Engagement für die Ziele der Französischen Revolution wieder allgemein bekanntgeworden.[5] Man muss sich aber hüten, die revolutionäre Verfasserschaft Hölderlins allein aus seinem Jakobinismus erklären zu wollen, wie das bei Weiss häufig anklingt.[6] Die Frage: Warum ist Friedrich Hölderlin ein revolutionärer Schriftsteller? beantwortet Weiss in seinem Stück mit dem Hinweis auf Hölderlins politische Gesinnung. Als ob das Sprechen über Politik gleich revolutionäre Dichter macht.

Zum Beweis seiner These lässt Weiss dann seinen Hölderlin in der zentralen 6. Szene eine politisierte und auf den lateinamerikanischen Freiheitskampf hin konkretisierte Version des "Empedokles" vor den ehemaligen Freunden aus dem Tübinger Stift aufführen. Der poetische Text wird solchergestalt von Weiss aktualisiert und konkretisiert. Er wird aber zugleich seiner poetischen Vielschichtigkeit beraubt und eindeutig als politisches Schlüsseldrama von Weiss gekennzeichnet. Ob er damit die ästhetischen Qualitäten des "Empedokles" bezeichnet oder nachvollziehbar gemacht hat, ist fraglich. Dass er damit erklärt hätte, worin die Relevanz Hölderlins für die Gegenwart von 1971 liegt[7], muss verneint werden.

Versuchen wir, die angeführten Beispiele auf ihre Gemeinsamkeiten untereinander und auf ihren Bezug zum Thema meines Vortrages hin zu untersuchen. Zunächst ist auffällig, dass alle angeführten Autoren die Produktion von Literatur als soziale Aktivität auffassen, insofern als sie Literatur als Beziehung zwischen Werk und Gesellschaft verstehen. Dorst macht Toller den Vorwurf, er habe dieses "kommunikative Handlungssystem"[8] egoistischerweise missbraucht, um sich selbst dadurch Einfluss und Ansehen zu verschaffen. Die Beiträger des "Kursbuches" bezweifeln die gesellschaftliche Wirksamkeit der Literatur insgesamt und möchten sie als gruppenspezifisches Phänomen festlegen: Literatur sei bürgerlich; der klassenbewusste Autor müsse sich deshalb der "Literatur" verweigern und zu anderen Strategien der Emanzipation übergehen. Weiss sieht in Hölderlin den exemplarischen Dichter, weil dieser sich seiner gesellschaftlichen Stellung hellsichtig bewusst gewesen sei und dem Ethos künstlerischer Verantwortung auch in Zeiten treu blieb, als andere sich opportunistischerweise längst angepasst hatten.

In allen angeführten Beispielen wird Literatur also ähnlich rezipiert: Stoff und Gehalt der Literatur werden in ihrer sozio-ökonomischen Bedingtheit erfasst, die Analyse der gesellschaftlichen Wirksamkeit von Literatur entscheidet über ihren qualitativen Standard. Ansatzweise, vor allem bei den Beiträgern des "Kursbuches", wird auch die Abhängigkeit von Form und Gestalt der Literatur von Sozialstrukturen reflektiert.

Indessen ist besonders bei Weiss und den Beiträgern des "Kursbuches" auffällig, wie oberflächlich über den spezifischen Kunstcharakter von Literatur etwa im Unterschied zu anderen Informationsformen nachgedacht wird. Dabei muss ja gerade in den besonderen "syntaktisch-formalen Vertextungsstrategien"[9] eines literarischen Kunstwerkes einer der entscheidenden Unterschiede zu anderen Informationsformen gesehen werden. Ein literarischer Text unterscheidet sich ja von einem Text der Gebrauchsliteratur nicht durch die grundsätzlich andere Art von Information, die er inhaltlich vermittelt, sondern durch die grundsätzlich andere Art, auf die er seine Information vermittelt. Neben dem sprachlichen Interesse am Kunstwerk als einem Träger von Informationskomponenten hat der Rezipient vor allem ein ästhetisches Interesse am Kunstwerk als einem Zeichenkomplex. Der Textgestalt kommt in einem Werk, das einen ästhetischen Anspruch stellt, also gegenüber einem Gebrauchstext ein besonderer Eigenwert zu. Die Qualität eines Gebrauchstextes lässt sich etwa am Grade der Eindeutigkeit messen, mit der er die von seinem Urheber intendierte Mitteilung an seinen Empfänger vermittelt, literarische Texte hingegen "sind nicht einer genau bestimmbaren Mitteilungsabsicht unterworfen, sondern sie entfalten bei geeigneter Rezeptionsweise alle an ihre Eigenart als Objekt und die Textstelle ihres Auftretens gebundenen Funktions- und Wirkungsmöglichkeiten"[10].

Freilich entfaltet sich die "Aesthetizität" eines Kunsterkes nicht per se und nicht allen Rezipienten auf die gleiche Weise - ausdrücklich wird ja in der zitierten Textstelle auf die "geeignete Rezeptionsweise" verwiesen, der allein sich alle Funktions- und Wirkungsmöglichkeiten eines literarischen Textes erschliessen. Die spezifische "Polyvalenz" eines literarischen Textes entpuppt sich so bei genauerem Hinsehen als eine irreale Möglichkeit, die sich je nach Standpunkt des Rezipienten in eine Reihe begrenzter Informationen realisieren lässt. Literatur wird zur Angelegenheit einer soziologisch nicht näher bestimmten Gruppe von adäquaten Rezipienten, die als Voraussetzung bereits weitgehend die Eigenschaften mitbringen müssen, die sie dann als Information aus der Literatur beziehen können.[11]

Dem Modell Schmidts liegt also die Vorstellung einer Art kommunikatorischen Zirkels zugrunde, bei dem der Rezipient genau die Art von Information bezieht, die er als Voraussetzung an das Werk heranträgt.[12] Die Möglichkeit der Kunst, die Wirklichkeit zu verändern, ist nur mittelbar gegeben: indem sie dem Rezipienten zeigt, dass sie ihm bei adäquater Bemühung eine "asthetische Wirklichkeit"[13] zu erschliessen vermag, die sich mit dem Grad seiner Bemühung verändert, macht sie ihn zugleich darauf aufmerksam, dass der gesamte Wirklichkeitsbereich dem Zugriff der Spontaneität unterliegt.

Eine direkte Wirkung der Literatur auf die Wirklichkeit lässt sich in der Tat weder nachweisen noch auch nur plausibel fordern. Die adäquate Rezeption von Literatur und Kunst überhaupt wird jedoch die Beurteilungskategorien von Erscheinungen der Wirklichkeit wie Motivationen, Bewusstseinszustände etc. als veränderlich erscheinen lassen und über einen komplizierten Vermittlungsprozess letztlich auch zur Veränderung der sozialen Wirklichkeit beitragen.[14] Literatur und Kunst haben so eine didaktische Funktion: Sie sensibilisieren den Rezipienten und aktivieren gegenüber den nivellierenden und abplattenden Einflüssen der Wirklichkeit sein Bewusstsein von der Veränderlichkeit der gegebenen Zustände. In dieser ihrer Funktion aber - so hat es der Theoretiker der permanenten Revolution, Trotzki, formuliert[15], und Teige sieht es ähnlich[16] - fallen Literatur und Revolution in eins zusammen: Erst wenn es dem Menschen gelingt, sich schöpferisch total selbst zu verwirklichen, wird zwischen den Botschaften der Literatur und den Gegebenheiten der Wirklichkeit keine Differenz mehr bestehen. Das aber, so drückt es Teige in den zwanziger Jahren aus, wird erst erreicht sein, wenn die Ziele der Russischen Revolution erreicht sein werden. Um diese Ziele zu verwirklichen, ist es aber nach den Vorstellungen dieses Marxismus und Surrealismus vereinigenden Theoretikers notwendig, den künstlerischen Professionalismus und damit die Arbeitsteilung abzuschaffen. Erst wenn der Prozess der Arbeitsteilung aufgehoben ist, sei auch die Grenze zwischen Kunst und Leben niedergebrochen. Dies aber werde erreicht, wenn die Kunst es als ihre Aufgabe verstehe, "durch die systematische Kultur der Sinne und Durchleuchtung der Sensibilität die vitalen menschlichen Potenzen zu kultivieren und sozialisieren"[17]. Erst ein neuer Menschentyp wird, darauf läuft die Analyse der marxistischen Theoretiker hinaus, eine neue Kunstauffassung verwirklichen können.

Auffällig an allen diesen Konzeptionen ist zunächst, dass sie den neuen, revolutionären Literaturtyp an einen neuen Menschentyp gebunden sehen. "Die neue proletarische Kunst erwächst also nicht so sehr aus persönlicher sozialistischer Gesinnung (da bliebe sie nur bürgerlich mit sozialistischer Tendenz), sondern aus der positiven Tatsache einer neuen Gesellschaft"[18], und Trotzki betont ganz ähnlich, dass die eigentlich revolutionäre Literatur die sozialistische sei und damit die Literatur der nachrevolutionären Epoche[19].

Ueberraschen muss bei all dem Engagement, mit dem der Beginn der revolutionären Literatur beschrieben wird, der Katalog der Werte, der in der nachrevolutionären Gesellschaft verwirklicht werden soll: Trotzki spricht von "uneigennütziger Freundschaft, Nächstenliebe, herzlicher Teilnahme"[20], und Teige sagt, die Kunst solle zur "hohen Schule des neuen Menschen" werden, sie solle die Schönheit zum "Epiphänomen aller Lebenserscheinungen"[21] machen. Obgleich somit die Forderungen nach einem neuen Menschenbild und einer neuen Literatur erhoben wird, erscheinen beide als Verwirklichung alter Werte, und der Verdacht liegt nahe, man habe es hier wiederum mit dem Beweis einer von Levin L. Schücking aufgestellten These zu tun, nach der es "kaum etwas Tragikomischeres" gibt, "als die Unfähigkeit, die jede Generation von neuem zeigt, ihre eigene Auffassung von Kunst als zeitgebunden zu erkennen"[22].

Schücking verweist auf den wohlbekannten Tatbestand, dass jede Generation in bezug auf die vorhergehende von der als selbstverständlich angenommenen Meinung ausgeht, in ihren kritischen Massstäben über die vorhergehende Generation hinausgelangt zu sein. Man hält sie in ihren kritischen Positionen für überwunden, weil man selbst glaubt, den tieferen Einblick, die gefestigteren Methoden und das umfangreichere Wissen zu besitzen. Bei genauerem Hinsehen jedoch erweist sich diese Sicherheit des Urteils als durch nichts anderes als eine rein subjektive Annahme gerechtfertigt. Die kritischen Urteile kommen also, wie es Mühlmann[23] ausführt, letztlich durch ein Evidenzgefühl zustande, das heute selbstsicher und apodiktisch formuliert, was sich morgen ohne weiteres als Irrtum erweisen kann.

Was Schücking retrospektiv, im Blick von der nachfolgenden auf die vorhergehende Generation beobachtet, lässt sich natürlich auch prospektiv formulieren. Aus dem gleichen Evidenzgefühl heraus, aus dem sich die jetzige Generation jeder vorhergehenden als in ihren literarischen Massstäben kritisch überlegen vorkommt, erwartet sie von den nachfolgenden ihre Ueberwindung durch "objektivere" Formen literarischer Urteile.

Festzuhalten ist somit das Phänomen der "Intentionalität", d.h. des Erwartungshorizontes, der vom Rezipienten an das literarische Werk angelegt wird und von dem aus es in seiner Perspektive für den Rezipienten sichtbar wird. Die Aussagen, die über ein literarisches Werk gemacht werden, unternehmen eine Beschreibung des Werkes zugleich mit einer Katalogisierung der Voraussetzungen, unter denen der Rezipient es betrachtet. Indem ich ein Werk in seinen kulturellen, sozialen, ideologischen, zeitgebundenen Bedingtheiten auffasse, bestimme ich zugleich meinen eigenen Ort; mit dem, was ich an einem literarischen Werk als "gültig" oder "verbindlich" empfinde, demonstriere ich zugleich die historische Kontinuität, die in diesem Punkt zwischen mir und dem Werk besteht. Es sei in diesem Zusammenhang an das diltheysche "Prinzip der Untrennbarkeit von Auffassen und Wertgeben"[24] erinnert wie auch an Ingardens Hinweis, dass es bei literarischen Werken keine endgültige Form der Konkretisation gebe, sondern dass hier jeweils nur "wahrscheinlichere" oder "weniger wahrscheinliche" Möglichkeiten der Realisation in Betracht kämen[25].

Dieselbe Aussage lässt sich aber auch in bezug auf die zukünftige Literatur machen: Von ihr wird, wie die Hinweise auf Trotzki und Teige beweisen, nicht a b s o l u t e Wertfülle und ein abstrakter, vollständiger Wertkatalog erwartet, sondern Massstäbe, die sich aufgrund einer Analyse der gegenwärtigen Verhältnisse als wünschenswert herausgestellt haben. Wenn Trotzki Freundschaft, Nächstenliebe und Sympathie als die dominierenden Werte der zukünftigen revolutionären Literatur herausstellt, so geschieht das aus der unmittelbaren Anschauung der Gegenwart von 1917 heraus, in der die Klassengegensätze bewusst verschärft und agressiv aufeinanderprallen sollen.[26] Wenn Teige in den zwanziger Jahren die Grenze zwischen Leben und Kunst in Zukunft niederbrechen will, indem er das Leben zu einer Art Kunstwerk sublimiert, so steht dahinter die Erfahrung des von ästhetischen Primitivformen beherrschten sozialistischen Alltags der mittleren zwanziger Jahre in der UdSSR mit seiner allmählichen Gleichschaltung des ästhetischen Pluralismus in der Fron des frühen sozialistischen Realismus.

Die Bestimmung dessen, was als revolutionär in der Literatur zu gelten hat, ist somit ähnlich relativ den Erfahrungen und Bedingungen der Rezipienten wie der Katalog der übrigen Werte und Wertungen, die im hermeneutischen Prozess angewendet werden.

Das bedeutet aber wiederum, dass der Rezipienten-Analyse grössere Bedeutung zukommen muss. Der Hinweis auf den "adäquaten Rezipienten", der notwendig sei, um über die "Aesthetizität" eines Kunstwerkes befinden zu können, greift ja insofern zu kurz, als damit nichts über die Relevanz dieser adäquaten Stellungnahme gesagt wird.

Bei der Analyse der Kunstwerke hat man sich längst angewöhnt, Stoff und Gehalt in ihrer sozio-ökonomischen Bedingtheit zu begreifen. Form und Gestalt eines Werkes werden in ihrer Abhängigkeit von Sozialstrukturen gewürdigt, die soziale Herkunft eines Dichters, seine gesellschaftliche Stellung sind heute für die Literaturwissenschaft selbstverständliche Gegenstände der Untersuchung.[27] Literatur als gesellschaftliche Institution ist aber in ebenso hohem Grade auf das "Studium der Wirkungen der Kunst auf das soziale Leben, auf Gruppenbildung, -berührung und -konflikt, auf Entwicklung und Verschiedenheit der durch Kunst bedingten sozialen Attitüden und Muster"[28] angewiesen. Diese Forschungszweige aber werden, obgleich sie methodisch inzwischen längst über zuverlässige Apparate verfügen, von der Literaturwissenschaft immer noch weitgehend nonchaliert. Dabei müsste etwa der Begriff der "Oeffentlichkeit", der von den Literaturwissenschaftlern nach wie vor als eine der z e n t r a l e n Wertungskategorien angesehen wird[29], im Lichte der Sozialwissenschaften neu durchdacht werden. Immer noch wird er im Goetheschen Sinne als Massstab der Gestalthöhe einer Dichtung verstanden, an dem man den Repräsentanzwert eines Kunstwerkes ablesen zu können glaubt. Dabei wird der Strukturwandel dieser Oeffentlichkeit und die "Dimension ihrer Entwicklung"[30] jedoch gar nicht reflektiert. Die Validität des an den Oeffentlichkeitsbegriff gebundenen Werturteils ist aber weitgehend von der Beantwortung der Frage abhängig, inwieweit heute überhaupt noch eine repräsentative literarische Oeffentlichkeit in Erscheinung tritt.

Wo der "Kommunikationszusammenhang eines räsonnierenden Publikums von Privatleuten"[31] zerrissen ist, ist es fraglich, ob der "öffentlichen Meinung" noch die gleiche kritische Bewertungsqualität zukommt wie ehemals. Was früher das Ergebnis einer öffentlichen Kommunikation war, Urteile und Verständigung über den Sinn der Literatur, scheint heute einerseits zu "informellen Meinungen von Privatleuten ohne Publikum"[32] geworden und andererseits der "Kommunikation der öffentlich-manifestierten Meinungen" anheimgegeben zu sein.

Literarische Urteile scheinen heute nicht mehr aufgrund eines kommunikativen Einverständnisses zustande zu kommen, an dem ein Publikum von Privatleuten gleichermassen teilhat, sondern eher als Denkergebnisse der "von den relativ bestinformierten, intelligentesten und moralischsten Bürgern vertretenen Ansichten"[33]. Ihr Spruch ist demnach nicht mehr kritisch und emanzipatorisch, sondern hat eher eine manipulative Funktion: Eine Bildungselite versucht ihr Urteil als öffentliche Meinung auszugeben.

So wichtig dieser Tatbestand zur Erklärung der augenblicklichen Krise der Literatur ist, so unbefriedigend ist er für das Selbstverständnis der Literatur. Literatur kann nicht als Phänomen losgerückt vom Studium ihrer Wirkungen auf das gesellschaftliche Leben im weitesten Sinne nur "adäquat" betrachtet werden. Ihre Wertung muss zugleich "relevant" sein, d.h. sie darf nicht nur Bedeutung für eine elitäre Bildungsminorität haben, die sich über adäquate Interpretationsmethoden verständigen kann, sondern sie muss einer repräsentativen Zahl von Personen ihre Angelegenheit verständlich machen können. Die Geistesgeschichte lehrt uns, dass von "Revolutionen" im geistigen Bereich immer dann die Rede ist, wenn das Verhältnis zwischen Geist und Oeffentlichkeit gestört ist. Dorsts Vorwurf gegenüber Toller, die Beiträge des "Kursbuches" vom November 1968 signalisieren ein solches gestörtes Verhältnis. Die von ihnen vorgeschlagenen Lösungen - Verweigerung gegenüber der Literatur, Liquidierung des literarischen Bestandes, gesellschaftlich-politisches Engagement statt literarischer Produktion - schiessen freilich über das Ziel hinaus. Statt den Tatbestand zu liquidieren, sollte er diskutiert und problematisiert werden.

Konkret käme es darauf an, sich innerhalb der Literaturwissenschaft wieder verstärkt an die didaktischen Aufgaben dieser Wissenschaft zu erinnern. Anstatt die Exklusivität ihrer Fragestellungen zu demonstrieren, sollte sie sich stärker auf ihre kritische und emanzipatorische Funktion besinnen. Sie sollte es als ihre Aufgabe ansehen, Literatur wieder der öffentlichen Rezeption zugänglich zu machen und so für den literarischen Bereich zu schaffen, was Voraussetzung für eine adäquate und relevante Rezeption ist, ein kompetent "räsonnierendes Publikum von Privatleuten".

Anmerkungen

1 Zur ausführlicheren Information sei hier verwiesen auf mein Buch: Literatur und Revolution. Untersuchungen zur Frage des literarischen Engagements in Zeiten des politischen Umbruchs. Acta Universitatis Upsaliensis, Uppsala 1974.

2 Zu verweisen wäre etwa auf Sartres Interview mit Jean-Claude Garot, Der Intellektuelle und die Revolution, aufgenommen 1968, deutsch: Sammlung Luchterhand, Neuwied 1971, sowie auf das Spiegel-Interview vom Februar 1973. Zwischen beiden Interviews lagen die Mai-Unruhen von 1968, die Sartre, wie er im Spiegel-Interview zum Ausdruck bringt, zu einer Revision seiner bisherigen Ansichten brachten.

3 Gotthelf Abraham Kästner, Gedanken über das Unvermögen der Schriftsteller Empörung zu bewirken. Göttingen 1793.

4 Peter Weiss, Hölderlin. Stück in zwei Akten. Frankfurt a.M. 1971[3].

5 Pierre Bertaux, Hölderlin und die Französische Revolution. Frankfurt a.M. 1969.

6 Die zunehmend verschärfte sprachliche Isolierung Hölderlins wird von Weiss politisch motiviert. Weil Hölderlin konsequent dem Jakobinismus treu bleibt, wo die Freunde sich von Fürsprechern der Revolution zu Angepassten wandeln, wird es ihm schliesslich unmöglich - so die These Weiss' -, sprachlich mit ihnen zu kommunizieren. Weil Hölderlin "von allen Instanzen der Wirklichkeit so zusammengehauen worden ist, dass ihm nichts anderes übrigblieb, als sich in seinem Turm zu verkriechen", habe er sich selbst isoliert, behauptet Peter Weiss in einem Spiegel-Interview (vgl. DER SPIEGEL, 13.9. 1971, S.166).

7 So im Interview mit der ZEIT, 17.9.1971, S.14.

8 Siegfried J. Schmidt, Aesthetische Prozesse. Beiträge zu einer Theorie der nicht-mimetischen Kunst und Literatur. Köln 1971.

9 Schmidt, a.a.O., S.59.   10 Ebd.

11 Einerseits heisst es: "Der ästhetische Text erscheint bei adäquater Rezeption als ein Raum möglicher Wirklichkeiten und möglicher Bedeutungen. Er löst die Kunstwerkkonstituenten aus der Bindung an pragmatische Effektivität und zeigt die Potentialität, den Wirkungsspielraum von Bedeutsamkeiten relativ zu adäquaten Kontexten. Diesen Verhältnissen muss in der Rezeption eine adäquate Vielschichtigkeit der Wahrnehmung, Zeichenverarbeitung und -bewertung entsprechen" (Schmidt, a.a.O., S.63). Vom Rezipienten werden Spontaneität und Produktivität verlangt, mit denen er die "ästhetische Wirklichkeit" des Kunstwerkes erkennen könne. Andererseits wird die Behauptung gemacht: "Der Rezipient wird bei adäquater Rezeption auf seine produktive, sinn- und wirklichkeitskonstitutive Freiheit aufmerksam." (Ebd., S.64).

12 Ganz ähnlich stellt es auch Husserl dar, der in seinen Spätschriften andeutet, dass überhaupt nur zum Erkenntnisproblem werden kann, was dem Individuum "bewusst" war. Vgl. E. Husserl, Erste Philosophie II. Husserliana Bd.III, Den Haag 1950, S.107: "Was ich jetzt einzig und allein zum theoretischen Thema mache, was mein thaumazein erregt und mich zu fortschreitender Kenntnisnahme und, darauf gegründet, zu theoretischer Erkenntnis bestim-

men soll, ist die subjektive Weise, in der alles, was bisher für mich da war, was bisher irgendwelches Thema war, mir als seiend gilt, für mich 'bewusst' war.''

13 Schmidt, a.a.O., S.63.
14 ''Wer vom Theater oder einer anderen Kunstsorte direkte politische oder gesellschaftliche Veränderungen erwartet, missdeutet die Möglichkeiten der Kunst grotesk. Politische Aktion und die Ausgangsbedingungen und Beurteilungen politischen Handelns (d.h. Bewusstseinszustand, Motivationen, Wertsysteme etc.) sind zwei verschiedene Momente. Theater kann, wie alle Kunst, bestenfalls die Ausgangsbedingungen beeinflussen und so - vielfach vermittelt - die Handlungsweisen des politisch Handelnden; es kann vor allem das Wirklichkeitsbild des Handelnden verändern und damit Bedingungen schaffen für die Veränderung der sozialen Wirklichkeit.'' (Schmidt, a.a.O., S.73)
15 Leo Trotzkij, Literatur und Revolution, dtv, München 1972, bes. Kapitel VIII: Die Kunst der Revolution und die sozialistische Kunst (a.a.O., S.190ff.)
16 K. Teige, Liquidierung der ''Kunst''. Analysen und Manifeste. Frankfurt a.M. 1968, S.278.
17 Zitiert nach Schmidt, a.a.O., S.77.
18 Teige, a.a.O., S.22.   19 Trotzkij, a.a.O., S.191.
20 Ebd.   21 Zitiert nach Schmidt, a.a.O., S.77.
22 Levin L. Schücking, Essays. Wiesbaden 1948, S.393.
23 Wilhelm Emil Mühlmann, Bestand und Revolution in der Literatur. Stuttgart, Berlin, Köln, Mainz 1973.
24 Zitiert nach Hans Egon Hass, Das Problem der literarischen Wertung. Darmstadt 1970, S.26.
25 Roman Ingarden, Das literarische Kunstwerk. Tübingen 1960[2], S.404-408.
26 Trotzkij, a.a.O., S.191: ''Die Revolution selbst ist noch kein 'Reich der Freiheit'. Im Gegenteil, die Züge des 'Zwanges' erlangen in ihr die extremste Entwicklung. Während der Sozialismus zusammen mit den Klassen auch die Klassengegensätze beseitigt, treibt die Revolution den Klassenkampf bis zur höchsten Intensität...''
27 Vgl. etwa die allgemeinen ''Problem- und Untersuchungsebenen'', die R. Newald im Artikel ''Literatur'' im Wörterbuch der Soziologie, hrsg. v. W. Bernsdorf u. F. Bülow, Stuttgart 1975, aufzählt.
28 A. Silbermann, ''Kunst''. In: Fischer Lexikon Soziologie. Hrsg. v. R. König, Frankfurt a.M. 1958.
29 Vgl. etwa Walter Müller-Seidel, Das Problem der literarischen Wertung. Stuttgart 1969[2], S.52ff.
30 Jürgen Habermas, Strukturwandel der Oeffentlichkeit, Sammlung Luchterhand 25, Neuwied 1974[6].
31 Ebd., S.291.   32 Ebd.
33 W. Hennis, Meinungsforschung und repräsentative Demokratie, Recht und Staat, Heft 200/201, Tübingen 1957, S.56f., zitiert nach Habermas, a.a.O., S.280.

Literaturverzeichnis

Bertaux, Pierre: Hölderlin und die Französische Revolution. Frankfurt a. M. 1969.

Fischer Lexikon Soziologie. Hrsg. v. R. König. Frankfurt a. M. 1958.

Habermas, Jürgen: Strukturwandel der Oeffentlichkeit. Sammlung Luchterhand 25, Neuwied 1974[6].

Hass, Hans Egon: Das Problem der literarischen Wertung. Darmstadt 1970.

Hennis, W.: Meinungsforschung und repräsentative Demokratie, Recht und Staat. Heft 200/201, Tübingen 1957.

Husserl, Edmund: Erste Philosophie II. Husserliana, Bd. III, Den Haag 1950.

Ingarden, Roman: Das literarische Kunstwerk. Tübingen 1960[2].

Kästner, Gotthelf Abraham: Gedanken über das Unvermögen der Schriftsteller Empörung zu bewirken. Göttingen 1793.

Mühlmann, Wilhelm Emil: Bestand und Revolution in der Literatur. Stuttgart, Berlin, Köln, Mainz 1973.

Müller, Gerd: Literatur und Revolution. Untersuchungen zur Frage des literarischen Engagements in Zeiten des politischen Umbruchs. Acta Universitatis Upsaliensis, Studia Germanistica Upsaliensia 14, Uppsala 1974.

Müller-Seidel, Walter: Das Problem der literarischen Wertung. Stuttgart 1969[2].

Sartre, Jean-Paul: Der Intellektuelle und die Revolution. Sammlung Luchterhand 30, Neuwied 1971.

Schmidt, Siegfried J.: Aesthetische Prozesse. Beiträge zu einer Theorie der nicht-mimetischen Kunst und Literatur. Köln 1971.

Schücking, Levin L.: Essays. Wiesbaden 1948.

Teige, K.: Liquidierung der ''Kunst''. Analysen und Manifeste. Frankfurt a. M. 1968.

Trotzkij, Leo: Literatur und Revolution. dtv, München 1972.

Weiss, Peter: Hölderlin. Stück in zwei Akten. Frankfurt a. M. 1971[3].

Wörterbuch der Soziologie. Hrsg. v. W. Bernsdorf u. F. Bülow. Stuttgart 1955.

DER POLITISCHE EROS: DAS LIEBESMOTIV
IN HEINRICH MANNS ROMANEN

Von Bengt Algot Sørensen (Odense)

Die folgenden Ausführungen haben ihren Ausgangspunkt in der Beobachtung, dass die Liebe nicht nur ein zentrales, alle Entwicklungsstadien überdauerndes Thema in HMs Werken bildet, sondern dass sie auch in HMs Hierarchie der Werte an hervorragender Stelle steht. Man darf also wohl von einer Analyse der Liebesthematik einige nicht unwesentliche Aufschlüsse über die Kunst und die Ideenwelt HMs erwarten. Aus Gründen der Zeit muss ich leider auf eine an sich gebotene Stellungnahme zu den von der Philosophie, Psychologie und Soziologie für das Liebesphänomen erarbeiteten Kategorien sowie zu ihrer Relevanz für eine literaturwissenschaftliche Analyse verzichten. Ich beschränke mich statt dessen bewusst auf ein möglichst einfaches, dafür aber operationelles Modell, nach dem die Liebe als ein emotioneller Komplex von Beziehungen zwischen einem Ich, einem Du und einer Umwelt angeschaut wird. Aus diesem Modell ergeben sich mindestens drei mögliche Typen:

1) Die Liebe als das Lebensgefühl oder als der gefühlsmässige Zustand eines Ichs. Das Erlebnis des Gefühls ist hier allein entscheidend, während die Bedeutung des Du untergeordnet, weil nur Mittel ist.

2) Die Liebe als ein angestrebtes Ich-Du-Verhältnis, in dem versucht wird, die Einsamkeit des Ichs zugunsten des Gefühls einer gemeinsamen Zweisamkeit oder gar Identität aufzuheben. Das Gelingen oder Scheitern dieses Versuchs hängt von der inneren Beschaffenheit der Liebenden ab. - In beiden Fällen kann die Autonomie der Liebeserfahrung als rein private, allen sozialen Beschränkungen enthobene Wirklichkeit erlebt und dargestellt werden.

3) Die Liebe als ein überwiegend soziales Phänomen im Rahmen einer sie umgebenden und sie massgeblich beeinflussenden gesellschaftlichen Wirklichkeit. Bei den hier entscheidenden Beziehungen zwischen den Liebenden einerseits und der Umwelt anderseits sollte man allerdings nicht so sehr an die für die Liebesromane und Liebesdramen früherer Zeiten charakteristischen Widerstände denken, die durch konventionelle moralische oder soziale Vorstellungen gebildet wurden, sondern eher an die prägende und normgebende Wirkung der Gesellschaft auf die Denk- und Fühlweise der Einzelnen. Die Liebe kann demnach als das Feld sozialer und politischer Spannungen oder als das Ergebnis gesellschaftlicher Kräfte auftreten, und nicht nur bei HM kann die Darstellung einer frustrierten oder pervertierten Liebe so das Mittel einer vehementen Gesellschaftskritik werden.

Als erstes Beispiel wähle ich das Hauptwerk aus HMs früher Schaffensperiode, die Romantrilogie "Die Göttinnen oder die drei Romane der Herzogin von Assy" (1903). Im ersten Buch tritt die Herzogin als die etwas distanzierte Urheberin der freiheitlichen Revolution eines kleinen dalmatischen Staates in der zweiten Hälfte des 19. Jahrhunderts auf, im zweiten als eine Kunstschwärmerin, und im dritten Buch gibt sie sich zügellos den Freuden und den Lastern der Venus hin. Am Ende ihrer Laufbahn stellt sie zusammenfassend fest: "Mein ganzes Leben war eine einzige grosse Liebe, jeder Grösse und der ganzen Schönheit habe ich meine heisse Brust entgegengeworfen" (S. 679)[1]. Um diesen Ausspruch richtig zu verstehen, bedarf es allerdings einer näheren inhaltlichen Bestimmung der Liebe in dieser Romantrilogie.

Wie so oft bei HM wird am Anfang des Romans mit wenigen Strichen das Gesetz angedeutet, nach dem die Hauptgestalt angetreten ist. In diesem Fall heisst das Gesetz Einsamkeit - "Ihre natürlichste Ueberzeugung war, dass sie einzig, dem Rest der Menschheit unzugänglich, und unfähig sich ihm zu nähern sei" (S.15) - und eine nostalgische Sehnsucht nach der leidenschaftlichen Lebenskraft und übermenschlichen Grösse der Vorfahren. Diese Tendenz verstärkt sich dadurch, dass sich die Wirklichkeit der Gegenwart als erbärmlich, grausam und grotesk erweist. Uebrig bleibt für Violante von Assy nur die Flucht in den sehnsuchtsvollen Traum. Ihrer nicht ernst zu nehmenden politischen Tätigkeit im ersten Buch liegt in Wirklichkeit ein utopischer Schönheitstraum zugrunde. Von ihrer angeblichen Liebe zum Volk gesteht sie nachträglich: "Ich aber liebte sie schwärmerisch, weil ich sie als tiernahe Halbgötter sah, als übriggebliebene Bildsäulen heroischer Zeiten... Auf soviel Schönheit wollte ich ein Reich der Freiheit gründen" (S. 223). Aesthetisch und vergangenheitssüchtig wie dieser Liebestraum bleibt auch die Kunstschwärmerei des zweiten Buchs. Bemerkenswert ist, dass auch hier der Begriff der Liebe in den Mittelpunkt gerückt wird. Von den Statuen sagt die Herzogin: "Nur sie sind meinesgleichen, nur bei Ihnen geniesse ich meinen ganzen Stolz und die Liebe, deren ich fähig bin... Ich bin zu Gast bei den schönen Werken, denn sie geben mir Rausch und Macht" (S.409). Nicht so sehr der Umstand, dass Kunstwerke das Ziel des Liebesgefühls bilden, sondern vielmehr dass die Liebe als ein ichbezogenes Mittel des Genusses und des Rausch- und Machtgefühls erscheint, ist hier das Charakteristische. Kein menschliches Du tritt dem liebenden Ich gegenüber, sondern die Liebe bleibt im Bereich einer nur subjektiven Innerlichkeit befangen und genügt sich in dieser Begrenzung. Aehnlich verhält es sich mit dem dritten Buch der Trilogie, denn obwohl in diesem Buch das Schlafzimmer der Herzogin zeitweilig in eine Arena sexueller Kunststücke und orgiastischer Ausschweifungen verwandelt wird, bleibt sie selbst im Inneren einsam und narzisshaft unbeteiligt. Am nächsten tritt ihr der jugendliche Liebhaber Nino, dem sie bekennt: "Ich habe mit dir, Nino, sprechen können, als sei ich nicht mehr allein" (S.635). Gerade dieser Nino ist für die politischen Konsequenzen der Lebenshaltung Violantes von Assy aufschlussreich, indem er sich einer anarchistischen Bewegung anschliesst, deren politisches Programm er folgendermassen formuliert: "Wir sind entschlossen, der Freiheit und dem Recht der Persönlichkeit unser Leben darzubringen und rufen zum Kampf auf gegen den Sozialismus, der sie beide vergewaltigt" (S.616). Ninos politische Aktivität bleibt in der Romanhandlung peripher, ist aber nicht ohne Interesse für den Zusammenhang zwischen der Liebesauffassung und dem politischen Verhalten, der in diesem Roman allerdings nur flüchtig berührt wird.

Wie die Romantrilogie "Die Göttinnen" wurzelt auch der im gleichen Jahr (1903) erschienene Roman "Die Jagd nach Liebe" in einer für die europäische Fin de siècle-Literatur charakteristischen Problematik: inmitten der kraftlosen und übermüdeten, einem weltanschaulichen Nihilismus zuneigenden Gesellschaft sehnt sich auch hier die Hauptgestalt nach der ursprünglichen Leidenschaft und Glut ungebrochenerer, vergangener Zeiten. Am Schluss dieses Romans fasst die Hauptfigur des Buches, der weltschmerzlich angehauchte Claude Marehn, der sich 400 Seiten lang hartnäckig, aber vergeblich um die Liebe der schönen, kalten Schauspielerin Ute bemüht, seine Lage folgendermassen zusammen: "Ich bin das Endergebnis generationenlanger bürgerlicher Anstrengungen, gerichtet auf Wohlhabenheit, Gefahrlosigkeit, Freiheit von Illusionen... Tatsächlich ist bei mir jede Bewegung zu Ende; ich glaube an nichts, hoffe nichts, erstrebe nichts, erkenne nichts an: kein Vaterland, keine Familie, keine Freundschaft. Und nur der älteste Affekt und der letzte, der stirbt, macht mir noch zu schaffen. Ich habe ihn kaum, aber ich gedenke noch seiner. Die Liebe" (S. 440). Mit diesen Worten hat Claude die Bedeutung und die Funktion der Liebesthematik nicht nur in diesem Roman, sondern in der Literatur der Dekadenz überhaupt treffend charakterisiert. Das Gefühl der Liebe ist danach die letzte Brücke zu den elementaren, vitalen Werten des Lebens, ja die Wörter "Liebe" und "Leben" zeigen die Tendenz, synonym zu werden. Charakteristisch hierfür ist die Abwandlung, die die leitmotivische Formel von der in Claude jagenden Sehnsucht nach Liebe[2] erfährt, indem sie gelegentlich als die in Claude jagende Sehnsucht nach dem "schönen, starken Leben" (S. 187) formuliert wird. Die Wörter "Liebe" und "Leben" sind also in dieser Formel austauschbar. Die Liebesthematik im Roman "Die Jagd nach Liebe" unterscheidet sich von der Liebesthematik der Trilogie "Die Göttinnen" u. a. dadurch, dass sich das Liebesgefühl des Ichs auf ein Du, nämlich die Schauspielerin Ute, richtet. Dieses Du bleibt aber unerreichbar, und bei näherer Betrachtung entpuppt sich auch Claudes vergebliche Liebessehnsucht nach Ute als die Sehnsucht nach einem vollen, rauschhaften Lebensgefühl. In beiden Romanen bleibt das Motiv der Einsamkeit mit dem der Liebe eng verbunden, ein Symptom für den ichbezogenen Charakter dieser Liebe, der es niemals gelingt, den isolierenden Kreis des Ichs zu durchbrechen. Charakteristisch ist ebenfalls der überwiegend biologische Aspekt dieser Liebe. Sie wird als ein atavistischer Trieb dargestellt, dem die im Irrgarten Nietzsches hintaumelnden, dekadenten Kavaliere vergeblich nachseufzen. Da die Liebe also vornehmlich an der biologischen und geistigen Schwäche der Charaktere scheitert, kommt die Gesellschaftskritik dieses Romans nicht recht zum Zuge. Die unverbindliche Kritik des jugendlichen, durch die Börsenspekulationen des Vaters hinreichend versorgten Rentiers, Claude Marehn, an den bestehenden Eigentumsverhältnissen bleibt mit seinem eigentlichen Problem und Lebensinhalt, der Sehnsucht nach einem rauschhaften Lebensgefühl, nur locker verbunden. Wie die Herzogin von Assy verachtet er die Gesellschaft, in der er lebt. Um so leidenschaftlicher jagen sie ihren Liebesträumen nach, indem sie der gesellschaftlichen Wirklichkeit den Rücken kehren. Auf eine solche indirekte Weise kann man allerdings schon in diesen Romanen von einem Zusammenhang zwischen Liebesmotiv und Gesellschaftskritik sprechen.

Nach dem Durchbruch HMs zur humanistischen Position eines Vorkämpfers für die Demokratie und für die Auffassung von der moralischen Verpflichtung des Schriftstellers, seine Tätigkeit in den Dienst einer idealistischen Politik des Geistes zu stellen, erfährt der Begriff der Liebe einen erheblichen Wandel und eine inhaltliche Bereicherung. Der Uebergangsroman "Zwischen den Rassen" (1907) liefert hierfür ein aufschlussreiches Beispiel. Mit fast schematischer Deutlichkeit wird der Konflikt der weiblichen Hauptgestalt dieses Romans zwischen der nur sinnlichen Liebe zu dem schönen Italiener Pardi und der geistigeren, menschlicheren Liebe zu dem Deutschen Arnold Acton geschildert. Die Liebe Lolas zu Pardi ist der Liebesauffassung in den früheren Werken HMs nahe verwandt. Auch hier geht es um den leidenschaftlichen Rausch der Sinne bei gleichzeitiger menschlicher Einsamkeit. Nur sind diesmal die negativen Töne in der Darstellung dieser Art von Liebe unverkennbar. Wie Pardi selbst weitgehend durch Raubtiermetaphern geschildert wird, so wird auch diese Liebe als ein gnadenloser Kampf der Geschlechter um die Herrschaft über den Partner dargestellt. Neu ist die idealistische Komponente in der Kritik dieser Liebe, die beispielsweise als "ein fleischlicher Irrsinn" (S.306)[3] gestempelt wird. Demgegenüber steht die geistige Liebe Lolas zu Arnold, die sich aus einem anfänglichen einseitigen Spiritualismus zu einer seelisch-körperlichen Synthese entwickelt und somit den Traum Lolas von einem "höheren Menschentum" (S.303) zu erfüllen scheint. Zum ersten Mal im Werk HMs wird damit die Wirklichkeit gegenseitiger Liebe als eines echten Ich-Du-Verhältnisses wenn nicht dargestellt, dann doch am Ende des Romans als Möglichkeit postuliert. Gleichzeitig - und dies ist für die weitere Entwicklung der Liebesthematik im Werk HMs wesentlich - nehmen die Liebenden an der Begeisterung des Volkes teil, das den Wahlsieg des sozialistischen Abgeordneten über den reaktionären Pardi feiert. Das Liebeserlebnis zieht damit seine Kreise weiter und nimmt überindividuelle, menschheitliche Dimensionen an. Eros verbindet sich mit caritas, und als die politische Form dieser Liebe zur Menschheit wird die - wie es hier heisst - "ungeheure Güte der Demokratie" (S.430) gepriesen. Der bis jetzt passive, introvertierte Vertreter des Geistes, Arnold Acton, verwandelt sich dementsprechend in einen Menschen der erotischen und politischen Tat. Der politische Eros hat damit seinen Einzug in das Werk HMs gehalten und ist nicht mehr daraus wegzudenken.

Das semantische Fluktuieren des Wortes Liebe zwischen erotischer und mitmenschlich-sozialer Bedeutung sowie die sich daraus ergebenden Zusammenhänge zwischen menschlichem Gefühlsleben und politischer Aktivität bleiben für das spätere Werk HMs von entscheidender Bedeutung. In dem 1909 erschienenen Roman "Die kleine Stadt" bestimmt es beispielsweise ganz die Struktur und die Idee des Romans. Der stellenweise burleske Buffo-Charakter des Werkes sollte nicht darüber hinwegtäuschen, dass es hier letzten Endes um das eben genannte erotisch-politische Erlebnis der Demokratie geht. Deutlich wird dies, wenn zum Schluss im Zuge der erotischen Begeisterung eine alle menschlichen und politischen Gegensätze überwindende Verbrüderung der Einwohner stattfindet. Der Leiter der fortschrittlichen Partei, der Advokat Belotti, der zugleich als der Vorkämpfer einer freien Sinnlichkeit nach antikem Vorbild auftritt, stellt denn auch abschliessend fest: "Wir sind ein Stück vorwärtsgekommen in der Schule der Menschlichkeit" (S.432). HM bestätigte 1910 in der Zeitschrift "Die Zukunft" diese Deutung, als er schrieb: "Ich spreche nur von einem kleinen Volk, das... in einem Augenblick der Liebe, verbrüdert auf einem staubigen Stadtplatz, einen unwiderruflichen Schritt aufwärts thut, zur Grösse" (S.266).

Weniger augenfällig, aber bei näherer Betrachtung dennoch unverkennbar treten diese Zusammenhänge auch in den gesellschaftskritischen Romanen der Kaiserreichtrilogie der folgenden Jahre hervor. Die Liebe erscheint hier als das Erfahrungsmedium, das weitgehend die Art und den Wert der menschlichen und sozialen Beziehungen des Einzelnen bestimmt. Nur geht es HM in den gesellschaftskritischen Romanen vor allem um den Nachweis der Schwierigkeiten oder der Unmöglichkeit einer menschlichen Liebe in einer solchen Gesellschaft. Schon in dem bekannten Essay ''Geist und Tat'' (1910) hatte er den Wilhelminischen Staat folgendermassen charakterisiert: ''Man liebt einander nicht und liebt nicht die Menschen. Die Monarchie, der Herrenstaat ist eine Organisation der Menschenfeindschaft und ihre Schule'' (S. 11). Die Romane der Trilogie, von denen ich hier aus zeitlichen Gründen nur das erste Werk, ''Der Untertan'', behandeln kann, gehen hiervon aus. In den ersten Kapiteln wird die Hauptperson, der von Natur aus weiche Diederich Hessling, von den Normen dieser Gesellschaft charakterlich geprägt und geformt. Er lernt schnell in den ihm von dem Herrenstaat vorgeprägten Schablonen der Macht und Grausamkeit, des Egoismus und des Materialismus zu denken und zu fühlen. Als letztes und schwierigstes Hindernis dieser Entwicklung bleibt die Liebe zu Agnes Göppel. Ganz zu Recht empfindet Diederich diese Liebe als eine Versuchung, die er von sich weisen muss, wenn er den Anforderungen des Kampfes ums Dasein in dieser sozialdarwinistischen Gesellschaft gewachsen sein will. Wie sehr hier soziale und politische Einstellung mit dem Liebesgefühl verbunden ist, geht beispielsweise daraus hervor, dass Diederich in der kurzen Aufwallung von Liebe zu Agnes die feindliche Einstellung zu den demonstrierenden Arbeitslosen als umstürzlerischen Feinden zugunsten eines sozialen Humanitätsgefühls vorübergehend aufgibt: ''Warum sollte man sie hassen? Diederich fühlte sich bereit, sie zu lieben. Hatte er denn wirklich, er selbst, den Tag in einem Gewühl von Menschen verbracht, die er für Feinde gehalten hatte? Sie waren Menschen: Agnes hatte recht'' (S. 74). Nachdem er diese ''Gefahr'' mit brutaler Rücksichtslosigkeit überwunden hat, steht ihm der Weg zum Untertanen, d.h. zum Prototyp dieser Gesellschaft offen, und er bleibt späterhin gegen alle Anfechtungen menschlicher Liebe und sozialen Mitgefühls gefeit. Was der Roman nach diesen einleitenden Kapiteln an Liebesszenen enthält, sind Karikaturen, die mit greller Schärfe die Pervertierung des Liebeslebens im Dienst eines materiellen, sozialen und politischen Machtstrebens beleuchten.

Die Zeit erlaubt nicht ein näheres Eingehen auf die Werke HMs aus den folgenden Jahren. Ich beschliesse statt dessen meine Ausführungen mit einem interpretatorischen Hinweis auf das Hauptwerk HMs, die beiden Altersromane von der Jugend und der Vollendung des französischen Königs Henri Quatre. Eine genaue Analyse des Wortes ''Liebe'' in diesen Romanen würde zeigen, wie HM die breite semantische Skala des Wortes zwischen caritas, Eros und Sexus ausnützt und wie er immer wieder die verschiedenen Bedeutungsmöglichkeiten vermischt, um dadurch den Leser von dem inneren Zusammenhang zwischen der erotischen und der mitmenschlichen Liebe und damit von dem Zusammenhang zwischen Eros und Politik im weitesten Sinne des Wortes zu überzeugen. Immer wieder hören wir von Henri, dass die Liebe die ''wahre Kraft seines Wesens'' sei. Die zahlreichen galanten und burlesken Liebesabenteuer des ersten

Bandes von der Jugend Henri IVs illustrieren das zur Genüge. In dem zweiten Band, "Die Vollendung des Königs Henri Quatre", zeigt sich der tiefere Sinn dieser erotischen Tätigkeit, die jetzt, gereift und vertieft, in der Liebe Henris zu Gabriele d'Estrée ihre Vollendung findet und mit seinem Aufstieg zum Herrscher und Vertreter einer neuen, auf Güte und Vernunft ausgerichteten Menschlichkeit verbunden wird. Die Darstellung seines Liebeslebens verläuft parallel zu der Darstellung seiner politischen Laufbahn. Mit der Liebe zu Gabriele d'Estrée erreicht Henri den politischen Höhepunkt, und mit ihrem Tod beginnt der Abstieg. Die ursächliche Verknüpfung dieser Liebe mit seiner politischen Tätigkeit wird immer wieder hervorgehoben, so z.B. in den Worten des Geistlichen an Henri unmittelbar nach dem Tode der geliebten Gabriele: "Sie haben das Menschenkind Gabriele geliebt. Durch Ihre Kraft es zu lieben, wurden Sie der grosse König" (S. 686).

Vergleicht man die Bedeutung des Liebesmotivs in diesem Altersroman mit den Jugendwerken HMs, werden zugleich die Kontinuität und der grosse Wandel innerhalb dieses Oeuvre sichtbar: der Rausch der Sinne, von dem in den ersten Romanen so viel die Rede ist, tritt im Altersroman noch einmal als die "Entzückung des Fleisches" auf. Er erscheint aber nicht mehr isoliert als ein vergeblicher Ansturm auf die lähmende Einsamkeit des Ichs, sondern wird als die treibende Kraft humaner und moralischer Eigenschaften einem ganzheitlichen Bild der Menschlichkeit integriert, das nicht nur das liebende und geliebte Du umfasst, sondern auch den Anspruch einer humanen Heilsbotschaft erhebt. Dies ist der Sinn eines der letzten, den Roman abschliessenden Sätze der Allocution D'Henri Quatrième: "Le monde ne peut être sauvé que par l'amour."

Anmerkungen

1 Wenn nichts anderes angegeben ist, wird im folgenden nach der Ausgabe des Claassen Verlags (Gesammelte Werke in Einzelausgaben) zitiert.
2 Vgl. beispielsweise S. 85f., 286 und 387 sowie den Titel des Romans.
3 Zitat nach der Ausgabe des Aufbau-Verlags, 1954.

DICHTUNG UND POLITIK IM WERKE HEINRICH HEINES
Eine kritische Auseinandersetzung mit einigen Tendenzen
in der Heine-Forschung der Nachkriegszeit

Von Hellmut Thomke (Bern)

Politische Literatur ist seit einigen Jahren ein bevorzugtes Thema der westdeutschen Literaturwissenschaft und ein modischer Gegenstand des Deutschunterrichts. Für die DDR gilt das seit eh und je. Erfreulich ist dies nur, wenn
dabei das Vermögen nicht verlorengeht, Bedeutendes von Unbedeutendem zu
unterscheiden, und wenn man neben dem Politischen auch das Literarische
ernst nimmt oder besser: wenn man die Eigenart und den Wert oder Unwert
der Vermittlung von Politik und Literatur wahrzunehmen vermag. Doch scheinen gerade diese Fähigkeiten bei den Germanisten schlecht ausgebildet zu sein.
Der Streit um Heine und die höchst verschiedenartige Auslegung seiner Werke
beweisen es. Heines Werk erweist sich wie kaum ein anderes als Prüfstein
einer Germanistik, die sich auch politisch ausrichten will.

Das Bild Heines wird in verschiedenen ideologischen und politischen Lagern verfälscht. Der Grundfehler, der dabei immer noch begangen wird, ist
der Versuch, das Werk auf einen Nenner zu bringen und es jeweils eindeutig
auszulegen. Das tun insbesondere alle linientreuen Marxisten in Ost und West,
die zwar zugeben, dass ein Zitatenduell über den politischen Standort Heines
ausgetragen werden könne, jedoch überzeugt sind, dass dies klar zu ihren Gun-
sten ausgehen müsse. Falsch daran ist nicht so sehr der Glaube an einen Sieg,
sondern die Auffassung, dass ein solches Duell überhaupt sinnvoll sei. Damit
wird nämlich von vornherein der Sinn widersprechender und widersprüchlicher
Aeusserungen Heines verfehlt. Vor allem seit dem Heine-Essay von Georg Lukács aus dem Jahre 1935 sieht man in Heine immer wieder einen unmittelbaren
Vorläufer von Marx und Engels. Nach dieser Ansicht nimmt er neben Georg
Weerth unter den Dichtern die ideologisch fortschrittlichste Position ein, ist
allen politischen Dichtern des Vormärz allein schon dadurch weit überlegen
und trennt sich von ihnen, nicht weil er der autonomen Kunst huldigt und Zuge-
ständnisse an die Reaktion macht, sondern weil er von seinem fortgeschritte-
nen Bewusstsein aus die Beschränktheit und künstlerische Fragwürdigkeit der
vormärzlichen Tendenzdichtung durchschaut. In der Zeit der Freundschaft mit
Karl Marx, Ende des Jahres 1843 und 1844, brach der revolutionäre Drang des
Dichters in voller Stärke durch; unter dem Einfluss von Marx entstand im ''Wintermärchen'' ein Werk der radikalen Kritik an der herrschenden Gesellschaft,
das darüber hinaus auch schon die sozialistische Zukunft vorwegnimmt. Den
Standpunkt des wissenschaftlichen Sozialismus konnte Heine allerdings trotz
seiner Kritik am kapitalistischen System noch nicht erreichen, weil Marx und
Engels zur Zeit der Begegnung mit dem Dichter diese Stufe selber noch nicht
hatten erklimmen können und weil Heine das Studium der ökonomischen Verhältnisse weitgehend fremd war. - Das etwa ist der Tenor der marxistischen Heine-
Interpretation. Die Auffassungen des Klassikers marxistischer Literaturwissen-

schaft, Georg Lukács', werden noch und noch und manchmal fast Wort für Wort nachgesprochen, oft in wesentlich verflachter Weise. Der späte Heine in der Zeit der Krankheit und der Bekehrung zu einem persönlichen Gott, der Dichter in der "Matratzengruft", wird kaum beachtet. Hans Kaufmann schliesst seine Gesamtdarstellung der Entwicklung Heines und seines Werkes gleichsam opern- haft und in der Art einer Apotheose, indem er das "Wintermärchen" über alles erhebt und an die Seite der "Göttlichen Komödie" und des "Faust" stellt[1]. Das bedeutet nicht nur eine Verfälschung des Stellenwertes dieser Dichtung in der Welt- literatur und innerhalb des Gesamtwerkes des Dichters, sondern setzt auch eine teilweise Fehldeutung des "Wintermärchens" selber voraus. Auch Kaufmanns frühere Monographie über dieses Werk[2] leidet - wiewohl in geringerem Masse - unter dem Grundfehler, die von Heine virtuos gehandhabte Vieldeutigkeit auf Eindeutigkeit zurückzuführen. Wohl hat die marxistische Literaturwissenschaft nicht wegzuleugnende Widersprüche in Heines Gesamtwerk anerkannt und sie auf die objektiven Widersprüche des kapitalistischen Gesellschaftssystems zu- rückgeführt, unter denen der Dichter als ideologisch weit fortgeschrittener Bür- ger notwendigerweise in besonderem Masse habe leiden müssen. Dennoch wird immer wieder betont, dass seine sozialistische Ueberzeugung diesen Wider- sprüchen letztlich doch nicht zum Opfer gefallen sei. So hat man denn auch beim späten Heine eine Schrift entdeckt, die man fast unisono zu seinem eigentlichen politischen Testament erklärt - nämlich das 1855 entstandene Vorwort zur fran- zösischen Ausgabe der "Lutetia"[3]. Wie wenn nicht gerade hier das Leiden un- ter der Unauflöslichkeit der Widersprüche besonders krass in Erscheinung trä- te! Wie wenn dem todkranken Heine überhaupt noch an einer Art von politischem Testament etwas hätte liegen können!

Man verstehe mich nicht falsch! Es geht mir hier nicht darum, mit der mar- xistischen Literaturwissenschaft einen grundsätzlichen Strauss auszufechten. Es geht auch nicht darum, die Verdienste der ostdeutschen Heine-Forscher (neben Hans Kaufmann ist vor allem Fritz Mende zu nennen) herunterzumachen. Es geht vielmehr darum, der gewaltsamen Verengung von Heines Werk (und damit auch hervorragender politischer Dichtung) entgegenzutreten, wie sie im Gefolge mar- xistischer Interpreten immer deutlicher sichtbar geworden ist. In der Eröff- nungsrede zur Heine-Konferenz in Weimar im Jahre 1972 feierte Professor Gre- gor Schirmer, Stellvertreter des Ministers für das Hoch- und Fachschulwesen, Heine als volksverbundenen Dichter "volksliedhafter Natur- und Liebeslyrik" und als "unbeugsamen Kämpfer gegen die reaktionären Kräfte seiner Zeit"[4]. Dieser Vorstellung entsprechen übrigens auch die Verse der meisten Heine- Preisträger in der DDR. Lassen wir vorerst die Frage auf sich beruhen, ob Heine tatsächlich ein charakterfester Vorkämpfer für den Fortschritt war - ein zweiter Ludwig Börne also gleichsam... Dass er aber von Amtes wegen zum Vertreter harmloser romantischer oder gar biedermeierlicher Poesie gemacht, man möchte sagen: zum Dichter der "Schwäbischen Schule" erklärt wird, kön- nen wir nicht hinnehmen. Da wäre es ja doch nun fällig, dass er wie der Schwa- bendichter in "Atta Troll" von der Hexe Uraka in einen Mops verwandelt würde (Caput XXII); denn d i e s e r Heine - der kanonisierte, scheinbar zum Heili- gen erhobene - ist in Wahrheit auf den Hund gekommen. - Aber muss der Knüp- pel wirklich beim Hunde liegen? Man hat Heine schon einmal ganz wörtlich auf den Hund gebracht: Am 21. Dezember 1866 schrieb Friedrich Engels an Karl Marx, der alte Horaz erinnere ihn stellenweise an Heine, der sehr viel von ihm gelernt habe, "auch au fond ein ebenso kommuner Hund politice war"[5]. Die hier durchaus bewusste Herabwürdigung zum Hunde wäre Heine gewiss schmeichelhafter vorgekommen als die heutige Versimpelung, galt sie doch dem ganz und gar nicht unbeugsamen politischen Kämpfer, aber in keiner Weise dem grossen Dichter, den Engels nach wie vor verehrte und von dem er wusste, wie viel er ihm geistig verdankte[6].

Unter Einseitigkeit leidet auch immer noch das Heine-Bild in der sogenannten bürgerlichen Wissenschaft. Sie zeigte sich lange Zeit darin, dass man das Politische in Leben und Werk überging oder nicht ernst nahm oder den Heine der zweiten Hälfte des vierten Jahrzehnts und der vierziger Jahre gar zum Programmatiker des l'art pour l'art erklärte. Wenn heute der politische Heine doch Beachtung findet, so ist das zum Teil auf die Anregung durch marxistische Interpreten zurückzuführen. Dass die Einseitigkeit nicht überwunden ist, zeigt sich jedoch darin, dass sich die sogenannte bürgerliche Wissenschaft auf das erwähnte Zitatenduell immer wieder einlässt, und ferner darin, dass sie die konservativen und aristokratischen Züge beim mittleren, die religiösen beim späten Heine überbetont. Bezeichnend ist ferner, dass man gewöhnlich "Atta Troll" dem "Wintermärchen" vorzieht und dass man Heine zum Vertreter eines vermeintlich ideologiefreien, überparteilichen Standpunktes zurechtstilisiert. Das tut z.B. Friedrich Sengle in der jüngsten Interpretation des "Atta Troll", die uns vorliegt[7]. Zwar ist er völlig im Recht, wenn er die Unterstellung direkter Parteilichkeit bei Heine zurückweist und davor warnt, dass man das "Wintermärchen" gegen "Atta Troll" ausspiele[8]. Er befindet sich aber, wie ich meine, im Irrtum, wenn er glaubt, Heine vertrete als höherer politischer Dichter und Denker einen "skeptischen Humanismus", der im Hinblick auf die Ueberwindung entwicklungshemmender Ideologien für uns unmittelbares Vorbild sein könnte[9].

Bei Friedrich Sengle fällt als weiterer Mangel die Unschärfe in der Verwendung politischer Begriffe, vor allem des Begriffs "Liberalismus", auf. Dies scheint um so erstaunlicher, als er doch wohl gegenwärtig die umfassendsten Kenntnisse in der Epoche zwischen 1815 und 1848 besitzt. In Wirklichkeit handelt es sich hier nicht um einen zufälligen Mangel, sondern um eine fast allgemein verbreitete Schwäche der Heine-Forschung, der nichtmarxistischen wie der marxistischen! Diese begriffliche Unschärfe, die einem zu wenig differenzierten Erfassen der politischen Wirklichkeit entspringt, fällt besonders krass in die Augen, wenn man beobachtet, wie der Saint-Simonismus in seiner Bedeutung für Heine beurteilt wird (wenn er überhaupt die nötige Beachtung findet). Wer die politische Geschichte des 19. Jahrhunderts und insbesondere die Geschichte der politischen Ideen einigermassen kennt, hat längst staunen müssen, wie sehr hier vor allem die deutsche Germanistik aus Unkenntnis der französischen Quellen versagt hat. Dabei wies schon vor über hundert Jahren Strodtmann in seiner Heine-Biographie den richtigen Weg[10]. In der angelsächsischen Forschung führte - hier in Cambridge - Eliza Marian Butler über die von Strodtmann gelegten Grundlagen hinaus; aber ihre Arbeiten wurden und werden zum Teil heute noch in der deutschen Germanistik kaum beachtet[11]. Besonders befremdlich erscheint die Einschätzung des Saint-Simonismus bei Hans Kaufmann,

sagt er doch, der Streit, ob in Caput I des "Wintermärchens" saint-simonisti-
sche oder kommunistische Gedankengänge vorliegen, sei müssig; Heine habe
als real-utopischer Dichter mit richtiger historischer Ahnung nur diejenigen
Elemente der Zukunftsperspektive hervorgehoben, die nicht durch die folgenden Entwicklungen widerlegt oder überholt wurden, und er habe nur solche Gedanken aufgenommen, die der wissenschaftliche mit dem utopischen Sozialismus gemeinsam habe. Wenn man bedenkt, wie höhnisch der Saint-Simonismus
zusammen mit anderen Formen des utopischen Sozialismus im "Kommunistischen Manifest" abgekanzelt wurde, versteht man diese Grenzverwischung zwischen dem eindeutig saint-simonistischen Glauben Heines und dem "wissenschaftlichen Sozialismus" nicht ohne weiteres[12]. Dabei wäre gerade hier eine
scharfe Unterscheidung dringend nötig, damit Heines im Grunde mehr religiöses als politisches Bekenntnis der dreissiger Jahre, das er dann im "Wintermärchen" noch einmal aufgriff, aber zugleich auch schmerzlich und endgültig
verabschiedete, den richtigen Stellenwert in seiner geistigen Entwicklung erhalten könnte.

Wo stand denn nun Heine wirklich, oder welche Standpunkte hat er im Laufe seines Lebens eingenommen? Heine lässt sich weder auf einen sozialistischen
noch auf einen skeptischen Humanismus festlegen, obwohl ihm beide Haltungen
nicht fremd waren. Alle Versuche, die Widersprüche in Heines Leben und Werk
dialektisch aufzuheben, müssen scheitern und sollten endlich aufgegeben werden.
Heine lässt sich überhaupt nicht festlegen - diese Auffassung möchte ich mit aller Entschiedenheit vertreten. Und zwar - so lautet meine These - ist dies deswegen nicht möglich, weil sein ganzes Werk von einer tiefgreifenden A m b i -
v a l e n z durchdrungen ist, die alle Werte und Wertungen erfasst. (Ausgenommen davon war nur die vorübergehende Bindung an den Saint-Simonismus, deren Ernsthaftigkeit allein schon dadurch bestätigt wird, dass Heine gerade da
auf Ironie und Satire verzichtete, wo sich der Anlass zur Satire im Grunde genommen in den Lebensformen und im Kultus der Saint-Simonisten geradezu auf-
drängte.[13]) Die Versuche, diese grundsätzliche Zweideutigkeit und Doppelwer-
tigkeit (die in den Werken Heines jeweils auch potenziert erscheinen kann) auf
Eindeutigkeit zurückzuführen, erklären zu einem grossen Teil die unvereinba-
ren Widersprüche, die in der Heine-Interpretation und in der Wirkungsgeschichte des Dichters überhaupt bis zum heutigen Tage immer wieder aufgetreten
sind[14]. Die Ambivalenz führte weit über eine humanistische Skepsis hinaus bis
an den Rand des Nihilismus, vor dem jedoch Heine zwar nicht durch einen festen
Glauben, aber doch durch sein religiöses Gewissen und seine Empfänglichkeit
für Wertaspekte unterschiedlichster Art bewahrt blieb. Die Ambivalenz kündigte sich schon in der Ironie der frühen Gedichte an, und der Dichter wusste ihren
ästhetischen Reiz vor allem in seiner mittleren Schaffenszeit, z.B. im "Atta
Troll" und im "Wintermärchen", meisterhaft zu handhaben[15]. Sie war jedoch
keineswegs nur Ausdruck eines frivolen Spiels mit dem Leserpublikum, dessen
konventionelle Erwartungen ständig enttäuscht und blossgestellt wurden und das
durch die Erkenntnis der Doppeldeutigkeit zugleich oft auch auf einen höheren
Standpunkt gehoben wurde. Die Ambivalenz lässt sich auch nicht einfach auf die
Charakterlosigkeit zurückführen, die man dem Dichter immer wieder vorgeworfen hat; denn damit würde man nur den Einblick in die Abgründe menschlicher

Tragik moralistisch verdecken. Die Wurzeln liegen viel tiefer: Heine erkannte, dass er letztlich - und zwar gerade auch als politischer Mensch - nur Narr und Dichter war, ein tragischer und tiefsinniger Narr! Er deckte dies auch oft genug mit verblüffender Ehrlichkeit auf. Schon das Gedicht "Fragen" im zweiten Nordsee-Zyklus des "Buches der Lieder" lässt das Rätsel des Lebens ungelöst (Elster I, 190):

> Es murmeln die Wogen ihr ew'ges Gemurmel,
> Es wehet der Wind, es fliehen die Wolken,
> Es blinken die Sterne, gleichgültig und kalt,
> Und ein Narr wartet auf Antwort.

Im "Wintermärchen" ist das Narrenthema konstitutiv, vor allem in den aristophanischen Teilen des Schlusses, aber auch in Caput XIII, wo der gekreuzigte Christus als Beispiel des tragischen Narren erscheint (Elster II, 457):

> Mit Wehmut erfüllt mich jedesmal
> Dein Anblick, mein armer Vetter,
> Der du die Welt erlösen gewollt,
> Du Narr, du Menschheitserretter!

Und von den späten Gedichten Heines ist zu sagen, dass vieles nur verstanden werden kann, wenn man erkennt, dass der Dichter in der Rolle des Narren spricht.

Nur Narr! nur Dichter! - Auch das ist eine Vorwegnahme Nietzsches, eine Gemeinsamkeit, auf die man meines Wissens bisher noch nicht hingewiesen hat[16].

Verschiedenartige Ursachen, private und öffentliche, lagen diesem tragischen Dichter- und Narrentum zugrunde: die Herkunft des Dichters, die früh ausbrechende fatale Krankheit, die geistesgeschichtliche Stellung in einer Uebergangszeit, der nicht nur als Gewinn erlebte Standpunkt zwischen bzw. über den Nationen und Religionen und nicht zuletzt die gesellschaftlichen und politischen Widersprüche der Zeit, die Heine gerade deswegen aufzudecken vermochte, weil er ihnen selbst verfallen war. In der Aufdeckung und Objektivierung der subjektiv erlebten und erlittenen Widersprüche erkannte er in zunehmendem Masse die Aufgabe seiner Poesie und Prosa. Darin, und nicht in der Parteinahme oder in irgendwelchen Bekenntnissen liegt deren politische Bedeutung. Die fruchtbaren Ansätze in der Heine-Forschung sind daher dort zu finden, wo der tiefere Sinn des Funktionsübergangs von Dichtung und Publizistik[17] und wo die "Vermittlung von Aesthetik und Politik" ohne Unterschlagung des einen oder andern nachgewiesen wird[18]. Das gilt für die Prosa; in der Untersuchung der Poesie erweist es sich als wichtig, darzulegen, wie Sprache und Struktur des Gedichts politischen Sachverstand zu wecken vermögen[19].

Anmerkungen

1 Hans Kaufmann, Heinrich Heine. Geistige Entwicklung und künstlerisches Werk. Berlin 1970[2], S. 260.
2 Ders., Politisches Gedicht und klassische Dichtung. Heinrich Heine - Deutschland. Ein Wintermärchen. Berlin 1959.

3 Differenzierter urteilt darüber Hans Kaufmann, vor allem in seinem Vortrag: Heinrich Heines literaturgeschichtliche Stellung. In: Heinrich Heine. Streitbarer Humanist und volksverbundener Dichter. Internationale wissenschaftliche Konferenz Weimar 1972. Weimar o.J., S.31.

4 In: Heinrich Heine (s. Anm.3), S.14.

5 Karl Marx und Friedrich Engels, Ueber Kunst und Literatur. 2.Bd. Berlin 1968, S.237.

6 Das Urteil von Engels bezeugt, dass die marxistische Interpretation nicht von vornherein zu einer Verfälschung des Heine-Bildes führen musste. Auch scheint man in der Sowjetunion, soweit sich das aufgrund der in deutscher Sprache veröffentlichten Arbeiten beurteilen lässt, ein genaueres Unterscheidungsvermögen zu besitzen, als dies bei den meisten deutschen marxistischen Interpreten der Fall ist. Die Rezeption Heines in der Sowjetunion stand insofern unter einem glücklichen Stern, als von Anfang an ein bedeutender Dichter und Heine-Uebersetzer sie in angemessene Bahnen lenkte. Ich meine Alexander Block, der als Herausgeber der ersten unzensierten russischen Heine-Ausgabe (die unmittelbar nach der Oktoberrevolution zu erscheinen begann) die unversöhnlichen Widersprüche bei Heine hervorhob. Ein Beispiel für die differenzierte Betrachtungsweise in der Sowjetunion bietet Jewgenija F. Knipovič, "Deutschland. Ein Wintermärchen." In: Heine-Studien. Internationaler Heine-Kongress Düsseldorf 1972. Referate und Diskussionen. Hamburg 1973, S.190-201.

7 Friedrich Sengle, "Atta Troll." Heines schwierige Lage zwischen Revolution und Tradition. In: Heine-Studien (s. Anm.6), S.23-49.

8 Ungebrochene, direkte Parteilichkeit zugunsten der Revolution gibt es in Heines Poesie nur im Lied "Die schlesischen Weber", wobei sogar in diesem Ausnahmefall die Distanz zu beachten ist, die zum Rollengedicht gehört.

9 Sengle, a.a.O., S.49.

10 Adolf Strodtmann, H. Heines Leben und Werke. 2 Bde. Berlin 1867/1869. Ueber den Saint-Simonismus vor allem im 2.Bd., S.284-319. - Zu diesem Thema jetzt vor allem auch das für die Heine-Forschung überaus wichtige Buch eines Politologen, das etliche Mängel der germanistischen Literatur über Heine ausgleicht: Dolf Sternberger, Heinrich Heine und die Abschaffung der Sünde. Hamburg/Düsseldorf 1972.

11 Eliza Marian Butler, Heine and the Saint-Simonians. The date of the letters from Helgoland. In: The Modern Language Review 18 (1923), S.68-85. - The Saint-Simonian religion in Germany. A study of the Young German Movement. Cambridge 1926. - Heinrich Heine. A Biography. London 1956.

12 Hans Kaufmann, Politisches Gedicht und klassische Dichtung (s. Anm.2), S.122ff. - Die Grenzverwischung lässt sich nicht damit rechtfertigen, dass man darauf hinweist, zu Anfang des Jahres 1844, also in der Entstehungszeit des "Wintermärchens", habe es noch keine besondere marxistische Auffassung über den Charakter der sozialistischen oder kommunistischen Gesellschaft gegeben.

13 Mit Ambivalenz ist mehr gemeint als mit der auf Ludwig Börne zurückgehenden Auffassung, Heine entschlüpfe einem immer wieder wie eine gewandte

Maus, die ein ganzes Netz von miteinander verbundenen Schlupflöchern habe. Das Erlebnis der Ambivalenz aller Dinge setzt nämlich ein sehr hoch entwickeltes Gefühl für Werte voraus. Irreführend ist daher auch der Titel des wertvollen Buches von Jeffrey L. Sammons, Heinrich Heine, The Elusive Poet. New Haven/London 1969. - Börnes Aeusserung in einem französischen Aufsatz von 1835 über Heines Buch "De l'Allemagne": Ludwig Börne, Gesammelte Schriften. Hamburg 1862, 7.Bd., S.256.

14 Wie früh diese einseitigen Festlegungen eingesetzt haben, geht aus der Studie von Helmut Koopmann hervor: Heinrich Heine in Deutschland. Aspekte seiner Wirkung im 19. Jahrhundert. In: Nationalismus in Germanistik und Dichtung. Dokumentation des Germanistentages in München 1966. Berlin 1967, S.312-333.

15 Ich werde dies demnächst in einem Aufsatz über diese beiden Werke ausführlich zu belegen versuchen und dabei die Interpretationen, die auf ideologische Eindeutigkeit hinauslaufen, widerlegen.

16 Die hier von mir skizzierte Auffassung findet ihre Entsprechung noch am ehesten in der angelsächsischen Forschung, die im deutschsprachigen Raum viel zu lange kaum beachtet worden ist. Mir selbst ist sie, wenn überhaupt, nur unter grossen Schwierigkeiten zugänglich geworden, da in der Schweiz ein grosser Teil der Publikationen kaum zu beschaffen ist. Ein Zeichen des noch nicht überwundenen Mangels internationaler Zusammenarbeit in der Germanistik! - Das Phänomen der Doppeldeutigkeit findet vor allem Beachtung bei Siegbert S. Prawer, Heine, the Tragic Satirist. A Study of the Later Poetry. Cambridge 1961. Ferner bei Jeffrey L. Sammons, Heinrich Heine, The Elusive Poet. New Haven/London 1969. Auch in der Motivuntersuchung von Leslie Bodi, Kopflos - ein Leitmotiv in Heines Werk. In: Heine-Studien (s. Anm.6), S.227-244.

17 Wolfgang Preisendanz, Der Funktionsübergang von Dichtung und Publizistik bei Heine. In: Die nicht mehr schönen Künste. Grenzphänomene des Aesthetischen. München 1968.

18 Albrecht Betz, Aesthetik und Politik. Heinrich Heines Prosa. München 1971, S.10.

19 Beispiele dafür vor allem bei Hans-Peter Bayerdörfer, Fürstenpreis im Jahre 48. Heine und die Tradition der vaterländischen Panegyrik. Dargestellt an Gedichten auf den Reichsverweser Johann von Oesterreich. In: Zeitschr. für dt. Philologie 91 (1972) Sonderheft, S.163-205. - Ferner bei Walter Hinck, Ironie im Zeitgedicht Heines. In: Heine-Studien (s. Anm.6), S.81-104.

DAS ENGAGIERTE SONETT DER SECHZIGER JAHRE

Von Hans-Jürgen Schlütter (London/Ontario)

Am 21. Oktober 1966 brachte die Wochenzeitung DIE ZEIT ein Sonett von Christoph Meckel, das einer Frustration Raum zu geben scheint. Das Gedicht ist "Rechts und links" überschrieben und lautet so:

> Was uns betrifft: wir wüssten es gern besser.
> Jedoch wir sehn, wohin wir schauen aus,
> den Feuerstrahl und das gezückte Messer
> und hörn den Donner rechts und links vom Haus.
>
> Wir riefen gern: Die Welt wird schliesslich besser,
> wir haben Zeichen, dass sie es schon ist!
> Statt dessen sehn wir: nur ein Abgewässer,
> drein Leviathan wirft seinen Kot und pisst.
>
> Wir sind mit Wahrheit bitterbös in Fühlung,
> doch was wir tun, ist nur ein Wassertreten
> im Wasserrad für Deutschlands Wasserspülung;
>
> den Bach hinunter: Worte, Taten, Blut.
> Was tun wir denn, als nur ein Unkraut jäten,
> das, kaum gerupft, schon wieder wachsen tut.

Wird hier resigniert? Gibt hier ein Schriftsteller auf, weil die Gesellschaft die Wahrheiten, die er ihr sagt, ableitet, indem sie sie zu ihrer Hygiene verwendet? - Sicher nicht. Dafür ist die Bildlichkeit zu vital, der Sprechton zu unangefochten. Ausgesprochen ist aber, wie schwer es dem engagierten Schriftsteller wird, in der offenen Gesellschaft des westlichen Deutschland zu einer Wirkung zu kommen, wie wenig Hoffnung er sich machen darf, die Verhältnisse ändern zu helfen.

Zwei Wochen später, am 4. November, erschien - wiederum in der ZEIT - eine "Antwort" von dem (Meckel befreundeten) Volker von Törne. Auch die "Antwort" steht in der Form des Sonetts. Hören Sie:

> Was mich betrifft: Ich weiss es besser
> (und weiss doch auch nicht ein und aus).
> Ich weiss: Die Dummheit liefert uns ans Messer
> und setzt uns einen roten Hahn aufs Haus.
>
> Du klagst, als wären es Naturgewalten,
> was uns da brüllend in die Messer treibt,
> als gäbs nicht Herrn, die Finsternis verwalten,
> damit es dunkel in den Köpfen bleibt.
>
> Wir sind mit Dummheit bitterbös in Fühlung
> (und kaufen schliesslich, wenn wir leisetreten,
> die Sintflut ein als komfortable Wasserspülung).
>
> Es nützt dir nichts, die Dummheit zu verachten.
> Statt ihm die Läuse aus dem Pelz zu jäten,
> lad ich dich ein, den Leviathan zu schlachten!

Volker von Törne hat nicht nur die Sonettform aufgegriffen; er hat acht von den vierzehn Reimwörtern wiederverwendet, mehr noch: die Anfangsverse von Oktave und Sextett sind fast wörtlich wiederholt. In Vers 9 bezeichnet die Aenderung - 'Wahrheit' ist ersetzt durch 'Dummheit' - den unterschiedlichen Standpunkt von Törnes: das Ziel, politische Dummheit aufzuklären, scheint hier erreichbarer, die Dunkel-Männer deutlicher auszumachen.

Nicht mehr in der ZEIT, sondern im Austausch von Haus zu Haus kam es zur "Fortsetzung des Gesprächs".[1] Meckel hält den Aktionismus seines Freundes für illusionär, er will sich Vernunft und Ingrimm nicht verwässern lassen.

> Bild dir nicht ein, dass sich was ändern lässt,
> wenn du betonst: Die Welt sei zu verbessern.[2]

Mit Revolutionen sei im Volk der Dichter und Denker nicht zu rechnen. - Von Törne will das Volk nicht gescholten hören, es gehe ihm schon schlecht genug. Man muss die Leute desillusionieren, muss sie informieren:

> Lasst sie aus ihren Wolken kippen.
> Brennt ihnen Verse auf die Haut.
> Schlagt ihnen Lieder auf die Lippen.
> Sagt ihnen, wer die Welt versaut.[3]

Während Meckel den Leuten den Spiegel vorhalten will, um sie selbst zur Einsicht kommen zu lassen, ruft von Törne zum Widerstand auf: gegen Leisetreten und Händefalten setzt er die Aufforderung, sich zu wehren, sich nicht kleinzumachen. Aber dieser Appell äussert sich - nun eben in der schönen alten Form des Sonetts, bleibt Vers, bleibt Geschriebenes. In diesem Widerspruch kann Meckel seinen Gesprächspartner leicht fangen:

> So haben wir nun hin und her gesprochen
> und die Verhältnisse sind, wie sie sind.
> Der Leviathan kommt seines Wegs gekrochen
> und unsre Worte gehen mit dem Wind.[4]

Freilich war nicht zu erwarten, dass zehn Sonette den Leviathan zur Umkehr oder auch nur zum Kurswechsel hätten bewegen können. Aber diese Verse sind auch nicht das Resümee des Sonettwechsels. Wie viel oder wenig man sich auch von der Wirkung des Worts erhoffen mag, eine Minimalerwartung kann als realistisch akzeptiert werden:

> Der Vers ist Futter nicht für die Chimäre,
> der Leviathan kriegt Angst, er wird nicht fett -.[5]

In Meckels und von Törnes Sonettenaustausch liegt die meines Wissens einzige Tenzone der deutschen Sonettgeschichte vor. Das Sonett hat hier eine bemerkenswerte Verjüngungsfähigkeit bewiesen, und das zu einer Zeit der Reim- und Metrumfeindlichkeit, da man dieser Gedichtform - in Westdeutschland - kaum eine Ueberlebenschance hätte zubilligen mögen.

Anders lagen die Dinge in der Deutschen Demokratischen Republik. Hier war im Jahre 1956 das umfangreiche "Sonett-Werk" Johannes R. Bechers erschienen, das, zusammen mit seiner Schrift "Philosophie des Sonetts oder Kleine Sonettlehre'' seine lebenslange Beschäftigung mit dem Sonett beschloss. Die jüngere Generation griff diese Anregung auf, Stephan Hermlin und Günter Kunert schrieben die - wie ich glaube - bedeutendsten Sonette der Gruppe, über die hier berichtet wird.

Stephan Hermlin schrieb sein Sonett "Die Vögel und der Test" 1957 anlässlich einer von der Presse berichteten Observation, dass Zugvögel nach einem Wasserstoffbomben-Versuch ihre Flugroute geändert hätten.

> Von den Savannen übers Tropenmeer
> Trieb sie des Leibes Notdurft mit den Winden,
> Wie taub und blind, von weit- und altersher,
> Um Nahrung und um ein Geäst zu finden.
>
> Nicht Donner hielt sie auf, Taifun nicht, auch
> Kein Netz, wenn sie was rief zu grossen Flügen,
> Strebend nach gleichem Ziel, ein schreiender Rauch,
> Auf gleicher Bahn und stets in gleichen Zügen.
>
> Die nicht vor Wasser zagten noch Gewittern
> Sahn eines Tags im hohen Mittagslicht
> Ein höheres Licht. Das schreckliche Gesicht
>
> Zwang sie von nun an ihren Flug zu ändern.
> Da suchten sie nach neuen, sanfteren Ländern.
> Lasst diese Aenderung euer Herz erschüttern . . .[6]

Sie sehen, der erzählte Vorgang ist der Sonettform so eingefügt, dass sich zwischen beiden eine unmittelbar einsichtige Beziehung herstellt: der natürliche, scheinbar zeitlose Zustand wird in der Oktave vor Augen geführt; nach der Hauptfuge des Sonetts, in den Terzetten, tritt das Neue ein. Der wichtigste Einschnitt der Sonettform fällt zusammen mit der Peripetie des mitgeteilten Geschehens. Nicht weniger thematisch verwendet Hermlin die weiteren Gliederungsmöglichkeiten. Vom ersten Quartett zum zweiten ergibt sich das Verhältnis der Steigerung: beschreibt das erste die Weise des Zugvogelflugs, so bestätigt das zweite sie mit dem Bild der überwundenen Hindernisse. Ein vergleichbares Verhältnis besteht, über den Umbruch hinweg, zwischen der zweiten und der dritten Strophe: die zweite spricht von den natürlichen, überwindbaren Hindernissen, die dritte von dem unnatürlichen, allzu grossen, unüberwindlichen. Die Rhythmusbrechung, das ins Versinnere verlegte Satzende, macht das Einschneidende, zur Neuorientierung Zwingende des Ereignisses hörbar. Im zweiten Terzett werden Vers für Vers die Folgerungen gezogen. Den Sonettschluss, traditioneller Ort der Zuspitzung, gebraucht Hermlin anders: die Erzählung schliesst mit dem 13. Vers ab, im 14. wendet sich der Sprechende zu uns. Dieser Vers endet offen - wir sollen es nicht bei unserm Erschüttertsein bewenden lassen.

Der makellosen inneren Form entspricht keine strenge äussere. Hermlin verzichtet darauf, Wörter zu verkürzen, die eine Silbe zuviel haben, obwohl sich das leicht hätte machen lassen. Und statt der Reimordnung der strengen Observanz benutzt er die einfachste. Kein Leser oder Hörer wird hier durch ein Zuviel an Form irritiert. Einfach verhält sich auch die Sprache; wenn es nötig wäre, dies am charakteristischen Beispiel zu zeigen, könnte man den Finger auf die Stelle im 6. Vers legen, wo vom Fluginstinkt der Zugvögel gesprochen wird.

Die demokratische Eigenschaft der Einfachheit in der Sprache hat Hermlins Sonett mit einem Sonett Günter Kunerts gemein, das ihm auch thematisch verwandt ist. (Sie haben es in Ihrem Beispielmaterial.)[7] An einem Brückenbogen in Hiroshima ist das Schattenbild eines Menschen zu sehen, der bei der Atombombenexplosion verbrannt wurde. Sein stummer Schatten warnt uns vor der Gefahr. "Wir sind das Fleisch. Er ist die offne Wunde." Die Sujets beider Sonette können in ihrer Aussagemächtigkeit kaum übertroffen werden. Ihre Wahl bezeugt den Kunstverstand beider Dichter. Hier kann das Formale, auch wo es - wie bei Kunert - streng durchgeführt ist, nicht überwiegen. Und die Sprachgebung kann darum so schlicht sein, weil sie der Wirkung nicht aufzuhelfen braucht.[8]

Ein so günstiger Nährboden, wie er mit dem Erscheinen von Bechers "Sonett-Werk" gegeben war, bringt natürlich auch das Banale hervor. Wolfgang Fabian fasst ein Lehrgespräch zwischen Dichter und Partei in eine Gruppe von vier Sonetten.[9] Der Dichter fordert, anstelle dauernder Kritik von seiten der Partei, mehr Freiheit für seine Kunst. Er müsse die Gegenwart um der Zukunft willen positiv verneinen. Die Partei widerspricht. Sie müsse den Dichter kritisieren, damit sein Werk ihr helfe, "als Neuerer die Stunde zu regieren". Wenn sie ihm "im Kampfe" die Feder führe, sei er als erster überall dabei und werde ein Dichter seines Volkes sein. Der Dichter beklagt sich, es falle ihm schwer, Helden "mit viel Begeisterung und Muskelkraft" zu finden, denn die Menschen, die sich schinden, "bis irgend so ein Tagesplan geschafft" und ihm abends den Lohn, die Buttermenge vorrechnen, scheinen ihm ungeeignet als Sieger "im optimistischen Theaterstück". Die Partei belehrt ihn, dass diese Menschen in der Tat siegen, denn sie, die früher für ihren Herrn den Rükken biegen mussten, seien nun ihres eigenen Glückes Schmiede geworden. Ansprechender als diese etwas geschwätzig wirkenden Sonette ist eines von Günter Engelmann, das 1963 in SINN UND FORM erschien.[10] Es berichtet, in stichischen Versen unterschiedlicher Länge (3-7 Jamben) von einer Panne, einem Bruch der Trommelwelle. Der Autor, offenbar ein erfahrener Kranführer, weiss: "Das heisst ein Stillstand von zehn Stunden/ Und einen riesengrossen Krach" (sic). Aber diese Voraussage wird in den Versen des 2. Terzetts berichtigt, ganz unbetont, als sei dies nicht wert, dass man viel Aufhebens davon macht:

> Der Tag hat sich die Augen zugebunden.
> Ich halte mich mit grosser Mühe wach.
> Und nach sechs Stunden haben wir den Schaden überwunden.

Die Vermutung liegt nahe, dass es sich hier um ein Beispiel der von der Partei angeregten Arbeiterdichtung auf der Linie der Bitterfelder Konferenzen handelt.

Rainer Kirsch hat zwei thematisch, motivisch und rhythmisch zusammengehörende Sonette geschrieben (die man übrigens auch in westdeutschen Anthologien nicht trennen sollte). Er reflektiert darin das Verhältnis der sozialistischen Generationen. Der Gedanke, von den Zukünftigen beurteilt zu werden, ist aus der Lyrik Bertolt Brechts wie Johannes R. Bechers vertraut. Rainer Kirsch nimmt ebenfalls die Beurteilung durch die kommenden Generationen vorweg, aber er fügt hinzu das Gegenthema der Rechtfertigung vor den alten Genossen. Seine Forderung, zu u n t e r s c h e i d e n , politische Frontstellungen nicht ungeprüft zu übernehmen, gilt auch ausserhalb der DDR-Grenzen. Das eine der beiden Sonette enthält den erstaunlichen Vers: "Aber Glück ist schwer in diesem Land."

Das Sonett als Form wird in der DDR nicht infrage gestellt. Engelmanns Sonett ist wohl nicht als formales Experiment zu verstehen. Es gibt aber ein Sonett von Uwe Berger, in dem auf Versmetrum und Reim verzichtet ist. Das Sonett "Kühnheit" erschien im 42. Heft von POESIEALBUM, 1971. Ich habe es in Ihr Beispielmaterial aufgenommen, für den Fall, dass uns die Diskussion darauf bringt, möchte mich jetzt aber nicht damit befassen. [11]

Wir wenden uns wieder der Bundesrepublik zu. Es wird Sie nicht überraschen zu hören, dass Bechers voluminöses "Sonett-Werk" hier ohne Einfluss blieb, dass es vielmehr das schlanke Sonettenoeuvre Bertolt Brechts war, das in der BRD anregend wirkte. Brechts ironische Formbehandlung befreite das Sonett von Prätention ebenso wie von Humorlosigkeit. Es wurde möglich, die artistisch reizvolle Form zugleich zu verwenden und auf Distanz zu halten.

Um thematische Brecht-Nachfolge handelt es sich bei einem Sonett Yaak Karsunkes. Brecht hatte, in einer Gruppe sozialkritischer Sonette, "Studien" genannt, über Werke der Dichtung, Kunst und Philosophie gesprochen und seine Gegen-Position bezeichnet. Karsunke setzt diese "Studien" fort durch ein

simples sonett auf Torquato Tasso

hier zeigt man euch - gar grässlich anzuschaun -
Torquato Tasso, einen hohen clown,
der sich verrenkt & jämmerlich sich windet,
sich selbst den schwanz voll kunst zur schleife zierlich bindet.

dem dichter wird bei hofe applaudiert,
weil stilvoll er verhüllt, wonach er nackt doch giert;
bis endlich sein bedürfnis roh durch die metafern bricht:
den kraftakt honoriert ihm die gesellschaft nicht!

dass der beherrschte sich nicht selbst beherrscht, heisst: schuld.
& prompt entzieht der herrscher ihm die huld,
steckt Tassos arbeit ein, verlässt den ort,

& nimmt auch noch die beiden Leonoren mit sich fort.
zu spät schreit unser held jetzt auf: tyrann!
(dann biedert er sich bei Antonio an.) [12]

Sie finden eines der Brechtschen "Studien"-Sonette im Beispielmaterial, um es Ihnen in die Erinnerung zurückzurufen, das Sonett auf Kleists "Prinz Friedrich von Homburg". [13] - Der Vergleich zeigt, um wieviel härter der Ton der sozialkritischen, oder sagen wir es aktueller, der antirepressiven Gesellschaftskritik geworden ist. Zugegeben, Karsunkes Interpretation ist bösartiger. Zum Beispiel im 2. Quartett die Umdeutung von Tassos Liebe ins Sexuelle. Oder im 1. Terzett die Darstellung des Herzogs. Brechts - schönes - Sonett kann nur geschrieben worden sein von einem, der Kleists Stück mit viel Sympathie gegenüberstand und zugleich mit einer Art resignierender Verwunderung über soviel "Kriegerstolz und Knechtsverstand". - Karsunke wahrt sich alle Freiheiten der Lieblosigkeit: seine umgangssprachliche Diktion, die Vulgärmetaphorik und - eben seine o f - f e n -sichtliche Falschinterpretation halten den grösseren Abstand, treten Goethes Stück weniger nahe, stellen es im Grunde weniger infrage. (Oder?)

Das politische Sonett in der Bundesrepublik spricht system- k r i t i s c h . Darin unterscheidet es sich von dem systemkonformen Sonett in der DDR. Und während dort die Sonettisten mit schlichter Sprachgebung auskommen, neigen die westdeutschen zur Virtuosität. Opposition verlangt stärkere Dosierung der Mittel. Brillante Gestaltung bedeutet jedoch nicht, dass man sich über sein Gehörtwerden Illusionen hingibt. Das Sisyphos-Motiv, das wir bei Meckel vorfanden - Sie erinnern sich: der Schriftsteller in der Tretmühle von Deutschlands Wasserspülung oder das ewig nachwachsende Unkraut jätend -, dieses Motiv stand schon am Anfang der neuen politischen Dichtung. In Enzensbergers "anweisung an sisyphos": "lab dich an deiner ohnmacht nicht,/ sondern vermehre um einen zentner/ den zorn in der welt, um ein gran. "[14] Anlässe zum Zorn hat es ja in den sechziger Jahren genug gegeben. Die Unzufriedenheit mit der parlamentarischen Opposition der SPD, die einige Jahre später zur Entstehung der APO führte, artikuliert sich bei Klaus Rarisch. In seinem Sonett "Opposition" erscheint Konrad Adenauer als Don Quichote, begrüsst von "verkappten Knappen":

> Kotau! Im Rückgrat kreischt die Méchanique.
> Rechts um! Bis dass die Gallen überschwappen.
> Hoch Don Quichote! Er dankt verkappten Knappen,
> Denn deren Politik liegt in Aspik. [15]

Oder: Das Aergernis des rechtslastigen Presseimperiums. Wer wie Volker von Törne in Westberlin lebt, hat täglich die Schlagzeilen der Springer-Presse vor Augen.

> Wenn ich die Zeitung lese, möcht ich brüllen
> zu dem, was sie uns da serviern,
> dass sie uns so den Kopf mit Unrat füllen,
> damit sie uns dann leichter noch regiern!
>
> Seid ihr denn ganz und gar verblödet?
> Hat euch der letzte Krieg noch nicht genügt?
> . . . . .[16]

Politik der Stärke. Rechtstrend in der Bundeswehr. Unter dem Kapitel-Slogan "Macht aus den Soldaten gute Demokraten" enthält die 1969 erschienene Textsammlung "agitprop" ein Gedicht von Artur Troppmann, das ich Ihnen nicht vorenthalten möchte. Sie haben es auch in Ihrem Beispielmaterial. Es heisst "Vaterland".

> Die hier wieder vom Vaterland schreien -
> was galten ihnen Väter und Söhne?
> nichts
> nur Menschenmaterial

Die hier wieder vom Vaterland schreien -
was galten ihnen deutsche Städte und Dörfer?
nichts
sie zerrten sie in Krieg und Asche
Die hier wieder vom Vaterland schreien -
was ist es ihnen wert?
nicht mehr
als sie selber besitzen
und durch uns
noch zu erraffen hoffen[17]

Die Frage liegt auf der Hand: ist das ein Sonett? Wie man sich auch entscheidet,
die Strukturverwandtschaft wird man nicht bestreiten wollen. Jedenfalls legt es
Vermutungen nahe darüber, wie ein Sonett unter Agitprop-Bedingungen aussehen
müsste. Die wichtigste Forderung, scheint mir, ist Verständlichkeit. Kein Mittel ist zulässig, das dem Verstandenwerden des Agitpropgedichts bei einmali-
gem Hören hinderlich wäre.

Diese Oekonomie der Mittel ist auch mit dem Sonett im (überwiegend) 5füs-
sigen Jambus vereinbar, wie sich an den Sonetten Klaus Stillers zeigt. Sie behandeln die Mietverhältnisse in der Bundesrepublik, und zwar in ungereimtem,
nüchternstem Alltagsdeutsch.

Hauseigentümer klagen, das Vermieten
brächt' heutzutage keinerlei Profit mehr,
der Unterhalt der Häuser würde höchstens
durch einen Teil der Miete abgegolten.

Auch hätten viele Mieter keine Ahnung,
zu welchem Spottpreis sie das Recht erwarben,
die ordentlichen Häuser zu bevölkern:
der Mietzins sei schon ohnehin ein Witz.[18]

Der Hörer wird hier durch kein formales Mittel von der Argumentation abge-
lenkt. Der Leser, dem sich die Texte ja durch ihr Druckbild von vornherein
als Sonette darstellen, wird auf das überraschende Verhältnis von Form und
Inhalt reagieren: belustigt, verärgert, nachdenklich -. Welchen Sinn hat hier
die Sonettform? Wird sie noch einmal aufgegriffen um ihrer Qualitäten willen,
des Masses, der klaren Kontur, des Flugblattcharakters? Oder ist sie heute
nur noch parodistisch verwendbar? Ist sie überholt, unterlaufen von der prosaischen, tauben, impenetrablen Alltagswirklichkeit?

Fünf der sechs Miet-Sonette erschienen zuerst 1969, das sechste 1971.[19] 1970
kamen von Gerhard Rühm "dokumentarische sonette" heraus.[20] Ihr vollständiger Titel heisst: "dokumentarische sonette 21. juli - 3. august 1969". Für jedes dieser 14 Sonette verwendet Rühm eine Nachricht aus den Tageszeitungen,
und zwar unverändert, in ihrem originalen Zeitungsdeutsch. Diese Meldungen
werden durch Wiederholungen, auch mehrfache, von Silben und Wörtern auf
Metrum gebracht. Reicht die Wortmasse einer Meldung nicht ganz aus - wie
in unserm Beispiel -, so wird so lange wiederholt, bis das Mass voll ist. Rhythmisch ist die Sache richtig, das heisst, in der Regel steht eine akzentuierbare

Silbe an der Akzentstelle; die Abweichungen halten sich im Rahmen des Gewohnten. Am leichtesten macht es sich der 'Dichter' mit der Reimordnung, der genauesten übrigens, die sich denken lässt: die Wörter, auf die der Reim gefordert ist, werden wiederholt, so dass sie in der Oktave viermal, im Sextett dreimal erscheinen. Sie unterbrechen dabei den Text, mit dem sie keinen Zusammenhang mehr haben. - Unser Beispielsonett ist das 7. des Zyklus. Ich hoffe, Sie erwarten nicht von mir, dass ich es vortrage. Wir unterbrechen lieber einen Augenblick, und Sie lesen es selbst...

sonntag, 27.7.1969

"parasiten" festgenommen

bei éiner vór vor kúrzem ín der dér
gesámten tschéchoslówakéi vorvór-
genómmenénnen rázziá der vór
popólizéi gegégen pára- dér

sitáre éleménte" sóllen dér
insínsgesámt viertáusendzéizwei- vór
zweihúndertsíebenbénundzwánzig vór
persónen ín gewáhrsamwáhrsam dér

genómmen wórden séin. fast fást die hálfte
der béi der rázziá festféstgenómmen-
en séi sei kéiner stándigén hälhálfte

arárbeit náchgegángen nách- genómmen
gegángen náchgegángen náchge- hálfte
gegángen náchgegángen nách genómmen. [21]

Rühm geht noch einen Schritt weiter und schliesst den 14 Sonetten ein 15. an, das sich aus den 14 Ueberschriften zusammensetzt. Die Parodie ist auf die sonettistische Grossform des Kranzes ausgedehnt. An diesem "resümee" genannten 'Meistersonett' erweist sich aber - was einem bei der holprigen Lektüre der Tagessonette vielleicht zunächst entgangen ist -, dass es sich bei der Themenwahl nur teilweise um scheinbar beliebige Streuung handelt, dass vielmehr der Zyklus im ganzen, und damit auch das Schlusssonett, Struktur hat. Die ersten vier Meldungen berichten von der gelungenen Mondlandung und der Rückkehr der Astronauten Armstrong und Aldrin. Die Meldungen des 5. bis 8. Tages handeln von den Kämpfen in Vietnam und im Nahen Osten, Massenverhaftungen in der Tschechoslowakei und Unruhen in Westberlin. Darauf folgen drei Feuilletonnachrichten und drei gemischte Meldungen. Durch die aleatorische Kombination von Ueberschrift und Reimwort kommt es zu dem ominösen Schlussvers: "das jáhr zweitáusend ím visíer gestórben." - -

Vergleicht man das früheste in der Gruppe der engagierten Sonette, Stephan Hermlins "Die Vögel und der Test", mit Gerhard Rühms "dokumentarischen sonetten", so ergibt sich: Bei Hermlin wie bei Rühm liegen Zeitungsmeldungen zugrunde. Die Nachricht von der Aenderung der Zugvogelflüge nach einem H-Bombentest erhellt schlaglichtartig den Zustand unserer Welt. Rühm konfrontiert die Nachricht von dem historischen Ereignis der Mondlandung mit den gewohnten Meldungen vom gewohnten Unfrieden auf Erden: Vietnam, Nahost, Verhaftungswellen im östlichen, Zusammenstösse zwischen Demonstranten und Polizei im westlichen Bereich. Er ergänzt das Bild durch weitere Nachrichten, die durch nichts bezeichnend sind als ihre Auswechselbarkeit. Hermlin fügt seinem Gedicht einen Hinweis auf die Pressemeldung bei, lässt die Nachricht aber von einem Erzähler mitteilen, der sich am Ende mahnend an die Leser wendet. Bei Rühm werden die (mit Quellenangaben belegten) Zeitungstexte selbst zum sprachlichen Stoff der Sonette. Der Eindruck dokumentarischer Unverändertheit wird erzielt durch die s i c h t b a r e n Mittel der Vers- und Reimherstellung: die Sonette könnten so, oder doch fast so, von einem Computer hergestellt sein. Hermlin bewahrt, beispielhaft, die innere Form des Sonetts, mildert aber die äussere Formstrenge, um das Gedicht zugänglicher zu machen. Rühm, in den 14 Tagessonetten, füllt die Zeitungstexte in die Gedichtform, wie es gehen will, ohne Rücksicht auf die innere Struktur, wahrt aber die äussere Form aufs strengste. Hermlins Sonett ist ebenso leicht zu lesen wie zu sprechen wie im Gedächtnis zu behalten. Rühms Sonette sind überhaupt nicht zu sprechen oder gar zu behalten, und lesbar sind sie auch nur mit Mühe. Dass sie aufs Gelesenwerden angewiesen sind, rückt sie in die Nähe der konkreten Poesie. Uebrigens ist es ja nicht so, dass ihrem Klangbild keine Erfahrung entspräche: bei Kommunikationen mit Hilfe der Technik, z.B. aus den Raumfahrtübertragungen, ist uns vertraut, dass Mitteilungen durch Störungen hindurch verstanden werden müssen.

Von neueren engagierten Sonetten ist mir nur eines inzwischen bekannt geworden. Das muss nichts besagen. Aber leicht kann es ja nicht sein, nach Stiller und Rühm noch dergleichen zu schreiben. Hat die prosaische Diktion Klaus Stillers, hat die perfekte Parodie Gerhard Rühms diese Form erledigt, ist das politische Sonett im Visier gestorben? Es sieht so aus, in der Bundesrepublik jedenfalls. Das eine noch 1973 erschienene "Sonett von der Aenderung" stammt von Frank Geerk (dessen engagierte Lyrik ihm ja in der Schweiz, wie man sich erinnern wird, einen Prozess eintrug).[22] Mit 'Aenderung' ist nicht die der Gesellschaft, sondern die des Autors gemeint. Ihm, dem es um die Befreiung seiner selbst und der Gesellschaft gegangen sei, er habe - so sieht er sich nun - als Kettenhund die blinde Nachbarschaft und Herren, "die aufwärts wandern", angeknurrt. Noch heule er manchmal mit alter Kraft, werde aber sogleich als Versuchstier von den Spritzen der Forscher beruhigt und schlaffe dankbar ab. - Wie keines der früheren spricht dieses Sonett aus der Retrospektive.

> Ich, der da ändern wollte Mensch und Markt,
> nun werd ich selbst geändert bis ins Mark!
> Atmet schneller, Freunde - Luft wird knapp!

Mit diesem Gedicht verglichen wirkt Christoph Meckels Sonett "Rechts und links" wie ein Halbschluss. In ihm war eher Frustration als Resignation zur Sprache gekommen; es schloss fragend, man hätte ihm widersprechen können. Geerks Sonett lässt eine positivere Beurteilung des Befundes nicht zu. Der Fehlschlag ist endgültig und manifestiert sich im Rückschlag, der Denaturierung des Autors. In Form und Sprechweise knüpft dieses Gedicht an das engagierte Sonett der sechziger Jahre an, aber es konstatiert das Ende dessen, wovon jenes lebte: der Hoffnung auf die Möglichkeit der Veränderung, des gesellschaftsreformerischen Elans.

Anmerkungen

1 Christoph Meckel, Volker von Törne, Die Dummheit liefert uns ans Messer. Ein Zeitgespräch. In: Kürbiskern 1967, Heft 3, S. 46-51; auch selbständig: Berlin 1967. Danach unser Text.
2 Fortsetzung des Gesprächs, V. 13f.
3 Weitere Antwort und Fortsetzung des Gesprächs 1, V. 9-12.
4 Zehntes Sonett, 1. Quartett.
5 Zehntes Sonett, V. 7f.
6 Stephan Hermlin, Gedichte und Prosa. Eine Auswahl. Berlin 1965, S. 36.
7

Der Schatten

In Hiroshima zeigt man einen Brückenbogen,
Daran der Schatten eines Menschen ist.
Der diesen Schatten warf, der fehlt, und wisst:
Seitdem die Ueberbombe kam geflogen.

Sie barst. Und einer Sonne Hitzewogen
Verdampften jenen schnell und ohne Frist
Für Abschiedsworte, die die Welt vergisst,
Und von ihm blieb, was in den Stein gezogen.

Doch wer der Unbekannte einmal war,
Weiss keiner, denn in seiner Sterbestunde
Starb ebenfalls die Stadt mit Haut und Haar.

Dass nicht gleich ihm wir gehen so zugrunde,
Spricht uns sein stummer Schatten von Gefahr:
Wir sind das Fleisch. Er ist die offne Wunde.

Günter Kunert, Erinnerung an einen Planeten. München 1963, S. 60.

8 Den Sonetten von Hermlin und Kunert lässt sich ein in der Bundesrepublik geschriebenes thematisch zuordnen, dem der Titel der Anthologie "Danach ist alles wüst und leer" entnommen ist, Kurt Hintzes "Danach". Hier fallen einmal Sonettthemen von östlich und westlich der innerdeutschen Grenze zusammen. Auch Klaus Möckels "Generation von 33" in der Anthologie "Deutsche Teilung" hätte hüben wie drüben geschrieben sein können.
9 Wolfgang Fabian, Dichter und Partei. In: neue deutsche literatur, 11. Jgg. (1963), S. 215f.
10 Günter Engelmann, Trüber Tag. In: Sinn und Form 15 (1963), S. 70.
11

Kühnheit

Müntzer trommelte:
Dran, dran, dran!
Auch Lenin pochte darauf:
Das einzig Rettende

in der Revolution ist,
was Marx mit den Worten Dantons
umfasste: De l'audace,
de l'audace, encore de l'audace!

> Ging Müntzer unter,
> weil er zu früh kam,
> so siegte Lenin,
>
> weil er, was gereift war,
> organisierte, die Organisation
> ihn trug.

Uwe Berger. (= Poesiealbum 42), Berlin 1971, S. 27.

12 Yaak Karsunke, reden und ausreden. Berlin 1969, S. 40.
13 Bertolt Brecht, Gedichte IV. Frankfurt a. M. 1961, S. 168.
14 Hans Magnus Enzensberger, verteidigung der wölfe. Frankfurt a. M. 1959, S. 70.
15 Klaus M. Rarisch, Not, Zucht und Ordnung. Köln 1963, S. 21.
16 Weitere Antwort und Fortsetzung des Gesprächs 3, V. 1-6.
17 agitprop. Lyrik, Thesen, Berichte. Kollektivausgabe. Hamburg 1969, S. 53.
18 Klaus Stiller, Freudloses Eigentum. In: Titenfisch 4, Berlin 1971, S. 71.
19 Klaus Stiller, Sonette über Mietverhältnisse. In: Kürbiskern 1969, Heft 1, S. 42-44.
20 Gerhard Rühm, dokumentarische sonette 21. juli - 3. august 1969. In: Text + Kritik, Heft 25 (1970), S. 25-32. Auch in Gerhard Rühm, Gesammelte Gedichte und visuelle Texte. Reinbek 1970, S. 297-313.
21 Ebd., S. 305.
22 Frank Geerk, Sonett von der Aenderung. In: Akzente, 20. Jgg. (1973), S. 159f.

VOM "ROTEN JOSEPH" ZU JOSEPH ROTH

Von Gottfried Stix (Rom)

Die vielen Menschen, denen man im Werk des Dichters Joseph Roth begegnet, stellen ein sehr buntes Bild des Lebens vor. Es gibt Herren und Diener, Besitzende und Arme, Offiziere, Soldaten, Kleinbürger, Aristokraten, Juden und Christen, Kaiser, Schmuggler, Revolutionäre und Reaktionäre, Gute, Schlechte, Schwache, Starke, Fromme und Rebellen vor Gott, Gerechte, Teufel, Betrüger und auch die treuesten und besten Seelen, die man sich vorstellen kann. Doch sind es nur Erwachsene. Es gibt in dieser Welt keine Kinder, es sei denn solche, die hart unter dem Druck der Erwachsenen stehen. Mit einer Ausnahme, so könnte man sagen: dem Dichter selbst. Roth sieht und erlebt diese Menschen und nimmt sie mit dem Eifer des Kindes, dem alles ernst und wirklich ist, in sein Fühlen und Denken hinein. Manche freilich meinen, dass er ein Maskenspieler sei und unglaublich viele Gestalten erfinde, so viele, stellen sie mitunter fest, dass ihm am Ende für sich selbst kein Vorbild mehr verbleibe, ja dass sein ganzes Dasein, von allen Bindungen gelöst, als blosses Maskenspiel zu werten sei, wenn auch als eines, das geben sie zu, welches die Freiheit und Grazie des alten Oesterreichers verrate[1]. Das kommt vielleicht davon, dass solche närrischen und weisen Kinder, eine Art von reinen Toren, von den Erwachsenen nur selten ganz verstanden werden.

Die Meinung, die Roth im allgemeinen von den Menschen hatte, war denn auch die, sie seien blind[2]. Man wäre versucht, zu sagen, die Menschen hätten eben "keine Fenster", und dabei an die Monaden zu denken, hiermit an Leibniz und seine Philosophie, die an allen österreichischen Gymnasien schon in der Monarchie, aber noch bis gegen die Mitte unseres Jahrhunderts vorherrschend war. Sie kommt dem Wesen nicht nur des "alten Oesterreichers", sondern mitunter auch dem des heutigen entgegen und beeinflusst es immer von neuem, entspricht also offenbar seinem Bedürfnis nach Ausgleich der Gegensätze, nach der streng gebauten und gleicherweise anmutigen Ordnung der Werte und ihrer Ausrichtung auf eine zentrale, absolute Macht, jenseits jeden Widerspruchs.

Roth war ein Oesterreicher, der anscheinend dieses Ideal in sich getragen und sich darum nach Kräften auch bemüht hat. Einer von den vielen, denen der Hang zum Traum und zur Legende angeboren ist und die manchmal sogar imstande sind, ein ihren Einbildungen und Vorstellungen gemässes Leben schadlos zu verwirklichen. Es gilt hier den Versuch, zu zeigen, wie weit das Roth gelungen ist.

Er hat, man weiss es, sehr fleissig gesponnen an seiner Legende. Vielleicht, weil die Legende, wie er sagt, den Menschen "verherrlicht", während die Geschichte die Eigenschaft besitzt, ihn nur zu "verkleinern"[3]. Die Legende hat es natürlich mit Dichtung zu tun, und ein Dichter ist gewiss kein Reporter, sondern trägt die Dinge oft lange mit sich. Seine Darstellung ist stets ein "Er-innern", ein mühsames Herausholen aus dem Innern. Für Roth enthält nur der künstlerische Bericht die Wahrheit, und in einem seiner Feuilletons gesteht er, dass einzig bedeutend für ihn d i e Welt sei, die er aus seinem sprachlichen Material gestalte[4]. Das Kunstwerk allein erscheint ihm also "echt wie das Leben"[5], ja mehr noch, als "Blut vom Blut" seines Erzeugers, denn Künstler und Mensch sind nicht voneinander zu trennen[6]. So kann der wahre Roth nur in der Vielfalt seines Werkes liegen, in dem, was aus der Vielfalt seines Werks übereinstimmend gewonnen werden kann. Vieles wird sich dann wohl auch mit den mühsam gesammelten Aussagen seiner Freunde und Verwandten decken[7].

Aus einer ersten Ueberschau schon geht hervor, dass Roth politisch dachte, und zwar im Sinn des Höchsten und Umfassenden. Doch war er nicht politisch gebunden. Er konnte es nicht sein. Die Teilnahme an Sitzungen, Abstimmungen und dergleichen hätte ihn ja des Wichtigsten beraubt: der Einsamkeit, und hiermit des Zugangs zur Wahrheit. Die Einsamkeit, so meint er, sei nämlich der eine der beiden grössten Lehrer des Menschen, der andere sei die Not[8]. Mit beiden ist Roth in seiner Heimat gut bekannt geworden, in der Weite des Ostens, wo die Einsamkeit und oft auch bittere jüdische Not nur durch den Glauben, die Liebe und die Hoffnung auf den Messias zu bewältigen war. Einsamkeit und Not geraten also, gestützt von diesen Tugenden, in einen existentiellen Bezug zur Wahrheit.

Es erübrigt sich fast, zu sagen, wo der Dichter diese Wahrheit beheimatet sieht. Dennoch sei eine Briefstelle aus dem Jahre 1916 zitiert, wo neben Wünschen für eine Verwandte in Galizien folgendes zu lesen ist: "neunzehn Jahre... ein Flaum auf der Waagschale der Ewigkeit. Und wir leben nicht anders, als in der Ewigkeit. Aus der Ewigkeit, in die Ewigkeit, für die Ewigkeit. Ja, auch f ü r die Ewigkeit"[9]. Das scheint nicht blosse Freude am Spiel mit dem Wort, sondern früh schon eine Offenbarung jenes Wesens zu sein, das in der Folge immer deutlicher zutage tritt, im Fliessenden, Vergänglichen eines oft barocken vanitas-Gefühls.

Wer sich bewusst ist, f ü r die Ewigkeit zu leben, der steht auch fest in seiner Gegenwart. Tatsächlich weilt Roth nie ausserhalb der Zeit. Er gleitet auch nicht mit der Zeit, sondern bewegt sich sehr kräftig in ihr, um nicht ins Ungewisse getragen zu werden. In ihr und mit ihr will er das andere Ufer und dort die Vollendung erreichen. Es ist wie Georg Trakls "Ich habe kein Recht, mich der Hölle zu entziehen"[10]. Denn die Zeit, das ist die Not und das Schicksal des Menschen. Roth sollte das aufs härteste erfahren und dabei lernen, in der Einsamkeit seines Hotel- und Kaffeehauslebens, seines Daseins als "Gast auf dieser Erde"[11]. Immer allein, trotz seiner vielen Freunde, lebte er zwischen den durch die Not geprägten Extremen seiner Einsamkeit.

Darüber gibt sein Werk reichlich Aufschluss, in den journalistischen Arbeiten der Wiener und Berliner Jahre, in Feuilletons und Essays, in Briefen, Gedichten, vor allem aber in seinen Erzählungen und Romanen. Ueberall tritt uns, und in den verschiedensten Formen, die Bipolarität des Seins entgegen, die Not der körperlichen Welt und die schwankende, oft wankende Kraft der geistig-seelischen Substanz. Der Kampf der beiden Mächte währt bis an das Lebensende Joseph Roths. Aus Vorsätzen und Rückfällen, aus menschlich ehrlichem Bemühen und schliesslich aus der Gnade eines leichten, schönen Tods besteht ja "Die Legende vom heiligen Trinker"[12].

Schon als junger Mensch und aus der Perspektive des peripheren Oesterreichers und Juden vom Tabor hat er im Wohlstand wie im Uebermut der späten Wiener Belle Epoque den grössten Gegensatz zur Armut und Vertrauensseligkeit der kleinen Leute in den Randgebieten seines grossen Reichs gesehen und darin die Gefährdung seiner Monarchie[13]. S e i n e s Reichs und s e i n e r Monarchie, weil seines Vaterlands, des einzigen, das er je besass, in dem allein für ihn die Freiheit und auch die Sicherheit vor dem Pogrom gewährleistet waren. Seine Verehrung für das angestammte Kaiserhaus, für seinen Kaiser, wurzelt in diesem Gefühl erlebter und verlorener Geborgenheit.

Aus Liebe zur Monarchie war er antibürgerlich, übernational und pazifistisch. Das Bürgertum war ja dabei, in seinem Wohlstand zu versinken. Nationalismen endeten in Bestialität[14], und im Krieg sah er den sicheren Zerfall des Reichs. Aus diesen Gründen, aber auch, weil das bürgerliche Lager keinem Juden aus dem Osten offenstand, selbst dem konservativsten nicht, schrieb er schon damals für eine linksorientierte Zeitung. Sein scharfer Verstand diktierte seine Kritik, und aus Sorge klagte er oft bitter an, aus Liebe auch. Es war die Politik eines fühlenden und denkenden, doch absolut undoktrinären Menschen.

Was nach dem Krieg von Roth zu lesen war, entsprang seinem unerbittlichen Sinn für Gerechtigkeit. Der Dichter sagt, er habe damals aus Not und Verzweiflung zu schreiben begonnen[15]. Die eigene Not befähigt, das Leid mit anderen zu teilen. Er hatte Mitleid mit den vielen, die hungerten, froren und Bettler oder Krüppel waren, in einer Welt der Inflation und Arbeitslosigkeit und der Verbrechen jeder Art.

So schliesst er sich denn auch als Heimkehrer d e r Richtung an, von der er glaubt, sie könne Ordnung bringen. In den Wirren des Umbruchs war das für ihn die österreichische Sozialdemokratie. Seine Tätigkeit bestand darin, zu schreiben und täglich Missstände und Ungerechtigkeiten anzuprangern, was oft genug in lyrisch angehauchter Prosa, manchmal sogar im Bänkelsängerton geschah. Später tat er das gleiche, nur etwas robuster, als "roter Joseph" für linke Blätter in Berlin, bis seine Wendung kam, zur Frankfurter und andern grossen Zeitungen, zum Prager Tagblatt etwa.

Sein Sozialismus war also vor allem Mitleid und die geistige Kraft und Vorstufe einer grossen Liebe zu den Menschen überhaupt, und immer wieder im besonderen zu jenen der ehemals österreichischen Länder. In dieser Hinsicht war er wohl zeitlebens Sozialist. Im Zeichen des Mitleids steht auch der Beginn seiner erzählenden Dichtung. Das Erlebnis ist dabei im Vordergrund, man erkennt es an der Sprache, die in beigeordneten, oft äusserst knappen Sätzen zeigt, wie sehr der junge Autor sich bemüht, das Chaotische des Untergangs gedanklich zu klären. Er erlebt, indem er formuliert, und geht daher nicht unter. Die grosse Welt, die sich in einer kleinen widerspiegelt, ist leichter überschaubar: das glänzende "Hotel Savoy" mit seinem Kosmos menschlicher Geschicke wird so zum Gleichnis für den Glanz der alten Monarchie, deren entmoralisierte Gesellschaft im Brand des Kriegs und in der Revolution zerfällt. Roth sieht in diesem Untergang eine elementare Gewalt, gegen die es keinen Schutz mehr gibt; heimkehrende Soldaten werden nach dem Westen gespült, "wie... Fische zu bestimmten Jahreszeiten"[16].

Der Krieg hat den Menschen entwurzelt. Das ist die grosse Not mit ihren vielen Folgen. Roth sucht nach einem Weg zurück in die Geborgenheit. Er sucht ihn für alle, auch für einen Rebellen, denn ein solcher war er eigentlich selbst. Dieser Mann hatte sein heimatliches Dorf schon früh verlassen, um in der Armee zu dienen. Dem Soldaten käme ja - wir hören es oft - keine Verantwortung zu, weshalb sein Leben ein bequemes sei. Nach 1918 aber steht dieser Krieger als Krüppel da und hat, es ist die Ueberzeugung Roths, mit seinem Dasein auf dem Land "das Wichtigste verloren, das ein Mensch in Freiheit nötig hat, um mit frohem Sinn und Erfolg verheissender Kraft ein neues Leben zu beginnen: den Glauben nämlich, die Heimat der Seele"[17]. Statt zu glauben, beginnt er zu philosophieren, ohne die Kraft jedoch, die dazu nötig ist. Bald schlägt er auch schon wild um sich, fängt an zu rebellieren, rebelliert gegen alles, "gegen die Welt, die Behörden, gegen die Regierung und gegen Gott"[18], und rebelliert sich zu Tod.

Aus Mitleid schenkt der Dichter dem schon Gezeichneten noch ein paar warme Frühlingstage, in denen, wie es heisst, seine Seele sich "ins Jenseits" träumte, "wo sie heimisch war"[19]. Selbst im Tod noch, der für den armen Teufel die Schrecken der Welt und des Gerichts vereint, liegt die Gewissheit des Jenseits und die Hoffnung auf Barmherzigkeit. Damit hat Roth sich selbst zurückgewonnen, nach den schicksalsschweren Jahren zwischen 1916 und 1924 und mancher Auflehnung gegen den Glauben. Jetzt sieht er den Menschen wieder als flüchtige Gestalt auf seinem Weg ins Ewige.

Von da, so scheint es - und doch liegen sechs Jahre und viele Erkenntnisse dazwischen -, ist es nicht mehr weit zum "Hiob". Auch Mendel Singer, der Hiob, hadert mit Gott, verflucht ihn, wird aber der Gnade noch auf Erden teilhaft, durch ein Wunder, das ihm geschieht. Viele Kritiker wollen nicht einsehen, dass dieses Wunder für den Dichter eigentlich kein Wunder war, denn er hat das Leben jenes Gerechten von allem Anfang an in den Dienst seines Gottes gestellt. Der orthodoxe Jude ringt mit und um seinen Gott, wird aber nie von ihm verlassen. So ist er auch der Gnade eines Wunders wert.

Andere wieder ziehen aus Ehrgeiz in die Stadt, sind meistens bald schon überfordert und unterliegen den Geboten einer erstarrten bürgerlichen Gesellschaft, ja werden selbst zu Spiessern und bleiben es, wenn nicht ein Unglück sie davon befreit. Ihre Kinder aber sind, wie auch der junge Zipper[20], die Opfer ihrer Väter, des Ehrgeizes der Väter: sie haben viel gelernt und bringen dennoch nichts zuwege, sind kleinbürgerliche Leute ohne Eigenschaften und treiben dahin, so sieht es der Dichter, bis sie irgendwo landen. Sie sind nicht selber schuld, die Schuld lebt nur in ihnen weiter. Manches ist grotesk wie bei Kafka. Nach einigen Berufen wird der junge Zipper ein armer Spielmann, sogar noch weniger: ein geigender Clown. In den Augen der Welt ist er ein Narr, in Wirklichkeit aber ein Weiser geworden, der in der Freiheit seiner Kunst, gleichsam schwerelos, lebt und darin den ihm gemässen Sinn gefunden hat. Wie sehr sich Roth mit manchen seiner Gestalten identifiziert, zeigt sich auch hier: was geistig ist, geht nicht verloren, ob dieses Geistige nun der einzige Ton einer Geige oder das Echo eines Gedankens ist, den einmal ein Dichter hat "niederschreiben dürfen", es bleibt im "geistigen Gehalt der Atmosphäre" schweben, "der stärker ist als ihr Gehalt an Elektrizität", und bleibt durch die Jahrtausende erhalten[21].

Dieses Wissen um die nur scheinbare Vergeblichkeit seines Tuns erhält den Dichter so vital, dass sein Leben immer mehr den Sinn der überwiegend geistigen Existenz gewinnt. Roth und die Sinnlosigkeit, das ist nämlich Roth und der Kleinbürger. Und dieser ist es auch, der den wenigen, die sich mit der geistigen Kraft ihrer Einheit dem rein physischen Gewicht der Masse entgegenstellen, den Durchbruch versagt[22], ja als Zerstörer auftritt, um die Sinnlosigkeit des Lebens zu demonstrieren und teuflisch daraus Kapital zu schlagen.

Am Wesen dieses Kleinbürgers ist ja auch der k.u.k. Leutnant Franz Tunda gescheitert, der sich, der Gefangenschaft und dem Dienst in der Roten Armee entflohen, weder in der bürgerlichen Sinnlosigkeit des wohlhabenden Westens noch in der Umgebung der kleinbürgerlichen Revolutionäre des Ostens zurechtfinden konnte und seine Existenz als völlig überflüssig ansah[23].

Nach dem Tiefpunkt dieser ''Flucht ohne Ende'', des Gejagtseins durch die Sinnlosigkeit der Welt, war der Trost des einen Geigentons in aller Ewigkeit, des einen begnadeten Gedankens, für Roth vielleicht zu schwach. Er stürzt sich in die Hölle zwischen ''Rechts und Links''[24] und erlebt darin seinen grossen politischen Schmerz, in einem langsam aufsteigenden und ständig bis zu apokalyptischen Vorstellungen anwachsenden Misstrauen gegen die Menschheit überhaupt. Dennoch liegt in diesem Roman der eigentliche Wendepunkt seines Lebens.

Wir befinden uns im Bereich des Kapitalismus und eifriger Revolutionäre. Zwischen diesen Extremen verzweifelt Roth zunächst vollends, denn sie vernichten jede Geistigkeit, die nicht dem sozialen und technischen Fortschritt dient. Eine Mitte scheint es hier nicht mehr zu geben, es sei denn, sie würde unter dem Druck dieser Mächte zum reinen Kristall. Roth wagt den Versuch. Mit einem Mann namens Nikolaj Brandeis, dem Sohn einer Deutschen aus der Ukraine und eines russischen Juden.

Auch Brandeis war glücklich gewesen, als Lehrer in seinem Dorf, denn er hatte ''drei Stückchen Feld besessen, ein kleines, weiss und blau getünchtes Häuschen, ein paar Kühe und zwei Pferde, zehn Bücher und eine Flinte...''[25] Der Krieg hat das alles vernichtet und ihn zuerst beim weissen, dann beim roten Zaren dienen lassen. Unfähig, das Morden länger zu ertragen, flieht er nach Deutschland, schafft dort aus dem Nichts ein riesiges Vermögen und hat nur mehr die eine Leidenschaft: die Menschen zu verachten, die käuflich seien wie Häuser und wie Waren.

Bedürfnislos, ja ohne eigentliche Beziehung zu dem vielen Geld, gleicht Brandeis seinem Schöpfer Roth, lebt meistens in Hotels, auch er ein ''Gast auf dieser Erde'' - doch ohne Ziel. Die ''abgestreiften Leben''[26] nimmt er als sicheren Beweis dafür, dass sich die Menschen nicht entwickelten, sondern ihr Wesen nur stets wechselten. Und es kommt ihm ein Wahnsinniger seines Heimatdorfs in den Sinn, der allen die stereotype Frage stellte: ''Wieviel bist du? Bist du e i n e r ?'' Man sei nicht e i n e r , überlegte Brandeis, sondern zehn, zwanzig, hundert. Je mehr Gelegenheiten das Leben gebe, desto mehr Wesen entlocke es uns[27]. In einem abenteuerlichen Leben und vielfach wechselnden Gestalten - es ist das Maskenhafte, das man auch Roth vorwirft - kommt der Gedanke in ihm auf, dass die Chemie das grösste Abenteuer und ohne Grenzen für die Verwandlung sei. Es ist seine Versuchung und unheimliche Angst in einem. Hier sei alles verwandt, die Kunstseide dem Giftgas - beides Nitroglyzerin![28] Die unlösbare Gefangenschaft in der ewig gleichen Materie, diese Versteinung auch des Menschen, der Blick ins Nichts bewirken seinen Entschluss zu einer neuen Verwandlung: es gebe ja noch viele Häfen, die auf ihn warteten[29].

Wer auszieht - Brandeis fährt fort und wird nie mehr gesehen -, weiss noch nicht, in welchem Hafen er landen wird; doch einer wird es sein, wenn er nicht Schiffbruch erleidet, vielleicht sind es auch viele, einer nach dem andern. Ein Hafen aber ist das uralte, wohl auch barocke Gleichnis für Geborgenheit. Da dieser Mann seinen Reichtum verlässt, sich vollkommen absetzt von allen wirtschaftlichen Errungenschaften, dürfen wir hier den eigentlichen Wendepunkt sehen zum "Hiob", der nur aus der Kraft der Armut lebt. Arm sein, aber ständig geborgen in Gott, überall, in allen Häfen, wohin man auch kommt. Es war die Kraft des Ostjudentums.

Was Roth dann später schreibt, steht oft im Zeichen der Wehmut über den Menschen, der versagt hat, über alle diese Väter und Söhne, über die trägen Herzen einer Gesellschaft, die nicht einmal mehr tragisch ist, weil sie bloss untergeht aus weither kommender, in ihren kleinen Ursachen vernachlässigter und ständig wachsender Schuld[30]. Nur die Dienenden sind noch im Mass oder jüdische Aerzte und Anwälte, die ja trotz allem irgendwie noch Ausgestossene sind. Wehmut ist aber Schwäche. Sie ist die stille Trauer um jenes seinsgerechte Reich, das dreifach um den Vater kreisen sollte, um den leiblichen und den des Vaterlands, schliesslich um Gott, den Vater aller[31].

Da entsteht sein "Antichrist". Aus allem, was er gesehen, erlebt und gestaltet hatte, wird dieses Buch zu einer Mahnung von brennender Aktualität: der Antichrist, der das Kreuz verbiegt und es zum Hakenkreuz macht[32]. In diesen und anderen Schriften und Büchern liegt sein politisches und religiöses Wollen, denn Politik und Religion vereinten sich in ihm zu einem reinen Menschentum.

Im Treiben der Masse sieht er nun um so mehr den immerwährenden Tanz ums Goldene Kalb, das "Fortschrittskalb", wie er es nennt[33], denn der Fortschritt sei in Wahrheit ein Rückschritt. Auch wenn der eine nach rechts, der andere nach links ginge, um die ganze Erde, sie träfen doch wieder auf dem alten Punkt zusammen. Dieser sinnlosen horizontalen Bewegung steht bei Roth die vertikale entgegen, freilich nur bei einer Minderheit, die dem Menschen heraushilft aus der trägen, schweren, todbringenden Masse. Diese beiden Komponenten aber, die horizontale und vertikale, ergeben das Kreuz. Der Dichter spricht ausdrücklich davon: das Kreuz sei schon im Menschen deutlich sichtbar, wenn er dastehe, die Füsse gegen die Erde gerichtet, den Kopf gegen den Himmel, mit ausgebreiteten Armen, um Hilfe, Erlösung und Geborgenheit flehend. Dann sei er selbst schon ein Kreuz und erlöse sich gleichsam von seiner Not durch das Zeichen des Kreuzes, das er nicht mache, sondern selber darstelle[34].

In dieser Nachfolge allein liegt für Roth der soziale Friede begründet, der Friede überhaupt, und die Möglichkeit, zu Gott, dem einzig ihm verbliebenen Vater, zu kommen. Immer noch sieht er auf Erden die Vorbereitung für die Ewigkeit. Der Kreis ist geschlossen, das Ergebnis seines Lebens ist das Kreuz.

Diejenigen, die um den Toten und seine religiöse und politische Zugehörigkeit fast noch am Grab gestritten hätten[35], sind blind gewesen, auch für das Wesen Joseph Roths, der zeitlebens ja nur das Eine suchte und dieses Eine schliesslich in den einander überkreuzenden Richtungen des menschlichen Ganzen im Sinn des welthaften Daseins und des Eingründens des Zeitlichen im Ewigen gefunden hat.

So hat dieser Mensch sich nicht verwandelt, sondern entwickelt. Vom Glauben kommend, hat er im Kampf mit einem geschichtlich bewegten und schmerzvollen Dasein diesen seinen Glauben in einer geschichtslos reinen Höhe vollendet. Er war kein Gespaltener, einer mit vielen Gesichtern[36]. Sein Leben drängte stets aus der Vielheit in die Einheit, in einer dynamischen Harmonie, das heisst, die Einheit war nicht einfach schon vorhanden, sondern wurde dem Widerstreitenden erst abgerungen. Deshalb bedeutete ihm der Kampf stets mehr als der Ausgleich, der Ueberschwang mehr als das reine Dasein. Da das Aeussere seines Lebens nicht in sich geschlossen dastand, musste ein Tatwille erst es drängend bewegen und eine Empfindung es über sich selbst hinaustragen. Der Dichter liebte diese barocke Freiheit des Ich-Akts. Das war auch seine selbstgeschaffene Legende, von allem Anfang an, bis zu seinem frühen Ende - bis zur "Legende vom heiligen Trinker", einer in hohe künstlerische Form getriebenen Selbstdarstellung. Der Narr und Weise hatte recht: der Mensch muss e i n e r sein oder sich bemühen, e i n e r zu werden.

Anmerkungen

1 Hermann Kesten, Einleitung, S.X. In: Joseph Roth, Werke in drei Bänden. Köln-Berlin 1956 (im folgenden zitiert mit I, II, III).

2 I, S.793.   3 III, S.405.   4 III, S.379.

5 III, S.379.   6 III, S.377.

7 Was nicht die restlose Bewunderung für David Bronsens Leistung ausschliesst; s. David Bronsen, Joseph Roth. Eine Biographie. Köln 1974. - Hingewiesen sei überdies auf die Interpretation Roths bei Claudio Magris, Lontano da dove. Joseph Roth e la tradizione ebraico-orientale. Torino 1971; dt. Uebersetzung: Weit von wo - die verlorene Welt des Ostjudentums. Wien 1974.

8 II, S.250.

9 Joseph Roth, Briefe 1911-1939. Hrsg. u. eingel. v. Hermann Kesten. Köln 1970, S.29.

10 Hans Limbach, Begegnung mit Georg Trakl. In: Erinnerung an Georg Trakl. Zeugnisse u. Briefe. Salzburg [2]1959, S.117.

11 Untertitel des Romans "Tarabas" (1934).

12 Erschienen 1939, nach dem Tode Roths.

13 Vgl. Gottfried Stix, Das periphere Oesterreichertum des Joseph Roth. In: Die gesuchte Mitte. Skizzen zur österreichischen Literatur. Rom 1974, S.55-73.

14 III, S.397.   15 III, S.511 u. 835.   16 I, S.851.

17 II, S.353.   18 II, S.360.   19 II, S.369.

20 Im Roman "Zipper und sein Vater" (1928).

21 I, S.628f. - Der Roman spielt übrigens im Wien der Vor-, Kriegs- und Nachkriegszeit. Das Schicksal, welches der Geist dieser Stadt dem Lebenstüchtigen einräumt, ist mitunter ein mildes. Wir denken dabei an Grillparzers erschütternde und erhebende Erzählung von eben einem solchen armen Spielmann.

22 I, S. 628.

23 Im Roman ''Flucht ohne Ende'' (1927). Vgl. vor allem auch Joseph Roth (1926), Reise in Russland. In: Der Neue Tag. Unbekannte politische Arbeiten 1919 bis 1927. Wien, Berlin, Moskau. Hrsg. u. mit einem Vorwort von Ingeborg Sültemeyer, Köln-Berlin 1970, S. 149ff.

24 ''Rechts und Links'', Roman (1929).

25 II, S. 613.   26 Vgl. auch I, S. 851.   27 II, S. 557.

28 II, S. 612.   29 II, S. 639.

30 S. vor allem die Romane ''Radetzkymarsch'' (1932); ''Die Kapuzinergruft'' (1938); ''Die Geschichte von der 1002. Nacht'' (1939).

31 Vor allem im ''Radetzkymarsch''.

32 III, S. 718 u. 781.   33 III, S. 602.   34 III, S. 754.

35 Etwa Fritz Hackert, Joseph Roth. Zur Biographie. In: Dt. Vjschr. 43 (1969) S. 186. - Bruno Frei, Joseph Roth und die Oktoberrevolution. In: Neue Dt. Lit. 15 (1967) h. 9, S. 159. - Friderike Maria Zweig, Spiegelungen des Lebens. Wien 1964, S. 203. - David Bronsen, a. a. O. , S. 600ff.

36 Dazu der Dichter selbst im Roman ''Flucht ohne Ende'' (II, S. 447): ''Es dauert sehr lange, ehe die Menschen ihr Angesicht finden. Es ist, als wären sie nicht mit ihren Gesichtern geboren, nicht mit ihren Stirnen, nicht mit ihren Nasen, nicht mit ihren Augen. Sie erwerben sich alles im Laufe der Zeit und es dauert, man muss Geduld haben, bis sie das Passende zusammensuchen. ''

ZUR GESELLSCHAFTLICHEN STELLUNG DES SCHRIFTSTELLERS UM 1900 (SCHRIFTSTELLERFESTE)

Von Wolfgang Martens (Wien)

"Gräfin von Beaufort-Spontin: Entzückendes lichtgrünes Seidenkleid mit lichtgrünem Tüllüberwurfe. Dasselbe war mit reicher, geschmackvoller Silberstikkerei und Pierre de Strass dekoriert. Herrliches Brillantdiadem und Kollier. - Gräfin Mathilde Stubenberg-Tinti: Blaugold Velourfrappéprinzesskleid, Corsage in Perl- und Diamantstickerei, die mit blauem Mousseline de soie voiliert ist. - Marie Gräfin von Oberndorf: Prinzesskleid aus korailfarbener Duchesse, bedeckt mit einem Ueberwurfe aus echten Brüsseler Spitzen, Goldstickerei an der Corsage, grosse, gelbe Rose am Ausschnitte, Perlen um den Hals und Perlenohrgehängen"[1]. So beginnt eine seitenlange Beschreibung weiblicher Garderoben, die auf dem Ball eines Schriftstellerverbandes im Jahre 1912 zu bewundern waren. Es handelte sich um das seit 1900 alljährlich stattfindende Fest der Deutsch-Oesterreichischen Schriftstellergenossenschaft in Wien. Nach dem Bericht waren damals zugegen: der Ministerpräsident Graf Stürgkh, der Prinz Eduard Liechtenstein, der Kriegsminister, der Innenminister, der Arbeitsminister, der Handelsminister, der Bürgermeister von Wien, der Wiener Stadtkommandant, seines Zeichens Feldmarschalleutnant, der Polizeipräsident, Vertreter des diplomatischen Corps, zahlreiche weitere hohe Beamte, Hofräte, Sektionschefs, viele weitere Militärs, Vertreter der Berufsstände, der Industrie- und Geschäftswelt, Abgeordnete und Politiker, Theaterleute und Künstler und die Schriftsteller selber, darunter zahlreiche Journalisten. Ich muss es mir hier versagen, die lyrisch-impressionistischen Stimmungsschilderungen aus dem Ballbericht in den MITTEILUNGEN DER DEUTSCH-OESTERREICHISCHEN SCHRIFTSTELLERGENOSSENSCHAFT zu zitieren, und mich auf den Passus beschränken, in dem es heisst, es sei auf den Patronessen-, Künstler- und Honoratiorenestraden alles versammelt gewesen, "was in der Stadt der Freude und des Schönheitsgeniessens Rang und Namen besitzt (...) Das Blinken der Ordenssterne und das satte Gold der Hof- und Staatsuniformen, in das sich das getragene Schwarz des einfachen Frackes nur unterbrechend einschob", wetteiferten "mit dem Funkeln der Brillantrivièren und dem träumerischen Glanze der Perlen"[2]. - Kein Zweifel, dieses Schriftstellerfest scheint ein gesellschaftliches Ereignis erster Ordnung gewesen zu sein. Alles, was Rang und Namen hatte, war zugegen. (Neumodisch, simplifikatorisch und affektbesetzt, müsste es wohl heissen: Es war 'das Establishment', es waren 'die Herrschenden', die den Schriftstellern auf ihrem Fest die Ehre gaben.)

Was liegt hier vor - abgesehen davon, dass wir es hier offenbar mit einem Reflex gesellschaftlichen Glanzes des alten imperialen Wien zu tun haben? Wie kommen die Schriftsteller zu solchen Ehren? Wie ist ein solches Zusammentreffen von Geist und Macht zu verstehen? Dass es sich nicht um einen Einzelfall handelt, ist bezeugt[3]. Und dass es auch nicht die deutschnational-konservative, zuweilen tendenziell antisemitische Linie der Deutsch-Oesterreichischen

Schriftstellergenossenschaft war, die diesen Schriftstellerverband für Staat und Gesellschaft besonders genehm machte, so dass seine soziale Auszeichnung etwa nur politischer Opportunität entsprochen hätte, das zeigt sich darin, dass der konkurrierende und viel ältere Schriftstellerverein in Oesterreich, die von Literaten der 1848er Jahre gegründete "Concordia", traditionell liberal eingestellt, mit einem starken Anteil jüdischer Autoren - dass auch die "Concordia" regelmässig und sehr viel früher schon ähnlich glanzvolle und von den Exponenten der Macht, von der "Gesellschaft" besuchte Feste gefeiert hat. Bereits der erste Concordia-Ball im Jahre 1863 versammelte die Spitzen von Staat und Gesellschaft um die Autoren[4]. Die WIENER MORGENPOST nennt zwei Jahre später, 1865, den Concordia-Ball "die Krone der Elitebälle" und notiert als erschienen vom Staatsminister von Schmerling bis zur Tänzerin Fanny Elssler alles, was in Wien Namen und Bedeutung hatte[5]. In den achtziger Jahren hat der Kronprinz Rudolf diese Feste mehrmals durch sein Erscheinen ausgezeichnet, was damals grosses Aufsehen erregte. Wir besitzen eine Schilderung des ersten Besuchs des Kronprinzen auf dem Schriftstellerball im Jahre 1884 aus der Feder von Karl Emil Franzos. Franzos wurde an diesem Abend zusammen mit Ludwig Anzengruber und Eduard Mautner dem Kronprinzen persönlich vorgestellt, daneben die Chefredakteure der Wiener Blätter. Auch Franzos bestätigt in seiner Beschreibung - es sind private Aufzeichnungen, die erst kürzlich ans Licht gekommen sind und nicht zur aktuellen Glorifizierung des Festes bestimmt waren -, dass der Ball der "Concordia" ein gesellschaftliches Ereignis war: "In den riesigen, prächtig geschmückten Räumen drängte alles, was in Wien an bedeutenden oder durch den Zufall der Geburt hochgestellten Menschen lebte. Die höchsten Beamten des Reichs, vom Chef des Kabinetts bis zum jüngsten Hofrat, das diplomatische Corps, die Stadtverwaltung, die Mitglieder beider Parlamente, hohe Militärs, der Adel, die Finanzwelt, die Grossindustrie waren zur Stelle, dazu jeder, der in dieser Stadt als Künstler einen Namen hatte, selbstverständlich auch die Schauspieler und Schauspielerinnen, dann als Wirte die drei- oder vierhundert Menschen, die in Wien die Feder führten"[6]. Die "Concordia" hat ihre Ballfeste in diesem Stil bis zum 1. Weltkrieg alljährlich durchgeführt.

Noch einmal: Was liegt hier vor? Wie sind diese Erscheinungen zu werten? Wie kommen die Schriftsteller zu solch offenkundigem Sozialprestige? Wir sind gewohnt, das Verhältnis des Schriftstellers zu Staat und Macht und Gesellschaft im deutschen bzw. deutschsprachigen Bereich als traditionell prekär anzusehen. Seit Jahrhunderten, so erklärte kürzlich noch Walter Jens auf dem letzten Kongress des Verbands deutscher Schriftsteller, sei der Autor in den deutschen Landen "politisch missachtet und ohne Einfluss in der Gesellschaft" gewesen, habe er "das Leben von Parias" geführt. Während in Frankreich und England Schriftsteller hoch im Kurse standen und das Leben der Nation massgeblich mitbestimmten, sei der deutsche Dichter "ausgesperrt und isoliert" gewesen[7]. - Jens steht mit diesen Ansichten nicht allein. Hermann Kesten äusserte vor etlichen Jahren bei einer Befragung: "In deutschen Ländern achtet man Autoren weniger als in vielen zivilisierten Ländern"[8]. Und Wolfgang Koeppen: "Der Schriftsteller ist vogelfrei. Gesellschaftlich gesehen gehört er zu den Asozialen, den Bettlern, den Landstreichern, den Verrückten"[9]. Auch mein verehrter Lehrer

Robert Minder, immer wieder deutsche Verhältnisse an französischen messend, konstatierte für den Literaten in Deutschland gesellschaftlich nur eine Randsiedlerfunktion[10], Ausklammerung aus dem Leben der Nation[11], Weltabgesondertheit, mangelnden Respekt ihm gegenüber: "Das Wort vom Pinscher [der damalige Bundeskanzler Ehrhard hatte es gegenüber Rolf Hochhuth gebraucht] ist keine Entgleisung. Es ist Tradition"[12]. - Wie reimt sich das glanzvolle Phänomen der Wiener Schriftstellerbälle, das das Sozialprestige des Autors mit dem Erscheinen der höchsten Repräsentanten staatlicher und gesellschaftlicher Macht nicht eben gering erscheinen lässt, mit solchen Vorstellungen vom Randsiedlertum, von Pariaexistenz und traditioneller Geringschätzung des Autors?

Man könnte einwerfen, dass derartige Festivitäten, zumal in Wien, des Aufhebens nicht weiter wert seien, da man in Wien keine Gelegenheit zu glanzvollen Tanzveranstaltungen auslässt (das ist auch heute noch so). Dem steht freilich die Beobachtung von Franzos in seiner erwähnten Schilderung der Concordia-Bälle der achtziger Jahre entgegen: "Die Männer waren immer in der ungeheuren Mehrzahl und getanzt wurde fast gar nicht"[13]. Ein blosses Tanzvergnügen in der Ballsaison waren diese Feste nicht, sondern sie waren offenbar eine soziale Demonstration, in welcher der Schriftstellerstand sich als anerkannt, als parkettfähig, als gesellschaftlich arriviert präsentieren konnte und präsentierte.

Zweiter Einwurf: Müssen wir in einem solchen Phänomen vielleicht eine österreichische Sonderentwicklung erkennen, die mit den sonstigen deutschen Verhältnissen nicht übereinstimmt? Hatte der Autor um die letzte Jahrhundertwende in Wien, in Oesterreich, eine andere, eine höhere Reputation als im Wilhelminischen Deutschland? Schätzte man an der Donau den Dichter freundlicher ein? Eine solche Deutung hat einiges für sich. Auch heute glaube ich gegenüber dem Schriftsteller, dem Dichter, ein herzlicheres Verhältnis in Oesterreich zu spüren, ein bereitwilligeres Entgegenkommen, grössere Verständnis- und Bewunderungsbereitschaft als in den nördlichen Landstrichen deutscher Zunge.

Und gleichwohl hat es auch in reichsdeutschen Ländern um 1900 Veranstaltungen gegeben, in denen der Dichter, der Schriftsteller, öffentlich-festlich geehrt in Erscheinung trat und von den Repräsentanten des Staats und der Gesellschaft mit aller Auszeichnung behandelt wurde - gar nicht als Pinscher, gar nicht als Paria. Ich denke z.B. an den Allgemeinen Deutschen Journalisten- und Schriftstellertag, der 1893 in München stattfand und über den uns einiges Material vorliegt[14]. Was sich da abspielte, ist eine Folge von Sitzungen, repräsentativen Veranstaltungen und Festivitäten, die das Leben der bayerischen Residenzstadt vier Tage lang beherrschten.

Die Tagung, die über 325 namentlich aufgeführte Teilnehmer aus Deutschland, Oesterreich und Böhmen zusammenführte, stand unter dem Protektorat des Prinzen Ludwig von Bayern, der die Veranstaltungen in einem Festakt im kgl. Odeon mit einer Rede eröffnete und sich viele Autoren persönlich vorstellen liess. Neben dem Präsidenten des Münchner Journalisten- und Schriftstellervereins Hermann Ritter von Lingg waren der bayerische Staatsminister Frhr. von Feilitzsch und der 1. Bürgermeister Münchens Ehrenpräsidenten. Im Ehrenausschuss waren (Sie verzeihen diese Speisekarte von Honoratioren; aber es scheint mir wichtig) neben namhaften Autoren der Rektor der Universität München, die Direktoren der Technischen Hochschule, der Hof- und Staatsbibliothek, der Akademie der bildenden Künste, des Gärtner-Theaters, der Präsident der kgl. Akademie der Wissenschaften, der preussische ausserordentliche Gesandte Graf zu Eulenburg, die Direktoren der Münchner Trambahn AG, der Bayerischen Hypotheken- und Wechselbank, die Generaldirektoren der kgl. Posten und Telegraphen und der kgl. bayerischen Staatsbahnen. Der Festführer war ein Band mit 288 Seiten. Neben der Eröffnungssitzung im Odeon gab es volkstümliche Zusammenkünfte in verschiedenen Bräukellern, eine Matinee mit Dichterlesungen im Odeon, ein Festdiner im grossen Saal des alten Rathauses, Festaufführungen mit Wagners TANNHAEUSER und Sudermanns HEIMAT, ferner eine Fahrt im Extrazug nach Starnberg mit anschliessender Schiffsrundfahrt auf dem Starnberger See (das ganze Seeufer abends illuminiert), einen erneuten Empfang zu einem ländlichen Fest durch den Prinzen Ludwig und einen Schlusskommers in verschiedenen Gasthöfen von Starnberg. Eisenbahn- und Dampferfahrt waren gratis, die Teilnehmer hatten freien Zutritt zu den königlichen Theatern, auf den bayerischen Staatsbahnen reisten sie mit 50% Ermässigung, im Odeon war für sie ein eigenes Post- und Telegraphenbüro errichtet. Nach Abschluss der Tagung konnten die Gäste unter zehn verschiedenen mehrtägigen Ausflügen ins bayerische Land wählen.

Jedenfalls ist dieser Schriftsteller- und Journalistentag - ganz abgesehen davon, dass auf ihm eine Pensionsanstalt deutscher Journalisten und Schriftsteller ins Leben gerufen wurde - ein Ereignis gewesen, bei dem die Männer und Frauen der Feder in jeder Weise ausgezeichnet und allen öffentlichen Glanzes teilhaftig wurden, über den man im Lande und in der Residenz verfügte.

Ein solcher Befund zwingt uns, die gängigen Klischeevorstellungen von traditioneller Missachtung, von Randsiedlerexistenz und Pariadasein des deutschen Schriftstellers zu überprüfen. Er nötigt uns aber auch zur genaueren Analyse. Welchen Umständen verdankten es die Autoren, dass sie in der zweiten Hälfte des 19. Jahrhunderts und um die letzte Jahrhundertwende so reputierlich auftreten konnten? Und wie ist das gesellschaftliche Schauspiel insgesamt zu bewerten?

Ich kann aus zeitlichen Gründen dazu nur in knappen Thesen Stellung nehmen.

1. Die auf den von mir angeführten Schriftstellerfesten in Erscheinung tretenden Autorenvereinigungen sind stets Dichter- u n d Journalistenvereinigungen gewesen. Das öffentliche Ansehen, der Einfluss, ja die Macht der journalistischen Publizisten ist dem Schriftstellerstand insgesamt zugute gekommen. Es ist fraglich, ob der Kronprinz Rudolf von Habsburg einem Schriftstellerfest die Ehre gegeben hätte, wären nicht auch die Chefredakteure der führenden Wiener Blätter zugegen gewesen. Die Begegnung von 'Macht' und 'Geist' erfolgte dort also vielleicht nur, weil der 'Geist' in der schriftstellerischen Publizität selber ein Machtfaktor geworden war. Der belletristische Autor, der Dichter, hat im 19. Jahrhundert in seinem Ansehen profitiert vom Einfluss seiner journalistischen Kollegen, mochte er sich diesen als Brot- und Tagesschreibern auch überlegen dünken.

2. Andererseits ist die Schätzung des D i c h t e r s in der zweiten Hälfte des 19. Jahrhunderts im deutschen Bürgertum und weitgehend auch im Adel eine durchaus hohe. Die seit dem 18. Jahrhundert praktizierte ästhetische Erzie-

hung des Publikums trägt im 19. Jahrhundert ihre Früchte. Der schönwissenschaftliche Autor, der Dichter, besitzt einen Nimbus, der zwar mit seinen wirtschaftlichen Existenzbedingungen oft grotesk kontrastiert, der ihn aber in den Augen der gebildeten Welt zu einem achtenswerten, zu einem in irgendeiner Weise hochstehenden Wesen macht. Im Lande der Dichter und Denker (die Formel ist jetzt gängig) einem Dichter zu huldigen oder sich auch selber ein wenig poetisch zu versuchen, ist damals etwas Unverächtliches[15]. Mit den Musen und Grazien und ihren berufenen Dienern umzugehen, steht jedenfalls dem feinen Mann um 1900 wohl an.

3. Es hilft der gesellschaftlichen Stellung des Schriftstellers deutscher Zunge um 1900 nicht unbeträchtlich auf, dass ihm in den Augen des Publikums eine Art nationaler Sendung beigemessen wird. In der Festansprache, die der Prinz Ludwig von Bayern auf dem erwähnten Münchner Schriftstellertag gehalten hat, kommt dies Moment zum Vorschein. Nach einer allgemeinen Würdigung der Bedeutung der Autoren ''für unsere Zeit und die ganze Menschheit'' heisst es vom deutschen Schriftsteller und Journalisten: ''Er ist das Band, welches die vielen Millionen, die gleich uns die deutsche Sprache reden und desselben Stammes mit uns sind, die aber nicht zum deutschen Reich gehören, mit uns verbindet. (Das Protokoll vermerkt: Bravo!) Diese Millionen Deutsche, die theilweise an unseren Grenzen, theilweise in Europa und sonst in der Welt wohnen, werden durch die Litteratur in ständigem Bund mit uns gehalten''.[16] Der Schriftsteller, auch wenn er, mit Heine zu reden, nur die Frühlingssonne, die Maienwonne und die Gelbveiglein besingt, dient also, da er die deutsche Zunge übt, dem deutschen Gedanken - ein Gesichtspunkt, der wohl auch für den Schriftsteller in dem mit vielen Völkerschaften zusammenlebenden Oesterreich damals eine gewisse Relevanz gehabt hat. Die soziale Respektierung des Autors um 1900 muss von einer solchen im weiteren Sinne auch politischen Rolle her mitgesehen werden[16a].

4. Andererseits könnte öffentliche Anerkennung des Schriftstellers um 1900 gerade auch darauf beruhen, dass der Dichter den bestehenden Machtverhältnissen innenpolitisch nicht in die Quere kam oder zu kommen schien. Wenn der j o u r n a l i s t i s c h e Autor einen zu berücksichtigenden Machtfaktor darstellte, so durfte der D i c h t e r , der Poet, als unpolitischer Künder des Wahren, Schönen und Guten nur um so bereitwilligerer Duldung gewiss sein[17] - ein Exponent der Kultur, auf deren Dekor keine Gesellschaft gern verzichtet.

Der auf die Schriftstellerfesten entfaltete Glanz und die hier einkassierten Ehren erweisen sich damit als ein recht mehrdeutiges Phänomen. Die Mehrdeutigkeit wird freilich noch grösser, sieht man diese Feste einmal von der Seite der Autoren her und setzt man sie in Beziehung zu der alles andere als glanzvollen ökonomischen Lage des Schriftstellers um 1900. Die wenigsten konnten sich, wie Paul Heyse, der in München fürstlich residierte, ein sorgenfreies Leben leisten, die Mehrzahl litt Not oder war unfrei, d. h. auf einen bürgerlichen Brotberuf nebenher angewiesen. Die im 19. Jahrhundert zu beobachtende Konstituierung von Schriftstellerverbänden hat gerade in wirtschaftlicher Not ihr Hauptmotiv[18]. - Feste sind Veranstaltungen, die aus dem Alltag herausheben, ihn vergessen machen können. Feste wie die geschilderten müssen also 5. (von der Seite der Autoren her) wohl auch als Versuche begriffen werden,

den tristen Alltagsbedingungen einmal zu entkommen, den eigenen materiell armseligen Stand öffentlich aufzuwerten, eine faktisch doch weitgehende gesellschaftliche Bedeutungslosigkeit durch einen grossen Auftritt zu kompensieren[19]. - Als wie bitter nötig der Autor öffentliche Aufwertung, gesellschaftliche Akzeptiertheit, empfand, erhellt aus Reflexionen Theodor Fontanes 1891 im MAGAZIN FUER LITTERATUR über Mittel gegen materielles Elend und soziale Geringschätzung der Schriftsteller - Fontanes, der nun freilich im Wilhelminischen Preussen lebte, das, aus altem Puritanismus und neuem Materialismus heraus, im Zeichen harter Machtpolitik, den Musen wenig Raum vergönnte, wo ein Kanzler das Wort von den Schriftstellern als catilinarischen Existenzen hatte fallen lassen. Hier in Preussen, in Berlin, sind ähnliche Schriftstellerfeste nicht gefeiert worden.[20] Ich zitiere Fontane über die Lage des Schriftstellers: "Respekt ist etwas, das kaum vorkommt. Immer verdächtig, immer Blame. Das ganze Metier hat einen Knax weg. (...) Unser Aschenbrödeltum ist unzweifelhaft, ist eine Tatsache. Und Aenderung? Es gibt nur ein Mittel: Verstaatlichung, Aichung, aufgeklebter Zettel. (...) Die Macht des amtlichen Ansehens, immer gross bei uns, ist in einem beständigen Steigen geblieben. (...) Die Anschauung, dass nur Examen, Zeugnis, Approbation, Amt, Titel, Orden, kurzum alles, wohinter der Staat steht, Wert und Bedeutung geben, beherrscht die Gemüter mehr denn je". Der Staat also müsse sich hinter seine ungeratenen Söhne stellen, sie auszeichnen; das werde ihnen zu gesellschaftlicher Stellung verhelfen. "Es dürfen nicht immer bloss die Bankiers aus der Tiergartenstrasse sich unserer annehmen. (...) Mit der veränderten gesellschaftlichen Stellung würde sich viel ändern". Und: "Approbation ist das grosse Mittel, um dem Schriftstellerstand aufzuhelfen"[21].

Das sind - dem heutigen deutschen Schriftsteller in seinem abgründigen Misstrauen gegenüber Staat und Macht höchst befremdlich - Gedanken, die ihre Entsprechung finden in der um 1900 erfolgten Initiative, durch Schaffung einer Dichterakademie dem Autor von Staats wegen Reputation zu verschaffen (was faktisch erst 1926 mit der Begründung der Sektion für Dichtkunst an der Preussischen Akademie der Wissenschaften in die Tat umgesetzt wurde)[22]. Der innere Bezug aber zu den glanzvollen Schriftstellerfesten liegt auf der Hand. Auch sie können als Versuch gewertet werden (als in den südlicheren deutschen Landschaften unternommener Versuch), in der grossen Welt, im staatlichen und gesellschaftlichen Bereich, die bitter nötige Approbation zu erlangen und dem Aschenbrödeltum des Schriftstellers, wie Fontane es nannte[23], endlich abzuhelfen. Ob dieser Versuch sehr tauglich war, steht dahin.

Aschenbrödel freilich ging auf das Fest, und der junge Prinz tanzte nur mit ihm. Sein Füsschen passte in den zierlichen goldenen Pantoffel, und der Königssohn führte es heim... Es ist ein schönes Märchen.

Anmerkungen

1 Mitteilungen der Deutschösterreichischen Schriftstellergenossenschaft (Jg. 1912), Wien, Nr. 2, 8. Febr. 1912, S. 7.
2 Ebd., S. 2.
3 Auch nach dem 1. Weltkrieg sind die Bälle der Deutsch-Oesterreichischen Schriftstellergenossenschaft glanzvolle gesellschaftliche Ereignisse gewesen.

Man vergleiche dazu die Berichte in den Mitteilungen der Deutschösterreichischen Schriftstellergenossenschaft, Jg.1922, Nr.1 vom 20. Jänner 1922; Nr.2 vom 10. März 1922; Jg.1927, Nr.1 vom 15. Februar 1927; Jg.1931, Nr.1 vom 7. Februar 1931.

4 Ein Zeitungsbericht über den ersten Concordia-Ball von 1863: "Wir glauben nicht, unbescheiden zu sein, wenn wir den Erfolg einen glänzenden nennen und daran zweifeln, dass es überhaupt möglich ist, in der Residenz eine interessantere Gesellschaft zu vereinigen. Die Mehrzahl der Herren Minister, die Spitzen der höchsten Behörden, die Direktoren der grossen Geld- und Kreditinstitute, Offiziere aller Waffengattungen, Vertreter des Landes, der Gemeinden, des diplomatischen Corps, die Träger der Kunst und Wissenschaft, - kurz alles, was einen Namen hat auf irgend einem Gebiete menschlicher Tätigkeit, fand man hier versammelt". Zitiert nach: Julius Stern, Sigmund Ehrlich, Journalisten- und Schriftsteller-Verein "Concordia" 1859-1909, eine Festschrift. Wien 1909, S.149.

5 Ebd., S.150.

6 Zitiert nach: Heinrich Benedikt, Kronprinz Rudolf und Karl Emil Franzos. In: Oesterreich in Geschichte und Literatur, 16.Jg., Graz 1972, S.308.

7 Walter Jens, Wir Extremisten (Rede auf dem 3. Deutschen Schriftstellerkongress in Frankfurt am Main). In: Die Zeit, Hamburg, Nr.48 vom 22. November 1974, S.17.

8 Angelika Mechtel, Alte Schriftsteller in der Bundesrepublik, Gespräche und Dokumente. München 1972, S.51; vgl. dort auch die Aeusserung von Friedrich Schnack auf S.102. Vgl. ferner Hermann Kesten, Denken deutsche Dichter? Dichten deutsche Denker? In: Sind wir noch das Volk der Dichter und Denker? 14 Antworten. Hrsg. v. Gert Kalow, Reinbek 1964, S.79ff.

9 Angelika Mechtel, a.a.O., S.57.

10 Robert Minder, Dichter in der Gesellschaft. Erfahrungen mit deutscher und französischer Literatur. Frankfurt a.M. 1966, S.9.

11 Ebd., S.11.

12 Ebd., S.19. Vgl. auch Minder, Deutsche und französische Literatur - inneres Reich und Einbürgerung des Dichters. In: Robert Minder, Kultur und Literatur in Deutschland und Frankreich. Frankfurt a.M. 1962.

13 Benedikt, a.a.O.

14 Festplan des Allgemeinen Deutschen Journalisten- und Schriftstellertags unter dem Protektorate Seiner Königl. Hoheit des Prinzen Ludwig von Bayern, München 1893, 7. bis 10. Juli. München o.J. - Allgemeiner Deutscher Journalisten- und Schriftstellertag München 1893, Festführer, München o.J. - Vormittag im Königlichen Odeon zu München (Allgemeiner Deutscher Journalisten- und Schriftstellertag 1893), Berlin o.J. - Protokoll des Allgemeinen Deutschen Journalisten- und Schriftstellertages München 1893, München 1894. - Allgemeiner Deutscher Journalisten- und Schriftstellertag zu München 1893. Excursionen nach Schluss der Münchener Festtage vom 11.-14. Juli 1893, München 1893. - Den Hinweis auf diesen Journalisten- und Schriftstellertag und das in der Staatsbibliothek München dazu vorhandene Material verdanke ich Prof. Herbert G. Göpfert, München.

15 Vgl. dazu die Beobachtungen, die bei Gedichteinsendungen an eine literari-

sche Zeitschrift vom Ende des 19. Jahrhunderts zu machen waren: Zu den Einsendern gehörten auffallend viele Personen mit einem Adelsprädikat. (Wolfgang Martens, 'Deutsche Dichtung', eine literarische Zeitschrift 1886-1904. In: Archiv für Geschichte des Buchwesens. Bd. I. Frankfurt a. M. 1957, S. 603.)

16 Protokoll des Allgemeinen Deutschen Journalisten- und Schriftstellertages München 1893. München 1894, S. 10f.

16a Vgl. dazu die Ausführungen E. Lämmerts über die Selbstauslegung deutscher Dichter (bzw. die für sie vorgenommene Rollenzuweisung) als Repräsentanten des "inneren Reichs" im behandelten Zeitraum: Eberhard Lämmert, Der Dichterfürst. In: Dichtung, Sprache, Gesellschaft. Akten des IV. Internationalen Germanisten-Kongresses 1970 in Princeton, hrsg. von Victor Lange u. Hans-Gert Roloff. Frankfurt a. M. 1971, S. 439-455.

17 Vgl. dazu die Aeusserungen von Oskar Maurus Fontana und Sonka (= Hugo Sonnenschein) unter dem Titel "Der Schriftsteller in Oesterreich". In: Der Schriftsteller, Zeitschrift des Schutzverbandes deutscher Schriftsteller. Berlin, Jg. 1929, Heft 4/5, S. 15-18: "Der Schriftsteller in Oesterreich war in den Friedensjahren (von 1866 bis 1914) aus seiner 1848er Opposition gedrängt und von den Regierenden in Ehren aufgenommen worden als nützlicher Verlautbarungsapparat. Darum war der Schriftsteller in Oesterreich nur als ein Officiosus bekannt (oder als 'Dichter' geduldet, den man aber nicht wichtig nahm, weil nur sein Leichenbegängnis ihn für einen Tag publik machte). (...) Klar, dass ein solcher Gast der Salons wie der österreichische Schriftsteller jener Zeit durch allerhand Benefizien der Regierenden gehätschelt wurde, um 'standesgemäss', d. h. kavaliersmässig auftreten zu können (...). Man fuhr umsonst in der ersten Klasse als Nachbar der Exzellenzen und man starb zu ermässigtem Preis in einem Sanatorium, Tür an Tür mit einem Fürsten, der sein Geschlecht bis zu Friedel mit der leeren Tasche zurückleiten konnte - und man vergass dabei, dass man ein armer Teufel war, geduldet und ausgenutzt". - Ueber die Problematik von Schriftstellerfesten äusserte sich auch Arthur Eloesser in einem Artikel "Rhein- und Weinreisen". In: Der Schriftsteller, 13. Jg. Heft 4/5 (Mai 1926), S. 29-31.

18 Vgl. dazu die ersten Kapitel meines Buchs: Lyrik kommerziell. Das Kartell lyrischer Autoren 1902-1933. München 1975.

19 Es gibt in Schriftstellerverbänden der achtziger und neunziger Jahre des 19. Jahrhunderts eine Debatte darüber, ob man die Festivitäten bei den Jahrestagungen nicht reduzieren oder streichen solle, da sie der wirtschaftlichen Lage der meisten nicht entsprächen und nur von ernsthafter Verbandsarbeit abhielten.

20 Bertha von Suttner hat in ihrem Schriftsteller-Roman, Dresden und Leipzig 1888, S. 284ff. die Jahrestagung des Allgemeinen Deutschen Schriftstellerverbandes von 1885 in Berlin ausführlich geschildert. Die Festlichkeiten waren, auch wenn der Berliner Bürgermeister die Gäste offiziell begrüsste, im ganzen Zuschnitt wesentlich bescheidener. Der Staat trat nicht in Erscheinung.

21 Theodor Fontane (im Original anonym!), Die gesellschaftliche Stellung der Schriftsteller. In: Das Magazin für Litteratur, Jg. 60/1891, S. 818-819, zi-

tiert nach dem Neudruck in: Erich Ruprecht, Dieter Bänsch (Hrsg.), Literarische Manifeste der Jahrhundertwende 1890-1910. Stuttgart 1970, S.1-4.

22 Dazu Inge Jens, Zur Vorgeschichte der 'Sektion für Dichtkunst' an der Preussischen Akademie. In: Wissenschaft als Dialog, Studien zur Literatur und Kunst seit der Jahrhundertwende. Stuttgart 1969, S.313ff. - In ähnlicher Weise forderte Richard Dehmel 1917 Sitze für Vertreter der deutschen Dichtung im Preussischen Herrenhaus: "Aus den Wissenschaften hat man ja schon einige Würdenträger herangeholt, wenn auch noch nicht in genügender Anzahl; bloss die Dichter und Künstler sind noch immer die Eckensteher von Gottes Gnaden, und grade die haben doch ein natürliches Recht, als die berufenen Schildhalter des Volksgeistes aufzutreten". (Richard Dehmel, Ausgewählte Briefe aus den Jahren 1902 bis 1920. Berlin 1923, Brief vom 15.3.1917 an Paul Block vom Berliner Tageblatt, S.412.) - Dichter als "die berufenen Schildhalter des Volksgeistes"! Das sind übrigens bereits Begriffe, unter denen dann in der nationalsozialistischen Aera botmässige Autoren auch gefeiert werden konnten. Eine Studie über öffentliche Dichterehrungen, Dichtertreffen, Dichterlesungen im Dritten Reich könnte noch Interessantes zutage fördern. Einiges Material bietet Joseph Wulf, Literatur und Dichtung im Dritten Reich, eine Dokumentation. Gütersloh 1963.

23 Vom Schriftsteller als dem "Aschenbrödel unserer Verhältnisse" sprach auch Ferdinand Avenarius in seinem Aufsatz "Vom deutschen Schriftstellerstand". In: Der Kunstwart, Rundschau über alle Gebiete des Schönen. 5.Jg. 1891, S.1-3.

BEITRAEGE ZUM SYMPOSION

'DEUTSCHE EXILLITERATUR IM 20. JAHRHUNDERT'

LITERATUR DES EXILS 1933-1945

Von Siegfried Sudhof (Frankfurt a. M.)

Die Erforschung der deutschen Exilliteratur, die über viele Jahre nur zögernd oder gar schleppend vor sich ging, hat inzwischen eine grosse Beliebtheit erreicht. Aufsätze und Bücher wurden geschrieben, Kongresse abgehalten, periodische Mitteilungen herausgegeben.[1] Die Arbeiten erfreuten sich sogar der grosszügigen Unterstützung öffentlicher Geldgeber.[2] Bei einer weiteren, fast allgemeinen Verbreitung war es natürlich und auch wohl unvermeidbar, dass sich Kontroversen verschiedener Art ergaben, vornehmlich zwischen den Generationen und zwischen den politischen Gruppierungen.[3] - Hier soll nun versucht werden, die Exilliteratur als eine literarische Epoche zu fassen. Dabei wird vorausgesetzt, dass diese Epoche von mehreren Funktionen abhängt.

Bestimmend war zunächst und in erster Linie die politische Komponente. Wenn das Exil auch nicht gerade zufällig eintraf[4], so doch überraschend, von kaum jemandem erwartet, von niemandem erwünscht. - Der zweite wichtige Faktor war die persönliche Situation eines jeden Emigranten. Vor Verallgemeinerungen kann nur gewarnt werden. Es braucht jedoch nicht eigens betont zu werden, dass das Exil vornehmlich bestimmte Gruppen "natürlicherweise" traf. Emigrieren mussten Juden, unabhängig von ihrer Stellung und ihrer politischen Ansicht; ferner Angehörige marxistischer Parteien; schliesslich Gegner von Diktatur und Totalitarismus überhaupt. - Die genannten Gruppen sind in ihrer Quantität gewiss unterschiedlich; die Diskussion um die Exilliteratur hat aber gezeigt, dass es nicht möglich ist, hier Gradunterschiede festzulegen.[5]

Diese Feststellungen können bereits zureichend erklären, warum die meisten bedeutenden Schriftsteller das Deutsche Reich verliessen. Es ist hier nicht der Ort, die Frage zu stellen, aus welchen Gründen andere Autoren dennoch im Lande blieben: Gottfried Benn, Oskar Loerke, Gerhart Hauptmann. Die politische Praxis im deutschen Geistesleben zielte stets auf ein Arrangement mit dem Staat; zumindest wurde ein Gegensatz vermieden. Dies ist Usus zumindest seit dem 17. Jahrhundert gewesen. Die traditionelle politische Enthaltsamkeit der deutschen Autoren, die man den 1933 in Deutschland verbliebenen Schriftstellern wohl auch nicht zum besonderen Vorwurf machen darf, hat die öffentliche Einflusslosigkeit der Literatur in diesem Lande wesentlich gefördert. Eins dürfte feststehen: ein Gegner des Naziregimes konnte sich innerhalb der Grenzen nur halten, wenn er sich von allem Politischen distanzierte. - Ganz anders verhielt es sich mit der deutschen Literatur ausserhalb des Reiches. Es wurde schon angemerkt, dass die Emigration wesentlich politisch bedingt war. Diese politische Ansicht wurde nach 1933 in der Exilliteratur noch stärker formuliert. Man kann sogar sagen, dass sich im Exil zum erstenmal eine breite politische Basis auch im Bereich der deutschen Literatur entwickelte, die antifaschistisch war, weithin demokratisch und liberal - wenn auch mit einer breiten Oeffnung nach links.

Wie bereits angedeutet, kam die Machtergreifung Hitlers im Januar 1933 für die meisten - später "belasteten" - deutschen Autoren überraschend. An anderer Stelle habe ich dargelegt, dass Leopold Schwarzschild z.B. glaubte, dass man 1932/33 in bezug auf den Nationalsozialismus bereits über dem Berg wäre.[6] - Thomas Mann stellte Anfang 1933 auf einer Vortragsreise, die ihn in die Schweiz, nach Frankreich und Holland führte, fest, was da über Deutschland hereingebrochen war. Er kehrte bekanntlich nicht zurück. Am 20. Januar 1933 hatte er noch an Walter Opitz geschrieben: "Ja, es sieht schlimm aus in Deutschland, aber, noch einmal, es ist gewiss nicht ganz so schlimm, wie es aussieht."[7] - Bertolt Brecht soll sich kurz vor 1933 ein Haus gekauft haben. - Bezeichnend ist in diesem Zusammenhang der Brief Heinrich Manns an seinen Bruder Thomas aus Berlin vom 29. Januar 1933, in dem es ausschliesslich um eine für die Akademie geplante Hauptmann-Stiftung geht; über die politische Lage am Vorabend der Machtübernahme gibt es kein Wort.[8] - Die wirkliche Gefahr wurde aber auch in den ersten Wochen oder gar Monaten nach dem Machtwechsel kaum erkannt. So glaubte Paul Tillich etwa noch im Frühjahr 1933, dass ihm in Frankfurt nichts passieren könne.[9] - Hermann Kesten hat von einer etwas tragikomischen Geschichte über einen Versuch zu einem organisierten Widerstand im Februar 1933 (vor dem Reichstagsbrand allerdings) erzählt: Bernhard von Brentano hatte einige "linke" Schriftsteller in seine Wohnung eingeladen: Heinrich Mann, Johannes R. Becher, Bertolt Brecht, Ernst Glaeser, Leonhard Frank, Alfred Döblin und ihn - Hermann Kesten. Brecht erklärte sich bereit, "Proklamationen, Aufrufe, Reden, Taten, Theaterstücke", d.h. alles, was man immer brauchte oder brauchen könnte, zu schreiben. Seine Bedingung: eine Leibwache von vier oder fünf Mann. Heinrich Mann soll mit ironischem Lächeln gefragt haben: "Eine Leibwache?... Um uns zu bewachen oder überwachen? Uns zu schützen oder in Schutzhaft zu bringen?" - Es kam zu keinem Beschluss.[10]

Dies zeigt die ganze Verlegenheit der Schriftsteller den neuen Machthabern gegenüber. Man war zwar organisiert, doch nicht geschlossen, und nur im "Schutzverband Deutscher Schriftsteller" (SDS), einer gewerkschaftsähnlichen Interessenverbindung, die nicht auf Aktionen angelegt war.

Diese Vorgeschichte ist wichtig, da durch sie deutlich wird, wie schwierig es sein musste, in dem so plötzlich wie unvorbereitet eingetretenen Exil Organisationsformen für die Literaturproduktion zu gewinnen. Trotz vieler Widerstände war es immer noch relativ leicht, eine politische Zeitschrift zu begründen und am Leben zu erhalten. Die Finanzierung durch Schwesterparteien, durch politische Organisationen oder gar durch fremde Regierungen hat mehrfach stattgefunden. - Die literarischen Zeitschriften konnten sich solcher Förderung nicht erfreuen.[11] Sie existierten im allgemeinen nur kurze Zeit, trotz des grossen Engagements seitens der Herausgeber oder der Verleger, etwa Klaus Manns, Hermann Kestens oder Wieland Herzfeldes. - Ein Buchverlag war dagegen schon widerstandsfähiger. Dennoch zeigte sich nicht zuletzt auch hier, dass eine Literatur nicht lebensfähig ist, wenn sie nicht über ein beständiges Lese- und Kaufpublikum verfügt. Die aus Deutschland gewohnte Einrichtung des Börsenvereins des Deutschen Buchhandels mit dem Zwang zu festen Ladenpreisen und dadurch gesicherten (wenn auch häufig schmalen) Verdienstanteilen stand im Exil nicht zur Verfügung und war auch nicht einzurichten. - Da es nur einem kleinen Teil der Emigranten gelang, ein Vermögen vollständig oder teilweise ins Ausland zu retten, trat bei vielen bald eine grosse äussere Not ein. Wir wissen derzeit noch zu wenig über die Berufe und Hilfsberufe der Emigranten, obgleich wir bei den emigrierten Schriftstellern noch am besten informiert sind. Doch selbst die im PEN-Zentrum deutschsprachiger Autoren im Ausland organisierten oder in der Bio-Bibliographie "Deutsche Exil-Literatur 1933-1945" von W. Sternfeld und E. Tiedemann verzeichneten Autoren stellen gewiss nur einen Teil dar. Weitgehenderen Aufschluss dürfte erst das geplante "Biographische Handbuch der deutschsprachigen Emigration nach 1933" (Biographical Dictionary of Persecutees from Nazi Germany)[12] geben, obwohl auch hier eine vollständige Aufnahme kaum gelingen wird.

Das Ziel der emigrierten Schriftsteller wurde schon früher formuliert: Wolf Franck (1902-1937), der 1935 einen "Führer durch die deutsche Emigration" veröffentlichte[13], schrieb darüber: Sie [die Emigranten] "trugen... das weltgültige Deutschland in und mit sich und hatten keine andere Sehnsucht und kein anderes Ziel, als dieses Deutschland wieder an dem Platze, an dem es zu Hause war, zu errichten." Etwas später heisst es dann: "Diese Emigranten kämpften für das Deutschland Goethes und Marx'."[14] - Auf die Literatur (in engerem Sinne), speziell auf seine Zeitschrift "Die Sammlung" bezogen, schrieb Klaus Mann im ersten Heft (1933), dass es nur eine "wahre, die gültige deutsche Literatur" geben könne. Seine Zeitschrift sollte "eine Stätte der Sammlung sein" für das "wirkliche Deutschland".[15] Diese Zitate wären leicht zu vermehren. Vielleicht darf Heinrich Mann noch angeführt werden, der von der "Emigration" sprach als von der Stimme eines "stumm gewordenen Volks"[16].

Mit dieser Prämisse ist für die Emigranten eine wichtige Bedingung und Konsequenz verbunden: der Gebrauch der deutschen Sprache. Es gibt viele Beispiele für eine strikte Befolgung dieser Forderung; erinnert sei hier etwa an O.M. Graf. Die jüngere Generation, die sich fester in den "ausländischen Alltag" integrieren musste, war hiermit jedoch überfordert. Klaus Manns zweite Zeitschrift "Decision", die ab 1941 in New York herauskam, ist englisch geschrieben und eingerichtet wie eine amerikanische Zeitschrift. - Hiermit ist zugleich die Frage nach dem Ende der Exilliteratur gestellt. Einige Autoren neigen dazu, die Exilliteratur bis in die Nachkriegszeit, bis etwa 1950 führen zu wollen.[17] Demgegenüber muss festgestellt werden, dass das deutsche Exilschrifttum nach 1940 bedeutend nachlässt und nach 1942 fast ganz aufhört. Von einem deutschen literarischen Leben im Exil kann in den beiden letzten Kriegsjahren kaum noch gesprochen werden.[18]

Diese zeitliche Eingrenzung steht in direktem Zusammenhang mit den Absichten der Emigranten, die sie mit ihrem Schreiben verfolgten. Was bedeutete es für sie, das wirkliche Deutschland zu repräsentieren? Zunächst - wenn dies auch sehr pathetisch und moralisch klingt - war es die Ehrlichkeit und die Verantwortung vor sich selbst. Heinrich Mann hat dies 1934 emphatisch ausgedrückt: "Die Emigration ist eingesetzt vom Schicksal, damit Deutschland das Recht behält, sich zu messen an der Vernunft und an der Menschlichkeit! Ohne die Emigration könnte es dies heute nicht, sie allein ist übrig als ein Deutschland, das lernt, denkt und Zukunft erarbeitet."[19] Man war überzeugt, allein durch diese Definition des Exils den kommenden Generationen in Deutschland

und der übrigen Welt die Achtung des eigenen Landes bewahren zu können. -
Die Emigration sollte darüber hinaus dahin wirken, eine geistige Einigung Europas vorzubereiten. Klaus Mann hat dies - in bezug auf seine Zeitschrift "Die
Sammlung" - im "Wendepunkt" beschrieben: "Mein Ehrgeiz war, die Talente
der Emigration beim europäischen Publikum einzuführen, gleichzeitig aber die
Emigranten mit den geistigen Strömungen in ihren Gastländern vertraut zu machen."[20] Beabsichtigt war schliesslich eine literarische und politische Wirkung nach Deutschland hinein. In einer der illegalen Tarnschriften "Deutsch
für Deutsche" aus dem Jahre 1935 heisst es im Vorwort: "Ihr Schriftsteller
in Deutschland, abgeschlossen von den Disputen der Welt, angeödet vom ewig-
wiederkehrenden Refrain des Propagandaleierkastens, ihr dürft die Stimme der
Freiheit nicht vernehmen. Aus diesem Büchlein soll ein heisser Hauch der kämpferischen Leidenschaft euch anwehen. ... Es ist ein Kampf der Vernunft gegen
den Unsinn, der Wahrheit gegen den Betrug, der Gesittung gegen die Roheit, des
Rechts gegen die Unterdrückung."[21] Eine ähnliche Tendenz verfolgte Thomas
Mann mit seinen Radiosendungen "Deutsche Hörer!" Im Dezember 1940 rief er
seinen Landsleuten entgegen: "Deutsche, rettet euch! Rettet eure Seele, indem
ihr euren Zwingherren, die nur an sich denken und nicht an euch, Glauben und
Gehorsam kündigt!"[22]

Was haben diese Bemühungen, diese intensiven Bemühungen schliesslich
erreicht? Von den angestrebten Zielen fast nichts. Die Deutsche Freiheitspar-
tei liess schon 1939 erklären, dass sie "nie dazu geneigt" habe, "die Bedeutung der politischen Emigration zu überschätzen". Sie habe "daher auch davon
abgesehen, eine Emigrantenorganisation aufzuziehen... Theatralische Gesten"
könnten "nur schaden". Man glaubte, "weiter nichts sein [zu] können als die
bescheidenen Helfer" der "Freunde drinnen".[23] - Nach drinnen, d.h. nach
Deutschland hinein, hat man so gut wie nicht wirken können. Die ins Land ge-
sandten Schriften und Bücher kamen fast ausschliesslich in die Hand der staatlichen Kontrollorgane.

Es bleibt allein das historische und moralische Gewicht. Die Exilautoren
haben in der Tat in den zwölf Jahren der Hitlerherrschaft in Deutschland eine
repräsentative deutsche Literatur geschaffen. Sie haben versucht, klassische
und realistische Traditionen des 18. und 19. Jahrhunderts weiterzuführen und
neue Formen zu finden. Eine Aufzählung der bedeutenden Werke ergäbe eine
lange Reihe; um nur einige Verfasser mit einem Titel zu nennen: Thomas Mann
"Lotte in Weimar", Hermann Broch "Der Tod des Vergil", Bertolt Brecht
"Leben des Galilei", Paul Celan "Todesfuge", Ernst Weiss "Der arme Ver-
schwender".

Diese Exilliteratur war anderseits eine Literatur ohne Leser. Die Zahl der
Emigranten, die Bücher kaufen konnte oder Zeit und Musse zum Lesen fand,
war erschreckend gering. Zudem war die Kommunikation zwischen den Zentren
des Exils nicht immer gut; im Laufe des Krieges verschlechterte sie sich mehr
und mehr.[24] Die Chancen für einen Buchexport in die von Deutschen nicht besetz-
ten Länder waren nicht gross. Die Sympathie für das Deutsche in der Welt nahm
- insbesondere nach Kriegsausbruch - in der Welt in so starkem Masse ab, dass
die Exportmöglichkeiten für deutsche Bücher praktisch aufhörten. - Die Autoren
erhielten keine Honorare; ebenso schlimm war es aber, dass ihnen auch jegliche

Resonanz mangelte. Das Dilemma wird besonders deutlich, wenn neuere Forschungsergebnisse über das Zusammenwirken von Autor und Leser auf die Exilliteratur übertragen werden: hier existierte eine Literatur ohne Gesellschaft. Diese Situation hat gewiss in starkem Masse auf das skizzierte Ende der Exilliteratur um 1942 eingewirkt. Anderseits ist es um so leichter verständlich, dass die wenigen Erfolgsautoren, deren Werke gleich übersetzt wurden, mehr oder weniger ungebrochen weiterproduzierten: Thomas Mann, Franz Werfel, Lion Feuchtwanger. Brecht ist in diesem Rahmen eine Ausnahme, doch vielleicht nur scheinbar. In Ost-Berlin, eigentlich am Ziel jahrzehntelanger Wünsche, hat er nur noch sehr wenig geschrieben.

Als letzter Punkt ist nun noch die Frage zu stellen, in welcher Weise die in ihrem Erscheinungsbild so völlig uneinheitliche Literatur des Exils als literarische Epoche darzustellen oder zu beschreiben ist. Dabei ist nochmals zu erinnern, dass die Exilliteratur ausschliesslich ausserliterarischen Ereignissen ihre Entstehung und Existenz verdankt. Dennoch ist die ästhetische Frage viel wichtiger, als dies in jüngerer Forschung deutlich wird. Hermann Kesten hat schon 1933 notiert, dass ein Werk des Exils, in guter Absicht geschrieben, keineswegs vor der literarischen Kritik sicherer sein dürfe: "Der Glaube, dass die Emigration oder die Umwälzung die Menschen verbessert oder auch nur verändert, ist ein frommer, aber eitler Glauben. Ein Esel bleibt stets ein Esel, ein Dilettant bleibt ein Dilettant."[25] Dies bedeutet, dass ein Gedicht von Erich Weinert neben solchen von Else Lasker-Schüler oder Max Herrmann-Neisse gesehen werden müsste, ein Roman von Willi Bredel neben anderen von Ernst Weiss oder Joseph Roth. - Eine Beschreibung des gesamten Schrifttums, d.h. unter Einschluss der Tagesliteratur und des politischen Schrifttums, ist wohl nicht wünschenswert. Eine solche Aufgabe dürfte auch nur in regional angelegten Werken möglich sein. H. Müssener hat dies für Schweden gemacht.[26] M. Durzak hat in der von ihm herausgegebenen Aufsatzsammlung durch die Anlage nach Gastländern ebendiesen Vorteil zu nutzen gesucht.[27] Die Exilliteratur wird hier vornehmlich als historisches Phänomen gesehen; die künstlerische Komponente, die Hervorhebung des Einzelwerkes und der Zusammenhang im Gesamtwerk des Autors, die Stellung des Autors zu den allgemeineren wie auch zu speziellen Fragen der Zeit - diese Faktoren kommen meistens zu kurz. Da ein literarischer Erfolg fast in keinem Falle gegeben war, glauben manche Historiker, die Fragen der allgemeinen Wertung unbeantwortet lassen zu können.

Es dürfte jedoch eine berechtigte Forderung bleiben, dass eine Geschichte der Exilliteratur selbstverständlich die historische Entwicklung aufzeigen muss; anderseits muss aber auch dem Einzelwerk und dem einzelnen Autor ausreichender Raum gelassen werden.

Bei einer historischen Betrachtung der Exilliteratur ergibt sich eine Gliederung in drei Abschnitte:

1. die Zeit von 1933 bis 1936
2. die Zeit von 1936 bis 1940
3. die Zeit von 1940 bis 1945

In der frühen Zeit des Exils ist die Hoffnung noch vorherrschend, dass die Naziherrschaft nicht allzu lange dauern könne. Brechts Gedicht "Ueber die Bezeichnung Emigranten" ist in diesem Zusammenhang charakteristisch: "Unruhig sitzen wir so, möglichst nahe den Grenzen / Wartend des Tags der Rückkehr..."[28] - In den ersten Jahren des Exils wurden im allgemeinen die Werke weitergeführt und möglichst abgeschlossen, die vor der Flucht begonnen oder bereits konzipiert waren: bei Heinrich Mann etwa "Die Jugend des Königs Henri Quatre", bei Gustav Regler "Im Kreuzfeuer", bei Robert Musil "Der Mann ohne Eigenschaften". - Sehr bald entstanden aber auch Werke, die sich gegen das Hitlerregime richteten. In erster Linie handelte es sich hier um KZ-Berichte (etwa Willi Bredel "Die Prüfung", 1935) oder um andere Anklagen gegen die Unmenschlichkeit. Diese so betont kämpferische Einstellung erhielt jedoch immer stärker Züge der Resignation. Dieser Wechsel ist vornehmlich begründet durch die politischen Ereignisse in Deutschland, die innen- und aussenpolitische Stärkung des Regimes. Zu nennen sind hier etwa die militärische Wiederbesetzung des Rheinlandes, einschliesslich der Rückgliederung der Saar, die Olympiade in Berlin und die Entwicklung in Spanien.

Die zweite Periode ist in noch stärkerem Masse durch die politischen Ereignisse bestimmt. Nach der Wiederbegründung des SDS in Paris hiess es dementsprechend in einem Rundschreiben vom Juli 1938: "Der SDS sieht seine Hauptaufgabe in der Bekämpfung des nationalsozialistischen Regimes in Deutschland". - Die Deutsche Freiheitsbibliothek, die 1934 als literarisches Instrument gegründet worden war, stellte sich 1936 in den Dienst der Volksfrontpolitik. - Ueber die Volksfront kann in diesem Rahmen nicht gehandelt werden. Erwähnt werden muss jedoch, dass Romanwerke wie "Die Vollendung des Königs Henri Quatre" von Heinrich Mann, "Erziehung vor Verdun" von Arnold Zweig oder "Das siebte Kreuz" von Anna Seghers in engem Zusammenhang zu den politischen Bestrebungen stehen. - Die für die späteren dreissiger Jahre typische Form wird die des historischen Romans. Dieser Roman - in die Geschichte, d.h. nach rückwärts gewandt - versucht, die Frage nach Sinn und Unsinn der Geschichte zu stellen. Zugleich ist er häufig Gegenbild oder Parallele zur eigenen Situation oder zur Entwicklung in Deutschland. - In diesem Rahmen ist auch Thomas Manns Zeitschrift "Mass und Wert" zu nennen, die das Programm einer konservativen Revolution zu erfüllen suchte. - Die politischen Ereignisse haben diese Entwicklung abgebrochen. Die Besetzung Oesterreichs und der Tschechoslowakei haben viele Emigranten aus diesen Zufluchtsländern weiter vertrieben; vielen gelang die weitere Flucht nicht mehr. - In der Exilliteratur zeigen sich einerseits ein verstärktes patriotisches Bewusstsein, anderseits stärkere heimatbetonte Nuancen, vornehmlich in der Lyrik. - Zu bemerken ist noch, dass die 1933 so enthusiastisch begründeten literarischen Exilzeitschriften "Die Sammlung" und "Die neuen deutschen Blätter" bald ihr Erscheinen einstellen mussten. In dieser Situation wurde 1936 in Moskau "Das Wort" begründet; diese Zeitschrift erschien bis zum Hitler-Stalin-Pakt.

Ueber die Entwicklung der Exilliteratur in der Sowjetunion sind wir noch zu wenig informiert. Doch haben viele im Westen lebende Emigranten die Ereignisse dort aufmerksam und mit grosser Sorge verfolgt. Die Prozesse Stalins haben die Gruppe der Exilschriftsteller, die nie homogen war, nun noch stärker verunsichert und noch tiefer gespalten. Leopold Schwarzschild und sein "Neues Tage-Buch" mögen ein Beispiel dafür sein.

Der Ausbruch des Krieges, der von vielen seit 1933 vorausgesagt war, wurde 1939/40 doch als ein Schock, als eine schier aussichtslose Situation empfunden. Der Selbstmord vieler Autoren ist ein deutliches Zeichen dafür: Ernst Toller, Walter Benjamin, Ernst Weiss, Stefan Zweig.

Nach 1940 verliert sich der Zusammenhang der Exilliteratur mehr und mehr. Die einzelnen Gruppen, etwa in Mexiko, in Kalifornien, in New York oder in Moskau werden fast völlig isoliert. Es ist daher nicht von ungefähr, dass die Autobiographie, die nur die eigene, subjektive Vergangenheit sieht und kaum noch eine Prognose für die Zukunft wagt, sich zur dominierenden Form herausbildet. Hierbei ist es - merkwürdigerweise - nicht überraschend, dass viele Autobiographien des Exils von jungen Menschen in einem Alter geschrieben wurden, in dem man im allgemeinen noch nicht zur eigenen Historie neigt. Selbst lyrische Gedichte wie ''Mein blaues Klavier'' von Else Lasker-Schüler haben einen starken autobiographischen Akzent.

Ein noch fast unbekanntes Element der Exilliteratur ist der Brief. Es dürfte sich bei näherer Untersuchung herausstellen, dass der Brief im Laufe der Zeit immer stärker literarisiert wurde. In einer Epoche, in der die belletristische Literatur zusehends ihre Leser vermissen musste, hat der Brief in einem weiteren Rahmen das gegenseitige Verständnis erklärt und begründet.

Anmerkungen

1 Zu nennen sind hier im besonderen die zehn ''Berichte der Stockholmer Koordinationsstelle zur Erforschung der deutschsprachigen Exil-Literatur'', hrsg. v. Deutschen Institut der Universität Stockholm, 1970-1975. Für den Inhalt zeichnete H. Müssener verantwortlich. - Zum neueren Forschungsstand vgl. die Beiträge zur Exilforschung im Jahrbuch für Internationale Germanistik, Jg. VI, Heft 1 u. 2, Bern-Frankfurt 1974.

2 Die Deutsche Forschungsgemeinschaft z.B. hat 1973 die Exilforschung als Schwerpunktprogramm eingerichtet.

3 Die Absage des ursprünglich nach Wien einberufenen 3. Internationalen Symposiums zu Fragen des deutschsprachigen Exils, vornehmlich Begründung und Form der Absage, gibt ein beredtes Zeugnis dafür. Eine Dokumentation dazu wurde als Veröffentlichung 15 der Stockholmer Koordinationsstelle im Februar 1975 zusammengestellt.

4 H.-A. Walter versucht dies in den beiden ersten Kapiteln des 1. Bands seiner ''Deutschen Exilliteratur 1933-1945'' (Bedrohung und Verfolgung bis 1933, Darmstadt und Neuwied 1972, S. 33-133) - vielleicht etwas überzeichnend - darzulegen.

5 H.-A. Walter (s. Anm. 4) wertet die jüdische Emigration in Bausch und Bogen ab, indem er z.B. ausführt: ''Die jüdische Massenemigration war ausschliesslich 'rassisch' bedingt, wobei der faschistische Rassismus nur in seltenen Fällen auf eine von Anfang an bewusste politische Gegnerschaft seitens der deutschen Juden traf'' (S. 199). Die emigrierten jüdischen Autoren scheinen demnach vollständig zu den angenommenen ''seltenen Fällen'' zu zählen: Joseph Roth wie Karl Wolfskehl, Max Brod wie Arnold Zweig, Anna Seghers wie Else Lasker-Schüler.

6 Leopold Schwarzschilds "Neues Tage-Buch" im Winter 1939. In: Jahrbuch der Deutschen Schillergesellschaft 17 (1973), S.118.

7 Thomas Mann, Briefe 1889-1936. Frankfurt a.M. 1961, S.327. - Auch in den Briefen von Wolfskehl aus der Zeit vor der "Machtübernahme" (Briefe und Aufsätze, München 1925-1933, hrsg. v. M. Buben, Hamburg 1966) findet sich keine Andeutung über eine bedrohliche politische Veränderung.

8 Heinrich Mann an seinen Bruder. Neu aufgefundene Briefe (1922-1937). In: H. Wysling, Dokumente und Untersuchungen. Thomas-Mann-Studien 3 (1974), S.112f.

9 Nach einer Information von M. Horkheimer in seiner Gedenkrede auf P. Tillich 1967.

10 Erinnerungen an Heinrich Mann. In: Arbeitskreis Heinrich Mann, 6. Mitteilungsblatt (1975/1), S.5.

11 Zur Erscheinungsweise und zur Ueberlieferung der Zeitungen und Zeitschriften des Exils vgl. jetzt L. Maas, Handbuch der deutschen Exilpresse 1933-1945. 3 Bde (bisher erschien der 1.Bd.), München 1975ff.

12 Dieses Werk wird als Gemeinschaftsprojekt vom Institut für Zeitgeschichte in München und von der Research Foundation for Jewish Immigration in New York erstellt.

13 Phoenix Bücher 4, Paris 1935.

14 Ebd., S.9.

15 Die Sammlung, S.1f. - In diesem Sinne ist auch die Schrift von A. Kantorowicz, "In unsrem Lager ist Deutschland" (Phoenix Bücher 10), Paris 1936, zu verstehen.

16 Aufgaben der Emigration; zuerst in: Die Neue Weltbühne 2, 1933; hier zitiert nach H. Mann, Verteidigung der Kultur. Antifaschistische Streitschriften und Essays, Hamburg 1960, S.16.

17 O.M. Graf hat in seinem Roman "Die Flucht ins Mittelmässige" (Frankfurt a.M. 1959) sogar eine noch weitergehende Ansicht verkündet: "Unsere Emigration fängt doch jetzt erst an, nachdem der Krieg vorüber ist. Bis jetzt war's doch bloss eine Wartezeit!" (S.30)

18 Dem widerspricht nicht, dass anderseits sogar noch eine neue deutschsprachige Zeitschrift wie das "Freie Deutschland" 1941 in Mexiko begründet werden konnte.

19 Der Sinn dieser Emigration. Streitschriften des Europäischen Merkur. Paris 1934, S.42.

20 Ausgabe Gütersloh 1960, S.296. Klaus Mann knüpft hier an Bestrebungen an, die in den zwanziger Jahren vom Grafen R. Coudenhove-Kalergi und seinem Onkel Heinrich getragen wurden. Vgl. dazu S. Sudhof, Heinrich Mann und der europäische Gedanke. In: Heinrich Mann 1871/1971. München 1973, S.147-162.

21 Als angeblicher Verlag wird angegeben: Verlag für Kunst und Wissenschaft, Miniatur-Bibliothek 481/483.

22 Reden und Aufsätze II. Frankfurt a.M. 1965, S.179.

23 Das Wahre Deutschland, Okt.-Dez. 1939, S.6.

24 Als extremes Beispiel mag die fast völlige Unkenntnis der Gruppe kommunistischer Schriftsteller in Mexiko über die wirklichen Vorgänge in Moskau die-

nen. E.E. Kisch hat im November-Heft 1943 der Zeitschrift "Freies Deutschland" einen Glückwunschartikel zu H. Vogelers 70. Geburtstag geschrieben. Zu diesem Zeitpunkt war Vogeler bereits 1 1/2 Jahre tot.

25 In einem Brief an Ernst Toller vom 27. Juni 1933 (Deutsche Literatur im Exil. Briefe europäischer Autoren 1933-1945, hrsg. v. H. Kesten. Wien-München-Basel 1964, S.45).

26 Exil in Schweden. Politische und kulturelle Emigration nach 1933. München 1974.

27 Die deutsche Exilliteratur 1933-1945. Stuttgart 1973.

HITLER ALS METAPHER
ZUR FASCHISMUSKRITIK IM EXILROMAN (1933-1945)

Von Paul Michael Lützeler (Washington University)

Einem derart brutalen Phänomen wie dem des Nationalsozialismus, so konstatiert Karl Kraus, ist überhaupt nicht mit den Mitteln der Dichtung beizukommen. Dieser Bewegung gegenüber, die "zum erstenmal der politischen Phrase die Tat, dem Schlagwort den Schlag entbunden" habe, sei es unmöglich, "im Schutz der Metapher [...] die Stirn zu bieten". Kraus lehnt eine anti-nationalsozialistische Literatur ab. In ihr, so argumentiert er, sei "eine Welt zurückgeblieben", in der man "immer noch wähne, die Tat lasse mit sich reden". Was Kraus formuliert, ist die Einsicht in das Ungenügen literarischer Opposition gegenüber dem Nationalsozialismus, und diese Einsicht läuft hinaus auf die Artikulation seiner Sprachlosigkeit in der Sentenz: "Mir fällt zu Hitler nichts ein."[1] Es dürfte wohl kaum einen antifaschistischen Schriftsteller geben, der in den dreissiger und vierziger Jahren nicht Phasen der Resignation durchlebt, in denen er seinen Pessimismus von Kraus auf die adäquate Formel gebracht findet. Feuchtwanger, Stefan Zweig, Döblin, Zuckmayer, Toller, Broch, Canetti - sie alle halten die schriftstellerische Tätigkeit während der Hitler-Zeit für irgendwie unangemessen.[2] Trotzdem gehen sie wie die meisten emigrierten Schriftsteller geradezu verbissen mit dem Medium der Literatur gegen den Nationalsozialismus an. Die Romanciers unter ihnen machen dabei vornehmlich von literarischen Formen Gebrauch, die schon während der Zeit der Weimarer Republik populär waren: erstens vom historischen Roman, zweitens von der realistisch-reportagehaften Gegenwartsanalyse und drittens von der symbolisch-parabelhaften Darstellung der zeitgenössischen Situation.

Schriftsteller wie Heinrich Mann, Brecht, Feuchtwanger und Broch, die in den zwanziger Jahren die Gegenwart auf direkte Weise porträtierten und kritisierten, greifen nun im Exil zur Form des historischen Romans. Der Umgang mit diesem Genre hat verschiedene Gründe. Einer davon ist die Meinung, dass man als ins Ausland Verbannter bei der Rapidität der politischen Entwicklung nicht genügend Einblick in die innerdeutschen Vorgänge habe, um sie im Detail realistisch darstellen zu können. Das Modell dieses historischen Romans weist zwei inhaltliche Konstanten auf: Zum einen ist als geschichtliche Epoche durchweg die einer europäischen Zeitwende gewählt, d. h. vornehmlich das Rom der Caesaren oder das Jahrhundert der Reformation; zum anderen wird ein Konflikt zwischen freiheitlichem und tyrannischem Prinzip personalisiert in der Gegnerschaft eines humanistischen Intellektuellen zu einem diktatorischen Politiker. Brecht, Feuchtwanger und Broch lassen ihre positiven und negativen Romanhelden im alten Rom agieren; in die Reformationszeit werden sie von Stefan Zweig, Heinrich Mann, Bruno Frank und Hermann Kesten versetzt. In Brechts "Die Geschäfte des Herrn Julius Caesar" (entstanden 1937) kommt es nicht direkt zu einer Konfrontation zwischen einem Intellektuellen und Caesar. Vielmehr wird nach dem Tode des Politikers von einem jungen Schriftsteller und Geschichtsschreiber die Biographie des Imperators kritisch recherchiert und dadurch ein Caesar-Mythos widerlegt, der während der Zeit des Faschismus Triumphe feiert. Brecht zerstört das Denkmal vom "grossen Mann", wie es die heroisierende Geschichtsschreibung errichtet hat. Er zeigt die Führerfigur in ihrer Abhängigkeit von einem sozio-ökonomischen System, dessen Vertreter hinter den Handlungen des "starken Mannes" ihre Interessen zu verbergen wie durchzusetzen verstehen. Einen Geschichtsschreiber, Josephus, als humanistische Kontrastfigur zu einem römischen Caesaren, Domitian, wählt auch Lion Feuchtwanger in "Der Tag wird kommen" (1945), dem dritten Band der "Josephus-Trilogie". Anders als bei Brecht steht hier nicht der Aspekt von Hochfinanz und Politik im Vordergrund, sondern das Problem der Toleranz gegenüber der jüdischen Minorität im Staat einer Grossmacht. Dem Brechtschen Roman eher verwandt ist Feuchtwangers "Der falsche Nero" (1936). Dort wird durchsichtig gemacht, wie in der römischen Provinz des "Zwischenstromlandes" ein Senator, Varro, sich einen neronischen Herrscher, Terenz, aufbaut. Zum Gegner des Tyrannen, der sich als Kaiser Nero ausgibt, entwickelt sich der christliche Prophet Joannes von Patmos. Der Dichter Vergil und der Caesar Augustus sind die Diskussionspartner in Brochs "Der Tod des Vergil" (1945). Während der autoritäre Augustus die Freiheit der Staatsbürger als Fiktion betrachtet, betont Vergil die Notwendigkeit der Freiheit. Sie - und nicht die Politik des Augustus - sieht er als Voraussetzung für eine Regeneration des Imperiums an. Schriftsteller und Chronist wie seine klassischen Geistesbrüder ist ebenfalls Castillo in Hermann Kestens "Ferdinand und Isabella" (1936), ein Roman, der einführt in die europäischen Mächteverhältnisse am Vorabend der Reformationsepoche. Castillo durchschaut und demaskiert den Fanatismus und die Tyrannei der spanischen Königin. Er wird als Ketzer verbrannt. In diesem Sinne tritt "ein Gewissen gegen die Gewalt" - so der Untertitel - auch in Stefan Zweigs Roman "Castellio gegen Calvin" (1936) auf. Der humanistische Theologe Castellio, Verkünder der Gewaltlosigkeit, streitet gegen die "geharnischte und gepanzerte Diktatur" Calvins. Das Ketzerschicksal sieht ebenfalls Calvin für seinen Opponenten vor. Zweig weist auf die Geistesverwandtschaft der Humanisten Castellio und Montaigne hin. Montaigne spielt eine wichtige Rolle in Heinrich Manns "Henri Quatre" (1935-1938). Zwar scheint auf den ersten Blick in diesem Werk die Konstellationskonstante "Geist contra Macht" durchbrochen zu sein, doch ist sie indirekt auch hier gegenwärtig. Denn Henri orientiert sich an den humanistischen Ideen des Philosophen Montaigne[3] und sucht dessen Gedanken durchzusetzen gegen den Herzog von Guise, der Hitler-Figur im Roman. Anders als in den übrigen historischen Romanen ist in der Figur dieses Königs der Typ des "zuschlagenden Humanisten" gestaltet, der Geist und Macht verbindet zur "Macht der Güte"[4]. Henris Verhältnis zu Spanien ist ein gebrochenes. Als Kenner der zeitgenössischen Literatur schätzt er den "Don Quichote" des Cervantes, doch ist ihm als anti-tyrannischem Politiker Philipp II. verhasst. Auch in Bruno Franks Opus "Cervantes" (1934) ist Philipp Vertreter der europäischen Reaktion. Das Elend Spaniens unter dem Regiment des Habsburgers wird enthüllt durch die Aufzeichnung der Biographie des Cervantes, der wie Castillo und Henri IV die Güte repräsentiert.

In all diesen Romanen wird derjenige Grundkonflikt im historischen Modell vorgeführt, den in der Gegenwart auszutragen dem emigrierten Schriftsteller nicht möglich ist, nämlich der direkte Kampf des humanistisch-freiheitlich gesonnenen Intellektuellen gegen den Faschismus. Wird aber die zeitgenössische Problematik in eine frühere Epoche projiziert, so ergibt sich aufgrund der immanenten Beschränkungen des gewählten Geschichtsmodells eine Verzerrung des aktuellen Konflikts; die historische Analogie involviert automatisch Unstimmigkeiten. Aus der beabsichtigten Darstellung der Konfrontation des Humanismus mit dem Faschismus wird durchweg die Analyse einer allgemeineren Gegnerschaft zwischen freiheitsorientierter Humanitas und diktatorischer Politik. Das Fehlen der Unmittelbarkeit beim Kampf mit dem Opponenten zieht es nach sich, dass die abgeschossenen kritischen Pfeile häufig nicht ins Schwarze treffen. So ist es die Frage, ob im historischen Roman der Emigranten ''die allgemeinen Bedingungen des Nationalsozialismus und seine Menschenauffassung''[5] verdeutlicht werden, wie es in einer neueren Studie zu diesem Thema behauptet wird. Georg Lukács kritisiert mit Recht, dass eine Reihe dieser episch-geschichtlichen Analogien ''nur den unmittelbaren Gefühlen gegen den Hitlerismus Ausdruck'' geben, ohne einen Beitrag zur Lösung des ''Rätsels dieser Massenbewegung''[6] zu leisten.

Der Aufdeckung dieses Rätsels versuchen jene Exil-Romanciers näherzukommen, die in ihren Werken auf das historische Kostüm verzichten und Hitler-Deutschland direkt auf realistisch-reportagehafte Weise beschreiben. Anders als beim historischen Roman bestehen hier die inhaltlichen Konstanten darin, dass typische Einzelaspekte des Nationalsozialismus wie Massenwahn, kleinbürgerliche Militanz, Judenpogrome und Widerstand im Vordergrund der Schilderung stehen. Die verbreitete Massenhysterie wird dargestellt in Irmgard Keuns ''Nach Mitternacht'' (1937), Hans Sahls ''Die Wenigen und die Vielen'' (begonnen 1933) und F.C. Weiskopfs ''Lissy oder die Versuchung'' (1937). In diesen Romanen wie auch in Walter Mehrings Satire ''Müller. Chronik einer deutschen Sippe von Tacitus bis Hitler'' (1935) und Oskar Maria Grafs ''Anton Sittinger'' (1937) wird besonders auf die Affinität des Kleinbürgertums zum Nationalsozialismus eingegangen. Um das Schicksal der jüdischen Bevölkerung im nazistischen Deutschland geht es in Robert Neumanns ''An den Wassern von Babylon'' (1939) und Lion Feuchtwangers ''Die Geschwister Oppenheim'' (1933). Widerstand und Opposition in ihren verschiedenen Formen sind Themen in Walter Schönstedts ''Auf der Flucht erschossen'' (1934), Willi Bredels Konzentrationslagerroman ''Die Prüfung'' (1934), Heinz Liepmans ''... wird mit dem Tode bestraft'' (1935), Hermynia zur Mühlens ''Unsere Töchter, die Nazinnen'' (1938), Alfred Neumanns ''Es waren ihrer sechs'' (1944) und Vicki Baums ''Hotel Berlin '43'' (1944). Die sozio-politischen Einzelphänomene in einer Gesamtschau zu vermitteln, unternehmen Ernst Glaeser in ''Der letzte Zivilist'' (1935), Anna Seghers in ''Das siebte Kreuz'' (1939) und Arnold Zweig in ''Das Beil von Wandsbek'' (1943). Gemeinsam ist den hier genannten Werken, dass die Reaktionen typischer Vertreter der verschiedenen Sozialschichten auf den Nationalsozialismus gezeigt werden, dass aber Hitler selbst und seine Paladine entweder gar nicht ins Blickfeld geraten oder nur am Rande in Erscheinung treten. Die Konstellation der Handlungsträger ist anders als in den historischen Romanen. Eine direkte Kollision von ''Geist und Macht'' bzw. ''Gewissen und Gewalt'' auf

quasi höchster intellektueller und politischer Ebene gibt es nicht. Die Absicht,
die dem historischen Roman zugrunde liegt, nämlich mit der Darstellung tyran-
nischer Herrscher Facetten der faschistischen Führerfiguren kritisch zu erfassen, tritt hier in den Hintergrund. So die Regel. Ausnahmen von dieser Regel
gibt es kaum. Freilich geht es in Ernst Weiss' "Der Augenzeuge" (beendet 1939)
unmittelbar um die Person Hitler. Zentrales Thema des Romans ist jedoch die
psychologische Analyse des jungen Lazarett-Hitlers in Pasewalk und weniger der
des Führers durchs zwölfjährige Reich. Insgesamt gesehen vermitteln die ihrer
Intention nach realistischen Beschreibungen Hitler-Deutschlands ein detaillier-
teres Bild vom Nationalsozialismus[7], als es die historisch-modellhaften Darstellungen zu tun vermögen. Doch merkt man auch vielen Exemplaren dieser
Gattung an, dass es sich nicht um Augenzeugenberichte handelt. Ihnen liegen
häufig Vorstellungen zugrunde, die noch geprägt sind durch die Erlebnisse im
Deutschland der Weimarer Republik.[8]

Eine dritte Gruppe von Romanschriftstellern im Exil geht die Deutung des
Phänomens Nationalsozialismus mit symbolisch-parabelhaften Erzählmitteln
an. Sucht man nach inhaltlichen Konstanten, so fällt auf, dass die Zeit der Handlung stets die Periode des sich etablierenden europäischen Faschismus ist und
dass die Ortsangaben sowie die Namen der Personen durchweg symbolisch-fik-
tiv sind. Der Vorzug gegenüber dem historischen Roman liegt darin, dass auf
den aktuellen zeitgenössichen Geschehensrahmen nicht verzichtet wird. Verglichen mit der realistischen Darstellung ist es hier leichter, komplexe Vorgänge
auf einfache Handlungsverläufe zu reduzieren bzw. in den Aktionen symbolischer
Figuren zu verdichten. Gestaltet im Sinne der Kritik am nationalsozialistischen
Führer ist Llalado in Walter Mehrings "Die Nacht des Tyrannen" (1937) und
Hitler in Fritz von Unruhs "Der nie verlor" (beendet 1944). Mehrings Llalado
ist ein faschistischer Politiker, der mit Hilfe seiner paramilitärisch organisierten "Lilahemden" an die Macht kommen will. Als Verkörperung des "Ur-
Bösen" und als Personifikation des "Dämonischen" ist Hitler in Unruhs "Der
nie verlor" eher eine allegorische Konfiguration des Diktators. Der politische
Aufklärungswert des Romans ist damit sehr beschränkt. Diese beiden Werke
sind mit der Hervorhebung einer Hitler-Figur den historischen Romanen nicht
unähnlich. Näher verwandt mit den realistisch-reportagehaften Beschreibungen
sind dagegen jene symbolischen Erzählwerke, deren Personen Träger von We-
senszügen spezifischer sozialer Gruppen sind. Für einen Grossteil des deutschen Militärs steht Horváths namenloser "Soldat" in "Ein Kind unserer Zeit"
(1938). Vom gleichen Autor wird die junge, dem Faschismus verfallende Generation kritisch porträtiert in "Jugend ohne Gott" (1938). Bei der Analyse der
"deutschen Seele" diagnostiziert Thomas Mann einen dämonisch-apokalyptisch-
selbstzerstörerischen Krankheitserreger, den er als Ursache ihrer Anfälligkeit
für den Faschismus zu erkennen glaubt. Die Personifikation dieses Teutonisch-
Dämonischen ist Leverkühn im "Doktor Faustus" (begonnen 1943). In diesem
Roman werden bekanntlich einige Streiflichter geworfen auf die Affinität einer
bestimmten irrationalistischen Richtung der bürgerlichen Philosophie und Kunst
zum Nationalsozialismus. Man denke an die Diskussion des Kridweiss-Kreises
und an Leverkühns letztes Werk, die Kantate 'Dr. Fausti Weheklag'[9]. Die Allegorie zweier Seelen in der Brust des deutschen Volkes entwirft Hermann Kesten

in "Die Zwillinge von Nürnberg" (abgeschlossen 1945): Die beiden Schwestern Uli und Primula symbolisieren das "gute" und das "böse" Deutschland; Primula schliesst sich dem Nationalsozialismus an, Uli dagegen emigriert. Von einem politischen Deutungsversuch des Hitlerismus kann hier wegen der Tendenz zur Dämonisierung wie bei Thomas Mann und Unruh nicht die Rede sein. Das einzige symbolisch-parabelhafte Erzählwerk und einer der wenigen antifaschistischen Romane überhaupt, die sowohl das Phänomen Hitler wie die Bedingungen seiner Massenbewegung untersuchen, liegt mit Hermann Brochs "Die Verzauberung" (beendet 1936)[10] vor. Marius Ratti, die negative Zentralgestalt des Romans, verkörpert das Syndrom nationalsozialistischer Ideologie und Praxis. Das wird deutlich durch seine Blut- und Bodenphrasen, sein Versprechen "goldener Berge", seine Verehrung des Heldentodes, durch seinen Anti-Sexualismus, seine Erlöserattitüde, seine Forderung nach Opferbereitschaft, seine Meinung, dass "Volkes Stimme" aus ihm spreche, seine "Gemeinnutz-geht-vor-Eigennutz"-Slogans, durch seine Hetze gegen Minoritäten und Andersdenkende und durch die Inszenierung massenwahnartiger Exzesse. Obgleich zunächst als "lächerlicher Weltverbesserer" und "Narr" abgetan, gelingt es ihm durch die Ausnutzung vorhandener Spannungen, die verschiedenen Bevölkerungsgruppen auf seine Seite zu ziehen. Die Erwartungen, die man in ihn setzt, steigen ins Unermessliche: Die Reichen kalkulieren mit unwahrscheinlichen Profiten, und die Armen glauben vor der Erfüllung ihrer Wohlstandssehnsüchte zu stehen. Die zu kurz gekommenen Alten hoffen auf phantastische Kompensationen, aber die Jugend verficht Opferbereitschaft. Die religiös Suchenden greifen zum Rattischen Mythosersatz, mit einer Stärkung seiner Position dagegen rechnet der Vertreter der Kirche. In Kriegsvorstellungen und Bluträuschen schwelgen die Sadisten, doch die Morgenröte eines Reiches der Ordnung und Gerechtigkeit scheint den Friedfertigen am Horizont der neuen Zeit aufzugehen. Zur positiven Gegenfigur bestimmt Broch eine mythische Gestalt, Mutter Gisson. Das Prinzip des Mütterlichen, Fruchtbaren und Gütigen soll der Infantilität und Zerstörungssucht, der Machtgier und dem Hass Rattis entgegengesetzt werden. Mit der Oeffnung des Blicks auf eine notwendige humane Gesellschaft in der Zukunft wird am Schluss des Romans protestiert gegen die etablierten inhumanen faschistischen Systeme.[11]

Stellt man sich die Frage, welche der drei von den Emigranten gewählten Romanformen wohl die adäquateste Faschismusanalyse leistet, so fällt eine Antwort schwer. Die Entscheidung für die eine oder andere Gattung hängt davon ab, welchen Aspekt der Kritik man für besonders wichtig erachtet. Die Darstellung der politischen Führung bekommen - trotz historischer Verfremdung - insgesamt die Verfasser geschichtlicher Romane besser in den Griff als die Autoren der reportagehaften Beschreibungen. Die Reaktionen der verschiedenen Sozialgruppen auf den Faschismus werden dagegen in den realistischen Romanen meistens umfassender proträtiert als in den epischen Historiengemälden. Beide Aspekte könnten potentiell im symbolisch-parabelhaften Werk verbunden werden, doch geschieht dies faktisch selten. Eine Besonderheit, die den historischen Roman gegenüber den anderen Formen auszeichnet, besteht darin, dass durch die vorgeführte Konfrontation des Intellektuellen mit der Staatsmacht ein Licht geworfen wird auf das Selbstverständnis des antifaschistischen Autors im

Exil. Dessen Skrupel, auf die wir am Anfang des Referates eingingen und die Karl Kraus zur Sprache bringt, wenn er meint, dass es widersinnig sei, dem Nationalsozialismus "im Schutz der Metapher die Stirn zu bieten", jene Skrupel werden in den historischen Romanen selbst thematisiert. Am radikalsten ist dies geschehen in Hermann Brochs "Der Tod des Vergil"[12]. Die Möglichkeiten der Literatur werden hier einer skeptischen Prüfung unterzogen und die Ansprüche sowie die Selbsttäuschungen des Dichters gleichsam vor ein ethisches Gericht zitiert. Symbolisch ausgedrückt ist die Problematik politischer Dichtung in Vergils Absicht, sein Lebenswerk, die "Aeneis", zu verbrennen. Er will sein Opus zerstören, weil er fürchtet, dass es in der Hand des Augustus dem politischen Missbrauch ausgesetzt ist. Wenn Vergil schliesslich von der Vernichtung des Werkes absieht, so drückt er damit die Ueberzeugung aus, dass der wichtigste Aspekt der Dichtung ihr Zukunftsgehalt ist. Nach Broch ist Kunst aufgrund ihrer utopischen Orientierung so gut für das Morgen wie für das Heute geschaffen. Wegen dieser positiv-utopischen Qualität[13] hilft sie Epochen der Inhumanität zu überwinden. Aus der humanistischen Zukunftsperspektive, die sie vermittelt, bezieht Dichtung Auftrag und Legitimation. Damit wird auch die antifaschistische Literatur gerechtfertigt. Denn ihr geht es, wie Georg Lukács es richtig sieht, primär um die "Verteidigung der humanistischen Ideale", die "der Faschismus theoretisch wie praktisch auszumerzen"[14] versucht. Bei allen Skrupeln in bezug auf die Wirkungsmöglichkeiten ihrer Mittel sind die Aktivitäten der Schriftsteller im Exil bestimmt durch die Einsicht, dass die Opposition gegen Hitler in jedem Bereich der Oeffentlichkeit betrieben werden muss, nicht zuletzt in dem der Literatur durch den Kampf gegen Hitler als Metapher.

Anmerkungen

1 Karl Kraus, Die Fackel, Nr. 845-846, S. 30, und Nr. 890-905, S. 153.
2 Vgl. die Beiträge über diese Autoren in dem Sammelband: Die deutsche Exilliteratur 1933-1945. Hrsg. v. Manfred Durzak. Stuttgart 1973. Vgl. ferner Egon Schwarz und Matthias Wegner, Verbannung. Aufzeichnungen deutscher Schriftsteller im Exil. Hamburg 1964.
3 Vgl. Ulrich Weisstein, Heinrich Mann. Eine historisch-kritische Einführung in sein dichterisches Werk. Tübingen 1962, S. 161f.
4 Heinrich Mann, Ein Zeitalter wird besichtigt. Berlin 1949, S. 490.
5 Elke Nyssen, Geschichtsbewusstsein und Emigration. München 1974, S. 178.
6 Georg Lukács, Probleme des Realismus III. Berlin 1955, S. 415.
7 Vgl. zu diesem Thema auch Hans-Albert Walter, "Das Bild Deutschlands im Exilroman". In: Neue Rundschau, 77. Jg., 3. Heft (1966), S. 437-458.
8 Auf diese Tatsache hat Gisela Berglund mehrfach hingewiesen in ihrer Studie: Deutsche Opposition gegen Hitler in Presse und Roman des Exils. Eine Darstellung und ein Vergleich mit der historischen Wirklichkeit. Stockholm 1972.
9 Vgl. dazu die Arbeit des Verfassers, "Goethes Faust und der Sozialismus. Zur Rezeption des klassischen Erbes in der DDR". In: Basis. Jahrbuch für deutsche Gegenwartsliteratur, Bd. 5 (1975), S. 49f.
10 Zur Entstehung und zur Frage des Titels dieses Romans vgl. die "Anmer-

kungen des Herausgebers". In: Hermann Broch, Die Verzauberung, Bd. 3
der "Kommentierten Werkausgabe", hrsg. v. Paul Michael Lützeler. Frankfurt a. M. 1976.

11 Vgl. dazu die Arbeit des Verfassers, "Hermann Brochs 'Die Verzauberung'
als politischer Roman". In: Neophilologus, im Erscheinen.

12 Hermann Broch, Der Tod des Vergil, Bd. 4 der "Kommentierten Werkausgabe", hrsg. v. Paul Michael Lützeler. Frankfurt a. M. 1976.

13 Vgl. dazu die Studie des Verfassers, "Erweiterter Naturalismus: Hermann
Broch und Emile Zola". In: Zeitschrift für deutsche Philologie, 93. Bd.,
2. Heft (1974), S. 214-238.

14 Georg Lukács, Probleme des Realismus III, a. a. O., S. 89.

EXILLITERATUR UND NS-LITERATUR

Von Hans Würzner (Leiden)

Nachdem die Erforschung der deutschsprachigen Exilliteratur 1933-1945 in den letzten Jahren zu einigen beachtlichen Erfolgen geführt hat, zeigt sich nun, dass sie als Forschungszweig scheinbar in eine Sackgasse zu geraten droht. Somit hat auch die Exilforschung - wie vieles in unserer Wissenschaft - ihre Krise. Damit hat es sicher seine Richtigkeit, denn der Versuch, die Erforschung der Exilliteratur zu einem Modellfall zu machen, hat deutlich zu ihrer Isolierung geführt. Das Problem, das sich aus dieser Situation ergibt, scheint mir zu sein, dass es nicht so sehr darum geht, eine eigene Methode für die Erforschung der Exilliteratur zu suchen, abgeleitet aus der Besonderheit ihres Gegenstandes, sondern sie zu integrieren in die allgemeine Forschungssituation der Germanistik, d.h. sie auch zu konfrontieren mit allen Problemen der Forschung. Damit will ich nichts anderes behaupten, als dass die Exilliteratur zwar ihre eigenen Produktionsbedingungen und wirkungsgeschichtlichen Aspekte hat wie jede andere Literaturrichtung auch, aber dass sie keineswegs prinzipiell von anderen unterschieden ist. Die Konsequenz ist lediglich, dass die Exilliteratur mit den gleichen methodischen Kriterien untersucht werden muss wie auch andere Literatur, ohne dass damit methodisch ein grundsätzlich anderer Spezialismus entwickelt wird. Von hierher ergibt sich die Frage, wie diese Integrierung möglich ist. Dazu möchte ich lediglich thesenhaft einige Fragen zur Diskussion stellen, die vielleicht weiterführen könnten.

Die Schwierigkeit liegt ja vor allem darin, dass eine genaue Umschreibung, was Exilliteratur als ein Gesamtphänomen nun eigentlich sei, nicht gelingen will. Als Teil eines geschichtlichen Prozesses, so scheint mir, muss man sie stärker in den Gesamtvorgang der Jahre 1933-1945 einbeziehen, mehr in Zusammenhang mit den Vorgängen in Deutschland bringen. Im Grunde bedeutet das, dass man auch dasjenige, was man NS-Literatur oder "Literatur unterm Hakenkreuz" genannt hat, als Forschungsgegenstand ernst nimmt, so wie es Ernst Loewy und Klaus Vondung getan haben.

Die erste Frage, die man zunächst einmal klären müsste, ist: Inwieweit stellt die Zeit 1933-1945 eine in sich abgeschlossene Literaturperiode dar? Dies scheint mir wichtig für die historische Integration der Exilliteratur. Soziologisch-historisch ist es sicher eine in sich abgeschlossene Periode. Mit dem Beginn des NS-Staates verändern sich die Produktionsbedingungen von Literatur grundsätzlich, auch die der völkischen Literatur. Im Unterschied zur Weimarer Republik entsteht eine völlig neue Situation. Literaturgeschichten, die von diesem Ansatzpunkt ausgehen, werden hier einen deutlichen Einschnitt ansetzen. Als Beispiel möchte ich den 10. Band der "Geschichte der deutschen Literatur" des Verlags Volk und Wissen (Berlin 1973) nennen. Ausgehend von dem Gedanken des Aufbaus einer "sozialistischen deutschen Nationalkultur" in den Jahren 1917-1945, ist der Einschnitt von 1933 und die damit verbundene Bewertung einsichtig. Ebenso deutlich ist, dass nach 1945 wiederum andere Produktionsverhältnisse für Literatur auftreten, so dass auf Grund dieser Gesichtspunkte die Einheit der Periode 1933-1945 als gesichert erscheint und auch die Exilliteratur als antifaschistische Literatur ihren festen Platz hat.

Von anderen Kategorien ausgehend, könnte man - und hat man - aber auch noch andere Einteilungen erwogen. Es hängt davon ab, wie man im allgemeinen den Gesamtvorgang der Entwicklung der bürgerlichen Kultur im 19. und 20. Jahrhundert auffasst. Eine weitere Frage ist, ob die Zeit der Weimarer Republik auch eine Literaturperiode darstellt. Wichtig ist, wie man sich zur völkisch-nationalen Literatur verhält. Selbst wenn man ihr jeden literarischen Wert abspricht, lässt sie sich historisch nicht leugnen, und man sollte ihre Wirkung nicht unterschätzen. Bekanntlich ist ein grosser Teil dessen, was später in den Kanon der NS-Literatur nach 1933 aufgenommen wurde, schon vor 1933 geschrieben worden, wobei manche Bücher beachtliche Auflagen erreichten.

Von einigem Interesse ist daher der zwar keineswegs gänzlich neue Versuch von Henri R. Pauker, die Literatur von 1925-1945 zusammenzufassen. Das Jahr 1933 hat dann die Funktion, dass die beiden sich nach 1925 deutlich herausbildenden Literaturkreise, ein marxistisch-sozialistischer und ein völkisch-nationaler, nun völlig auseinanderbrechen. Die grundsätzliche Spannung sieht Pauker in dem Gegensatz Rationalismus und Irrationalismus. Das erste Begriffspaar, marxistisch-sozialistisch und völkisch-nationalistisch, wird inhaltlich vertieft durch das zweite, rationalistisch-irrationalistisch, wobei die gesellschaftliche Beziehung betont wird, das zweite Begriffspaar also nicht als Rückfall in die alte Geistesgeschichte aufgefasst werden soll. Dies ist noch nicht recht gelungen, vor allem weil das Begriffspaar rationalistisch-irrationalistisch bei Pauker noch zu vage bleibt. An die erste Stelle tritt hier wieder der Text und das Problem seiner Interpretierbarkeit, die Produktionsbedingungen sind sekundär.

Ich bin der Meinung, dass beide Möglichkeiten gerade hinsichtlich der Stelle, die dabei die Exilliteratur einzunehmen hat, einer genaueren Erwägung und Kritik unterzogen werden müssten.

Die Bedeutung, die sich daraus für die Exilliteratur ergibt, führt zu einer zweiten Frage: Wie kann man die Literatur 1933-1945 in ihrer Selbständigkeit als Epoche - also in ihrer Kontinuität - beschreiben? Es bieten sich drei Gruppen von Literatur an, die in sich wiederum sehr heterogen sind und sich andererseits auch überschneiden:

a) die Exilliteratur (die Literatur, die nach 1933 im Ausland erscheint, geschrieben von Schriftstellern, die zwangsweise ausgebürgert wurden);

b) die NS-Literatur (Literatur, die der irrationalistischen Blut- und Bodenideologie des Nationalsozialismus in irgendeiner Weise verpflichtet ist);

c) die Literatur, die sich von der NS-Literatur distanzierte, etwa die christlich orientierte Literatur (Klepper, Bergengruen, Haecker) oder diejenige, die der sozialen und gesellschaftlichen Wirklichkeit auswich (Wiechert).

Unter dem Gesichtspunkt der Produktionsbedingungen lassen sich diese Gruppen wahrscheinlich zunächst am deutlichsten beschreiben. Damit droht aber die Gefahr, dass die Literaturgeschichte zur Sozialgeschichte wird, was an sich zwar interessant ist, aber doch Probleme der literarischen Wertung weitgehend ausschliesst oder nur ideologische Wertungen zulässt. Positiv hierbei ist, dass alle drei Gruppen mit den gleichen Kategorien behandelt werden können. Auf dieses Problem hat schon Marta Mierendorff in einem Referat "Ueber die Notwendigkeit zweigleisiger Exilforschung" in Kopenhagen 1972 hingewiesen. Sie hat damit versucht, die Grundforschung nicht nur auf die Exilliteratur zu beschränken, sondern die Begrenzung zu durchbrechen und alle Literatur aus diesem Zeitraum in vergleichender Absicht heranzuziehen. Bisher hat sich die Exilforschung ja vor allem mit den Produktionsbedingungen beschäftigt.

Bei der bisherigen Interpretation einzelner Werke von etwa Thomas Mann, Musil, Broch, Brecht und anderen, die im Exil entstanden sind, hat die Exilproblematik als solche eine relativ geringe Rolle gespielt. Das hängt sicher mit dem Ansatzpunkt der immanenten Interpretation zusammen, die historische Implikationen weitgehend als sekundär behandelte.

Neue Möglichkeiten scheint mir jedoch die wirkungsgeschichtliche Forschung zu bieten, und zwar die Frage, wie diese Literatur rezipiert wurde, und die Bedingungen dieser Rezeption. Die in den letzten Jahren entwickelten Methoden könnten Kategorien liefern, die eine einheitliche Behandlung der Literatur von 1933-1945 bzw. 1925-1945 ermöglichten, d.h. eine Integration der Exilliteratur in den Gesamtprozess der Literatur dieser Jahre erleichtern. Wie dies im einzelnen auszusehen hat, lässt sich mit wenigen Worten nicht ausführen, kaum andeuten. Auch gibt es verschiedene Wege, diese Rezeption zu untersuchen. Ich möchte nur auf den Band "Literatur und Leser" (Stuttgart 1975) mit den beiden wichtigen Aufsätzen von Gunter Grimm und Wilfried Barner verweisen. Mir scheint zunächst der Gedankengang von Wolfgang Iser in seiner "Problemskizze" - wie er selbst sagt - "Die Appellstruktur der Texte" mit dem Untertitel "Unbestimmtheit als Wirkungsbedingung literarischer Prosa" sehr geeignet zu sein. Ihm geht es darum, den Leser hinzuzuziehen und dadurch das Verhältnis von Text und Leser beschreibbar zu machen, d.h. die Kommunikationsbedingungen eines Textes zu untersuchen. Ich denke, dass ich diesen zentralen Text hier voraussetzen darf; auch möchte ich nicht auf die umfangreiche Diskussion, den er hervorgerufen hat, eingehen. Die Frage ist, ob diese Problemstellung für die Zeit 1933-1945 eine besondere Bedeutung hat. Die Texte aus dieser Zeit zeichnen sich ja gerade durch ihre Zeitbezogenheit aus, also durch ihr Wirkenwollen auf die Leser. Und diese Zeitbezogenheit ist es gerade auch, die immer wieder gegen die Exilliteratur angeführt wird: sie habe nur dokumentarischen Wert. Mir scheint nun, dass dies ihren literarischen Wert nicht auszuschliessen braucht, es müsste sich gewissermassen als Resultat einer rezeptionsspezifischen Untersuchung herausstellen. Dies müsste weiterhin mit der Untersuchung der konkreten Rezeptionsbedingungen der Texte und ihrer wirkungsgeschichtlichen Realität verbunden werden.

Als der zentrale Bezugspunkt der Epoche erscheint das Phänomen des Faschismus. Geht man von einer bestimmten Faschismustheorie aus, so ergibt sich ein leicht hantierbarer Massstab, mit dem man Adäquatheit bzw. Nichtadäquatheit eines Werkes beschreiben kann, womit allerdings dem Text, was er eigentlich aussagen bzw. verschweigen will, wenig Gerechtigkeit widerfährt. Auch die Frage, wie in der Literatur die Situation nach 1933 widerspiegelt wird, führt zu nichts, weil gerade das konstituierende Moment der Literatur dabei unterschätzt wird. Die Bedeutung der NS-Literatur besteht darin, dass sie die zunächst ausserordentlich dürftige Ideologie des Nationalsozialismus mundgerecht gemacht, ja ihr weitgehend überhaupt erst einen ''Inhalt'' zu geben versucht hat. Dementsprechend muss sie ihre ''Botschaft'' im Text möglichst deutlich vermitteln, d.h. dass die Leerstellen und Unbestimmtheitsstellen möglichst eindeutig vom Leser ausgefüllt werden, so dass kein Zweifel und nicht allzuviel Vieldeutigkeit übrigbleibt. Ihr sogenannter Irrationalismus ist ja oft weitgehend primitiv eindeutig. Damit erst erfüllt diese Literatur ihren propagandistischen Auftrag. Literarisch gesehen hat diese Reduktion der Vieldeutigkeit eine Parallele in einer ganz anderen Literaturgattung, der Trivialliteratur. Vieles, was bei dieser Literaturgattung hinsichtlich der Kommunikationsschemata erarbeitet worden ist, müsste für die Untersuchung der NS-Literatur fruchtbar zu machen sein. Dies gilt auch für die Exilliteratur und die Literatur, die ich einfachheitshalber nun auch die der ''inneren Emigration'' nennen möchte. Gemeinsam ist ihnen - bei allem Unterschied ihrer Absicht -, in einem bestimmten Sinne auf den Leser zu wirken, ihn möglichst in seinem Denken zu beeinflussen, tatsächlich an den Leser zu appellieren. Ich glaube, dass sich hier dann Gesetzmässigkeiten finden lassen, die gerade für die Periode 1933-1945 oder vielleicht doch schon 1925-1945 bestimmend sind, wodurch sich ihre Einheitlichkeit als Epoche begründen lässt. Hinzuweisen wäre auf die Einübung bestimmter Vorstellungen des Heldischen oder antisemitischer Gedankengänge, wie sie in Texten der NS-Literatur angelegt sind, so dass sie vom Leser mühelos in der beabsichtigten Weise rezipiert werden. Andererseits gibt es in der antifaschistischen Literatur - wie sich etwa an dem Band ''Sammlung antifaschistischer sozialistischer Erzählungen 1933-1945'' (Sammlung Luchterhand, Bd. 162) leicht zeigen lässt - auch das Bild des Nazis, das ebenfalls auf eine bestimmte Weise rezipiert werden soll.

Hiermit zusammen hängt nun noch eine weitere und letzte Frage, nämlich die nach der Wirkungsgeschichte dieser Literatur, etwa der NS-Literatur in Deutschland, aber auch im Ausland, vor allem jedoch - und darauf möchte ich mich hier beschränken - die Wirkung der Exilliteratur in den Gastländern. Neben der anerkannten grossen Wirkung der exilierten Wissenschaftler in allen Ländern - Cambridge ist ein hervorragendes Beispiel - wird die Wirkung der Literatur meiner Ansicht nach weitgehend unterschätzt. Zwar hat der Nationalsozialismus in seinem Todeslauf der Welt eigentlich nur wenig Zeit gelassen, sich mit ihm wirklich zu beschäftigen: von 1933 bis 1939, also kaum sechs Jahre. Trotzdem ist die Wirkung der Exilliteratur erstaunlich. Man muss ja davon ausgehen, dass 1933 niemand in Europa auf diese Situation wirklich vorbereitet war. Wissenschaftlich gesehen wäre dies ein Problem der Komparatistik. Es bietet daher eigene Schwierigkeiten, die aber für das Epochenverständnis nicht unwesentlich sind. Spätestens 1933 ist es mit der Nationalliteratur vorbei. In die national behüteten Zonen von Verlag, Theater, Presse, Radio und Film der Gastländer dringen fremde, d.h. eine andere Sprache sprechende Leute ein, die durch ihre Andersartigkeit und anderen Vorstellungen konkurrierend auftreten und Veränderungen bringen. Als Beispiel sei etwa das Kabarett die ''Pfeffermühle'' genannt, dessen Auftreten in Holland 1936 aus Konkurrenzgründen verboten wurde.

Für die Exilliteratur ergeben sich Schwierigkeiten, die mit der Eigenstruktur des Sprachgebietes, der Literatur und literarischen Gewohnheiten zusammenhängen. Für Holland könnte man für die Wirkungsgeschichte sehr summarisch folgendes Bild entwerfen: Beinahe in allen Tageszeitungen und Zeitschriften werden regelmässig alle drei Gruppen von Literatur besprochen, wobei die ideologische Richtung jeweils eine massgebende Rolle spielt, die von profaschistisch bis ultralinks reicht. Die profaschistische Literaturkritik hat vor 1940 keine Bedeutung. Die deutlichsten Stellungnahmen finden sich in der linken antifaschistischen Presse. Liberale und christliche Zeitungen und Zeitschriften verhalten sich im allgemeinen positiv zur Emigration, aber auch wohlwollend zu den "innerlich Emigrierten".

Bei der Vermittlung der Exilliteratur spielen einige Kritiker eine besondere Rolle. Zu nennen wäre Nico Rost, der bis 1933 Korrespondent in Berlin war, durch seine Beziehungen zu Sozialdemokraten und Kommunisten nach Oranienburg kam, aber dann nach Holland abgeschoben wurde. Er hat sehr viele Rezensionen und Artikel in meistens linken Zeitschriften und Zeitungen geschrieben. Für die Wirkungsgeschichte sind weiterhin zwei Emigranten wichtig, die holländisch schrieben und daher für die Vermittlung viel beigetragen haben: Wolfgang Cordan und Gerth Schreiner. Gerth Schreiner, ein Journalist aus Düsseldorf, schrieb regelmässig über deutsche Literatur in der Literaturzeitschrift "Den gulden Winckel" und "De Gemeenschap". Ausserdem schrieb er ein sehr interessantes Buch über die Literatur der Weimarer Republik: "Die Republik der vierzehn Jahre", das 1939 in Holland erschien. Beim Einmarsch der deutschen Truppen 1940 hat er Selbstmord begangen.

Wolfgang Cordan, der eigentlich Heinz Horn hiess und sein Leben 1940 dem Umstand zu danken hatte, dass die deutschen Besetzer nicht wussten, dass Cordan und Horn ein und dieselbe Person waren, gab in den Jahren 1934-1940 zusammen mit einigen holländischen Sozialisten die Zeitschrift "Het Fundament" heraus, in der ausgezeichnete Artikel über Exil und Exilliteratur zu finden sind.

Ein besonderes Kapitel in dieser Wirkungsgeschichte kommt dem holländischen Kritiker Menno ter Braak zu, der in der Auseinandersetzung mit dem deutschen Faschismus und der Exilliteratur zur Konkretisierung seiner eigenen Haltung findet. Sein Aufsatz im "Neuen Tagebuch", wiederabgedruckt in "Deutsche Literatur im Exil 1933-1945", Bd.I (Frankfurt 1974), ist aber nur verständlich, wenn man seine vielen Besprechungen in holländischer Sprache in der Tageszeitung "Het Vaderland" kennt. Von einem liberal-antifaschistischen Standpunkt aus verhält er sich durchaus kritisch zur Exilliteratur.

Von hierher lässt sich zweifellos einiges über die Wirkungsgeschichte der Exilliteratur in den Gastländern sagen. Auch verfolgte man die Vorgänge im Ausland sehr genau in Deutschland. Ein Beispiel ist Will Verspers Zeitschrift "Die neue Literatur".

Abschliessend möchte ich feststellen, dass durch die genannten Momente von Epochenbestimmung, Rezeptions- und Wirkungsgeschichte das Krisenbewusstsein der Exilliteratur nicht grösser zu sein braucht als in anderen Zweigen unserer Wissenschaft. Der Weg, sie in den Gesamtzusammenhang methodisch und als Objekt der Literaturgeschichte zu integrieren, scheint mir fruchtbarer zu sein, als sie zu isolieren und als Phänomen mit besonderen Qualitäten zu behandeln.

BEITRAEGE ZUM SYMPOSION

'GERMANISCHE LITERATUREN UND WELTLITERATUR'

GOTTSCHED UND SKANDINAVIEN

Von P. M. Mitchell (University of Illinois)

"Gottsched er død" - Gottsched ist tot -, schrieb der dänische Literat Bolle Willum Luxdorph (1716-1788) am 30. Dezember 1766 in das Tagebuch, das er über wichtige Ereignisse der Zeit führte. Auf diese schlichte Weise ist Luxdorph Zeuge dafür, dass Gottsched in Dänemark ein bekannter Begriff war - und sein Tod bemerkenswert.

Wenn man versucht, Gottscheds Wirkung im Norden nachzugehen, macht man bald drei Feststellungen: erstens, dass Gottscheds Verbindungen mit Skandinavien beinahe ausschliesslich mit Dänemark gewesen sind; zweitens, dass er vorzüglich durch seine Philosophie und Sprachkunst gewirkt hat; und drittens, dass - im Gegensatz zur Lage in Deutschland - der Streit mit den Schweizern nicht überproportioniert wurde.

Zwar gab es Gottsched-Schüler, die in Dänemark gewirkt haben. Mit dem Norden hatte Gottsched auch einige andere persönliche Verbindungen, aber vom Norden aus betrachtet war er nach wie vor der Verfasser von einigen Standardwerken über Sprache und Literatur, eine gegebene Grösse und nicht etwa nur Parteiführer.

Es handelt sich jetzt nicht um eine Rettung Gottscheds... er ist mehrmals gerettet worden..., sondern um eine historisch genaue und sachliche Darstellung der Rolle des bedeutendsten Kritikers Deutschlands in der ersten Hälfte des 18. Jahrhunderts, eines wichtigen Gelehrten, dessen Beiträge zur Poetik, Literaturgeschichte, Redekunst, Sprachgebrauch und Philosophie grosse Achtung genossen, öfters aufgelegt und z.T. in mehrere Sprachen übersetzt wurden. Die Geschichte seiner europäischen Wirkung ist noch nicht klargelegt worden, mit den etwas auffallenden Ausnahmen von Russland und Ungarn - Ausnahmen, die an und für sich auf den internationalen Ruf des Mannes aufmerksam machen sollten.

Allerdings haben mehrere Personen, die von Bedeutung für die Kultur Dänemarks geworden sind, gebürtige Deutsche sowohl als deutschsprachige und dänischsprachige Bürger der mehrsprachigen Monarchie im 18. Jahrhundert, Gottscheds Vorlesungen in Leipzig gehört oder Gottsched gekannt. Der Komponist Johann Ad. Scheibe (1708-1776) stand Gottsched nahe, und nach seinem Umzug nach Dänemark schrieb er viele Briefe an Gottsched aus Kopenhagen. Nolens volens ist der schon 1749 verstorbene Johann Elias Schlegel ein Botschafter Gottscheds in Dänemark gewesen, wenn er auch am Ende seines Lebens sich gewissermassen von Gottsched freizumachen versuchte. Noch 1745 hat er zu Gottscheds Zeitschrift "Neuer Büchersaal" einen bedeutenden Aufsatz beigetragen, und sein übriges Schaffen verblieb im Gottschedschen Geiste. Besonders interessant ist seine Rolle als Vermittler zwischen dem führenden Literaten Deutschlands und dem führenden Literaten des Nordens am Anfang der vierziger Jahre, d.h. zwischen Gottsched und Ludvig Holberg. Schlegel wie auch Scheibe hat Holberg persönlich kennengelernt. Schlegel verdankte Holberg sogar seine

Anstellung an der Akademie in Sorø. Alle drei schrieben an Gottsched und konnten den zwei gelehrten Schriftstellern gegenseitige Hochachtung versichern. Ueberhaupt ist zwischen Gottsched und Holberg eine Parallele zu ziehen, obwohl Holberg in erster Linie Historiker, Dramatiker und Essayist, während Gottsched in erster Linie Kritiker, Publizist und Philosoph war, und obwohl sie als Menschen ganz verschieden waren: Beide wollten die Landessprache verbessern, und beide redeten vom "Polieren" der Sprache als einem Ziel ihres Strebens. Beide waren Universitätsprofessoren, deren Hauptbeschäftigung nicht direkt mit der zeitgenössischen Schönliteratur zusammenhing, jedoch waren beide Dramatiker und Schriftsteller, die die Landessprache statt der Gelehrtensprache bewusst verwendeten. Beide gaben Sammlungen von Dramen heraus unter Titeln, die einander entsprechen: "Den danske Skueplads", "Die Deutsche Schaubühne". Beide huldigten dem Prinzip des Witzes in der Dichtung. Beide lehnten das Volksbuch und die Oper ab. - Holberg ist der einzige Dramatiker, der durch drei Dramen in Gottscheds "Deutsche Schaubühne" vertreten ist. Er selbst erwähnt Gottsched nur einmal; Gottsched dagegen spricht mehrmals lobend über Holberg, vor allem in der Vorrede zur "Deutschen Schaubühne". "Dieser berühmte und sinnreiche Mann", schrieb Gottsched, "hat in Dänemark dasjenige geleistet, was Moliere, oder Herr Destouches in Frankreich gethan haben. Er hat nämlich, ausser vielen andern, historischen, philosophischen und poetischen Werken, fünf und zwanzig dänische Lustspiele verfertigt, und ans Licht gestellet, die als Muster der Schaubühne anzusehen sind." Gottscheds Bekanntschaft mit Holbergs Dramen stammt nicht aus den ersten Jahren seiner kritischen Tätigkeit; erst in der 3. Auflage der "Critischen Dichtkunst" vom Jahre 1742 kommt er auf Holberg zu sprechen.

Untersucht man einige Kataloge über die Bestände der Privatbibliotheken in Dänemark im 18. Jahrhundert, findet man gewöhnlich Werke von Gottsched verzeichnet und mehrmals auch einige von den Zeitschriften, die er redigiert hat. Es fällt auf, dass Gottscheds "Weltweisheit" offensichtlich von grösserem Interesse war als die "Critische Dichtkunst" - was man wohl nicht von vornherein angenommen hätte. Schon 1742 hatte eine dänische Uebersetzung (in drei Bänden) von der "Weltweisheit" zu erscheinen begonnen, "Første Grundvold til den heele Verdslige Viisdom"... Dieses Werk scheint ganz einfach das führende Lehrbuch der Wolffschen Philosophie gewesen zu sein - in Dänemark wie in Deutschland, wo es übrigens nicht weniger als acht Auflagen der "Weltweisheit" im 18. Jahrhundert gab. Recht markant ist die Tatsache, dass der spätere Staatsmann Henrik Stampe (1713-1789), der als Professor der Philosophie an der Universität Kopenhagen in den fünfziger Jahren fungierte, Gottscheds "Weltweisheit" als Lehrbuch benutzt hat. Sonst heisst es, dass Stampe über Wolffs Philosophie vorgelesen hat. Man stutzt aber, wenn man in der Königlichen Bibliothek in Kopenhagen Manuskripte seiner Vorlesungen aus den Jahren 1751 und 1753 untersucht. Das erste trägt die Ueberschrift "Cursus philosophiæ theoreticæ... in Gottschedium"; das andere die Ueberschrift "Collegium Philosophicum in Gottschedii Philosophiam..." Wenn wir diesen Bezeichnungen, die in den Manuskripten nicht wiederholt werden, glauben können, hat Stampe eigentlich über Gottscheds Philosophie gelesen, wenn auch Gottsched durch und durch Wolffianer war.

In den nordischen Ländern gab es im 17. und 18. Jahrhundert noch keine selbständige ästhetische noch philosophische Tradition. Man gehörte zur Republique des lettres und war im allgemeinen auf lateinische, französische, englische und deutsche Schriften angewiesen. Obgleich diese Lage bis zum Ende des 18. Jahrhunderts fortdauerte, hat es ein vielversprechender junger Philosoph schon 1747 unternommen, eine eigene dänische philosophische Sprache zu schöpfen. Friedrich Christian Eilschou (1725-1750), der schon drei Jahre später vom Tode weggerafft wurde, veröffentlichte den Versuch eines philosophisch-gelehrten Wörterbuchs. Die Hälfte der Beispiele in diesem Werke sind aus Gottscheds "Weltweisheit" in der dänischen Uebersetzung übernommen. Im folgenden Jahr hat Eilschou eine annotierte Uebersetzung von Fontenelles "Entretiens sur la Pluralité des Mondes" - ein Buch, das Gottsched bekanntlich ins Deutsche übersetzt hatte - herausgegeben. Diese Uebersetzung wurde mit Gottscheds wie auch Eilschous eigenen Anmerkungen versehen, wie es vom Titelblatt schon hervorgeht.

Es gibt einige andere an und für sich unbedeutende Aussagen, die die Annahme bekräftigen, dass Gottsched im Bewusstsein der gelehrten Dänen seinen festen Platz hatte. So schreibt z. B. der Philologe Jens Pedersen Høysgaard (1698-1773) an seinen Verleger 1752, dass sein Werk über dänische Syntax so hübsch und gediegen wie Professor Gottscheds ("Sprachkunst") sein sollte. Und 1756 schreibt der damals in Dänemark wirkende Johann Bernhard Basedow (1724-1790) in seinem in Kopenhagen erschienenen "Lehrbuch prosaischer Wohlredenheit", dass er bei der Ausarbeitung seines Werkes auch die "Redekunst" von Gottsched benutzt habe.

Etwas eigentümlich ist es, dass auf Gottscheds "Critische Dichtkunst" nirgendwo im Norden eingegangen wird. Man stellt wohl keine kühne Hypothese auf, wenn man meint, dass das Werk, das in so vielen Bibliotheken vorkommt und so eng mit Gottscheds kritischem Einsatz verbunden war, offensichtlich kritiklos übernommen und benutzt wurde in einem Lande, das selbst keine Poetik hervorgebracht hatte und zugleich auf das gelehrte Deutschland aufmerksam war und sich durchgehend zum Wolffianismus bekannte. So kann Gottsched als der bekannte Leipziger Professor gelten in Besprechungen in der gelehrten dänischen Zeitschrift "Nye Tidender om lærde Sager", wie z.B. wegen seiner Ausgabe einer deutschen Fassung von Bayles "Dictionaire", oder im Bericht, dass Gottsched zum Mitglied einer gelehrten Gesellschaft gewählt worden war. Er ist eben wegen der "Redekunst", der "Dichtkunst" und der "Weltweisheit" bekannt.

Um Gottscheds eigene Vorstellung von Skandinavien auszuforschen, geht man am besten zurück zur Einleitung der "Deutschen Schaubühne", gerade da wo Gottsched so lobend von Holberg gesprochen hatte. Das schon angeführte Zitat geht nämlich auf diese Weise weiter: "Ohngeachtet wir in Deutschland, einen so fruchtbaren und regelmässigen Dichter, in dieser Art, noch nicht aufzuweisen haben: so machen wir uns doch eine Ehre daraus, auch diesen unsern Nachbar, aus einem mit uns verschwisterten Volke, den südlichen und westlichen Völkern Europens zum Beweise darzustellen: dass die nordischen Geister des Gelehrten eben so träge nicht sind, als sie zu glauben pflegen." Das Nordische ist also für Gottsched nicht mit Skandinavien gleichzusetzen; auch Deutschland gehört dazu. Und in der "Sprachkunst" meint Gottsched, "die Grenzen des alten Deutschlands zu des Tacitus Zeiten, bis an den Nordpol gegangen" (S.557). Diese Einstellung entspricht dem Wunschbild des Gemeingermanischen bei den Grimms und manchen anderen deutschen Altertumsforschern einer späteren Zeit. Etwa wie deutsche Literaturkritiker sowohl einhundert als zweihundert Jahre später, benutzt Gottsched schon 1729 Beispiele von der älteren Edda in der "Critischen Dichtkunst" - obgleich er der altisländischen Sprache nicht mächtig war.

In den späteren Zeitschriften, die Gottsched redigierte, ist es wieder das Antiquarische und Historische in Skandinavien, das hie und da von Interesse ist, wenn von Skandinavien die Rede ist. Es werden manche Schriften über Skandinavien oder Schriften, die in Skandinavien herausgegeben sind, besprochen. Diese sind aber überwiegend in deutscher Sprache verfasst und keine in einer nordischen Sprache. Alle solchen Werke werden wegen ihres allgemeinen kulturellen Interesses erwähnt und nicht etwa, weil sie mit Skandinavien eine Verbindung haben. Von einem Versuch, Aufmerksamkeit auf den Norden zu lenken, kann keine Rede sein.

Im Verzeichnis über Gottscheds nachgelassene Bibliothek gibt es im ganzen etwa 70 - von mehr als 2 000 - Werke, die irgendwie mit Skandinavien in Verbindung stehen. Der Traum vom Norden, der sich kaum 20 Jahre nach Gottscheds Tod in Deutschland verbreiten würde, ist einfach noch nicht vorhanden - und Gottsched ist hier Zeuge für seine Zeit. Von den 70 Büchern sind sechs bis acht Grammatiken oder Wörterbücher; man könnte glauben, der Wille, wenigstens Schwedisch zu lernen, wäre vorhanden. Gottscheds Weg zu den nordischen Altertümern ging eben durch Schweden. Wenige Schriften gibt es auf Dänisch, trotz der vielen Verbindungen gerade mit Dänemark. Zu notieren sind vor allem Thomas Clitaus Werke über die dänische Orthographie - es ist aber möglich, dass diese Gottsched nur aus Höflichkeit geschenkt wurden, da Clitau mit Gottsched korrespondierte und Gottsched um verschiedene Dienste gebeten hatte. Die moderne skandinavische Schönliteratur ist nur durch zwei dänische Dramatiker vertreten: neben Holberg die jetzt völlig verschollene Dramatikerin Frau von Passow - beide in deutscher Uebersetzung.

Für Gottsched ist Skandinavien als Kultureinheit kein Begriff. Die nordischen Länder sind für ihn nur erweiterte Wirkungsgebiete des germanischen Raums. Skandinavien ist für Gottsched nicht wichtig an und für sich, sondern nur als eine Quelle, die zur Bereicherung einer deutschen, nicht romanischen, Kultur beitragen kann. Vorbildliches gibt es für Gottsched nur zweierlei im Norden: die alliterierenden Verse der älteren Edda, die er nur aus zweiter Hand kennt, und der dänische Zeitgenosse, der sowohl Gelehrter als hervorragender Komödiendichter war: Ludvig Holberg.

J.-K. HUYSMANS, "LETTRES INEDITES A ARIJ PRINS" (1885-1907)
ODER
AUF SEITENPFADEN DER LITERATURGESCHICHTE

Von Louis Gillet (Lüttich)

Seit 1885 und während der nächsten 22 Jahre hat es einen regen Briefwechsel gegeben zwischen dem französischen Schriftsteller Joris-Karl Huysmans und dem holländischen Dichter und Kaufmann Arij Prins. Der junge Prins hatte vor dem Anfang seiner Korrespondenz mit Huysmans ein paar der naturalistischen Technik verwandte Prosaskizzen in Zeitschriften veröffentlicht. Seit 1882 stand er mit dem noch jüngeren Lodewijk van Deyssel in engem brieflichen Kontakt, wobei mit grossem Ernst über Realismus und Naturalismus in der Literatur diskutiert wurde.[1] Ein Jahr vor Beginn des Briefwechsels mit Huysmans hatte Prins in dem jungen Zolaverehrer Frans Netscher einen Freund und Mitkämpfer entdeckt. Die jungen Leute hatten damals nur Augen für Zola und seine Jünger, die Gruppe von Médan.

Im Laufe des Jahres 1885 veröffentlichte der inzwischen 25jährige Prins eine Reihe von Artikeln über französische Neuausgaben auf dem Gebiet des Romans und der Novelle unter dem Sammeltitel: "De jonge naturalisten". Sobald Prins einem Buch eine Rezension gewidmet hatte, schickte er dessen Verfasser einen Abdruck seines Aufsatzes mit einem Begleitbrief. Auf diese Weise kam er in den Besitz - denn teilweise handelte es sich tatsächlich vor allem darum, in den Besitz von Briefen aus der Feder von berühmten Naturalisten zu gelangen, wie Jean-Jacques van Santen Kolff und Frans Netscher es vor ihm getan hatten - er kam also in den Besitz von Dankesbriefen von Louis Desprez, von Emile Zola, von Guy de Maupassant. Es entwickelte sich sogar ein regelmässiger Briefwechsel mit Robert Caze[2], was u. a. Prins die Gelegenheit verschaffte, in einem Brief an Van Deyssel seinen Aufsatz von seinem "Freund" Caze über den "Salon" für den "Amsterdammer" zu empfehlen.

Im August 1885 sendet er einen Abdruck seines Aufsatzes über "En ménage" wie üblich an dessen Verfasser, Joris-Karl Huysmans. Und da bekommt er nicht nur das übliche Dankeswort, sondern ein langes, herzliches Schreiben von einem Künstler, der seine eigenen Wurzeln und vor allem die seines Künstlertums in Holland suchen will und der ein besonderes Interesse an den Tag legt für die zeitgenössischen literarischen Ansichten im Lande seiner Väter, obwohl er die niederländische Sprache nicht beherrscht. Ein berühmter Schriftsteller, der sich neben den Grössten des Augenblicks behauptet, behandelt Prins wie seinesgleichen. Kein Wunder, dass abgesehen von anderen Gründen, die eine wechselseitige Sympathie genährt haben, diese Tatsache bestimmend gewesen ist für die weitere Entwicklung ihrer Freundschaft und ihres Briefwechsels. Der 25jährige Prins hat in dem 12 Jahre älteren Huysmans einen Mentor gefunden, einen soviel mehr wissenden (Kunst-)bruder, der ihm eine Richtung geben kann.

Im Herbst des gleichen Jahres siedelt Prins nach Hamburg um, wo er 20

Jahre lang leben wird, und er ist deswegen mehr denn je auf schriftlichen Kontakt angewiesen: "Al die jaren (in Hamburg) heb ik aan geen mens zoveel gehad als aan Huysmans", bekannte er 1908 Herman Robbers gegenüber[3].

Die Briefe von Huysmans sind bewahrt geblieben[4]; es gibt deren 237, was etwa einen Brief pro Monat bedeutet; man wird zugeben müssen, dass es sich da um eine hohe Frequenz handelt. Von dieser Briefsammlung, die sich im Besitz des Sohnes von Arij Prins befindet, liegt eine Fotokopie im Letterkundig Museum en Documentatiecentrum in Den Haag. Eine vollständige kritische Ausgabe ist zur Zeit druckfertig.

Herman Robbers hat als erster die Briefe einsehen können, und zwar schon im Jahre 1908 für seinen Huysmansaufsatz in "Elseviers"[3]. Prof. Piet Valkhoff hat die Briefe in den dreissiger Jahren durchgearbeitet und einen gewichtigen Aufsatz in "De Gids" darüber veröffentlicht[5]. Vor zwei Jahren noch hat ein junger Forscher, Dd. Jaap Goedegebuure von der Universität Leiden, die Briefe untersucht, und in "Maatstaf"[6] schliesst er auf Grund dieser Lektüre auf die Homosexualität von beiden, Huysmans und Prins, was nur beweist, dass er die Briefe in dieser Hinsicht schlecht gelesen und falsch, jedenfalls übereilig interpretiert hat. Sein Aufsatz in "Spiegel der Letteren" hingegen ist viel vernünftiger[7].

Auch von französischer Seite wusste man von dieser Korrespondenz, denn sie wurde oft erwähnt, u.a. durch Pierre Lambert, durch Louis Massignon, der die Briefe als besonders wichtig betrachtet, sie aber wegen der Freimütigkeit im Tone unpublizierbar nannte[8]. Sogar der gewissenhafte Robert Baldick, der Verfasser der bisher bestimmt besten Biographie von Huysmans[9], begnügt sich mit der Mitteilung, dass eine Dame Cörnélie Kruise ihm versichert habe, diese Briefe enthielten nichts Neues, weder in bezug auf die Biographie noch auf die Persönlichkeit von Joris-Karl Huysmans[10].

Gewiss, Enthüllungen etwa solcher Art, dass sie das Lebensbild des Künstlers von Grund aus ändern würden oder einen saftigen Skandal hervorrufen könnten, wird man in diesen 237 Briefen tatsächlich vergeblich suchen, obwohl gewisse Einzelheiten seiner "vie amoureuse" doch erstaunen lassen, auch wenn man schon bei Huysmans an vieles gewöhnt ist. So z.B., wenn er in einem Briefe vom 2. Dezember 1886 seine Beziehungen zu einem Zigeunermädchen mit derben Worten erwähnt und unumwunden seinen Hang zum Lolitismus verrät, oder wenn er die Reize seiner bevorzugten Dirnen mit grösster Genauigkeit notiert.

Wahrlich, nicht nur auf erotischer Ebene schreibt Huysmans freimütig an Prins. Er ist schon ein berühmter Romanautor und angesehener Kunstkritiker, als er mit dem jungen, noch unbekannten Prins zu korrespondieren anfängt; 12 Jahre älter als sein holländischer Kollege, imponiert er diesem durch sein schon beträchtliches Ansehen und kann sich desto freier äussern in seinen Briefen an ihn. Dieses besondere Verhältnis vom Aelteren zum Jüngeren, ganz verständlich im Jahre 1885, als sie 37 bzw. 25 Jahre alt sind, wird sich tatsächlich 20 Jahre später noch spüren lassen.

Im Gegensatz zu dem Ton in den Briefen von Huysmans an Edmond de Goncourt[11], an Zola[12], an Lemonnier[13], selbst an den viel jüngeren Jules Destrée[14], zeigt Huysmans sich in seinen Briefen an Prins herrisch in seinem Urteil, oft apodiktisch in der Formulierung. Ohne Zweifel verrät diese Kor-

respondenz eine wahre und tiefe Freundschaft. Diese diktiert Huysmans die un-
zähligen Ratschläge, Hinweise, Zurechtweisungen, Belehrungen, die er fort-
während in einem übrigens freundlichen Ton an Prins richtet.

Aus diesen 237 Briefen können wir die ganze menschliche und künstlerische
Entwicklung Huysmans' in den letzten 22 Jahren seines Lebens unmittelbar ablesen, also aus erster Hand kennenlernen.

Schon im 7. Brief, vom März 1886, deutet Huysmans an, dass er das Etikett ''Naturalismus'' als nicht mehr ganz richtig, übrigens als unwichtig an sich
betrachte, dass es auf ihn angewandt jedenfalls nicht mehr vollkommen zutreffe.
Einige Monate später, dies nach einem ersten zweiwöchigen Treffen der beiden
Freunde in Paris, beunruhigt Prins seine Freunde daheim, Netscher und Van
Deyssel, durch seine neuen Ansichten, als sei der Naturalismus etwa eine über-
holte Angelegenheit. Wenn Van Deyssel am 22. Oktober 1886 schreibt: ''Ik had
er van Paap al zoo iets van gehoord, dat gij na Uw verblijf te Parijs, nieuwe
literaire denkbeelden had gekregen. Ik hoop maar, dat toch Uwe Zola-vereering
niet aan 't wankelen is gebracht''[15], entlockt er sich diese Antwort: ''U schrijft
mij over Zola. Zeker, ik bewonder verscheidene van zijne werken nog evenzeer
als vroeger, doch boven Zola stel ik altijd nog Flaubert. 'L'éducation sentimentale' en 'La tentation' zijn mijn lievelingswerken.''[16] Dieses ''altijd nog Flaubert'' ist unbezahlbar, denn die plötzlich entdeckte Vorliebe für den Flaubert
der ''Education sentimentale'' und der ''Tentation de Saint Antoine'' stammt unmittelbar aus ''A rebours'' und dem persönlichen Kontakt mit Huysmans. Zeitmangel verbietet uns, ins Detail zu gehen; es sei nur erwähnt, dass das vollständige literarische ''Credo'', wie Prins es in seinem Brief an Van Deyssel
formuliert[16], sich wörtlich in den aufeinanderfolgenden Briefen von Huysmans
wiederfinden lässt, sowohl die Berufung auf Baudelaire, Villiers, d'Aurevilly
und Redon als auch das Verwerfen von jedem ''Etikett''.

Ab 1887 interessieren Huysmans und Prins sich mehr und mehr für das
Mittelalter und die Kunst der Primitiven. In dieser Hinsicht wird die gemein-
same Reise, die Huysmans und Prins im August 1888 durch Nord- und Mittel-
deutschland unternehmen, von grösster Bedeutung sein. Die Seiten über die
''Kreuzigung'' von Grünewald in ''Là-Bas'' und der daraus geschöpfte Begriff
des ''naturalisme spiritualiste'' sind hinlänglich bekannt. Auch Prins wird der
Malkunst der Primitiven öfter huldigen und versuchen, deren Technik in die
Literatur zu transponieren.

Die 237 Briefe von Huysmans an Prins bieten uns eine Art durchlaufender
Chronik der kleinen, anekdotischen, seltener der grossen Geschichte des literarischen und künstlerischen Milieus um Joris-Karl Huysmans. Das Material ist
dabei so ausgiebig, dass sich der Inhalt dieser Korrespondenz nicht zusammenfassen lässt. Wir beschränken uns heute deshalb auf ein Beispiel, das den Chro-
nikcharakter dieses Briefwechsels illustriert, nämlich das Verhältnis Huysmans-
Zola, von dem es sozusagen eine offizielle Fassung gibt, laut welcher die beiden
ehemaligen Mitkämpfer allmählich zu literarischen, später zu philosophischen
und politischen Gegnern werden, einander jedoch im Grunde respektieren bis
zum Ende[17]. Es stellt sich bei der Lektüre der Briefe von Huysmans an Prins
heraus, dass dem nicht so ist. Hier werden die leider hässlichen, oft misslich
riechenden Hintergründe von Huysmans' Verhalten gegenüber Zola mit einer
schamlosen Selbstverständlichkeit aufgedeckt.

Es ist bekannt, dass Huysmans endgültig mit dem orthodoxen Naturalismus, also mit Zola, abrechnete in den ersten Seiten von "Là Bas" (1891), und zwar indem er einen neuen Stil erprobt und verkündet, den "naturalisme spiritualiste", der sich nicht nur mit der sichtbaren Welt beschäftigen soll, sondern darüber hinaus die Schattenseiten zu ergründen sucht, technisch also doch der Zolaschen Methode treu bleibt, geistig aber mit dem Positivismus und dem Scientismus bricht. Die ersten Risse in der orthodoxen Ausübung des Naturalismus weist übrigens schon der 1884 veröffentlichte Roman "A rebours" auf. Emile Zola selbst hatte die strukturelle und inhaltliche Neuerung des Romangebildes in "A rebours" richtig eingeschätzt und damals schon seinem Freund Huysmans vorgeworfen: "Vous portez un coup terrible au naturalisme."[18]

Die neuen literarischen Ansichten in "A rebours", wie später in "Là-Bas", sind jedoch nur die natürliche Folge älterer Auffassungen. 1877 schon zeigte Huysmans Unbehagen angesichts einer zu engen Auffassung, insbesondere einer zu orthodoxen Praxis des Naturalismus in einem Brief an Lemonnier: "Il est bien certain d'ailleurs que si le naturalisme restait dans la note aiguë que nous avons donnée, celà deviendrait un rétrécissement de l'art".[19] Im Juni 1882 präzisiert sich seine kritische Haltung der herrschenden Mode des Naturalismus gegenüber, indem er an denselben Lemonnier anlässlich von dessen "Thérèse Monique" schreibt: "C'est un très beau livre que 'Thérèse' et je lui souhaite un succès - car il le mérite - si toutefois il y a un brin de justice littéraire, ici bas, ce dont je doute fort, je l'avoue. Exemples: Baudelaire et Flaubert - ces deux immenses écrivains qu'on ne vend pas!!! - et que sont les succès du jour, les succès du naturalisme, à côté des oeuvres de ces 2 hommes!! "[20].

Im März 1886 beschreibt Huysmans in einem Brief an Prins seine Genesis und Entwicklung als Schriftsteller. Was ihn von dem orthodoxen Naturalismus trenne, sei seine pessimistische Lebensanschauung, die als Leitfaden in allen seinen Büchern zu verfolgen sei, wo der wirkliche Naturalist sich damit begnüge festzustellen, ohne Folgerungen zu ziehen. Er sei übrigens ein persönlicher Freund und Bewunderer von überzeugten Romantikern wie Barbey d'Aurevilly und Villiers de l'Isle-Adam. "Ajoutez à cela", so geht es weiter, "une différence immense entre les idées de Zola par exemple et les miennes. Lui aime son temps qu'il célèbre - moi, je l'exècre - et pourtant nous arrivons à décrire les mêmes choses - lui est, en somme, à considérer la chose de près, matérialiste, moi pas - au fond, je suis pour l'art du rêve autant que pour l'art de la réalité; et si j'ai lancé Raffaëlli en peinture, j'en ai fait autant pour son antipode, Odilon Redon".[21]

Ein Jahr später, im März 1887, sind Huysmans und Zola immer noch dermassen befreundet, dass Huysmans in einem Brief an Prins den Verlust der Abende bedauert, die er bei Zola verbringt[22]. Sechs Monate später, am 11. November 1887, erweist sich, dass Huysmans immer noch Abende im Hause Zolas verbringt, sich aber viel geringschätziger über dessen Kreis äussert, insbesondere über die Theaterwut, die dort herrscht: "Il va falloir perdre son temps - aller au diable, chez Zola où l'on ne parle que d'argent et de théâtre - chez Goncourt où la conversation est à peu près la même. Qu'est-ce que dira la bourgeoisie affreuse de ces artistes? le terre à terre des négociants comme la plupart? tous ne songent plus qu'au théâtre qui rapporte! J'aime mieux, ah oui!, les démences de Villiers, et les fureurs de Bloy. Ca ne pue pas au moins la soupe!"[23] Drei Monate später, am 23. Februar 1888, wird der Ton noch schärfer: "Au fond, toutes les Soirées de Médan sont composées de charcutiers, de commerçants. Il n'y en pas un seul parmi eux - et j'ai honte d'en avoir fait partie - qui soit réellement soulevé par l'art. Je suis aussi gêné dans leur compagnie qu'avec des marchands de boutons - nous n'avons rien à nous dire - étant comme idées, à cent lieues les uns des autres".[24] Jedoch, diese Ueberzeugung hält ihn nicht davon ab, am 21. April Zola zu gratulieren bei der Erstaufführung der dramatischen Fassung von Germinal im Théâtre du Châtelet, nachdem die Zensur das Stück endlich freigegeben hatte. Er wünscht Zola Erfolg und wäre es auch nur, weil es "so viele Leute ärgern würde".[25]

Beim Erscheinen von "Le Rêve", Ende 1888, bezeichnet Huysmans das Buch in einem Brief an Prins als dumm und lächerlich, zugleich empörend. Deshalb, so schreibt er, wird er Zola nicht besuchen, denn diesmal würde er nicht schweigen können, und das würde den Bruch bedeuten.[26] Im Februar 1890 hat sich die Lage so weit verschlimmert, dass bei der Vorbereitung von "Là-Bas" Huysmans von einem wenn nicht formalen, so doch faktischen Bruch spricht: "Vu, ces temps-ci Zola - nous sommes un peu froids - Il sent mon livre dans l'air et n'en augure point un grand bienfait pour le naturalisme. La vérité, c'est que nous n'avons plus rien à nous dire. - Il croit au positivisme, au matérialisme, au moderne, et j'ai de tout celà par dessus la tête. C'est ennuyeux ces relations sur la défensive et que personne ne veut rompre".[27] Ende 1890 ist es so weit gekommen, dass Huysmans anlässlich der Veröffentlichung von "L'Argent" in der Zeitschrift "Gil Blas" Zolas Gedanken als "verächtlich" und seinen Stil als völlig unbedeutend abtut.[28] Nach dem Erscheinen der Buchausgabe jedoch empfindet Huysmans es als seine Pflicht, am 26. März 1891 an Zola die üblichen Glückwünsche und Gratulationen zu schicken.[29] Noch zweimal wird Huysmans an Zola schreiben: Ende Juni 1892 gratuliert er ihm für "La Débacle", am 14. Mai 1896 dankt er ihm für "Rome". Nach der Veröffentlichung aber von "Là-Bas" und Huysmans' Bekehrung ist der Bruch zwischen den ehemaligen Freunden bereits vollzogen. Dennoch wird Huysmans in seiner Korrespondenz mit Prins Zolas Roman "Lourdes" rühmen für seine Wucht, eben jene Wucht, die Bourget und Barrès völlig abgeht[30]; kurz darauf aber wird er Zola während dessen Italienreise wieder verspotten.[31]

Schon vor seiner Bekehrung hatte Huysmans sich merkwürdigerweise entrüstet über Zolas Liaison mit Jeanne Rozerot, über seinen "double ménage". Hierauf bricht die Dreyfusaffäre aus; Huysmans befindet sich an der Seite der Ordnungsliebenden, Zolas Rolle ist bekannt. Nachdem Prins zweifellos Zolas Mut gewürdigt hatte nach der Veröffentlichung des offenen Briefes "J'accuse" im Januar 1898, weist Huysmans ihn am 28. Februar, also nach der Verurteilung Zolas, folgendermassen zurecht: "A ce point de vue, vous n'y êtes pas; il faut voir cette affaire de près pour savoir quelle est l'abominable fripouille qui l'a montée. Tous les gens véreux sont là dedans, aux gages des Juifs. J'en connais personnellement une partie et je vous assure que c'est malpropre. Zola s'est lancé là dedans, pour jouer les Hugo, pour se faire de la réclame".[32]

Nach dem plötzlichen Tode Zolas am 29. September 1902 wird Huysmans den Unfall nicht einmal erwähnen in dem Brief, den er am 18. Oktober an Prins absendet. Er war tatsächlich auch nicht anwesend bei der Beerdigung. Als Prins dann in seinem nächsten Schreiben gewisse Romane Zolas lobt, zieht er sich folgende, wahrlich sehr christliche Antwort zu: "Le roman tel que ceux de Zola dont vous me parlez, me fait lever le coeur. C'est écrit n'importe comment, c'est documenté encore plus mal. Quel intérêt cela présente-t-il? Il est vrai que c'était bien tombé. Son discrédit en France était énorme et il est mort à temps, car il eût connu, avec son train de vie, la misère. Il lui fallait avec son double ménage 100.000 F par an. Il ne pouvait plus les gagner. La Providence a donc été, en quelque sorte, très douce pour lui, en l'enlevant avant sa très prochaine et irrémédiable décadence".[33] Man wird zugeben müssen, dass, im Lichte der vorliegenden Korrespondenz betrachtet, das Bild, das die offizielle Geschichtsschreibung von dem Verhältnis zwischen Huysmans und Zola gibt, ein stark verzuckertes ist.

Aehnlich verhält es sich mit dem Licht, das diese Briefe auf die Seitenpfade der Geschichte werfen. Ich hoffe, dass die Darstellung dieses einen kurzen Beispiels Sie davon hat überzeugen können.

Anmerkungen

1 Cf. De briefwisseling tussen Arij Prins en Lodewijk van Deyssel, Uitgegeven, ingeleid en van aantekeningen voorzien door Harry G.M. Prick, Reeks 'Achter het boek', 2 delen, 's-Gravenhage, Nederlands Letterkundig Museum en Documentatiecentrum 1971.

2 Aufbewahrt sind im Letterkundig Museum und Documentatiecentrum zu Den Haag 12 Briefe von R. Caze an A. Prins, abgeschickt zwischen dem 22. April 1885 und dem Tode Cazes im März 1886.

3 H. Robbers, Charles-Marie-Georges (dit: Joris-Karl) Huysmans, Een gesprek met Arij Prins. In: Elseviers geïllustreerd maandschrift, 18, januari 1908, S.41.

4 Von den Briefen Arij Prins' an Huysmans, die angeblich kurz vor dem Tode Huysmans' mit einer Menge von anderen Dokumenten vernichtet worden sind, haben wir bisher nur die Abschriften von drei Briefen entdeckt, und zwar in der Bibliothèque de l'Arsenal in Paris.

5 Cf. P. Valkhoff, Ontmoetingen tussen Nederland en Frankrijk. 's-Gravenhage, Leopold 1943, S.217-236.

6 Dd. J. Goedegebuure, Huysmans aan Prins, of een decadent spiegelt zich in zijn brieven. In: Maatstaf, XXIII, 2, febr. 1975, S.30-33.

7 Id., Joris-Karl Huysmans en Arij Prins. In: Spiegel der Letteren XVI (1974), 3-4, S.187-213.

8 L. Massignon, L'affaire Van Haecke. In: Les Cahiers de La Tour Saint-Jacques VIII (1963[2]), S.172.

9 R. Baldick, The Life of J.-K. Huysmans. Oxford, University Press 1955.

10 Ibid., Fussnote 24 zu Chapter 2, Part II.

11 J.-K. Huysmans, Lettres inédites à Edmond de Goncourt, publiées et annotées par Pierre Lambert, avec une introduction de Pierre Cogny. Paris, Nizet 1956.

12 Id., Lettres inédites à Emile Zola, publiées et annotées par Pierre Lambert,

avec une introduction de Pierre Cogny, série 'Textes Littéraires Français', Genève, Droz - Lille, Giard, 1953.

13 Id., Lettres inédites à Camille Lemonnier, publiées et annotées par Gustave Vanwelkenhuizen. Genève, Droz - Paris, Minard, 1957.

14 Id., Lettres inédites à Jules Destrée, Avant-propos d'Albert Guislain, Introduction et notes de Gustave Vanwelkenhuizen, Collection 'Textes Littéraires Français'. Genève, Droz 1967.

15 Briefwisseling Arij Prins-Lodewijk van Deyssel, S. 70.

16 Ibid., S. 73.

17 Cf. P. Cogny, in: Lettres inédites à Emile Zola, S. XII-XIII, XV.

18 Dies sind Worte, die Huysmans Zola zugeschrieben hat und die von ihm in der Einleitung zur Neuausgabe von A rebours 1903 erwähnt werden.

19 Lettres à Camille Lemonnier, S. 32-33.

20 Ibid., S. 109-110.

21 J.-K. Huysmans, Lettres inédites à Arij Prins, publiées et annotées par Louis Gillet (sous presse), Lettre 7.

22 Ibid., Lettre 32.

23 Ibid., Lettre 44.

24 Ibid., Lettre 50.

25 Lettres inédites à Emile Zola, S. 137.

26 Lettres inédites à Arij Prins, Lettre 70.

27 Ibid., Lettre 92.

28 Ibid., Lettre 105.

29 Lettres inédites à Emile Zola, S. 141.

30 Lettres inédites à Arij Prins, Lettre 136.

31 Ibid., Lettre 137.

32 Ibid., Lettre 164.

33 Ibid., Lettre 201.

MAURICE GILLIAMS IN DE SPIEGEL VAN ALAIN-FOURNIER EN RILKE

Door Martien J. G. de Jong (Namur)

> ...denn der Spiegel glaubte es gleich-
> sam nicht und wollte, schläfrig wie er
> war, nicht gleich nachsprechen, was
> man ihm vorsagte.

I.

De thans vijfenzeventigjarige Vlaming Maurice Gilliams is de auteur van enkele werken die men zou kunnen karakteriseren als herinneringsproza. Het gaat om jeugdherinneringen van een artistieke natuur, die zich een late vertegenwoordiger van een uitstervend patriciërsgeslacht weet. Zijn bekendste prozaboek is ''Elias of het gevecht met de nachtegalen'', dat in twee verschillende versies werd gepubliceerd in 1936 en 1943. Dit boek is een zeer oorspronkelijke proza-compositie, die in haar definitieve redactie bestaat uit 'melodische verschuivingen' van suggestief verbeelde verhaalmotieven en zelfanalyses. De verteller is het twaalfjarige jongetje Elias. Hij is enig kind in een welgesteld gezin uit de haute-bourgeoisie aan het begin van deze eeuw en wordt streng opgevoed door enkele tantes, die samen met zijn moeder en zijn grootmoeder op een afgelegen landgoed wonen (de vader speelt een ondergeschikte rol). Tijdens de zomervakantie komt ook zijn zestienjarige neef Aloysius op dat landgoed logeren. Er bestaat een soms wat zwoel aandoende vriendschap tussen beide jongens en Elias heeft een bijna blinde bewondering voor zijn oudere neef, die voor hem onbekende kontakten onderhoudt met de wereld buiten het familie-domein. Samen ondernemen de jongens tochten in het park rondom het landgoed. Daarbij laten ze papieren bootjes los op een beek, en één keer hebben ze een nachtelijke ontmoeting met een paar meisjes, die in het onbekende gebied aan de overzijde van het water wonen. Maar deze en andere uiterlijke gebeurtenissen zijn slechts aanhakings-punten voor niet aan bepaalde tijdstippen gebonden innerlijke belevenissen, die voor de vertellende, of liever: hardop denkende Elias van veel groter belang zijn dan de zichtbare werkelijkheid van alledag. Belangrijke thema's zijn: eenzaam-heid, dood, vergankelijkheid, droom en werkelijkheid, isolement en gemeenschap.

Een chronologische geordende inhoudsabstraktie leert dat de verhaalstof een periode van één jaar (4 seizoenen) omvat en dat de vertelde gebeurtenissen plaats-vinden op 19 verschillende dagen. Het boek bestaat uit 38 korte fragmenten die zijn verdeeld over 7 hoofdstukken.

In de geschiedenis van de Nederlandstalige letterkunde neemt het werk van Gil-liams een tamelijk geïsoleerde positie in. In de jaren dertig is er enerzijds een bloei van de regionale roman (de zg. ''Heimatkunst'') en anderzijds is er de op-komst van de grote - stadsroman, die in stijl en thematiek verwantschap vertoont met de Duitse ''Neue Sachlichkeit''. Gilliam's prozawerk staat buiten deze beide hoofdstromingen. Dit betekent echter niet dat het geen verwantschappen zou kennen op supra-nationaal niveau. Integendeel. In de vierde druk van zijn geschiedenis van "De Vlaamse letterkunde van 1780 tot heden" schrijft René F. Lissens dat "Elias of Het gevecht met de nachtegalen" "in grote mate afhankelijk (is) van Rilke's 'Malte' en Alain-Fourniers 'Grand Meaulnes'". De opmerking is zo algemeen bekend, dat men ze een kritisch cliché zou kunnen noemen. Haar herkomst is te zoeken in een bespreking van Gilliam's boek in het zevende deel van de "Literaire profielen" van Joris Eeckhout, verschenen in 1937. Gilliams heeft zelf indirekt op die bespreking gereageerd in zijn essayistisch journaal "De man voor het venster", onder zijn aantekeningen voor het jaar 1940. Het loont de moeite zijn beschouwingen te konfronteren met enkele uitkomsten van een vergelijking tussen "Elias" en "Le grand Meaulnes".

II.

In de roman van Alain-Fournier (1913) ontvlucht de zeventienjarige Augustin Meaulnes, bijgenaamd "Le grand Meaulnes", voor een paar dagen zijn kostschool en ontmoet dan in een mysterieus kasteel zijn ideale geliefde. Het verhaal van zijn pogingen om dit vluchtig paradijs van zijn jeugd terug te vinden wordt verteld door zijn vriend François Seurel.

Men zou Gilliams' journaal-aantekeningen over het verschil tussen "Le grand Meaulnes" en zijn eigen "Elias" kunnen samenvatten in de volgende twee punten:

1. Het boek van Alain-Fournier is "een rustig verteld feitenverhaal" over een knaap die de verwondering van de verteller (= François Seurel) opwekte, en waardoor een verlangen naar romantische levensverheerlijking opklinkt. Daarentegen komponeert Gilliams' Elias "veeleer een dichterlijk-psychologisch essay", waarin hij zijn eigen gevoelsleven analyseert en de oorzaken wil achterhalen van de fundamentele smartelijkheid die het menselijk bestaan doortrekt.

2. Bij Alain-Fournier is het kasteel-motief slechts decor voor een verhaal over het nagejaagd geluk; in "Elias" daarentegen draagt het kasteelmotief de tegenstelling individu-gemeenschap: "Het is een bolwerk tegen de wereld, het vertegenwoordigt de individuele idee afkomst-persoonlijkheid tegen de drommen der menigte-in-de-vlakte".

Bij het eerste punt zou men kunnen opmerken dat Alain-Fournier wel wat meer verbeeldt dan alleen "een verlangen... naar verheerlijking van het leven". Het is hem óók te doen om de principiële onvervulbaarheid van dit verlangen en om het melancholisch verdriet vanwege de vergankelijkheid van de dromen onzer jeugd. Alain-Fournier heeft die onbevredigbare romantische nostalgie in zijn eigen verhaal (h)erkend; niet zonder reden overwoog hij de meer karakteriserende en generaliserende titel "La fin de la jeunesse"[1]. Maar zijn wijze van vertellen is inderdaad totaal anders: minder direkt (de verteller is zelf n i e t de hoofdfiguur) en meer op uiterlijke "feiten" gericht dan dit het geval is in het boek van Gilliams[2].

Gilliams' opmerking dat het kasteelmotief bij Alain-Fournier slechts een "decor" zou zijn, miskent de betekenis van het "maison natale" - thema bij de Franse schrijver, zoals dat later is belicht in een psychokritische studie van Michel Guiomar[3]. Maar belangrijker is in dit verband dat Gilliams óók een belangrijk struktuur-element van Fourniers roman miskent. Het eerste deel van "Le grand Meaulnes" is immers mede gebouwd op de tegenstelling tussen enerzijds de kostschool (tevens ouderlijk huis van de vertellende onderwijzerszoon François Seurel), waar de oudere en bewonderde vriend "Le grand Meaulnes" woont en fantaseert en verlangt, en daartegenover het onvindbaar geworden kasteel in de bossen, "le domain mystérieux", waar Meaulnes eens de ideale geliefde zag naar wie hij verlangen blijft. Het valt niet te ontkennen dat een dergelijke tegenstelling - ofschoon minder manifest - óók aanwezig is in Gilliams' eigen "Elias".

Bij Gilliams staan tegenover het eigen tehuis de ontsnappingstochten naar de beek, die voortkomen uit een verlangen naar het onbekende als intrigerend doel in zichzelf: uit een onbestemde hunkering naar het mysterieuze. Van dat onbekende worden slechts enkele aspekten konkreet aangeduid. Er is op de eerste plaats de onbekende mensengemeenschap in het dorp, "de drommen der menigte-in-de-vlakte" buiten de beslotenheid van het "bolwerk", waarop Maurice Gilliams zelf wijst in zijn journaal. Maar er is op de tweede plaats - en daarover spreekt Gilliams niet - de aanwezigheid van een op dat van Alain-Fournier gelijkende onbekend en mysterieus "kasteel"[4]. En evenals bij Alain-Fournier heeft dit onbekende kasteel iets te maken met het geheim van de ontwakende liefde. Dit geheim krijgt voor Elias aarzelend gestalte in een nachtelijke ontmoeting met een verder onbekend meisje, dat hem liefkoost terwijl hij in het gezelschap is van zijn oudere neef Aloysius en een ander meisje. Behalve enige overeenkomst, bestaat hier ook een belangrijk verschil met het boek van Alain-Fournier. In tegenstelling tot de zeventienjarige "grand Meaulnes" ervaart de twaalfjarige Elias het kontakt met het vreemde meisje alleen maar als een aanraking met het mysterie dat aan de overkant van de beek ligt; en er is zeker geen sprake van een ontwakend mannelijk liefdeverlangen.

Toch heeft de ontmoeting diepe indruk op de kleine Elias gemaakt. Als zovele andere elementen uit de metterdaad door hem beleefde werkelijkheid, is ze nadien een hevige en soms beangstigende rol gaan spelen in zijn masochistisch getint verbeeldingsleven. Bij Elias gaat het steeds om de intense, soms ontredderende ontroering in zichzelf; méér dan om een doelgericht verlangen naar iets dat zelfstandig buiten hem om bestaat. Dat geldt ook voor het motief van het onbekende kasteel als zodanig. In tegenstelling tot "Le grand Meaulnes", probeert Elias dit droomkasteel niet binnen te halen in de werkelijkheid van zijn dagelijks bestaan. Het is voor hem veeleer een motief waarmee zijn eigen "scheppende" verbeelding probeert de werkelijkheid te ondermijnen of om te vormen. Het onbekende "kasteel" komt maar drie keer in Gilliams'boek voor. Ik citeer de plaatsen:

"Elias", 4.5: Op kerstavond maken Aloysius en Elias een schaatstocht op de beek, waarbij ze in onbekend gebied komen en een mysterieus kasteel zien: "De schaliën aan het torentje glimmen als met water bevloeid; in een ruit flitst een maanlichtsabel. Alles hier lijkt doods en verlaten... getwee, klein en bevangen in de plechtige avond, staan wij naar het onbekende gebouw te turen, als pogen wij er iets van ons fel bewogen gedachtenleven aan te herkennen. Spoedig, zonder om te zien, keren wij terug, naar ons eigen landgoed". (ik cursiveer)

"Elias", 7.1: Tijdens een zwerftocht met Aloysius waarbij Elias zich de ontmoeting met de meisjes herinnert: "Verleden winter zijn wij op schaatsen langs hier over het bevroren water voortgesneld; het werd steeds breder en eindigde in een grote vijver, waar een half gezonken schuitje bovenuit stak. Daar hebben wij het kasteel gezien, dat ik herhaalde malen getracht heb na te tekenen. Telkens zei Tante Henriette dat het wankelde, dat het een luchtkasteel was..."

"Elias", 7.5: Tijdens een zwerftocht alleen, op de droevige, ontluisterende dag van zijn vertrek van het landgoed, die tevens de laatste bladzijde van het boek is, staat Elias plotseling voor een uitgestrekte vijver: "Hier ben ik met Aloysius op een winteravond naartoe geweest. Het kasteel heeft waarlijk een andere vorm dan ik ervan onthouden heb; het is niet zo groot, het heeft niet zoveel vensters; het heeft geen torentje als ik die avond meende gezien te hebben. De tak is nu de ruime vijverkom ingevaren; hij beweegt niet meer; de stroming schijnt op hem geen kracht meer te bezitten; in dit gebied van dromerige rust heeft hij reeds 'zijn' vaste plaats ingenomen, om er langzaam te vergaan".

Deze drie plaatsen weerspiegelen een ontwikkeling in drie fasen, die bij Alain-Fournier ontbreekt. Eerst de ontdekking van het onbekende waarop eigen gevoel en verbeelding worden geprojekteerd, en waarmee een onbestemde angst gepaard gaat die doet terug verlangen naar de bescherming van het bekende "eigene"[5]. Vervolgens de koestering van het droombeeld in de fantasie, in de "artistieke" prestatie van het tekenen. Tenslotte de toevallige konfrontatie van droombeeld en werkelijkheid, die tot ontmaskering leidt, en die - tezamen met andere motieven - bijdraagt tot de totale ontluistering waardoor het slot van Gilliams' "Elias" wordt gekenmerkt. Die ontluistering werd trouwens al thematisch aangekondigd door het beeld van het "half gezonken schuitje" (versterkt heraald in dat van de tot verrotting gedoemde tak uit de laatste kasteel-evokatie) en door de opmerking over "een luchtkasteel" van tante Henriette. Zij is wel het laatste personage in de "Elias" dat men mag verdenken van gebrek aan zin voor het artistieke en fantastische, maar zij is tevens degene die Elias' onderzoekende aandacht vestigt op de harde zelfstandigheid van de dingen uit de werkelijkheid.

Hier ligt het grote verschil met Alain-Fournier. Bij Gilliams de genadeloze observatie en pijnlijke zelf-analyse, die leidt tot herkenning - daarom nog niet verloochening - van de droom en tot zelf-verwonding. Bij Alain-Fournier de verlangende koestering van het droombeeld, waarvan men dan aan het eind met zachte berusting wel aanvaarden wil dat het inderdaad beter een dróóm had kunnen blijven[6]. In "Le grand Meaulnes" weemoed en wonder; in "Elias" smart en verbeelding. In "Le grand Meaulnes" de romantische droom als vlucht uit de werkelijkheid; in "Elias" het romantisch lijden als onontkoombaar lot in een werkelijkheid die voortdurend wordt aangetast door een masochistische verbeelding.

Alain-Fournier droeg zijn boek op aan een gezellin uit het gedroomd paradijs van zijn jeugd: "A ma soeur Isabelle"; en in zijn slotzin zegt de romantiserende verteller over zijn geïdealiseerde held: "Et déjà je l'imaginais, la nuit, enveloppant sa fille dans un manteau, et partant avec elle pour de nouvelles aventures".

Het boek van Gilliams is opgedragen aan de volwassenen bij uitstek uit de werkelijkheid van Elias' jeugd: aan zijn ouders. En het slot suggereert geenszins het geliefdkoosd fantasiebeeld van een vertrek naar het romantisch avontuur. Gilliams' ''verhaal'' eindigt integendeel met het gedwongen vertrek van zijn verteller naar een doodgewone kostschool: een zich in tastbaar verdriet voltrekkende tocht naar een vreeswekkende realiteit, die de dertienjarige Elias vervult met één vlijmende vraag: ''waarom het zo droef, zo onrechtvaardig moet zijn?''

III.

''Mon credo en art et littérature: l'enfance. Arriver à la rendre sans aucune puérilité, avec sa profondeur qui touche les mystères''[7]. Dit citaat van Alain-Fournier verbindt diens werk met ''Die Aufzeichnungen des Malte Laurids Brigge'' van Rainer Maria Rilke, en daardoor tevens, maar nu op een ander nivo, met dat van Maurice Gilliams. Op dit nivo - dat van de herinnering als artistiek instrument tot evokatie van het onpeilbare en tot onbarmhartige zelfontleding - is het boek van Rilke van wezenlijker belang voor de Vlaamse auteur dan Alain-Fournier ooit heeft kunnen zijn. Evenals bij Gilliams, leidt de thematiek van de tot eenzaamheid en ondergang gedoemde ''Spätling'' bij Rilke tot ontrafeling van de eigen binnenwereld en van de erfelijke faktoren die deze hebben bepaald: vandaar de nooit ophoudende exploratie van de eigen jeugd, die evenzeer in het verhaal-bewustzijn tegenwoordig is als het heden.

Rilkes ''Malte'' en Gilliams' ''Elias'' vertonen onderlinge overeenkomsten die aan de roman van Alain-Fournier volkomen vreemd zijn, en waardoor beide teksten zich onderscheiden van wat men de realistische romantraditie zou kunnen noemen. Die overeenkomsten betreffen de tijdsbeleving, de verhaal-struktuur, en de karakteruitbeelding.

In het traditionele ''feitenverhaal'' zijn tijd en ruimte externe, autonome grootheden ten opzichte van de personages. De tijd is een rechtlijnig en onomkeerbaar continuum, de ruimte een onwrikbare ordening, en de personages zijn voor de lezer min of meer vatbare, in ieder geval klasseerbare karakters, terwijl der verhaal-struktuur berust op logika, causaliteit en chronologie.

Dit is anders in de boeken van Rilke en Gilliams. Kloktijd, topografie en karakterbeschrijving worden er geheel of gedeeltelijk vervangen door het kompakt simultaan bewustzijn van een schrijvende instantie, die een tekst produceert waarvan de struktuur uitsluitend wordt bepaald door haar eigen artistieke principes. Het gaat hier om het verschil tussen de traditionele roman als weergave van de externe wereld volgens een door lezer en auteur als normgevend aanvaarde zienswijze, en de moderne roman als artistieke taalvorm van een bewustzijnstoestand die niet per se tot de gemeenschappelijke ervaringswereld van auteur en lezer behoort. De moderne roman stelt geen weergave-probleem, maar een vormprobleem en een bewustzijnsprobleem. Hij veronderstelt een grote afstand tussen het verband der verhaalmotieven zoals gepresenteerd in de tekst (het zogenaamde ''sujet'') en de chronologische - causale inhoudsabstraktie die sinds de Russische formalisten ''fabula'' wordt genoemd.

Afgezien van experimenten met de taal zelf (James Joyce), kan de aantasting van de traditionele narratieve strukturen zich voordoen in een objektieve en een subjektieve richting. In het eerste geval kan de nadruk komen te liggen op uiterlijke gebeurtenissen en omstandigheden (de filmische en dokumentaire

techniek van Dos Passos tot en met de moderne Non Fiction Novel), maar in
het tweede geval draait inderdaad alles om het bewustzijn van de verteller,
dat in zijn complexiteit eveneens de problematiek van de artistieke vormge-
ving zelf kan omvatten. Het gaat dan met andere woorden niet langer om uiterlijke feiten, maar om complexe innerlijke ervaringen en daarmee correspon-
derende taalstrukturen.

De grote naam die nu genoemd moet worden is die van Marcel Proust. In
tegenstelling tot het beroemde boek van Alain-Fournier, horen de "Malte" van
Rilke en de "Elias" van Gilliams qua thematiek en struktuur thuis in die richting van de moderne roman, welke haar omvangrijkste prestatie heeft bereikt
in Prousts "A la recherche du temps perdu". Wanneer ik met deze opmerking
besluit, bedoel ik daarmee niet dat alles gezegd is, maar veeleer dat men van
hieruit zou kunnen beginnen om een paar dingen te zeggen. [8]

Anmerkungen

1 Robert Champigny, Portrait of a Symbolist Hero. An Existential Study Based
  on the Work of Alain-Fournier. Bloomington 1954, p.117 en 125 e.v.
2 Men vergete overigens niet dat de lezer van het boek van Alain-Fournier eveneens wordt gekonfronteerd met de ontreddering van de verteller François
  Seurel zélf, nadat "Le grand Meaulnes" onverwachts en bouleverserend in
  diens leven is binnengekomen. Bovendien lijkt het de moeite waard er in dit
  verband aan te herinneren dat ook de eerste, uitgebreide versie van Elias
  wordt "gepresenteerd" als een tekst van een verteller die n i e t zelf de
  hoofdfiguur is: namelijk Elias'vriend Olivier Bloem (vgl. François Seurel!)
  die tevens - in het eerste deel - dagboekfragmenten van Elias zelf uitgeeft.
  In "Le grand Meaulnes" komt een soortgelijke compositorische kunstgreep
  voor.
3 Michel Guiomar, Inconscient et imaginaire dans Le grand Meaulnes. Paris
  1964, p.196, 225, 249. (Dit werk is zeer duidelijk geinspïreerd door Bache-
  lard, Weber en Mauron).
4 Jan Vandamme, Gilliams en het onbewoonbaar kasteel van Elias. In: Komma,
  IV,1 (1969), p.1 e.v. Vgl. ook Hubert Lampo, De jeugd als inspiratiebron.
  Brussel 1943, p.39 e.v. en Paul van Aken in het Nieuw Vlaams tijdschrift
  (1970), p.190 e.v.
5 Typerend lijkt een door Jan Vandamme opgemerkte eigenaardigheid: voor
  Elias het vreemde kasteel zag, duidde hij zijn eigen verblijf gewoonlijk aan
  met de benaming "landgoed", "landhuis" (vijftien keer), of eenvoudig "huis"
  (zes keer), en maar twee keer met de benaming "kasteel"; nadat hij het
  vreemde kasteel heeft gezien, schijnt hij zijn eigen verblijf extra luister te
  willen bijzetten door een wijziging in de benaming: hij duidt het nadien negen
  keer aan als "kasteel", zeven keer als "landgoed" of "landhuis", en maar
  twee keer als gewoon "huis" (Komma, IV,1 p.9, 10). Overigens vindt men
  een vergelijkbare afwisseling van het aanlokkelijke en vreesaanjagende dat
  door een onbekend kasteel wordt ingeboezemd, ook wel in "Le grand Meaulnes". Zie voor die afwisseling van "les thèmes A, majeurs ou de sécurité
  et thèmes B, Mineurs ou d'insécurité": Guiomar, p.48 e.v.
6 Le grand Meaulnes, 3.11 ("Conversation sous la pluie"): "Nous lui avons dit:

"Voici le bonheur, voici ce que tu as cherché pendant toute ta jeunesse, voici la jeune fille qui était à la fin de tous tes rêves!..." "C'est cette pensée-là qui est cause de tout..." "Mais quand je l'ai vu près de moi avec toute sa fièvre, son inquiètude, son remords mystérieux, j'ai compris que je n'étais qu'une pauvre femme comme les autres."

7 Champigny, p. 127; vgl. p. 136, 137, 138 en Guiomar, p. 222.

8 Ik heb dat - eveneens in al te beknopte vorm - trachten te doen in mijn lezing "Fighting the Nightingales (Gilliams, Alain-Fournier, Jacobsen, Rilke, Proust)" voor het XIIIth Congress van de International Federation for Modern Languages and Literatures te Sydney (augustus 1975).

DEUTSCH-JUGOSLAWISCHE LITERARISCHE BEZIEHUNGEN

Von Strahinja K. Kostić (Novi Sad)

Gleich zu Anfang zu meinem Thema "Deutsch-jugoslawische literarische Beziehungen" möchte ich einige grundsätzliche Bemerkungen vorausschicken. Wenn ich mich hier des Wortes "Deutsch" bediene, so habe ich den gesamten deutschsprachigen Bereich vor Augen; bei "jugoslawisch" oder "südslawisch" denke ich nicht nur an den jugoslawischen Staat, der 1918 entstand und in dem heute jugoslawische Völker und Nationalitäten vereinigt existieren, sondern - wenn die Rede von der Vergangenheit ist - an literarische Beziehungen eben einzelner südslawischer Völker zum deutschen Sprachbereich. Die Geschichte der deutschsüdslawischen literarischen Beziehungen erstreckt sich auf mehr als elf Jahrhunderte, also auf die gesamte Epoche der literarischen Tätigkeit sowohl bei den Deutschen als auch bei den Südslawen. So verfasste z.B. Otfried von Weissenburg, der erste dem Namen nach bekannte deutsche Schriftsteller, im siebten Jahrzehnt des 9. Jahrhunderts sein "Evangelienbuch" in f r ä n k i s c h e r Sprache, angeregt durch die Tätigkeit der Slawenapostel Kyrill und Method, seiner Zeitgenossen, die an den östlichen Reichsgrenzen das Christentum in s l a - w i s c h e r Sprache erfolgreich predigten, was übrigens aus Otfrieds Einleitung "Cur auctor librum hunc theodisce dictaverit" hervorgeht. In den darauffolgenden Jahrhunderten, bis auf den heutigen Tag, finden wir im Bereich der deutsch-südslawischen literarischen Beziehungen in Hülle und Fülle gegenseitige Anregungen, ein fruchtbares Geben und Nehmen, gemeinsame Motive, eine Reihe von Schriftstellern, die der beiden Sprachen mächtig waren und sich in beiden literarisch oder wissenschaftlich betätigten; in nicht wenigen literarischen Werken der einen Seite wurden Menschen und Länder der anderen Seite vielfältig dargestellt. Mit gegenseitigem Einfluss, mit Nachahmung, Rezeption, Wirkung usw. haben sich vor allem deutsche Slawisten und jugoslawische Germanisten insbesondere in der neueren Zeit befasst; man muss aber sagen, dass es in der Geschichte der deutsch-südslawischen literarischen Wechselseitigkeit noch immer viele ungeklärte Fragen gibt und dass sich da ein dankbares Forschungsfeld öffnet; je mehr man sich in die Vergangenheit begibt, um so mehr Probleme trifft man an.[1] Mit Rücksicht auf die mir zur Verfügung stehende Zeit und den begrenzten Raum kann ich hier mit Siebenmeilenstiefeln einen nur kurzen Spaziergang durch Jahrhunderte unternehmen, nur einige Punkte in Betracht ziehen und muss auf vieles bewusst verzichten bzw. nur in Fussnoten hinweisen.

Aus der mittelalterlichen Wechselseitigkeit bis zum ausgehenden 15. Jahrhundert sind zwar viele Einzelheiten bekannt; man findet manche den beiden Dichtungen gemeinsame Motive, so den Vater-Sohn-Kampf, wie er im "Hildebrandslied" und in einigen serbokroatischen Volksdichtungen vorkommt, dann einige internationale Motive, so das Oedipus-Motiv (im "Gregorjus"), manche Szenen aus dem "Nibelungenlied", "Alexanderlied", "Rolandslied", "Barlaam und Josaphat" usw.[2] In Wolframs "Parzival" werden einige Ortschaften bzw.

geographische Punkte auf dem heutigen slowenischen Boden im jugoslawischen Nordwesten erwähnt (Rôhas, Zilje, Greiân, Trâ). Es liegen aber keine Beweise vor, dass es sich dabei um direkte l i t e r a r i s c h e Berührungen handelt. Bekannt sind uns auch manche deutsche Reisebeschreibungen über einige südslawische Gebiete.[3] Im Mittelalter sind aber auch viele Lücken; so wissen wir z.B., dass im serbischen Feudalstaat die Anfänge des Bergbauwesens auf deutsche Fachleute zurückzuführen sind, dass sich in der Leibgarde des serbischen Zaren Dušan (1331-1355) eine Einheit von deutschen Rittern unter dem Kommando des Ritters Palmann befand, dass sich Despot Stefan Lazarević (1389-1427), sonst als Kunst- und Literaturfreund bekannt, am Konzil in Konstanz beteiligte - wir wissen aber nicht, ob und welche Spuren diese Berührungen im literarischen Bereich hinterlassen haben. Denn der Ansturm der Türken und die jahrhundertelange türkische Herrschaft lassen uns heute von mittelalterlichen Beziehungen nur ahnen. Einige literarisch begabte Deutsche beteiligten sich im Dienste von letzten südslawischen Feudalherrschern an den letzten Kämpfen gegen die Osmanen, worüber sie auch literarische Zeugnisse hinterliessen[4]; dass man aber im europäischen Westen, so auch im deutschen Sprachbereich den Kampf der Südslawen gegen den türkischen Eroberer aufmerksam verfolgte, beweisen u.a. einige Verse im ersten, vollständig erhaltenen, 1454 in Mainz gedruckten deutschen Buche, im sogenannten "Türkenkalender":

> Ir ragunser, alboneser und wulgarische
> Dalmatien, cruatien und wendischen,
> Ir fromen cristen genois
> Helffet widdersten des turcken stois
> Das sin ubermut werde geschant ...[5]

Die Epoche der Reformation bildet den ersten Gipfelpunkt der deutsch-südslawischen kulturellen und literarischen Beziehungen; genug ist es in der Forschung bekannt, dass durch Primož Trubars - und nicht nur seine - reformatorische Tätigkeit der Anfang der neueren slowenischen Literatur gesetzt wurde, dass vertriebene slowenische und kroatische Reformationsanhänger in Deutschland eine sichere Zuflucht gefunden und in Urach mit deutscher Hilfe eine Druckerei gegründet haben[6], dass mehrere Slowenen und Kroaten in der deutschen Reformation eine hervorragende Rolle spielten, wie z.B. Matthias Flacius Illyricus (1520-1575), dem Mitte Februar 1975 ein Symposion an der Universität Regensburg gewidmet wurde, usw. Irgendwie im Schatten ist aber eine Tatsache geblieben, dass nämlich einige gebildete Südslawen, die sich zur Zeit der Reformation am Kampfe gegen die Türken beteiligten und nach Westen flüchteten, eben diesem Westen die besten Informationen über die türkische Gefahr lieferten, wofür als Beispiel die umfangreiche schriftstellerische Tätigkeit von Bartol Djurdjević (um 1506 bis nach 1566), sonst ein Teilnehmer an der Schlacht bei Mohács (1526), dienen kann.

Wenn im 17. Jahrhundert deutsch-südslawische literarische Beziehungen infolge des Dreissigjährigen Krieges und der immerwährenden Kämpfe im europäischen Südosten lahmgelegt wurden, so ist es das Jahrhundert, in dem das Bewusstsein und die Erkenntnis reif wurden, dass unter gegebenen Verhältnissen Wien und Südslawen nur g e m e i n s a m dem Türkenstoss widerstehen können. Als dann nach der zweiten türkischen Belagerung Wiens und dem darauffolgenden Frieden in Sremski Karlovci von 1699 der heutige jugoslawische Norden und somit auch viele Südslawen unter die Habsburger kamen, entstanden neue Grundlagen für kulturelle und literarische Beziehungen, wobei die Vermittlerrolle Wiens nicht nur zum gesamten deutschsprachigen Bereich, sondern zum europäischen Westen überhaupt, und zwar für längere Zeit, nicht übersehen werden darf. Diese Grundlagen erhielten zur Zeit der Aufklärung eine breite Basis durch die Einführung der d e u t s c h e n Sprache anstelle des Lateins im engeren Oesterreich, durch die Theresianische Schulreform bei den Südslawen und dann durch die deutsche klassische Literatur, die auch im südslawischen Bereich wirkte. Die repräsentativen Vertreter der südslawischen Aufklärung, so der Kroate Matija Antun Reljković (1732-1798) und der Serbe Dositej Obradović (um 1740-1811) sind bedeutende Schüler der deutschen Aufklärung.

Deutsche Klassiker wirkten zwar zunächst in deutscher Sprache; viele an deutschen Hochschulen und sonstigen Schulen ausgebildete Südslawen beherrschten schon in den letzten Jahrzehnten des 18. Jahrhunderts sehr gut Deutsch[7], wobei zu erwähnen ist, dass das slowenische und kroatische Bürgertum grossenteils deutscher Muttersprache war und Söhne dieses Bürgertums deutsche katholische Hochschulen besuchten; orthodoxe serbische Studenten gingen lieber zu deutschen evangelischen Schulen, und nicht wenige orthodoxe Theologen wurden in Russland ausgebildet. Wenn auch viele spezielle Untersuchungen noch immer ein Desideratum bleiben, so kann man sagen, dass die Rolle und die Bedeutung einzelner Vertreter der deutschen klassischen Literatur in den Nationalliteraturen südslawischer Völker im grossen und ganzen doch bekannt sind. Alle wurden viel gelesen, im 19. Jahrhundert zählten ihre Werke zur Pflichtlektüre nicht nur an den Schulen der Donaumonarchie, sondern auch im Fürstentum Serbien; deutsche Klassiker wurden bei den Südslawen viel übersetzt - Klopstock zwar am wenigsten -, Herders Ideen spielten keine geringe Rolle bei der Entwicklung des modernen nationalen Bewusstseins[8], Lessing und Schiller wurden im 19. Jahrhundert auf südslawischen Bühnen viel aufgeführt und Gedanken aus ihren theoretischen Schriften viel zitiert[9], alle wichtigeren Werke von Goethe mehrmals übersetzt und seine Dramen aufgeführt; bei einigen südslawischen literarischen Werken ist Goethes Einfluss unverkennbar, und viele südslawische Wissenschaftler befassten sich mit der literarischen Tätigkeit des Grössten der deutschen Klassik.[10]

Wenn man sagen kann, dass der deutsche Kultureinfluss in der ersten Hälfte des 19. Jahrhunderts bei den Südslawen am stärksten ist, was im Bereich der Uebersetzungsliteratur, in der Versifikation und sonstigen literarischen Formen zum Ausdruck kommt, so ist diese Zeitspanne zugleich die Epoche, in der das moderne deutsche Interesse für die südslawische Dichtung entstand. Wir können zwar auf starke deutsche Elemente in der südslawischen Romantik hinweisen - so bei den Slowenen, in der Literatur der kroatischen Wiedergeburt[11] oder bei den Serben; zur Zeit der deutschen Romantik aber und auf Anregungen, die grossenteils in der deutschen Romantik ihren Ausgangspunkt haben, begann Vuk Stefanović Karadžić unter direkter Anleitung des Slowenen Jernej Kopitar serbokroatische Volksdichtungen zu sammeln, die sehr bald ins europäische literarische Bewusstsein drangen. Zwar übersetzte Goethe schon in den siebziger Jahren des 18. Jahrhunderts die bekannte südslawische Volksballade "Klaggesang von der edlen Frauen des Asan Aga", die sonst kurz vorher im Original und in paralleler italienischer Uebersetzung der bekannte italienische Forscher Alberto Fortis in seiner Reisebeschreibung "Viaggio in Dalmazia" (1774) veröffentlichte; Goethes Uebersetzung des "Klaggesanges" (Hasanaginica) erschien zusammen mit der Uebersetzung von anderen drei stilisierten Volksliedern aus dem damals bei den Südslawen sehr beliebten Werk "Angenehmes Gespräch" (Razgovor ugodni naroda slovinskog, 1756) von Andrija Kačić Miošić in Herders "Volksliedern" (1778/1779). Wenn Goethes Uebersetzung des "Klaggesanges" für die kommenden anderthalb Menschenalter ein vereinzelter Fall blieb, so muss man doch sagen, dass die südslawische Volksdichtung durch die hervorragendsten damaligen deutschen Dichter, Goethe und Herder - auch Albrecht von Haller lobte diese Ballade -, in die Welt eingeführt wurde.[12] Als dann im zweiten Jahrzehnt des 19. Jahrhunderts Vuk Karadžić seine Sammlungen von serbischen Volksliedern publizierte, zeigte die deutsche Romantik, von der Volksdichtung sonst begeistert, ein lebhaftes Interesse dafür. Jacob Grimm schreibt lobende Rezensionen, übersetzt einige dieser Lieder und Karadžićs Grammatik der Sprache, in der diese Volkslieder entstanden sind[13], und bahnt seinem serbischen Freund den Weg nach Weimar, zu Goethe, den Karadžić im Hause am Frauenplan zweimal besucht: im Oktober 1823 und am 15. März 1824. In seiner Zeitschrift "Kunst und Altertum" bringt Goethe einige Uebersetzungen von serbo-kroatischen Volksliedern und, was ebenso wichtig ist, einige seiner Beiträge: "Serbische Lieder" (V, 2, 1825), "Serbische Gedichte" (VI, 1, 1827), "Das Neueste serbischer Literatur" (VI, 1, 1827), "Serbische Poesie" (VI, 2, 1828), "Nationelle Dichtkunst" (VI, 2, 1828). Auf Goethes Anregung vertonen einige deutsche Tonsetzer serbokroatische Volkslieder, von denen manche für Goethe "höchst schön" oder "von unendlicher Schönheit" sind, und eines "hält Vergleichung aus mit dem Hohenliede". Goethe zuliebe oder auf seine mittelbare oder unmittelbare Anregung melden sich einige Uebersetzer, die Karadžićs Sammlungen ins Deutsche übertrugen, so Therese Albertine Louise von Jakob (Fräulein Talvj, 1797-1870), Wilhelm Christoph Leonard Gerhard (1780-1858), Eugen Wesely (1799-1828), Peter Otto von Goetze usw. Einmal auf diese Weise und durch Goethe in die grosse literarische Welt eingeführt, werden serbokroatische Volkslieder, aber auch Volksmärchen[14], bis in unsere Gegenwart ins Deutsche übertragen. Sie wurden zum Gegenstand einer eifrigen Forschung, und in Anlehnung an dieselben entstanden in deutscher Sprache einige kleinere und grössere epische Dichtungen, wie die von Johann Nepomuk Vogl, Herlossohn, Siegfried Kapper, Karl Gröber usw. sind; auch das Versmass der serbischen Volkspoesie findet man in der deutschen Poesie jener Zeit.[15] In den dreissiger Jahren des vorigen Jahrhunderts erfreuen sich serbokroatische Volksdichtungen in Deutschland einer allgemeinen Beliebtheit, und die Wertmassstäbe der Volkspoesie werden später deutscherseits sogar bis zum Ersten Weltkrieg auf die gesamte südslawische Hochdichtung übertragen; in deutschen Beiträgen zur Literatur der jugoslawischen Völker lesen wir sehr häufig Ueberlegungen, ob und inwieweit sich das besprochene Werk der Volksdichtung nähert. Aus deutschen Uebertragungen serbokroatischer Volksdichtungen wurden dieselben in andere Sprachen übersetzt; so diente die deutsche Sprache Sir Walter Scott (1771-1832) als Vermittlerin für seine englische Uebersetzung des von Goethe übertragenen ''Klaggesanges'' oder dem Staatsmann, Dichter und Herausgeber von ''Westminster Review'', Sir John Bowring (1792-1872), der 1827 eine englische Sammlung von Uebertragungen in Anlehnung an Fräulein Talvj lieferte[16].

Trotz dem eben angedeuteten Reichtum von bekannten Einzelheiten aus den deutsch-südslawischen Beziehungen zur Zeit der Klassik und Romantik muss man sagen, dass der Forschung nicht wenige Probleme offen stehen; so sagen wir, zwei deutsche Zeitgenossen der Klassik und Romantik, August von Kotzebue (1761-1819) und Heinrich Daniel Zschokke (1771-1848) spielten in der Literatur der Kroaten und Serben bis in die siebziger Jahre des vorigen Jahrhunderts eine bedeutende Rolle. Man muss doch sagen, dass weder eine vollständige Bibliographie der Uebersetzungen und Sekundärliteratur erstellt noch die heute nur annähernd bekannte Wirkungsgeschichte erforscht ist.[17]

Die letzten anderthalb Jahrhunderte der deutsch-südslawischen literarischen Beziehungen bilden eine ununterbrochene Kontinuität, stehen aber unter einem anderen Zeichen als die frühere Epoche. Nach dem Berliner Kongress (1878) und der anschliessenden österreichischen Okkupation Bosniens sind zwar bis zum Ende des Ersten Weltkrieges etwa drei Fünftel des heutigen jugoslawischen Bodens im Gefüge der Donaumonarchie, unter fremder Herrschaft also. Da existieren aber schon zwei freie südslawische Staaten, Serbien und Montenegro, in denen der deutsche Kultureinfluss nicht der ausschliessliche ist und aus denen Studenten noch immer nach Wien, Berlin, Heidelberg usw. kommen, aber auch nach Paris, Moskau und überhaupt an Universitäten ausserhalb des deutschen Sprachbereiches. Gegenseitige literarische Beziehungen bleiben aber sehr lebendig. Aus der deutschen Literatur wird nach wie vor, bis in die Gegenwart, viel übersetzt; wenn man auch sagen kann, dass verhältnismässig wenig deutschsprachige Dichter aus dem vorigen Jahrhundert von grösserem Einfluss in der südslawischen Literatur waren, so zeigen uns zwar unvollständige Bibliographien einen grossen Reichtum von Uebersetzungen aus dem Deutschen. Heinrich Heine[18] und Nikolaus Lenau[19] z.B. beeinflussten einige bedeutendere südslawische Dichter, aber fast alle deutschen Romantiker und Vertreter des bürgerlichen Realismus wurden übersetzt, und zwar nicht nur grosse und heute noch bekannte; auf südslawischen Nationalbühnen in Zagreb, Novi Sad und Belgrad wurden bis zum Ersten Weltkrieg mehr als 120 deutschsprachige Dramatiker in serbokroatischer Uebersetzung aufgeführt, von denen heute nicht wenige auch in ihrer engeren Heimat in Vergessenheit geraten sind[20]. Andererseits bestand im deutschsprachigen Bereich ein reges Interesse für die südslawische Hochliteratur, von der viele Werke in deutscher Uebersetzung erschienen, wichtigere sogar mehrmals, wie z.B. ''Der Tod des Smais Aga Čengić'' von Ivan Mažuranić, dann ''Der Bergkranz'' von Petar Petrović Njegoš oder Erzählungen von Laza K. Lazarević.[21]

Nach dem Ersten Weltkrieg und der Gründung des gemeinsamen jugoslawischen Staates (1918) finden wir in der deutschen schöngeistigen Literatur viele Werke, die sich von verschiedenen Aspekten aus mit südslawischen Menschen und Landschaften im Rahmen der Kriegserlebnisse befassen.[22] Die alten Verbindungen dauerten an; südslawische und deutsche Expressionisten hatten enge

Kontakte[23], in Jugoslawien wurde zwischen den beiden Kriegen aus dem Deutschen viel übersetzt, aber auch im deutschsprachigen Bereich aus dem Serbokroatischen und Slowenischen. Unter den Uebersetzern aus dem Deutschen gibt es auch bekannte südslawische Schriftsteller, unter denen aus dem Serbokroatischen und Slowenischen auch hervorragende deutsche Slawisten, so Gerhard Gesemann (1888-1948) und Alois Schmaus (1901-1970).

Aus dem Erlebnis der Katastrophe des Zweiten Weltkrieges entstanden auf beiden Seiten viele literarische Werke, in denen die andere Seite dargestellt ist; darin spürt man eine Suche nach dem wahren Menschen, der in unmenschlichen Situationen Mensch bleiben will. Im heutigen Jugoslawien ist das Interesse für die Literatur des deutschen Sprachbereiches nach wie vor sehr lebendig; ins Serbokroatische, Slowenische und Mazedonische wird aus dem Deutschen viel übersetzt[24]. Deutsch ist eine der vier Weltsprachen, die heute an den Schulen in Jugoslawien unterrichtet werden (nebst Englisch, Französisch und Russisch). Uebersetzt werden deutsche Dichter aus älteren Epochen, aber auch aus der Gegenwart. Gerhart Hauptmann, Bert Brecht[25], Thomas und Heinrich Mann[26], Hermann Hesse, Erich Maria Remarque, Heinrich Böll, Friedrich Dürrenmatt, Hermann Kant usw. sind heute in Jugoslawien allgemein bekannt. In der Bundesrepublik, in der Deutschen Demokratischen Republik und in Oesterreich wird das jugoslawische literarische Leben mit gebührendem Interesse verfolgt; in den verflossenen drei Jahrzehnten erschienen in den deutschsprachigen Ländern zahlreiche Anthologien und andere Uebersetzungen in Buchform aus der jugoslawischen Literatur; verstreute Uebersetzungen in Zeitschriften sind kaum zu übersehen. Dem deutschen Lesepublikum sind nicht nur so grosse Dichter zugänglich gemacht wie der unlängst verstorbene Nobelpreisträger Ivo Andrić (1892-1975) oder Miroslav Krleža (geb. 1893) und viele andere, sondern man kann ruhig sagen, dass man heute jugoslawische Literatur in beneidenswertem Umfang in guten deutschen Uebersetzungen kennenlernen kann. Zahlreiche qualifizierte deutsche Uebersetzer sind am Werk, darunter Schriftsteller und Wissenschaftler; Jugoslawistik ist in fast allen Instituten für Slawistik im deutschsprachigen Bereich vertreten.

Abschliessend sei gesagt, dass hier das meiste nur andeutungsweise dargeboten werden konnte. Der Reichtum und die Vielfältigkeit der deutsch-südslawischen literarischen Wechselseitigkeit verpflichtet zu weiterer Forschung, zur Vertiefung unserer bisherigen Kenntnisse.

Anmerkungen

1 Unter den verdienstvollen Forschern im Bereich der deutsch-südslawischen literarischen Wechselseitigkeit finden wir V. Jagić, M. Murko, M. Ćurčin, S. Tropsch, F. Valjavec, M. Trivunac, A. Schmaus, J. Matl, P. Slijepčević, E. Winter, H. Peukert, J. Milović, M. Mojašević, Z. Konstantinović, D. Ludvig usw. Einen Ueberblick über die deutsch-südslawischen literarischen Beziehungen seit dem 18. Jahrhundert mit einer Auswahl von Quellen bietet: Encikopedija Jugoslavije, Bd. 6, Zagreb 1965, S. 342-356. Vgl. auch A. Schmaus, Südslawisch-deutsche Literaturbeziehungen. In: Deutsche Philologie im Aufriss.

2 M. Simonović, Beiträge zu einer Untersuchung über einige der deutschen und

serbischen Heldendichtung gemeinsame Motive. In: Archiv für slavische Philologie, XXXVI (1915), S.49-110.

3 Z. Konstantinović, Deutsche Reisebeschreibungen über Serbien und Montenegro. München 1960.

4 Z.B. Jörg aus Nürnberg, Tractat von den turcken. Memmingen 1481.

5 S.K. Kostić, Der "Türkenkalender" und die Südslawen. In: Die Welt der Slaven, Jahrgang XV, Heft 1, 1970, S.87-92.

6 Vgl. u.a. M. Rupel, Primus Truber. Leben und Werk des slowenischen Reformators. Deutsche Uebersetzung und Bearbeitung von B. Saria. München 1965.

7 Vgl. u.a. H. Peukert, Die Slawen der Donaumonarchie und die Universität Jena 1700-1848. Berlin 1958.

8 H. Sundhaussen, Der Einfluss der Herderschen Ideen auf die Nationsbildung bei den Völkern der Habsburger Monarchie. München 1973.

9 S.K. Kostić, Deutschsprachige Dramatiker auf der Bühne des Serbischen Nationaltheaters in Novi Sad. In: Maske und Kothurn, Wien, 8.Jg. (1962), Heft 3/4, S.247-284.

10 D. Perišić, Goethe bei den Serben. München 1968; L. Krakar, Goethe in Slowenien. München 1970.

11 M. Gavrin, Kroatische Uebersetzungen und Nachdichtungen deutscher Gedichte zur Zeit des Illyrismus. München 1973.

12 Aus der Fülle der Sekundärliteratur über den Klaggesang in der deutschen Literatur zitiere ich M. Ćurčin, Das serbische Volkslied in der deutschen Literatur. Leipzig 1905. Der im September 1974 in Beograd stattgefundene slawistische Kongress galt grossenteils dem Vorstoss des Klaggesanges in die Weltliteratur, und die dort gehaltenen Referate erschienen in: Naučni sastanak slavista u Vukove dane, 4/1 (1974). Beograd, S.600.

13 Neuherausgegeben und eingeleitet von M. Mojašević und P. Rehder. München-Beograd 1974.

14 M. Mojašević, Srpska narodna pripovetka u nemačkim prevodima (Das serbische Volksmärchen in deutscher Uebersetzung). Beograd 1950.

15 O. Masing, Serbische Trochäen. Leipzig 1907.

16 Servian popular poetry, translated by John Bowring. London 1827.

17 Vgl. S.K. Kostić, August von Kotzebue auf der Bühne des Serbischen Nationaltheaters in Novi Sad. In: Südostforschungen, Bd.XXX, 1971, S.96-110.

18 H. Lauer, Heine in Serbien. Diss. an der Johann Wolfgang Goethe-Universität zu Frankfurt am Main, 1961.

19 S.K. Kostić, Lenau bei den Kroaten und Serben um die Mitte des 19. Jahrhunderts. In: Lenau-Forum, Jahrgang 1, Folge 1/1969, S.15-23.

20 Vgl. u.a. S.K. Kostić, Deutschsprachige Dramatiker (s. Anm.9).

21 Vgl. S.K. Kostić, Nemački prevodi srpskih umetničkih pripovedaka i romana do drugog svetskog rata (Deutsche Uebersetzungen von serbischen Kunsterzählungen und Romanen bis zum Zweiten Weltkrieg). In: Zbornik Matice srpske za književnost i jezik, IV-VII (1956-1959).

22 M. Mojašević, Jugoslaveni u nemačkom romanu izmedju prvog i drugog svetskog rata (Jugoslawen im deutschen Roman zwischen dem Ersten und Zweiten Weltkrieg). In: Zbornik Filozofskog fakulteta, II, Beograd 1952.

23 Z. Konstantinović, Ekspresionizam. Cetinje 1967, bes. S. 59-67.
24 Vgl. die von Inter Nationes in Bad Godesberg herausgegebene Bibliographie von Uebersetzungen aus dem Deutschen ins Serbokroatische, Slowenische und Mazedonische 1948-1966, unter dem deutschen Titel: Uebersetzungen aus der deutschen Sprache. Göttingen 1967.
25 D. Rnjak, Bertolt Brecht in Jugoslawien. Marburg 1972.
26 T. Bekić, Thomas Mann kod Srba i Hrvata (Thomas Mann bei den Serben und Kroaten). In: Godišnjak Filozofskog fakulteta u Novom Sadu, XI/1, 1968, S. 397-421; derselbe, Hajnrih Man kod Srba i Hrvata (Heinrich Mann bei den Serben und Kroaten). In: Godišnjak Filozofskog fakulteta u Novom Sadu, XII/1, 1969, S. 453-472.

DEUTSCH-WALISISCHE LITERARISCHE BEZIEHUNGEN IM 20. JAHRHUNDERT

Von Ian Hilton (Bangor)

Im Raum der europäischen Literatur im 20. Jahrhundert springen die Namen der Iren Yeats und Joyce vor, doch sollte man die Rolle - wenn auch eine beschränkte - eines anderen Landes der Celtic Fringe - Wales - vom Standpunkt literarischer Beziehungen aus nicht ignorieren. Der Ausgangspunkt für dieses Referat ist die persönliche und literarische Verbundenheit zweier Dichter aus Südwales, die sich zum ersten Male 1935 trafen. Dass man Vernon Watkins und Dylan Thomas als die zwei Dichter, die hier behandelt werden, ausgewählt hat, ist absichtlich geschehen - nicht nur wegen ihrer Haltung in eigener Dichtung und ihrer verschiedenartigen Temperamente, sondern auch wegen ihres entsprechenden Bewusstseins von der europäischen Literatur und ihrer Stellung innerhalb dieser Tradition. Denn was sie ihrerseits darstellen, ist zwar ein lyrisches Ein- und Ausatmen, vom Standpunkt deutsch-walisischer literarischer Beziehungen auf dem Gebiet der lyrischen Dichtung aus gesehen.

Vernon Watkins war der Dichter, der unmittelbar um ein europäisches kulturelles Erbe durch seine Kenntnis der Fremdsprachen und Literaturen im Original wusste. Er war sehr gebildet auf dem ganzen Gebiet der europäischen Literatur, und wenn wir uns hier auf seine Vertrautheit mit der deutschen Tradition konzentrieren, wollen wir damit seine gleiche Vertrautheit mit der französischen Literatur oder mit Blake, Yeats und T.S. Eliot nicht verleugnen. Watkins hatte angefangen, Neuphilologie in Cambridge zu studieren, und war mehrmals vor dem Zweiten Weltkrieg nach Deutschland gefahren. Das Interesse an der deutschen Literatur verlor er nie, er brachte es aber zum Ausdruck, indem er übersetzte und deutsche literarische und andere Beziehungen in seine eigene Dichtung aufnahm. Dies erklärt Anspielungen auf deutsche Dichter in Gedichten wie 'To Hölderlin' und 'To Heinrich Heine' aus dem bezeichnenderweise so benannten Band "Affinities" (1962).

In seinem Aufsatz 'Hölderlin, Goethe and Germany'[1] schrieb Stephen Spender 1943 über die auffallende Vernachlässigung der deutschen Literatur durch die jüngeren englischen Autoren. Der Ueberblick über die deutsche Literatur schien, so behauptete er, sich auf die Namen Hölderlin, Rilke und Kafka zu beschränken - sonst nichts. Gewiss, zu jener Zeit las man Hölderlin in England wie in Deutschland. Im Herbst 1943 erschien ein Band "Poems of Hölderlin", den der Dichter und Freund von Vernon Watkins, Michael Hamburger, übersetzt hatte. Ein Jahr später erschien J.B. Leishmans Uebertragung von Hölderlins "Selected Poems". Und wenn wir die Aufnahme Hölderlins (und sogar Heines) in England in Betracht ziehen, dürfen wir kaum in dieser Hinsicht die Rolle Vernon Watkins ignorieren.[2] Bis dahin fühlte sich auch Watkins zu Hölderlin hingezogen. Ganz abgesehen von einer ähnlichen Zuneigung zu dem griechischen alkäischen und sapphischen Vers, gab es auch die Anziehungskraft von Hölderlins sogenannter 'prophetisch-geistiger Vision' und jener 'Intensität', die für Watkins so nötig war:

What I look for in a poet is intensity... A poem must, for me, contain intensity in a unique form, impossible to paraphrase without loss. It is found
in Hölderlin constantly. [3]

Watkins sammelte nicht seine eigenen Uebertragungen von Hölderlins Gedichten
in einen Band (obgleich Michael Hamburger ihn dazu ermutigt hatte), sondern es
gibt mehrere Gedichte, die er von den vierziger Jahren an übersetzte (unter ihnen 'Hyperions Schicksalslied', 'Hälfte des Lebens', 'An die Parzen', 'Menschen-
beifall') und die zunächst in Zeitschriften, später in Anthologien erschienen. [4]

Und Watkins eigene Folge von neun Gedichten 'The Childhood of Hölderlin',
die im Mittelpunkt seines Bandes ''Affinities'' stehen und durch seine Uebertragung von Hölderlins 'An die Parzen' eingeleitet wurden, bezeugt diese Affinität
genauso gut wie seine Uebersetzungen des deutschen Dichters. Die zehn ma-
schinenschriftlichen Versionen, die es versuchen, Hölderlins Weg durch das
Leben zu verfolgen, und Töne Hölderlins eigener Dichtung vom Stofflichen und
Bildlichen her enthalten, weisen nicht nur auf die sehr genaue Ueberarbeitung
hin, was Watkins dichterische Behandlung kennzeichnet, sondern auch auf die
Fülle seiner Hochschätzung des deutschen Dichters und wie reichlich er das
Verhältnis zwischen Mann und Natur, Ton und Schweigen, Freude und Leiden,
den Dichter im Leben und Tod als Thema behandelt.

Obgleich Watkins Hölderlins Dichtung derjenigen Rilkes vorziehen würde,
war es kaum zu vermeiden, dass sich der walisische Dichter in den dreissiger
und vierziger Jahren auch zu der Dichtung Rilkes hingezogen fühlen sollte, da
man mit Recht in England (wie anderswo) - besonders durch J.B. Leishmans
Uebertragungen - Rilke als einen der hervorragendsten von den jüngeren Dichtern Europas anerkannte. Watkins Entdeckung von Rilke sollte seine eigene
Uebersetzung von mehreren Gedichten des Deutschen anregen - unter ihnen
'Archaic Torso of Apollo' (für Watkins spielte auch die Plastik - selbst ein
Spiegel wie das Meer - ihre Rolle auf der Suche nach Wurzeln, nach einer har-
monischen Vision), 'Death of the Poet', 'Sonnet to Orpheus IX'. [5]

Das Uebertragen von Heines ''Die Nordsee'' ist aber ohne Zweifel Vernon
Watkins am meisten durchgehaltener Uebersetzungsversuch, und 1955 erschien
dies als Buch. Der Blick aufs Meer, der den Schauplatz für Heines Verse liefert, ehe er dem Problem des menschlichen Gefühls seine Aufmerksamkeit zuwendet und es versucht, in Worten Watkins, 'a spirit-level for human existence'
zu finden, würde einen bestimmten Anklang bei Watkins finden. Der Gower Dichter war selber der einsame Beobachter am Meeresstrand, der die Wolken, das
Meer (für Watkins 'the perfect mirror, the silent interpreter of death and change') mit seinen verschiedenartigen Stimmungen, seiner elementaren Kraft, seiner Musik gerne hatte. Und zwar sind es Rhythmus und musikalische Wirkung
von Heines Dichtung, die den walisischen Dichter locken und ihn zum Deutschen
hinziehen. Ueber Heine schreibt Watkins:

In the short poems which many despise I find the expression of great genius.
The key to the apparent triteness of some poems is in the cadence, which is
the reverse of trite. Heine's protest seems to me absolute, and closely re-
lated to a profound belief, because he is near the beginning, near the act of
creation at its simplest and purest. [6]

Und über seine eigene Dichtung:

I worked from music and cadence towards the density of shape. [7]

Was Watkins aus Heines Dichtung herauszieht und in Grenzen der Verszeile so gut überträgt, ist nämlich Rhythmus und musikalische Wirkung des Windes und der Meeresbewegung. Oft trägt und steigert der Klang den Sinn der Zeile im Gedicht. Betrachten wir die erste Strophe des Gedichts 'Declaration' ('Erklärung'), so bemerken wir folgendes: Die ersten Zeilen sind absichtlich in matten Farben gehalten (dem sch-Klang der dritten Zeile 'Und ich sass am Strand und schaute zu' entspricht der ch-Klang 'And I sat on the beach and watched'), ehe die Stimmung gesteigert wird, indem die Sehnsucht nach der Geliebten beherrschend wird:

> .... Bild,
> Das überall mich umschwebt,
> Und überall mich ruft,
> Ueberall, überall,
> Im Sausen des Windes, im Brausen des Meeres,
> Und im Seufzen der eigenen Brust.

> .... image
> Haunting me everywhere,
> Everywhere calling me,
> Everywhere, everywhere,
> In the dirge of the wind, in the surge of the sea,
> And in the sigh of my own breast.

Dies sind aber nicht die einzigen deutschen Dichter, die Watkins übersetzt hat. Goethe[8], Hofmannsthal[9], Kästner[10], Mörike[11], Storm[12], George[13], Eich[14], Benn[15] - sie fallen alle Watkins ins Auge, und er hält sie alle als geeignet zum Uebertragen. Die Liste ist lang, die Gedichte zahlreich. Es ist ja klar, dass Watkins durch seine Auswahl der Dichter, mit denen er dasselbe kulturelle Erbe teilte, übersetzte, was er gerne hatte, und er hatte verschiedene Arten von Dichtung gerne, vom Ernsthaften bis zum Komischen, vom strengformalen bis zum freien Vers. Er wollte nicht bloss ausländische Literatur für Leser neuer Generationen durch seine Uebertragungen zugänglich machen. Was er zum Teil versuchte, war eigentlich das Interesse anderer europäischer Dichter - und auch das seinige - an condition humaine zu berichten, und ihre - und seine reflektierten - Gefühle von Freude, Trauer und Erinnerung widerzuspiegeln.

In Watkins Aufsatz 'The Translation of Poetry'[16] handelt es sich um das Problem der Einheit, das dem Uebersetzer gegenübersteht, der sowohl Sinn als Form gehorchen muss:

> For translation to become an art the translator must be a poet... to a poet form is as important as every detail; and every step he takes involves form. His object is to create, not a paraphrase, but an equivalent poem.

Watkins übersetzte als schaffender Dichter, und das Uebertragen lehrte ihn neue Möglichkeiten von Worten und Tönen. Zuweilen führte seine Beschäftigung mit musikalischen Tönen zu einem Verlust an sprachlicher Genauigkeit. Aber das

Uebertragen ist vorzügliche Interpretationsübung und hatte für Watkins auch in seiner eigenen Dichtung beträchtliche Bedeutung.

Leider scheint seine eigene Dichtung keine allgemeine Aufmerksamkeit in Deutschland gefunden zu haben. Gewiss, in einer Anthologie ''Von Hopkins bis Dylan Thomas'' sind zwei Gedichte von Watkins aus dem Band ''The Death Bell'' ('The Strangled Prayer' und 'Music of Colours: The Blossom Scattered') enthalten, doch hat die Anthologie den Untertitel 'Englische Gedichte und deutsche Prosaübertragungen', und die Herausgeber und Uebersetzer Ursula Clemen und Christian Enzensberger beanspruchen, 'auf dichterischen Ehrgeiz zu verzichten und nur dem Verständnis des Originals zu dienen', wobei sie die poetische Kraft des Originals nicht einfangen können. Und abgesehen von wenigen offensichtlich isolierten Beispielen des Erkennens, wo man ein einziges Gedicht übersetzt oder gelegentlich einen kritischen Kommentar gegeben hat, hat man nicht Watkins die gleiche Aufmerksamkeit in Deutschland wie seinem Freund Dylan Thomas zukommen lassen.

Dylan Thomas verkörpert die andere Seite der Medaille, das sozusagen lyrische Ausatmen. Im Herbst 1938 erhielt er von Vernon Watkins dessen Uebersetzung von Novalis 'Wenn alle untreu werden'. 'That hymn must be great in the original', schrieb Thomas. 'I wish I could read German'.[17] Leider konnte er weder Deutsch noch Französisch, und so musste er sich auf Uebersetzungen verlassen und auf die Anregungen, die in dieser Richtung durch Freunde und Mentoren wie Vernon Watkins gegeben wurden. Im Juni 1941 lasen sich die beiden z.B. gegenseitig Rilkes ''Duineser Elegien'' am Aussichtspunkt bei Laugharne Castle vor. Für Watkins

> Rilke bears all, thinks like a tree, believes,
> Sinks in the land that bears the falling leaves.
>
> ('Discoveries')

Für Thomas aber war Rilke 'a very odd boy indeed'[18]. Trotzdem stimulierten die Gedichte Thomas tief, und er war offensichtlich zu einem früheren Zeitpunkt von der Welle des Enthusiasmus für Rilke hingerissen worden: In einer Besprechung, die er als Einundzwanzigjähriger, ein Jahr nach der Veröffentlichung seines eigenen schmalen Bändchens ''18 Poems'' und kurz vor der Publikation seiner ''25 Poems'', schrieb, ermunterte Thomas den unglücklichen Alfred Haffenden:

> Read more and deeper... He must learn not through the protests of reviewers, but through the literature of the mind of Europe. Let him read Yeats and Rilke.[19]

Wenn er sich auch nicht mit dem Uebersetzen ausländischer Literatur beschäftigte, so würde Thomas, 'ein poetischer Medizinmann, der mit Worten Zauber machte' (G. Blöcker), dennoch einen grösseren Einfluss auf die literarische Szene Europas mit den eigenen Gedichten haben. Wenn Deutschland auch während des Krieges der Zugang zur Weltliteratur versperrt war, so war man doch nach 1945 sehr bereit, die kulturellen Augen und Ohren für externe literarische Einflüsse zu öffnen. Erinnern wir uns an Heinz Pionteks Worte:

> Sicher ebenso erfolgreich war der Zustrom an Weltlyrik nach 1945. Gewiss,

schon nach dem Krieg war der Einfluss solcher Autoren wie T.S. Eliot
und Garcia Lorca oder Ezra Pound und St. Jean Pearse bei uns gelegent-
lich zu spüren, doch bald wurden diese modernen Klassiker von einem
Schwarm nicht so repräsentativer, dafür 'ergiebigerer' Poeten in den
Schatten gestellt. Ich nenne nur Neruda, Alberti, Char, Follain oder
Dylan Thomas, W.C. Williams, Ungaretti und Majakowskij.

Als T.S. Eliots "Ausgewählte Gedichte, Englisch-Deutsch" 1952 in Frankfurt
veröffentlicht wurde, erschien im Herbst desselben Jahres im Kerle Verlag,
Heidelberg, zum ersten Male eine Uebertragung (von Reinhard Paul Becker)
eines Bändchens von Thomas' Gedichten mit dem Titel "Tode und Tore" ("Deaths
and Entrances", 1946). In der Tat hatte es bereits beträchtlich früher eine gewisse Anerkennung des Thomasschen Werkes von Kurt Hansen gegeben, der die
Gedichte 'Fern Hill' und 'Poem in October' übersetzte. Diese Uebersetzungen
erschienen im "Merkur" 1948, drei Jahre nach der ersten Publikation des Originals in England. Aber der Band von 1952 brachte die erste allgemeine und vol-
le Anerkennung von Thomas poetischer Kraft. Becker hatte sozusagen den Boden
schon bereitet, mit seiner eigenen Uebertragung von 'Fern Hill' und seinem Aufsatz 'Dylan Thomas und der literarische New Look'[20] im Januar desselben Jahres, und dann etwas später mit seiner Uebertragung von 'When I Woke' und dem
einführenden Aufsatz über Thomas 'Ein neuer englischer Lyriker'[21] im Juni vor
der Publikation von "Tode und Tore". Die Aufnahme dieser vierundzwanzig Gedichte war spontan und positiv. So konnte Heinz Piontek (in "Welt und Wort")
sagen, es sei hier 'zweifellos ein Dichter von Rang' und dass 'die Gedichte...
kühne Schöpfungen, dunkel und mächtig, Eruptionen des lyrischen Ichs, beschwö-
rende Gesänge' seien. Gleichermassen sprach Karl Krolow begeistert (in der
"Neuen Zeitung") über das Bändchen als 'einen unvergesslichen Vorgang' und
wie 'die überaus gehandhabte Sprache des Dichters wird gehalten von einem Glauben, der Sinn und Zusammenhang vor einem Chaos schafft, das darzustellen der
Autor mit sozusagen keltischem Realismus nicht müde wird'.

Zwei Jahre später war Thomas' internationaler Ruf gesichert durch sein
Hörspiel "Under Milkwood" ("Unter dem Milchwald"). Die unmittelbare Aner-
kennung von dessen Bedeutung war solcher Art, dass man innerhalb des Jahres
das Spiel in ein Dutzend Sprachen übersetzte. In der Tat wurde es von Erich
Fried ins Deutsche übersetzt und zum ersten Male am 20. September unter der
Regie von Heinz Schwitzke im Nordwestdeutschen Rundfunk aufgeführt, nur acht
Monate nach der ersten Aufführung durch die BBC.[22] 'Ein Sprachspiel, das
bahnbrechend gewirkt hat', so beschrieb es Hans Bender im Nachwort zum Band
"Unter dem Milchwald" (Reclam Verlag), während Karl Ude (in "Welt und Wort")
es als 'ein ungewöhnliches Werk, das einen erregenden Eindruck erzielte', bezeichnete. Das Ungewöhnliche lag in der Fülle des Gedichtes 'mit seinen Wort-
ungetümen und phantastisch aufgetürmten Bilderbogen' (G. Blöcker), mit seiner
'assoziativen Bildwelt: rein auf Klang beruhenden Wortspielen' (E. Fried), was
seltsam, doch lebendig in den Ohren der Zuhörer klang. Als im übrigen das Hörspiel zum ersten Male am 22. Oktober 1956 im Schiller Theater in Berlin auf
die Bühne gebracht wurde, wurde derselbe magnetische Effekt nicht erreicht.[23]
Dass es dennoch eine Auswirkung auf das deutsche Hörspiel hatte, wird nicht
nur durch die wiederholten Aufführungen von Thomas' Hörspiel über die Jahre

hinweg bezeugt, sondern auch durch den offensichtlichen Einfluss auf deutsche Autoren, die mit diesem zunehmend an Bedeutung gewinnenden literarischen Genre damals experimentierten. ''Under Milkwood'' hatte als Untertitel 'A Play for Voices' ('Ein Spiel für Stimmen'), und Widerspiegelungen dieser Affinität sind in Eichs Sammlung von sieben Hörspielen, die 1958 unter dem Titel ''Stimmen'' veröffentlicht wurden.

Nach diesem initialen und auffallenden poetischen Eindruck, den Thomas hinterliess, bemerkt man das allmähliche Auftauchen von Sekundärliteratur über Dylan Thomas sowie Uebertragungen der meisten Prosa und Dichtung von Thomas (z.B. ''Am Frühen Morgen'' 1957; ''Ein Blick aufs Meer'' 1961; ''Ausgewählte Gedichte'' 1967; ''Abenteuer in Sachen Haut'' 1971).[24] Die kritische Aufmerksamkeit geht von der Dissertation[25] bis zur schulischen Interpretation[26]. Er ist anthologisiert worden. In Hans Magnus Enzensbergers ''Museum der modernen Dichtung'' (1960) ist Dylan Thomas (mit sechs Gedichten) der einzige Dichter aus Grossbritannien neben W.H. Auden, dem diese Anerkennung in einer internationalen Auswahl zukam. Im schon erwähnten ''Englische Gedichte von Hopkins bis Dylan Thomas'' (in dem Watkins mit zwei Gedichten vertreten ist) hat man Thomas acht eingeräumt. Er hat auch Gedichte inspiriert, die ihm zugeeignet sind wie das von Johannes Bobrowski (im ''Merkur'', Oktober 1960), und auch andere Dichter beeinflusst. Erich Fried berichtet, wie er zu Thomas über Owen, Cummings, Hopkins und Joyce gekommen ist. Sein eigenes ''Reich der Steine'' bezeugt 'eine gewisse Affinität zu den Wortspielen von Joyce oder Dylan Thomas' (M. Hamburger).

Das wirkliche Aufkommen des Interesses an Dylan Thomas in Deutschland - aus welchen persönlichen oder dichterischen Gründen auch immer (er ist 'ein Mann des Uebermasses in jedem Sinne' [G. Blöcker]) - hatte seinen Höhepunkt in den fünfziger und frühen sechziger Jahren, wo man ihn als 'einen der genialsten Gegenwartsdichter Englands' herausstellte, als 'poetische Urkraft und Sprachschöpfer von hohem Rang, die originellste Erscheinung der jüngsten englischen Dichtung' (Christian Enzensberger). Nicht alle Kritiker scheinen es für nötig zu erachten, das Walisische von anderen Quellen der Inspiration zu unterscheiden, so dass man 'die Wortmagie des englischen Dichters' oft erwähnt, ohne dass jegliche typisch keltische Sensibilität betont wird. Nicht aber in jedem Fall. Blöcker anerkennt mit Recht die Anwesenheit eines verschiedenen dichterischen Temperaments:

Wo keltisches hineinspielt, da gibt es Unrast und einen Ueberschuss an Phantasie, da findet eine unermüdliche und unersättliche Einbildungskraft niemals Genüge an der armseligen Wirklichkeit.[27]

Und Fried folgt demselben Weg, wenn er im Nachwort zu den ''Ausgewählten Gedichten'' über Thomas' poetische Form sagt:

Das Ineinander von kunstvollem Versbau, Assonanzen, Reimen, Halbreimen und assoziativen Querverbindungen ähnlich klingender Worte hat etwas von Surrealismus und etwas von alten lyrischen und hymnischen Traditionen der engeren walisischen Heimat des Dichters.

Was man jedoch von Anfang an erkannte, war die Schwierigkeit, Thomas zu verstehen, zu interpretieren und zu übersetzen, obgleich Thomas sich wahrscheinlich am wenigsten Gedanken darüber gemacht hätte. Der Klappentext auf dem Umschlag von "Tode und Tore" illustriert dieses Problem:

> Syntax und Aufbau der Gedichte sind, wie der in der deutschen Ausgabe mitabgedruckte englische Originaltext mit seinen labyrinthischen Geheimnissen zeigt, offenbar kaum in eine andere Sprache kongenial zu übersetzen... Um das Verständnis der ungemein komplizierten und weitgespannten Bilderfolgen zu erleichtern, hat sich der Uebersetzer für eine Sinninterpunktion entschieden.

Gleichermassen argumentiert Fried zwingend, dass Thomas' Gedichte ihre eigenen speziellen Probleme aufwerfen:

> Sie gehören durch ihre Wortspiele und kunstvollen Verschränkungen zu den am schwersten zu übersetzenden Werken moderner Dichtkunst. Das Zusammentreffen schlagender Wortspiele mit sorglich erarbeiteten Vers- und Reimformen, die analogischen Querverbindungen bei gleichzeitiger Aufrechterhaltung der Syntax, das alles macht die genaue Wiedergabe in einer anderen Sprache ohne Verarmung des dichterischen Textes fast unmöglich.

Und an anderer Stelle sagt er pointiert:

> Bisherige deutsche Uebersetzungsversuche verzichteten auf Reime, Wortspiel oder sprachliche Präzision des Originals - und scheiterten.

Wenn wir uns der ersten Strophe von 'Poem in October' und 'Fern Hill' zuwenden, so sehen wir sofort, welcher Art die Schwierigkeiten sind, die der Uebersetzer hat, der Heinz Pionteks Worte über "Tode und Tore" im Sinne hat:

> Unablässig strömen die Visionen des Dichters in Vers und Strophe ein, doch niemals reissen sie die Dämme künstlerischer Disziplin nieder. Gerade in der Bändigung der elementaren Dynamik seiner Gedichte erweist sich Thomas' lyrische Meisterschaft. [28]

Wir bemerken die Verschiedenartigkeit der Interpretationen. Hansen fängt an, 'Poem in October' mit einer schwerfälligen ersten Zeile zu übersetzen, die die erste Strophe ausser Balance bringt. Er missversteht auch syntaktisch das Englisch der ersten Strophe. Wir bemerken auch die syntaktischen Variationen, die bei Fried und Becker zu finden sind, obgleich beide im Grunde einander in Wort und Ton verwandter sind. Gleichermassen in 'Fern Hill' benutzt Becker ein falsches kausales 'Weil', während Hansen fälschlicherweise 'starry' mit 'starrend' übersetzt. Auf der anderen Seite übersetzt Fried hübsch 'time' mit 'Schwager Zeit' (mit Anklang von Schwager Chronos) in der vierten Zeile.

In den sechziger Jahren jedoch wurde es klar, dass die Diktion des walisischen Dichters mit ihrem Wortschall und ihrem Bilderchaos zeitfremd zu wirken begann. Dylan Thomas' Originalitätssucht, Rausch der Bildersprache, Zwielicht des Unterbewussten wurde überlagert durch die Vorliebe des Publikums für den neuen lakonischen Stil der Alltagssprache, die in der Literatur zur Zeit eben erschien. Und neben dem Namen von Dylan Thomas entsprang der seines Namensgenossen und Landsmannes Ronald Stuart Thomas, eines Priesters in einer Landgemeinde in Wales. Seine Gedichte entspringen aus seinen Erfahrungen der walisischen Berglandschaft und aus dem Kontakt mit dem Volk, und sie sind in einem unverkennbar strengen Stil und in der Alltagssprache geschrieben. R.S. Thomas ist schon zum Gegenstand von Dissertationen und schulischer Interpretation[29] in Deutschland geworden, aber es wird wahrscheinlich ein einseitiger Einfluss bleiben, da R.S. Thomas weder die deutsche Sprache noch Literatur beherrscht, mit Ausnahme einer bestätigten Lektüre einer Uebersetzung von Nietzsches ''Also sprach Zarathrustra'' und eines Hinweises auf den Deutschen in seinem eigenen Gedicht 'A Thought from Nietzsche' aus dem Bändchen ''The Stones of the Field'' (1946).

Anmerkungen

1 Horizon, Bd. viii, Nr. 46, S. 274.
2 Vgl. M. Hamburger, Die Aufnahme Hölderlins in England. In: Hölderlin-Jahrbuch, Bd. 14 (1965-1966), S. 20-34.
3 Zitiert in Vernon Watkins, hrsg. v. L. Norris, London 1970, S. 47.
4 'Hyperion's Fate Song', 'Half of Life' (beide zum ersten Male in Horizon, April 1944 veröffentlicht), 'Home' (Horizon, Februar 1945), 'Memories' (Life and Letters Today, April 1945), 'Human Applause', 'Sophocles', 'The Good Belief', 'Formerly and Now', 'Sunset', 'To the Fates' (alle zum ersten Male in Life and Letters Today, August 1946) sind alle in Quarterly Review of Literature, Hölderlin-Nummer, 1959 und einige davon in der Anthology of German Poetry from Hölderlin to Rilke (hrsg. v. Angel Flores, New York 1960) enthalten.
5 'Autumn Day' (The Listener, 2. Oktober 1941), 'Archaic Torso of Apollo' (Translation [First Series], November 1945), 'The Death of the Poet' (The Gate, Mai 1945, auch in Angel Flores, op. cit. enthalten), 'When the clocks are so near' (The Listener, 26. August 1948), 'Sonnet to Orpheus IX' (The Listener, 27. April 1950), 'A Young Girl's Tomb' (The Listener, 13. November 1958, auch in Angel Flores, op. cit.).
6 Zitiert in Vernon Watkins, S. 54.
7 Letters to Vernon Watkins. London 1957, S. 13.
8 'Anacreon's Grave', 'The Godlike', 'Harpist's Song', 'Song of the Spirits over the Waters', 'Limits of Human Nature', 'A Likeness', 'Mignon', 'Hope' sind alle in Stephen Spender, Great Writings of Goethe. New York 1958, enthalten.
9 'Many Truly', 'The Youth in the Landscape', 'A Boy' sind in Angel Flores, op. cit., auch in Hugo von Hofmannsthal, Poems and Verse Plays (hrsg. v. Michael Hamburger, New York 1961) enthalten.
10 'Jardin du Luxembourg', 'Real Romance', 'Sadness Everyone Knows', 'February', 'May', 'Old Woman in the Churchyard' sind in Erich Kästner, Let's Face It (hrsg. v. P. Bridgwater, London 1963) enthalten.
11 'In Spring' (in Angel Flores, op. cit.).
12 'Cats' (Times Literary Supplement, 9. März 1962).
13 'Come into the park they took for dead and see...' (The Listener, 15. Februar 1962).
14 'Think of This' (Atlantic Monthly, März 1957).

15 'Fragments' (Atlantic Monthly, März 1957). Auch in Primal Vision, Selected
   Writings of Gottfried Benn. Hrsg. v. E.B. Ashton, Norfolk, Conn. 1963.
16 Contemporary Literature in Translation, UBC Vancouver, Bd.1, Nr.1, 1968.
17 Letters to Vernon Watkins, S.47.
18 Idem, S.105.
19 Adelphi IX, Februar 1935, S.317. Thomas literarische Betätigung als Kritiker liess ihn auch Uebersetzungen von deutscher Prosa besprechen. In einer
   Besprechung über Dos Passos ''USA'' und Kafkas ''Amerika'' schreibt er:
   '... is one of Kafka's most admired novels... America has a beginning and
   no tail, no middle and no sting... It's a far more comic and straightforward-
   ly delightful story than The Castle or The Trial. And I think America is the
   least permanent of all his stories because, so much more than the others, it
   relies on the surprise of an eccentric charm, and charm has a very long
   death'. (The New English Weekly, 2. Februar 1935). Und über ''Villa in
   Sicily'' von Georg Kaiser ('that distinguished liberal-minded German dram-
   atist'): 'The story is all rather like an early advanced film, not made any
   clearer or any more entertaining by the expressionist technique Kaiser uses
   throughout... I could not understand at all why the protagonist behaved as he
   did'. (The New English Weekly, Dezember 1939, Bd.16, Nr.9).
20 In: Konturen, Blätter für junge Dichtung und Kunst. Hrsg. v. H. Bender. Januar 1952.
21 Die Literatur, Nr.7, 15. Juni 1952.
22 Es war als Buch in der Uebertragung von Erich Fried im Drei Brücken Verlag, Heidelberg 1954 veröffentlicht. Später im Rowohlt Verlag 1959, im
   Desch Verlag 1964 und im Reclam Verlag 1970 erschienen.
23 Siehe G. Blöcker, 'Zu Dylan Thomas Unter dem Milchwald'. In: Akzente 1,
   Februar 1959.
24 Am Frühen Morgen (übersetzt von Erich Fried) 1957 (Quite Early One Morn-
   ing 1954); Der Doktor und die Teufel (übersetzt von Erich Fried) 1959 (The
   Doctor and the Devils 1953); Ein Blick aufs Meer (übersetzt von Erich Fried
   und E. von Cramon) 1961 (A Prospect of the Sea 1955); Ausgewählte Gedichte
   (übersetzt von Erich Fried) 1967; Abenteuer in Sachen Haut (übersetzt von
   A. Schmitz) 1971 (Adventures in the Skin Trade 1955).
25 Z.B. Hildegard Pruischütz, Sensualismus als Stilelement in der modernen
   Anglo-Walisischen Prosadichtung. Erlangen 1955; D. Kappus, Die dichterische Entwicklung von Thomas. Freiburg 1960.
26 Z.B. N. Happel, Dylan Thomas: the force that through the green fuse: Anregungen zum Versuch einer schulischen Interpretation. In: Die Neueren Sprachen, 1968, Bd.17, Heft 9, S.433. Siehe auch: Die Neueren Sprachen: H.
   Combecher, Bd.XI (1962), S.130 und Bd.XII (1963), S.554; H. Mellor, Bd.XV
   (1966), S.49. Siehe auch H. Oppel, Die Moderne Englische Lyrik. Interpretationen. E. Schmidt Verlag, Berlin 1967.
27 Blöcker, op.cit.
28 Welt und Wort 8.Jg. (1953), S.64.
29 Z.B. Gisela Chan Man Fong, Themen und Bilder in der Dichtung von Ronald
   Stuart Thomas. Kiel 1969. H. Oppel, op.cit., 'The Meeting', S.309. Siehe
   auch H. Oppel, Englisch-Deutsche Literaturbeziehungen. E. Schmidt Verlag,
   Berlin 1971, Bd.2.

UEBERSETZUNGSTAETIGKEIT VOM DEUTSCHEN INS ARABISCHE IM 20. JAHRHUNDERT

Von Moustafa Maher (Kairo)

Die Klagen über den Mangel an speziell der Uebersetzung gewidmeten Arbeiten waren vor einigen Jahren so laut, dass endlich etwas getan wurde.[1]

Auch wir, die ägyptischen Germanisten, wurden hellhörig und begannen, das Neuland zu betreten. In einem Artikel in der von Helmut Birkenfeld und mir herausgegebenen deutsch-arabischen Kulturzeitschrift ARMANT, Heft 11, habe ich im Jahre 1973 das Gebiet[2] abzustecken und die Forschungsaufgaben zu definieren versucht. In einem Vortrag auf der Tübinger Woche 1974 hiess es:

> "Wir stehen vor bestimmten Aufgaben, die durch eingehende wissenschaft-
> liche Arbeiten gelöst werden können. Solche müssten:
> - die übersetzten Titel bibliographisch erfassen,
> - die Uebersetzungsbewegung unter ihren verschiedenen Aspekten studie-
> ren,
> - die Uebersetzer ermitteln und monographisch darstellen,
> - die unterschiedlichen Schwerpunkte ergründen,
> - die Tendenzen der Uebersetzer erhellen,
> - eine allgemeine wissenschaftliche Erforschung des deutsch-arabischen
> Uebersetzungsvorgangs im Hinblick auf begrenzte oder unbegrenzte Ueber-
> setzbarkeit anstellen, Gesetzmässigkeiten und Parallelen ermitteln, prak-
> tische Hinweise für die Uebersetzer erarbeiten sowie Programme für die
> Uebersetzungsmaschine,
> - ein Uebersetzungsprogramm nach Prioritäten aufstellen."[3]

Den Wiedergeburtsperioden der arabisch-islamischen Kulturgeschichte gingen stets intensive Uebersetzungsarbeiten voraus, und sie wurden immer durch reichhaltige Beiträge der Uebersetzer versorgt. Man denke an die Schulen von Damaskus, Bagdad, Córdoba, Toledo und Alexandrien.[4] Auch im vergangenen Jahrhundert (1835) errichtete Aegyptens Wali Muhammad Ali eine Sprachenschule, die Uebersetzer ausbildete, deren Aufgabe es war, die zum Aufbau des Landes nötigen Schriften in die Heimatsprache zu übertragen.

Wir wissen nicht genau, wann deutsche Werke zum ersten Mal arabisiert wurden. Ich habe als frühesten Titel "Daumesdick" von den Brüdern Grimm, übersetzt von Abdellatif Affandi, gefunden.[5] Mit Sicherheit handelt es sich hier nicht um eine Direktübertragung, sondern eher um eine Uebersetzung aus dem Französischen oder Türkischen. Um die Mitte des 19. Jahrhunderts gab es unter den in Europa ausgebildeten Fachleuten und Gelehrten einige, die Deutsch konnten, ja beherrschten, wie Salim Salim Pascha.[6]

Das Interesse an übersetzter Literatur stieg immer mehr und hielt mit der Intensivierung der Kontakte zu Europa und mit der allgemeinen Entwicklung Schritt. Bis 1939 zählte Youssef As'ad Dagher rund 10 000 Titel allein an Romanen und Erzählungen.[7] Es waren nicht alles gute Uebersetzungen. Die Tageszeitungen, Wochenzeitschriften und billigen Romanreihen verlangten nach schnellerer Fütterung. Man übersetzte aus dem Französischen und dem Englischen.[8] Tanjôs 'Abdu übersetzte an die 600 Titel aus dem Französischen, das er unzulänglich verstand. Solche kommerziellen Arbeiten dürfen von der Forschung nicht vernachlässigt werden, haben aber mit der Uebersetzung im modernen Sinn wenig zu tun.

Beachtliche, ja epochemachende Uebersetzungen fehlen nicht. Wir verweisen auf das Kapitel ''At-Targama'' in Anwar el-Gendis Buch ''Adwâ' 'ala el 'adab el-'arabi el-mu'âsir'' (= Ueber die zeitgenössische arabische Literatur), Kairo 1969, S. 28ff.

Die spärlichen Anfänge der deutsch-arabischen Uebersetzungen reichen bis in die zwanziger Jahre unseres Jahrhunderts. Neben ''Daumesdick'' von Grimm finden wir einige Heftchen aus dem Werk Schopenhauers (Hassan Riâd: An-Nissâ', 1901). Nach Ende des Ersten Weltkrieges erschien Mahmûd ed-Dessûkis Uebersetzung von ''Frau Sorge'' von Sudermann (1922). Zwei Jahre vorher hatte Ahmad Hassan ez-Zayât ''Die Leiden des jungen Werther'' aus dem Französischen übersetzt, veröffentlicht (1920). Ein Jahr davor hatte sich ein Ahmad Riâd von dem gleichen Werk faszinieren lassen und es ins Arabische übersetzt (1919). Die Werther-Welle war in den Jahren neuromantischen Auflebens nicht aufzuhalten.[9]

Die Uebersetzer, deren Namen wir seitdem auf den Titelseiten deutsch-arabischer Uebersetzungen lesen, lassen sich - wie ich bereits erwähnte[10] - in drei Gruppen teilen:

- Uebersetzer, die des Deutschen mächtig sind und die direkt aus dem Deutschen übersetzen,
- Uebersetzer, die kein Deutsch können und die die englischen oder französischen Uebersetzungen ins Arabische übertragen,
- Uebersetzer, die beschränkte Deutschkenntnisse besitzen und mit Hilfe von Wörterbüchern ihr Bestes tun oder englische und französische Uebertragungen als Stütze benutzen.[11]

Zur Beurteilung dieser unterschiedlichen Uebersetzer und Uebersetzungen braucht man Massstäbe. Die von Karl Dedecius zitierten normativen Werte sind recht nützlich: ''Der Uebersetzungen gibt es viele Arten, wie gesagt: gute, miserable, treue, freie, interlineare, parodierende, interpretierende, adäquate, sogar kongeniale.''[12] Ebenso praktisch ist das von ihm vorgeschlagene prozentuale System, nach dem die Treue zum Original ausgedrückt und dem Leser von vornherein bekannt gemacht werden soll.[13]

Erhebt die geleistete Arbeit eines Sprachmittlers Anspruch auf die Bezeichnung Uebersetzung, muss sie an erster Stelle treu sein. Schönheit geht nicht vor Treue.

Auf Grund moderner sprachwissenschaftlicher Forschungen lässt sich die Exaktheit ermitteln:

''... die moderne Sprachwissenschaft ermöglicht es, mit wissenschaftlicher Exaktheit auf jene grundsätzliche Frage zu antworten, was man von einem Text übersetzen soll, d.h. was man in einer anderen Sprache wie-

dergeben soll, um so vollständig wie möglich das oberste Ziel einer literarischen Uebersetzung zu erreichen, nämlich allseitige Treue zum Textgan-
zen. "[14]

Ich zitiere nach Mounin:

> "Heute bedeutet übersetzen nicht nur, den strukturalen oder linguistischen
> Sinn des Textes, also seinen lexikalischen und syntaktischen Inhalt respek-
> tieren, sondern den gesamten Sinn der Mitteilung mit dem Milieu, dem Jahr-
> hundert, der Kultur, und falls notwendig, der vielleicht völlig anderen Zivi-
> lisation, der er entstammt. "[15]

Spätere Untersuchungen haben diese Grundbegriffe ausgebaut und in ihrer An-
wendbarkeit geprüft.[16] "Die Translation ist ein Bestandteil des Kommunika-
tionsprozesses." - "Aufgabe des Translators ist es, den Inhalt des AS-Textes
richtig zu übermitteln, d.h. es geht um die Wahrung der semantischen Invarianz." - "Mit Hilfe der kontrastiven Semanalyse werden Aequivalenzbeziehungen festgestellt. "[17]

Az-Zayâts Werther-Uebersetzung ist ein typisches Beispiel für die indirekte Uebertragung, der es an Genauigkeit fehlt, an dichterischem Wert aber nicht.
Die Hauptausbildung Az-Zayâts begann an der Al-Azhar, einer rein arabischen
Universität, dann an der Privaten Universität (1908). Hier begann sein Kontakt
mit der europäischen Kultur. Jahrelang arbeitete er als Arabischlehrer an französischen Schulen in Kairo, wo er nach und nach Französisch lernte. Erst dann
begann seine Laufbahn im akademischen Bereich, in der Presse und im kulturellen Leben.

Ueber seine Werther-Uebersetzung lesen wir, dass sie von namhaften Orien-
talisten - wie Nicholson und A. Germanu - gelobt wurde. Germanu behauptete,
er habe daran mehr Freude gehabt als am Original, obwohl es sich um eine "fast
wörtliche" Uebersetzung handelt.[18] Kein geringerer als Taha Hussein stellte
1920 der arabischen Leserschaft die Zayâtsche Uebersetzung vor und äusserte
sich zu dessen Methode:

> "Es genügt nicht, dass der Uebersetzer (= ar. an-Nâqil) das Arabische, in
> das er übersetzt, und die Fremdsprache, aus der er übersetzt, beherrscht.
> Er muss den zu vermittelnden Gegenstand vollkommen meistern... Handelt
> es sich um einen künstlerischen oder literarischen Text, ist die Schwierig-
> keit um so grösser. Der Uebersetzer muss die Fähigkeit besitzen, sich in
> den Dichter hineinzuversetzen, sich so in ihn einzufühlen, dass er mit sei-
> nem Herzen fühlt, mit seinem Gefühl empfindet, mit seinen Augen sieht und
> mit seiner Zunge beschreibt. Die Uebersetzung in Kunst und Literatur be-
> steht nicht darin, ein arabisches Wort an die Stelle des fremdsprachigen
> Wortes zu setzen; die Wörter sind in der Muttersprache unfähig, dem Ge-
> fühlten Ausdruck zu verleihen. Wie würden sie es auch in einer fremden
> Sprache können? Die literarische Uebersetzung besteht aus zwei Vorgän-
> gen, die beide äusserst schwierig sind. Zunächst hat sich der Uebersetzer
> so in den Dichter einzufühlen, dass seine Sinneswahrnehmungen und Ge-
> mütsbewegungen mit denen des Dichters identisch werden, dann hat sich
> der Uebersetzer zu bemühen, das so Erlebte in allen Einzelheiten und Ge-

heimnissen mit den expressivsten und geeignetsten Wörtern und Wendungen auszudrücken."[19]

Von einer wissenschaftlichen Genauigkeit kann hier kaum die Rede sein. "Der Uebersetzer soll sich nicht bemühen, den Sinn der Wörter, die der Dichter ge- dichtet hat, zu vermitteln, er soll uns die Seele klar zeigen..." - Ohne Zwei- fel ist Taha Hussein als Theoretiker und az-Zayât als Praktiker vom Sturm und Drang beseelt. Der geleisteten Arbeit als Ganzem kommt das zugute.

Was die indirekte Uebertragung betrifft, so wird der Leser darauf aufmerk- sam gemacht. Der Uebertragung lag die Flammarion-Ausgabe zugrunde.[20] An- dere französische Uebertragungen sind herangezogen worden. Das dürfte aus- reichen, um "ein klares, richtiges Bild" vom Original zu geben. Der Meinung sind beide, Taha Hussein und Ahmad Hassan ez-Zayât.

Die Uebertragung hat nach den rein arabisch stilistischen Massstäben einen hohen Wert. Eine eingehende konfrontative Arbeit rückt jedoch viele Abweichun- gen, Ungenauigkeiten und Hinzufügungen an den Tag. Gleich am Anfang übersetzt az-Zayât:

> "Wie froh bin ich..." mit den beiden Wendungen: "Laschadda ma abhag nafsi wa athlaga fu'âdi." Im Französischen steht ganz einfach: "Que je suis content..." Die arabische Formulierung ist aufs höchste gesteigert.

> "Bester Freund, was ist das Herz des Menschen!"
> "Cher ami qu'est-ce que donc que le coeur humain!"
> Az-Zayât lässt "Bester" aus: "Ya sadîqi" heisst es einfach.
> Dann: "wa tilka 'agibatun min 'agâ'ib el qalb."
> = etwa: "Das ist ein Wunder (das Wunder der Wunder) des Herzens."

"Ein Wunder der Wunder des Herzens" hört sich auf Arabisch schön an, doch es hat wenig gemein mit: "Was ist das Herz des Menschen!"

> "Dich zu verlassen, den ich so liebe, von dem ich unzertrennlich war, und froh zu sein!"
> "T'avais quitté, toi que j'aime tant, toi dont j'étais inséparable, et être content!"

Auch hier überrascht uns az-Zayât mit drei überaus starken Wendungen für "in- séparable", "unzertrennbar", die besagen, dass die Trennung ihn mit Grausen erfüllt.

Wir geben zu, dass die deutschen Adjektive mit dem Suffix "-bar", franzö- sisch "-able", keine Adjektiventsprechung im Arabischen haben. Der Ueberset- zer muss sie der Etymologie nach mit einer Paraphrase wiedergeben. Was aber unter dem Titel Uebersetzung nicht angeführt werden kann, ist, dass er dadurch zu zügellosen Umdichtungen und zum Wetteifern mit dem Original verleitet wird, anstatt es treu und ausgewogen wiederzugeben. Hier genügt die vielgelobte Ein- fühlung nicht. Für eine Nachdichtung ist die von Taha Hussein empfohlene Me- thode kaum anzufechten.

In den dreissiger Jahren übersetzte der Geographie-Professor Muhammad Awad Muhammad, der mit einem Fuss in der musischen Welt stand, Goethes "Faust". Taha Hussein schrieb ihm das Vorwort: "Er beherrscht", heisst es,

"Englisch und Deutsch, hat gute Französischkenntnisse und versteht Türkisch und Persisch... Er liebt nur die wissenschaftlichen, künstlerischen und literarischen Essenzen der Sprachen, die er meistert, oder der, die er sich nur zum Teil angeeignet hat. Sie in Gesellschaft oder in Kaufläden zu verwenden, liegt ihm nicht." Ueber die Uebersetzungsschwierigkeiten Muhammad Awad Muhammads berichtet Taha Hussein:

> "Mir wurde erzählt, dass er aus dem Deutschen, nicht aus einer Drittsprache übersetzt und dass er jede übersetzte mit dem Original übereinstimmende Stelle nochmals mit verschiedenen englischen und französischen Uebertragungen vergleicht, um seiner schönen, richtigen Wiedergabe gewiss zu sein."[21]

An Taha Husseins Aussagen ist nicht zu zweifeln. Demnach geht es den Uebersetzern um eine erstens r i c h t i g e , zweitens s c h ö n e Wiedergabe.[22]

Dem kritischen Leser fällt gleich auf, dass er "Mephistopheles" mit "Iblīs" wiedergibt. Ein Faust-Kenner würde gar nicht auf die Idee kommen, auf das Wort "Mephistopheles" zu verzichten.[23] In dem Monolog übersetzt er "Theologie" mit "'ulūm ed-Dīn". Im Arabischen ist das ein Terminus für islamische Religionswissenschaft. Das Wort "Theologie" ist in der christlichen Religionswissenschaft in Aegypten bekannt und heisst "al-Lāhūt".

"Mit heissem Bemühn" übersetzt Muhammad Awad Muhammad mit zwei langen Sätzen, die die beliebte "Muzāwaga" in der arabischen Stilistik erwirken. Dadurch fügt der Uebersetzer dem Original eine steile Steigerung hinzu, die uns vom Original entfernt. Auch dadurch erschwert er den Stil, und er wird ungeeignet für das Theater.

In den Regieanweisungen fehlt das Wort "gotisch" und das Wort "gewölbt". Für Sessel verwendet er das Wort "Kursi", das Stuhl bedeutet. Diese Beispiele sprechen für die Ungenauigkeit des Uebersetzers.

Die Auslassungen und Veränderungen, die uns haufenweise in Muhammad Awad Muhammads "Faust"-Uebersetzung überraschen, sind darauf zurückzuführen, dass er das Original weder im strukturalen und linguistischen Sinn noch im Sinn der Mitteilung ausreichend erfasst hat.

Unsere Untersuchungen der Leistungen az-Zayāts und Muhammad Awad Muhammads untermauern das Verlangen nach neuen Uebersetzungen, die die Ergebnisse linguistischer Forschungen auswerten und sich durch Genauigkeit und die erforderliche Schönheit auszeichnen.

Anmerkungen

1 Georges Mounin, Les problèmes théoriques de la traduction. Paris 1963, S. 10ff.
2 Moustafa Maher: At-Targama min el-'almaneya ilal arabeya usw. (Untersuchungen deutsch-arabischer Uebersetzungen: Grenzen und Aufgaben). In: ARMANT, Heft 11, Köln/Kairo 1973.
3 Wolfgang Ule (Hrsg.), Deutsche Autoren in arabischer Sprache. Inter Nationes, Kairo 1975, S. 8f.
4 Taton, Histoire générale des sciences. Bd. I, Paris 1957; Moritz Steinschneider, Die hebräischen Uebersetzungen des Mittelalters und die Juden als Dol-

metscher. Berlin 1893; Dunlop, The Work of Translation at Toledo. In: Babel 6, 1960, S.55-59; Sigrid Hunke: Allahs Sonne über dem Abendland, Stuttgart/ Zürich/Salzburg 1960; Aldo Mieli, Al-'ilm 'ind al-'arab wa atharuhu fi tatawur el'ilm al-'âlami. Ar. Ausg., Kairo 1962; Athar-el-'arab wal islâm fin-nahda el- 'arabaya, (UNESCO). Kairo 1970; De Lacy O'Leary, How Greek Science Passed to Arabs. Arab. Uebers., Kairo 1962; Rudolf Sellheim, Leicht aus dem Orient. In: Araber und Deutsche, Tübingen und Basel 1974.

5 Wolfgang Ule (Hrsg.), a.a.O., S.10, 67.

6 A. Attiatallah, Geschichte der Kulturbeziehungen Oesterreichs mit der VAR. O. Erscheinungsort 1962, S.11: ''Im Jahre 1849 sandte Aegypten eine Gruppe von 5 Studenten zum Medizinstudium zuerst zur Absolvierung nach Bayern und anschliessend zur Praxis nach Wien. Diese Gruppe ging am 2. Juni 1849 von Alexandrien kommend in Triest an Land, reiste in Kutschen nach Laibach und von dort nach München, der Hauptstadt Bayerns, wo sie erst die deutsche Sprache kennen lernten und dann ihre medizinische Ausbildung vervollkommneten.
Im Jahre 1854 wechselten sie nach Wien über, um dort eine Spezialpraxis zu erwerben. Sie studierten Chirurgie bei Prof. Schuh, innere Medizin bei Prof. Tellzer und Skoda, Anatomie bei Prof. Roketzky, Augenheilkunde bei Prof. Jäger und Rosacz und Hautkrankheiten bei Prof. Hera.
Diese Gruppe von ägyptischen Aerzten kam 1855 nach Kairo zurück. Einer von ihnen war eben der gleiche Salem Salem Pascha, der später Prinz Tawfik 1869 nach Wien begleiten sollte. ''

7 Anwar al-Gendi, Adwâ' 'ala-l- 'adab el- 'arabi el-mu'âsir, Kairo 1969, S.33.

8 Op. cit., Seite 28ff.; Latifa ez-Zayât, Harkat-et-targama-l-'adabeya fi Misr (1882-1925). Diss. (Literarische Uebersetzungen in Aegypten aus dem Englischen); Henri Perse, Bibliographie der aus dem Französischen übersetzten Werke bis 1938 (Titel liegt nicht vor). Vgl. A.T. Badr, Tatawur er-rewaya el-'arabeya el-Hadîtha (1870-1938). Kairo 1963.

9 Hassan Riâd, An-Nissâ' (Ueber die Frauen). Aus Schopenhauers Werk. Kairo 1901; Mahmûd ed-Dessûki, Frau Sorge v. Sudermann. Kairo 1922; Ahmad Hassan ez-Zayât, Die Leiden des jungen Werther. Kairo 1920; Ahmad Riâd, Die Leiden des jungen Werther. Kairo 1919.

10 Moustafa Maher, At-Targama min el- 'almaneya ilal arabeya. In: Almania wal- 'âlam el- 'Arabi. Beirut 1974, S.592-624.

11 Dass das Verstehen dem Uebersetzungsvorgang vorangeht, braucht kaum betont zu werden. Doch wir müssen es wieder erwähnen, wenn wir Fehler finden (meist in den früheren Leistungen). Abbâs Mahmûd el-'Aqqâd stellt in seinem Buch ''Aschtâtun Mugtami'ât'' (Kairo 1963) folgendes fest: ''Die Uebersetzer, die in Sprache und allgemeinem Wissen unter dem Niveau Rifâ'as waren, übersetzten Aleppo, Tigris und Akkra mit Transskription, nicht mit Halab, Digla und Akka, ...es waren ja die Anfänge, die nicht frei von Fehlern sein können. ''

12 Kalr Dedecius, Uebersetzung und Gesellschaft. In: PEN, Tübingen und Basel 1971, S.328.

13 Op. cit., S.328.

14 Georges Mounin, Die Uebersetzung, München 1967, S.118.

15 Op. cit. , S.121.

16 Weiter weise ich auf folgende Arbeiten hin: Th. Schippan, Einführung in die Semasiologie. Leipzig 1972; W. Schmidt, Lexikalische und aktuelle Bedeutung. Berlin 1967; G. Wotjak, Untersuchungen zur Struktur der Bedeutung. Berlin 1971; Faisa es-Sayed Abd-er-Rahman, Untersuchungen zur Wortwahl in deutschsprachigen Uebersetzungen arabischer zeitgenössischer Prosaliteratur. Diss. M.A. , Kairo 1974, S.6-17.

17 Faisa es-Sayed Abd-er-Rahman, op. cit. , S.12. Weiter heisst es: "Der Translationsprozess beruht auf der Substituierung von AS-Einheiten (Segmenten) durch entsprechende ZS-Einheiten, die die semantische Invarianz bewahren sollen. Die Translationsmöglichkeit erklärt sich aus dem Vorhandensein potentieller Aequivalenzbeziehungen zwischen dem AS- und ZS-System. Die zu übersetzende sprachliche Einheit (Segment des AS-Textes) ist das Wort, die Wortgruppe, der Satz oder noch grössere Spracheinheiten. Oft gewährleisten nur grössere Segmente (Wortgruppe, Satz oder auch Textabschnitt) die Uebersetzbarkeit. Es wird sich bei der komparativistischen Untersuchung feststellen lassen, welche Uebersetzungseinheit der Translator wählt, um Adäquatheit zu erreichen."

18 Ni'māt Ahmad Fou'ad, Quimam 'Adabeya. Kairo 1966, S.221.

19 Ahmad H. az-Zayāt, Alām Werther (Die Leiden des jungen Werther), Vorwort v. Taha Hussein, 10.Aufl. , Kairo 1968, S.9.

20 Goethe, Werther - Faust. Paris, Flammarion u.J.; Goethe, Werke. Hamburger Ausgabe, Bd.6, 1965[6].

21 Faust, übersetzt von Muhammad Awad Muhammad, Kairo 1958[3], im Vorwort von Taha Hussein, S.f.

22 Op. cit. , S.g im Vorwort von Taha Hussein. Vgl. auch: Muhammad Awad Muhammad, Fann et-Targama (Kunst der Uebersetzung). Kairo 1969.

23 Vgl. Abdelhaltm Kararas Faust-Uebersetzung. Alexandrien 1959; vgl. Moustafa Maher, Urfaust-Uebersetzung. Kairo 1975; Abbas M. el-'Aqqād, Iblts. Kairo o.J.

DAS BILD DES AFRIKANERS IN DER DEUTSCHEN LITERATUR

Von Willfried F. Feuser (University of Ife)

> Gar mancher Schwarze ist innen voller Vorzüge
> ach, wie sind die Herzen der Weissen,
> wenn einer sie umwenden will?
>
> Walter von der Vogelweide

Graham Greene hat einmal tiefsinnig darauf hingewiesen, dass der afrikanische Kontinent die Form des menschlichen Herzens habe. Damit prägte er eine zentrale Metapher, die einerseits auf die Unerforschtheit und Unerforschlichkeit des Erdteils und seiner Menschen hinweist und andererseits an das Wort Senghors, "L'émotion est nègre", anklingt. Nicht immer hat Afrika in der übrigen Welt eine solche im Grunde positive Wertung erfahren, doch scheint mir insbesondere im Hinblick auf die deutsche Literatur, die ich hier getrennt untersuchen will, ein konstantes Afrikabild mit rein negativen Zügen - "a master image of Africa", wie es bei Hammond und Jablow heisst - im Ablauf der Jahrhunderte nicht gegeben.[1] Vielmehr sollte man von "Afrikabildern" im Plural sprechen, die zwar in ihrer Belichtung zumeist vom Pauschalurteil über den "dunklen" Erdteil bestimmt sind, manchmal jedoch auch hellere Stellen aufweisen.

    Ich habe in dieser Arbeit, die lediglich Vorstudie zu einer grösseren Abhandlung sein soll, hauptsächlich auf Romane, Novellen, Dramen und Gedichte sowie theoretische Erörterungen des deutschsprachigen Schrifttums zurückgegriffen, wobei auch der Trivialliteratur ein gewisser Platz eingeräumt wurde. Damit verfügen wir über eine reiche Fülle an Material, genug, um im Abriss eine "Geschichte soziologisch fassbarer Phänomene anhand künstlerischer Texte" zusammenzustellen.[2] Wenn dabei eine Periodisierung nützlich und letzten Endes unerlässlich scheint, so sei doch von vornherein darauf hingewiesen, dass die Uebergänge zwischen den einzelnen Perioden imagologischer Entwicklung fliessend sind, dass alte und neue Bilder sich häufig überlagern und gewisse - meist negative - Grundschemata latent fortdauern, um unter veränderten Vorzeichen zu einem späteren Zeitpunkt wieder zum Vorschein zu kommen.

Der mythische Mohr: "Spottgeburt von Dreck und Feuer".

Wie der präliterarische Stoff "Afrika" bis in die neuere Zeit hinein dichterisch zum mythischen Ort umgeformt worden ist - so bei Georg Heym in seiner an Rimbauds Exotismus gemahnenden Fieberphantasie "Guineas Wälder, oft denket eurer noch..." (1909) und bei Ernst Jünger, der sich angezogen fühlte durch "eine Zone, in der der Kampf natürlicher Gewalten rein und zwecklos zum Ausdruck kam"[3] - so wurde auch der afrikanische Mensch als mystische Kontrastfigur zum weissen Abendländer gesehen, als jemand, der ausserhalb der gottgesetzten Ordnung stand und dessen prinzipielle Menschlichkeit sogar ins Zwielicht getaucht schien. In seltsamen Gegensatz zur bildenden Kunst, die aus unmittelbarer Anschauung des Modells heraus dem Schwarzen seine Würde beliess, verfiel der Dichter, ganz seiner Phantasie überlassen, auf überlieferte vulgärtheologische Klischees, die letzten Endes auf neoplatonische Quellen zurückgehen dürften, so Angelus Silesius im "Cherubinischen Wandersmann" (1657):

> Ach weh! wo bin ich nun? bei lauter höllschen Mohren,
> Bei teuflischem Gesind, in Leviathans Schlund,
> In einem feurgen Pfuhl, der ohne Maas und Grund.
> Ach weh! verfluchter Tag, in dem ich bin geboren...[4]

Hier sieht sich "der verdammte Uebeltäter" kraft der Tatsache, dass er sich vom "eingemenschten Gott" entfernt hat, dem eingeteufelten Menschen (dem Mohren) zugesellt, denn schwarz ist symbolhaft identisch mit Sünde, Unerlöstheit, Abwesenheit Gottes, was in einem Distichon desselben Dichters unter dem Titel "Der Mensch ist eine Kohle" zum Ausdruck kommt:

> Mensch, du bist eine Kohl, Gott ist dein Feur und Licht;
> Du bist schwarz, finster, kalt, liegst du in Ihme nicht.[4]

Theologisch wurde die Verworfenheit des Negers durch Heidegger von Noahs Fluch über seinen unbotmässigen Sohn Ham abgeleitet: im Augenblick der Verfluchung sei dessen Haar kraus und sein Gesicht schwarz geworden, "woher offensichtlich ist, dass die Neger Söhne Hams und zu ewiger Sklaverei verdammt sind"[5].

Für Grimmelshausen ist die schwarze Hautfarbe geradezu das Merkmal alles Unechten, erblich Belasteten und sozial Fragwürdigen, worüber der Autor im einleitenden Satz des "Simplicissimus" (1668), der wie ein Sturzbach von Hohn dahinfliesst, folgendes abschliessende Urteil fällt: "Ja sie, diese neuen Nobilisten, seind oft selbst so schwarz, als wann sie in Guinea geboren und erzogen wären worden."[6]

Wird im Einleitungskapitel lediglich eine Gruppe sozialer Parvenüs symbolhaft "angeschwärzt", so begegnet an späterer Stelle des Romans dem Helden, der als grüner Jäger von Soest gerade auf der Höhe seines Ruhms steht, bei der Aushebung der "zwe Compagnien hessische Reuter" unweit Paderborns in einem Bürgerhaus ein leibhaftiger Afrikaner, der sich in einem Trog versteckt hält:

> Ich kann schwören, dass ich mein Lebtag nie so erschrocken bin als eben damals, da ich diesen schwarzen Teufel so unversehens erblickte. "Dass dich dieser und jener erschlage!" sagte ich gleichwohl in solchem Schrekken und zuckte mein Axtlein, damit ich den Trog aufgemacht, und hatte doch das Herze nicht, ihm solches in Kopf zu hauen. Er aber kniete nieder, hub die Hände auf, und sagte: "Min leve Herr, ich bidde ju doer Gott, schinkt mi min Levend!" Da hörte ich erst, dass es kein Teufel war, weil er von Gott redete und um sein Leben bat...[6]

Diese burleske Episode, deren Komik allerdings zum Teil auch auf Kosten des Jägers zustande kommt, endet sang- und klanglos, indem dieser seine Kriegsbeute dem Generalfeldzeugmeister für zwei Dutzend Taler übereignet. Tiefere Ueberlegungen über diesen Menschenhandel werden nicht angestellt, doch fliesst der Vergleich des Mohren mit dem Teufel dem Autor so glatt aus der Feder, dass er zum Standardrepertoire der Barockliteratur zu gehören scheint.

Diese Annahme wird bestätigt durch eine weitere Episode, die sich im sechsten Buch findet, und zwar als Handlungshöhepunkt der Grimmelshausenschen Robinsonade. Simplicissimus und sein portugiesischer Leidensgenosse empfangen auf ihrer "Insul" schiffbrüchigen Damenbesuch aus dem Lande des Priesters Johann, der wankelmütige Gefährte wird "durch der vermeinten Abyssinerin Schönheit" in die rechte Stimmung versetzt, sich seines Rivalen mit der Zimmermannsaxt zu entledigen, aber der vom nichtsahnenden Helden gesprochene Tischsegen entlarvt zu guter Letzt das verführerische Weib als teuflisches Blendwerk:

Sobald ich aber das Kreuz beides über die Speisen und meine Mitesser machte und den göttlichen Segen anrufte, verschwand beides, unsre Köchin und die Kiste samt allem dem, was in besagter Kiste gewesen war, und liess einen solchen grausamen Gestank hinter sich, das meinem Camerad ganz unmächtig davon ward. [6]

Während bei Grimmelshausen das erotisch betörende Element dieser afrikanischen Sukkubusgestalt im Vordergrund steht und ihre grosse Schönheit betont wird, benützt Lessing im "Laokoon" (1766) ein afrikanisches Beispiel, das er Lord Chesterfied entlehnt hat, um seine Analyse des Ekelhaften und Lächerlichen zu belegen. [7]

Angesichts ungenügender und verzerrter anthropologischer Information bleibt Lessing, der Leitstern des deutschen Toleranzbegriffs, hier in seinem Urteil in überkommenen ästhetischen Kategorien befangen. Scharfsichtiger hat Christian Dietrich Grabbe in seinem Schauerdrama "Herzog Theodor von Gothland" (1822) die schwarze Aesthetik unserer Tage vorausgeahnt, wenngleich auch bei ihm parodistische Züge unverkennbar sind:

Berdoa:
> Nie Ella! werd ich dich vergessen,
> du Holdeste der Afrikanerinnen,
> wie edel war ihr Herz! wie wollig war
> Ihr Haar! zwei Schuhe lang ihr Busen!
> Und ach! sie war Euch schwarz, schwarz wie
> Die Unschuld.

Gustav (lachend):
> Wie? ist denn Unschuld schwarz?

Berdoa:
>   Nun
> Wir Neger haben einen anderen
> Geschmack als ihr: uns ist das Schöne schwarz
> Die Teufel aber sind uns weiss!
> .... Im vollen Ernste:
> Ein ordentlicher Mohr muss aussehn wie
> Ein gut gewichster Stiefel! [8]

Konsequent zeichnet Berdoa auch das weisse Gegenbild. Das ästhetische Problem ist jedoch von minderem Rang neben dem moralischen, das bei Grabbe dem dramatisch aufgezeigten Verfall des romantisch-idealistischen Weltbildes zugrunde liegt. Während der Autor später im "Hannibal" (1835) einen positiven afrikanischen Helden schuf, der in eine der Lust am Untergang frönende Krämergesellschaft hineingeboren wird, ist Berdoa der Inbegriff zerstörerischer Kräfte, ein mephistophelischer Widersacher, ja das Prinzip des Bösen schlechthin. Obwohl einerseits seine moralische Bosheit soziologisch erklärt wird - nämlich durch seine einstige Versklavung -, wird andererseits doch das ganze traditionelle Instrumentarium des überkommenen Negerbildes zu seiner Darstellung bemüht. Gothland entgegnet auf Berdoas Einflüsterung, der Kanzler Friedrich habe beider jüngsten Bruder Manfred umgebracht:

> Mohr,
> Du lügst! Die Hölle hat dich schwarz gebrannt![8]

Später ist er für Gothland "der schwarze Satan". Er ist ein rachsüchtiges "Raubtier", eine "Bestie", er ist Leichenschänder, Verführer, tückischer Sadist, eine geballte Ladung böser Instinkte, aber auch in dieser luziferischen Potenzierung bleibt er letzten Endes doch noch Ausdruck des Grabbeschen Menschenbildes, das Gothland in die Worte fasst:

> Die Erde ist von heilgem Blut gerötet
> Und ein geschminkter Tiger ist der Mensch![8]

Bereits Ludwig Tieck hatte auf die Verwandtschaft zwischen Grabbes Berdoa und Shakespeares Mohr Aaron in "Titus Andronicus" hingewiesen. Es ist anzunehmen, dass derselbe Aaron auch als Urahn des Mohren in Schillers "Die Verschwörung der Fiesko zu Genua" (1783) in Frage kommt. Die Gestalt dieses Mohren zeigt nicht dieselbe totale Verdichtung zum Prinzip des Bösen wie Berdoa, er ist kein dynamisch antreibender, sondern ein unterwürfig beflissener Geist, dessen maffiose Fertigkeiten seinem jeweiligen Dienstherrn zur Verfügung stehen; ein schurkischer Hanswurst:

> Wenn jemand auf dieser Halbinsel eine Gurgel für Euch überzählig hat, befehlt! und ich schneide sie ab, unentgeltlich.[9]

Aber obwohl Muley Hassan "ein drolligster Jauner" ist, mit leichterem Strich gezeichnet als Grabbes Berdoa, gehört er dennoch der mythischen Kategorie der "höllschen Mohren" des Angelus Silesius an, ist er doch der "Extrapost der Hölle" entsprungen.

Der schwarze Sklave der Abolitionisten: "Er ist ein Mensch, wie du bist" (Herder).

In Hegels "Philosophie der Geschichte" (zwischen 1818 und 1827) galt Afrika noch als der geschichtslose Kontinent, kein einziger Charakterzug des Schwarzen entsprach bei ihm den gemeinsamen Kriterien des Menschengeschlechts. Dabei hatte Afrika - selbst wenn man Hegels ethnozentrisches Geschichtsbild anerkennen sollte - schon seit dreihundert Jahren den langen Marsch in die Geschichte des Westens angetreten, einen Marsch in Ketten, der durch die Initiationsphase der Sklaverei hindurchführte. Zuvor galt es allerdings, das Signum des Menschseins zu gewinnen, das dem Neger ausser von der mittelalterlich-mythischen Tradition auch z. T. von der prädarwinistischen Deszendenztheorie des 18. Jahrhunderts abgesprochen wurde. Gegen diese empörte sich Johann Gottfried Herder, der die Neger zwar auch zu den "unkultivierten Nationen" zählte, aber die Gattungseinheit des Menschengeschlechtes unter strikter Ablehnung des Rassenbegriffs beredt verteidigte:

> Wahrlich, Affe und Mensch sind nie eine und dieselbe Gattung gewesen, und ich wünschte jeden kleinen Rest der Sage berichtigt, dass sie irgendwo auf der Erde in gewöhnlicher fruchtbarer Gemeinschaft leben. Jedem Geschlecht hat die Natur gnug getan und sein eignes Erbe gegeben. Den Affen hat sie in so viel Gattungen und Spielarten verteilt und diese so weit verbreitet, als sie sie verbreiten konnte; du aber, Mensch, ehre dich selbst! Weder der Pongo noch der Longimanus ist dein Bruder; aber wohl der Amerikaner, der Neger. Ihn also sollt du nicht unterdrücken, nicht morden, nicht stehlen; denn er ist ein Mensch, wie du bist; mit dem Affen darfst du keine Brüderschaft eingehn. [10]

In kritischem Gegensatz zum verbreiteten Stereotyp des "contented slave" betont Herder in seinem leidenschaftlichen Menschenbeweis auch die Heimatliebe und den Freiheitsdrang der Sklaven und bringt Beispiele von Meutereien auf Sklavenschiffen und "vom verzweifelnden Selbstmorde dieser unglücklichen Geraubten".

Nirgends in der deutschen Literatur wird die Erbärmlichkeit des Sklavenhandels so schonungslos gegeisselt wie bei Heinrich Heine, dessen "Sklavenschiff" ("Gedichte 1853-54"), auch heute noch aktuell, zum Heinejahr 1972 als Protestsong neu erstand:

> Um Christi willen verschone, o Herr,
> Das Leben der schwarzen Sünder!
> Erzürnten sie dich, so weisst du ja,
> Sie sind so dumm wie die Rinder.
> Verschone ihr Leben um Christi willn,
> Der für uns alle gestorben!
> Denn bleiben mir nicht dreihundert Stück
> So ist mein Geschäft verdorben. [11]

Dieses Gedicht steht in seiner humanitären Vehemenz gleichrangig neben Heines Lied von den schlesischen Webern. Leonard Forster hat es mit einer anderen Anklage gegen den organisierten Tod, nämlich Paul Celans "Todesfuge", verglichen. [12]

Schwarze in der Kolonialzeit: "...nicht unsre Brüder, sondern unsre Knechte".
(Gustav Frenssen)

Auf die Vermenschlichung oder gar Sentimentalisierung des Schwarzen in der deutschen Literatur des ausgehenden 18. und des vorkolonialen 19. Jahrhunderts folgte nach der Gründung der deutschen Kolonien in Afrika ab 1884 ein Revirement, das bedenkliche Züge annahm. Die fruchtlose Kontroverse, ob die

310

deutsche Kolonisierung besser oder schlimmer als die koloniale Praxis anderer europäischer Staaten gewesen sei, soll uns jedoch hier nicht näher beschäftigen.

Unter den zahlreichen Schriftstellern, die das deutsche Regiment in den Kolonien verherrlichten und damit bewusst oder unbewusst eine besondere Spielart der Literatur - die Kolonialliteratur - schufen, heben sich zwei besonders hervor, nämlich Gustav Frenssen und Hans Grimm.

In Frenssens Feldzugsbericht "Peter Moors Fahrt nach Südwest" (1911) wird die Niederschlagung des Hereroaufstandes von 1904/05 aus der Sicht eines jungen Soldaten geschildert, der mit anderen Freiwilligen herbeigeeilt ist, um Deutschlands südlichste Bastion in Afrika zu "befrieden" und im Namen des Reiches Rache zu üben, denn "in Südwest=Afrika haben die Schwarzen feige und hinterrücks alle Farmer ermordet, samt Frauen und Kindern".[13]

Dem Aufstand war die schrittweise Enteignung des Stammeslandes durch die deutsche Verwaltung zu Siedlungszwecken vorausgegangen. Die Hereros - wie andere Stammesgemeinschaften vor und nach ihnen - waren auf eigener Erde zu Fremden ohne Rechte geworden, ausser dem Recht, für die Eindringlinge als Lohnsklaven zu arbeiten.

Der Widerspruch zwischen brutalem Landraub einerseits und der von den Missionaren gepredigten Botschaft - "Glaube, Hoffnung und Liebe" - andererseits wird bei Frenssen klar erkannt und nicht mit zivilisatorischen Phrasen überkleistert. Im Zweifelsfalle entscheidet sich Soldat Moor - tumber Tor und ewiger Mitmacher - für die Brutalität:

> Da sprang ich wieder auf... und sah nicht weit von mir eine schwarze, halbnackte Gestalt, wie einen Affen, mit Händen und Füssen, das Gewehr im Maul, auf einen Baum klettern, und zielte nach ihm, und schrie auf vor Freude, als er am Stamm herunterfiel.[13]

Angesichts des verdurstenden Volkes, das von den Wasserlöchern weg in die Wüste getrieben wird, kommt ihn manchmal das Grausen an, aber er lässt sich von seinem Oberleutnant, der wie der Feldgeistliche einen wohlfeilen Sozialdarwinismus mit religiösem Anstrich vertritt, wieder ins rechte Lot bringen:

> Diese Schwarzen haben vor Gott und Menschen den Tod verdient, nicht weil sie die zweihundert Farmer ermordet haben und gegen uns aufgestanden sind, sondern weil sie keine Häuser gebaut und keine Brunnen gegraben haben... Gott hat uns hier siegen lassen, weil wir die Edleren und Vorwärtsstrebenden sind.[13]

Denselben biologistischen Ueberlegenheitsdünkel finden wir im vielgestaltigen Werk von Hans Grimm, besonders krass im "Oelsucher von Duala", verhaltener manchmal in seiner Kurzprosa: "Südafrikanische Novellen" (1913), "Geschichten aus Südafrika" (1973) u. a. Im letzteren Band wird ein afrikanischer Aufständiger von seinem ehemaligen Waffenbruder, dem Leutnant Thilo von Trotha, wie ein Mensch gesehen und behandelt. Der preussische Offizier, der als Unterhändler zu ihm gekommen ist, wird dann allerdings von einem anderen Farbigen als Späher erschossen ("Der Leutnant und der Hottentot"). In dem Band "Südafrikanische Novellen" wird das Buschmannmädchen Dina in der gleichnamigen Novelle mit erstaunlicher Hochachtung als rätselhaftes Naturwesen ge-

schildert. Diese Hochachtung kommt indirekt im Verhalten des Holsteiner Wacht-
meisters der deutschen Polizeitruppe dem Mädchen gegenüber zum Ausdruck.
Sie ist die einzige, die das Vertrauen des verschlossenen Mannes geniesst,
nachdem seine Frau in der Wüsteneinsamkeit hart und bitter geworden ist. Be-
herzt hackt sie ihm auf seinen Befehl mit dem Beil die Hand ab, als er vom
Pferd gestürzt ist und vom Wundbrand bedroht wird, verlässt ihn aber kurz
darauf, weil er nun zu nichts mehr nutze ist. Für den Wachtmeister ist Dinas
Verschwinden ein grösserer Schock als die Tatsache, dass er nun zum Invali-
den geworden ist. In dieser Novelle wird zwar den Unterlegenen die biologisti-
sche Eroberermentalität ("the survival of the fittest") angelastet, aber anson-
sten sind Charaktere und Ereignisse wie auch in Grimms Meisternovelle "Der
Richter in der Karu" mit äusserster Subtilität entwickelt.[14]

Vom psychologischen Einfühlungsvermögen Grimms, das trotz aller brüs-
ken Herrenmoral bei der Zeichnung schwarzer Charaktere in seinem Werk unverkennbar ist, bleibt im Laufe des Ersten Weltkrieges nichts mehr übrig, was
in der folgenden Szene bei Clara Viebig zum Ausdruck kommt, die eine zeitgenössische Abwandlung des Kinderschreckmotivs vom "schwarzen Mann" darstellt:

> Frau Dombrowski sagte nur: "Erich, wart' mal, ich schreib es Vatern.
> Der kommt und nimmt dich mit in'n Schützengraben. Da fressen dich die
> Ratten. Oder die schwarzen Franzosen kommen und holen dich; die fres-
> sen auch Kinder"...
> "Frisst unser Vater auch Kinder?" fragte er langsam.
> "Das nich", sagte die Mutter lachend. "Der is doch nicht schwarz."[15]

Hier klingt schon der arische Angsttraum der Ruhrbesetzung an, dessen kol-
portagehafte Literatur mit ihrem grimmigen Neger-Image "einer bestialisch-
vitalistischen Primitivität" sich eng an die koloniale Phase anschliesst.[16] Aus
dem Wust dieser Machwerke, worin anderweitig nicht geduldete Monstrositä-
ten plötzlich literaturfähig werden, sei nur ein Beispiel erwähnt. Es handelt
sich um F.O. Bilses "Die schwarze Welle" (1925), ein angeblich von einem
Besatzungssoldaten verfasstes Buch, in dem neben diversen kannibalischen
Wollüsten die Vergewaltigung einer weissen Frau durch einen Urwaldneger geschildert wird:

> Du schreist?
> Sieh - was ist die Abwehr einer Frau gegen den ungezügelten Urtrieb eines
> schwarzen Menschtieres, in dessen Blut die Wollust nach weissem Flei-
> sche schäumt?...[17]

Bei Bilse ist das Niveau der nackten Rassenhetze, wie sie sich in Hitlers "Mein
Kampf", und Rosenbergs "Mythus des 20. Jahrhunderts" findet, erreicht. Bei-
de haben sich einschlägig zum Negerproblem geäussert und zur Konvergenz von
Negrophobie und Antisemitismus beigetragen.

Afrika heute: "Früher war das Fremde und Unbekannte das Feindliche, heute
stellt sich im voraus als das Bessere, Begehrenswerte dar". (Günter Herburger)

Dem Tiefstand des Negerbildes zur Zeit der Ruhrbesetzung entsprach kontrapunktisch jenes andere, das den Schwarzen als Symbol vitalistischer Befreiung feierte, etwa bei Hermann Hesse, der sich im "Steppenwolf" an der "liebenswerten unverlogenen Negerhaftigkeit" der Jazzmusik ergötzt, oder bei Gottfried Benn:

> Das Leben als Mulattenstadt: Zuckerrohr kauen, Rumfässer wälzen, mit zehn Jahren defloriert werden und Cancan, bis die Hintern wackeln. Aber Europa fehlte das tierische dumme Auge und die Hibiskusblüte hinter dem Ohr. Und jemand anders trat ihm entgegen, ein Gegen-Mulatte, griff ihm an die Gurgel, den Adamsapfel, spaltete ihm den engen Schädel, sang atonal: ein neuer Ballon, eine alte Sphinx: der Geist.[18]

Wenn es in der deutschen Literatur vielfach zum Umdenken, zu einer völligen Neuorientierung gekommen ist, so ist dies zweifellos zu einem grossen Teil dem Wirken von Leo Frobenius ("Und Afrika sprach, 1912-13; "Schicksalskunde im Sinne des Kulturwerdens", 1932; "Kulturgeschichte Afrikas", 1933) zuzuschreiben, jenem Vertreter einer panromantischen Anthropologie, "die im letzten Grunde am liebsten hinter den homo sapiens des Diluviums selbst zurück möchte" (Max Scheler).[19] Allerdings wusste dieser geniale Forscher und Sammler, der die kulturelle Vergangenheit des Kontinents entdeckte, mit der afrikanischen Gegenwart nichts Rechtes anzufangen und prägte z.B. das böse Wort vom "Hosenneger", um den westlicher Zivilisation aufgeschlossenen Afrikaner abzuwerten - ein Ausdruck, der sich leider längere Zeit in der deutschen Afrikaliteratur gehalten hat. Eine Vorliebe für archaische Lebensformen und isolierte Stammeskulturen findet sich denn auch noch bei dem neben Janheinz Jahn wohl bedeutendsten Schriftsteller in der Frobeniusnachfolge, der sich mit afrikanischen Themen befasst hat: Herbert Kaufmann.

Besonders erfolgreich war in Deutschland Kaufmanns mit dem Jugendbuchpreis 1958 ausgezeichneter Roman "Roter Mond und Heisse Zeit", eine Liebesgeschichte unter den Tuareg, die von des Autors intimer Kenntnis dieses Wüstenvolkes zeugt. Eine englische Uebersetzung des Werkes wurde von dem nigerianischen Romanschriftsteller Cyprian Ekwensi begeistert begrüsst. Im Mittelpunkt des Romans "Pfeile und Flöten" (1960), der beim Stamm der Moffu in den Bergen Nordkameruns spielt, steht wieder ein Liebespaar, das Mädchen Méchékédé, ("Sand über frischem Grab") und der Jüngling Mineng ("Was suchet er?"). Beide werden in einen Strudel von Intrigen und Stammesunruhen hineingerissen, in welche die Kolonialregierung brutal eingreift, können aber nach Nigeria entfliehen.

In "Pfeile und Flöten" ist neben dem Wohlwollen für die "Primitiven" eine deutliche Abneigung des Autors den "évolués" gegenüber zu spüren. Dagegen kommen in "Des Königs Krokodil" (1963), Kaufmanns bisher letztem Buch, traditionelle afrikanische Werte und die Kräfte des Fortschritts in der Person des vom Sklaven zum Herrscher aufgestiegenen Ja-Ja von Opobo zum Ausgleich, wenngleich Ja-Ja, wie historisch vorgegeben, in seinen politischen Bemühungen scheitert. In diesem Werk werden auch soziale Phänomene der afrikanischen Wirklichkeit im 19. Jahrhundert wie Menschenopfer und Totemismus mit grösster Einfühlung interpretiert und eng mit dem Handlungsstrang der Erzählung verflochten.

Vielleicht der liebenswerteste afrikanische Charakter in der neueren deutschen Literatur ist - trotz des irritierenden Titels - Hans Leips "Nigger auf Scharhörn" (1929) der schiffbrüchige kleine Negerjunge Kubi, den es auf eine Nordseeinsel verschlagen hat. Die Bezeichnung "Nigger", die aus der Seemannssprache stammt, wird in der Erzählung meist nur von unsympathischen Menschen wie der zahnlosen alten Witwe Bumm verwendet, die als Hexe gilt und von Kubi als dem "ollen ekelhaften kattenswatten Nigger" spricht. Es ist ein Jungenbuch in der Tradition des "Jim Sawyer and Huckleberry Finn", ein Lied auf die Jugend, die Ferne und die Heimat, mit einer Prise Sentimentalität in der rechten Art des Lili-Marleen-Dichters versetzt. Wie bei Ernst Jünger die Aequatorialzone Afrikas, so wird bei Leip der schwarze Freund Kubi zum "Sinnbild meiner Freiheit, meiner Träume von der weiten Welt..."[20]

Andere Schriftsteller, die sich mit afrikanischen Themen befasst haben, allerdings manchmal nur peripher, sind Siegfried Lenz ("Lukas, sanftmütiger Knecht"), Jens Rehn ("Fünf Pfund für einen Löwen"), Alfred Andersch ("Weltreise auf deutsche Art"), Josef Reding ("Nennt mich nicht Nigger!") und Günter Herburger ("Ein Fall von Pfingsten"), Erzählungen, in denen das Rätselhafte, zuweilen Grausame, das dem afrikanischen Charakter zuweilen noch zugeschrieben wird, allmählich einer universell menschlichen Einschätzung weicht. In einem hervorragenden Roman Eva Zellers ("Der Sprung über den Schatten", 1967) entdeckt ein deutscher Ingenieur in der namibischen Dürre das Afrika seines Vaters, der als Missionar vor dem Ersten Weltkrieg dort gewirkt hat. Aus "entwicklungslosen, fortschrittslosen Menschen" werden die Schwarzen für ihn zu Individuen, bis am Ende "das unbeteiligte schwarze Engelsgesicht" einer jungen Negerin in der Wüste vor ihm erscheint, wo er verdürstend liegt, um ihm mit ihrer Muttermilch symbolisch neues Leben zu spenden. Hier wird die Synthese von Weiss und Schwarz vollzogen, der Sprung über den eigenen Schatten ist gelungen.

Wenn wir zum Schluss noch Peter Weiss mit seinem "Gesang vom Lusitanischen Popanz" (1967) erwähnen, so tun wir das nicht, um über das Für und Wider von politischer Revue oder Agitationstheater zu reden, sondern um das scharfe Heraustreten einer Tendenz in der deutschen Afrikaliteratur der neueren Zeit zu zeigen, die auch in ihren anderen Werken zunehmend zu Tage tritt und der Schablone vom "master image of Africa" in der westlichen Literatur ("the tradition is intransigeant") widerspricht. Es ist das Lied von der permanenten Emanzipation des lange unterdrückten Kontinents und des afrikanischen Menschen:

> Und mehr werden kommen
> ihr werdet sie sehn
> Schon viele sind in den Städten
> und in den Wäldern und Bergen
> Lagernd ihre Waffen und sorgfältig planend
> die Befreiung
> die nah ist.[21]

Anmerkungen

1 Dorothy Hammond and Alta Jablow, 'The African' in Western Literature. In: Africa Today, December 1960, pp. 8-10 and January 1967, pp. 12-13 passim.

2 Mit der Einschränkung, dass es sich hier nicht durchweg um "künstlerische", wohl aber um "literarische" Texte handelt. Erwin Leibfried, Kritische Wissenschaft vom Text. Stuttgart 1970-1972, S. 176.

3 Georg Heym, Dichtungen und Schriften. Hrsg. v. Karl Ludwig Schneider. Verlag Heinrich Ellermann 1964, Bd. 1: Lyrik, p. 684. Ernst Jünger, Afrikanische Spiele, München o. J. , p. 10.

4 Angelus Silesius, Der Cherubinische Wandersmann. Krefeld 1948, p. 187, 127.

5 Johann Heinrich Heidegger, De historia sacra partiarcharum exercitationes selectae. Amsterdam 1667, zitiert bei Lilyan Kestellot, Négritude et situation coloniale. Yaoundé 1968, p. 25.

6 H. J. Chr. von Grimmelshausen, Der abenteuerliche Simplicissimus. Berlin 1954, pp. 9, 217, 530.

7 G. E. Lessing, Laokoon, hrsg. v. Dorothy Reich. London 1965, pp. 221-222.

8 Chr. D. Grabbe, Herzog Theodor von Gothland. Stuttgart 1971, pp. 148, 34, 36.

9 Friedrich Schiller, Sämtliche Werke, Bd. I, München 1968, p. 215.

10 J. F. Herder, Ideen zur Philosophie der Geschichte. In: Werke in fünf Bänden, ausgew. v. Wilhelm Dobbek. Berlin 1969, p. 155.

11 Heinrich Heine, Werke. 1. Band: Gedichte, hrsg. v. Christoph Siegrist. Frankfurt 1968, p. 241.

12 Leonard Forster, A Note on Celans 'Todesfuge' and Heine's 'Das Sklavenschiff'. In: German Life and Letters. Oxford, vol. XXIV, 1970-1971, pp. 95-96.

13 Gustav Frenssen, Peter Moors Fahrt nach Südwest. Ein Feldzugsbericht. Berlin 1911, pp. 6, 86, 200.

14 Ueber Grimm und andere deutsche Kolonialschriftsteller siehe auch Emmanuel C. Nwezeh, L'Afrique Noire dans les littératures française et allemande depuis Agadir jusqu'à l'arrivée de Hitler au pouvoir. Thèse de Doctorat de 3ème cycle, Littérature comparée, Université de la Sorbonne Nouvelle, Paris III, 1974 passim.

15 Clara Viebig, Tochter der Hekuba. Berlin 1918, pp. 26-27, zitiert nach Nwezeh, op. cit. , p. 150.

16 Siehe Martin Steins, Das Bild des Schwarzen in der europäischen Kolonialliteratur 1870-1918. Frankfurt 1972, p. 48.

17 Afim - Assanga, Die Schwarze Welle. Ein Negerroman. Bearbeitet und herausgegeben von F. O. Bilse. Regensburg/Leipzig 1925, p. 115.

18 Gottfried Benn, Leben ist Brückenschlagen, hrsg. v. Max Niedermayer. München 1962, p. 136.

19 Max Scheler, Philosophische Weltanschauung. München o. J. , p. 83.

20 Hans Leip, Der Nigger auf Scharhörn. Hamburg 1957, pp. 72, 176.

21 Peter Weiss, Gesang vom Lusitanischen Popanz und andere Stücke. München 1971, p. 72.

BEITRAEGE ZUM SYMPOSION

'SELBSTVERSTAENDNIS DER GERMANISTIK'

DIE LITERARISCHE WERTUNG: ZUR KRISE IM SELBSTVERSTAENDNIS DER GERMANISTIK

Von Karl Tober (Johannesburg)[*]

Wenn ich als Thema dieses kurzen Vortrags die literarische Wertung gewählt habe, so geschah dies, weil in keinem anderen Bereich der Germanistik die Krise im Selbstverständnis unserer Wissenschaft offenkundiger wird als in ihm. Ich wurde nicht dazu angeregt durch den modischen Kniefall vor der vehementen Kritik der letzten zwei Jahrzehnte an unserer fachidiotischen Disziplin, mich gleichsam in die Reihe jener stellend, die, reumütig an die eigene Brust schlagend, ein Sündenbekenntnis über die Irrelevanz unseres Tuns ablegen, noch kann es mir darum gehen, ein in sich geschlossenes, abstraktes Denkgefüge eines monistischen Wertsystems anzubieten, das als ein mechanistisches Allheilrezept die Fragen der Literaturtheorie und der praktischen Kritik auf einen billigen Nenner brächte.

Ich scheide diese beiden Bereiche, weil sich Fragen der Wertung in ihnen auf sehr verschiedene Weise darstellen und weil gerade in der Germanistik die unheilvolle Trennung zwischen Theorie und Praxis folgenreich war. Selbst vereinfachende Schlagworte zur Geschichte der Germanistik unter dem Wertungsaspekt ergeben eine beunruhigende Bilanz. Zwei gegensätzliche Positionen werden klar erkennbar, aus denen drei kombinatorische Versuche hervortreten:

I. Die Literaturwissenschaft ist wertungsfrei (Positivismus).

II. Die Literaturwissenschaft ist durch vorgegebene Wertungskriterien objektiv determiniert (marxistische Literaturtheorie).

Die Wertungsfreiheit der positivistischen Literaturtheorie ist aber uneingestanden in den Wertsetzungen des deutschen Idealismus aufgehoben, die in der praktischen Kritik diese "nationale" Wissenschaft zu kuriosen Werturteilen zwingen (etwa Scherer über Arndt). Ich meine, dass Ueberlegungen zur Wertung erst an der Kreuzung inner- und ausserliterarischer Wege denkbar werden. Diese Wege blieben im Positivismus geschieden; der eine beschränkt auf Philologie und Textkritik, der andere auf eine Ableitung einer Art von Kausalität des Genialen aus biographischen Fakten, beide bestimmt durch den Beispielcharakter der Klassik noch im Wilhelminischen Zeitalter. Geleitet von Erfahrbarkeit, Messbarkeit und Zählbarkeit ging es um ein bis heute unentbehrliches "Sammeln und Hegen".[1]

Die marxistische Literaturwissenschaft andererseits hat das grosse Verdienst, einen ersten Versuch unternommen zu haben, kritische Theorie und, von ihr abgeleitet, interpretierende Praxis in einen unmittelbaren wertenden Zusammenhang zu bringen, freilich um einen Preis: den der Unterwerfung des

[*] Der Verfasser dankt dem Human Sciences Research Council, Pretoria, und der University of the Witwatersrand, Johannesburg, für die Förderung, die ihm die Teilnahme am IVG-Kongress ermöglichte.

Kunstwerks unter den gesellschaftlichen Prozess als Revolution und der Einschränkung der Analyse auf die Funktionalität des Werks und seiner Verankerung in der Realität. Das gilt trotz aller diffizilen Bandbreite der Argumente von Lenin über die Frankfurter Schule bis zur Gegenwart. Gesellschaftliche Funktionen der Literatur, richtige Widerspiegelung der objektiven Wirklichkeit und Dialektik von Form und Inhalt sind die hierarchische Triade, welche die Achse der literarischen Weltanschauung des dialektischen Materialismus bilden: "Ferner ist jede Werthaltung einer Gesellschaftsvorstellung der sozialistischen-kommunistischen Ordnung verpflichtet. Alle Werte, die diesen obersten Voraussetzungen nicht entsprechen, haben abzudanken."[2] Methodisch ist dieser Wertungsdeterminismus ebenso unergiebig wie eine absolute Wertungsfreiheit weltferner Bürgerlichkeit. Totales Engagement und totales Desinteresse machen ein offenes Gespräch zur "Lenkung und Freiheit der Musen"[3] unmöglich. Die entwaffnende Sicherheit politischer Utopien nimmt voraus, was ein apolitisches historisches Gewissen sich zu unternehmen weigert.

III. Der zweite umfassende Versuch, Theorie und Praxis der Literaturwissenschaft in einem festen Wertungssystem zu vereinen, ist der geisteswissenschaftlich-psychologisch-morphologische. Antihistorische Prinzipien des Geistes, zeitlose, archetypische Modelle und ontologische Gattungsstrukturen beleuchten die einzelnen literarischen Erscheinungen im Prisma übergreifender Wertsetzungen. Es ging um nichts Geringeres als um die "Verinnerung des subsumierenden 'WAS' zum organisierenden 'WIE'", um die Verwandlung der Literaturhistorie als Erfahrungsfeld "zur tiefsten Seelen- und zur reichsten Menschenkunde", um die "Entwicklung von fachgeschichtlichem Neben- und Nacheinander zu geistesgeschichtlichem Ineinander, Aufstieg von temporaler Einteilung zu typologischer Gestaltung -"[4]. Im Grunde bestimmt dieses Denkmuster der geistesgeschichtlichen Aera noch die entscheidenden Beiträge zur literarischen Wertung, von Ermatinger und Beriger bis zu Hass, Lockemann und Müller-Seidel.[5]

IV. Mit einer äussersten Konsequenz hat die werkimmanente Interpretationslehre in ihrer poetologischen Theorie die Literaturwissenschaft in der Gattungslehre anthropologisch unterbaut, aber in der praktischen Kritik einen bewussten Rückzug in den Text als singuläre Wesenheit angetreten, damit wir "begreifen, was uns ergreift"[6]. Sie hat ein impliziertes klassisches Wertsystem in der Theorie, überlässt jedoch die Wertung des einzelnen Werks dem Geschmack des Lesers. Die erste Auflage von Staigers Poetik spricht abschliessend von dem Glauben an eine absolute Rangordnung von Werten, bekennt aber andererseits: "eine Poetik, wie sie hier vorliegt, kann keine ästhetische Wertung begründen"[7]. Solche theoretische Bescheidung, gepaart mit feinsinnigen praktischen Analysen, ist ein Anderes als eine elitär-pathetische Vermengung von Deuten und Werten unter Ausschluss der Oeffentlichkeit: "Indem aber alle Interpretation und Wertung ausgeht und dauernd erstrahlt, bleibt von der Erscheinung, die dem Interpreten erschienen ist, bleibt im Grunde aller Interpretation ein Nicht-Lehrbares, Nicht-Erklärbares, Nicht-zu-Rechtfertigendes."[8]

V. Bei einem kritischen Versuch, eine Verfahrensweise des Wertens vorzuschlagen, muss zunächst darauf verzichtet werden, absolute Wertkategorien als gegeben vorauszustellen oder sie als unanfechtbares Destillat nach dem Vorgang des Verstehens und Deutens gewinnen zu wollen. Das eine verbietet sich in der für mich unausweichlichen Annahme der Geschichtlichkeit der Literatur, das andere in der Einsicht, dass unverrückbare, normative Prinzipien induktiv zu gewinnen sind und erst in ihrer Selbstleugnung verbindlich werden, indem sie sich an geschichtlichen Objekten ausweisen müssen.[9]

Was versucht werden soll, ist nicht der Entwurf eines neuen Modells, sondern das Fruchtbarmachen vorhandener Ansätze zu einer kritischen Verbindung ausser- und innerliterarischer Sehweisen. Trotz meines Titels muss ich mit Reinhold Grimm bekennen, "dass mich die modische Krise der Germanistik oder gar der Literatur wenig beeindruckt. Entweder, so scheint es mir, werden hier Forderungen erhoben, die sich von selbst verstehen, oder es wird mit billigen, doch desto aufwendiger verpackten Patentlösungen hausiert."[10]

Gerade beim Wertungsproblem hat die Germanistik die ihr ohnehin eigentümliche ideologische Frontenstellung zelebriert, anstatt das produktive Bewusstsein einer aufbauenden Tradition unserer Wissenschaft zu fördern, "damit nicht jede Generation geistig von vorne anfangen muss"[11]. Jede Ueberlegung zur Wertung - und das verdanken wir der historischen Schule - hat ihren Ausgangspunkt im historisch-philologisch gesicherten Text des Werkes und in der geschichtlichen Ortung von Autor, Gattung und Poetik im Wechselspiel der Epochen.

Aus der materialistischen Literaturwissenschaft ist die Einsicht weiterzuführen, dass Werk, Autor und Wirkung aus der Einsamkeit des schöpferischen Machens und Rezipierens heraus zu entwickeln sind, als Verbindlichkeit von Ich und Gesellschaft, ohne dass man sich der monistischen Funktionalität einer vorgefassten Wertungslehre auszuliefern hat.

Die geistesgeschichtlichen Funde zur Einheit von Idee und Struktur wären dem Prozess historischer Verwandlung und der Korrektur durch Interpretationen zu öffnen, die mehr sein sollten als der Nachweis ideologischer Gesetzlichkeit.

Die Interpretationslehre hat als erste die für einen Wertungsvorgang als Ansatz zu erkennende Inbeziehung der Worte im Text beschrieben, wobei freilich weder "Stimmigkeit" noch "Spannungsweite" in sich selbst und vergleichslos Wertcharakter haben können.

Die gegenwärtigen Ansichten zur Wertung zeigen eine unversöhnliche, dem Gegenstand nicht angemessene Konfrontation linearer Dogmen und amorpher Konglomerate. Vielleicht wäre der Streit um Literatur und Gesellschaft, jene Zauberformel auch unseres letzten Kongresses, ein möglicher punktueller Einstieg in einen wirklichen Dialog zur Wertung.[12]

Die seit den fünfziger Jahren nachweisbaren Versuche[13], Geschichte, Interpretation und Poetik methodisch aufeinander zu beziehen, finden seit der Mitte der sechziger Jahre in den Studien zur Wertung ihren Niederschlag. In der Einführung von Fritz Martini zu dem Heft "Probleme der literarischen Wertung" steht der Leitsatz: "Der besondere Sinn ihrer Arbeit liegt in der dialektischen Vermittlung zwischen Geschichte, Poetik und Kritik."[14] Diese Aufgabe wartet im Bereich der Wertung noch immer auf ihre Erfüllung.

Die Aspekte der fünf dort vorliegenden Aufsätze (Tober, Lundig, Gerth,

Henze und Krömer) haben eher Kaleidoskop- als Reflexionscharakter. Sie zielen über die drei programmatischen Schriften des Jahres 1965 nur vereinzelt, aber nicht summierend hinaus. Lockemanns Gedanken zu Gestalt, Schönheit, Persönlichkeit, Wesen, Inhalt und Kritik verbleiben im Bereich einprägsamer Katalogdaten mit dem Wunsch, "die historische und die werkimmanente Betrachtungsweise"[15] nicht für unvereinbar zu halten. Müller-Seidel stellt bereits die Probleme des Höheren, des Ganzen und des Menschlichen nach Vorüberlegungen unter das Problem des Oeffentlichen. Sein grosses Verdienst liegt in der Forderung, den Gesprächscharakter des Themas zu wahren, den irrationalen Rest in einer rationalen Wissenschaft anzunehmen und gerade in Fragen der Wertung ein methodisches Bewusstsein zu fördern und das Aufeinanderbezogensein von Interpretation und Wertung anzuerkennen, im Wissen, dass beide "die aus der Historischen Schule abgeleitete Uebung des Verstehens"[16] voraussetzen.

Was wir im folgenden vorschlagen werden, kann im Sinne von Max Wehrli nicht auf eine "Formel für die wertmässige 'Testung' literarischer Kunst" hinauslaufen. Wohin führt uns der Schluss Wehrlis: "Sowenig ein Kunstwerk in sich selbst selig sein kann, so wenig vermag uns auch die Kunst in uns selber selig zu machen."[17]?

Wilhelm Emrichs schlagende Formulierung "Absolute Wertung contra Historismus" leitet vom Gegensatz historischer und ontologischer Eigengesetzlichkeit zum "Problem der Wertung und Rangordnung literarischer Werke"[18] und zu dem neuen und produktiven Schritt, "Bewusstsein und Daseinsstufen der Dichtung"[19] aufzufinden. Weder durch das Verstehen literarischer Gebilde "aus ihren eigenen entstehungsgeschichtlichen Voraussetzungen und den spezifischen Intentionen ihrer Autoren"[20] noch auf dem Boden einer vorhistorischen normativen Poetik lässt sich das Dilemma der historisch oder normativ-ästhetisch orientierten Wertungen lösen. Emrichs Vorschlag deutet auf eine Erweiterung der ontologisch orientierten Aesthetik hin, um "die Identität zwischen bestimmten Daseins- und Bewusstseinsstufen der menschlichen Existenz und bestimmten literarischen Formen stringent zu erhellen"[21]. Dies ist nur auf dem Weg einer induktiv arbeitenden Textkritik zu erreichen, die Voraussetzungen des Verstehens schafft, Schritte des Deutens vorbereitet und Möglichkeiten des Wertens in einer Verfahrensweise darstellt, die in "einer geheimen Identität vom Objekt und Subjekt in wechselseitiger Polarität und Steigerung"[22] mündet.

Was bedeutet diese Identität für die literarische Praxis? Gehen wir zunächst einmal aus von der Annahme, dass die Literatur für den Betrachter nur durch den Filter des eigenen Ich durchlässig wird. Das gilt für die primäre Rezeption (Empathie, Einfühlung) ebenso wie bei dem darauffolgenden Vis-à-vis beginnender Reflexion. Im Grunde beginnen mit dem rezipierenden Ich alle Fragen zur Literatur, erst recht die zur Wertung. Text und Ich bilden vom Anfang an den Ausgangspunkt für alle Stufen in der Erkenntnis der Literatur.

Dieses Zwiegespräch zwischen Text und Leser hat zwar mancherlei objektive Voraussetzungen im Gegenstand, entzieht sich aber dem objektiven Kalkül durch die Subjektivität des Rezipierenden. Ein gesellschaftlich-geschichtlich bedingtes Ich, in dem Ererbtes, Erlerntes und Erlebtes (Scherer) den Erwartungshorizont bestimmen, ein Ich, das aber auch durch die Freiheit ästhetisch-ethisch und kultureller Entscheidungen in diesem Prozess der Bestimmungen handeln kann, trifft auf einen Text, der seinerseits Tradition und Ursprünglichkeit auf einzigartige und verwirrende Weise verknüpft. Der Neigungswinkel des Textes und des Ich wird durch die individuell-überindividuelle Doppelkomponente beider bestimmt. Es gibt dabei nicht nur eine Resultante.

Weder Ich noch Text sind aus einem historischen Koordinatensystem zu lösen, dessen Linien sich jeweils in einem bestimmten Zeitpunkt der Beschäftigung mit einem Text schneiden, der Werk und Leser einander geschichtlich zuordnet. Beide sind nicht konstant, nicht statisch, sondern dynamisch (Gadamer, Habermas). So wird der Text zu einer Art Co-Subjekt, das sich nicht mehr einfach als ein So-Gewordenes dem Ich entstehungsgeschichtlich oder a-historisch gegenübersieht, sondern es kommt zu einer fortschreitenden dynamischen Vermittlung zwischen dem kreierten Gegenstand und dem darüber reflektierenden Ich.

Literaturwissenschaft ist eine Vermittlerwissenschaft zwischen Ich, Text und Gesellschaft. Sie produziert weder den Gegenstand noch reproduziert sie ihn (wie die Interpreten glaubten). Selbst der gesicherte Text steht dynamisch im Strom der Geschichte, so auch sein Betrachter. Die Literaturwissenschaft müsste sich ihrer Bekannten eigentlich erst neu versichern, ohne auf die Interdependenz bestehender Einsichten im Sinne einer kritischen Durchlässigkeit aller hypothetischer Denkformen zu verzichten.

Zu lange haben wir das Verhältnis "Text und Leser" aus dem Spiel gelassen, oder gleich daraus pragmatische Schlüsse gezogen. Ich denke nicht an das Ich als Pavlovschen Hund (Richards), das Ich als Präceptor Germaniae (Nadler), das Ich als Ueber-Dichter (Frye, Kayser), das Ich als Nicht-Ich (Positivismus/Marxismus), das Ich als Universum (Klassik und die Folgen), sondern als Individuum, dem auch bei versuchter Wertung die Entscheidungen zwischen Freiheit und Bindung nicht abzunehmen sind.

Das vom Ich im Dialog mit dem Werk nach Einfühlung und kritischer Gegenüberstellung als wertvoll Erkannte wird in den Wertsetzungen des Du und Wir sich bewähren müssen. Weder das Werk noch der Einzelne sind Inseln; hier haben sekundäre Rezeption und Wirkungsgeschichte grosse Aufgaben, wenn auch nicht alles, was bleibt, wertvoll sein mag und wenn auch der kommunale Konsensus keine Wert-Garantie ist. Ohne unser Interesse werden wir zu keiner Erkenntnis gelangen, diese wird verbindlicher werden, wenn wir von einer Wissenschaft "von was" auch zu einer Wissenschaft "für wen" vordringen.

Schon beim ersten Schritt des Verstehens auf den Fundamenten der Historie, Philologie und Poetik werden beim Lesen eines Werks Deutungselemente einfliessen, sobald in der Inbeziehung der Worte in diesem Text von Rhythmus, Metrik und Syntax aus Relationen zum Gesagten zu Bild und Gattung enthüllt werden. Verstehen ist in seinen bescheidenen Grenzen Sinnerfassung ohne Form auf dem Wege der Beschreibung, Deutung wird erst im Ineinander von Gehalt und Gestalt, von WAS und WIE möglich. Das reflektierende Ich wird sich im wechselnden Masse lebens-gattungs-stil- und formgeschichtlicher Schlüssel im epochalen Horizont bedienen.[23]

Die Scheu der Germanistik vor der Wertung, die aus den Prozessen des

Verstehens und Deutens hervortreten sollte, ehrt ihre Redlichkeit als Wissenschaft. Aber vielleicht sollten wir unseren strengen Wissenschaftsbegriff so auflockern, dass seine Objektivität nicht mehr auf die Prämissen noch auf die abschliessenden Urteile sich ausdehnt, sondern lediglich auf überprüfbare Verfahrensweisen, die, vom Text und Ich ausgehend, die Erscheinungen der Literatur erfassen, ohne das "Wesen" a priori festzulegen. Wir müssen uns darüber klar sein, dass auch Wertung "im letzten kein wissenschaftlicher Akt ist".[24]

Aber der GANG der Untersuchung, der WEG des Für und Wider in der Ich-Werk-Beziehung und ihrer dialogischen Vermittlung kann und soll wissenschaftlich überprüfbar sein. Dabei könnten die vier produktiven Vorschläge, die Joseph Strelka[25] jüngst zur kritischen Annahme der "Relativität literaturkritischer Methoden" gemacht hat, als Wegweiser dienen. Voraussetzung dazu bildet ein Continuum der "Selbstreflexion" in der Germanistik, wie besonders Mecklenburg[26] es seit 1972 in der Nachfolge Emrichs fördert.

Es liegt jedoch in der komplexen Natur unseres Gegenstandes, dass selbst bei solcher Offenheit die Probleme der literarischen Wertung[27] auch weiterhin eher als Spektrum denn als letztgültige Einzelformel erscheinen werden.

Nehmen wir sowohl die Geschichtlichkeit des Autors, seines Werks und seines Betrachters wie auch die Strukturiertheit von Texten als gegeben an. Beide sind weder hermetisch noch absolut. Lassen Sie uns einen Weg suchen zwischen dem tierischen Ernst der Monisten und dem witzelnden Relativismus der Pluralisten. Lassen Sie uns zwischen der Freude am Werk und dem Unbehagen an seinen Deutern, rechts und links, den Machtanspruch an die Germanistik zurückweisen, dass sie die Welträtsel im Wort zu lösen habe. Das süffisante Geschmäcklertum weniger Auserwählter und die kommunale Vermassung des Geschmacks sind die Skylla und Charybdis, zwischen denen die Germanistik der Gegenwart wechselweise kentert. Wer werten will, wird es lernen müssen, Ich und Gesellschaft im Doppelaspekt von Werk und Leser in einer Verfahrensweise zu vereinen, die Verstehen und Deuten umgreift, damit aus unserem nur politisch oder nur apolitisch gewordenem Geschäft wieder eine Humanwissenschaft werde.

Anmerkungen

1 Vgl. dazu: Franz Schultz, Die Entwicklung der Literaturwissenschaft von Herder bis Wilhelm Scherer. In: Philosophie der Literaturwissenschaft, hrsg. v. Emil Ermatinger. Berlin 1930, S. 1-42, besonders S. 33-37.

2 Manon Maren-Grisebach, Theorie und Praxis literarischer Wertung (= UTB 310). München 1974, S. 52f.

3 Karl Tober, Pegasus im Joche. Zur Lenkung und Freiheit der Musen. In: Acta Germanica, Bd. 6 (1971), S. 1-10.

4 Herbert Cysarz, Das Periodenprinzip in der Literaturwissenschaft. In: Philosophie der Literaturwissenschaft, hrsg. v. Emil Ermatinger. Berlin 1930, S. 92-129, S. 92.

5 Leonhard Beriger, Die literarische Wertung. Ein Spektrum der Kritik. Halle/Saale 1938; Hans-Egon Hass, Das Problem der literarischen Wertung (= Libelli, Bd. CCCX). Darmstadt ²1970; Fritz Lockemann, Literaturwissenschaft und literarische Wertung. München 1965; Walter Müller-Seidel, Probleme der literarischen Wertung. Stuttgart ²1969.

6 Diese berühmte, oft missbrauchte Formel von Emil Staiger umschreibt prägnant wie keine andere den Vorgang der Versenkung des Lesers in ein Werk und die Rückkehr zu sich selbst, die zur Gegenüberstellung führt.

7 Emil Staiger, Grundbegriffe der Poetik. Zürich 1946, S. 228.

8 Wolfgang Kayser, Literarische Wertung und Interpretation. In: Die Vortragsreise. Studien zur Literatur. Bern 1958, S. 39-57, S. 56.

9 Vgl. Wilhelm Emrich, Das Problem der Wertung und Rangordnung literarischer Werke. In: Geist und Widergeist - Wahrheit und Lüge der Literatur - Studien. Frankfurt a. M. 1965, S. 9-29. Ebd., Bewusstseins- und Daseinsstufen der Dichtung, S. 30-45.

10 Reinhold Grimm, Verwunderter Rückblick (nebst unvorgreiflicher Vorschau). In: Wie, warum und zu welchem Ende wurde ich Literaturhistoriker? Eine Sammlung von Aufsätzen aus Anlass des 70. Geburtstags von Robert Minder, hrsg. v. Siegfried Unseld (= suhrkamp taschenbuch 60). Ulm 1972, S. 85-99, S. 93.

11 Leonard Forster, Persönliches Bekenntnis. In: Wie, warum und zu welchem Ende wurde ich Literaturhistoriker? Eine Sammlung von Aufsätzen aus Anlass des 70. Geburtstags von Robert Minder, hrsg. v. Siegfried Unseld (= suhrkamp taschenbuch 60). Ulm 1972, S. 79-84, S. 80.

12 Karl Tober, Das Verhältnis von Dichtung und Gesellschaft im Licht des Epochenproblems. In: 4. IVG Kongress-Akten. Johannesburg 1971, S. 21-28; derselbe, Pegasus im Joche (siehe Anm. 3); derselbe, Poetry, History, and Society? Reflection on Method. In: Yearbook of Comparative Criticism. Bd. V, Univ. Park & London 1973, S. 41-55; derselbe, Gesellschaft und Geselligkeit in Hofmannsthals Komödien. In: Hofmannsthal-Forschungen II, Referate und Diskussionen der 3. Tagung der Hugo von Hofmannsthal Gesellschaft, Freiburg i. Br. 1974, S. 115-130.

13 Zusammengefasst bei: Karl Tober, The Meaning and Purpose of Literary Criticism. Inaugural Lecture. Johannesburg 1965, Nachdruck in Colloquia Germanica 1967, S. 121-141.

14 Fritz Martini, Zur Einführung. In: Problem der literarischen Wertung. Der Deutschunterricht 19/5 (1967), S. 4; dazu auch: Karl Tober, Urteile über Literatur (= Sprache und Literatur 60), Stuttgart 1970.

15 Fritz Lockemann, Literaturwissenschaft und literarische Wertung. München 1965, S. 128.

16 Walter Müller-Seidel, Probleme der literarischen Wertung. Stuttgart 1965, S. 185.

17 Max Wehrli, Wert und Unwert in der Dichtung. Köln & Olten 1965, S. 45f.

18 Wilhelm Emrich, Geist und Widergeist - Wahrheit und Lüge der Literatur - Studien. Frankfurt a. M. 1965, S. 7.

19 Wilhelm Emrich, Geist und Widergeist (siehe Anm. 9).

20 Ebd., S. 9.   21 Ebd., S. 12.   22 Ebd., S. 45.

23 Karl Tober, Urteile und Vorurteile über Literatur (siehe Anm. 14), S. 11-40.

24 Günter Blöcker, Literaturkritik. In: Kritik in unserer Zeit. Literatur. Theater. Musik. Bildende Kunst (= Kleine Vandenhoeck-Reihe 100), Göttingen 1962, S. 5-27, S. 23.

25 Joseph Strelka, Die Relativität literaturkritischer Methoden. In: Colloquia Germanica (1974), S. 15-29.

26 Norbert Mecklenburg, Kritisches Interpretieren. Untersuchungen zur Theorie der Literaturkritik (= sammlung dialog 63). München 1972, besonders S. 9-43.

27 Vgl. Problems of Literary Evaluation. In: Yearbook of Comparative Criticism, Vol. II, Univ. Park & London 1969.

JUGOSLAWISCHE GERMANISTIK
Forschungsstand der letzten zehn Jahre

Von Miljan Mojašević (Beograd)

Die in einer Berliner Zeitung Mitte Mai 1975 erschienene Besprechung der deutschen Neuausgabe von W.H. Brufords bedeutendem, genau vor vierzig Jahren hier in Cambridge veröffentlichtem Werk "Die gesellschaftlichen Grundlagen der Goethezeit" beginnt mit einer den Jugoslawen gegenüber betont freundlichen Information: der Verfasser sei diesem Buch "zuerst [...] vor Jahren in einer serbokroatischen Geschichte der deutschen Literatur begegnet, wo es mit Achtung genannt wurde". Von diesem Bekenntnis ausgehend, setzt sich der in der Zeit der Enthistorisierung geschulte junge deutsche Kollege eigentlich für die Einbeziehung gesellschaftlicher Grundlagen in die Literaturwissenschaft ein. Und in einer anderen deutschen Besprechung, diesmal eines in deutscher Sprache erschienenen Buchs von einem jugoslawischen Germanisten, welches als ein Entgegenkommen der Enthistorisierung der Literaturwissenschaft gegenüber bezeichnet wird, wird auf 'sozialistische' Literaturwissenschaft gezielt als auf etwas, was solcher Enthistorisierung vielleicht in Jugoslawien bedürfe.

Weder ist die gemeinte serbokroatische, das Werk Brufords tatsächlich lobende Literaturgeschichte repräsentativ für die Einbeziehung gesellschaftlicher Grundlagen noch das andere Buch für die etwaige Enthistorisierung in der jugoslawischen Germanistik. Die Germanistik in Jugoslawien, auch die der neuesten Zeit, ist pluralistisch, sowohl in thematischer als auch in methodologischer Hinsicht, denn methodologische Kämpfe haben auch in der jugoslawischen Literaturwissenschaft eine ziemlich lange Tradition. Auch hier wie dort: "Die Linien des Lebens sind verschieden/ Wie Wege sind, und wie der Berge Gränzen."

Es ist ein gar guter Gedanke des englischen Kollegen, in seinem Referat die Entwicklung der Germanistik in seinem Land anhand von Antrittsvorlesungen zu verfolgen. Was aber für eine hochentwickelte Germanistik, wie etwa die britische, möglich und lohnend ist, wäre für eine in bescheidenen Ausmassen sich entwickelnde, wie die jugoslawische, weniger erfolgversprechend, denn schon die Zahl der veröffentlichten Antrittsvorlesungen würde kaum zu einer grösseren Synthese reichen, wo sich die Zusammenhänge ohne Zwang herstellen liessen. Im Frühling 1974 hat ein Belgrader Dozent, der Verfasser einer Dissertation über das Bild des Wassers in Goethes Werk, M. Krivokapić, seine Antrittsvorlesung über "Werther" gehalten. Die gründliche Ausführung, äusserlich durch die 200. Wiederkehr des Geburtstags des Romans veranlasst, ist zu einem durchaus unkonventionellen Jubiläumsvortrag geworden. Und in diesem Jahr hat ein anderer Belgrader Dozent, der Verfasser einer Dissertation über Heines Erzählprosa, S. Grubačić, seine Antrittsvorlesung über das Thema des Nebeneinanders in der Erzähltechnik gehalten, welches literartheoretisch in engster Beziehung zum Gegenstand seiner Dissertation steht. Von den zwei neuen Belgrader Dozenten für deutsche Sprache hat sich der eine, der

Verfasser einer Dissertation über Stil und Sprache in Hartmanns "Gregorius" und Th. Manns "Erwähltem", J. Djukanović, das Thema über die Wortarten in der deutschen Sprache im Lichte der modernen Sprachwissenschaft zu seiner Antrittsvorlesung gewählt, und der andere, Dozent für Geschichte der deutschen Sprache und mittelalterliche Dichtung, Z. Žiletić, Verfasser einer Dissertation über "Die durch Suffixe abgeleiteten Substantive und Adjektive in den Versnovellen Mai und Beaflor und Königstochter von Frankreich", hat über das Problem der Periodisierung der deutschen Sprache gesprochen.

Somit wird hier die jüngste Dozentengarnitur, also die dritte Generation der jugoslawischen Germanisten, und zwar bloss an der Belgrader germanistischen Abteilung herangezogen, jedoch nicht nur beispielsweise, sondern auch, weil diese Abteilung am zahlreichsten und vielschichtigsten besetzt ist und weil dieses Team von jungen bzw. jüngeren Leuten nun beginnt, die Weiterentwicklung der dortigen Germanistik in die eigenen Hände zu nehmen. Im Herbst soll ein fünfter Dozent gewählt werden, und zwar für Methodik des Deutschunterrichts. Der Kandidat, N. Kremzer, hat soeben (1975) über ein Thema aus dem Gebiete der kontrastiven Grammatik promoviert. Jugoslawische Dissertationen haben nämlich in der Regel das Niveau von deutschen Habilitationsschriften und machen ihren Autoren den Weg zur Universitätslaufbahn frei.

Gleichzeitig mit den Titeln der vier Antrittsvorlesungen sind auch die Titel der vier in den letzten Jahren in Beograd serbokroatisch, allerdings mit deutschen Zusammenfassungen, erschienenen Dissertationen angeführt worden.

Es ist wiederholt, und auch in deutscher Sprache, über die Gesamtentwicklung der Germanistik im Jugoslawien der Nachkriegszeit berichtet worden. Die "Deutsche Vierteljahrsschrift für Literaturwissenschaft und Geistesgeschichte" hat im Jahre 1962 einen Forschungsbericht unter dem Titel "Germanistik in Jugoslawien nach dem Zweiten Weltkrieg" veröffentlicht. Etwa ein halbes Jahrzehnt danach ist im "Lenau-Almanach 1967/68" der Forschungsbericht des führenden jugoslawischen Germanisten, des seit einem Jahr emeritierten Zagreber Ordinarius Z. Škreb, erschienen. Daher beschränken wir uns im Folgenden auf die zehn letzten Jahre, immerhin mit gelegentlicher Heranziehung des davor Liegenden.

In seinem Forschungsbericht nennt Z. Škreb sich selbst den Aeltesten in der zweiten, d.h. in unserer Generation der jugoslawischen Germanisten, die "schon völlig zu Hause ausgebildet werden" konnte. Da die erste Professur für Germanistik auf dem heutigen jugoslawischen Boden an der Zagreber Universität 1895 gegründet worden ist, kann die Germanistik in Jugoslawien ungefähr auf ein Alter von achtzig Jahren zurückschauen. Um ein Jahrzehnt ist die Belgrader Germanistik jünger. Zwei weitere germanistische Seminare sind nach dem Ersten, die drei übrigen nach dem Zweiten Weltkrieg gegründet worden. Insgesamt sind es sieben, denn an einigen neuen Universitäten gibt es keine oder noch keine Abteilungen für Germanistik.

Nun ist auch die zweite Generation zu einem guten Teil schon in den Ruhestand getreten, aber bloss was die Lehrtätigkeit anbelangt; in der Forschung aber ist sie weiterhin als Ganzes tätig geblieben. Das Erscheinen von Škrebs deutsch verfasstem Grillparzerbuch, welches vor Jahren in Prospekten angekündigt wurde, hat sich ohne Schuld des Verfassers verzögert. Der Belgrader

Emeritus M. Djordjević, der Verfasser u. a. einer feinen, deutsch geschriebenen Abhandlung, "Das serbische Heldenlied im Urteil Jacob Burckhardts", kehrt, ähnlich wie Škreb, zum Themenkreis seiner Dissertation zurück und schreibt über Charles Sealsfield als Moralisten. Auch seine Thomas-Mann-Aufsätze entspringen einer eingehenden Beschäftigung mit dem Dichter, zu dessen besten Uebersetzern Djordjevic zählt. Frau E. Grubačić, erster jugoslawischer Ordinarius für deutsche Sprache, die seinerzeit von Sarajevo aus einem Ruf nach Zagreb gefolgt ist, betreibt weiterhin ihre Studien über die deutsche Sprache der Gegenwart. Als Verfasser von Lehrbüchern für Studenten hat sich insbesondere der ebenfalls vor einigen Jahren emeritierte Belgrader Lehrbeauftragte O. Radović verdient gemacht. Von ihm stammt auch eine handliche, gedrängte, soeben neuaufgelegte Einführung in die Geschichte der deutschen Sprache.

Das ursprünglich allzu ungleiche Verhältnis zwischen der Sprach- und Literaturwissenschaft bessert sich schnell zugunsten der ersteren. Eine Altgermanistik in einheimischer Sprache wird erst in der späteren Nachkriegszeit geschaffen und ist mit dem Namen Pudić eng verbunden. Neben dem Belgrader Ordinarius für Geschichte der deutschen Sprache, I. Pudić, dem Uebersetzer des "Hildebrands-" und des "Nibelungenliedes" ins Serbokroatische, der zur vergleichenden Sprachwissenschaft vom Gotischen her kommt und das Gotische auch stark in den Unterricht einbezieht, lehrt nun auch in Skoplje, der südlichsten Universitätsstadt Jugoslawiens, ein Dozent, D. Tomovski, Germanisch, Alt- und Mittelhochdeutsch, und zwar in mazedonischer Sprache, die erst vor drei Jahrzehnten, also im neuen Jugoslawien, zur Schriftsprache geworden ist.

I. Pudić, der Verfasser der serbokroatisch geschriebenen Grundzüge der gotischen Sprache wie auch eines Buchs über das Gotische und die Sprachgeschichte, der seinerzeit an der Universität Sarajevo mit einer vierhundert Seiten umfassenden Dissertation über das Präfix ga- im Gotischen promoviert hat, erforscht sprachvergleichend germanische Elemente in den Balkansprachen und die Frage des sog. Balkangermanischen, das System der Pronominaldeklination im Germanischen und geht den deutschen Spuren im Werk eines jugoslawischen Schriftstellers, M.A. Reljkoviés, nach.

Vier Dozenten, je einer aus Zagreb, Sarajevo, Beograd und Novi Sad - St. Žepić, Frau H. Popadić, J. Djukanović, Frau P. Mrazović -, befassen sich seit einigen Jahren, von einem weiteren Kreis von Mitarbeitern unterstützt, mit der Ausarbeitung einer kontrastiven Grammatik der deutschen Sprache für den serbokroatisch-sprachigen Raum. In diesen Bereich gehört die soeben erschienene Studie von Frau Mrazović, "Verstösse gegen die Regeln der Wortstellung beim Erlernen der deutschen Sprache seitens der Serbokroatisch Sprechenden".

In dem viel umfangreicheren literaturwissenschaftlichen Teil der Germanistik sind die Themenkreise viel verzweigter, Problemstellungen viel komplizierter, auch manche anderen Anschauungen viel differenzierter.

In einer 1974 in der "Germanistik" veröffentlichten Besprechung der eingangs erwähnten Dissertation "Das Bild des Wassers in Goethes Werk", die ein Belgrader Ordinarius vortrefflich genannt und ein anderer ebenso vorbehaltlos als solide wissenschaftliche Arbeit gelobt hat, wundert sich Z. Škreb darüber, dass diese Studie nicht in deutscher Sprache verfasst ist, denn "die dt. Zus.fassg. bietet keinen Ersatz". Und dies ist eine grundsätzliche Frage: Wird eine so spezielle Arbeit von grösserer Wirkung sein, wenn sie serbokroatisch oder wenn sie deutsch verfasst ist? Wem ist sie nötiger: der einheimischen Literaturwissenschaft, die anhand solcher Beiträge zuverlässige Einblicke in die deutsche Literaturwissenschaft gewinnt, oder den deutschen und des Deutschen kundigen Lesern, die sich überzeugen sollen, dass man auch in abgelegenen Provinzen der Germanistik, wie etwa im Raum der serbokroatischen, der slowenischen oder gar der mazedonischen Sprache, im grossen und ganzen doch auf dem Laufenden ist, auch in bezug auf das Mutterland der Germanistik? Denn man kann und soll ja nicht eine separate Germanistik aufbauen. Wenn auch eine Germanistik in serbokroatischer oder slowenischer Sprache schon besteht und wenn sie sich auch in mazedonischer Sprache zu entwickeln beginnt, bleibt sie stets in engster Anlehnung an die Forschungsergebnisse der deutschen bzw. deutschsprachigen Germanistik.

Dank einer gutentwickelten germano-slawistischen Tradition und der wissenschaftlichen Zusammenarbeit, die auf diesem Sektor zwischen deutschen Slawisten und jugoslawischen Germanisten besteht, sind einige sehr beachtenswerte jugoslawische germanistische Dissertationen in deutschen Publikationen erschienen, darunter Frau D. Perišićs Belgrader Dissertation "Goethe bei den Serben" und Frau M. Gavrins Zagreber Dissertation "Kroatische Uebersetzungen und Nachdichtungen deutscher Gedichte zur Zeit des Illyrismus" in Sagners Slavistischen Beiträgen.

Jugoslawische Germanistik kann sich die mutige Nichtbeachtung des anderswo Geleisteten gar nicht gönnen; sie soll sich Schritt für Schritt, mit möglichst solider Arbeit und ohne hohe Worte machen zu wollen, um eigene Behauptung bemühen. In der Regel tut sie das auch.

Es gibt kaum einen bekannteren jugoslawischen Germanisten, der nicht einen guten Teil seiner Arbeiten auch deutsch und in deutschen wissenschaftlichen Zeitschriften veröffentlicht hat. Neben jugoslawischen Germanisten aber, welche ihre wichtigsten Arbeiten in einheimischer Sprache verfasst haben, gibt es andere, welche das grundsätzlich in deutscher Sprache tun. Der Autor der deutsch verfassten, in Zagreb gedruckten Dissertation über die Musik im Werk Th. Manns, der jetzige Zagreber Ordinarius V. Žmegač, hat sich, nachdem er sein Buch "Kunst und Wirklichkeit" bei einem deutschen Verlag erscheinen liess, auch als Herausgeber deutschsprachiger Werke, auch das in enger Zusammenarbeit mit seinem Lehrer Škreb, eingesetzt. "Marxistische Literaturkritik" heisst eine von ihm eingeleitete Aufsatzsammlung, "Methoden der deutschen Literaturwissenschaft" eine zweite und "Der wohltemperierte Mord" eine dritte. In solchen Fällen verschwimmt eine Grenze zwischen der deutschen und ausländischen Germanistik. Aehnlich ist es beispielsweise auch mit dem Verfasser der genannten Stuttgarter Dissertation zum Thema "Heines Erzählprosa", dem jetzigen Dozenten S. Grubačić. Dieser Studie sieht man gar nicht an, dass sie nicht von einem Deutschen ist. Auch der typisch schwere deutsche Satz ist dabei, und nicht eine einzige jugoslawische Heine-Arbeit wird darin zitiert. Als ob man hätte zeigen wollen, wie deutsch ein Ausländer schreiben kann.

Nun konsolidiert sich wiederum auch die Germanistik in Sarajewo, wo ein Brecht-Forscher, der Extraordinarius P. Kostić, den literaturwissenschaftlichen Teil der Abteilung verantwortet und ein Pudić-Schüler bald als Dozent für Sprachgeschichte sorgen wird.

Die Themenkreise erweitern sich ständig in Richtung auf die neuere und neueste deutsche Dichtung. Ein germanistisch geschulter, bekannter Literarkritiker, Z. Gluščević, der ausserhalb der Universität wirkt, hat u. a. ein kühnes, psychoanalytisch unterbautes Kafka-Buch veröffentlicht. Im Augenblick ist er dabei, seine Dissertation über die Fragen der Rezeption H. Hesses bei den Jugoslawen zu schreiben. Ein ebenfalls ausserhalb der Universität wirkender Germanist, D. Rnjak, hat in Marburg/L. über Brecht in Jugoslawien promoviert und sich dabei auf Aufführungen von Brechts Dramen auf jugoslawischen Bühnen beschränkt. Zu den traditionellen Themen über die Aufnahme Goethes und Schillers bei den Jugoslawen kristallisieren sich nunmehr neue Probleme um die Aufnahme auch eines Hölderlin. Als das Jahrzehnt der Hölderlinrezeption in Jugoslawien hat man eben das vorige Jahrzehnt darzustellen versucht. Ende 1974 ist eine hervorragende Magisterarbeit zu diesem Thema von B. Jančić verteidigt worden.

Die Erforschung und Weiterbildung wechselseitiger deutsch-jugoslawischer literarischer Beziehungen entwickelt sich auf den Grundlagen eines offensichtlich starken historischen Selbstbewusstseins. Die Goethezeit, die auch von der Vorkriegsgermanistik in Jugoslawien bevorzugt worden ist, bleibt weiterhin anziehend auch für die Erforschung der deutsch-jugoslawischen Wechselseitigkeit, nicht zuletzt wegen der Beschäftigung Herders, Goethes, Grimms, Brentanos mit der serbokroatischen Volksdichtung. Dabei scheint das Interesse für J. Grimm noch stärker geworden zu sein, und man ist dabei, seine literaturwissenschaftliche und poetologische Bedeutung, auch im Zusammenhang mit seinen wertenden Urteilen über die serbokroatische Volkspoesie, herauszugreifen. Da begegnen einander die Griechenliebe Hölderlins und die Serbenliebe Grimms. 1974 hat man den 150. Jahrestag des Erscheinens von Grimms Uebersetzung der serbischen Grammatik und den 200. Jahrestag des Erscheinens von A. Fortis ''Viaggio in Dalmazia'' mit dem berühmten ''Klaggesang von der edlen Frauen des Asan-Aga'' zum Anlass genommen, um gleich nacheinander zwei internationale Symposien in Beograd zu veranstalten. Eines stand unter dem Rahmenthema ''Die Zusammenarbeit zwischen Jacob Grimm und Vuk Karadžić''. Eine solide Arbeit über die Gestalt des Kraljević Marko in der deutschen Literatur seit Grimm und Goethe hat ein junger Assistent, J. Babić, verfasst.

Literar- und kulturhistorisch auf der Goethe- und Grimmzeit fussend, dehnt sich die Erforschung wechselseitiger deutsch-jugoslawischer Literatur- und Kulturbeziehungen immer mehr auf Rezeptionsfragen der neueren und neuesten Zeit aus. ''Thomas Mann bei den Serben und Kroaten'', ''Heinrich Mann bei den Serben und Kroaten'', ''Kafka bei den Jugoslawen'' lauten die Ueberschriften von drei stoffreichen Beiträgen von dem Neusatzer Germanisten T. Bekić, der an seiner Dissertation über die deutsche Dichtung in der anderthalb Jahrhunderte alten Zeitschrift ''Letopis Matice srpske'' seit mehr als einem Jahrzehnt arbeitet. Die Probleme der Rezeption deutscher Dichtung in zwei führenden Belgrader literarischen Zeitschriften der Nachkriegszeit erörtert kritisch M. Krivokapić in einer Abhandlung. L. Fürnbergs Gedichtsammlung "El Shatt", welche Krivokapić Anfang des vorigen Jahrzehnts als Verse eines deutschen Emigranten über die jugoslawischen Deportierten in einem Aufsatz gewertet hat, hat sich dann die jetzige Dozentin in Skoplje A. Papazoglu zum Thema ihrer in Halle verteidigten Dissertation "Louis Fürnbergs poetische Gestaltung seines Jugoslawienerlebnisses unter besonderer Berücksichtigung des Zyklus 'El Shatt'" genommen. Die Verfasserin erwidert mit Gegenliebe die Liebe des emigrierten deutschen Dichters zu ihrem Land, wo er, einer der vielen, die öfter die Länder als die Schuhe gewechselt, eine Zeitlang als Emigrant gelebt hat. Uebrigens referiert der Neusatzer Ordinarius S. Kostić auf dieser Tagung über deutsch-jugoslawische literarische Beziehungen. Bestimmt einer der besten Kenner dieser Beziehungen, der u. a. auch über "Emilia Galotti" bei den Serben, über Aufführungen deutscher klassischer Dramen wie auch der Dramen G. Hauptmanns im Serbischen Nationaltheater in Novi Sad geschrieben hat, hat S. Kostić im Laufe unserer Berichtszeit u. a. eine Arbeit auch über serbische Lehrbücher für deutsche Sprache im 18. Jahrhundert geschrieben. Die Arbeiten von Z. Konstantinović über V. Karadžić in Oesterreich, über L. A. Frankls Zusammenarbeit mit Mina Karadžić, über die deutsche Dichtung in der Zeitschrift "Zora" gehören zum Wertvollsten auf diesem Sektor. In unsere Berichtszeit gehört auch seine Abhandlung über M. Krležas Verhältnis zu der deutschen und den skandinavischen Literaturen. Sein Buch "Phänomenologie und Literaturwissenschaft" bezeichnet eine Hinwendung des Verfassers zur Philosophie.

Einige Dissertationen warten noch auf ihre Drucklegung, darunter die ins Deutsche übersetzte Arbeit von Frau K. Kovačević über St. von Milows Beziehungen zu den Serben und Kroaten, ferner die von Frau H. von Jena über die Sprache in Th. Manns Roman "Joseph und seine Brüder" wie auch die von Frl. M. Žagar über den ripuarischen Dialekt.

Nach wie vor bleiben als Hauptzentren der Germanistik in Jugoslawien - hier werden sie chronologisch genannt - Zagreb, Beograd und Ljubljana. In Ljubljana ist J. Stanonik Ordinarius für Anglistik geworden, nachdem er seinerzeit über "Die Ueberreste der deutschen Literatur des Mittelalters in Krain" promoviert hat. Der Ordinarius für Germanistik, D. Ludvik, der Ende der fünfziger Jahre zwei Studien in Buchform veröffentlicht hat - die eine in slowenischer Sprache unter dem Titel "Deutsches Theater in Ljubljana bis zum Jahre 1790" und die andere auf deutsch unter dem Titel "Untersuchungen zur spätmittelalterlichen Fachprosa" -, dann auch über Kafka in Jugoslawien geschrieben hat, ist auch als Uebersetzer des Minnesangs ins Slowenische aufgetreten.

In Zadar lehrt als Ordinarius für deutsche Literaturwissenschaft J. Milović, der konsequenteste Einflussforscher unter den jugoslawischen Germanisten, und untersucht seit vier Jahrzehnten unermüdlich und ununterbrochen deutsch-jugoslawische literarische Beziehungen, wohl mit dem Schwerpunkt auf den einheimischen Dichtern Njegoš und Zmaj.

Vom bisher Ungenannten mögen hier noch drei Aufsatzbände erwähnt werden. Einer davon heisst "Deutsch-jugoslawische Begegnungen", ist von der Internationalen Lenau-Gesellschaft in Wien herausgebracht worden und enthält vorwiegend literaturwissenschaftliche Beiträge; ein aus serbokroatisch verfassten Aufsätzen bestehendes Gegenstück dazu heisst "Deutsch-jugoslawische Kulturbeziehungen'', worin ein Aufsatz der vermutlichen Begegnung von Mignon und der edlen Frau des Asan-Aga in ''W. Meisters theatralische Sendung'' gewidmet ist; und der dritte Band trägt die Ueberschrift ''Zur deutschen Dichtung und Dichtungswissenschaft'' und enthält u. a. auch eine kritische Auseinandersetzung mit formalistischer Interpretation des sprachlichen Kunstwerks. Alle drei stammen vom gleichen Verfasser.

In den letzten zehn Jahren sind in serbokroatischer Sprache auch einige Geschichten der deutschen Dichtung erschienen: Mitte der sechziger Jahre eine in Novi Sad von S. Kostić, die die Zeit bis zum Sturm und Drang behandelt, dann eine Ende der sechziger Jahre in Beograd, die Zeit der Aufklärung, Klassik und Romantik umfassend; dann hat man, ebenso in Beograd, F. Martinis Literaturgeschichte übersetzt. Und 1974 ist im 5. Band der Zagreber Geschichte der Weltliteratur eine Geschichte der gesamten deutschen Dichtung erschienen. Diese Geschichte der deutschen Dichtung ist eine vorbildliche Leistung. Ihre Verfasser sind Z. Škreb und seine Schüler und Nachfolger V. Žmegač und Frau Lj. Sekulić, die Verfasserin einer Dissertation über die Wirkung der deutschen Zeitschrift ''Luna'' im kroatischen Kulturleben. Diese Literaturgeschichte dürfte die weitaus beste sein und gehört zum Klügsten in der jugoslawischen literaturwissenschaftlichen Germanistik.

Deutsche Universitäten, deutsche Kollegen und überhaupt deutsche Stellen haben viel dazu beigetragen, dass die jugoslawische Germanistik manches erreicht hat, was sie ohne ihre Hilfe und Zusammenarbeit nicht erreicht hätte.

ALTGERMANISTIK - EINE DURCHAUS HISTORISCHE DISZIPLIN?

Von Christian Gellinek (University of Florida)

Ein erfahrenerer Zunftgenosse als ich würde vermutlich diese rhetorische Frage mit ''ja'' beantworten. Ich kann indes die aufgeworfene Frage nicht vollständig bejahen; von den Gründen für meine Einstellung handelt mein Vortrag.

I. Polemik

Seit gut einhundertsechzig Jahren, nun schon im siebten Gliede unermüdlich tätiger Altgermanisten hat sich die ältere Germanistik bei allen Modeschwankungen fachlich und thematisch als Ueberlebenskünstlerin erwiesen. Es dominiert in ihr weiterhin der nur wenig veränderte Glaube an die immer noch für trinkbar gehaltenen Quellen. Sie ernährt sich trotz kühner Texttheorien und gesellschaftlicher Selbstdeutung noch immer von peinlich ähnlich lautenden Vergleichen zwischen Dichtung und Realitätsproblematik (früher ''Welt'' geheissen), kämpft sich verbissen weiter durch verschwägerte Stemmata und gibt sich neuerdings dem Zugriff des Eingabemediums hin, das ihr Häufigkeitswörterbücher auflegt, hält eifrig Ausschau nach re-ettikettierbaren Gemeinplätzen, taubstummen topoi und umprägbaren Schlagwörtern, die der vermeintlich gesicherten geschichtlichen Substanz nichts anhaben konnten.

Dieser ungebrochenen Vitalität der altgermanistischen Kritik steht die nüchterne Tatsache entgegen, dass kein einziges aller im heiligen römischen Reich mittelhochdeutscher Zunge zirkulierten Manuskripte zu denjenigen gehört, die die abendländische, d.h. mittellateinisch sprechende, Welt verändert haben. Jedenfalls ist keines dieser Art bekannt geworden. Vor Martin Luther hat es keinen deutschen Beda, Boethius, Justinian, Augustinus, Plinius oder Virgil gegeben. Hendrik van Veldeke, der die deutsche Sprache veredelte, hat im Reich nur begrenzt Schule gemacht. Die deutsche Literatur des Mittelalters war eben, um arglistig im Bilde des Strassburger Meisters zu bleiben, eine Pfropfkultur, deren Früchte allerdings die des Mutterbaumes oft an Schmackhaftigkeit und Süsse übertrafen.

Demungeachtet leistete die Verarbeitungsindustrie der altgermanistischen Disziplin gleichsam ptolemäische Frondienste: aus mancher Heimatquelle wurde ein artesischer Weltbrunnen gezapft, viele Fremdquellen konnten vertieft worden sein. Die dem altgermanozentrischen Weltbild abgetrotzte Textphilologie war der argwöhnischsten Aufmerksamkeit, oft sogar seitens der Behörden, sicher. Auch der Strukturalismus und selbst die Lehren von Marx, Freud und Jung haben wegen ihrer Posteriorität der Altgermanistik im ganzen wenig anhaben können. Fast alle anerkannten textlichen Aeusserungen haben weiterhin ihren geschichtlichen Ort und somit eine Art höhere Weihe behalten. Woran liegt das eigentlich?

Es möge erlaubt sein, die stabilsten Schlagwörter, mit denen die via germanica antiqua eingangs gepflastert wurde, Revue passieren zu lassen. Die deutsche Grammatik galt ihrem Erzvater ''als Anatomie der Liebe'', sein deutsches

Wörterbuch "als Hausbuch an Stelle der Bibel". Oder etwa das Motto der Chronikausgaben der MONUMENTA GERMANIAE HISTORICA, "Sanctus Amor Patriae dat Animum", das im Missklang zu L. v. Rankes Forderung stand, "wie es eigentlich gewesen". "Es" blieb dann nämlich gar nicht mehr undefiniert, unvorausgesetzt!

War noch für Gottsched die Literaturgeschichte "die ganze Geschichte überhaupt", so hielt Ludwig Börne die in ihr aufzunehmenden Schriftsteller gar für "Geschichtstreiber". Gervinus sprach sich dann für eine "historische Gruppierung der literarischen Tatsachen" aus und rügte als einer der ersten in der deutschen Literarkritik an den alten Richtern allgemeine "Leichtgläubigkeit", "Mangel an Verständnis" und "Unmündigkeit der Kritik", ohne sich indessen mit dieser Ansicht durchsetzen zu können.

Es blieb dem Stammvater altdeutscher Literaturgeschichtsschreibung vorbehalten, den Keil der Erkenntnis voranzutreiben, als er, vielleicht ein wenig ironisch, formulierte: "Wissenschaft und Poesie stehen zuweilen in der fruchtbarsten Wechselwirkung."[1] Von welcher Art, so fragen wir uns, könnte diese Wechselwirkung sein?[2]

Das Durchdenken dieser Problematik brachte, wie man weiss, den Positivismus zum Einsturz und ersetzte ihn durch zuweilen scharfsinnig argumentierte geistesgeschichtliche "Wesensschauen". Diese Neuorientierung rief bedeutende Philosophen auf den Plan und regte Gelehrte vom Range Nicolai Hartmanns[3] und Ernst Cassirers[4] zur Mitarbeit auf dem Gebiete der Literaturwissenschaft an. Jedoch auch die Geistesgeschichte konnte sich von der "Geschichtlichkeit des Erkennens"[5], wie von einer unabschüttelbaren Kehrseite, nicht freimachen.

Es gilt heute schon fast als eine Binsenwahrheit, dass die Deutung der älteren Literatur als das grammatisch und erkenntniskritisch verifizierbare Verstehen von Texten (besonders derjenigen des Mittelalters) allemal von der historischen Sicht des Gelehrten, der sie bearbeitete, beeinflusst worden ist. Aber wie lässt sich dieser Einfluss fassen? Was bewegt sich zwischen Kunstwerk und Epochenkritik oder zwischen Künstler und Deuter? Ist es eine zweidimensionale, multidimensionale oder gar eine dynamische Rückkoppelungsbeziehung?

Zur Klärung des Literarwissenschaftsverständnisses benötigen wir zunächst eine Erklärung des Verhältnisses von Poesie und Poesieverständnis. Eine kurze Rekapitulation muss hier genügen.

Aehnlich wie Schopenhauer hielt Jacob Burckhardt die ältere Dichtung für "etwas Philosophischeres und Tieferes als die Geschichte"; er beurteilte dieses Verhältnis mit Hilfe einer Skala. Der Meisterbetrachter aus Basel glaubte nämlich, "die unfreie Poesie (sei)... selber die älteste Geschichte... das älteste Gefäss der Ethik".

Es verbanden sich bei der Beurteilung altdeutscher Literatur zwei Erkenntnisrichtungen, die aus den angesehensten Gelehrtenschulen verschiedener Disziplinen übernommen wurden. Die Kampfparole "wie es eigentlich gewesen" übertrug sich durch herausgeberische Spitzenleistungen an altdeutschen Originaltexten auf die Ebene ihrer kritischen Beurteilung bzw. unkritischen Verurteilung. Eine zweite Sicht, die sich einer genaueren Beschreibung zu entziehen scheint, die sich jedoch in einer Hinsicht gleichblieb, spielte, wie mir scheint, eine ebenso grosse Rolle. Die herausgegebenen Urkunden standen nach ihrem "Erscheinen" zur kulturpolitischen Verfügung. Um es noch deutlicher zu sagen: Altgermanistik ist vor ihrer Umfunktionierung in Linguistik immer eine Fachdisziplin gewesen, wie sie jeweils von der führenden Mehrheit der bedeutendsten Altgermanisten zeitgemäss definiert wurde. Und diese Mehrheit hat stets unter grossen Anstrengungen um das zeitbedingte Selbstverständnis (und selten gegen es) gerungen.

Um die Jahrhundertwende setzte die Auseinandersetzung um eine Historiographie ein, die auf unsere Disziplin einwirkte. Die Auseinandersetzung um diese Historiographie hat die Grundlagen des gelehrten Geschichtsverständnisses selbst erschüttert. [6] Wie in der Kunstgeschichte wurden die Erkenntnisrichtungen selbst unterminiert und endlich abgebaut.

R. Collingwood sprach "von der Wechselwirkung der Vergangenheit und dessen, was der Historiker darüber denkt." Gustav Ehrismann aber nahm diese Einsicht oberflächlich zur Kenntnis und bewunderte, neben stupenden Detailkenntnissen, als Achtzigjähriger noch "die starke Führerhand". [7] M. Oakeshott ging in der Subjektivierung der Geschichte so weit zu sagen: "Geschichte ist die Erfahrung des Historikers. Sie wird ausschliesslich vom Historiker gemacht". Helmut de Boor nahm diese historiographische Neuorientierung vergröbert auf, indem er "vielmehr die Summe der heute gültigen Forschung zu ziehen" wünschte. Karl Bertau versucht, neben seiner beneidenswert kenntnisreichen gesamteuropäischen Ueberschau "mittelalterliche Literatur radikal historisch zu denken".

Während also die neue Historiographie deutlich gemacht hat, dass "Geschichte... ein fortwährender Prozess der Wechselwirkung zwischen den Historikern und seinen Fakten, ein unendlicher Dialog zwischen Gegenwart und Vergangenheit" (ist), [8] hielt sich die altdeutsche Literaturgeschichtsschreibung, gegen die ich hier vornehmlich polemisiere, im Schlepptau der vermutlich bedeutendsten deutschen historischen Schule des 20. Jahrhunderts, der Friedrich-Meinecke-Schule. Sie hielt sich in ihrer Nachfolge für schlechthin objektiv. Dabei würde den interessierten Betrachter bereits ein Blick auf die vier grossen Titel des Nestors der höchsten Verflochtenheit mit dem Zeitgeist des Gegenteils belehren können, ganz zu schweigen von seinen Nachahmern.

Zum Beweise stelle ich als ein Beispiel unter vielen die Titel des damals auf seinem Gebiet führenden Gelehrten den Titeln gegenüber, die Friedrich Panzer, massgeblich auf dem Gebiet der Brautwerbung tätig, benutzt hat:

Fr. Meinecke	Fr. Panzer
1907 Weltbürgertum und Nationalstaat	1901 Hilde-Gudrun
1925 Die Idee der Staatsräson	1925 Italische Normannen in deutscher Heldensage
1936 Die Entstehung des Historismus	
1945 Die deutsche Katastrophe	1945 Studien zum Nibelungenlied

Vor dem Panthersprung nach Agadir, als Weltbürgertum und Nationalstaatlichkeit noch miteinander vereinbar schienen, figurierte die Hilde-Gudrun als internationaler Märchentyp. Als die Staatsräson reichlich verspätet herhalten musste, befand sich plötzlich Ruggieri auf dem Marsch nach Bari, erhielten die Nach-

fahren der Wikinger eine literarisch angehängte karolingische Nachkommen-
schaft. Die fixe zeitgeschichtliche Gleichung, Rother sei Roger II., wird in
Gebhardts HANDBUCH DER GESCHICHTE als Tatsache aufgeführt, nachdem
eine Ueberproduktion von deutschen Kaisergestalten (als Rothere) abgedankt
hatte: zweihundertfünfzig Jahre Lebensspanne deutscher Kaiser hatte vergeblich Revue passiert; denn nun war die Republik ausgebrochen! Ein Ausländer
wird zum Grossvater Karls erkoren und wird vom Historiker ernstgenommen.

Vor Entstehung des Historismus diskutierte man nach A. Heusler fünf verschiedene Nibelungendichter, "nicht weniger und nicht mehr" (G. Weber).[9]
Nach dem Abdanken des Historismus, d.h. nach dem verlorenen Zweiten Weltkrieg, versuchte der gewandelte Panzer "im einzelnen nachzuweisen, wie
stark die französische Nationalepik auf die des Nibelungenlieds eingewirkt habe" - eben die Literatur der Siegernation auf diejenige des besiegten Volkes.
Auch Hermann Schneider hatte rechtzeitig vor Räumung des Ruhrgebiets "...
den Begriff der 'Motivgemeinschaft' entwickelt".[10] Sobald starke Spiegelungen aus der Zeitgeschichte sich bemerkbar machen, hatte sich im Ego des betrachtenden Gelehrten etwas verändert.

II. Vorüberlegungen

Der Glaube meiner Generation an "die ewigen Wahrheiten grosser Dichtung",
der bis auf Augustinus' rationes aeternae zurückgeht, an "das zeitlos Gültige"
in ihnen, das der Gelehrte Karl Viëtor noch vor dreissig Jahren für selbstverständlich hielt[11], ist weitgehend zerrüttet und verbraucht. Als Angehöriger
einer solchen Generation erlaube ich mir, folgende Punkte mitzuteilen:

1. Auch die Vergangenheitsliteratur muss als ein vielleicht etwas verro-
steter Schlüssel unter mehreren Schlüsseln zum Verständnis der Gegenwartsliteratur begriffen, bearbeitet und angeeignet werden. Wenn freilich die Genauigkeit der Beobachtung dermassen verunschärft wird wie vielerorts in unserer gegenwärtigen Zeit, so mag es um diese Literatur ebensogut bestellt
sein, wenn man die mittelhochdeutschen Klassiker eine Weile ruhen liesse.

2. Wir versuchen, literarische Werke mit den Mitteln eines Vokabulars
zu prüfen, dass sich seit der mittelhochdeutschen Blütezeit von 1200 mindestens vervierfacht hat. Daher enthält unsere Literarkritik eine verbale "over-
kill" Fähigkeit, die dem untersuchten Kunstwerk meist nicht zugute kommt.

3. Unser formaler und erkenntniskritischer Orientierungssinn vermag
uns zu helfen, sich die Vergangenheitsbedingungen der mittelhochdeutschen
Literatur vorzustellen. Eine "radikal historische", wertfreie Objektivität ist
jedoch nicht erreichbar, bleibt also letztlich utopisch.

4. Die progressiven Linien erneuerungsbedingter Literaturkritik dürfen
sich auch, freilich selbst ständiger Nachkritik ausgesetzt, auf die Zukunfts-
zeichen beziehen; dieser Vorgang ist vergleichbar mit der einst massgeblichen
judäo-christlichen Geschichtsauffassung, ja sogar, nach Carr[12], mit der mo-
dernsten Geschichtstheorie.

5. Angesichts dieser Parallelproblematik erscheint es folgerichtig anzunehmen, dass der Literarkritiker und -historiker seiner Literaturgeschichte
ein "konzeptuelles Equivalent"[13] (Paul Veyne) beigeben d a r f , vergleichbar mit dem methodologischen Rüstzeug der neueren französischen Historiker-

schule um Jacques Le Goff, Pierre Nora, Paul Veyne und vor allem Fernand Braudel. Diese Beigabe muss mit äusserster wissenschaftlicher Sorgfalt dosiert werden. Die Gefahr, in unkultur-politische Krudismen abzugleiten, ist sehr gross.

6. Auch die Literaturgeschichte, die von der älteren Dichtung und Prosa handelt, muss unterscheiden lernen zwischen langen Literaturgeschichtsabläufen und besonderen Werkereignissen; sie darf nicht, wie bisher geschehen, als blosse Ereignisliteraturgeschichte an einem Perlenband ''von'' - ''bis'' beschrieben werden, aber auch nicht zu einer reinen Epochalliteratur von stets durchschlagender Bedeutung hochstilisiert werden.

7. Literaturgeschichte war stets ein Produkt, sie wurde immer gemacht und wird vermutlich weitergemacht werden. Sie hat immer einen Ordner verlangt. Der schlichte Rekurs auf dessen ''Zeitgeist'' vereinfacht oder verdeckt erkenntniskritische Probleme.

8. Ein literarisches Prosa- oder Dichtwerk kann ereignisbezogen oder auch nicht ereignisverhaftet gewesen sein; es kann aber auch wie ein Magnet Ereignisse nachträglich angezogen bzw. abgestossen haben oder im Verlaufe der Adaptions- und Rezeptionszeit wieder abgestossen haben.

9. Es kann problembezogen (wie etwa Gottfrieds TRISTAN) oder problemlösend (ROLANDSLIED) gemeint gewesen sein; es kann Triviallösungen angeboten haben (wie in den meisten Spielmannsdichtungen) oder Werte umgepolt haben (Otto von Freisings CHRONICA). Die Vergangenheitsliteraturinterpretation wird also unabdingbar von neuen Literaturerkenntnismethoden, nicht immer zu ihrem Vorteil und oft nur zur Stärkung ihrer Immunität, angesteckt.

10. Ich schliesse mich Braudels Diktum an, ''Mit dem Gegenwärtigen konfrontiert, ist auch das Vergangene Entfremdung''[14]. In der Denkverfassung meiner Generation will die ''Ereignisbezogenheit'' (Braudel) nebst ihren epochalliterarischen Folgen wieder in den Vordergrund rücken nach einer Zeit der Strukturanalyse; darunter sollte die Problem- und Wertbezogenheit des literarischen Werkes nicht zu leiden haben.

11. Poesie bleibt lebendig wegen der Unvergänglichkeit ihrer Figuren (Odysseus, Parzival), nicht wegen der Unvergänglichkeit ihrer Wertvorstellungen; Historie stattet ihre Akteure mit Vergänglichkeit aus, d.h. 'verbraucht' sie im Leben. Der Dichter, der etwa Karl den Grossen refiktionalisiert, unterstellt dieser Figur künstliche Unvergänglichkeit. Vergänglichkeit nutzt das Kapitel der Neuheit (''oyez''); Unvergänglichkeit nährt und erneuert sich durch Traditionalität, ja sie liebt es, sich durch Legitimität auszuweisen (Karl im ROLANDSLIED abgeleitet aus der CHANSON DE ROLAND).[15]

12. Altdeutsche Literatur hat in unterschiedlichem Masse und verschiedener Intensität diachronische (historisch bezogene) und synchronische (sprachliche/mythische/modellartige) Erzählelemente in sich aufgenommen und verwertet. Deshalb kommt es nicht bloss, wie G. Kaiser[16] im Anschluss an Peirce-Habermas meint, bei ihrer Aufnahme auf ''Selbstverständigung von Kommunikationsgemeinschaften'' an, sondern ebensosehr auf die Fremdverständigung mit den nicht zur Kommunikationsgemeinschaft verbundenen Gemeinschaften an.[17]

13. Der Informationswert altdeutscher Texte ist sehr verschieden gewesen. Sie haben, im grossen ganzen gesehen, bei der Veränderung des mittelalterli-

chen "Weltbildes" offenbar keine grössere Rolle gespielt. Beruht der unter-
suchte Text auf nachträglich als falsch entlarvte Nachrichten (so zum Beispiel
im ANNOLIED), so nimmt ihr Informandenwert für gegenwärtige Studenten ab.

14. Der Kritiker, welcher derartig demaskierte Literatur prüft und wägt,
sie jedoch mit seinem neuen Informationsstand (wie ein Leichenbeschauer mit
einem Lebensschein) versieht, reduziert den Kommunikationswert seiner Untersuchung in Richtung Nullpunkt. Er verleiht, ohne für irgend jemanden einen
geistigen Gewinn zu erzielen, dem Text, der von ihm überwältigt worden ist,
Nullität. Der Text, wäre er imstande, sich redend zu verteidigen, dürfte ihn
als sein Opfer verhöhnen.[18]

15. Ob ein Text ein Unikum oder ein Vielgattungstext ist, kann als Pseudo-
problem nicht gültig entschieden werden, denn jeder Text verkörpert in sich
beide Dimensionen.[19]

III. Ausblicke

Aus der hier vorgelegten Polemik (I) und den sich daran anschliessenden Vorüberlegungen (II) sollte hervorgegangen sein, dass vermutlich eine Multidimen-
sionalität vorliegt zwischen einem literarischen Text und dessen Sitz in einer
Sprache, Literatur, Geschichtsepoche, Literaturgeschichte, der Aufzehrung
durch spätere Texte sowie dem "Sitz im Leben"[20] des Wissenschaftlers. Das
Dialektische an dieser Wechselbeziehung müsste sozial verwertbar, d.h. empirisch messbar sein.

Es sollte fruchtbar sein, gewisse immer wiederkehrende Zentraleigenschaf-
ten von altdeutschen Textwerken zu programmieren. Dem Neuigkeitsgrad bzw.
der Abgedroschenheit eines literarischen Textbestandes sollte Aufmerksamkeit
zugewandt werden. Dem verschiedenen Abstand, der damals zwischen Hörer
und einem neuen Kunstwerk und nun zwischen Forscher und dem abgenutzten
Kunstwerk (seiner Niederschrift) bestand (bzw. besteht), dürfte eine Funktion
der Monotomieüberwindung zugefallen sein. Sie zielt auf eine Distanzverringe-
rung (Annäherung) zwischen Materie und Diskussion (etwa in Form eines neuen
kritischen Buchs zum Text) ab. Gleichzeitig trägt der Literaturwissenschaftler
durch eine Art Rückkoppelung dazu bei, dass die Autonomie des überlieferten
Textes abnimmt.

Die Vieldeutigkeit eines Textes wird kritisch überprüft, und er wird zer-
legt, um dann, als Modell vereinfacht, wieder zusammengesetzt zu werden.
Die Inkongruenz der einzelnen Erzähleinheiten kann nur dann befriedigend überwunden oder ausgeschaltet werden, wenn sich der moderne Betrachter in die
mittelalterliche Textumgebung und -situation hineinversetzt, d.h. sich von seiner eigenen Epoche auch distanziert, um die Distanz zum Texthorizont zu ver-
ringern. Die Nuancierung entscheidet über die Wissenschaftlichkeit des Verfahrens.

Die Bereitschaft und das Talent zu einem solchen Verfahren, das wohl nicht
zufällig auf der mehr oder minder dem gesellschaftspolitischen verwandten Einstellung des Wissenschaftlers, der den Text untersucht, beruht, ist von Epoche
zu Epoche verschieden stark gewesen.

Eine psychographische Beschreibung der Geschichte der Altgermanistik,
die sich auch sozialstatistischer Methoden zu bedienen hätte, steht noch aus.

Die Entladung des jeweiligen Bewusstseinsstandes der älteren Gelehrten, die sich mit Altergermanistik befassten (wie zum Beispiel H.F. Massmann oder Hoffmann von Fallersleben) dürfte besonders während der Freiheitskriege und während der Gründerjahre eine nicht unbedeutende Rolle gespielt haben.

Die Grundlage für eine immer erneute Verbreitung dieser mittelalterlichen Ritterliteratur ist vermutlich in der Ingression zu suchen, die das von der Zeitgeschichte beschädigte Ego in diesen Texten eine Art Gesundbrunnen suchen liess. Es hat sich dabei offensichtlich um eine staatlich verordnete Kur gehandelt. Gewisse Schlagworte (wie etwa Nibelungentreue, Lindenblatt, Verrat und Dolchstosslegende) nahmen in diesem Regressionsüberwindungsprozess einst herkulische Dimensionen an.

Handelte es sich hier nicht um eine Pseudo-Historisierung der heiligen Güter der sich gerade wieder formierenden Nation, also letztlich um eine Transposition aktueller Tagesbezüge in die Literatur der Vergangenheit, in die Texte des Ersten Reiches? Durch solche Historisierungstendenzen sollte offenbar das Vergängliche der dichterischen Aeusserung in Unvergängliches umgedeutet werden. Dadurch gewann die Bedeutung des poetischen oder prosaischen Textes etwas Dauerhaftes, etwas bisher Vorenthaltenes, Vorzuhaltendes, Verpflichtendes.

Erziehungspolitisch dürfte sich die hier nur andeutbare kollektive Egoregression der deutschen Lesejugend während des Dritten Reiches hinsichtlich ihrer erhöhten Todesbereitschaft verhängnisvoll ausgewirkt haben. Aber auch das ist zur Zeit ein noch unerforschtes Feld. Indes bereits in der mittelalterlichen Literatur selbst ist triuwe/mlat. treuga ein verhängnisvolles Wort.

Der Uebergang von Stab- zu Endreim, von gehobener Skandierung zu rascherem Sprechgesang, von schwebender Betonung zu strikter Erstsilbenbetonung oder die bekannte Zunahme der 1.Person Singular in den Gedichten Walthers von der Vogelweide, der Ichschwäche in den Sprüchen Frauenlobs[21] sollte dann psychogrammatisch gedeutet werden können. Was wird in diesen Prozessen abgewirtschaftet? Was löst sich vom sippenverbandlichen Denken? Gehen stilistische Veränderungen bzw. Disintegrationen von der allgemeinen Abnahme der Egostärke aus? (Um etwa von der eigentlichen 'Wende' des Minnesangs zu reden!)

Das Wesen der literarischen Veränderung[22] besonders während der älteren Zeit ist erst unzulänglich erforscht. Es dürfte sich als komplexer erweisen als das Wesen der geschichtlichen Veränderung, mit dem es so gerne verschlungen wird. Die literarische Veränderung wird, so meine ich, durch eine Regression des literarischen Egos eingeleitet (oder kompensiert). Die historische Veränderung, ermöglicht durch eine Vergrösserung der Macht (eines Herrscheregos), erscheint kompensiert durch eine Regression der Legitimität, die der neue Herrscher zu überbrücken sucht. Die literarische Veränderung sollte literarisch u n d anthropozentrisch ausgedeutet werden.

Die im angelsächsischen Bereich üblichen Einschränkungsformeln wie ''from my point of view'', ''I suggest'', ''I hope to have demonstrated'', ''I feel'' usw. sind nicht bloss Floskeln aus dem Bezirke der Höflichkeit und der wissenschaftlichen Redlichkeit, sondern geradezu erforderlich zum Abstecken eines realistischen Erkenntnisrahmens. Die in Kauf genommene Unschärfe und De-Verabso-

lutierung bringt eine Nuance der Einschränkung zum Ausdruck, die dem Untersuchenden selbst eine heilsame Disziplin auferlegt.

Ob es langzeitliche Egoregressionen, gewissermassen menschliche Epo-
chaleinbussen, die die Sprach- und Stilveränderungen hervorgebracht haben
könnten, je gegeben hat, ist noch nicht erwiesen und wird auch ohne Zuhilfe-
nahme des Komputers nicht gezeigt werden können. Ob es archetypisch ego-
bewahrende, ichfestigende, selbstreinigende bzw. selbstzerstörerische literarische Mythen, Figuren und Handlungsabläufe gegeben hat, die solche Vor-
fälle auslösten und Aufschwünge zustande bringen halfen, müsste sorgfältig
durchprogrammiert werden.

IV. Schluss

Man kann keine alte Literatur geschichtlich wiedererleben, psychologisch dek-
kungsgleich rekonstruieren. Die Hoffnung darauf wäre eine schöne Utopie. Man
kann aber auch keine, besonders nicht die älteste Literaturgeschichte akade-
misch bewusst machen, ohne seinen "Sitz im Leben" mit zu veranschlagen.[23]
Diese Perspektiven zeigen auf, wie gross die Gefahr gerade in unserer
eigenen Zeit ist, dass diese Disziplin, wie meist zuvor, missbraucht werde.
Die letzte Auswahl und Abrainung unseres Erkenntnisinteresses wird von der
Weiterentwicklung der gegenwärtigen Sprache und Literatur letztlich selbst
besorgt. Ob also die Altgermanistik als Disziplin überleben wird, und das wird
sie als rein historische wohl nicht, ist eine Frage des Erkenntnisinteresses des
Untersuchenden und der Beschaffenheit seiner Texte. "Wo aber Gefahr ist,
wächst Das Rettende auch."[24]

Anmerkungen

1 Wilhelm Scherer, Geschichte der deutschen Literatur (Berlin [3]1885).
2 Siehe die poetische Wortwahl Scherers in seiner Einleitung: "Das vorliegen-
   de Buch e r z ä h l t die Geschichte der deutschen Literatur..."; "Das erste Kapitel s u c h t die Wurzeln germanischer Nationalität in der arischen
   Gemeinschaft auf und s c h i l d e r t den geistigen Zustand unserer Ahnen
   ..."; "Das zweite Kapitel b e h a n d e l t ..."; "Das dritte Kapitel ist...
   der mittelalterlichen Renaissance g e w i d m e t "; "Das vierte bis siebente u m f a s s t ..."; "Das achte und neunte Kapitel d u r c h m e s s e n
   ..." (Sperrungen von mir).
3 Der Philosophische Gedanke und seine Geschichte. Abhandlungen der preussischen Akademie der Wissenschaften. Phil.-Hist. Klasse V (Berlin 1936).
4 Das Erkenntnisproblem in der Philosophie und Wissenschaft der neueren Zeit.
   3 Bände (1922-1923) und Schlussband.
5 H.-G. Gadamer, Wahrheit und Methode: Grundzüge einer philosophischen Hermeneutik (Niemeyer, Tübingen [2]1965).
6 Für das folgende bin ich als Nichthistoriker verpflichtet Edward Hallett Carr,
   Was ist Geschichte? Kohlhammer UTB 67 ([4]1974) und Karl Löwith, Weltge-
   schichte und Heilsgeschehen. Kohlhammer UTB 2 ([6]1973).
7 Schlussband (München 1935).
8 E.H. Carr, wie 6, S.30.

9 Heldendichtung II. Nibelungenlied. Metzlerbändchen 7 (^{2}1964), S.11.

10 Ebd., S.16.

11 "Deutsche Literaturgeschichte als Geistesgeschichte". PMLA 60 (1945),
S.899-916.

12 Was ist Geschichte?, S.121.

13 Paul Veyne, "L'histoire conceptualisante", Bibliothèque des Histoires.
Faire de l'histoire. Nouveaux problèmes. Editions Gallimard (1974), S.62-
92. Fernand Braudel, "Geschichte und Sozialwissenschaft - Die "Longue
durée" in Geschichte und Soziologie, hrsg. v. H.-U. Wehler. Neue Wissenschaftliche Bibliothek (Kiepenheuer & Witsch, Köln o.J.), S.1-27.

14 Braudel, ebd., S.11.

15 K.-H. Bender, König und Vasall. Untersuchungen zur Chanson de Geste des
12.Jhs. Studia Romanica, 13.Heft (Heidelberg 1967).

16 Textauslegung und gesellschaftliche Selbstdeutung: Aspekte einer sozialgeschichtlichen Interpretation von Hartmanns Artusepen. Wissenschaftliche
Paperbacks. Literaturwissenschaft (Athenäum Verlag 1973).

17 Englischsprachige Abhandlungen über Artus aus seinem Heimatlande und
dem neuen Armorica fehlen bei Kaiser vollständig.

18 G. Pfeiffer, Kunst und Kommunikation: Grundlegung einer kybernetischen
Aesthetik. DuMont Dokumente: Reihe Kunstgeschichte/Wissenschaft (Köln
1972).

19 Fritz Niess, "Die ausgeklammerte Hauptsache". GRM N.F. XXIV, 3 (1974),
S.265-283; Wolfgang Lockemann, "Textsorten versus Gattung, oder: Ist das
Ende der Kunstwissenschaft unvermeidlich? Fragen an Einführungsbände für
Studierende der Literaturwissenschaft", ebd., S.284-304.

20 H.R. Jauss, Theorie der Gattungen und Literatur des Mittelalters. In: Grundriss der romanischen Literaturen des Mittelalters I (1972), S.130.

21 Joerg Schaefer, Walther von der Vogelweide und Frauenlob. Hermaea. 18
(Niemeyer, Tübingen 1966).

22 Bahnbrechend auf diesem Gebiet, mit dem sich auch die Zweite Internationale Literarische Komputerkonferenz (ICCH^2) in Los Angeles, 3.-6. April
1975, befasst hat, Colin Martindale, "An Experimental Simulation of Literary Change", Journal of Personality and Social Psychology, 25, 3 (1973),
S.319-326.

23 Mein Interesse an diesen Fragen begann anlässlich einer Auseinandersetzung
vor der MLA, abgedruckt in "Today's Definition of Philology: A Panel Discus-
sion", Monatshefte 63 (Wisconsin 1971), S.147-155; die eigentliche Problematik ging mir erst anlässlich einer Vorlesung auf, die ich im Sommerseme-
ster 1974 an der Universität Basel über die "Geschichtsdichtungen des Mittelalters" zu halten hatte.

24 Friedrich Hölderlin, Patmos.

DIE ENTWICKLUNG DER GERMANISTIK IN GROSSBRITANNIEN UND IRLAND ANHAND BRITISCHER ANTRITTSVORLESUNGEN

Von Brian A. Rowley (Norwich)

Ganz unwissenschaftlich möchte ich mit der Feststellung beginnen, dass ich seit geraumer Zeit ein Liebhaber der Antrittsvorlesungen bin. Diese Opuscula kommen mir als betont charakteristisch vor, in dem Sinne, in dem Goethe in seinem Aufsatz 'Von deutscher Baukunst' von "charakteristischer Kunst", der "schönen Kunst" gegenüber, spricht.[1] Sie spiegeln die Persönlichkeit ihrer Verfasser sprechend wider - zur gleichen Zeit aber deren fachliche und pädagogische Grundsätze auch, ob diese theoretisch bewusst oder aber bewusst antitheoretisch sind. Aus diesen Gründen kam ich also, als ich mich fragte, welches Thema ich dem IVG-Kongress anbieten sollte, auf die Idee, dass eine geschichtliche Rundschau der Antrittsvorlesungen der britischen Germanisten vielleicht doch für die Kongressteilnehmer von einigem Interesse sein dürfte und zur selben Zeit einen Beitrag zu unserem Verständnis der Entwicklung der Germanistik darstellen könnte.

Als ich aber an die Arbeit ging, stellte es sich bald heraus, dass eine solche Rundschau durchaus nicht so einfach war. Wie ich schon vermutet hatte, existierte keine Bibliographie der Antrittsvorlesungen; viel weniger eine so handliche Sammlung davon, wie es eine gibt für die Wirtschaftsgeschichte, vor vier Jahren von N.B. Harte herausgegeben.[2] Was ich nicht vermutet hatte, waren die grossen Schwierigkeiten, auf die man stösst, will man Namen und Amtsdauer der britischen Germanisten - besonders aus der Vorkriegszeit - ermitteln; geschweige denn Titel und bibliographische Einzelheiten ihrer Antrittsvorlesungen. Denn auf der einen Hand steht unser Wissen unserer eigenen Fachgeschichte noch auf sehr primitivem Fuss, trotz der Bemühungen unseres Kollegen Hugh Sacker, Information zu diesem Zwecke zu sammeln[3]. Ich wurde bald gewahr, dass ich wenigstens in groben Umrissen die Geschichte unseres Germanistenstandes zusammenstellen musste, bevor ich die Antrittsvorlesungen mustern könnte.

Auf der anderen Hand hat es sich erwiesen, dass es nicht immer leicht ist, selbst wenn man die Namen der Germanisten weiss, zu entdecken, ob sie eine Antrittsvorlesung gehalten haben. Man hätte gedacht, dass Antrittsvorlesungen Bücher wären und dass alle Bücher, wenigstens alle modernen englischen Bücher, in der Bibliothek des Britischen Museums aufgenommen würden. Das ist aber bei weitem nicht der Fall - anscheinend weil manche Antrittsvorlesungen als Manuskript gedruckt und folglich nicht dem Britischen Museum überreicht werden.

Angesichts dieser Schwierigkeiten, die ich, wenigstens in solchem Umfang, gar nicht erwartet hätte, muss ich also bitten, meine Ergebnisse als vorläufig anzunehmen. Meine Bemerkungen fussen auf den 49 Titeln, die ich in einer chronologischen Liste am Ende des Beitrags zusammenfasse.[4]

Bevor ich die Arbeit unternahm, dachte ich, dass die Antrittsvorlesung eine altangesessene Einrichtung sei, die aber in neuerer Zeit immer lieber vermieden werde, besonders in den sogenannten "Neuen" Universitäten wie der meinigen. Eine erste Ueberraschung war die chronologische Einteilung der gefundenen Vorlesungen. In den frühen Jahren der britischen Germanistik, etwa in der ersten Hälfte des 19. Jahrhunderts, wurden zwar Antrittsvorlesungen gegeben (Nr. 1-4); aber zwischen 1863 und 1946 habe ich nur drei Vorlesungen (darunter zwei unveröffentlichte) auffinden können. Von den 49 Titeln gehören nicht weniger als 42 den Nachkriegsjahren an, 16 sogar den letzten fünf Jahren. Gewiss: die Zeit vor 1945 und nach den bahnbrechenden Jahren ist die am schlechtesten dokumentierte, und es ist wohl möglich, dass aus dieser Zeit noch mehrere Titel ans Licht kommen.

Eine grosse Anzahl von Antrittsvorlesungen könnte man im späten 19. Jahrhundert allerdings nicht erwarten, denn es gab damals nur wenige Professoren für Germanistik, und diese wenigen hatten oft eine lange Amtsdauer. So amtierten in King's College London die ersten drei Professoren 106 Jahre lang.[5]

In England fing der Universitätsunterricht in den modernen Sprachen im Jahre 1724 an, als George I in Cambridge und Oxford zwei königliche Lehrstühle für Moderne Geschichte gründete, deren Inhaber je zwei Sprachdozenten als Assistenten anstellen sollten.[6] Im Jahre 1775 errichtete die Universität Dublin, also Trinity College, den ersten Lehrstuhl für Moderne Sprachen auf den Britischen Inseln[7] - einen Lehrstuhl aber, der auch französische Sprache und Literatur einschloss und dadurch, wie man erwarten mag, die französische bevorzugte. Erst 1828 erscheint die erste britische Professur für Germanistik - in der Universität von London, jetzt University College London, das damit unseren ältesten Lehrstuhl für Germanistik beherbergt.[8] Andere Londoner Colleges folgten schnell nach (King's College 1831; Bedford College 1849).[9] In den fünfziger und sechziger Jahren gründeten dann schon einige der neuen ''Städtischen'' Universitäten Professuren für Moderne oder für Moderne und Orientalische Sprachen (Belfast 1849; Manchester 1866; Aberystwyth 1875);[10] dann schliesslich, gegen Ende des Jahrhunderts, erschienen in Mittel- und Nordengland weitere Lehrstühle für Germanistik (Birmingham 1884; Liverpool 1894; Manchester 1895).[11] Erstaunlicherweise wurden Professuren für Germanistik in Oxford und Cambridge erst 1907 bzw. 1911 errichtet.[12]

Diese Traditionslücke wäre also die erste Feststellung, die ich machen möchte. Ein zweiter Punkt betrifft die Staatsangehörigkeit unserer Germanisten. Die frühen Inhaber der Lehrstühle waren fast ausnahmslos Deutsche, unter ihnen einige bekannte Namen wie Robert Petsch oder Karl Holl. Erst mit dem neuen Jahrhundert gelang es einem Briten, in seinem eigenen Lande Professor für Deutsch zu werden; soweit ich sehe, war der erste H. G. Atkins (King's College London, 1900).[13] Selbst beim Ausbruch des Ersten Weltkriegs war die überwiegende Mehrzahl der germanistischen Professoren in Grossbritannien und Irland Deutsche[14], was für die Universitäten, und für die Regierung, nicht ohne Peinlichkeit war. Als direktes Ergebnis finden wir nach dem Ersten Weltkrieg einen vollen Umsturz: fast alle Lehrstühle für Deutsch hatten Inhaber britischer Herkunft. Erst mit dem Zweiten Weltkrieg und dem Zufluss der deutschsprachigen Ausgewanderten hat sich die Situation nun wieder einigermassen verändert.

Aus dieser zweiten Feststellung - einem Wandel der Nationalität - folgt aber sofort eine dritte. Die frühen Professoren mussten sich mit der Tatsache abfinden, dass sie als Fremde ein fremdes Fach verkündigten. Ihre Vorlesungen (Nr. 1-3) richten sich an erster Stelle an ihre Studenten, dann an ihre künftigen Studenten, also an eine ziemlich breite Oeffentlichkeit. Liest man aber die Antrittsvorlesungen neuerer Zeit, so sind es kaum die Studenten, an die sie sich richten. Oft ist es wirklich schwer zu sagen, an wen sie sich richten. An die Professoren der anderen Fächer? Aber diese müssen schon die Zitate übersetzt bekommen! An eine breite Oeffentlichkeit? Aber diese ist nicht einmal anwesend! In erster Linie sind es vielleicht die Fachkollegen; und das finde ich eine ziemlich deprimierende Einschränkung, verglichen mit der Breite und der Weltoffenheit des Aufrufs in den frühesten Vorlesungen.

Das Publikum hat sich also verändert, aber auch der Gegenstand. Als letztes Jahr in Norwich der neue Professor für Bildende Künste, Andrew Martindale, eine der ersten Antrittsvorlesungen in meiner Universität hielt - denn es waren in den mittleren sechziger Jahren so viele gründende Professoren, dass sie es vermieden haben, vor einander Antrittsvorlesungen abzuhaspeln -, hat er drei Arten von Antrittsvorlesung unterschieden: die Feuerwerkveranstaltung, das Zauberkunststück und die Predigt. [15] Was die germanistischen Exemplare angeht, sind in den letzten nahezu 150 Jahren die Predigten zurückgetreten, während die Feuerwerkveranstaltungen und besonders die Zauberkunststücke bedeutend zugenommen haben.

Was man bei Mühlenfels (Nr. 1), Bernays (Nr. 2) und Abeltshauser (Nr. 3) besonders bemerkt, ist die Predigt - und die allgemeine, allumfassende Art des Vortrags. Es lohnt sich, predigen sie, die deutsche Sprache zu lernen, die deutsche Literatur zu studieren - lohnt sich in praktischer, in wirtschaftlicher und in kultureller Hinsicht. Und um diesen Anspruch zu begründen, legen sie eine Uebersicht der Entwicklung der deutschen Gemeinschaft und deren Sprache und Literatur vor. Wie anders die neuzeitlichen Germanisten. So kündigte unser Präsident, Leonard Forster, im Jahre 1962 als ganz selbstverständlich an:

> Meine Vorlesung ist keine verschleierte Apologie für das Studium der deutschen Sprache, Literatur, Denkweise und Geschichte auf der Universität in diesem Lande. Das Studium des Deutschen braucht weder Verteidigung noch Rechtfertigung auf dieser Universität, wo es mit Auszeichnung betrieben wird seit einer Zeit, zu der ich nicht geboren war. [16]

Vor fünfzehn Jahren war es zweifellos wahr, dass die Germanistik keiner Verteidigung bedurfte. Im Jahre 1975 ist das leider nicht mehr der Fall; viele Momente, unter denen besonders die Einheitsschule zu erwähnen wäre, haben dazu beigetragen, die Stellung des Deutschen im englischen Schulsystem, und damit den Stand der Germanistik auf den englischen Universitäten, ernstlich zu gefährden.

Wie dem auch sei: die allgemeine Vorlesung, wie wir sie im frühen 19. Jahrhundert gesehen haben, ist fast verschwunden, und an ihrem Platz stossen wir auf Themen wie "Lessing und die Suche nach der Wahrheit" (Nr. 47) oder "Die Goethesche Kritik der mathematischen Methoden in den Naturwissenschaften" (Nr. 33). Man kann sogar einsehen, dass dieser Vorgang der Spezialisierung schon vor über hundert Jahren einsetzte, als Buchheim im Jahre 1863 nicht mehr über deutsche Sprache und Literatur sprach, sondern über "Deutsche Grammatik, gestern und heute" (Nr. 4), das heisst, über die sukzessiven Theorien der Grammatik in der deutschen Philologie; und dass er weiter genommen wurde, als Robert Petsch über "Die Entwicklung des deutschen Dramas im neunzehnten Jahrhundert" las (Nr. 5).

Zugegeben: Man kann nicht immer wieder die Entwicklung der deutschen Sprache und Literatur skizzieren oder die wissenschaftlichen und pädagogischen Prinzipien der Germanistik immer neu gestalten. Aber brauchen wir in der anderen Richtung so konsequent bis zur Endstation zu fahren?

In einigen Vorlesungen der letzten Jahre bemerkt man mit Erleichterung, dass die Ordinarien auf geschickte Weise gewusst haben, Besonderheiten zu besprechen, ohne das Allgemeine aus den Augen zu verlieren. Am gelungensten vielleicht, wo sie ein Thema wählen, das irgendwie gegen den Strich der gewöhnlichen Kategorien läuft. So zum Beispiel Siegbert Prawer, der über "Das 'Unheimliche' in der Literatur" spricht (Nr. 29); oder bei Leonard Forster's "Dichtung des sinnvollen Unsinns" (Nr. 26); oder, theoretischer und hinterlistiger zugleich, bei Frau Mary Wilkinson's "Zum Lobe der Aesthetik" (Nr. 27). Es ist kein Zufall, dass alle drei die Germanistik in eine vergleichende Literaturwissenschaft umbilden und eine Fülle der Beispiele nicht nur aus der deutschen, sondern auch aus der Weltliteratur zitieren. Hier merkt man die Feuerwerkveranstaltung!

In anderen Fällen haben die Professoren versucht, das Allgemeine mit dem Besonderen dadurch zu vereinigen, dass sie Prinzipien anhand von Exemplaren neuer Wissenschaftsgebiete neu zu formulieren suchen: so Hugh Powell in seinem "Deutsche Studien und der Literaturhistoriker" (Nr. 20) oder, noch ausgesprochener, Hinton Thomas mit seiner "Verpflichtung der Deutschen Studien" (Nr. 30) - einer Verpflichtung zur "Relevanz". Oder sie haben ganz feinsinnig ein Thema gewählt, das über eine besondere Gestalt direkt zu einer allgemeinen Betrachtung führt: zum Beispiel Douglas Scott, der "Wilhelm von Humboldt und die Idee einer Universität" (Nr. 21) bespricht, oder Peter Ganz mit "Jakob Grimms Begriff der Deutschen Studien" (Nr. 46). Das ist es wohl, was Martindale unter Zauberkunststück verstand!

Der Wandel vom Allgemeinen zum Spezialisierten bildet also meine vierte Feststellung. Meine fünfte ist mit dieser letzten verwandt. Die neuesten Antrittsvorlesungen sind nicht nur spezialisierter; sie nehmen auch bewusst, um nicht zu sagen aggressiv, Stellung am Rande unseres Faches. Schon chronologisch ist das zu bemerken: Während frühere Ordinarien, die Spezialthemen gewählt haben, diese zum grössten Teil aus der Goethezeit, meistens aus Leben und Werk von Goethe selbst wählten - von Schlapp (Nr. 6) und Bruford (Nr. 7) bis Hinderks (Nr. 19) und Stahl (Nr. 25) -, so gestaltet sich das Bild der siebziger Jahre ganz anders. Goethe erscheint kaum: nur als Bestandteil der "Weimarer und Wiener Humanität" bei Yates (Nr. 45). Zur Not erscheint einmal Lessing, bei Nisbet (Nr. 47), oder Heine, bei Prawer (Nr. 34). Sonst kommen die Themen aus beiden Extremen des chronologischen Spektrums: aus den roten Modernen, wie zum Beispiel den Expressionisten (Furness, Nr. 35) oder dem Lehrdrama der Nachkriegszeit (Subiotto, Nr. 40); oder aber aus der blauen Ferne des Mittelalters: "Liebe und Ordnung im Deutschen Höfischen Epos" (Willson, Nr. 37) oder "Der Wilde Mann vom Epos von Gilgamesh zu Hartmann von Aues Iwein" (David Wells, Nr. 49). Es ist, als ob die englischen Germanisten sich seit etwa fünf Jahren in Verfechter und Ablehner der "Relevanz" geteilt haben. Aus dieser Polarität aber möchte ich zu einer Goetheschen Steigerung zurückkehren.

Zum Schluss, und ganz kurz, eine sechste Feststellung. Neben dieser chronologischen Zentrifugalkraft existiert auch eine methodische Zentrifugalkraft. Textbezogene oder umweltbezogene Kritik; nationale oder vergleichende Literaturwissenschaft; Aesthetik oder Zeitgeschichte; Literatur oder Sprache; Sprache als Gehirnvorgang oder als Kommunikationsmittel - alle diese Kontroversen spiegeln sich in den Antrittsvorlesungen der letzten fünf Jahre wider. Dürfen wir hoffen, dass der Verfasser der Nummer 50 auf einer künftigen Liste sich der Aufgabe widmet, diese widerstreitenden Möglichkeiten in eine vernünftige und feinfühlige Verbindung zu bringen?

Chronologische Liste der Antrittsvorlesungen

1. 30.10.1828 (University College), Universität von London:

   Ludwig von Mühlenfels, "An Introductory Lecture delivered in The University of London, On Thursday, October 30, 1828". London, John Taylor, 1828, 27 S.; vgl. "An Introduction to a course of German Literature; in Lectures to the students of the University of London". London, John Taylor, 1830, vi u. 157 S.

2. 2.11.1831, King's College, Universität von London:

   Adolphus Bernays, "An Introductory Lecture, delivered in King's College, London, November 2, 1831". London, B. Fellowes, auch Treuttel & Würtz & Richter, Black & Co., & T. Boosey, 1831, 33 S.

3. 12.11.1856, Trinity College, Dublin:

   Ignatius George Abeltshauser, "The Study of Modern Languages: An Introductory Lecture delivered in Trinity College, Dublin, on Wednesday, November 12, 1856". (Moderner Abdruck, hektographiert, Dublin, 1960s, 9 S.)

4. 6.10.1863, King's College, Universität von London:

   Charles Adolphus Buchheim, "German Grammar, past and present. An Inaugural Lecture, delivered on October 6, 1863, at King's College, London". London, Bell and Daldy, auch London & Edinburgh, Williams and Norgate, 1863, 24 S.

5. 25.10.1912, Universität von Liverpool:

   Robert Petsch, "The Development of the German Drama in the Nineteenth Century". Liverpool, Liverpool U.P., 1912, 32 S.

6. 12.10.1926, Universität von Edinburgh:

   Otto Schlapp, "The Foundations of Faust". Unveröffentlicht, aber ausführlich berichtet in: The Scotsman, 13.10.1926, S.10.

7. 22.10.1929, Universität von Edinburgh:

   Walter Horace Bruford, "Life in Goethe's Weimar". Unveröffentlicht, aber eingegangen in sein "Germany in the Eighteenth Century". Cambridge 1935.

8. 25.1.1946, Universität von Cambridge:

Eliza Marian Butler, "The Direct Method in German Poetry". Cambridge, Cambridge U.P., 1946, 32 S.

9. ??.11.1948, Universität von St. Andrews:

Charles Telford Carr, "Luther, Tyndale and the English Bible". Unveröffentlicht.

10. ??.???.1948, Universität von Bristol:

August Closs, "Goethe and the Twentieth Century". Revidiert in: Euphorion, Bd.45 (1950), S.23-34.

11. 17.11.1949, University College von Swansea:

Erich Heller, "Goethe and the Idea of Scientific Truth". Swansea, University College of Swansea, 1950, 36 S.; neu abgedruckt in seinem "The Disinherited Mind". Cambridge 1952, S.1-26.

12. 15.3.1950, Birkbeck College, Universität von London:

Reginald John McClean, "Growth of Vocabulary in Modern Icelandic". London, Birkbeck College, 1950, 32 S.

13. 7.2.1951, University College, Universität von London:

Leonard Wilson Forster, "The Temper of Seventeenth Century German Literature". London, H.K. Lewis for University College London, 1952, 35 S.

14. 9.10.1951, Universität von Aberdeen:

William Witte, "Time in Wallenstein and Macbeth". Verkürzt in: "Aberdeen Univ.Rev.", Bd.34 (1951-2), S.217-224; neu abgedruckt in seinem "Schiller and Burns and Other Essays". Oxford 1959, S.38-47.

15. 11.10.1951, Universität von Edinburgh:

Eudo Colecastra Mason, "Rilke and England". Unveröffentlicht, aber eingegangen in sein "Rilke, Europe and the English-speaking World". Cambridge 1961.

16. 11.2.1952, Universität von Cambridge:

Walter Horace Bruford, "Literary Interpretation in Germany". Cambridge, Cambridge U.P., 1952, 48 S.

17. 30.10.1952, University College von Wales, Aberystwyth:

Charles Philip Magill, "The Art of Comedy in the German Language". Cardiff, University of Wales Press, 1954, 24 S.

18. 3.3.1954, Universität von Sheffield:

William Faulkner Mainland, "Freedom: some German Thoughts from the Eighteenth Century". Sheffield, University of Sheffield, 1954, 15 S.

19. 6.2.1957, Königin-Universität von Belfast:

Hermann Ernst Hinderks, "Goethe's Faust and the Crisis of Modern Man". Belfast, Marjory Boyd for the Queen's University of Belfast, 1957, 28 S.

20. 20.1.1959, Universität von Leicester:

Percival Hugh Powell, "German Studies and the Literary Historian". Leicester, Leicester U.P., 1959, 24 S.

21. 10.11.1959, Universität von Durham:

Douglas Frederick Schumacher Scott, "Wilhelm von Humboldt and the Idea of a University". Durham, University of Durham, 1960, 26 S.

22. 1.12.1960, Universität von Newcastle:

Duncan Mackenzie Mennie, "'German Language' in University German Studies in Britain - A Rethinking of Some Aspects". Durham, University of Durham, 1961, 19 S.

23. 20.1.9161, Universität von Nottingham:

Kenneth Charles King, "The Earliest German Monasteries". Nottingham, University of Nottingham, 1961, 28 S.

24. 23.11.1961, University College von Swansea:

Herbert Morgan Waidson, "The Changing Pattern of the German Novel". Swansea, University College of Swansea, 1961, 24 S.

25. 2.3.1961, Universität von Oxford:

Ernest Ludwig Stahl, "Creativity: A theme from Faust and the Duino Elegies". Oxford, Clarendon Press, 1961, 27 S.

26. 9.5.1962, Universität von Cambridge:

Leonard Wilson Forster, "Poetry of Significant Nonsense". Cambridge, Cambridge U.P., 1962, 46 S.

27. 25.10.1962, University College, Universität von London:

Elizabeth Mary Wilkinson, "In Praise of Aesthetics". London, H.K. Lewis for University College London, 1963, 26 S.

28. 5.3.1963, Bedford College, Universität von London:

Ronald Peacock, "Much is Comic in Thomas Mann". London, Bedford College London, 1964, 21 S.

29. 2.2.1965, Westfield College, Universität von London:

Siegbert Salomon Prawer, "The 'Uncanny' in Literature: An Apology for its Investigation". London, Westfield College, 1965, 25 S.

30. 14.10.1965, Universität von Birmingham:

Richard Hinton Thomas, "The Commitment of German Studies". Birmingham, University of Birmingham, 1965, 16 S.

31. 3.3.1967, Universität von Nottingham:

William Edward Yuill, "Malice in Wonderland: Contemporary Satire in Western Germany". Nottingham, University of Nottingham, 1967, 18 S.

32. 17.5.1967, Birkbeck College, Universität von London:

William Douglas Robson-Scott, "Goethe and the Visual Arts". London, Birkbeck College, 1967, 15 S.

33. 30.4.1969, Birkbeck College, Universität von London:

George Albert Wells, "Goethe's Critique of Mathematical Methods in Physical Science". Revidiert unter dem Titel "Goethe's Qualitative Optics". In: J.Hist.Ideas, Bd.32 (1971), S.617-626.

34. 5.5.1970, Universität von Oxford:

Siegbert Salomon Prawer, "Heine's Shakespeare: A Study in Contexts". Oxford, Clarendon Press, 1970, 40 S.

35. 15.10.1971, Universität von Edinburgh:

Nicholas Arthur Furness, "What happened to the New Man? Vision and reality in German Expressionist drama". Edinburgh, University of Edinburgh (= Inaugural Lecture, 51), 1973, 18 S.

36. 1.11.1971, Universität von Hull:

Lionel Hugh Christopher Thomas, "The comic spirit in nineteenth-century German literature". Hull, University of Hull, 1972, ii u. 26 S.

37. 9.11.1971, Universität von Leicester:

Harold Bernard Willson, "Love and Order in the Medieval German Courtly Epic". Leicester, Leicester U.P., 1973, 28 S.

38. 17.11.1971, Königin-Universität von Belfast:

Ronald George Finch, "Heroes in Germany - Ancient and Modern". Belfast, Queen's University of Belfast (= N.Lect.Ser., 61), 1972, 26 S.

39. 26.1.1972, University College von Wales, Aberystwyth:

Alan Ronald Robinson, "'Am I my brother's keeper?' The Literary and Pastoral Mission of Albrecht Goes". Cardiff, University of Wales Press, 1973, 19 S.

40. 17.2.1972, Universität von Birmingham:

Arrigo Victor Subiotto, "German Documentary Theatre". Birmingham, University of Birmingham, 1972, 16 S.

41. 18.5.1972, Universität von Edinburgh:

Paul Bernard Salmon, "The Beginnings of Morphology: Linguistic Botanizing in the 18th Century". Revidiert in: Historiographia Linguistica, Bd.1 (1974), S.313-339.

42. 18.10.1972, Universität von Surrey:

Heinz Paul Herman Walz, "Language Mystery and the Human Brain". Guildford, University of Surrey, 1973, 9 S., 4 S. Abb.

43. 5.2.1973, Universität von Leeds:

John Ritchie Wilkie, "Brant and the Ship of Fools: An Introduction". In: Univ.Leeds Rev., Bd.16 (1973), S.212-233.

44. 1.3.1973, University College, Universität von London:

Joseph Peter Stern, "History and Allegory in Thomas Mann's Doktor Faustus". London, H.K. Lewis for University College London, 1975, 23 S.

45. 30.4.1973, Universität von Exeter:

William Edgar Yates, "Humanity in Weimar and Vienna: The Continuity of an Ideal". Exeter, University of Exeter, 1973, 22 S.

46. 18.5.1973, Universität von Oxford:

Peter Felix Ganz, "Jakob Grimm's Conception of German Studies". Oxford, Clarendon Press, 1973, 32 S.

47. 6.3.1974, Universität von St. Andrews:

Hugh Barr Nisbet, "Lessing and the Search for Truth". Revidiert in: Publ. Engl. Goethe Soc., Bd. 43 (1972-1973), S. 72-95.

48. 14.5.1974, Heriot-Watt-Universität:

Henry Prais, "Reflections on the Tower of Babel". Unveröffentlicht.

49. 16.10.1974, Königin-Universität von Belfast:

David Arthur Wells, "The Wild Man from the Epic of Gilgamesh to Hartmann von Aue's Iwein". Belfast, Queen's University of Belfast (= N. Lect. Ser., 78), 1975, 24 S.

Anmerkungen

1 JA, Bd. 33, S. 11.

2 N.B. Harte (Hrsg.), The Study of Economic History: Collected Inaugural Lectures 1893-1970. London 1971. Diesen Hinweis verdanke ich meinem Kollegen Victor Morgan in Norwich.

3 Das gesammelte Material wird jetzt von dem Germanistischen Institut der Universität von London aufbewahrt.

4 An dieser Stelle möchte ich allen jenen Kollegen danken, die mir auf so freundliche Weise Auskunft gegeben haben. Auch zolle ich dem Germanistischen Institut der Universität von London Dank, das mir das von Herrn Professor H. D. Sacker zusammengestellte Material zur Verfügung stellte, und Herrn Leonard Forster, welcher der Norwicher Universitätsbibliothek eine ansehnliche Broschürensammlung grossmütig stiftete, die viele Antrittsvorlesungen enthielt.

5 A. Bernays, 1831-1863; C.A. Buchheim, 1863-1900; H.G. Atkins, 1900-1937; siehe F.J.C. Hearnshaw, The Centenary History of King's College London 1828-1928. London &c 1929, S. 249.

6 Sir Charles Firth, Modern Languages at Oxford 1724-1929. London 1929, S. 4-5.

7 M.M. Raraty, 'The Chair of German at Trinity College, Dublin, 1775-1866'. In: Hermanthena, Bd. 102 (1966), S. 54.

8 H. Hale Bellot, University College London 1826-1926. London 1929, S. 44; vgl. S. 120-122.

9 Hearnshaw, op. cit., S. 91; Margaret J. Tuke, A History of Bedford College for Women 1849-1937. London &c 1939, S. 63.

10 T.W. Moody und J.C. Beckett, Queen's, Belfast 1845-1949: The History of a University. London 1959, S. 117; H.B. Charlton, Portrait of a University 1851-1951. Manchester 1951, S. 173; E.L. Ellis, The University College of Wales, Aberystwyth, 1872-1972. Cardiff 1972, S. 50.

11 Eric W. Vincent und Percival Hinton, The University of Birmingham: Its History and Significance. Birmingham 1947, S.101; Charlton, op. cit., S.173.
12 Sir Charles Firth, op. cit., S.84; W.H. Bruford, First Steps in German Fifty Years Ago. Cambridge 1965, S.12.
13 Hearnshaw, op. cit., S.249.
14 Modern Studies: being the Report of the Committee on the position of Modern Languages in the educational system of Great Britain. London 1918, S.146-148.
15 A.H.R. Martindale, Andrea Mantegna: 'antiquarius et historicus'. Norwich, im Druck.
16 L.W. Forster, Poetry of Significant Nonsense. Cambridge 1962, S.3.

DISKUSSIONSBEITRAEGE ZUM PODIUMSGESPRAECH
"DIE AUSEINANDERSETZUNG IN OST- UND WESTDEUTSCHLAND UM DAS
VERHAELTNIS VON LITERATUR UND GESELLSCHAFT UND IHRE
BEDEUTUNG FUER DIE AUSLANDSGERMANISTIK"

Karol Sauerland (Warszawa):

Es ist schwer, über dieses Thema zu sprechen, da schon der Titel Zweifel hervorruft. Was heisst Auslandsgermanistik? Einerseits hat dieser Begriff angesichts der zunehmenden Internationalität der einzelnen Philologien einen pejora-
tiven Klang, anderseits lässt sich nicht abstreiten, dass die Germanistik in einem nicht deutschsprachigen Land die wissenschaftliche Höhe der jeweiligen
Heimatphilologie nur selten erreichen wird. Ein weiterer Zweifel kommt auf,
wenn man bedenkt, dass ja das Problem des Verhältnisses von Literatur und
Gesellschaft ein allgemein literaturwissenschaftliches ist, es lässt sich nicht
auf eine Philologie begrenzen, schon gar nicht auf die Germanistik. Man sollte
daher besser über die Bedeutung der Auseinandersetzung um das Verhältnis von
Literatur und Gesellschaft für die Literaturwissenschaft in nicht deutschsprachigen Ländern sprechen. Es kommt ja auch hinzu, dass es in Deutschland Ro-
manisten und Anglisten waren (etwa Werner Krauss, Robert Jauss, Heinrich
Weinrich, die Gruppe um Manfred Naumann, Robert Weimann), die gerade dieses Problem behandelt haben. Sie fanden auch ein Echo in Polen, d.h. ihre
Schriften werden in literaturwissenschaftlichen Kreisen gelesen, zitiert und
sind sogar zum Teil ins Polnische übersetzt worden (u.a. Kapitel aus der "Literaturgeschichte als Provokation", "Literatur des Lesers"). Einer der Gründe dafür, dass gerade sie rezipiert werden, ist gewiss darin zu suchen, dass
ihr Blick ein europäischer ist. Rezipiert werden natürlich auch die philosophischen Köpfe wie Benjamin, Adorno und z.T. Bloch sowie die grossen Debatten,
in letzter Zeit vor allem die Hermeneutikdiskussion. Rezipieren heisst nicht
unkritisch aufnehmen. Das ist schon aus dem Grunde unmöglich, weil in Polen
die verschiedenartigsten Strömungen zur Wirkung gekommen sind: der New
Criticism, die Phänomenologie, der französische Strukturalismus, soziologische Schriften aus Frankreich und dem angelsächsischen Raum, Arbeiten marxistischer Autoren aus den verschiedensten Ländern, der tschechische und
sowjetische Strukturalismus, moderne Sprachwissenschaft und Semiotik, um
nur einiges zu nennen.
    Die Rezeptionsästhetik, wie sie jetzt in deutschsprachigen Kreisen disku-
tiert wird, erweckt in Polen, wie es mir scheint, zwar grosses Interesse, aber
sie kann in dieser Form nur schwer übernommen werden, da die Trennung zwischen Autor und Leser in Polen nie so gross gewesen ist wie in Deutschland
seit der Klassik. Man hat manchmal den Eindruck, dass die Rezeptionsästhetik
durch die Wirkungslosigkeit der Literatur und ihr gebrochenes Verhältnis zur
Vergangenheit so in den Vordergrund gerückt ist. In Polen war ja die Literatur
aufs engste mit dem nationalen und zugleich sozialen Befreiungskampf verbunden. Die grossen Dichter Polens konnten sich, generell gesehen, im Einver-
ständnis mit ihren Lesern finden. Selbst die polnischen Avantgardisten der zwan-

ziger und dreissiger Jahre, die natürlich die Lesererwartungen durchbrachen, scheinen stärker den nationalen Traditionen Polens verpflichtet zu sein - wenn auch durch Opposition - als die Avantgardisten anderer Länder, was allerdings genauer komparatistisch erhellt werden müsste.

Das Verhältnis von Literatur und Gesellschaft wird zur Zeit in Polen in vielen Einzelstudien konkret erforscht und in theoretischen Erörterungen reflektiert, wobei man sich auf Semiotik und Soziologie zu stützen sucht. Es gibt Bestrebungen, die die Frage des Verhältnisses von Literatur und Gesellschaft sehr umfassend zu behandeln, indem man anstelle des Textes, d.h. des Geschriebenen, den Begriff des "Kulturtextes" setzt, wozu nicht nur literarische Produkte, sondern auch Oper, Operette, Film, Hörspiel, Fernsehstück, Schlager usw. gerechnet werden. All diese Textsorten lassen sich sehr gut semiotisch im Rahmen bestimmter Kommunikationssituationen analysieren. Eine grosse Rolle spielt in der polnischen Literaturwissenschaft seit geraumer Zeit der vage Begriff des literarischen Lebens oder der literarischen Kultur. Er hat bei all seiner Unschärfe den Vorteil, dass man die Literatur in einen breiten gesellschaftlichen Kontext einbetten kann. Sie wird nicht mehr getrennt von dem Verlagswesen und der Verlagspolitik, den Zeitschriften, der Kritik, den Lesergruppen, der Zensur und Autozensur, den Autorengruppen usf. gesehen. Die polnischen Literaturwissenschaftler erkennen auch immer klarer, dass man keine der Komponenten, die das Verhältnis von Literatur und Gesellschaft kennzeichnen, als unveränderlich ansetzen darf. So hat sich beispielsweise in den letzten 150 Jahren die Rolle des Autors in der Gesellschaft sehr stark gewandelt: während er sich im vorigen Jahrhundert und noch zu Beginn dieses Jahrhunderts als ein Sendbote des von aussen unterdrückten Volkes und damit fast als ein Politiker ansehen konnte, ist heute seine Funktion eine andere geworden. Verändert haben sich auch die Lesergruppen, und gewandelt haben sich schliesslich das literarische Material, die Sujets, die Gattungen und die Werke in ihrer Struktur. Aus all den hier angeführten Gesichtspunkten geht hervor, dass das Problem des Verhältnisses von Literatur und Gesellschaft ein vielschichtiges ist, es lässt sich nur schwer in solche Schemata wie Autor-Werk-Leser, das Werk und seine Wirkung, Erwartung und Durchbrechung des Erwartungshorizontes pressen. Nur eine Vielzahl von derartigen Dupeln und Tripeln ergibt ein annähernd wahres Bild.

Die polnische Literaturwissenschaft operiert nicht besonders gern mit dem Begriff der Trivialliteratur, dem ja von vornherein etwas Negatives anlastet. Man spricht mehr von populärer oder Massenliteratur bzw. -kultur. Sehr anregend hat für die Erforschung dieses Bereichs Bachtin gewirkt, denn ein Wesensbestandteil der Massenkultur (z.B. Operette, Strassengesang, Unterhaltungsfilm, Unterhaltungsliteratur verschiedenster Art) ist das, was Bachtin mit Karnevalismus und Lachkultur zu charakterisieren suchte. Ueberhaupt ist im 20. Jahrhundert weniger eine Zweiteilung der Literatur und Kultur in hohe und triviale angebracht als eine Dreiteilung in politisch engagierte, avantgardistische und unterhaltende. Strenge Grenzen sind auch hier nicht auszumachen.

An dieser Stelle möchte ich die theoretischen Erörterungen oder besser Andeutungen zu dem Thema, wie das Verhältnis von Literatur und Gesellschaft in der polnischen Literaturwissenschaft analysiert wird, abbrechen, um nicht die

Zeit zu überschreiten. Hier wäre natürlich ein grosser Forschungsbericht vonnöten, wo auch Titel und Namen angeführt werden müssten.

Am Ende möchte ich nun doch kurz etwas über das Fach Germanistik sagen, das wir im "Ausland" lehren. Wir versuchen in den Literaturseminaren, das Verhältnis von Literatur und Gesellschaft in den deutschsprachigen Ländern sehr eingehend zu behandeln, wobei wir jedoch auf mindestens drei Schwierigkeiten stossen. Erstens ist es nicht möglich, dieses Verhältnis in seiner Vielfalt darzustellen, denn wir müssen nun einmal denjenigen deutschsprachigen Autoren, die auch im Ausland einen Namen haben, den ersten Platz einräumen. Zweitens sind uns die deutschsprachigen Massenmedien nur beschränkt zugänglich, womit ein wesentliches Element des Verhältnisses Literatur/Gesellschaft wegfällt. Drittens können wir dieses Verhältnis nicht erhellen, wenn wir nicht die komplizierte politische und gesellschaftliche Entwicklung der deutschsprachigen Länder aufzeigen, was der Literaturunterricht allein nicht zu lösen vermag. Hier erwarten wir Hilfe von dem neuen Fach, das entweder Landeskunde oder Kulturkunde genannt wird. Ueber die Probleme dieses Faches hier zu sprechen, würde zu weit führen. Und zum Schluss darf man nicht vergessen, dass der Literaturunterricht auch noch ein ganz wichtiges Ziel hat: im Studenten eine gewisse ästhetische Sensibilität zu wecken und herauszubilden.

Bernd Peschken (Berlin):

Was sich zwischen den Kongressen an Akzentverschiebungen in der germanistischen Arbeit ergeben hat, sollte Gegenstand der Erörterung auf einem internationalen Kongress sein. Ich kann hier im Rahmen einer Podiumsdiskussion am Beispiel des Verhältnisses von Literatur und Gesellschaft nur einige Grundlinien zeichnen, die vielfacher Ausarbeitung bedürfen, und möglichst zur Diskussion anregen.

1.

Im Zusammenhang mit der studentischen Bewegung von 1967 sind, vereinfacht gesehen, zwei grundsätzliche Reformvorschläge gemacht worden: Wolfgang Iser schlug vor, die Germanistik zu "entideologisieren"[1]. Er dachte sich dies möglich, wenn der Zusammenhang von Texten mit der Nationalgeschichte aufgelöst würde. An die Stelle einer historischen Betrachtung von Literatur stellte er eine funktionale, gemäss Gattungen und verschiedenen Textsorten. Ihre Konstitution sollte vom Studenten systematisch studiert werden; Iser ging davon aus, dass hierdurch ein kritisches Verständnis von Texten überhaupt erzielt würde.

Der andere Vorschlag wurde von denjenigen gemacht, denen die strenge Scheidung von Literaturgeschichte und Sozialgeschichte, wie sie in den Jahren 1945-1967 in der westdeutschen Germanistik vorgenommen wurde, als ein Entfremdungsvorgang erschien.

Claus Träger (Leipzig)[2] geht von der von Marx gesehenen Möglichkeit aus, durch Arbeit die Entfremdung aufzuheben. Dies bestimmt seinen Literaturbegriff. Er ist geprägt von den Vorstellungen des sogenannten "kritischen Realismus". Verdeutlichen wir uns, was dies meint, ansetzend mit seiner Adorno-Kritik. Nach materialistischer Auffassung bewährt sich der Mensch in der Bearbeitung der unorganischen Natur als seiner selbst bewusstes Gattungswesen, das heisst, er erzeugt sich in seinem Selbstbewusstsein durch die Arbeit[2]. Für Adorno gibt es die bei Marx gesehene Möglichkeit, die Entfremdung durch Arbeit praktisch aufzuheben, nicht. Daher wird für Adorno die gesellschaftliche Wirklichkeit im ganzen verdinglicht. Diese Einstellung nennt Träger dem romantischen Antikapitalismus verwandt. Träger kritisiert dadurch Adorno. Seine Auffassung verfehlt den "kritischen Realismus" des marxistisch-leninistischen Literaturbegriffs.

Realismus ergibt sich in Auseinandersetzung mit dem aufklärerischen "klassischen" Realismus-Begriff. "Klassischer Realismus" beruht wesentlich auf der Ausbildung des geschichtlichen Weltbildes. Die bürgerliche Klasse hat es massgeblich entwickelt. Daher nimmt sie eine wichtige Stelle innerhalb des marxistisch-leninistischen Geschichtsbildes ein. Das Bürgertum hat danach nämlich die "politische Emanzipation" durch die bürgerliche Umwälzung zustande gebracht; die - höhere - "menschliche Emanzipation" wird jedoch erst durch die sozialistische "Umwälzung" ermöglicht[3]. Ist sie erreicht, kann "sozialistischer Realismus" sich herausbilden.

Das für uns wichtige Ergebnis lässt sich feststellen: Die Möglichkeit, Literatur und Gesellschaft miteinander in Beziehung zu setzen, gewinnt Träger aus einem Geschichtsbild, das in der Entwicklung der sozialistischen Gesellschaft kulminiert, als einem Zustand der aufgehobenen Entfremdung durch gesellschaftliche Arbeit. Für sie ist die Herstellung der bürgerlichen Gesellschaft zwar Voraussetzung, aber unvollendete Vorstufe. Im Schema dieser widersprüchlichen Grundhaltung wird jedes einzelne Literaturstück interpretierbar als Beitrag und Defizit zur Entwicklung auf den (sozialistischen) kritischen Realismus hin.

Ob dies eine zulängliche Literaturinterpretation ermöglicht, hängt von der Beantwortung insbesondere zweier Fragen ab: 1) Kann ich das entworfene teleologische Geschichtsbild akzeptieren, das das menschliche Glück allein in der sozialistischen Gesellschaft vollendbar erscheinen lässt? 2) Inwieweit gelingt es dieser Theorie, das literarische Werk als ein Werk sui generis zu analysieren und zu verstehen? Bis zu welchem Grad ist die Erkenntnismöglichkeit, die Träger eröffnet, dogmatisch, nämlich von a priori festgesetzten Rahmenbedingungen abhängig? Und damit zusammenhängend: Sicher sind solche theoretischen Vorstellungen bei der Einzelinterpretation reproduzierbar - aber bleiben die daraus abgeleiteten Interpretationen nicht unspezifisch, ja leer, insofern die Eigentümlichkeiten der Werke unberücksichtigt bleiben? Geht es nicht darum, die Literatur mit Geschichte so in Beziehung zu setzen, dass die Geschichte die Literatur erhellt und umgekehrt die Literatur die Geschichte?

Diesen Fragen ist Robert Weimann (Ost-Berlin) in gründlicher Reflexion geschichtlicher Erkenntnis ebenfalls nachgegangen. Die Schwierigkeit geschichtlicher Betrachtung wird von der Frage bestimmt, wie sich der Erkennende und der geschichtliche Gegenstand zueinander verhalten. Weimann wendet sich gegen eine museale Rekonstruktion, die den geschichtlichen Gegenstand ohne Bezug zur Gegenwart aufbaut. Er wendet sich aber auch gegen eine bloss aktualisierende Interpretation des geschichtlichen Gegenstandes. Sie würde zwar dem Interesse des Erkennenden und der Gegenwart, nicht aber dem Gegenstand, das heisst der Vergangenheit, gerecht. Das ausgeglichene Verhältnis von Gegenwart und Vergangenheit in der geschichtlichen Erkenntnis sieht Weimann gewährleistet, wenn die Literaturgeschichte ein Abbild des Vergangenen schafft, das für die Gegenwart b e d e u t e t , das heisst, ihm erscheint das Vergangene als Mitgestalter der Zukunft[4].

Der Bezug von Gegenwart und Vergangenheit aufeinander wird nun aktualisiert durch die Aufarbeitung des "Erbes" sowie den Begriff der "Tradition". Beide machen das Vergangene gegenwärtig. Dabei stellt Praxis einen Schlüsselbegriff des historischen Materialismus dar. Die Geschichte der künstlerischen Produktion ist als Praxis Teil der weltgeschichtlichen Auseinandersetzung des Menschen mit den Bedingungen seiner Existenz[5]. Literaturgeschichte ist somit als Praxis Humanisierungsbemühung.

Als Praxis sind die Geschichte der Kunst und der Gesellschaft eine widersprüchliche Einheit. Das hat zur Folge, was in der DDR gern literaturgesellschaftliche Arbeit[6] genannt wird. Dieser Begriff erfasst Literatur und Gesellschaft als Einheit. Er wird realisiert, wenn man ausser der Geschichte der Formen die Geschichte der Gesellschaft erforscht: z.B. auch ihrer literarischen Institutionen.

Von dieser Position aus kann Weimann die Bezüge zwischen Literatur und Geschichte, wie sie durch entstehungsgeschichtliche oder wirkungsgeschichtliche Arbeit geschaffen werden, als ungenügend, ja als Zerstörung der literaturgesellschaftlichen Identität bezeichnen[7]. Sie wird von der historisch-materialistischen Wissenschaft, nach Auffassung Weimanns, durch Verknüpfung von Literatur und Gesellschaftsgeschichte in der "Interaktion" von Zeitlichkeit und Ueberzeitlichkeit in ihrer Widersprüchlichkeit u n d Einheit wiedergebracht[8].

Was dieses geschichtstheoretische Modell auszeichnet, ist eine gewisse Einsicht in die Schwierigkeiten, Literatur und Geschichte miteinander in Beziehung zu setzen. Weimann sucht zu verhüten, dass Literatur nur als Ausschlachtungsgegenstand für soziologische Erkenntnisse oder solche geschichtlicher Art benutzt wird[9]. Es gelingt ihm, ein theoretisches Modell zu erstellen für den Zusammenhang von Literatur und Gesellschaftsgeschichte.

Jedoch gelingt es ihm nicht, die Theorie zu einer Methode werden zu lassen. Er kann nicht zeigen, wie die von ihm bestimmte widersprüchliche Einheit von Literatur und Gesellschaft in der Auseinandersetzung mit dem konkreten geschichtlichen Gegenstand anders als bei Träger durch Subsumierung des Gegenstandes unter die apriorische Theorie interpretiert werden soll. Ja, die dialektisch angelegte Theorie verfällt zu einer mechanischen Methode, indem sie den Wechselbezug von Literatur und Geschichte schliesslich ausser acht lässt.

Weimann ist nicht ohne Einsicht in die bei ihm ungelöst bleibende Literaturinterpretation. Diese Einsicht enthüllt sich m.E. in seinem scharfen Verdikt gegen das sogenannte "formalistische Dogma der Autonomie des Kunstwerks"[10]. Die Eigenart der literarischen Gegenstände gegenüber geschichtlichen bewirkt Weimanns Schwierigkeiten. Indem er sie leugnet, kann er sie nicht ausreichend würdigen. Unser Versuch, Möglichkeiten der Beziehung zwischen Literatur und Geschichte herzustellen, muss von dieser Frage ausgehen.

Ein jüngst hervorgetretener Versuch in Westdeutschland, Literatur und Gesellschaft in Beziehung zu sehen, ist das Projekt "Literatur im historischen Prozess" von Gert Mattenklott und Klaus Scherpe (Marburg/West-Berlin)[11]. In Anlehnung an Weimann sehen die Autoren eine Korrelation zwischen dem Bewusstsein der eigenen sozialen Lage und dem Vermögen der Rezipienten von Literatur, den Vergangenheitscharakter der Werke so zu rekonstruieren, dass er für die Gegenwart bedeutet. Dabei sind bestimmte Ueberzeugungen von den gesellschaftlichen Voraussetzungen für die Progressivität ästhetischer Produktionen wirksam. Für Studenten, die bürgerlich sozialisiert wurden, werden nämlich Elemente des eigenen bürgerlichen Bewusstseins nur als "Hemmung", als Verstellung "einer angemessenen Bewältigung der Gegenwart" erfahrbar[12]. Die Wiedererinnerung, die in diesem "Anamnese-Modell"[13] die Konstitutionsbedingungen von Literatur aufarbeiten soll, wird also eingeschränkt verstanden, im Sinn einer von vornherein bestimmten Progressivität. Dadurch wird die Literaturgeschichte nicht als Kontinuität, sondern, wie eingewendet worden ist, nur als Diskontinuität begriffen[14]. Zugleich hat die Tatsache, dass Progressivität von vornherein bestimmt wird, den Ausschluss eigentlich historischer Erkenntnismittel zur Folge, namentlich die empirische Ueberprüfung eines aufgestellten Geschichtsbildes, in dessen Rahmen die Interpretation erfolgen soll.

2.

Ueberblicken wir die Ansätze, Literatur und Sozialgeschichte miteinander in Beziehung zu setzen, so sehen wir die Mängel der Ansätze Trägers und Weimanns in einem Literaturverständnis beruhen, das nur bzw. vorwiegend eine historische Auslegungsmöglichkeit von Literatur einräumt. Das literarische Werk wird wie eine historische Quelle ausgewertet. Bei der "Literatur im historischen Prozess" dagegen erkennen wir den Mangel u.a. in der Weise, wie geschichtliche Erkenntnis gewonnen wird, nämlich im Zerschneiden der Kontinuität und ohne die Beachtung geschichtswissenschaftlicher Methoden. Im einen Fall wird Literatur nicht als Literatur, im anderen Geschichte nicht als Geschichte verstanden.

Literaturauslegung unter Einbeziehung sozialgeschichtlicher Erkenntnisse wurde immer schon an der Form-Inhalt-Frage problematisch. "Materialistische Wissenschaft"[15] hat es auf die einfachste Formel gebracht: Wenn der Form das Primat in der Auslegung zugestanden wird, handelt es sich nur um eine bourgeoise schlechte Gewohnheit. Die Frage des Primats ist allerdings eine methodische Verkürzung. Denn es geht um den Wechselbezug von Form und Inhalt. Daher ist es nicht relevant, von einem Primat zu sprechen.

Als Lucien Goldmann seine strukturelle Literatursoziologie begründete, stand er ebenfalls vor dem Problem "Form-Inhalt". Es steht seit der Auseinandersetzung zwischen der neuen Literatur des Bundes proletarisch-revolutionärer Schriftsteller, gruppiert um die "Linkskurve", am Ende der Weimarer Republik und der Kontroverse[16] zwischen Georg Lukács und Ottwalt an. Goldmann suchte, Literatur und Sozialgeschichte durch die nachgewiesene Homologie zwischen Sozialgeschichte und literarischer Struktur in Beziehung zu setzen. Stellt man die Beziehung zur Literatur auf dem Wege der Struktur her, so beachtet man, dass es weder möglich noch prinzipiell erwünscht ist, dass die

"Werte", "die im Zentrum eines Werkes stehen" und der Analyse bedürfen[17], "unmittelbar" auftreten. Das jeweils geäusserte Bewusstsein - Goldmann sprach von "Werten" - tritt vielmehr im Werk vermittelt durch die Form auf. Diesen Grundsatz führt Goldmann selbst auf die Formulierung von Georg Lukács zurück: der Roman stelle die literarische Gattung dar, in der die Ethik des Schriftstellers zum ästhetischen Problem des Werkes wird.

3.

Dies führt uns zu dem Schluss, dass Literatur und Sozialgeschichte miteinander in Beziehung gesetzt werden können, indem man sowohl dem ästhetischen wie dem historischen Charakter der Gegenstände, die aufeinander bezogen werden sollen, gerecht wird. Das bedeutet, dass Sozialgeschichte und Literaturwissenschaft ihre fachwissenschaftlichen Charakteristika behalten müssen.

Danach sind folgende Grundregeln sozialgeschichtlicher Arbeitsweise zu beachten: 1) Sozialgeschichtliche Erkenntnisse sind aus eigenständiger, bis in die Quellenforschung, selbstverständlich bis in die Quellenanalyse vordringender Einzelarbeit zu gewinnen. 2) Man wird epochen-spezifisch und so differenziert vorgehen müssen, dass die Oekonomie wie soziologisch-empirische und verfassungsgeschichtliche Forschung einbezogen wird. 3) Man wird Vorstellungen über den Verlauf von Geschichte überhaupt nicht ohne weiteres akzeptieren, sondern sie allenfalls als heuristische Fragen stellen. 4) Geschichtliche Erkenntnis wird nicht nur die Gegebenheiten der Epoche aus der Epoche herausarbeiten, sondern auch ihre Theorie.

Damit scheint die Gefahr einer relativistischen, bloss affirmativen Geschichtsbetrachtung gegeben. Doch lässt sich diese Gefahr bannen. Die historistische Frage, die nach der Funktion von geschichtlichen Umständen und Hervorbringungen in der Theorie ihrer eigenen Epoche - muss auf die heuristisch gestellte Frage bezogen werden. Sie prüft den Gegenstand auf seine Ergiebigkeit für Fragen der Gegenwart. Die jeweiligen Ergebnisse sind gegeneinander abzuwägen. Die heuristische Frage wäre geprägt vom Erkenntnisinteresse. Dieses wird von der Beförderung des Glücks aller, oder doch der meisten, ausgehen. Es stellt den Faktor geschichtlicher Erkenntnisbildung dar, in den das unmittelbare gesellschaftspolitische Interesse eingeht. Die Antworten auf diese Frage werden aber erst wissenschaftliche Begründung beanspruchen können, wenn sie durch die Prüfung der Sachverhalte aus der eigenen Epoche hindurchgegangen sind. Vereinfacht ausgedrückt, manifestiert sich in der vom Erkenntnisinteresse geprägten Frage der Verstehende, in der Arbeit aus der Epoche heraus der Gegenstand. Beide Bewegungen zusammen ermöglichen geschichtliche Erkenntnis.

Diese Arbeit kann zur Ideologiekritik führen, das heisst falsches Bewusstsein aufdecken. Falsches Bewusstsein kann durch das Erkenntnisinteresse aufgedeckt werden im Zusammenwirken mit der Antwort auf die Frage, was der geschichtliche Gegenstand für die Beförderung des Ziels der Humanität leisten konnte gemäss der eigenen Theorie und der Möglichkeiten der eigenen Epoche sowie was er geleistet hat im Fortgang der geschichtlichen Entwicklung.

Das heisst, Ideologiekritik ergibt sich aus der Bestimmung von Fortschrittlichkeit. Wenn man die Gegebenheiten wie ihre Theorie aus der Epoche herausarbeitet, kann ein Massstab für falsches Bewusstsein gefunden werden, der sowohl vom Erkenntnisinteresse wie vom Gegenstand geprägt ist. Seine Bestimmung gibt auf, zu untersuchen, welche realen Möglichkeiten für emanzipatorische Unternehmungen in der jeweiligen Epoche bestanden.

Die reale politische Analyse wird also nach der relativ fortschrittlichsten Richtung der Epoche fragen. Sie wird dabei prüfen, ob sie auch die von der Epoche ermöglichten politischen Mittel in der Hand hat, ihre Ziele eventuell zu erreichen. Falsches Bewusstsein läge somit sowohl da vor, wo in der Epoche offensichtlich den eigenen politischen Mitteln unangemessene Forderungen vorgebracht werden, wie da, wo Gruppen auf ihre politischen Mittel zur Durchsetzung fortschrittlicher Ziele trotz gewisser Erfolgsaussichten verzichtet haben. -

Welche Forderungen sind an die Literaturwissenschaft zu stellen? Die Literaturwissenschaft hat es, soweit sie sich mit der Analyse von Kunstwerken beschäftigt, mit intentionalen Ganzheiten zu tun, deren Verifikationsmöglichkeit nicht primär darin liegt, auf Quellengrundlagen oder Material ausserhalb des Kunstwerks zurückzugehen. Vielmehr sind die Verweisungszusammenhänge im Werk selbst diejenigen Bestandteile, die als intentionale zur Ganzheit zusammengeflochten sind; sie machen Wahrheit oder Unwahrheit des Werkes aus. Die Verifikation der Literaturwissenschaft besteht also im Rückgang auf die künstlerischen Zusammenhänge des Werkes selbst. Schon diese sparsame Andeutung zeigt die Hauptschwierigkeit in dem Geschäft, Literatur und Sozialgeschichte in Beziehung zu sehen. Denn nach diesen Vorstellungen kann die bloss auf Inhalte bezogene "Analyse" von Kunstwerken nur als unzureichend gelten, sie könnte allenfalls in Werke einige Einsichten ermöglichen, die nur in geringem Grad fiktionale sind. Vielmehr muss die ganzheitliche Bindung des einzelnen literarischen Zuges beachtet werden; die Strukturerkenntnis leistet das.

Wenn jeweilige Strukturen erkannt werden sollen, ist der fachwissenschaftliche Anteil der Literaturwissenschaft und der der Sozialgeschichte voneinander abzugrenzen.

Wendet man die jeweilige fachwissenschaftliche Methode vollständig an und verfährt gemäss den Erfordernissen der jeweiligen Wissenschaft, können zwei Fachdisziplinen gemeinsam zu Ergebnissen gelangen; das Vorgehen würde interdisziplinär sein. So trägt man der widersprüchlichen Konstitution des literarischen und des geschichtlichen Gegenstandes Rechnung: die jeweilige Strukturerkenntnis von Literaturwissenschaft und Geschichtswissenschaft würde durch die Herstellung ihrer Einheit aufgrund ihres gemeinsamen geschichtlichen Charakters miteinander zu vermitteln sein.

Es ist die Frage, ob diese Probleme bezüglich des Verhältnisses von Literatur und Gesellschaft in der internationalen Germanistik eine Rolle spielen bzw. welche Fragen in der Germanistik des nichtdeutschen Sprachraums vorwiegen.

Anmerkungen

1 Wolfgang Iser, Ueberlegungen zu einem literaturwissenschaftlichen Studienmodell. In: Ansichten einer künftigen Germanistik, München 1969, S. 196.
2 Claus Träger, Studien zur Realismustheorie und Methodologie der Literaturwissenschaft. Leipzig 1972, S. 33.
3 Ebd., S. 12.

4 Robert Weimann, Literaturgeschichte und Mythologie. Berlin (Ost) 1974, S. 20, 445.

5 Ebd., S. 113.

6 Z.B. Werner Rieck, Literaturgesellschaftliche Aspekte der Lessing-Phase in der deutschen Aufklärung. In: Wissenschaftliche Zeitschrift der Pädagogischen Hochschule Potsdam 15 (1971), S. 213-224. Das Konzept geht auf Johannes R. Becher zurück.

7 Weimann, a.a.O., S. 444, 22/23.

8 Ebd., S. 446.   9 Ebd., S. 441.   10 Ebd., S. 442.

11 G. Mattenklott/K. Scherpe, Positionen der literarischen Intelligenz zwischen bürgerlicher Reaktion und Imperialismus. Reihe: Literatur im historischen Prozess, Ansätze materialistischer Literaturwissenschaft. Bd. 2. Kronberg 1973.

12 Klaus-Peter Wedekind, Aktuelle Beziehungen zwischen Literaturwissenschaft und Literaturdidaktik. In: G. Mattenklott/K. Scherpe, Literatur der bürgerlichen Emanzipation im 18. Jahrhundert. Ansätze materialistischer Literaturwissenschaft. Kronberg 1973, S. 164/165.

13 Gert Mattenklott/Klaus Schulte, Literaturgeschichte im Kapitalismus. In: Neue Ansichten einer künftigen Germanistik. München 1973, S. 87.

14 Wedekind, a.a.O., S. 166.

15 Materialistische Wissenschaft. Zum Verhältnis von Oekonomie, Politik und Literatur im Klassenkampf. Grundlagen einer historisch-materialistischen Literaturwissenschaft. Ed. Autorenkollektiv sozialistischer Literaturwissenschaftler Westberlin. Berlin 1971 (Oberbaumverlag), 2 Bde., Bd. 1, S. 91.

16 Georg Lukács, Reportage oder Gestaltung? Ernst Ottwalt, ''Tatsachenroman und Formexperiment. Eine Entgegnung an Georg Lukács''. Georg Lukács, Aus der Not eine Tugend. In: Linkskurve 1932. In: Zur Tradition der sozialistischen Literatur in Deutschland. Berlin (Ost) 1967, S. 436-490.

17 Lucien Goldmann, Soziologie des Romans. Darmstadt 1972, S. 24.

Karl Pestalozzi (Basel):

Eine eigentliche Rezeption der von Bernd Peschken referierten Ansätze fand innerhalb der schweizerischen Wissenschaft von der deutschen Literatur nicht statt, mindestens fand sie keinen in Publikationen greifbaren Niederschlag. Die einzige Ausnahme stellt Karl Bertaus in Genf konzipierte Geschichte der mittelalterlichen Literatur[1] dar.

Sonst waren und sind die Impulse stärker, die einerseits von der oberen Generation der schweizerischen Germanistik, andererseits von Strukturalismus, Editionstheorie, Kommunikationswissenschaft etc. ausgehen.

Das heisst nun aber nicht, dass die referierten Ansätze nicht diskutiert würden. Es geschieht nicht zuletzt mit jenen Studenten, die sie sich zu eigen gemacht haben.

Im folgenden möchte ich vier kurze Ueberlegungen vortragen, die ich mir beim Nachdenken über die referierten Ansätze gemacht habe, wobei ich im voraus sagen muss, dass ich ursprünglich von Emil Staiger herkomme:

1. Gegenüber der Interpretationsmethode haben die sozialgeschichtlichen Betrachtungsweisen insofern die Bedeutung eines Korrektivs, als sie der geschichtlichen Komponente in der Literaturbetrachtung wieder Gehör verschaffen, sowohl den Entstehungsbedingungen der einzelnen Werke als auch der Geschichte als Kontinuum. Dabei ist wesentlich, dass für die geschichtliche Erkenntnis der Terminus "Rekonstruktion" Verwendung findet. Er bringt zum Ausdruck, dass es nicht um eine Rückkehr zum Historismus geht, sondern dass es sich stets um grundsätzlich perspektivische Annäherungen an das, "wie es eigentlich gewesen", handelt. Ich meine allerdings zu bemerken, dass dieses Bewusstsein in den genannten Arbeiten nicht immer gleich deutlich am Werk ist. Die Berufung auf die marxistischen Klassiker dient oft gerade nicht dem Eingeständnis unvermeidlicher Perspektivität, sondern soll der geschichtlichen Erkenntnis Objektivität verbürgen. Das ist z.B. das Befremdliche an Claus Trägers Kritik an Emil Staiger[2]. Er polemisiert dagegen, dass Staiger Goethe auf eine von Heidegger mitbestimmte Weise versteht, ohne zu bemerken, dass er selbst in Marx seinen eigenen Heidegger hat. Die Zeit des Autoritätszitates ist aber m.E. unwiederbringlich vorbei. Die grössere Berechtigung einer Perspektive vor einer andern ergibt sich nicht aus ihrer Herleitung, sondern daraus, was sie an einem Phänomen zu erhellen vermag.

Den Schweizer Leser erstaunt an manchen sozioökonomischen Rekonstruktionen der deutschen Geschichte ein gewisser Imperialismus. Er äussert sich in der Tendenz, die schweizerischen Verhältnisse kurzweg den deutschen gleichzustellen, Gottfried Keller z.B. zum deutschen Repräsentanten der "radikalliberalen Intelligenz" schlechthin zu machen, wie Gert Sautermeister[3] es tut, ohne Kellers speziell schweizerische Erfahrungen, z.B. das Gelingen der Achtundvierziger Revolution, zu berücksichtigen. Mattenklott/Scherpe[4] vereinnahmen Keller ebenfalls stillschweigend für die deutsche Entwicklung. Und wie merkwürdig ist es, wenn Claus Träger im Bezug auf Staiger schreibt, der Imperialismus habe auch die verstehenden Literaturhistoriker[5] hervorgebracht. Paradoxerweise ruft gerade diese Betrachtungsweise wieder nach einer stärkeren Beachtung der nationalen resp. einzelstaatlichen Differenzierung innerhalb des deutschen Sprachgebietes. Es ist Leslie Bodi zuzustimmen, der letzthin betont hat, man dürfe sich davon nicht dadurch abhalten lassen, dass Josef Nadler Aehnliches auf problematische Weise versucht habe.

2. Man wirft der Interpretationsmethode mit einigem Recht vor, sie habe zum Schwund des geschichtlichen Bewusstseins beigetragen. Bei Emil Staiger selbst stehen jedoch Interpretation und geschichtliche Betrachtung nicht im Gegensatz zueinander[6]. Der Interpret ist für ihn zugleich Historiker. "Begreifen, was uns ergreift", bedeutet, in der eigenen Betroffenheit wiederzufinden, was seinerzeit das Kunstwerk ermöglichte. Die Literaturgeschichte ist demnach der objektive Prüfstein des subjektiven Eindruckes; denn im Kunstwerk objektivierte sich eine anthropologische Möglichkeit, die potentiell allen Menschen innewohnt und im Leser durch das Kunstwerk aktualisiert wird. Die vorausgesetzte "allgemeine Menschennatur"[7] (Dilthey) garantiert ein zwar nicht vollständiges, wohl aber angemessenes Verstehen über die Zeiten hinweg.

Heute ist dieser Rekurs auf die "allgemeine Menschennatur" problematisch geworden. Die jüngste Hermeneutik, Gadamer etwa, geht gerade vom Problem des Nichtverstehenkönnens aus. Damit ist die Einheit von Interpretation und Literaturgeschichte zerbrochen in eine vergangenheitsbezogene Literaturgeschichte, die ständig Gefahr läuft, antiquarisch zu werden, und die gegenwartsbezogene Interpretation, die leicht ungesichert bleibt. Glücklicherweise hat Marx das Problem signalisiert mit seinen berühmten Sätzen: "Aber die Schwierigkeit liegt nicht darin, zu verstehn, dass griechische Kunst und Epos an gewisse gesellschaftliche Entwicklungsformen geknüpft sind. Die Schwierigkeit ist, dass sie für uns noch Kunstgenuss gewähren und in gewisser Beziehung als Norm und unerreichbare Muster gelten."[8] Die Arbeiten Robert Weimanns knüpfen daran an[9]. Sie umkreisen den "Widerspruch bzw. die Einheit" von "gegenwärtiger, persönlichkeitsbildender Wirkung und vergangenheitsgeschichtlicher Entstehung", "abbildender und bildender Funktion der Literatur". Die Lösung sieht er in einer wirkungsgeschichtlichen Konzeption, die sich mit Gadamer berührt: "Er (sc. der Literaturwissenschafter) kann die Wirkung des literarhistorischen Werkes in unserer Zeit am besten dadurch fördern, dass er dessen Entstehung in seiner Zeit erforscht." Das steht in überraschender Nähe zu Staiger resp. Dilthey, mit dem wichtigen Unterschied freilich, dass die anthropologischen Möglichkeiten in ein Entwicklungsverhältnis zueinander gebracht sind, an dessen oberster Stufe der gegenwärtige Leser steht, der als ihr Ergebnis alle in sich versammelt. Es ist somit konsequent, dass Weimann als Gegenstände der Interpretation nur solche in Aussicht nimmt, in denen die Gegenwart Momente ihrer Genealogie anerkennt. Was nicht so gewirkt hat, entzieht sich zwangsläufig dem so definierten Verständnis. Damit ist eine im Geschichtsverständnis begründete Grenze der Weimannschen Konzeption bezeichnet. - Es ist wohl auch eine andere Historisierung von Diltheys "allgemeiner Menschennatur" denkbar. Ich erhoffe sie mir eher von der Kommunikationstheorie, stehen doch Entstehungsgeschichte und Interpretation zueinander im Verhältnis von Codierung und Decodierung, wobei die umgreifende Ueberlieferungs- und Kultureinheit den Code darstellt. Ich kann das noch nicht näher ausführen. Wichtig ist wohl vorläufig, dass man sich jeweils klarmacht, ob man interpretiert im Hinblick auf die Gegenwart oder ob man "vergangenheitsgeschichtlich" arbeitet. Das Verhältnis genau zu bestimmen, in dem beides zueinander steht, ist gegenwärtig eine entscheidende Aufgabe von Literaturtheorie und Hermeneutik. - Weimanns sehr differenzierte Arbeiten machen im übrigen deutlich, dass die Bedeutung der Ansätze, um die es hier geht, für uns in dem Masse wächst, als sie sich nicht krampfhaft und gar moralisierend gegen sog. bürgerliche abzugrenzen suchen, sondern in Problemstellungen und Lösungsversuchen im Dialog mit ihnen stehen.

3. Es ist ferner bedeutsam, dass die materialistische Literaturwissenschaft energisch die Frage nach der bildenden Funktion der Literatur und der wissenschaftlichen Beschäftigung mit ihr stellt: Mattenklott/Scherpe sprechen in diesem Zusammenhang von "Wertbildung", auch von "Wertentnahme"[10] aus den Werken der Vergangenheit. Sie polemisieren von da aus mit Recht gegen die anderwärts geforderte Nivellierung der Gegenstände der Literaturwissenschaft. Literatur als Wertvermittlung - auf diesem Hintergrund bekommt die Frage nach der angemessenen Interpretation erst ihr volles Gewicht. Nun will mir

freilich scheinen, in den materialistisch interessierten Arbeiten entscheide oft
nicht das Werk über den Wert, den es vermittle, sondern der Interpret wähle
das Werk im Hinblick auf sein schon feststehendes Wertsystem aus. Das Verfahren erinnert an das der Emblematik: das Werk wird in einem zum vornherein gegebenen Sinnhorizont ausgedeutet, es scheint nur so, als spreche es für
sich selbst. Hart-Nibbrig hat dagegen in seiner Berner-Habilitationsschrift[11]
dargetan, wie die literarischen Techniken der Wertvermittlung aussehen und
funktionieren. Er sieht mit Recht die bildende Wirkung der Literatur nicht in
der Insinuierung fester Werte, sondern in der Problematisierung von Werten
durch ihre konkrete Gestaltung. Auch in diesem Fall liegt die Bedeutung der
Ansätze, von denen wir sprechen, nicht so sehr in den Antworten, die sie geben, als in den Fragen, die sie aufwerfen.

4. Es geht hier vornehmlich um theoretische Ansätze, wie ja unser Fach in den
letzten Jahren einen grossen Nachholbedarf an Theorie hatte. Darüber sollte jedoch der Ruf ''Zurück zu den Sachen'', der von Staiger und anderen ausging,
nicht in Vergessenheit geraten. Im Zentrum unserer Wissenschaft stehen die
Texte. Sie rufen den Theoretikern zwar nicht zu: ''Du musst dein Leben ändern'',
wohl aber: ''Hic Rhodus, hic salta!''

Anmerkungen

1 Karl Bertau, Deutsche Literatur im europäischen Mittelalter. 2 Bde. München, Beck 1972/73.
2 Claus Träger, Zwischen Interpretationskunst und ''Materialistischer'' Literaturwissenschaft. In: Studien zur Realismustheorie und Methodologie der
Literaturwissenschaft. Leipzig, Reclam jun. 1972 (UB 270), S. 249ff.
3 Gert Sautermeister, Gottfried Keller-Kritik und Apologie des Privateigen-
tums. Möglichkeiten und Schranken liberaler Intelligenz. In: Gert Matten-
klott/Klaus R. Scherpe (Hrsg.), Positionen der literarischen Intelligenz zwischen bürgerlicher Reaktion und Imperialismus (Literatur im historischen
Prozess 2). Kronberg Ts., Scriptor 1973, S. 39ff.
4 In der Einleitung zu ihrem in Anm. 3 genannten Band, S. 2/3.
5 Claus Träger, a.a.O., S. 255 u. ö.
6 Vgl. Emil Staiger, Die Zeit als Einbildungskraft des Dichters. Zürich/Leip-
zig, Niehans 1939. Einleitung. - Ders., Die Kunst der Interpretation. Zürich 1955, S. 9ff.
7 Wilhelm Dilthey, Die Entstehung der Hermeneutik. In: Philosophische Abhandlungen, Christoph Sigwart zu seinem 70. Geburtstag gewidmet. Tübingen, Mohr 1900, S. 200.
8 Karl Marx, Einleitung zur Kritik der politischen Oekonomie. Zitiert in: Karl
Marx, Friedrich Engels, Ueber Kunst und Literatur, hrsg. v. Michail Lif-
schitz. Berlin 1948, S. 22.
9 Robert Weimann, Literaturgeschichte und Mythologie. Methodologische und
historische Studien. Berlin und Weimar 1974[3]. - Das folgende bezieht sich
auf den Aufsatz ''Gegenwart und Vergangenheit in der Literaturgeschichte'',
S. 11-46.
10 Gert Mattenklott/Klaus R. Scherpe (Hrsg.), Literatur der bürgerlichen Eman-

zipation im 18. Jahrhundert (Literatur im historischen Prozess 1). Kronberg
Ts., Scriptor 1973. Editorial der Hrsg. S. VIIIf.
11 Christiann L. Hart Nibbrig, Ja und Nein. Studien zur Konstitution von Wert-
gefügen in Texten. Frankfurt a.M., Suhrkamp 1974.

Bengt Algot Sørensen (Odense):

Einleitungsweise möchte ich einen Aspekt des Begriffes Auslandsgermanistik
hervorheben, der in dem Wort selbst nicht zum Ausdruck kommt, sondern ihm
sozusagen hinzugedacht werden muss: Einerseits ist die sog. "Auslandsgermanistik" nämlich mit der deutschen Germanistik durch die gemeinsame fachliche
Beschäftigung mit der deutschen Sprache und mit deutschen Texten sowie durch
die sich daraus ergebenden freundschaftlichen und kollegialen Kontakte verbunden; darin liegt die Berechtigung des Begriffes "Auslandsgermanistik". Anderseits ist sie aber auch zugleich ein Teil der jeweiligen nationalen Wissenschaft
des eigenen Landes. Die germanistische Literaturwissenschaft in Dänemark ist
so z.B. auch ein Teil der gesamten dänischen Literaturwissenschaft und nimmt
an deren mündlichen und schriftlichen Diskussionen über gemeinsame Fragen
der Methodologie und der literaturwissenschaftlichen Theorien teil. Ich erlaube
mir deshalb, im folgenden von der dänischen Literaturwissenschaft im allgemeinen zu sprechen, unter anderem auch deshalb, weil in den letzten Jahren
nicht so sehr die dänischen Germanisten als vielmehr die Nordisten, Romani-
sten und die Vertreter der allgemeinen Literaturwissenschaft das Bild der literaturtheoretischen Debatte in Dänemark wesentlich geprägt haben.

Damit nun kein schiefes Bild von der dänischen Literaturwissenschaft entsteht,
möchte ich vorausschicken, dass auch in Dänemark viele - wenn nicht die meisten - Literaturforscher sich der lautstarken theoretischen und methodologischen Debatte fernhalten und es vorziehen, pragmatisch zu arbeiten und sich
bei der Wahl ihrer Methoden von der Art der jeweiligen Fragestellung bestimmen zu lassen. Dass dieses pragmatische Verfahren in den Kreisen der jungen
Theoretiker und Dogmatiker eine gewisse Entrüstung hervorruft, ist fast selbstverständlich. - Abgesehen davon hat sich das Bild der dänischen Literaturwissenschaft im Laufe der sechziger und siebziger Jahre radikal geändert. Nachdem die Welle der textnahen Interpretationen im Zuge des New Criticism ver-
ebbt war, schlug auch in der dänischen Literaturwissenschaft die Stunde der
strukturalistischen Methoden. Allmählich entwickelten sich aus dem semantischen Strukturalismus Greimasscher Prägung, der einige Jahre eine dominierende Rolle spielte, Ansätze einer geschichtlich fundierten Texttheorie, deren
theoretisches Fundament allerdings recht verworren schien und immer noch
einer grundsätzlichen Klärung bedarf. Charakteristisch für die gegenwärtige
Lage ist wohl vor allem der Versuch, sowohl die strukturelle Semantik als auch
eine psychoanalytisch fundierte Semiotik mit einer historisch-materialistischen
Theoriebildung marxistischer Observanz zu verbinden. Als vorläufiges Ergebnis dieser Strömungen ist ein sehr produktiver theoretischer Eklektizismus zu

verzeichnen, während konkrete literaturgeschichtliche Untersuchungen grösseren Ausmasses noch nicht entstanden sind. Dabei ist das Bedürfnis, die Theorie in konkrete geschichtliche Untersuchungen umzusetzen, deutlich im Wachsen begriffen. Geplant ist beispielsweise von einer Gruppe von ungefähr 20 jüngeren Literarhistorikern eine dänische Literaturgeschichte auf historisch-materialistischer Grundlage.

Die hier nur grob skizzierte Entwicklung wurde vor allem von folgenden Quellen gespeist:
1) Der einheimischen dänischen Tradition eines linguistischen Strukturalismus, wie er vor allem durch die sog. Glossematik Hjelmslevs und der Kopenhagener Schule herausgebildet worden war.
2) Der Kritischen Theorie der Frankfurter Schule, vor allem Adorno, Horkheimer und Habermas. Dieser Einfluss muss im Zusammenhang mit den Bewegungen in der Studentenschaft und der Ideologiekritik der sechziger Jahre gesehen werden und bezog sich bekanntlich mehr auf die allgemeinen Grundlagen als auf spezifisch literaturwissenschaftliche Methoden.
3) Der ganzen breiten Skala der französischen Theorien, von Levi-Strauss, Roland Barthes und Greimas angefangen bis zu Derrida, Julia Kristeva, Greimas, Lucien Goldmann u. a. - Die Bedeutung dieses Einflusses für die jüngste dänische Literaturwissenschaft im allgemeinen und für die Auffassung vom Verhältnis zwischen Literatur und Gesellschaft insbesondere kann kaum überschätzt werden und geht natürlich weit über die Grenzen der Romanistik hinaus, ja macht sogar nicht einmal vor den Toren der dänischen Germanistik halt.

Damit verglichen ist die Bedeutung der deutschen Auseinandersetzung um das Verhältnis von Literatur und Gesellschaft, so wie sie sich beispielsweise bei Mattenklott und Scherpe, Claus Träger und Robert Weimann abspielt, als sehr gering einzuschätzen. Höchstens die deutsche Diskussion um eine Rezeptionsästhetik und um eine literarische Rezeptionsgeschichte hat in Dänemark einige Aufmerksamkeit erregt. Dieser Mangel an Interesse ist um so auffallender, als sich in der dänischen wie in der deutschen Literaturwissenschaft der Schwerpunkt der Diskussion in die gleiche Richtung verschiebt, so dass die Frage nach dem Verhältnis von Literatur und Gesellschaft auch von dänischen nicht-marxistischen Literarhistorikern als vorrangig aufgefasst wird. Ueber die Gründe dieses Desinteresses bei gleichzeitiger Affinität der wissenschaftlichen Interessenverlagerung kann man nur Vermutungen haben. Man neigt wohl in Dänemark - mit Recht oder Unrecht - zu der Annahme, dass es in der deutschen literaturtheoretischen Debatte noch keine wesentlichen, über die französischen Theorien hinausführenden Gesichtspunkte oder Ideen gibt. Ebenfalls mag auch die Bewältigung der germanistischen Vergangenheit, die in der deutschen Debatte immer noch - teilweise auf Kosten der Sachlichkeit - eine Rolle spielt und den Ton der Diskussionen mitunter unangenehm verschärft, störend wirken und für einen ausländischen Beobachter die Grundsatzfragen überschatten.

Wie dem auch sei: die Bedeutung der deutschen Auseinandersetzung um das Verhältnis von Literatur und Gesellschaft für die dänische Literaturwissenschaft einschliesslich der dänischen Germanistik ist bis auf weiteres ausserordentlich gering. Das ist die negative Bilanz dieser Ueberlegungen.